한국어 교육학 개론

한국어 교육학 개론

초판 1쇄 발행 2020년 7월 1일

지은이 | 민병곤 · 김호정 · 구본관 · 민현식 · 윤여탁 · 김종철 · 고정희 · 윤대석 · 강경민 · 김가람
김영미 · 김지혜 · 김혜진 · 신현단 · 유민애 · 이성준 · 이수미 · 이슬비 · 홍은실

펴낸곳 | (주)태학사
등록 | 제406-2020-000008호
주소 | 경기도 파주시 광인사길 217
전화 | 031-955-7580
전송 | 031-955-0910
전자우편 | thspub@daum.net
홈페이지 | www.thaehaksa.com

편집 | 조윤형 최형필 김성천
디자인 | 이보아 이윤경
마케팅 | 안찬웅
경영지원 | 정충만
인쇄·제책 | 영신사

이 책에 직간접적으로 글과 그림, 사진 게재를 허락해주신 모든 분께 감사드립니다.
저작권자와 연락이 닿지 않아 부득이 허가를 구하지 못한 일부 글과 그림 사진에 대해서는
연락 주시는 대로 적법한 절차를 따르겠습니다.

값 30,000원

ISBN 979-11-90727-02-0 93710

이 도서의 국립중앙도서관 출판예정도서목록(CIP)은 서지정보유통지원시스템 홈페이지
(http://seoji.nl.go.kr)와 국가자료종합목록 구축시스템(http://kolis-net.nl.go.kr)에서 이용하실 수 있습니다.
(CIP제어번호 : CIP2020023877)

서울대 국어교육연구소 연구총서 34

한국어 교육학 개론

민병곤 · 김호정 · 구본관 외

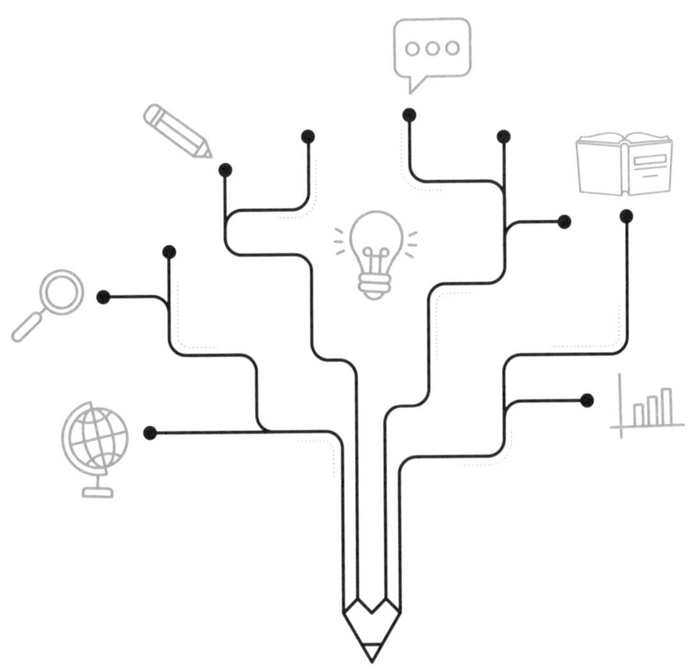

태학사

책을 펴내며

《한국어 교육학 개론》은 한국어 교육학을 구성하는 기본적인 내용을 체계적으로 담아내려는 목적으로 기획되었다. 저자들은 한국어 교육학이 관련 학문과 이론, 방법론을 공유하면서도 고유의 정체성을 드러내는 차별적인 특징이 무엇인지를 밝혀 집필하고자 하였다. 이를 위하여 한국어 교육학이라는 학문이 태동하게 된 역사적 배경을 짚어 보고, 한국어 교육학에서 중요하게 논해야 할 쟁점들을 제반 학문과의 관계 속에서 다루고, 이를 한국어 교수·학습의 실천 현장에 어떻게 연계할 수 있는지를 논의하였다.

이 책은 모두 16장의 내용을 세 부분으로 나누어 구성하였다. 먼저, 총론에 해당하는 '1부'에서는 한국어 교육의 개황을 소개하고, 한국어 교육 관련 대내외 정책을 개관하였다. 이어서 교육과정, 교재, 수업, 평가로 이어지는 한국어 교육의 실행과 개별 양상에 관여하는 개념, 원리를 설명하고 실제 문제를 다루었다. 각론에 해당하는 '2부'에서는 한국어 표현·이해 교육론, 문어·구어 교육론으로서의 한국어 말하기, 듣기, 읽기, 쓰기 교육론 각각의 성격을 규명하고 목표, 내용, 방법, 평가의 세부 영역에서 이론과 실제의 문제를 다루었다. 어휘, 문법, 발음 교육론에서는 한국어 교육학에서 이들 각각의 영역이 지니는 위상과 교육학적 입각점을 고려한 뒤 목표, 내용, 방법, 평가의 문제를 논하였다. 문학, 문화 교육론에서도 한국어 교육학에서 문학과 문화를 어떠한 관점에서 이해하고 목표, 내용, 방법, 평가를 구안할 것인가 하는 교수·학습 지식과 실천의 문제를 다루었다. 그리고 '보론'에서는 과학기술이 고도화된 오늘날 교수·학습 매체가 한국어 교육에 의미하는 바를 재고하고, 교수 학습 현장에서 적용 가능한 방안들을 제시해 보고자 하였다.

주지하듯이 모든 학문의 이론은 그것에 관계하는 패러다임의 변화 양상과 궤를 같이한다. 한국어 교육학도 시공간 세계의 변화에 따라 상위 학문의 인식 체계하에서 내용, 방법, 평가 이론의 변화를 겪어 왔고, 그것은 아직도 진행 중에 있다. 따라서 본서에서 제시하는 교수·학습 내용, 방법, 평가의 원리는 고정불변의 절대적 진리라고 단언하기 어렵다. 이에 저자들은 모든 독자가 《한국어 교육학 개론》의 원리와 실제를 역사라는 통시 차원의 날줄과 제반 학문과의 관계망이라는 씨줄 차원에서 통합적 이해를 도모할 수 있기를 바란다.

더불어 그러한 이해가 한국어 교육학이라는 틀 안에서 이미 정해져 있는 일방적인 지식으로 전달되지 않기를 바란다. 이를 위한 장치로서 본서의 각 장에는 생각하고 논의할 거리로 '탐구 과제'와 '더 읽을거리'를 포함하였다.

저자들은 지난 3년 동안 함께 모여 한국어 교육학의 기본 개념과 논점을 교육 내용과 방법 구안 차원에서 논의하는 시간을 가졌다. 그 과정에서 빠르고 역동적으로 변화하는 한국어 교수·학습 현상을 텍스트로 지면에 담아내는 일이 쉽지 않음을 절감하였다. 다수의 저자가 공동의 숙의 과정을 통해 도출된 결과물을 일관된 목소리로 기술해 내는 데에도 어려움을 겪었다. 그러나 수차례에 걸쳐 해당 논점에 관해 토의하고 공동으로 사고하는 과정을 거친 만큼 한국어 교수·학습 현상에 대한 이해를 좀 더 심화하고 확장할 수 있었다. 그럼에도 불구하고 시간과 지면 등의 한계로 여전히 미진한 점이 눈에 뜨인다. 이는 저자들이 풀어야 할 문제이나, 한국어 교육을 연구하고 실천하는 학문 공동체 모두가 해결해야 할 과제일 수도 있을 것이다. 이번《한국어 교육학 개론》의 출간을 계기로 향후 한국어 교육학에 대한 논의가 보다 활성화되고 성숙해질 수 있기를 바라며, 더 나아가 패러다임의 변화와 발전에 일조할 수 있기를 희망한다.

이 책의 집필에 기꺼이 참여해 준 서울대학교 국어교육과 선후배 동료 교수들과 대학원 제자들에게 감사의 마음을 전한다. 원고를 취합하고 편집하는 과정에서 궂은일을 마다 않고 챙겨 준 강경민 박사, 이성준 박사에게도 감사의 마음을 전한다. 그리고 이 책을 기획하고 출판하기까지 온갖 지원을 아끼지 않으신 (주)태학사 관계자분들께 마음 깊이 감사드린다.

2020년 2월

저자를 대표하여
민병곤, 김호정, 구본관 씀

차례

제1부

1장
한국어 교육학의 성격

1. 한국어 교육학의 토대

1) 한국어 교육과 한국어 교육학

통상적으로 학문은 '지식의 체계적인 집합'으로 정의된다. 동시에 지식 체계를 만들기까지의 과정 즉 활동 차원에서 정의되기도 한다. 한국어 교육학도 예외가 아니어서 '한국어 교육 관련 지식의 체계적 집합이자 활동'으로 정의할 수 있다. 그러나 한국어 교육학이라는 학문 고유의 정체성을 규명할 수 있는 지식 체계, 활동이 무엇인가를 설명하기 위해서는, '한국어', '한국어 교육'이 의미하는 바를 우선적으로 살펴볼 필요가 있다.

「국어기본법」에 따르면 "'국어'란 대한민국의 공용어로서 한국어를 말하며(제1장 제3조 제1항), 재외 동포나 외국인을 대상으로 국어를 가르치는 사람을 '한국어 교원'(제19조 제2항)"이라고 한다. 이러한 정의에 기초해 볼 때, 한국어 교육은 재외 동포나 외국인을 대상으로 한국어 교육을 실천하는 행위이며, 한국어 교육학은 이를 연구하고 교육 활동을 통해 확인하고 검증한 지식 체계의 집합이자 활동으로 정의할 수 있다.

개별 학문의 범위와 세부 내용의 체계화는 학문 분류 기준 외에도 시대적 상황 맥락의 영향을 받기 마련이다. 따라서 한국어 교육학의 내용 범위와 체계를 논하기 위해서는 시대적 흐름과 요구, 그에 따른 주변 학문 패러다임의 변화 양상을 함께 살펴볼 필요가 있다. 즉, 시공간의 탈경계화, 넘나듦이 잦고 용이한 언어문화 횡단 시대의 도래와 함께 한국어의 지위 변화, 한국어 교육에 대한 수요 증대가 야기하는 상황 변화를 고려해야 한다. 시대적 요구와 수요의 변화로 한국어 교육 대상인 '재외 동포', '외국인'의 개념과 외연이 확대되고 있고, 한국어 교육 실천의 범위가 넓어짐에 따라 한국어 교육 연구의 범위도 점차 확대되고 있다. 이에 맞춰 한국어 교육은 기존과 달리 '국적', '혈통', '민족'과 같은 기준으로 내국인과 외국인을 구분하고, 외국인을 대상으로 하는 언어 교육이라는 좁은 시각을 탈피해 가고 있다.[1] 대신, 특정 공간이나 시점에 국한하지 않고 한국어 교육이 필요한 학습자를 대상으로 이루어지는 모든 형태의 교육을 아우르는 개념으로 사용되고 있다.[2] 근대 혹은

1 박재현 외(2016)에 따르면, 오늘날의 언어사회 공동체 안에서 '한국어'는 지리적, 사회적 공간에 따라 한국어가 갖는 위상과 역할, 의미를 고려하여 역동적, 초월적, 입체적 구조화 속에서 새롭게 자리매김될 필요가 있다. 기존과 다르게 '외국어', '제2 언어', '계승어', '제1 언어' 사이의 경계가 유동적, 탈경계화되고 있어 이러한 체제 안에서 한국어 교육의 새로운 틀이 마련되어야 할 필요성과 방향성을 논하고 있어 참고가 된다.

2 이러한 관점이 반영되어 2017년에 개정·고시된 '한국어 교육과정'(교육부)에서도 '한국어 과목은 기본적으로 한국어 의사소통 능력이 없거나 현격히 부족한 학생'을 대상으로 한다고 밝히고 있다.

그 이전 시기로 소급되는 한국어 교육 초기 상황과 달리 현시점의 한국어 교육은 더욱 확장된 주제, 내용, 영역에 관해서 다양한 연구와 실천이 이루어지고 있다. 또한 한국어 교육학은 학제적 성격을 지니고 있어, 언어학, 심리학, 사회학, 교육학이라는 관련 학문과의 상호 영향 관계가 매우 중요하다. 최근 들어 이들 관련 학문에서 대두하고 있는 패러다임 자체도 끊임없이 새로운 시도, 방향을 모색하고 있는 만큼 이들과 한국어 교육학 간의 상호 영향 관계도 재정립할 필요가 있다.

이처럼 한국어 교육학은 새로운 시대에 부응하고자 좀 더 다각적이고 체계화된 내용과 방법으로 연구되면서 나름의 학문적 정체성을 공고히 하고 있다. 이에 본 장에서는 한국어 교육학의 학문적 성격을 한국어 교육 실천 역사의 맥락에서 이해하고 현재라는 공시적 관점에서 형성되어 있는 지식 체계를 결과뿐만 아니라 과정적 지식으로 이해하고 살펴보고자 한다.

2) 한국어 교육의 역사

한국어 교육의 역사를 논하려면, 시대 구분이 이루어져야 하고 이를 위해서는 교육의 시작점에 대한 검토가 필요하다. 그러나 학자들마다 한국어 교육의 시작점과 이후의 시대 구분을 달리하고 있다. 과거 교육의 흔적을 살펴보려면 교육의 과정, 사조, 방법, 교재 등을 고찰해야 한다. 그러나 이를 확인할 수 있는 방법이 극히 제한되어 있어 한국어 교육의 역사 구분을 속단하기는 매우 어렵다.

그럼에도 불구하고, 그동안 축적된 사료(史料)에 근거하여 한국어 교육의 역사를 추정하는 것은 충분히 가능한 일이다. 그간 한국어 교육의 시초를 1959년(백봉자, 2001)으로 보거나 그 이전인 1897년(조항록 2003), 이보다 더 거슬러 올라가 근대 계몽기(이지영, 2004)로 보는 경우가 있었다. 이들은 경제 성장, 기관 설립, 교재 개발과 관련하여 한국어 교육이 시작되었다고 보고 4단계/4시기나 3단계로 구분을 시도하고 있다. 이러한 시대 구분은 주로 근현대에 제한되었고, 교육 외적 요인인 경제, 국력 요인의 영향에 좌우된 점 등이 문제로 지적되었다(강남욱, 2005). 일찍이 한국어 교육사를 논의한 고영근(1974)에서는 『동국통감』(東國通鑑)과 『삼국지』(三國志) 「위지 동이전」(魏志 東夷傳)을 근거로 통역을 통해 의사소통을 했다는 점을 제시하면서 아주 오래 전부터 한국어 교육이 이루어져 왔다고 하였다. 박갑수(1999)에서는 『속일본기』(續日本記)의 내용을 근거로 통일신라 초기부터 한국어 교육이 시작되었다고 보고 있다. 이러한 논의를 고려해 볼 때 한국어 교육사의 시대 구분은 외적인 사회 경제 여건을 고려하되, 국내외 한국어 교육을 포괄하고 교육기관 설립, 교재 개발사, 교수·학습법 변천사, 제도 변천 등 교육 내적 기준을 중심으로 이루어져야 할 것이다. 이에 본서에서는 이 같은 관점과 기준에 따라 한국어 교육의 시대 구분을 시도한 민현식(2005a: 20-27)의 논의에 기반하여 다음과 같이 시대를 구분하고 시대별 교육 양상을 제시해 본다.

(1) 전통 교육기(고대-1860년대)

이 시대는 중국 명나라의 '회동관'(會同官, 1492), 일본 쓰시마의 '한어사'(韓語司, 1727)처럼 역학(譯學) 기관을 중심으로 한국어 교육이 이루어진 시기이다. 사대교린의 필요 속에 발달한 우리의 외국어 교육처럼 이웃 나라에서도 조선과의 외교 때문에 한국어 교육이 이루어졌다.

중국 한(漢)나라에서는 '대홍려'(大鴻臚), 수·당·송나라에는 '홍려시'(鴻臚寺), '사방관'(四方館), 원나라는 '회동관'(會同官, 1276)이 외교 교섭, 접빈의 일을 담당하였는데, 조선어 관련 내용은 송나라 손목(孫穆)의 『계림유사』(鷄林類事, 1103-1104)에 고려 어휘가 나온다. 명나라는 '사이관'(四夷館, 1407), '회동관'(會同官, 1492)에서 역관을 양성하였는데, 회동관은 조선관, 일본관 등 13관이 있었고, 여기서 펴낸 『화이역어』(華夷譯語)의 처음에 조선어 학습서인 『조선관역어』(朝鮮館譯語)가 나와 중국 외교에서 조선의 중요성을 알 수 있다.

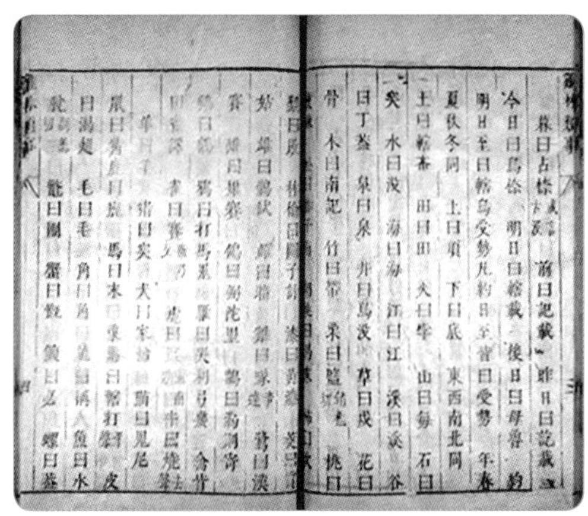

[그림 1-1] 『계림유사』(출처: 한민족문화대백과사전)

일본에서는 『속일본기』에 8세기 중엽에 소년 40명에게 신라어를 가르쳤다는 기록이 나오며, 815년에는 대마도에 '신라역어'(新羅譯語)가 설치되었다. 일본의 한국어 교육은 주로 대마도에서 행해지게 되었고, 1727년 조선어 통역관 양성기관인 '한어사'를 설립한 것이 한국어 교육의 효시로 볼 수 있다. 『교린수지』(交隣須知)는 이 시기에 만들어진 책이다.

(2) 근대 교육기(1870년대-1945년 광복 전)

이 시기는 개국을 통한 서구 기독교 문화 수용과 러시아, 중국, 일본의 제국주의 침략 각축기로 서구인과 일본인 중심의 한국어 연구와 교육이 이루어진 시기로 볼 수 있다. 서구의 선교 목적이나 일제의 황국 사관의 침략 도구로 한국어 교육이 나타난 시기란 점이 특징이다. 이 시기의 한국어 교육에 대한 논의는 중요하게 다루어지지 않았으나 최근 들어 당시 교재와 관련 자료에 대한 통시적 연구가 시작되면서 조금 더 활발한 논의가 이루어지고 있다.[3] 이 시기에는 한반도에 대한 서양인의 관심이 증가하면서 해외에서 한국어 교육이 실시되기도 하였다. 일본에서는 1872년 이즈하라(嚴原)에 '한어학소'가 설치되었

3 최근 한국어 교육사(韓國語敎育史) 특히 근대를 대상으로 한 박사 학위 논문이 활발하게 발표되고 있다. 식민지 시기 일본인 대상 한국어 교육 문제를 다룬 오대환(2009), 개신교 선교사들을 대상으로 한 박새암(2018)에서는 교육사 전반을 살펴보고 있다. 고경민(2012), 고예진(2013)은 한국어 교재를 중심으로 교재 변천사를 다루고 있다.

고, 1880년에는 동경 외국어 대학, 1921년에는 오사카 외국어 대학에 조선어학과가 설치되었다. 러시아에서는 1897년 상트페테르부르크 대학교에서 조선인 통역관 김병옥에 의해 처음으로 한국어 강좌가 시작되었고, 1899년에는 블라디보스토크의 동방 대학교(현 극동 연방 대학교)에 동방학 센터가 설립되면서 한국어를 가르치기 시작한 것으로 조사되고 있다.

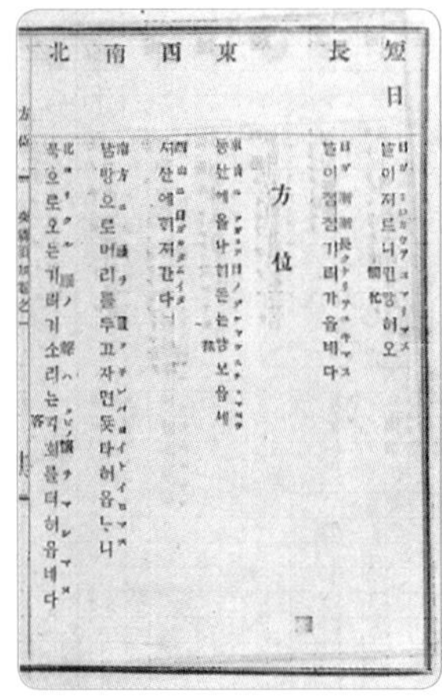

短日 날이저르니민망허오
長日 날이졈졈기러가옵네다
方位
東 동산에올나히돗는양보옵세
西 셔산에히지간다
南 남방으로머리를두고자면됴타허옵느니
北 북으로오는기러기소리는

[그림 1-2] 『교린수지』 재간본 권 1과 호주인 선교사가 조선인에게 한국어를 배우는 장면
출처: (좌)디지털한글박물관, (우)부산 일신기독병원

(3) 현대 교육기(1945년 광복 후-현재)

① 준비기(1945-1979년)

국내에서 외국인을 대상으로 한국어 교육을 실시한 것은 1959년 연세대학교 한국어학당이 문을 열게 되면서 본격화되었다. 이후 1964년 명도원, 1969년 서울대학교 어학연구소, 1972년 재단법인 언어교육학원이 개관하면서 이전과는 다른 모습으로 한국어 교육이 실시되었다. 이 시기의 한국어 교육 대상자는 외국인 선교사, 외교관, 군인 등 직업의 특수성에 기인하여 한국어를 배워야만 하는 사람들이었다. 이후 국제 교류로 인해 외국인 유학생이 국내로 유입되면서 이들을 위한 한국어 학습 필요성이 증가하였고, 우리나라 외교관이나 주재원 자녀들의 귀국 후 학습을 돕기 위한 한국어 교육 프로그램도 운영되었다.

대학 부설기관이나 명도원, 언어교육학원과 같은 사설 교육 기관 중심으로 진행된 한국어 교육 기관의 특성은 오늘날까지도 강하게 남아 있다. 또한 당시에는 교사 자격을 검증하는 제도가 없었고, 교재나 교수법의 체계도 갖추어지지 않은 상태였기 때문에 소수의 개인이 구축한 자료를 바탕으로 교재가 개발되었고, 이들을 중심으로 현장에서 요구하는 다양한 문제를 해결하는 방식으로 교육이 이루어졌다. 이러한 특성은 이론적 토대 위에서 개발된 교육과정에 근거하여 무엇을 가르치고, 어떻게 가르칠 것인지를 결정했던 다른 외국어 교육학과는 다른 양상을 보인다. 이러한 한계에도 불구하고, 초창기 민간 교육 기관은 외국인에게 한국어를 가르치는 선구자 역할을 충실히 수행하였으며, 한국어 교육 발전의 토대를 마련해 주었다는 점에서 의미를 갖는다.

② 발전기(1980-1989년)

1980년대 후반 아시안 게임과 서울올림픽의 성공적 개최를 통해 국제 사회에 한국이 널리 소개되고 국가 이미지가 개선되면서 한국어 교육의 수요 또한 증가하게 되었다. '연세대학교 한국어학당 50년사'(2004)에 따르면 1980년대 중반 학기당 학생 변화 추이가 1984년에 226명에서 1985년에 245명, 1986년에 319명, 1987년에 447명, 1988년에 529명, 1989년에 549명으로 가파르게 증가하였다. 이러한 수요의 증가는 자연스럽게 한국어 교육기관의 확대로 이어졌고, 1986년 고려대학교 민족문화연구원 한국어 문화연수부를 시작으로 1988년에는 이화여자대학교 언어교육원에서 한국어 과정이 시작되었고, 1989년에는 선문대학교 한국어교육원 등이 설립되었다.

③ 성장기(1990년대-현재)

2000년대 이후 한국어 교육은 안정적 성장기를 맞이하게 된다. 2002년 월드컵 개최 이후 국제사회에서 한국의 위상은 더욱 높아졌으며, 국제결혼 가정과 외국인 유학생의 증가, 외국인 노동자의 유입, 한류 열풍 등으로 한국어 교육은 국내외에서 활발하게 이루어지고 있다. 2005년에는 「국어기본법」의 제정으로 한국어 교육의 제도적인 기틀을 갖추게 되었고, 이를 근거로 국내의 대학과 대학원에서는 한국어 교육 전공 과정을 개설하였다. 또한 법령에 근거하여 한국어 교원 자격증을 발급하게 되면서 전문성을 갖춘 교원이 본격적으로 양성되기 시작하였다. 2012년에는 '한국어 교육과정'(교육부)이 고시되면서 제2 언어로서의 한국어 교육의 문제가 공교육의 범주에서 본격적으로 논의되기 시작하였다. 이후 2017년에는 대상 학습자 개념, 교육 내용 체계 등의 측면에서 일부 변화를 시도하는 개정 교육과정을 고시하기도 하였다.

국외에서도 재외 동포 대상 한글 학교, 대학 내 한국(어)학과 중심의 한국어 교육의 외연을 넓히는 작업을 이어 나갔다. 그 일환으로 2012년 세종학당재단이 출범하였고, 프랑스의 '알리앙스 프랑세스'(Alliance Francaise), 독일의 '괴테 인스티튜트'(Goethe Institute), 중국의 '공자학원'(Confucius Institute)처럼 '세종학당'을 통해 한국 문화와 한국어를 교육하고 알릴 수 있게 되었다. 이러한 제도적인 안정성을 기반으로 한국어 교육은 오늘날에 이르고 있다.

2. 한국어 교육학의 특성과 제반 학문

모든 교과 교육학이 그러하듯이, 한국어 교육학도 한국어 교수·학습이 이루어지는 현장을 기반으로 한다. 그러나 교수·학습 실천이 곧 해당 교과 교육학의 학문적 성립으로 이어지는 것은 아니다. 상대적으로 오랜 시간에 걸쳐 한국어 교육이 실천되어 왔음에도 불구하고 그것이 개별 학문으로 자리매김한 것은 그리 오래되지 않았다. 통상 학문이라는 것은 그것을 연구하는 학문 공동체, 그들의 이론적 논의를 토대로 형성된다. 한국어 교육학의 경우에도 관련 학회, 대학원 과정 개설 등을 통해 연구 공동체가 양성되고 그들이 생산하는 다양한 학술적 담론과 이론을 토대로 정체성을 확립해 가기 시작하였다. 1981년 이중언어학회를 시작으로 국제한국어교육학회, 국제한국언어문화학회, 한국언어문화교육학회 등이 조직되면서 한국어 교육에 대한 학술적 논의가 보다 활발하게 이루어졌다. 또한 1982년부터 학부 과정 외에 대학원 과정에 '외국어로서의 한국어 교육'을 위한 교육과정이 개설되면서 한국어 교육학 연구가 본격화될 수 있었다.[4] 1980년대 후반부터는 한국어 교육에 대한 수요가 팽창하면서 한국어 교육기관들이 양적으로 증가하기 시작하였다. 올림픽과 같은 국제 행사의 성공적 개최, 경제 발전의 도약 등으로 한국어 교육에 대한 수요가 증가하면서 1990년대 초반부터는 많은 수의 대학에 한국어 교육기관이 개설되었다. 이러한 수요에 맞춰 다양한 교재, 교수법 개발의 필요성이 제기되었고, 이를 수행할 수 있는 인재 양성의 필요성도 증대하였다.

4 학위 논문의 발표는 학문 분야의 발전을 추동하는 핵심적인 역할을 한다. 한국어 교육학 분야의 경우 1969년 노대규의 석사 논문, 1974년 최용재의 박사 논문이 발표되기는 하였지만, 이후 오랫동안 학위 논문이 발표되지 못했다. 이후 1982년 연세대학교 교육대학원에 외국어로서의 한국어 교육 전공이 처음 개설되었다. 이어서 이화여자대학교(1997), 고려대학교(1999), 서울대학교(2002) 대학원에서 한국어 교육학 전공을 개설하고 본격적으로 학술 논문이 출간되기 시작하였다.

1990년 「정부조직법」의 개정으로 문화체육부가 신설되고, 학술원 산하 기관이었던 국어연구소가 문화체육부 소속의 국립국어원으로 변경되었다. 이후 한국어 교육관련 정부 기관이 설립되면서 한국어 교육학의 외연이 크게 확장되었다. 1991년에는 국외 한국 연구를 지원하고 연구 결과를 보급하기 위하여 '한국국제교류재단'이 설립되었고, 1992년에는 외국인 유학생 유치 및 관리, 국제 교육 교류와 협력을 위한 '국제교육진흥원'(현 국립국제교육원)이 설립되었다. 1997년에는 재외 동포들의 민족적 유대감 유지를 위해 '재외동포재단'이 설립되어, 재외 동포들에 대한 한국어 교육 지원 사업이 본격화되었다. 이러한 학계와 정부의 노력이 병행되는 상황에서 1997년 '한국어능력시험'이 개발되었고, 이는 계획과 실행 그리고 평가로 이어지는 교육의 체계를 완성시킨 새로운 이정표가 되었다. 2000년대 이전까지 한국어 교육학은 학문 자체의 내적인 논리에 의해서라기보다는 전공 학과의 개설과 학회 창립, 관련 기관의 설립 등 외부 환경에 의해 발전해 왔다.

이후에도 관련 학회가 추가로 창립되면서 한국어 교육 전문 학술 단체가 4개로 늘어났고, 2005년 「국어기본법」이 고시되면서 '한국어교원 자격제도'가 확립되었다. 한국어교원 자격제도에서는 교원 자격증 발급을 위한 영역별 필수 이수 학점과 이수 시간을 명기하였고 이러한 법령에 근거하여 교원자격증 발급이 제도화되었다. '한국어 교육과정'의 공표(2012, 2017)와 같은 한국어 교육의 안정적인 정착을 위한 다양한 외적인 제반 조건들도 갖추어졌다. 그러나 2000년대 이후에는 이러한 외부적인 환경에 의한 발전보다는 한국어 교육학의 정체성에 대한 학술적인 담론들이 한국어 교육학의 발전을 추동하였다. 2002년 학술진흥재단(현 한국연구재단)의 학문 분류 체계에서는 한국어 교육학을 '사회 과학-교육학-교과 교육학'의 하위로 위계화하기도 하였다. 한국어 교육학의 정체성 확립을 통해 엄밀한 내적 논리와 체계를 갖추기 위한 노력의 성과는 「국어기본법」에 반영되었다. 「국어기본법」은 국어 사용의 촉진과 발전, 보전의 기반을 마련하기 위해 발의된 법안으로 제19조에서 한국어를 배우려는 외국인과 재외 동포를 대상으로 한 전문가 양성에 관한 내용을 법률로 지정하여 한국어교원 자격제도를 규정하고 있다. 한국어교원 자격제도에서는 자격증 취득을 위한 필요조건을 규정하면서 필수이수 학점과 시간을 제시하고 있는데, 이때 명시하고 있는 영역별 이수 학점과 과목은 한국어 교육학의 연구 결과를 근거로 하고 있다. 교과 교육학은 태생적으로 교육 현장과 밀접한 관련을 맺을 수밖에 없지만, 학문은 현장의 요구와 당면한 문제 해결을 위한 실용성 외에도 내적인 논리와 질서의 엄밀성 그리고 학문 사이에서의 체계성도 갖추어야 한다. 따라서 한국어 교육학을 둘러싸고 있는 다양한 개념과 논의들을 검토하여 한국어 교육학을 올바르게 자리매김해야 할 것이다.

한국연구재단의 학문 분류 체계에 근거했을 때 한국어 교육학은 국어 교육학, 영어 교육학 등과 함께 교과 교육학의 분과 학문으로 분류된다. 따라서 한국어 교육학의 학문적 성격을 이해하기 위해서는 상위 분류인 교과 교육학의 성격을 살펴볼 필요가 있다. 이돈희(1994: 21)에 따르면, 교과 교육학은 기초 학문이라기보다 응용 학문에 속한다. 교과의 내용과 구성에 관한 이해, 그 내용의 탐구와 학습에 관련된 교육 원리 등을 관련된 여러 학문으로부터 도출하고 종합한다는 점에서 종합 학문의 성격을 지니기도 한다. 고도의 이론을 포함하고 있으나, 결과적으로는 구체적인 교육 활동이라는 실천적·실용적 상황에 연결되는 것을 상정하므로 실천 원리의 학문이라고도 한다.

제2 언어 교육학의 제반 학문과 지식 체계를 설명해 온 그간의 논의를 통해서도 한국어 교육학의 학문적 특성을 유추할 수 있다.[5] 먼저 Spolsky(1980: 72)는 언어 기술, 언어 학습 이론, 언어 사용 이론의 세 가지 주요한 자원에 근거하여 학습 이론을 위한 심리학, 언어 학습 이론을 위한 심리 언어학, 언어 이론과 언어 기술을 위한 일반 언어학, 그리고 사회 속에서 언어 사용 이론을 위한 사회 언어학이 함께 작용하면서 언어 교육의 문제를 다룬다고 하였다. Ingram(1980: 42)은 제2 언어 교수의 실제 모형을 제시하면서 기초 학문으로부터 시작해서 실제 수업 상황에 이르는 전체적인 구조를 제시하였다. Stern(1983)에서 밝히고 있는 '제2 언어 교수의 일반 모형'은 한국어 교육학의 내용 체계를 설명하는 데에 가장 실제적인 이론적 토대이다. 이 모형에서는 제2 언어 교수의 층위를 '기초', '중간', '실제'의 세 가지로 구분하고 있다. 그리고 각 층위에서 담당하는 역할을 구체적인 학문 영역과 함께 제시하고 있다. 기초 역할을 담당하는 첫 번째 층위는 언어 교수의 역사, 언어학, 인류학, 교육 이론과 같이 내용학의 토대를 이루는 기초적인 학문 분야이다. 두 번째 층위는 교육 언어학 이론과 연구가 이루어지는 곳으로 교수, 학습, 언어 그리고 맥락이 제시된다. 마지막으로 세 번째 층위는 실제 교수·학습에 직접적으로 관여하는 내용을 제시한 것으로 교수 방법론과 교육 정책, 교사 교육 등이 포함된다. 이상의 세 층위는 서로 상호작용을 하면서 제2 언어 교수의 일반 모형을 이룬다.

이 모형의 구체적인 내용은 [그림 1-3]과 같다.

5 배두본(2002)은 영어 교육학의 학문적 성격을 5가지로 규명하였다. 첫째, 영어 교육학은 그 탐구 대상이 독립적이며 전문성을 갖는다. 둘째, 영어 교육학은 응용 학문으로서의 성격을 가지고 있다. 셋째, 영어 교육학은 역동적인 종합 학문의 성격을 가진다. 넷째, 영어 교육학은 인간을 대상으로 하는 실천 원리의 학문이다. 다섯째, 영어 교육학은 예언력을 갖는 학문이다. 이상 다섯 가지의 학문적 성격이 영어 교육학을 학문적으로 독립성과 전문성을 갖게 한다고 하였다.

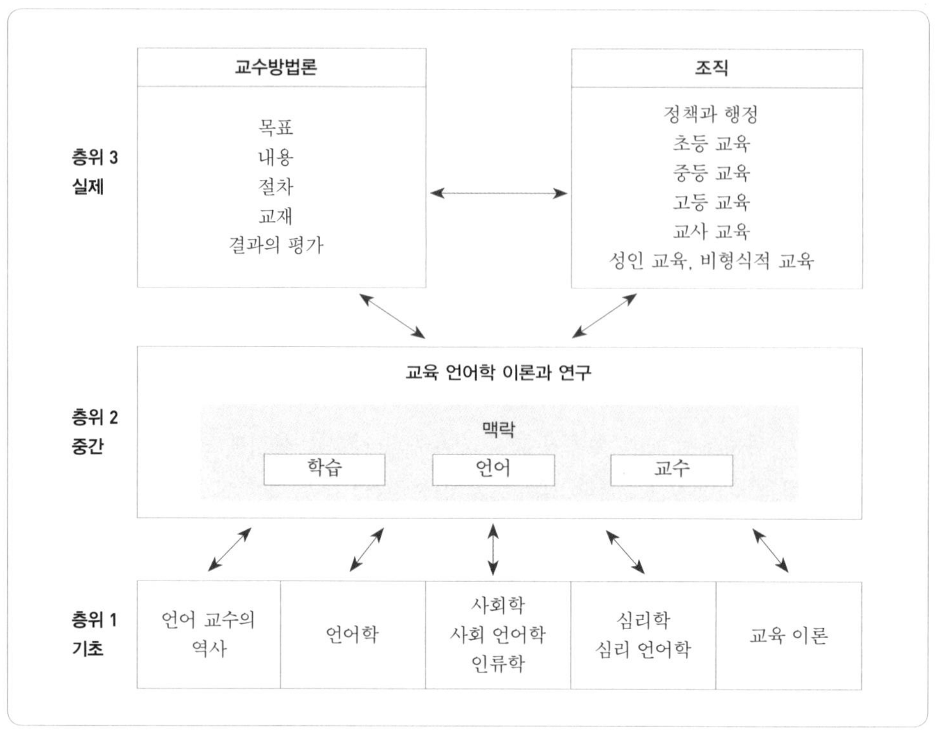

[그림 1-3] 제2 언어 교수의 일반 모형(Stern, 1983: 44)

한국어 교육학의 학문적 정체성을 밝히기 위한 그간의 노력도 위와 같은 제2 언어 교육학의 여러 선행 연구 결과를 토대로 한다. 그 결과, 한국어 교육학은 교과 교육학으로서의 계보학적인 특성과 인접 학문 분야의 학문적 속성을 고려해 볼 때 '지식 체계이자 활동(원리)으로서의 한국어 교육학', '종합 응용과학으로서의 한국어 교육학'의 특성을 갖는 것으로 설명할 수 있다.

먼저, 종합 응용과학으로서의 한국어 교육학이 지닌 특성은 한국어 교육학의 정체성 확립을 위한 초기 작업에서부터 여러 차례 논의되었다. 다만, 종합 응용 대상이 되는 학문을 무엇으로 볼 것인지, 종합 응용의 구체적인 의미를 어떻게 해석할 것인지, 즉 종합 응용 대상 학문들 간의 관계 설정을 어떻게 할 것인가에 관해서는 다소 이견이 제기되기도 한다. 이는 한국어 교육학의 세부적인 학문 체계를 어떻게 볼 것인가의 문제와도 관련이 된다. 그간의 논의를 살펴보면, 한국어 교육학의 학문 체계를 내·외적으로 이분하여 논하거나(박영순, 2001), 교사 교육과정과 연계하여 표준 교육과정을 제시하고 국어학, 언어학, 교육학, 한국어 교수법, 한국학으로 하위 구분하거나(백봉자 외, 2000), 한국어 교수법을 제외한 나머지 네 개 영역을 토대로 하는 경우도 있었다(강승혜, 2003; 서상규, 2007). 당시 미국의 학문 동향과 관련하여 한국어 교육의 학문 영역을 일반 언어학 이론, 언어 교육론 및 교수법 이론, 응용 언어학(손성옥, 2003)으로 삼분하여 논한 경우도 있었다. 이들 견해를 종합하여 한국어학, 한국어 교과학, 한국어 교육과정학의 체계에서 세부 학문 영역을 논하기도 하였다(민현식, 2005a).[6]

이어 2005년 「국어기본법」에서 '한국어 교원'을 정의하고 한국어 교원이 갖춰야 할 한국어 교육학의 지식 체계를 ① 한국어학, ② 일반 언어학 및 응용 언어학, ③ 외국어로서의 한국어 교육론, ④ 한국문화, ⑤ 한국어 교육실습의 5가지 영역으로 나누어 제시하였다.[7] 이는 한국어 교육학의 내적인 학문 체계를 직접적으로 설명해 주지는 않지만, 한국어 교원 양성 및 한국어 교육학 연구를 위한 대학 교육과정 개발의 근간을 이룬다는 점에서 한국어 교육학의 학문적 특성과 토대 또는 관련 학문 내용을 파악할 수 있게 한다.[8] '한국어학' 범주는 국어학 지식을 다루는 내용 영역으로 한국어 음운, 형태, 어휘, 의미, 화용 지식을, '일반언어학 및 응용언어학' 범주는 언어학 일반 이론과 대조 언어학, 외국어 습득론과 같은 응용 언어학 지식을 포함한다. '외국어로서의 한국어 교육론'은 한국어 교육의 이론과 실천에 관련된 제반 지식을 모두 포괄하며, '한국 문화'는 한국의 전통 문화와 현대 문화를 모두 포함하며 민속학, 문학 등의 지식을 아우르는 내용으로 구조화되었고, 실제 수업에 관한 '한국어 교육 실습' 영역이 추가되어 5영역의 체계가 확립되었다. 이러한 체계는 한국어 교육학을 구성하는 지식, 제반 학문 영역에 대한 그간의 논의가 수렴·발전된 것이라고 할 수 있다. 그럼에도 한국어 교육학의 정체성을 규명하려는 논의는 현재까지 지속되고 있다. 이 가운데 최근에는 새로운 연구 방법을 동원하여 한국어 교육학의 학문적 정체성을 밝히는 경향이 포착되어 주목을 받기도 한다.[9]

이상에서 살펴본 바와 같이, 교과 교육학 및 제2 언어 교육의 계보학적인 특성과 인접 학문 분야의 학문적 속성을 고려해 볼 때 한국어 교육학은 '종합 응용과학'이자 '실천적 학문'의 성격을 지닌다고 할 수 있다. 이러한 견지에서 언어학, 교육학, 사회 문화학, 심리학 등의 제반 학문과의 관계성이 중요하게 고려되어야 할 것이다. 또한 실천 학문으로서의 한국어 교육학의 성격은 재론의 여지가 없다. 모든 교과 교육학이 그러하듯이, 교육 현장과 유리된 교과 교육학은 존재할 수 없다. 한국어 교육학에서 정립된 이론은 실제 교육 현장에 적용되는 실천으로 이어지고, 이러한 시도가 교육의 질 개선에 도움이 될 때 의미를 가질 수 있다. 따라서 '한국어'라는 언어를 대상 언어로 하지만 언어학적 사실이나 규칙에 대한 탐구보다는, 교재를 포함한 교수·학습 맥락에서 학습자와 교사 간 상호작용에 대한 탐구가 학문의 중핵적인 대상이 되어야 한다. 결국 인격체로서의 학습자의 성장과 발달 과정에 필요한 교육 철학과 교육 내용 및 방법적 원리를 다루는 실천적 학문으로서 한국어 교육학은 한국어 교육 현장과 밀접한 관련을 맺고 있다고 하겠다.

6 이들 논의를 간략히 정리하여 비교·제시하면 다음과 같다.

박영순(2001)	백봉자 외(2000)	강승혜(2003) 서상규(2007)	손성옥(2003)	민현식(2005a)
1) 언어 내적 분야 −언어 기능교육 −문법 교육 −문화 교육 2) 언어 외적 분야 −교육 분야 −학습자 연령 및 학력별 −언어 능력별 −지역별	1) 국어학 2) 언어학 3) 교육학 4) 한국어 교수법 5) 한국학	1) 국어학 2) 언어학 3) 교육학 4) 한국학	1) 일반 언어학 이론 2) 언어 교육론 및 교수법 이론 −언어 교수법과 문법 교육 −언어 습득론 −언어 능력 측정 평가론 및 통계학 3) 응용 언어학 −담화 분석론 −말뭉치 언어학	1) 한국어학 −이론 언어학 −응용 언어학 2) 한국어 교과학 −기능 교육 영역 −문법 교육 영역 −문화 교육 영역 3) 한국어 교육과정학 −교육 기본 영역 −교육 정책 영역 −실습 영역

7 각 영역에 대한 설명에 해당하는 과목 예시는 다음과 같다.

번호	영역	과목 예시
1	한국어학	국어학개론, 한국어음운론, 한국어문법론, 한국어어휘론, 한국어의미론, 한국어화용론(話用論), 한국어사, 한국어어문규범 등
2	일반 언어학 및 응용 언어학	응용언어학, 언어학개론, 대조 언어학, 사회언어학, 심리언어학, 외국어습득론 등
3	외국어로서의 한국어 교육론	한국어 교육개론, 한국어 교육과정론, 한국어평가론, 언어교수 이론, 한국어표현교육법(말하기, 쓰기), 한국어이해교육법(듣기, 읽기), 한국어발음교육론, 한국어문법교육론, 한국어어휘교육론, 한국어교재론, 한국문화 교육론, 한국어한자교육론, 한국어 교육 정책론, 한국어번역론 등
4	한국 문화	한국민속학, 한국의 현대문화, 한국의 전통문화, 한국 문학개론, 전통문화현장실습, 한국현대문화비평, 현대한국사회, 한국 문학의 이해 등
5	한국어 교육 실습	강의 참관, 모의 수업, 강의 실습 등

8 1990년대 후반 한국어의 세계화를 위한 필요성이 대두되면서 문화관광부 산하에 '한국어세계화추진위원회'가 설립되었고, 이곳에서 '한국어교사 자격인증제도' 시행을 위한 많은 연구가 진행되었다. 우선, 2001년 문화관광부 산하 재단법인으로 '한국어세계화재단'이 설립되면서 한국어 교사의 자격 제도에 대한 논의가 더욱 활발하게 진행되었다(백봉자 외, 2000; 민현식 외, 2001). '한국어세계화재단'에서는 한국어 교사 자격 부여를 위해 시행 중인 한국어 교사 연수 프로그램, 교육대학원 교육과정을 검토하였고, 중국, 미국, 일본 등 다른 나라의 자국어 교사 교육과정 현황과 자격 제도 등을 검토하여, 한국어 교사 자격에 필요한 내용을 연구하였다. 여러 자료에 대한 귀납적 접근을 통해, 한국어 교사 교육과정의 체계를 한국어학, 언어학, 교육학, 교수법, 한국학의 범주로 구분하였다.

3. 한국어 교육학의 연구 내용과 방법

1) 한국어 교육학의 연구 내용

한국어 교육학의 학문적 정체성을 이해하고, 더 나아가 학문의 발전을 이루기 위해서는 한국어 교육학의 연구 내용과 방법을 살펴볼 필요가 있다. 이를 위해 강승혜(2003)에서는 1960년부터 2000년 초반까지 한국어 교육 분야에 쓰인 720여 편의 논문을 목록화하고, 이를 10대 주제로 분류한 바 있다. 이러한 귀납적 방법을 통해 초기 한국어 교육학 연구 내용 범주의 동향을 파악할 수 있다. 다음은 강승혜(2003: 15-16)에서 제시한 '한국어 교육 연구 주제별 분류' 결과이다.

9 일례로 프로파일링 분석과 동시 출현 단어 분석을 통해 한국어 교육학의 정체성을 분석한 경우(강범일, 박지홍, 2013)를 볼 수 있다. 이 연구는 저널 프로파일링을 통해 국어학, 국어 교육학, 한국어 교육학 세 분야의 총 15개 학술지들 간의 관계를 분석하고 한국어 교육학 분야의 학술지들이 하나의 독립된 군집을 형성함을 밝혔다. 또한 학문 분야 프로파일링과 동시 출현단어 분석을 이용해 한국어 교육학이 국어학보다 국어 교육학과 더 높은 유사도를 가지는 것을 보여주었다. 한국어 교육학의 지적 구조 분석을 통해 밝혀진 주요 주제들이 기존 연구에서 제시된 주제 영역과 대부분 일치한다는 점도 밝혀냈다.

- 한국어 교육 일반: 한국어와 한국어 교육, 한국어 교육 현황, 이중 언어 교육, 한국어 언어 정책
- 한국어 교육 내용: 문법, 어휘, 화용, 발음/억양, 문학, 한자, 문화
- 한국어 교수·학습: 교수법 일반, 기능별 교수·학습, 교육과정 일반
- 한국어 교재: 교재 개발 원리 및 구성, 대상별 교재 개발, 교재 분석 등
- 학습자 요인: 성격, 인지 양식, 정의적 요인, 문화적 요인 등
- 오류 분석: 음운론적/문법적 오류, 오류 분석을 통한 교재 구성 및 교수법적 적용
- 한국어 능력 평가: 한국어 능력 평가 일반, 평가 기준, 범주 등의 설정을 위한 기초 연구
- 웹기반·컴퓨터: 컴퓨터 활용 교육, 웹기반 한국어 교육의 실제 및 개발 현황
- 학습자 사전 개발: 학습자용 사전 개발 및 학습자 말뭉치 구축
- 교사 교육: 교사 양성 프로그램, 교사 재교육

이후 강승혜(2014)에서는 교사와 학습자로 대상을 초점화하고, 2000년 이후 논문 집필 시점까지 간행된 논문의 주제, 상세 내용을 분류·분석하였다. 그 결과, 교사 대상 연구로 교사말, 교사 피드백, 교사 요인, 교사 교육, 교사의 역할과 자질 등을 들었고, 학습자 연구에는 학습 전략, 의사소통 전략, 학습자 요인, 요구 분석 등이 있다고 하였다. 이처럼 세분화된 교사, 학습자 대상 연구 주제, 내용이 도출된 것은, 한국어 교육학에서도 교사, 학습자 자체에 관심을 두고 연구를 진행하는 경우가 많아졌을 뿐만 아니라, 연구 주제, 내용의 외연도 심화·확장되었음을 보여준다.

이 외에도 한국어 교육학에서 다루었거나 다룰 수 있는 내용은 다양한 기준과 방법에 의해 도출된 바 있다. 또한 이러한 작업은 아직까지 진행 중에 있어 한국어 교육학의 하위분류의 체계와 틀이 확정되었다고 보기는 어렵다. 그렇다고 한국어 교육학의 정체성이 점차 확고히 정립되고 있는 현 시점에서 한국어 교육학의 연구 대상, 내용 및 세부 주제를 논할 수 없는 것은 아니다. 다만, 모든 학문이 그러하듯이 한국어 교육학의 내용 체계를 분류하는 기준과 실제 내용 영역의 확장 및 심화로 인한 유동성, 혹은 역동성이 충분히 고려되어야 한다. 이 점을 고려해 볼 때 한국어 교육학 분야의 연구 내용은 연구 대상(국내외), 내용

범주로 구분하고 대상별 연구 내용 범주를 생각해 볼 수 있다.

한국어 교육학에서는 연수나 유학 목적으로 한국에 온 학생, 교원이나 이주민, 또는 그 자녀를 대상으로 연구를 진행한다. 국외 거주 재외 동포, 외국인, 한국어 문화 전공자나 (예비) 교원 등도 주요 연구 대상이 된다. 국내외 구분은 한국어 교육의 내용과 방법 모든 측면에서 이분화를 야기하는 절대적인 기준은 아니다. 그럼에도 국내외와 같은 지역 변인에 따라 한국어의 지위, 의미가 달라지고, 그 결과로 교육 내용과 방법에도 차이점이 발생할 수 있다. 이런 점을 고려하여 외국어 교육과 제2 언어 교육의 차이를 언급하기도 하다. 국내에서 한국어는 공용어, 교육 언어로서 절대적 지위를 갖게 되는 만큼, 경제, 사회, 교육 분야에서 한국어 교육의 필요성은 더욱 증대된다. 국외에서는 계승어로서, 외국어로서, 또는 전공 영역으로서의 한국어 문화가 갖는 의미와 가치가 고려되어야 할 것이다. 국외의 경우라도 해당 지역에 따라 역사, 문화, 경제, 사회적 맥락을 달리하고 있어 한국어 교육에서 다루거나 다루어야 할 내용에는 공통점도 있지만 차이점도 있다. 최근에는 한국어 문화에 대한 세계인의 관심이 증대되어 한국어 문화 및 한국어 문화 교육의 지평이 점차 확대되고 있다. 이에 따라 한국어 교육학에서 다루게 되는 연구 대상, 세부 주제는 더욱 세밀해지고 광범위해지고 있다.

한편, 한국어 교육학의 학문적 특성상 연구 내용은 '내용(학)'과 '방법(학)'으로 나누어 논의하기도 한다. 이러한 기준에 따르면, 한국어, 한국 문화, 한국어 표현·이해 연구가 '내용(학)'에, 교수 방법, 교재, 평가 등에 관련된 이론과 실제 연구가 '방법(학)'에 포함된다. 한국어 교육의 주체라고 할 수 있는 학습자, 교사에 대한 연구도 한국어 교육학의 주요 내용 범주라고 할 수 있다. 다만, 이러한 분류 체계 및 설명 또한 '내용(학) 대(對) 방법(학)', '한국어 대(對) 한국 문화', '학습 대(對) 교수' 등으로 명백하게 이원화될 수 있음을 전제하는 것은 아니다. 이는 한국어 교육이라는 복합적이고 다면적인 현상을 연구함에 있어 대상별·주제별로 심화된 논의가 가능하도록 고안한 체계이자 틀에 불과하다. 따라서 거시적 관점에서 전체를 조망하면서 한국어 교육의 세부 내용을 살피고 연구해야 할 것이다.

2) 한국어 교육학의 연구 방법

한국어 교육의 내용 연구를 위한 접근법 또는 방법으로는 인문학, 사회 과학 연구 방법이 모두 적용, 활용되고 있다. 즉, 문헌 연구, 양적 연구, 질적 연구, 혼합 방법 연구가 사용되고 있다. 이 가운데 양적 연구, 질적 연구, 혼합 방법 연구의 특징과 세부 유형을 개괄하면 다음과 같다.

먼저, 양적 연구의 대표적 방법의 하나인 조사 연구(survey research)는 "선택된 표본을 대상으로 질문에 대한 응답을 통해 정보를 수집하는 것"을 의미한다(Check & Schutt, 2012: 160). 인과 관계를 분석하기보다는 인간 행동을 설명하고 탐색하는 데에 주로 사용되므로 사회과학 연구에서 널리 활용된다. 모집단에서 추출된 표본을 대상으로 자료를 수집하고, 수집한 자료를 조사하여 이를 토대로 모집단의 성향을 추론하기 때문에 표본 추출(sampling)이 결과를 해석하는 데에 중요한 영향을 끼친다. 표본이 크기가 크면 클수록 더 정확한 분석이 가능하지만, 표본 수가 증가할수록 비용도 함께 증가하기 때문에 적절한 표본의 크기를 설정하는 것이 중요하다. 조사 연구의 타당도를 높이기 위해서는 무엇보다 응답자가 질문 내용을 잘 이해할 수 있도록 설문지를 설계하는 것이 중요하다. 이를 위해 사전 연구를 실시하여 설문지의 타당도 및 신뢰도를 분석하고, 문항 분석을 실시하여 본 연구에서 나타날 수 있는 문제점을 발견하는 것이 필요하다. 한국어 교육학 연구에서는 설문지 외에도 담화 완성 테스트(Discourse Complete Test, DCT), 문법성 판단 테스트(grammaticality judgement test) 등이 자료 수집 도구로 사용된다. 실험 연구(experimental research)는 두 집단의 차이를 이해하기 위하여 평균이나 중간값 등의 통계적인 수치를 활용하는 연구 방법이다(Brown, 2011: 192). 하나 이상의 변인을 조작하고 통제하여 다른 변인의 변화를 측정하는 체계적이고 과학적인 접근 방법으로 독립 변인과 하나 이상의 종속 변인으로 구성되며, 두 변인 사이의 인과 관계를 확인하기 위하여 주로 사용된다. 일반적으로 실험 집단(experimental group)과 통제 집단(control group)으로 구분하여 각 집단을 비교하거나, 동일한 실험 집단의 사전 검사와 사후 검사 결과를 비교한다. 실험 연구의 타당성은 매개 변수(intervening variable)의 통제 여부와 연구 대상의 대표성에 달려 있다. 따라서 매개 변수를 완벽하게 통제하여 내재적 타당성을 확보하고, 모집단을 대표할 수 있는 연구 대상의 선정이 중요하다.

다음으로 질적 연구 방법론의 대표적인 하위 유형으로는 내러티브 연구, 현상학적 연구, 근거 이론, 문화 기술적 연구, 사례 연구의 다섯 가지를 들 수 있다. 질적 연구의 하위 유형을 Cresswell(2014)의 분류에 근거하여 소개하면 다음과 같다. 첫째 내러티브 연구(narrative study)는 개인의 경험을 이야기 형식으로 표현하는 과정의 결과물인 내러티브에 관심을 갖는 연구 방법이다. 내러티브적 속성이 있는 이야기 자체를 연구 대상으로 하며, 소수의 연구 참여자가 가진 개별적인 경험들을 보고하고, 이러한 경험들의 의미를 생애 주기나 연대기적으로 나열하는 것으로 구성된다. 생애사(life history), 구술사(oral history)는 내러티브 연구의 대표적인 유형이다. 현상학적 연구(phenomenological study)는 내러티브와 달리 하나의 개념이나 현상에 대한 개인들의 체험이 가진 공통의 의미에 대하여 환원, 기술적 분석, 반성, 해석 등 다양한 현상학적 방법을 사용하여 수행되는 연구를 뜻한다. 현상학적 연구는 철학자 E. Husserl의 연구를 토대로 시작되었기 때문에 철학 분야에서 주로 수행되었지만, 이후 철학 외에도 보건학, 사회학, 교육학 등 다양한 학문 분야에서 광범위하게 수행되었다. 근거 이론(grounded theory)은 현실에 기반한 자료에 근거하여 귀납적 발견의 맥락에서 이론 도출을 제안하는 질적 연구의 방법론적 전통을 의미한다. 이때 자료는 사람들의 행동, 상호작용 등 현장에서 수집된 자료에 근거해야 한다. 근거 이론은 실제 자료에 근거해서 자료를 분석하기 때문에 이론적 모형이 부족한 연구 영역이나 새로운 연구 영역의 학문적 발전에 기여할 수 있다. 근거 이론의 대표적인 유형으로는 Strauss & Corbin(2008)의 패러다임 모형, Charmaz(2006)의 구성주의 모형이 있다. 문화 기술지 연구(ethnographic study)는 문화 공유 집단(culture-sharing group)이 가지고 있는 지식, 신념, 행동, 가치 등을 내부자의 관점(emic)과 외부자의 관점(etic)에서 총체적으로 탐색하는 연구이다. 이 연구는 직접 연구 현장에서 연구를 수행하기 때문에 생생한 관찰이 가능하고, 심층적인 정보를 제공할 수 있다. 특히 연구 대상인 특정 문화나 집단에 대한 분석을 통해 다른 사회나 문화와 비교를 통해 이해와 해석의 폭을 넓힐 수 있다는 장점이 있다. 반면에 연구의 폭이 좁고, 시간이 오래 걸리며, 연구자의 주관적 판단에 의존해야 한다는 점에서 한계를 가진다(김석우·최태진, 2007: 407-409). 마지막으로 사례 연구(case study)는 특정 집단이나 개인을 연구의 분석 단위인 사례로 정의하고 그 사례에 초점을 두는 연구이다. 사례 연구의 핵심은 특정 사례에 깊이 있는 관찰과 '상세한 기술'(thick description)을 추구하기 때문에 사례의 수는 소수로 제한된다. 따라서 발견한 연구 결과를 다른 사례에 일반화할 수 없다는 단점을 지니고 있다.

혼합 방법 연구(mixed methods research)는 양적 연구와 질적 연구의 장단점을 보완한 연구 방법이다. 전통적으로 제2 언어 연구 방법론은 크게 양적 연구와 질적 연구로 양분된다. 그러나 각각의 연구 방법은 나름의 장단점을 가지고 있기 때문에 최근에는 두 연구 방법을 상호 보완하여 혼합 연구를 수행하는 방향으로 변화하고 있다. 혼합 연구는 연구 문제에 대한 해답을 찾기 위해 질적, 양적 두 가지 접근법을 활용하여 자료를 수집하고, 수집한 자료는 연결, 삽입 등의 절차를 거쳐 통합된다. 이때 연구 목적에 따라 자료 수집의 시기와 방법이 달라질 수 있으며, 특정 자료에 대해서 강조할 수도 있다. 구체적으로 새로운 측정 도구 개발을 위해 질적 접근법인 초점 집단 면접(Focus Group Interview, FGI)을 실시하여 자료를 수집하고, 결과를 분석한 후에 그 결과를 토대로 측정 도구를 개발한다. 이후 개발한 측정 도구를 일반화하기 위하여 양적 접근법을 활용하여 대상자에게 적용한다. 이러한 절차는 "질적 접근을 통한 탐색, 도구 개발 그리고 양적 접근을 통한 도구의 적용"의 삼 단계로 이루어진 혼합 연구 방법의 사례이다(Creswell & Plano Clark, 2018).

한국어 교육학에서는 위와 같은 다양한 연구 방법이 활용되고 있다. 그러나 한국어 교육학이 하나의 학문으로 자리매김하기 위해서는 타당한 연구 방법론의 학문 고유의 특성을 반영한 연구 방법론이 정립되어야 한다. 모든 학문 분야가 그러하듯이, 한국어 교육학 역시 성립 초기에는 연구 방법론에 대한 인식이 미약했다. 태생적으로 배경 학문의 이론적 토대 위에 성립된 것이 아니라, 교육 현장의 필요에 의해서 출발하였기 때문에 타당한 연구 방법에 대한 고민이 깊지 않았다. 또한 국어학을 포함한 인문학의 하위 범주에 속한 것인지, 교과 교육학의 하위분류인지 등 학문 분류 체계에 대한 논의도 명확하지 않았던 터라 적합한 연구 방법론을 고민할 여력이 부족했던 것이 사실이다. 초창기의 이러한 한계는 여전히 지속되고 있다. 2005년 한국어교원 자격제도가 확립되면서 교원 교육을 위해 필수적으로 이수해야 할 교과목이 확정되었지만, '연구 방법론'은 포함되지 않았다. 또한 한국어 교육학 연구자를 양성하는 대학원 과정에서도 '연구 방법론' 과목은 필수 과목으로 지정되지 않았거나, 개설조차 되지 않은 곳도 있다. 결국 독립된 학문으로서의 한국어 교육학이 학문적 정체성을 수립한다는 것은 한국어 교육학 나름대로의 이론과 방법론을 정립한다는 것을 의미한다. 따라서 앞으로는 한국어 교육학 고유의 연구 방법론 정립을 위하여 다양한 논의가 이루어져야 할 것이다. 한국어 교육학이라는 학문이 고유의 연구 방법론을 정립하고, 이를 바탕으로 체계적인 연구와 실천이 이어진다면, 한국어 교육학은 양적인 성장을 넘어 질적인 성숙에 이를 수 있을 것이다.

탐구 과제

1. 다음은 한국연구재단의 학문 분류 체계이다. 한국어 교육학은 '사회 과학-교육학-교과 교육학-한국어 교육학'의 체계로 구성되어 있다. 이러한 분류 체계의 적절성에 대하여 토의해 보자.

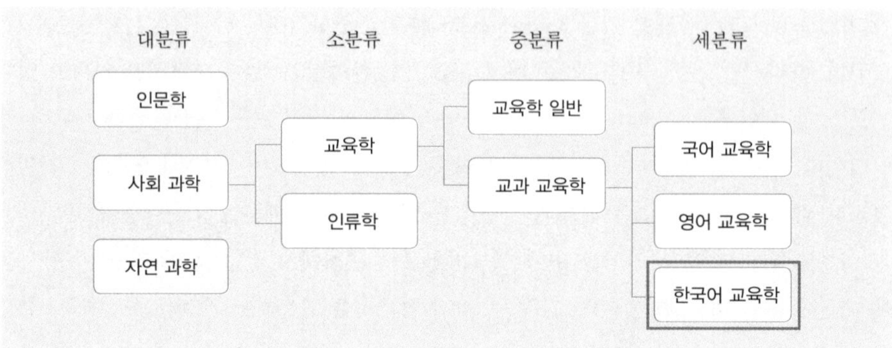

2. 다음은『국어기본법 시행령』에서 명시하고 있는 한국어 교원의 자격이다. 다음을 읽고, 한국어 교원의 자격과 조건을 생각해 보자.

제13조(한국어교원 자격 부여 등)

① 법 제19조 제2항에 따라 재외동포나 외국인을 대상으로 국어를 가르치는 사람(이하 "한국어교원"이라 한다)의 자격은 다음 각 호와 같다.

1. 한국어 교원 1급
   제2호 각 목의 어느 하나에 해당하여 한국어 교원 2급 자격을 취득한 후에 제2항에 따른 기관 또는 단체 등에서 5년 이상 근무하면서 총 2천 시간 이상 외국어로서의 한국어를 가르친 경력(이하 "한국어 교육 경력"이라 한다)이 있는 사람
2. 한국어 교원 2급
   가. 외국어로서의 한국어 교육 분야를 주전공 또는 복수전공으로 하여 별표 1에서 정한 영역별 필수 이수학점을 취득한 후 학사 이상의 학위를 취득한 사람. 이 경우 외국 국적을 가진 사람은 문화체육관광부장관이 시험 종류, 시험의 유효기간 및 급수 등을 정하여 고시하는 시험에 합격한 사람일 것
   나. 2005년 7월 28일 전에 대학에 입학한 사람으로서 외국어로서의 한국어 교육 분야를 주전공 또는 복수전공으로 하여 별표 1 제3호에 따른 영역에 속한 과목과 같은 표 제5호에 따른 영역에 속한 과목을 합산하여 18학점 이상을 이수하되, 같은 표 제3호에 따른 영역에 속한 과목을 2학점 이상 이수한 후 학사 학위를 취득한 사람
   다. 2005년 7월 28일 전에「고등교육법」제29조에 따른 대학원(이하 "대학원"이라 한다)에 입학한 사람으로서 외국어로서의 한국어 교육 분야를 전공으로 하여 별표 1 제3호에 따른 영역에 속한 과목과 같은 표 제5호에 따른 영역에 속한 과목을 합산하여 8학점 이상을 이수하되, 같은 표 제3호에 따른 영역에 속한 과목을 2학점 이상 이수한 후 석사 이상의 학위를 취득한 사람
   라. 제3호 가목 및 다목부터 마목까지의 어느 하나에 해당하여 한국어 교원 3급 자격을 취득한 후에 제2항에 따른 기관 또는 단체 등에서 3년 이상 근무한 사람으로서 총 1천200시간 이상의 한국어 교육 경력이 있는 사람
   마. 제3호 나목, 바목 및 사목의 어느 하나에 해당하여 한국어 교원 3급 자격을 취득한 후에 제2항에 따른 기관 또는 단체 등에서 5년 이상 근무한 사람으로서 총 2천 시간 이상의 한국어 교육 경력이 있는 사람

-한국어 교원 3급은 생략-

더 읽을 거리

Krashen, S. (1982). *Principles and practice in second language acquisition*. Oxford: Pergamon Press.

이 책은 미국의 제2 언어 습득론 연구자인 Krashen이 제시한 5가지 주요 가설로 구성된 책이다. Krashen의 가설은 제2 언어 습득을 위해 제안된 최초의 이론으로 제2 언어 습득 분야에서 가장 영향력 있는 이론으로 널리 알려진 이론 중의 하나이며, 제2 언어 습득 이론의 발전에 기여한 책이다.

Stern, H. H. (2002). 언어교수의 기본개념. (심영택, 위호정, 김봉순 역). 서울: 도서출판 하우. (원서 출판 1983)

이 책은 제2 언어 또는 외국어 교수와 학습의 탐구 문제를 논하고 있다. 복잡한 현상으로서의 언어 교수의 실제를 인지하고 이에 관련된 쟁점과 문제를 분석할 수 있는 틀을 제시하고 있다. 이로써 한국어 교육학의 기초를 이루는 주요 개념, 이론을 보다 정확하게 이해하고, 한국어 교수 결정 시 전문가적 판단을 내리는 데 유용한 식견을 기를 수 있다.

Mitchell, R., & Myles, F. (2013). 제2 언어 학습론 우리는 외국어를 어떻게 배우는가. (박윤주, 최선희 역). 서울: 에피스테메. (원서 출판 2004년)

이 책은 Rosamonde Mitchell과 Florence Myles의 저작 『Second Language Learning Theories』를 번역한 것이다. 외국어 교육과 언어 습득에 대한 입문서로서 외국어로 배우는 영어에 대한 이론적 기초를 제공하는 동시에, 이러한 영어 교육 이론들이 실제 교실 현장이나 우리가 살고 있는 일상생활에서 어떻게 조화를 이루는지 보여주고 있다.

2장
한국어 교육과정론

1. 한국어 교육과정의 성격

한국어 교육과정이란 한국어 교육의 목표, 내용, 방법, 평가 등을 계획하고 운영하는 원리라고 할 수 있다. 일반 교육학에서 교육과정은 공부하는 학생들이 '마땅히 따라가야 할 길 또는 코스'를 의미한다. 즉 교육에 기본적인 틀을 제공하여, 교육과정의 체계 안에서 교육의 계획과 실행이 이루어지도록 하는 것을 교육과정이라고 한다(김재춘 외, 2010: 11). 이러한 교육과정은 개발 주체에 따라 국가 수준의 교육과정, 지역 수준의 교육과정, 학교 수준의 교육과정, 교수·학습 수준의 교육과정으로 구분된다. 국가 수준의 교육과정은 학교 교육에 관한 전국 공통의 일반 기준이 되기 때문에 학교 교육의 통일성과 체계화를 꾀할 수 있다. 한국어 교육은 대학 부설 기관을 중심으로 교육의 실천이 이루어졌기 때문에 교육과정 역시 해당 기관 수준에서 개발되어 왔다. 그러나 최근에는 국가 수준에서 개발한 '한국어(KSL) 교육과정'[1]이 고시(2012, 2017)되면서 해당 학습자에 대한 교육이 국가 주도의 표준화된 교육과정 체계에서 이루어지도록 하였다. 초중고등학교에 재학 중인 이주 배경이나 다문화 배경 학습자를 위해 개발된 한국어(KSL) 교육과정은 국가가 주도하는 공적인 교육 영역 안에서 한국어 교육이 계획되고 실천될 수 있는 근간이 되고 있다. 한국어 학습자의 증가와 다양화라는 양적인 성장과 함께 한국어 교육학의 학문적 체계가 확립되어 가면서 교육과정 개발 주체도 다양해지고 이에 대한 이론 연구도 활발해지기 시작하였다.

한국어 교육과정의 특수성은 개발 주체의 다양성 외에도 교육과정의 역할에서도 발견할 수 있다. 국가 주도의 표준화된 교육과정은 운영 지침과 편제를 명시하고, 내용 체계를 밝히고, 이에 따른 구체적인 성취기준을 고시한다. 그리고 이러한 교육과정의 운영·고시에 따라 교과서가 개발되고 보급된다. 한국어(KSL) 교과서도 한국어 교육과정에 근거하여 개발되고, 학교에서 교수·학습되고 있다. 그러나 앞에서 언급하였듯이 한국어(KSL) 교육과정을 제외한 대부분의 교육과정은 전통적으로 대학 부설 기관을 중심으로 교육·연구되어 왔기 때문에, 주로 교수요목(syllabus)을 중심으로 한 교재 개발에 집중하는 경향이 있다.

1 한국교육과정평가원에서 개발한 교육과정의 정식 명칭은 '한국어 교육과정'이다. 그러나 한국어 교육학계에서는 초중고등학교의 다문화 배경 자녀라는 학습자의 특성과 '제2 언어로서 한국어'(Korean as Second Language)라는 언어적 위상을 고려하여 KSL 교육과정이라는 용어를 주로 사용하였다(전은주, 2008; 원진숙, 2013; 김영란, 2014; 김윤주, 2015; 홍종명, 2015). 이러한 경향성을 고려하여 이번 장에서도 '한국어(KSL) 교육과정'이라는 용어를 사용하여, 대학 부설 기관 중심의 한국어 교육과정과 구분해서 기술하였다.

교육과정(curriculum)과 교수요목(syllabus)의 차이는 무엇일까?

교육과정과 교수요목이라는 용어의 사용과 개념은 국가에 따라 달리하는 경우가 있다. 미국에서는 교육과정과 교수요목을 유사한 개념으로 보되, 교육과정이라는 용어를 더 선호하는 경향을 보인다. 이와 달리 영국에서는 교수요목과 교육과정을 구분하고, 교육과정을 상위의 개념으로, 교수요목은 교과 내용의 선정과 조직에 관련된 교육과정의 일부 개념으로 본다(배두본, 2010: 47). Nunan(1988), Richards(2001)에서도 교육과정 가운데 내용 선정과 조직에 해당하는 일부만을 교수요목으로 설명하고 있다. Richards(2001)는 교수요목이 교육 내용을 상세화한 것이며 무엇을 가르치고, 평가할 것인지를 목록화하는 것인 반면, 교육과정 개발은 교수요목 설계보다 더 포괄적인 과정이라고 밝히고 있다. 특히 교육과정은 요구 분석에서 시작하여, 학습자 요구를 기술하기 위한 프로그램의 목표와 목적을 개발하고, 적절한 내용의 선정과 조직에 해당하는 교수요목, 교수 방법 그리고 프로그램의 평가를 수행하기 위해 사용되는 과정들을 모두 포함한다고 하였다. 이런 견지에서 용어 사용법에 있어서도 교육과정은 개발(development), 교수요목은 설계(design)라는 표현이 빈번하게 사용되기도 한다. 한국에서도 이와 유사하게 교육과정을 교수요목의 상위 개념으로 이해하고 용어를 사용하는 경우가 많다. 교육과정과 교수요목 두 가지의 개념 차이에 대해서는 Celce-Murcia et al.(2014)을 통해서 보다 상세하게 살펴볼 수 있다.

교육과정의 광의의 개념은 학생이 참여하는 학교의 모든 활동, 즉 학생이 배우는 것과 배우는 방법, 교사가 가르치는 방법, 교육 자료, 평가의 유형과 방법 등을 가리키는 것이고, 교수요목은 정해진 프로그램에서 다루는 내용을 규정한 것으로 전체 프로그램의 일부분에 해당한다(Richards, 2001: 39). 즉, 교수요목은 교육과정 내에 주어진 교과의 전 과정에 대한 학습 항목을 배열하여 구체화한 계획이다. 교수요목은 교육과정 구성의 근간을 이루는 것으로 무엇을 어떻게 가르칠 것인가를 보여 주는 교육과정의 설계도에 해당하고, 교육과정의 목적과 목표의 실천이 교수요목의 구성을 통해 이루어진다.

초창기 한국어 교육 기관에서는 교수요목의 단계에서 학습 내용과 방법을 결정하고 이를 교재에 반영하는 방식으로 교육과정을 운영하였다. 이처럼 한국어 교육이 교육과정보다는 교수요목과 교재를 중심으로 하는 구현체(김지영, 2012: 13)로 구동되고 있는 연유는 현장 중심의 한국어 교육 경험이 중시되고 있기 때문이다. 1950년대 후반 이후 근대적 의미의 한국어 교육이 시작된 초창기에는 교수요목 개발 단계에서 학습 내용과 방법을 결정하고 이를 교재에 반영하는 방식으로 교육과정을 운영해 왔다. 이러한 경향성은 1980년대 중반까지 이어지다가 대학 부설 한국어 교육 기관이 설립되면서, 더욱 본격적인 의미의 교육과정 개발에 관심을 기울이게 되었다. 이후 2000년대에 접어들면서는 '특수 목적 한국어'(Korean for specific purpose)의 개념이 도입되고 국내 대학(원) 진학을 목표로 한국어를 공부하는 학문 목적 한국어 학습자를 위한 교육과정에 대한 논의가 활발하게 이루어졌다. 또 결혼 이주 여성을 위한 한국어, 이주 노동자를 위한 한국어, 직업 목적 한국어 등 학습자 요구 분석에 기반하여 다양한 한국어 학습자를 위한 교육과정 개발도 시도되었다. 그러나 이 시기의 교육과정 개발 역시 교재 개발을 위한 교수요목 설계에 주안점을 두고 있었다. 그럼에도 기존의 문법 중심의 한국어 교육의 범주를 벗어나 의사소통 접근법을 기반으로 하는 과제 기반 교수요목, 다중 교수요목 등이 개발되어 교육 내용과 방법의 다변화가 모색되기도 하였다. 그러나 한국어 교육은 본질적으로 학습 목적이 다양하고, 학습자의 연령, 국적, 교수·학습 환경 등에서 차이를 보이기 때문에 단일한 교육과정을 갖기는 어렵다. 따라서 표준화된 교육과정에 대한 시도는 비교적 비슷한 교수·학습 맥락을 가진 국외의 한국어 교육 현장에 제한적으로 적용되고 있다. 가령, 국가가 운영하는 세종학당의 경우, '국제 통용 한국어 교육 표준 모형'(2010, 2011, 2016, 2017)이라는 이름으로 개발된 표준화된 교육과정의 방식을 따라, 교육 편제와 교육 내용, 교재 등에서 통일성을 갖추고 있다.

이처럼 대부분의 한국어 교육은 다차원적으로 진행되고 있어 일률적인 표준화를 지향하기는 어렵다. 그러나 체계적으로 개발된 교육과정 체제 안에서 교육의 계획과 수행이 이루어졌을 때 바람직한 한국어 교육이 가능하기에, 한국어 교사들은 자신들이 사용하고 있는 교육과정을 비판적으로 분석할 수 있는 태도와 새롭게 교육과정을 (재)구성하고 개발할 수 있는 능력을 가져야 한다. 이러한 관점에서 교육과정의 개념, 개발 절차 및 방법에 대한 이해가 필요하다.

2. 한국어 교육과정의 구성

1) 한국어 교육과정의 구성 요소

일반적으로 국내 공교육의 교육과정 구성 요소는 성격, 목표, 내용, 방법, 평가의 다섯 가지이다. 국내 공교육의 교육과정은 국가가 주도하여 개발하는 중앙집권적 형태의 제도적인 교육과정이지만, 한국어 교육은 제도권에서 이루어지는 공교육의 범주 외에도 대학 부설 기관 중심의 한국어 교육이 중핵적인 위치를 차지하고 있으며, 외국어 교육이라는 특수성을 지니고 있어서 교육환경, 학습 목적, 학습자 수준 등 다양한 교육환경에 적용할 수 있는 프로그램으로서의 특징을 가지고 있다. 따라서 한국어 교육과정의 구성은 일반 교육과정과 차이가 있다. 먼저, 학년 단위로 교육과정이 개발되는 일반 학교 교육과 달리 외국어 교육은 학습자의 언어 수준에 따라 교육과정이 개발되기 때문에 학습자의 언어 수준을 등급화(gradation)하는 것이 교육과정에서 매우 중요한 요소가 된다. 국내의 일반 교육과정에는 학년 군(群)을 중심으로 성취기준이 기술되지만, 한국어 교육과 같은 외국어 교육은 학습자들의 언어 수준에 근거하여 목표가 설정되고, 교육 내용과 방법 또한 다르게 설계된다. 일반 교육과정의 경우 교육과정의 변천에 따라 영역 구분에 대한 논의가 활발하게 이루어졌기 때문에 교육과정의 내용에서 영역에 대한 개념과 범주화가 필수적이지만, 한국어 교육의 경우 영역은 의사소통 기능과 언어 지식 그리고 문화의 세 영역으로 구분되는 것이 일반적이기 때문에 영역을 필수적으로 포함할 필요는 없다. 따라서 한국어 교육의 특성을 고려한 교육과정의 구성 요소는 교육 목표, 교육 내용, 교수·학습 방법, 평가의 네 가지이며, 이들은 언어 숙달도(language proficiency)에 근거한 등급화에 따라 각각의 세부 내용이 결정된다.

(1) 교육 목표

교육과정은 단순하게 교육 내용과 방법을 기술한 문서가 아니다. 교육 기관의 교육 철학과 학습을 바라보는 관점을 총괄적으로 포함하고 있는 교수·학습의 계획이자 결과이다. 교육 기관이 기대하고 추구하는 바가 교육과정으로 실현되므로 교육 목적과 목표가 구체적으로 드러난다. '교육 목적'(purpose)은 언어에 대한 인식과 언어 교육을 바라보는 관점을 포괄하는 상위의 개념이고, '세부 목표'(objective)는 실제 수업에서 달성해야 할 구체적인 목표를 의미한다. 세부 목표는 상위의 목적과 위계적인 관계를 바탕으로 설정되어야 한다. 즉, 교육과정의 구성 요소로서 교육 목적과 목표는 교육을 통해 길러주고자 하는 능력을 세분화하여 체계적으로 제시하고, 언어로 명확하게 진술해야 한다.

(2) 교육 내용

교육과정에서 교육 내용은 가르칠 내용을 제시하는 것이 아니라, 교육 목적과 목표에 따라 교육 내용의 기술 범위를 상세하게 결정하여 제시해 주어야 한다. 교육 내용의 기술 범위는 교육과정마다 차이를 보인다. 일반적으로 한국어 교육과정의 교육 내용에는 말하기, 듣기, 읽기, 쓰기의 의사소통 기능과 문형 및 문법 항목, 어휘 등을 포함한 언어 지식, 문화 지식과 태도를 포함한 세 가지 영역이 주를 이룬다. 이상 세 가지 영역을 대상으로 무엇을 가르칠 것인가, 언제 가르칠 것인가, 그리고 선택된 내용을 어떻게 배열할 것인가를 결정하는 교육 내용의 선정과 조직은 교육과정 개발의 핵심이다. 교육 내용 선정을 위해서는 교육 기관의 철학과 학습자의 특성을 고려하여 다양한 한국어 교육의 내용 가운데 필요한 것을 선택적으로 교육과정에 포함해야 하며, 교육 환경과 맥락을 고려하여 조직하고 배열해야 한다. 그리고 실제 교육과정의 실행 단계에서 어떤 방식으로 운용할 것인지 등을 상세하게 기술하는 것이 필요하다.

(3) 교수·학습 방법

교육 내용과 더불어 어떻게 교수·학습을 진행할 것인지에 대한 교수·학습 방법 또한 교육과정의 중요한 구성 요소가 된다. 한국어 교육과정에서 교수·학습 방법은 세부 모형과 교수법에 대한 내용을 제시해야 한다. 언어 교수법의 변천 과정을 토대로 하여 문법 번역식 교수법, 청화식 교수법 혹은 최근의 의사소통 중심 교수법 등의 다양한 교수법 가운데 교육 목표로 선정한 내용을 가장 효과적으로 전달할 수 있는 교수법을 제공하는 것이 교수·학습 방법의 임무이다. 교수·학습 방법에는 교수법에 대한 논의뿐만 아니라, 학습 목표를 어떻게 수립할 것인지, 수업 자료를 어떻게 선정할 것인지, 교재의 재구성과 활용은 어떻게 할 것인지 교수·학습 실행의 단계에서 필요한 계획, 운용, 방법이 포괄적으로 담겨 있어야 한다.

(4) 평가

교육과정에서 평가는 교육과정의 내용과 절차의 실효성을 점검한 후 보완하고 개선하기 위하여 관련된 모든 정보를 수집하고 분석하는 역할을 한다(홍후조, 2013: 427). 따라서 학습자가 성취 목표를 달성했는지에 대한 성취도 평가, 교사에 대한 평가, 프로그램 혹은 교육과정 자체에 대한 평가를 모두 포함한다. 이러한 평가 절차를 통해 교육 목표가 성취되었는지를 점검하고 나아가 교육과정의 개선 방향에 대한 도움도 받을 수 있다. 따라서 평가는 교육과정 전반에 걸쳐 순환적으로 반영되며, 교육과정 전체를 조율하는 교육과정 설계의 요소이자 교육과정을 점검하고 보완하는 역할을 하기도 한다.

2) 한국어 교육과정 구성의 세부 유형

교수요목은 교육과정 내에 주어진 교과의 전 과정에 대한 학습 항목을 배열하여 구체화한 계획으로 "내용의 선정과 조직에 중점을 둔, 보다 좁은 개념"이다(Nunan, 1988:5). 그간 한국어 교육 현장에서는 이러한 교수요목을 근거로 가르칠 내용을 선정하고, 어떻게 가르칠 것인가를 결정하여 교재를 개발하고 이를 활용하여 한국어 교수·학습을 실천해 왔다. 이러한 견지에서 한국어 교육과정의 구체상을 이해하기 위해서는 교수요목 단계에서 내용의 선정, 조직, 수업의 실행 절차를 살펴보고, 그에 따라 교수요목의 유형을 세분화할 필요가 있다.

본서에서는 교수요목이 어디에 초점을 두는지에 따라 결과 지향적 교수요목(product-oriented syllabus)과 과정 지향적 교수요목(process-oriented syllabus)의 두 가지로 범주화한 후, 이를 다시 세분화하고자 한다.[2]

(1) 결과 지향적 교수요목

결과 지향적 교수요목은 가르칠 내용에 주목하여 학습 내용을 미리 선정하고, 배열하여 학습자에게 제공하는 교수요목의 유형을 의미한다. 결과 지향적 교수요목에는 구조 교수요목, 상황 교수요목, 개념-기능 교수요목 등이 있다. 먼저 결과 지향적 교수요목의 대표 유형을 살펴보면 다음과 같다.

① 구조 교수요목

구조 교수요목(structural syllabus)은 언어의 문법 구조를 중심으로 단원을 구성한 교수요목이다. 구조주의 언어학에 이론적 근거를 두고 언어 구조에 관한 지식 학습을 목표로 삼고 있다. 또 학습을 자극과 반응에 의한 조건화된 행동으로 보는 행동주의 심리학에 근거하여 관찰과 반복을 통해 지식을 배우고 이러한 과정을 통해 언어 습관이 형성되는 것으로 본다. 구조 교수요목의 구체적인 사례는 다음과 같다.

[표 2-1] 구조 교수요목의 예시

단원	소단원	문법 항목
부정 표현	'안' 부정법	안 + Vst /-지 않다 / N이/가 아니다
	'못' 부정법	못 + Vst / -지 못하다
	'말다' 부정법	V + -지 말다
	이중 부정법	안 + Vst + -지 않다

구조 교수요목에서 학습은 문법 항목들로 세분화되어 있다. 예시에서 볼 수 있듯이, 부정 표현이라는 문법 항목을 세분화하고, 이를 다시 문형으로 구분하여 제시하고 있다. 이러한 과정에서 어휘 수를 제한하고, 문법 구조를 단순한 것에서 복잡한 것으로, 규칙적인 것에서 불규칙적인 것으로, 그리고 문법의 사용 빈도가 높은 것에서 낮은 것으로 내용을 조직한다. 따라서 학습 내용을 체계적으로 가르칠 수 있다는 장점이 있다. 그러나 문장 속의 문

2 교수요목은 연구자에 따라 다양하게 하위 분류된다. 결과 지향적이거나 과정 지향적 교수요목으로 유형화하는 경우 외에도, 학습 내용을 조직하는 방법에 따라 선형(linear type), 나선형(spiral type), 조립형(modular type), 기본 내용 제시형(matrix type), 줄거리 제시형(story-line)으로 분류하기도 한다. 선형 교수요목은 교수 항목을 일직선상에 한 번씩 선택하여 배열하는 것이고, 나선형 교수요목은 순환형 교수요목으로 2회 이상 반복하면서 난이도와 복잡도가 갈수록 심화되는 형태이다. 조립형 교수요목은 주제나 상황을 특정 언어 기능과 통합하여 하나의 학습 단위로 조직하는 것이고, 기본 내용 제시형 교수요목은 학습자가 주제를 선택하여 학습할 수 있도록 제공하는 유형이다. 마지막으로 줄거리 제시형 교수요목은 주제의 지속성을 유지하면서 순서를 일관성 있게 구성하도록 제안된 내용 배열 방식이다(서울대학교 국어교육연구소, 2014: 872-873). 또한 교육 내용의 제시 방법에 따라 목표 언어를 한 번에 전체 단위로 제시하는 '분석적 교수요목'(analytic syllabus)과 정해진 순서에 따라 목표 언어를 쪼개서 분절적으로 제시하는 '종합적 교수요목'(synthetic syllabus)으로 분류하기도 한다. 분석적 교수요목의 하위 유형으로는 '상황 교수요목', '주제 교수요목'이 있고, 종합적 교수요목의 하위 유형에는 '구조 교수요목'이 있다(Wilkins, 1976: 2-3).

법적 의미를 제시할 때 형태만을 중시하기 때문에 실제 발화 상황에서 그것이 어떻게 사용되는지를 간과하는 측면이 있고, 맥락이 결여된 채 고립된 문장만이 나열되어 실제적인 의사소통 능력 향상에는 도움을 주기 어렵다는 단점이 있다.

② 상황 교수요목

상황 교수요목(situational syllabus)은 학습자가 직면하게 될 상황을 예상하여 설정한 후, 각 상황에서 요구되는 목표어의 언어 단위를 다루는 교수요목이다. 상황 교수요목은 행동주의에 기반하여 언어 습관 형성을 강조하고, 구어 기능의 향상을 목표로 한다. 따라서 공항, 터미널, 식당, 은행 등 학습자들이 경험할 수 있는 상황을 중심으로 교수요목을 구성한다. 그러나 구어 능력의 신장은 체계적으로 구조화된 문법적 형태와 어휘에 의해 이루어진다고 보고, 각각의 상황에서 사용할 수 있는 문법적 구조와 어휘가 제시되는 과정을 조직화한다. 상황 교수요목의 구체적인 사례는 다음과 같다.

[표 2-2] 상황 교수요목의 예시

상황	기능	어휘
은행	• 환전하기 • 현금 지급기 이용하기	• 숫자 세기 • 환전 및 ATM 관련 어휘
약국	• 증상 표현하기 • 복용 방법 이해하기	• 약 종류 관련 어휘 • 복통 증상 관련 어휘

상황 교수요목은 문법적 접근과 의사소통적 접근이 혼재된 교수요목이다. 학습자의 언어 수행이 특정 상황과 관련되어 있다고 인식하고, 적합한 언어를 생성하여 사용하게 한다는 점에서는 의사소통적 접근에 가깝지만, 교수요목을 조직할 때에는 문법 형태에 기반을 두기 때문에 문법적 접근에 뿌리를 두고 있기도 하다.

③ 개념-기능 교수요목(notional-functional syllabus)

개념-기능 교수요목(notional-functional syllabus)은 언어 능력보다 언어 사용과 의사소통 능력을 중심으로 교육 내용을 구성한 교수요목이다. 1970년대 언어에 대한 시각이 넓어지면서 언어 형식을 넘어선 의사소통 능력에 대한 논의가 활발하게 이루어졌다. Chomsky를 중심으로 한 변형 생성 문법학자들이 언어를 추상적인 지식 체계(language competence)로 인식한 것에 반해, Halliday, Lyons 등은 인간의 언어가 구체적이며 사실적인 의사소통의 체계라고 보았다. 따라서 언어 교육은 문법적 능력의 내면화를 넘어서 특정한 상황에서 사용 능력까지 포함해야 한다고 보았다. 이때 등장한 것이 개념-기능 교수요목인데, 이는 의사소통 중심 교수법의 토대가 되었다. 여기서 의사소통 개념은 시간, 공간, 건강, 취미 등을 말하며, 기능은 인사하기, 거절하기, 사과하기 등을 일컫는다. 개념-기능 교수요목은 학습자가 목표어로 표현해야 할 의미 위주로 먼저 내용을 구성한 후에 언어 형식을 결정한다. 따라서 인간 사이의 기능적·실제적 의사소통에 초점을 맞추어 의사소통 능력 신장을 도모하는 학습자 중심의 언어 교육 접근법이다. Wilkins(1976)에서는 구조 교수요목이 '어떻게'에 대한 답이고, 상황 교수요목은 '언제', '어디'에 대한 답이라면, 개념-기능 중심 교수요목은 '무엇'에 대한 답이라고 하였다. 이처럼 개념-기능 중심 교수요목은 실제적 학습과제와 실세계의 언어를 제공함으로써, 의사소통 목적을 성취하는 데 유용하다. 또 학습자가 말하기에 대한 실제 목적을 명확하게 인식하게 되는 장점이 있다.

[표 2-3] 개념-기능 교수요목 예시

개념	기능	어휘	문법
위치	길 묻기	장소 관련 어휘	-에 있다
	위치 설명하기	위치/ 방향 관련 어휘	-(으)로 -(으)세요

위 예시에서는 '위치'라는 개념을 중심으로 단원을 구성하였다. 구체적인 의사소통 기능으로 '길 묻기'와 '위치 설명하기'를 제시하였고, 이러한 개념-기능과 관련이 있는 어휘와 문법을 제시하고 있다. 개념-기능 교수요목의 한계로는 선정과 배열에서 객관적인 기준을 설정하기 어렵다는 점이다. 구조 교수요목의 경우 언어 복잡도(complexity)라는 명확한 기준이 존재하지만, 개념-기능 교수요목에서는 '사과하기'와 '거절하기'의 기능 중에서 어떤 것이 더 간단하고 복잡한지를 결정할 수 있는 기준이 없다. 또한 구조 교수요목과 달리 기능적인 단위의 항목 제시를 표방하고 있지만, 여전히 제시된 항목들이 고립적인(isolate) 성격을 가지고 있다는 점에서 한계를 가진다(Widdowson, 1978).

(2) 과정 지향적 교수요목

과정 지향적 교수요목은 결과 지향적 교수요목과 달리 학습 내용을 사전에 선정하여 제시하지 않고, 학습자들에게 실제적인 의사소통 상황을 제시하여 자연스럽게 목표어를 학습할 수 있도록 하는 교수요목의 유형을 의미한다. 과정 지향적 교수요목에는 과정 교수요목과 과제 교수요목과 같은 유형이 포함된다.

① 과제 중심 교수요목

과제 중심 교수요목(task-based syllabus)은 학습자가 수행할 과제나 활동을 중심으로 구성된 교수요목이다. 과제 중심 교수요목은 의사소통 중심 언어 교수의 초기에 등장한 교수요목으로, 제2 언어 학습 이론에 기초하여 학습자가 과제를 수행하는 동안 이해 가능한 입력과 출력을 수행하고 이러한 과정을 통해 제2 언어를 학습하는 것이 가능하다고 주장한다. 따라서 언어를 특정 형태나 개념, 기능으로 분류하지 않고 총체적으로 결합한 덩어리로 제시하여 과제 수행의 과정에서 목표어 학습이 이루어지도록 한다. 이를 위해서는 적합한 과제 제작이 중요한데, 이때 과제는 실생활에서 학습자가 수행해야 할 실제적인 활동으로서의 실생활 과제(real-world task)와 교육적 목적이나 근거에 따라 설계된 교육적 과제(pedagogical task)로 구분할 수 있다(Nunan, 2004: 4). 즉, 일상 생활에서 사람들이 수행하는 모든 일들이 과제가 될 수 있고, 그 가운데 학습자가 목표어를 사용하여 실제 언어 생활에서 수행할 가능성이 높은 과제를 중심으로 교수 내용을 구성해야 할 것이다(Long, 2015: 5). 체계적인 과제 선정을 위해서는 요구 분석, 과제 유형 분석, 과제 위주의 교수요목 작성 등의 세부 절차를 밟을 필요가 있다. 과제 제작을 위해 요구 분석, 과제 유형 분석, 과제 위주의 교수요목 작성 등의 절차를 통해 과제를 선정해야 한다.

[표 2-4] 과제 중심 교수요목 예시

단원	과제
운동	좋아하는 운동 소개하기
여행	여행 장소, 교통수단, 숙소 예약하기
전화	전화번호 묻기, 한국어로 전화 걸기

위 사례에서 확인할 수 있듯이, 학습자들이 실제 생활에서 직면하게 될 실제적인 내용으로 과제가 구성되기 때문에 학습자들에게 동기 부여를 할 수 있으며 의사소통 능력 향상에도 기여할 수 있다. 그러나 과제 수행에 목적을 두기 때문에 정확성을 기르는 데 초점을 두기가 어렵다는 단점이 있다.

② 내용 중심 교수요목

내용 중심 교수요목(content-based syllabus)은 교과목의 내용이나 주제를 중심으로 교수요목을 구성한 것이다. 내용 중심 교수요목은 목표어의 언어적 형태나 기능, 문법과 같은 형식적 요소보다는 내용 중심의 메시지를 이해하는 데 주안점을 둔다. 내용 중심 교수요목은 Krashen의 습득-학습 가설(acquisition-learning hypothesis)에 근거하여 자연스러운 의사소통 환경에서 언어를 습득할 수 있도록 하였다. 유의미하고 '이해 가능한 입력'(comprehensible input)을 형식이 아닌 내용에 초점을 두고 제공하면, 학습자들은 내용을 이해한 후에 그 속에 부호화된 형식까지 배울 수 있다고 하였다. 따라서 쇼핑, 날씨, 전화 등과 같이 학습자에게 적합한 주제나 내용을 선정할 수도 있고, 경제, 수학, 과학 등 다른 과목과 연계하여 교수요목을 구성할 수도 있다. 최근 학문 목적 한국어 학습자의 증가로 내용 중심 교수요목을 바탕으로 이들을 위한 '경영 한국어', '인문 한국어', '공학 한국어' 등의 전공 교과와 연계한 교수요목이 새롭게 개발되고 있다.

[표 2-5] 내용 중심 교수요목 예시

단원	어휘	기능	과제
경제학	수요, 공급, 상승, 하강, 이익, 경기, 물가, 대출, 금리	• 지문 읽고 이해하기 • 뉴스 듣고 이해하기	신문 기사와 텔레비전 뉴스를 활용하여 한국의 경제 성장률에 대해서 조사하고 발표하기

이상에서 확인할 수 있듯이, 내용 중심 교수요목은 다양한 주제의 내용을 중심으로 의사소통 기능을 학습할 수 있도록 구성하였다. 내용 중심 교수요목은 학습자의 목표어 수준이 높은 경우에 효과적이지만 수준이 낮은 학습자에게는 적용하기 어렵고, 주제나 내용 선정

의 절차가 체계적이지 않다. 내용과 주제를 중심으로 교수요목이 설계되기 때문에 언어 형식의 난이도나 논리적 관계가 고려되지 않는 문제도 있다.

③ 혼합 또는 다중 교수요목

혼합 또는 다중 교수요목(mixed or layered syllabus)은 둘 이상의 교수요목을 혼합하거나 위계화하는 방식으로 설계된 교수요목이다. 최근에는 다수의 한국어 교재들이 이러한 방식을 따르고 있다. 상황을 중심으로 단원을 구성하고 주제별로 읽기 자료를 조직하거나 주제를 중심으로 단원을 구성하고 기능과 문법 항목을 등급화하여 조직하는 등의 다양한 모형이 존재한다. 아래의 사례에서 살펴볼 수 있듯이, 다중 교수요목은 주제를 중심으로 단원을 구성하고 문법과 어휘, 기능을 구조적으로 배열하고 있다. 이처럼 다층적으로 구성된 혼합 교수요목은 학습자의 한국어 의사소통 능력의 종합적 발달을 가능하게 한다는 장점이 있다.

[표 2-6] 다중 교수요목 예시

주제	기능	문법	어휘	과제
날씨	• 날씨 묘사하기 • 이유 표현하기	• -겠- • ㅂ불규칙 • 아/어서	일기예보, 계절 관련 어휘	• 좋아하는 계절 소개하기 • 일기도 보고 날씨 설명하기

최근에는 의사소통 능력의 향상이라는 목표 달성을 위하여 의사소통 기능과 다양한 과제 수행을 중심으로 교육과정을 구성하면서도 한국어 문법 요소 또한 난이도에 따라 구조화해서 제시하고 있다. 이때 의사소통 기능과 문법 요소를 주제나 상황을 중심으로 구성하는 방식을 취하고 있다.

3. 한국어 교육과정의 개발

넓은 의미에서 교육과정 개발(curriculum development)은 새로운 교육과정의 개발, 기존 교육과정의 적용 및 이에 대한 환류를 토대로 수정 및 보완 작업을 거치는 일련의 과정 모두를 포함할 수 있다.

1) 한국어 교육과정의 개발 원리

국가 주도의 한국어(KSL) 교육과정과 달리 대학 부설 기관의 한국어 교육과정은 학교마다 차이를 보인다. 대학 부설 기관의 교육과정은 학교나 교사 수준에서 개발된 교육과정으로 교육 기관의 철학과 이념을 반영하고, 학습자의 특성을 고려하여 개발한 프로그램의 성격을 지니기 때문이다. 이러한 특수성을 고려한 교육과정의 개발에서 교육 내용과 같은 내적 요소와 교육의 주체, 교육 환경과 같은 외적 요소를 고려해야 한다. 따라서 이러한 요소를 고려한 구체적인 한국어 교육과정 개발 원리는 다음과 같다.

(1) 교육 내용 구조 중심의 원리

한국어 교육과정은 교육 내용에 해당하는 한국어 교육학의 지식 구조를 중심으로 교육과정을 개발해야 한다. 일반적으로 학문의 지식 구조에는 그 속에서 계열과 체계를 이루고 있는 교육 내용(명제적 지식)뿐만 아니라, 학문하는 방법(절차적 지식)이 그대로 녹아있다. 한국어 교육은 한국어 의사소통 능력 신장을 지향하는 실천적인 성격의 학문이기 때문에 한국어에 대한 언어적·문화적 지식과 더불어 이러한 지식을 활용할 수 있는 한국어 사용 지식을 포함하고 있다. 따라서 한국어 교육과정 개발 시에는 이러한 한국어 교육학의 고유한 지식 구조를 지향해야 한다. 이를 위해 학습 내용인 한국어 문법과 어휘, 문화 지식 그리고 의사소통 기능의 특성을 고려하여 학습자 수준에 맞게 교육 내용을 체계화해야 한다. 그리고 선정된 내용은 계속성(continuity), 계열성(sequence), 통합성(integration)의 원리(Tyler, 1949)에 따라 조직되어야 한다. 계속성은 교육 내용의 여러 요소가 반복하는 것을 의미하고, 계열성은 교육 내용의 전후 관계가 확충, 심화로 이어질 수 있는 나선형의 조직을 의미한다. 마지막으로 통합성은 선정된 교육 내용 사이에 상호 보완을 통해 완성된 지식의 체계로 확장될 수 있도록 조직하는 것을 의미한다. 한국어 교육과정 역시 낮은 단계에서 제시된 쉬운 한국어 지식을 확장, 심화시킨 내용이 고급 단계에서 추가적으로 제시됨으로써 교육 내용의 수직적 체계를 갖추어야 한다. 또한 쉬운 한국어 지식에서 출발하여 어려운 것으로, 단순하고 구체적인 내용에서 복잡하고 추상적인 내용으로 내용 지식을 조직해야 한다. 특히 선정된 교육 내용이 실제 의사소통 상황에서 효과적으로 사용되어야 한다는 학문적 특성을 고려하여 의사소통 기능과 적절하게 연계되도록 내용을 조직해야 한다. 요컨대, 한국어 교육과정을 개발할 때에는 교육 내용인 한국어의 특성을 고려하여 내용 지식을 선정하고 배열하고, 의사소통 기능과의 연계를 통해 한국어 의사소통 능력의 신장이라는 궁극적인 학습 목적을 달성할 수 있어야 한다.

(2) 학습자 중심의 원리

한국어 교육과정의 개발 단계에서 가장 핵심적인 개발 원리는 학습자 중심의 원리이다. 학습자 중심 원리의 첫 번째 특성은 목표어 숙달도를 고려하는 것이다. 한국어 교육을 포함한 외국어 교육에서는 학습자 수준을 등급화하고 이에 따라 성취 목표와 내용을 기술한다. 최근에는 의사소통 중심 언어 교수법이 주를 이루면서 언어 숙달도가 등급화의 기준이 되었다. 따라서 언어 숙달도에 따라 학습자 수준을 어떻게 등급화하는지는 교육과정의 개발에서 중요한 일이다. 언어 숙달도를 등급화하기 위해서는 '미국외국어교육협의회'(American Council on Teaching of Foreign Languages, ACTFL)와 같은 외국어 평가 지침을 참고할 수도 있고, 유럽공통참조기준 같은 등급화 내용을 참조할 수 있다. 또한 현재 운영 중인 한국어 교육 기관의 등급화 기준을 참고할 수 있다. 이러한 기준에 근거하여 학습자 수준을 초·중·고급의 3단계로 구분하거나, 일반적인 한국어 교육의 등급 체계인 1-6급의 6단계로 구분할 수도 있다. 또한 ACTFL의 경우처럼 10단계로 세분화할 수도 있다. 교육과정은 한국어 학습자의 언어 숙달도를 등급화하고, 교육 목표와 내용, 교수 방법이 언어 수준에 따라 차별화되도록 구성해야 한다. 또한 각 단계에 따라 내용과 방법이 유기적으로 연계되고 조직되어야 한다.

학습자 중심의 원리 두 번째 특성은 학습자의 학습 목적, 연령 등에 따른 인지 및 정서 발달과 같은 학습자 변인을 고려하는 것이다. 한국어 교육과정도 여타 외국어 교육과 마찬가지로 수업의 구성원이자 핵심 주체인 학습자가 어떤 변인(variable)을 가지고 있는지에 따라 교육과정의 특성을 달리하는 것이 효과적이다. 즉, 학습자가 가지고 있는 다양한 변인을 고려하여 각 집단의 학습자가 지니고 있는 특성을 이해하고 그들의 요구에 부응할 수 있는 교육과정 개발이 필요하다. 가령, 국내에서 대학원 진학을 위해 학문 목적의 한국어를 배우는 학습자와 국외에서 한국 언어문화를 계승하려는 목적에서 한국어를 배우는 학습자들을 위한 한국어 교육과정은 이들 학습자의 학습 목적, 한국 언어문화에 대한 이해 및 수용 정도가 다르다는 점을 고려하여 개발해야 할 것이다. 학습자의 연령에 따른 인지 및 정의 발달 단계도 교육과정 개발 시에 고려해야 할 주요 학습자 변인 중 하나이다. 이러한 학습자 중심의 원리는 교육 목표 설정의 단계에서부터 교육 내용의 선정과 조직, 평가에 이르기까지 반영되어 최적화된 교육과정이 개발되어야 한다.

(3) 맥락 중심의 원리

학습자와 함께 한국어 교육과정의 개발에서 고려해야 할 또 다른 핵심 요소는 교육과정이 실행되는 교수 환경, 즉 맥락에 대한 것이다. 교수 맥락의 차이는 교육과정의 실행 과정에 중대한 영향을 미치기 때문이다. 이때 교수 맥락에서 우선적으로 고려해야 하는 것은 제도적 맥락이다. 특히 국외에서 한국어 교육과정을 개발할 때에는 그 체계화 방향이 해당 국가가 표방하는 외국어 교육의 정책과 계획의 지침 및 기준에 부합하는 것이어야 한다. 가령, 미국에서는 미국 내 외국어 교육 목표와 교육과정의 중심 내용을 담지하고 있는 '외국어 교육 국가 기준'(The standard for foreign language learning)에 근거해서 개발되어야 한다. 이는 미국 내에서 이루어지는 모든 외국어 교육과정 설계의 기초 단계에서 반드시 고려해야 할 요소이다.

또한 교육과정이 운용될 문화적 맥락을 고려해야 한다. 교육 내용의 선정뿐만 아니라, 교수 방법의 단계에서도 이러한 문화적 특성을 고려해야 하는데, 아랍어권의 무슬림 국가의 경우 아직도 남녀가 구분되어 교육이 이루어지고 있으며, 교수자의 성별 또한 엄격하게 제한하고 있다. 이슬람교의 종교적 행위나 금기, 가족 제도 등은 한국의 경우와 큰 차이를 보인다. 따라서 이 지역에서 운용할 교육과정을 개발한다면 이들이 갖고 있는 문화적 맥락을 고려하여 교육 내용과 교수 방법을 선정해야 할 것이다(권현숙, 2016).

2) 한국어 교육과정의 개발 절차와 방법

교육과정 개발의 절차는 교육과정의 모형에 따라 다양하다. 가장 전통적인 Tyler의 합리적 교육과정 개발 모형 외에도 Walker의 실제적 교육과정 개발 모형, Eisner의 예술적 교육과정 개발 모형과 최근의 '2015 개정 교육 과정' 이론의 배경이 되는 백워드 설계(backward

백워드 설계 모형이란 무엇일까?

최근 2015 개정 교육과정에서 학생들의 '역량'(competency)을 강조하면서 역량 중심 교육과정과 밀접한 관련을 맺고 있는 '백워드 설계' 가 주목받고 있다. Wiggins & McTighe의 저서 'Understanding by Design'(1998)에서 처음 소개된 이 개념은 이해 중심 교육과정을 개발하기 위한 실제적인 방법과 도구로 큰 호응을 얻고 있다. '백워드'라는 명칭은 전통적인 교육과정의 단계를 거꾸로 한 것으로 평가가 교수·학습의 내용 및 방법 선정 앞에 위치한다. 백워드 설계는 3단계의 과정을 거친다. 먼저 1단계에서는 학습의 전이 목표에 초점을 두고 '바라는 결과'(desired results)를 확인한다. 바라는 결과는 학생들이 배워야 할 원리와 이론, 개념과 관점 등을 모두 포함한다. 2단계에서는 바라는 결과를 얻었는지를 평가하는 '수용 가능한 증거'(acceptable evidence)를 결정하고, 3단계에서는 평가 증거를 만족시키는 데 초점을 맞추어 '학습 경험과 수업을 계획'(planning experience and instruction)한다. 한국어 교육 분야에서도 백워드 설계에 관심을 가지고 일부 논의가 이루어지기 시작하였다(송금숙, 2014; 유은경, 2018).

design)에 이르기까지 다양하다.

외국어 교육과정 개발은 가장 전통적인 Tyler 모형을 근간으로 한 Richards(2001)의 모형이 가장 널리 활용되고 있다. 요구 분석, 상황 분석, 학습 목적 및 목표 설정, 교수요목 설계, 교재 개발, 접근 방법 선택, 교수·학습 활동, 평가 및 조정으로 구성되는 이 모형은 각 단계들이 서로 상호작용하면서 하나의 체계적인 조직으로 구성된다. 이를 도식화하면 다음과 같다.

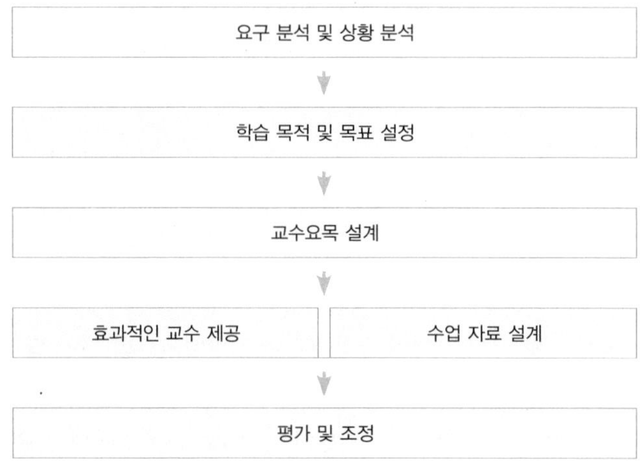

[그림 2-1] Richards(2001)의 교육과정 개발 절차

이 절에서는 가장 전통적인 외국어 교육과정 개발 모형인 Richards 모형의 개발 절차와 단계별 특성을 살펴보고자 한다.

(1) 요구 분석 및 상황 분석

교육과정 개발의 기본 가정 중 하나는 교육 프로그램이 학습자의 요구에 기초해야 한다는 것이다(Richards, 2001). 따라서 한국어 교육과정의 개발 역시 한국어 학습자의 요구에 기초해야 한다. 외국어 교육의 역사에서 학습자의 요구를 반영해야 한다는 관점은 1960년대 이후 실용적인 관점에서 '특수 목적을 위한 영어'(English for specific purpose)가 등장하면서 확대되었다. 이전에는 학습자의 상황을 고려하지 않은 채 전반적인 언어 능력의 숙달도 향상을 목표로 하였지만, 이후에는 학습자의 의사소통 요구를 반영해서 학습자들이 특정 과제를 수행할 수 있도록 하는 것을 교육의 목표로 삼았다. 한국어 교육에서도 초창기의 '일반 목적 한국어'의 단계를 벗어나 현재는 '학문 목적 한국어', '직업 목적 한국어', '선교 목적 한국어' 등으로 다양화되었다. 이처럼 다양해진 학습자들의 한국어 학습 목적을 반영하여 교육과정을 개발하는 데에 핵심적인 역할을 하는 것이 바로 요구 분석(needs analysis)이다. 요구 분석은 말 그대로 학습자의 요구를 조사하는 절차이다. 이때 '요구'란 학습자가 현재 수행할 수 있는 것과 수행할 수 있어야 하는 것 사이의 차이를 설명하는 개념이다(Richards, 2001). 따라서 한국어 교육과정을 개발할 때에는 요구 분석을 통해 한국어 학습자들의 현재 수준과 상황을 확인하고, 앞으로 학습자들에게 필요한 능력과 지식을 인지할 수 있어야 한다. 요구 분석은 교육과정의 개발자 외에도 교재 집필을 준비하는 집필자들이나 언어 평가를 담당하는 사람들, 학습자들을 관리하는 관계 기관의 직원들에게도 유용한 자료가 된다.

요구 분석의 수행은 표집(sampling)에서 시작된다. 한국어 학습자 외에도 한국어 교사, 한국어 교육 연구자, 관련 부서 공무원, 회사의 관련 업무 담당 직원 등 한국어 교육 혹은 한국어 학습자와 관련을 맺고 있는 다양한 대상을 선정하여 요구 분석을 수행해야 신뢰성 있는 결과를 얻을 수 있다. 요구 분석의 방법은 설문조사가 가장 널리 알려져 있으나 분석 결과의 신뢰성을 확보하기 위해 설문조사 이외의 다양한 방법이 필요하다. 교육과정 서적과 한국어 교육과정 보고서 분석, 한국어 학습자의 언어 자료 수집, 깊이 있는 조사를 위한 인터뷰 등의 다양한 방법이 병행되었을 때 요구 분석의 결과가 신뢰성을 가질 수 있다. 이러한 과정을 거쳐 수행된 요구 분석 결과는 즉각적인 교육과정 개정의 효과를 지니기도 하지만, 앞으로 개발할 교육과정의 기초가 되기도 하고, 한국어능력시험 혹은 다른 종류의 평가를 개발하거나, 교수법 선정과 교재 및 교수 자료 개발 등에 다양하게 활용할 수 있다. 그러나 무엇보다도 교육과정의 내용과 목적을 결정할 수 있다는 점에서 가장 큰 가치를 지닌다.

상황 분석(situation analysis)은 요구 분석에서 수집한 정보를 보완하는 것으로 교육과정이 운용되는 맥락과 상황에 대한 요인들을 분석하는 것이다. 교육과정의 실행은 크게는 정치적, 경제적, 사회적 요인과 밀접한 관련을 맺고 있으며, 교육과정이 실행되는 교육 기관, 그리고 교사, 학부모, 학습자 요인 또한 중요한 영향을 미친다. 따라서 교육과정을 둘러싸고 있는 다양한 요인들에 대한 분석에 근거하여 교육과정을 개발하고 운용해야 한다. 한국어 교육의 경우도 「국어기본법」과 같은 교육 법령과 정책 요인, 대학 부설 기관, 다문화 센터, 세종학당 등 한국어 교육 기관 요인, 한국어 교사의 교수 경험과 전문 지식, 숙달도 등의 교사 요인, 학습자의 학습 경험과 동기, 기대, 선호하는 교수법과 자료 등을 포함한 학습자 요인에 대한 철저한 상황 분석이 이루어져야 한다. 이러한 상황 분석 결과를 통해 교육과정 개발에 긍정적 혹은 부정적 영향을 미칠 수 있는 요인을 확인해서 한국어 교육과정의 개발과 보완에 활용해야 한다.

(2) 학습 목적 및 목표 설정

요구 분석과 상황 분석을 토대로 가장 먼저 해야 할 일은 교육과정의 목적과 목표를 설정하는 일이다. 교육과정의 목적과 목표는 교육 내용, 교수 방법, 교육 평가의 방향을 결정하기 때문에 교육과정 개발 과정에서 목적과 목표를 설정하는 첫 단계는 매우 중요하다. 교육과정의 목적과 목표를 설정하기 위해서는 다양한 집단이나 학습자 개개인의 철학적 입장을 명료화하고 교육이 어디에 가치를 두고 이루어져야 하는가에 대한 그들의 의견을 수렴하는 과정이 필요하다. 이는 몇몇의 개인이 모인 작은 교육 기관에서부터 단위 학교, 더 나아가 국가 전체의 교육을 위한 교육 목적 및 목표 설정에 모두 필요한 과정이다(한혜정·조덕주, 2012: 101). 이러한 과정을 거쳐 교육과정의 방향이 결정되면 그 내용을 구체적이고 명료하게 진술해야 한다. 구체적인 진술은 가장 상위의 교육 목적(purpose), 구체적인 교육 목표(goal), 그리고 실제 교수·학습 현장에서 달성해야 할 세부 목표(objective)의 순서로 순차적으로 진술한다. 한국어 교육과정 개발의 경우 '한국어 의사소통 능력 신장'과 같은 가장 상위의 교육 목적을 상정하고 이러한 목적을 달성하기 위하여 '한국인과 원활하게 대화할 수 있다'와 같은 목표를 설정하면, 이러한 목표를 위한 수업 단위의 구체적인 세부 목표가 위계적으로 성립된다. 이때 목표 진술을 위한 논의에서 고려해야 할 사항은 학생의 변화를 지칭하는 방식으로 목표를 진술해야 한다는 것이다(Tyler, 1949). 이러한 위계를 참고하여 교육을 통해 길러 주고자 하는 능력을 세부적으로 구분하고, 언어로 명확하게 진술한다면 교육을 명확히 하는 데에 유용할 것이다.

(3) 교수요목 설계

교육 목적과 목표를 설정한 이후에는 그것과 관련된 교육 내용을 선정하고 배열해야 한다. 즉 교육과정 개발의 핵심에 해당하는 '교수요목의 설계'가 필요하다. 교수요목의 구체적인 유형은 앞에서 논의하였다. 언어 구조에 대한 이해가 교육 목표이던 시기에는 어휘, 문법, 발음 등이 주요 교육 내용이었으나 의사소통 능력 개발이 주요 교육 목표로 설정되면서 언어적 내용 외에 기능, 과제, 문화, 내용 등이 주요한 교육 내용으로 등장하였다. Graves(1996: 19-25)는 전통적인 관점의 교육 내용에서 출발하여 교육 목표가 변화함에 따라 추가되는 새로운 교육 내용을 덧붙여 교육 내용 범주를 제시하였다. 다양한 교육 내용의 범주 가운데 특정한 범주를 선택하여 교육 내용으로 선정하면 그것이 하나의 교수요목이 된다. 과거 구조주의 관점에서는 문법이나 기능을 하나의 교육 내용 범주로 선정하여 구조 교수요목 혹은 기능 교수요목을 설계하였다. 최근에는 의사소통 능력 신장을 위해 과제나 내용을 주요한 내용 범주로 선정하면서 과제 기반 교수요목이나 내용 기반 교수요목이 주를 이루고 있다.

외국어 교육에서 교육 내용을 배열하고 등급화하는 전통적인 방법은 '간단한 것에서 복잡한 것으로, 쉬운 것에서 어려운 것으로, 사용 빈도가 높은 것에서 낮은 것으로' 배열하는 것이었다. 그러나 의사소통 중심 교수법의 등장으로 교육의 중심이 언어 형태에서 의미나 기능으로 옮겨졌고, 학습자가 실제 학습 과정에서 체감하는 난이도는 언어 자체의 난이도와는 다르다는 연구 결과가 나오면서 학습자의 요구가 내용 순서를 결정하는 데에 더욱 중요한 역할을 하게 되었다. 따라서 학습자의 요구가 높을 경우에는 비록 난이도가 높거나 빈도수가 낮더라도 우선적으로 배열될 수 있게 되었다. 언어 교육의 특수성에 근거한 내용 조직 방법 외에도 일반 교육학의 논의를 참고할 수 있다. 앞에서 언급한 것처럼 Tyler(1949: 95)는 학습 경험이 효과적으로 조직되어 있는가를 판별하는 기준으로 계속성, 계열성 그리고 통합성을 말했다. 계속성은 교육과정에 들어 있는 중요한 개념이나 기술이 각 학년에서 반복적으로 제시되는 것을 말한다. 이러한 기준에 근거하여 초급 단계에서 배운 문법이나 어휘가 중·고급 단계에서도 계속해서 사용될 수 있도록 내용을 조직하는 것이 필요하다. 계열성은 계속성을 포함하면서도 그것을 넘어서는 것으로 중요한 기술이나 개념을 계속해서 반복 학습할 수 있도록 조직하고, 해당 기술이나 개념의 폭과 깊이가 더해질 수 있도록 조직해야 한다는 것을 의미한다. 한국어 교육에서 비슷한 의미를 지닌 문법 항목을 학습자 수준에 따라 배열하게 되는데, 초급 단계에서 배운 문법과 비슷한 내용을 중급에서 배우면서 학습한 문법의 의미가 더욱 확장될 수 있도록 하는 것을 말한다. 통합성은 교육과정 계획 내에 포함된 모든 형태의 지식과 경험을 연결하는 것을 말한다. 한국어 교육에서는 말하기, 듣기, 읽기, 쓰기의 네 가지 의사소통 기능이 통합적으로 연결되고, 문법과 어휘, 문화적 지식들이 의사소통 기능과 통합되도록 내용을 조직해야 한다.

(4) 평가 및 조정

교육과정 평가란 교육과정에 관한 결과와 운영 과정에서 일어나는 일련의 사건을 체계적으로 검토하는 것을 뜻한다. 따라서 교육과정과 관련된 전반적인 체제로부터 교육행정의 계획, 정책, 수업에 이르기까지 모든 일의 계획과 내용 및 실천을 포함한다(홍후조, 20013: 427). 교육과정 평가는 근본적으로 교육과정을 개선하기 위한 과정이기 때문에 이를 위해 교육 목표가 달성되었는지, 적합한 내용 선정과 조직이 이루어졌는지, 교수·학습 방법과 평가는 타당한지 등에 대한 평가를 통해 교육과정을 개선하거나 새롭게 개발하는 데에 유용한 자료로 활용할 수 있다. 교육과정 평가는 목적에 따라 형성 평가(formative evaluation), 조명적 평가(illuminate evaluation), 총괄 평가(summative evaluation)로 구분된다(Richards, 2001: 323-330). 형성 평가는 교육과정이 잘 운영되고 있는지를 확인하고, 해결되어야 할 문제점이 무엇인지 밝히기 위해 수행하는 평가를 의미한다. 조명적 평가는 교육과정의 다양한 측면이 어떻게 작용 혹은 시행되는지 알아보려는 평가로서 교수·학습 과정을 더욱 깊이 이해하는 것을 목적으로 한다. 마지막으로 총괄 평가는 교육과정의 다양한 측면의 가치와 중요성에 대해 의사 결정을 내리고자 하는 평가 유형으로 프로그램의 운영을 마친 후에 '과정이 효율적이었는가? 목적을 달성했는가? 교수법은 적절했는가? 교육 자료는 도움이 되었는가?' 등의 질문을 통해 평가하는 것을 의미한다. 마지막으로 평가가 끝나면 평가 결과가 교수·학습 활동에 반영할 수 있도록 조정의 절차가 이루어지는데, 이를 통해 교육과정 개발이 순환적으로 이루어진다.

4. 한국어 교육과정의 실제

교육과정은 본질적으로 학습자의 수준이나 학습 목적 등의 특성에 따라 개별적으로 운용되어야 한다. 초등 교육과정이 중등 교육과정과 다르듯이, 대학의 교양 교육과정과 전공 교육과정 역시 구별된다. 한국어 교육과정도 한국어 학습자의 다양한 특성을 고려하여 개발·운용되어 왔다. 교육과정의 실제를 이해하기 위해서 국내외 한국어 교육을 목적으로 개발된 교육과정 또는 교육 모형 사례를 살펴보면 다음과 같다.

1) 국내 한국어 교육과정

(1) 대학 부설 한국어 교육과정: 서울대학교 언어교육원 한국어 교육과정

서울대학교 언어교육원의 한국어 과정은 한국어를 집중적으로 공부해서 한국의 대학 또는 대학원에 진학하고자 하거나 한국 관련 비즈니스나 취업을 목적으로 하는 학습자를 위해 개설된 과정이다. 교육과정의 편제는 다른 대학과 마찬가지로 10주씩 4학기 단위로 구성되며, 하루에 4시간씩 전체 200시간으로 이루어진다. 학습자들은 수준에 따라 1급에서 6급으로 나뉘어 수업을 받게 되고, 6급을 수료한 후에는 전문적인 영역의 고급 한국어 능력 배양을 목표로 운영되는 '연구반'에서 추가로 한국어를 공부할 수 있다. 한국어 공부 외에도 다도, 사물놀이, 한국 요리 등의 다양한 문화 체험 활동이 제공된다. 이러한 편제 속에서 『서울대 한국어』라는 교재를 개발하여 한국어 교육을 실행하고 있다. 교재에 반영된 서울대학교 언어교육원의 한국어 교육과정 특성을 살펴보면 다음과 같다.

① 목적

한국어에 대한 지식이 없는 성인 학습자들이 매우 친숙한 일상적 주제와 기능에 대한 언어 구성 능력과 사용 능력을 익혀서, 기초적인 한국어 의사소통 능력을 기르도록 하는 데 목적이 있다.

② 교수요목

의사소통 능력 신장에 중점을 두고, 구어와 문어 학습이 초급 단계에서부터 긴밀하게 연계되도록 하였다. 따라서 듣고 말하기, 읽고 쓰기 등의 연습을 통해 구어와 문어의 통합적 학습이 이루어지게 하였다. 그리고 실제적인 과제를 수행하는 과정에서 학습한 언어 지식을 충분히 활용하여 학습자 간 유의미한 상호작용이 활발하게 이루어지도록 구성하였다. 과거와 달리 어휘 및 문법, 발음보다는 말하기 의사소통 능력 신장에 중점을 두었다. 구체적인 양상은 다음과 같다.

[표 2-7] 『서울대 한국어 1A』 1과 내용 체계

단원	1과 안녕하세요.
말하기	• 비격식적인 상황에서 자기소개하기 • 격식적인 상황에서 자기소개하기
듣고 말하기	• 국적에 대한 짧은 대화 듣기 • 국적과 직업에 대한 대화 듣기 • 명함 주고받으며 인사하기
읽고 쓰기	• 자기소개하는 글 읽기 • 블로그에 자기소개하는 글 쓰기
과제	• 공항에서 사람 찾기

어휘	• 국적	• 직업
문법과 표현	• 인사말 • N은/는 N이에요/예요	• N입니까?, N입니다. • N이 아닙니다.
발음	• 평서문과 의문문의 억양	
문화 산책	• 인사법	

이처럼 서울대학교 언어교육원은 혼합 교수요목을 근거로 말하기, 듣기와 같은 의사소통 기능과 과제, 문법, 어휘 등의 다양한 교육 내용을 혼합하여 한국어 사용 능력 향상에 집중하고 있다.

(2) 이주민 자녀 대상 한국어 교육과정: 한국어(KSL) 교육과정

2012년 7월 교육과학기술부의 고시로 발표된 '한국어(KSL) 교육과정'은 각급 학교에 재학 중인 학습자를 대상으로 이루어지는 '한국어 교육'이 공교육의 체제에 포함될 수 있는 근거가 되었다. 이렇게 고시된 한국어(KSL) 교육과정은 곧바로 표준 한국어 교재 6권의 개발, 보급으로 이어졌고 2013년부터 한국어(KSL)교육과정 연구학교가 지정되어 일선 학교 현장에 적용되었다(중앙다문화교육센터, 2014). 이후 한국어 교육과정 적용을 위한 진단 도구 및 표준 한국어 교재의 교사용 지도서가 개발되었고, 2014년에는 표준 한국어 교재 익힘책이 개발되어 보급되는 등 공교육 현장에서 한국어 교육과정이 제대로 적용되는 데에 필요한 여러 자료들이 개발·보급되었다. 그러나 2012 한국어(KSL) 교육과정은 지나치게 다양한 층위의 학습자들을 교육 대상으로 설정[3]함으로써 한국어 교육과정이 제2 언어 교육과정인지 국어 교과의 학습 보충을 위한 교육과정인지 정체성이 모호해졌다. 또한 '생활 한국어'와 '학습 한국어'로 구분된 교육 내용 중에 '학습 한국어'의 실체가 무엇인지, 무엇을 어떻게 가르쳐야 하는지 등의 여러 문제가 제기되었고, 이를 보완하기 위한 개정 교육과정이 2017년 고시되었다. 수정된 2017 한국어(KSL) 교육과정은 먼저 교육과정의 대상자를 명료화하였다. 기본적으로는 한국어가 제1 언어가 아닌 학습자를 대상으로 하되, 한국어 능력 이외의 요인이 관여되지 않도록 '한국어 의사소통 능력'의 유무에 따라 교육 대상자를 선정하였다. 즉 '한국어 의사소통 능력이 없거나 부족한 학생'을 명확하게 제시함으로써 교육과정 적용 과정에서의 혼란을 줄이도록 하였다. 이러한 교육 대상의 명료화는 '다문화 배경 학생'이라는 기존 대상 설정이 파생시키는 '낙인 효과'의 문제를 피할 수 있는 방안이 되었다. 또한 한국어가 제1 언어임에도 부모의 제한된 한국어 능력이나 거주 환경의 이주 등으로 인해 한국어 의사소통 능력이 현격히 부족한 학생들도 교육 대상으로 삼을 수 있도록 함으로써 교육 대상의 명료화를 추구하였다. 이러한 내용으로 구성된 2017 한국어(KSL) 교육과정의 내용 체계는 다음과 같다.

3 2012 한국어(KSL) 교육과정에서 설정한 대상 학습자는 다음과 같다.
① 중도 입국 자녀, 외국인 가정 자녀 등과 같이 한국에서 태어나지 않았거나 한국어가 아닌 다른 언어를 모어로 하는 학생
② 한국에서 태어나고 자랐지만, 외국인 어머니의 제한된 한국어 수준으로 인해 한국어 능력이 현격하게 부족하여 학교 수업에 적응이 어려운 학생
③ 제3국 등을 통한 오랜 탈북 과정으로 인해 학교생활 적응에 어려움을 보이는 탈북 학생
④ 오랜 해외 체류 후 귀국한 학생 중 한국어 의사소통 능력의 부족으로 학교생활 적응이나 수업 참여에 어려움을 겪는 학생

[표 2-8] 2017 한국어(KSL) 교육과정의 내용 체계

		생활 한국어	학습 한국어	
		의사소통 한국어 교육	학습 도구 한국어 교육	교과 적응 한국어 교육
언어 기능		듣기, 말하기, 읽기, 쓰기		
언어 재료	주제	일상 기반	일상 및 학업 기반	교과 기반
	의사소통 기능	일상 기반	일상 및 학업 기반	교과 기반
	어휘	• 일상 생활 어휘 • 학교 생활 어휘	• 교실 어휘 • 사고 도구 어휘 • 범용 지식 어휘	교과별 어휘
	문법	• 학령적합형 • 교육 문법	• 학령적합형 • 문식력 강화 문법	교과별 특정 문형
	텍스트 유형	구어 중심	구어 및 문어	문어 중심
문화		• 학령 적합형 한국문화의 이해와 수용 • 학령 적합형 학교생활 문화의 이해와 적응		

BICS와 CALP란 무엇일까?

토론토 대학의 이중 언어 학자인 Cummins(1979)는 캐나다의 이민자 학습자들을 대상으로 제2 언어 교수·학습과 관련된 연구를 수행하였다. 연구 결과 학교에서 이루어지는 일반적인 의사소통 능력과 학업 과정에서 나타나는 인지적인 측면에서의 숙달도 사이에는 차이가 있다는 것을 밝혔다. 그리고 이 둘을 기초적인 대인관계 의사소통 기술을 의미하는 BICS(Basic Interpersonal Communicative Skills)와 인지적·학문적 언어 숙달도를 의미하는 CALP(Cognitive Academic Language Proficiency)로 구분하였다. 즉 BICS는 인사하기, 전화하기와 같이 사회적 상황에서 상호작용을 위해 필요한 기본적인 언어 기술을 의미하고, CALP는 교실에서 수업 시간에 사용되는 문제 해결, 가설 설정, 추론, 상상 등 개인적인 경험 없이 추상적으로 언어를 사용할 수 있는 능력을 말한다. 한국어(KSL) 교육과정에서 사용된 생활 한국어와 학습 한국어의 구분은 BICS와 CALP의 개념에서 착안한 것이다.

개정된 한국어 교육과정의 내용 체계는 '생활 한국어'와 '학습 한국어'로 구분하여 내용 체계를 구성한 기존의 교육과정을 수정 보완한 것이다. 기존의 한국어(KSL) 교육과정은 Cummins(1980)가 제시한 'BICS와 CALP' 개념에 근거하여 일상생활에서 원활한 의사소통에 필요한 한국어 능력은 생활 한국어 범주에서 담당하고, 여러 교과를 학습하는 데에 필요한 기초 역량을 기르는 것은 학습 한국어의 범주에서 다루도록 하였다. 그러나 이러한 구분이 모호하다는 문제가 제기되면서 생활 한국어를 의사소통 한국어로 개념을 명확히 하였고, 학습 한국어는 학습 도구 한국어와 교과 적응 한국어로 세분화하였다.[4] 이밖에도 부록으로 제시된 언어 재료를 개편하였고, 문화 교육의 내용을 보완하는 등 2012 교육과정이 지닌 문제를 보완하기 위한 다양한 노력을 기울였다.

4 학습 도구 한국어는 수업 상황에서 요구는 메타 어휘인 교실 어휘와 문어적 사용과 격식적인 상황에서 문식력을 요구하는 어휘로 구성된 사고 도구 어휘, 각 교과별 전문 용어들을 받아들이기 위해 요구되는 지식 기반의 범용 지식 어휘로 세분화되고, 교과 적응 한국어는 각 교과로의 전이 과정에 필요한 내용으로 구성된다.

2) 국제 통용 한국어 교육 표준 모형

국제 통용 한국어 교육 표준 모형은 표준화된 교육과정의 필요성에 따라 국립국어원의 주도로 표준 모형 1단계(2010)와 2단계(2011)가 개발되었다. 먼저 표준 모형 1단계(2010)에서 학습자 수준을 7등급 체계로 구분하고 등급별 총괄 목표를 제시하였으며, 각 등급의 목표와 내용 기술을 위한 범주로 '주제(화제), 언어 기술(듣기, 말하기, 읽기, 쓰기, 과제), 언어 지식(어휘, 문법, 발음, 텍스트), 문화(문화 지식, 문화 실행, 문화 관점)'의 네 범주를 설정하였다. 이어 2단계 연구(2011)에서는 1단계 연구에서 제시한 각 범주의 구체적인 항목들을 등급별로 선정·배열하여 표준 교육과정의 교수요목을 확정하였다. 또한 두 단계에서 모두 '세종학당

모형', '결혼 이민자 모형', '사회 통합 프로그램 모형' 등 다양한 변이형에 따른 표준 교육과정의 실례와 활용 방안을 제시함으로써 한국어 교육 현장에서의 적용 가능성을 높여 각 기관의 특성에 맞춘 변형이 용이하도록 하였다. 표준 모형은 지역과 기관에 따라 상이한 방식으로 이루어지던 교육의 형식과 내용에 통일성을 더할 수 있고, 교재 개발 및 관련 연구에서 참조 기준으로서의 역할을 수행할 수 있다는 측면에서 의의가 있다.

그러나 한국어 교육의 양적 성장으로 교육 현장이 급변하는 상황에서 교육과정 역시 변화하는 교육 상황과 사정에 맞게 유연하게 변화할 필요가 요구되었다. 또한 한국어 교육 연구에서 새롭게 논의되어 온 다양한 연구 결과를 수렴하고 반영하여 현장 실효성과 적용성을 높일 수 있는 교육과정에 대한 필요성이 제기되면서 2016년에 '국제 통용 한국어 표준 교육과정 활용 점검 및 보완' 연구가 수행되었다. 이 연구를 통해 표준 모형 1, 2단계에서 제기되었던 여러 문제점에 대한 수정 및 보완이 이루어졌다. 구체적인 내용은 다음과 같다.

먼저, 기존 표준 모형이 제시했던 7등급 체계의 적절성을 재고하였다. 대학 부설 기관의 학습자 등급은 물론 한국어능력시험에서도 초급 1-2급, 중급 3-4급, 고급 5-6급의 6등급 체계가 일반적이다. 그러나 표준 모형에서는 최고급 단계를 추가하여 7급 체계로 등급을 설계하였다. 이는 학문 목적 한국어 학습자의 증가로 6급 이상, 고급 수준의 한국어 교육에 대한 요구가 강해졌기 때문이다. 하지만 이러한 체계는 대부분 6등급 체계로 운영되고 있는 한국어 교육 현장에 적용하기 어렵다는 문제점이 있고, 특히 해외 한국어 교육 현장에서는 국내와 다른 교수·학습 기반과 여건을 지니고 있어 7등급 체계 적용이 용이하지 않다는 점이 확인되었다. 이에 따라 수정 및 보완 연구에서는 6등급 체계로 등급을 조정하고, 고급 단계 이상은 개방형으로 '6+등급'을 별도로 설정하였다.

두 번째로 표준 교육 시간의 수정이 이루어졌다. 1단계 연구에서는 최소, 최대 교육 시간만을 설정하여 교육 여건과 학습자의 특성에 따라 탄력적으로 운영할 수 있게 하였다. 최대 200시간에서 최소 72시간의 범위 내에서 교육 기관의 상황에 따라 맞춤형 교육과정을 설계할 수 있는 방법을 제시하였다. 그러나 학습 시간의 차이로 인해 발생하는 숙달도의 차이라는 문제에 직면하게 되었다. 따라서 2016 수정 보완 연구에서는 다음과 같은 모형을 제시하여 언어 지식(어휘, 문법, 발음, 텍스트)에서는 차이가 발생하지 않도록 하였다.

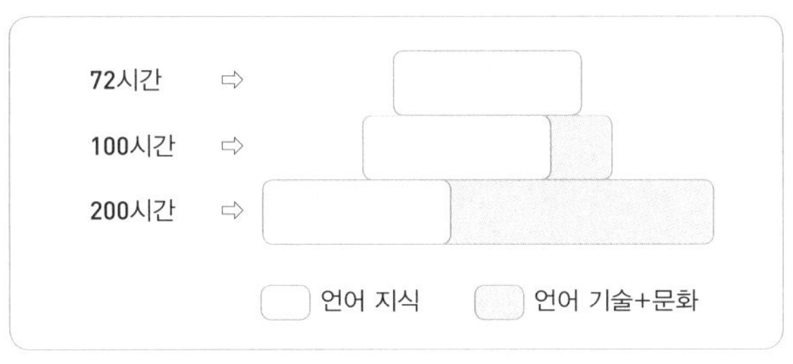

[그림 2-2] 각 시간별 영역 비중

이러한 모형을 활용한다면 최소 시간인 72시간의 시수로 교육과정이 운영된다고 하더라도 전체 시간이 언어 지식(어휘, 문법, 발음, 텍스트)에 투입되기 때문에 100시간, 200시간 모델과 언어 지식 부분에서는 차이를 보이지 않는다. 언어 사용이나 문화의 측면에서 차이가 있겠지만, 언어 지식적 측면에서는 숙달도가 유사하다고 볼 수 있어서 기존 모형에서 제기된 숙달도 차이의 문제를 일부 보완한 것으로 볼 수 있다.

세 번째로 등급 범주의 보완이 이루어졌다. 기존 연구에서는 주제, 기능, 언어 기술, 언어 지식, 문화의 다섯 가지 범주만이 내용 체계에 포함되었다. 그리고 2016 수정 보완 연구에서 평가 범주가 추가되었다. 이로 인해 교육의 계획과 실행, 평가로 이어지는 체계가 완성되었다. 이번 수정 보완 연구에서는 기존의 5가지 범주에 대해서는 선정 항목에 대한 검토와 보완이 이루어졌고, 추가된 평가 범주에 대해서는 한국어 평가의 개별성과 외국어 평가의 보편성이 반영될 수 있도록 내용 체계를 갖추었다. 이러한 내용을 반영한 '국제 통용 한국어 교육 표준 모형 교육과정 활용 점검 및 보완' 연구의 등급별 총괄 목표는 다음과 같다.

[표 2-9] 등급별 총괄 목표

등급	내용
1급	일상생활에서 정형화된 표현(인사, 감사, 사과 등)으로 간단하게 의사소통을 할 수 있으며 자신과 다른 사람을 소개할 수 있다. 개인 신상에 관한 간단한 정보를 묻고 답할 수 있다. 또한 가장 기본적인 한국의 일상생활 문화를 이해할 수 있다.
2급	일상생활과 관련된 주제로 간단하게 의사소통을 할 수 있으며 일상생활에서 자주 가는 장소(마트, 식당 등)에서 필요한 정보를 묻고 답할 수 있다. 또한 기본적인 한국의 일상생활 문화를 이해할 수 있다.
3급	친숙한 사회적 · 추상적 주제(직업, 사랑, 교육 등)와 자신의 관심 분야에 대해 최소한의 의사소통을 할 수 있다. 자신의 경험이나 생각을 간단하게 설명할 수 있다. 의사소통 상황에 따라 문어와 구어를 구분하여 적절하게 사용할 수 있다. 한국인의 일상생활에 반영된 나이 등과 관련된 사회 문화를 이해할 수 있으며 자국의 문화와 비교할 수 있다.
4급	친숙한 사회적 · 추상적 주제(직업, 사랑, 교육 등)와 업무에 대해 비교적 유창하게 의사소통할 수 있다. 다양한 분야의 주제에 대해 자신의 의견을 말할 수 있다. 대상과 상황에 따라 격식과 비격식을 구분하여 사용할 수 있다. 한국인의 일상생활에 반영된 나이 등과 관련된 사회 문화를 이해할 수 있다. 한국의 사회 문화적 특징을 이해하고 자국의 문화와 비교할 수 있다.
5급	친숙하지 않은 사회적 · 추상적 주제(정치, 경제, 과학 기술 등) 및 자신의 직업이나 학문적 영역에 대해 의사소통할 수 있다. 자신의 직업이나 학문적 영역에 대해 대체로 설명하거나 자신의 의견을 말할 수 있으며 공식적인 맥락에 맞게 격식을 갖추어 말할 수 있다. 또한 한국의 사회 제도를 이해할 수 있으며 자국의 문화를 비교하여 문화의 다양성과 특수성을 이해할 수 있다.
6급	친숙하지 않은 사회적 · 추상적 주제(정치, 경제, 과학 기술 등)를 다루는 의사소통에 참여하여 유창하고 정확하게 자신의 의사를 표현할 수 있으며 자신의 전문 분야에 대해 분명하고 상세하게 의사소통할 수 있다. 한국인이 즐겨 사용하는 담화, 텍스트 구조를 이용해 유창하고 정확하게 말을 하거나 글을 쓸 수 있다. 또한 한국 문화 속에 반영된 한국인의 가치관과 사고방식을 이해할 수 있으며 자국의 문화를 비교하여 문화의 다양성과 특수성을 이해할 수 있다.

3) 국외 한국어 교육과정

우리나라는 국가 경쟁력을 확보하기 위해 세계 각국에 흩어져 있는 재외 동포를 위한 다양한 지원 정책을 실시하고 있다. 이 가운데 대표적인 것이 재외 동포가 한국인으로서 정체성을 확립하는 것을 돕고, 교육적 요구에 부응하기 위한 교육 정책을 실시하는 것이다. 한국 학교, 한국교육원 등의 교육 기관을 운영하고 있으며, 한글 학교 운영을 지원하고 있다. 재외 동포를 위한 다양한 교육 기관 가운데, 재외 한인의 정체성 형성 및 한국 이해 등을 도모하기 위한 교육은 한글 학교를 중심으로 전개되었다. 한글 학교는 정규 교육 기관은 아니지만, 접근성이 좋아서, 재외 한인 교육의 구심점 역할을 하는 것으로 평가받고 있다(김경근 외, 2008). 그러나 한글 학교에서 이루어지는 교육은 자원봉사 형태로 이루어지기 때문에 체계적인 교육이 실시되기에는 한계가 있으며, 계통성을 간직하고 지속하기가 어렵다. 따라서 교육과학기술부에서는 이러한 문제를 해결하고 재외 동포의 체계적인 교육 지원을 위해 '한글 학교용 표준 교육과정 개발 연구'를 두 차례 실시(김경근 외, 2008; 정영근 외, 2009)하였다. 김경근 외(2008)에서는 한글 학교용 표준 교육과정 체제 개발을 위한 탐색적 연구였으며, 정영근 외(2009)는 구체적인 교육과정 개발을 위한 기초 연구이다. 이상의 연구들은 한국어뿐만 아니라, 한국의 역사와 문화까지도 교육과정에 포함하여 한국인으로서 정체성 형성에 기여할 수 있는 체계적인 교육과정 개발을 주도하였다. 그러나 교육부가 주도하여 개발한 '한글 학교 표준 교육과정'이 실제 한글 학교에서 적용되고 있는지에 대해서는 알기가 어렵다. 교육과정의 운영에 관한 구체적인 사례 보고가 아직까지 이루어지지 않았기 때문이다.

다만, '재미한국학교협의회'(National Association for Korean School, NAKS)에서 개발한 '2012년 표준 교육과정'을 중심으로 국외 한국어 교육과정을 실제를 살펴보면 다음과 같은 사항을 확인할 수 있다. 2012 표준 교육과정은 1992년 개발된 재미 한인 학교 교육과정을 수정·보완한 것이다. 새로 개발된 2012 표준 교육과정의 특징은 다음과 같다.

첫째, 미국 내에 있는 한국 학교들의 교육 환경과 실정에 맞게 하였고, 둘째, 한국계 미국인 외에 입양 가정과 미국인들도 고려하여 미국에 사는 타 민족에게도 유익하게 하였다. 즉 미국 공립학교 유치부 나이 정도의 학생에서부터 한국어에 대한 배경이 없거나 약하고 한글 학습 경험이 전혀 없는 성인 학생들도 학생 대상으로 포함했다. 셋째, 다소 열악한 교육환경으로 자칫 교사에게 큰 부담이 될 수 있는 교과과정을 쉽게 지도할 수 있는 구체적인 학습 활동을 단계마다 6개씩 수록하여 언제 어디서나 쉽게 쓸 수 있게 하였고, 넷째, 국제 상황에 맞춰 한자를 초급부터 다루도록 하였으며, 같은 음으로 묶어 음과 뜻을 같이 배울 수 있도록 도왔다. 다섯째, 교육과정의 구체적인 내용이 단계별로 나누어져 있기 때문에 필요에 따라 해당 단계만을 찾아 볼 수 있도록 구성하였다. 마지막으로 표준 평가지 예시까지 넣어 교육과정의 목표, 교과과정의 내용, 교과과정의 평가가 다 어우러진 표준 교육과정이다(2012 표준 교육과정 중 총론에서 발췌).

표준 교육과정 등급 체계는 학습자의 한국어 수준에 따라 입문, 기초, 초급, 중급, 고급의 다섯 단계로 구분하였고, 각 단계의 교육과정의 연한은 입문 1년, 기초 2년, 초급 2년, 중급 2년, 고급 2년의 총 9년으로 설정하였다. 각 과정은 한 학기 15주씩 연 30주, 그리고 각 1년 교육과정 안에 90시간으로 정하며, 교과과정을 다루는 정규 수업 시간 외에 교육과정에서 필요한 특별활동 및 행사 준비를 1년에 30시간씩을 더하여 총 120시간으로 배당하였다. 구체적인 편제는 다음과 같다.

[표 2-10] 2012 표준 교육과정의 편제

단 계	입문	기초	초급	중급	고급
연수	1년	2년	2년	2년	2년
한국어, 한국 문화, 한국사	60시간	120시간	120시간	120시간	120시간
특별 활동	30시간	60시간	60시간	60시간	60시간
행사 및 행사 준비	30시간	60시간	60시간	60시간	60시간
누적 시간	120시간	360시간	600시간	840시간	1,080시간

주목할 것은 한글 학교의 특성상 정규 수업 시간에 다루는 교육 내용 외에도 교육과정에서 필요한 특별 활동과 행사 시간을 별도로 배정한 것이다. 미국의 한글 학교는 재미한국학교협의회가 주최하는 '나의 꿈 말하기 대회, 독서감상문/글쓰기 대회' 등 다양한 외부 행사가 존재하고, 이러한 행사에 참여하기 위한 준비를 개별 한글 학교에서 실시하고 있다. 따라서 교육과정 편성 단계에서부터 이를 고려하여 시수를 편성하고 있다. 이러한 교육과정의 편제를 중심으로 재미한국학교협의회는 교육 내용뿐만 아니라 구체적인 학습 계획안과 평가 방안을 개발하고 있다.

먼저, 각 단계별 교육 내용은 30개의 주제를 중심으로 관련이 있는 부주제를 추가하여 내용을 구성하였다. 입문 단계에서는 인사하는 법, 가족 명칭, 한국의 명절 등을 주제로 하였고, 기초 단계에서는 실생활에서 친숙하게 경험할 수 있는 가족, 집, 학교, 음식, 놀이터, 날씨와 계절, 운동 외에도 한복, 태권도, 한글, 서울, 장날 등의 문화 주제를 통해 한국의 문화를 흥미롭게 배울 수 있도록 주제를 선정하였다. 주제 선정에 있어서 특이점은 문화체육관광부가 선정한 100대 민족 문화 상징'의 내용을 주로 다루었다는 점이다. 이는 재외 동포 교육에 있어서 한민족으로서의 정체성 함양을 염두에 두었다는 것을 알 수 있다. 선정된 주제를 중심으로 각 단계별 어휘와 문법/문형을 선정하였다. 그리고 이러한 교육 내용은 학습 계획안을 통해 구체적으로 실현된다.

학습 계획안은 듣기, 말하기, 읽기, 쓰기의 의사소통 기능을 통합적으로 다루고 있으며, 도입, 제시, 이해, 연습, 정리, 활용과 전달의 여섯 단계로 구성하였다. 각 단계별로 구체적인 교육 내용과 방법을 상세하게 정리하여 학습 계획안을 제시하였고, 교사의 노트라는 별도의 항목을 통해 교수 맥락에 따라 다양한 교수·학습 방법을 적용할 수 있도록 하였다. 교육 내용과 학습 계획안의 구체적인 사례는 다음과 같다.

[표 2-11] 2012 표준 교육과정 '입문'편 1-1, 1-2의 교육 내용과 학습 계획안

입문	1-1	1-2
주제 / 부주제	줄긋기, 수세기(I) / 인사하는 법, 위치	ㄱ, ㄴ, ㄷ 배우기/ 직계 가족 명칭, 한국 동요-곰 세 마리
학습 지침 제시	1. 수세기 • 하나, 둘, …, 열까지 듣고 말하기 • 일, 이, 삼, …, 십까지 듣고 말하기 • 1, 2, 3, …, 10 쓰기 2. 방향: 위/아래, 오른쪽/왼쪽	1. 한글은 언제나 위에서 아래로, 왼쪽에서 오른쪽으로 쓴다. 2. 아래 쓰는 순서에서 side는 횡획, down은 종획을 의미한다. 3. side 혹은 down 사이에 선(-) 으로 연결되어 있으면 한 획을 의미한다. 4. • 'ㄱ'의 이름(name): 기역/소릿값(sound value): ㄱ(g)/쓰는 순서: side-down • 'ㄴ'의 이름(name): 니은/소릿값(sound value): ㄴ(n)/쓰는 순서: down-side • 'ㄷ'의 이름(name): 디귿/소릿값(sound value): ㄷ(d)/쓰는 순서: side, down-side 5. 'ㄱ'의 소릿값을 음절 (그)가 아닌 소리 'ㄱ(g)'로 분명하게 가르친다. 'ㄴ''ㄷ'도 음절 (느)(드)가 아닌 소리ㄴ(n), ㄷ(d)로 가르친다.
낱말	* 아래 낱말은 듣기와 말하기에만 해당된다. • 일, 이, 삼, 사, 오, 육, 칠, 팔, 구, 십 • 하나, 둘, 셋, 넷, 다섯, 여섯, 일곱, 여덟, 아홉, 열 • 안녕, 안녕하세요, 선생님 • 위, 아래, 오른쪽, 왼쪽 • 줄, 긋다, 세다, 칠하다	* 아래 낱말은 듣기와 말하기에만 해당된다. • 가방, 거미, 가위, 곰 • 나비, 나무, 눈사람, 너구리 • 당근, 달, 다람쥐, 다리 • 아빠, 엄마, 아기, 동생 • 누나, 언니, 형, 오빠

마지막으로, 단계별 교과과정 시험 및 표준 교과과정 진단 평가를 제시하여 교육 내용과 방법 그리고 평가를 포괄하는 교육과정의 체계를 이루고 있다. 그러나 교육과정에 근거해서 한글 학교가 사용한 평가 도구는 한글 학교에 다니는 학생들을 평가하기에는 부적합한 부분이 있다는 비판이 제기되었다. 이러한 문제를 해결하기 위해 재미한국교사협의회는 2016년 『맞춤 한국어』 교재를 바탕으로 『표준 평가 문항집』을 개발하였다. 『표준 평가 문항집』은 한국어 교육 초등용 평가 교재로 한글 학교에서의 학습 능력 평가 및 한국 학교 간의 학습 표준화에 도움을 주기 위한 목적으로 개발되었다.

탐구 과제

1. 다음은 교육과정 개발을 위한 요구 분석 설문지에 포함되는 내용이다. 예시를 참조하여 한국어 학습 목적이나 대상에 따라 새롭게 요구 분석 설문지를 만들어 보자.

〈교육과정 개발을 위한 요구 분석 예시〉

1. 기초 조사
   1) 성별, 2) 국적, 3) 한국어 수준, 4) 학습 목적, 5) 전공

2. 본 조사
   1) 영역별 학습 난이도(말하기, 쓰기, 문법 등 / 매우 어렵다-보통-매우 쉽다)
   2) 영역별 중요도(말하기, 쓰기, 문법 등 / 매우 어렵다-보통-매우 쉽다)
   3) 교수 방법 선호도(강의, 짝 활동, 그룹 활동, 발표 등)
   4) 주제별 중요도(문화, 정치, 경제, 예술 과학 등 / 매우 어렵다-보통-매우 쉽다)
   5) 교육과정 내용별 세부 선호도(문법 교육과정, 문화 교육과정, 읽기 교육과정 등-세부 내용 조사)

2. 다음은 『결혼 이민자와 함께하는 한국어 2』의 교수요목이다. 예시를 참조하여 한국어 학습 목적이나 대상에 따라 새롭게 교수요목을 설계해 보자.

단원	제목	기능	문법	어휘
1	제 고향은 섬인데 관광지로 유명해요.	풍경 설명하기 고향 소개하기	-(으)ㄹ것 같다 -(으)ㄴ데/는데	풍경 관련 어휘 도시 관련 어휘
3	총각 김치는 담글 줄 몰라요	조언하기 능력 말하기	-니? -아라/어라 -'르'불규칙 -(으)ㄹ줄 알다/모르다	집안일, 김치
7	아버님 선물로 모자는 어때요?	조언하기 추측하기	-은/는 어때요? -겠- -아/어하다	국경일과 기념일 패션 잡화

3. 다음은 2017년에 고시된 '한국어(KSL) 교육과정'과 '2015 개정 제2외국어과 교육과정'의 내용 체계를 제시한 것이다. 내용 체계를 비교하여 특징을 찾아보고, 차이점을 발표해 보자.

〈한국어(KSL) 교육과정의 내용 체계〉

<table>
<tr><td colspan="2" rowspan="2"></td><td>생활 한국어</td><td colspan="2">학습 한국어</td></tr>
<tr><td>의사소통
한국어 교육</td><td>학습 도구
한국어 교육</td><td>교과 적응
한국어 교육</td></tr>
<tr><td colspan="2">언어 기능</td><td colspan="3">듣기, 말하기, 읽기, 쓰기</td></tr>
<tr><td rowspan="5">언어
재료</td><td>주제</td><td>일상 기반</td><td>일상 및 학업 기반</td><td>교과 기반</td></tr>
<tr><td>의사소통 기능</td><td>일상 기반</td><td>일상 및 학업 기반</td><td>교과 기반</td></tr>
<tr><td>어휘</td><td>일상 생활 어휘
학교 생활 어휘</td><td>교실 어휘
사고 도구 어휘
범용 지식 어휘</td><td>교과별 어휘</td></tr>
<tr><td>문법</td><td>학령 적합형
교육 문법</td><td>학령 적합형
문식력 강화 문법</td><td>교과별 특정 문형</td></tr>
<tr><td>텍스트 유형</td><td>구어 중심</td><td>구어 및 문어</td><td>문어 중심</td></tr>
<tr><td colspan="2">문화</td><td colspan="3">학력 적합형 한국문화의 이해와 수용
학력 적합형 학교생활 문화의 이해와 적응</td></tr>
</table>

〈제2외국어 독일어과 교육과정의 내용 체계〉

<table>
<tr><td>영역</td><td>핵심 요소</td><td>내용</td><td>기능</td></tr>
<tr><td rowspan="4">언어적
내용</td><td>발음 및
철자</td><td>• 독일어 표준 발음
• 독일어 정서법</td><td rowspan="4">• 올바로 발음하기
• 올바로 글쓰기
• 문맥과 상황에 맞게 낱말 사용하기
• 어법에 맞게 문장 사용하기
• 상황과 의도에 맞게 의사소통 표현 사용하기</td></tr>
<tr><td>어휘</td><td>• 일상생활의 기초적인 의사소통에 필요한 기본 어휘
• 고등학교 보통 교과 독일어 교육과정 〔별표 Ⅱ〕에 제시된 기본 어휘를 중심으로 250개 내외의 낱말을 사용한다.</td></tr>
<tr><td>문법</td><td>• 일상생활의 기초적인 의사소통 표현들을 이해하고 활용하는 데 필요한 문법
• 생활 독일어 의사소통 기본 표현 참고</td></tr>
<tr><td>의사
소통
표현</td><td>• 인물·사물, 감정·의견·건강, 날씨·의식주, 사회생활 등과 관련된 기초적인 의사소통에 필요한 표현
• 생활 독일어 〔의사소통 기본 표현〕 참고</td></tr>
<tr><td>문화적
내용</td><td>문화</td><td>• 언어문화(관용적 표현, 속담과 격언 등)
• 생활문화(의식주, 여가·취미, 기념·축제일 등)
• 지역 사정(지리, 제도 등)
• 사회 문화(인물, 문화유산, 예술·체육·학술 등)</td><td>• 문화를 이해하고 활용하기</td></tr>
</table>

더 읽을 거리

Council of Europe. (2018). *Common European Framework of Reference for Languages: Learning, Teaching, Assessment. Companion Volume With New Descriptors.*
(https://www.coe.int/en/web/common-european-framework-reference-languages)

이 자료는 서로 다른 언어를 사용하는 회원국 간의 소통에 큰 관심을 가져온 유럽 평의회의 언어 정책을 온전하게 담고 있다. 특히 교육과정 개발의 핵심이 되는 학습자 수준에 대한 등급화와 성취기준을 상세하게 기술하고 있으며, 구체적인 언어 사용 맥락을 영역과 장소, 상대자 등을 기준으로 하여 세부적으로 분류하였다. 2001년 자료는 국내에 번역본이 출간되었고(김한란 외 옮김(2010). 언어 학습, 교수, 평가를 위한 유럽공통참조기준. 한국문화사), 2018년 자료는 온라인으로 확인이 가능하다.

Richards, J. C. (2015). 언어 교육과정 개발-이론과 실제-. (강승혜, 공민정, 김정은, 민주희, 채미나 역). 서울: 한국문화사. (원서 출판 2001)

이 책은 교육과정과 관련된 교육학의 이론은 물론 교육과정 개발과 교수요목 설계라는 실용적인 내용을 깊이 있게 다룬 책이다. 다양한 개념에 대한 역사적인 관점과 쟁점을 다룸으로써 이론의 형성 배경을 이해하는 데 도움을 줄 수 있으며, 구체적인 사례를 제시하여 실제성을 높이고 있다.

Richards, J. C., & Rodgers, T. S. (2008). 외국어교육 접근 방법과 교수법. (전병만, 윤만근, 오준일, 김영태 역). 서울: Cambridge. (원서 출판 2001)

이 책은 제2 언어와 외국어 교수 학습을 위한 주요 접근 방법과 교수법을 소개하고 있다. 어떤 접근 방법과 교수법으로 교수 학습을 진행할지 결정하는 것은 교육과정의 중핵적인 요소이다. 이 책을 통해 다양한 교수법에 대해서 충분하게 이해하고 있다면 교육과정의 개발과 재구성에 유용할 것이다.

3장
한국어 교수·학습론

1. 한국어 교수·학습 성격

1) 교수·학습의 개념

교수(teaching)의 사전적인 의미는 '지식이나 기술을 가르쳐 주는 것'이다. 이를 보다 구체적으로 풀어 설명하면, '학습자가 지닌 모든 능력을 극대화하기 위하여 교사가 교육적 의도를 가지고 하는 일체의 활동'이라 할 수 있다. 교수와 함께 쓰이는 개념이 학습(learning)인데, 교수의 정의에 있어서 가장 어려운 것 중 하나는 교수와 학습의 관계를 결정하는 것이다. 좁은 의미에서의 학습은 '학습자가 지식을 습득하는 과정' 정도로 규정할 수 있지만 넓은 의미에서의 학습은 '유기체가 그를 둘러싸고 있는 환경과 상호작용을 통해 그 유기체의 행동에 변화가 일어난 경우'로 광범위하게 정의되기도 한다(변영계, 2005: 16).

교수와 학습은 교육 현장에서 별도로 이루어지는 것이 아니라 교수를 하는 동시에 학습이 이루어지고 또한 밀접하게 상호작용하면서도 서로 의존하게 되는 관계이다. 이와 관련하여 외국어 교육에서 브라운(Brown, 2010: 9)은 "교수는 학습과 분리해서 정의할 수 없다. 교수란 학습을 인도하여 용이하게 해 주며, 학습자를 학습 가능하게 해 주며, 학습의 조건을 설정해 주는 일들을 말한다"라고 하며 교수와 학습의 불가분성에 대해 설명한 바가 있다.

이러한 관점을 바탕으로 이 장에서는 교수와 학습의 밀접성과 상호성을 고려한 '교수·학습'이라는 용어를 채택하여 주로 사용하도록 한다. 이는 교수와 학습이 서로 아무런 관련성이 없는 별개의 용어가 아니라 학습자가 학습 목표를 달성할 수 있도록 서로를 보완해 주는 관계이기 때문이다.

교수·학습과 밀접한 관련성이 있는 용어로 수업이 있다. 수업은 '학습이 촉진되도록 학습자에게 영향을 미치는 모든 일련의 의도된 사건'으로, 교수자의 비직접적인 교수 활동을 포괄하는 의미로 사용된다(최지현 외, 2007: 26). 이러한 교수, 학습, 교육의 개념을 그림으로 나타내면 다음과 같다.

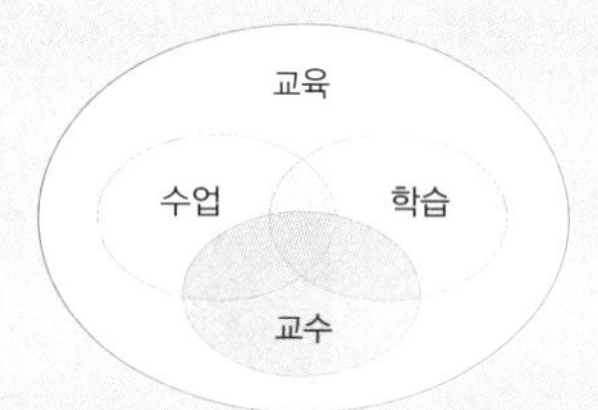

교수, 학습, 수업의 관계(변영계·이상수, 2003: 25)

2) 한국어 교수·학습의 역사

본격적인 논의에 들어가기에 앞서 한국어 교육에서 교수·학습의 역사를 살펴볼 필요가 있다. 이와 관련하여 안경화(2005a, 2005b)의 논의를 참고하면 한국어 교육에서 연구사의 흐름은 대략 다음과 같이 정리할 수 있다.

한국어 교육의 발아기인 1950년대 후반에서 1970년대 중반까지 한국어 교수·학습 방법은 청각 구두식 교수법이 주류를 이루었고 문법 번역식 교수법도 부분적으로 활용되었다. 이 시기의 수업에서는 본문에 학습 문형이나 어휘가 제시된 후, 문형 중심의 구조적인 연습이 이루어졌다. 1970년대 중반에서 1980년대 후반은 한국어 교육의 변화기라고 볼 수 있다. 한국어 교육 현장에서는 여전히 청각 구두식 교수법이 주류를 이루었는데 침묵식 교수법이나 전신반응 교수법 등의 외국어 교수법이 소개됨에 따라 한국어 교육으로의 적용 가능성에 대한 연구가 이루어졌다. 당시 일부 기관에서는 직접 교수법, 침묵식 교수법, 공동체 언어 학습법 등을 수업에 활용하기도 했다.

그 후 1990년대에 들어 의사소통 중심 접근법에 대한 본격적인 연구가 이루어짐에 따라 의사소통 중심 접근법으로 교수·학습의 흐름이 서서히 바뀌어 간다. 특히 1990년 중반 이후 의사소통 중심 접근법의 교육 내용을 반영한 교재가 나오면서 의사소통 중심 접근법은 많은 한국어 교육 기관의 중요한 교수·학습 방법으로 자리를 잡아갔다. 교육 내용 면에서도 언어 구조 일변도의 교육에서 벗어나 언어 기능을 강조하기 시작했다. 아울러 교육 방법 측면에서는 기계적인 문형 연습의 비중이 약화되고 언어 상황에 따른 유의미한 사용 활동이 중요한 교수 활동으로 정착되었다.

2000년대에 들어와서는 현재의 한국어 교수·학습 방법론 전반에 대한 평가와 함께 미래의 바람직한 한국어 교수·학습 방법론에 대한 논의가 이루어졌다. 이 무렵 한국어 교육은 결혼 이민자, 이주 노동자, 재외 동포 등의 학습자 변인과, 일반 목적, 특수 목적 등의 학습 목적 변인, 시디롬이나 온라인 학습 등의 학습 매체 변인, 한국 혹은 외국 등의 학습 장소 변인에 따라 다변화되었다. 이로 인해 어느 특정 교수법도 세분된 교수·학습 과정을 모두 만족시켜 줄 수 없게 됨에 따라 최근의 한국어 교육 현장에서는 의사소통 중심 접근법을 기반으로 문법 번역식 교수법, 상황 중심 교수법, 청각 구두식 교수법, 내용 중심 교수법, 과업 중심 언어 접근법 등의 여러 교수방법을 체계적으로 활용하는 절충식 방안이 모색되고 있다.

2. 한국어 교수·학습 원리

1) 교수·학습의 이론적 기반

외국어 교수·학습 이론은 주변 학문의 패러다임의 변화와 밀접한 관련성이 있다. 이는 교수·학습 이론이 독자적으로 발생한 것이 아니라 언어학, 심리학 등 인접한 여러 학문의 영향을 받으며 성립되었기 때문이다. 예를 들어 1950년대까지 교수·학습 이론은 행동주의 심리학과 구조주의 언어학의 지대한 영향을 받았다. 당시 청각 구두식 교수법이 탄생하게 된 배경에는 반복적인 자극에 반사적으로 반응하게 하여 익숙해지도록 하는 행동주의 심리학과 언어 구조에 대한 학습을 중시하는 구조주의 언어학이 기저에 존재했다고 볼 수 있다. 이후 1960년대부터는 인지주의 심리학 및 생성언어학의 영향을 받는 한편, 1980년대 이후에는 화용론과 사회언어학, 구성주의 학습이론, 의사소통 이론 등에 토대를 두고 다양하게 연구가 되었다. 이러한 여러 이론이 활용되면서 외국어 교수·학습은 철학적이고 실용적인 근거를 마련할 수 있게 된다.

(1) 언어학

언어학을 언어 교수 이론에서 중요한 요소로 인식하기 시작한 것은 1900년대부터이다. 이러한 변화에 가장 중요한 역할을 한 것은 미국 구조주의 언어학으로, 차후 생성주의 언어학, 기능주의 언어학이 외국어 학습이론에 큰 영향을 미치게 된다.

구조주의 언어학은 언어학자 Saussure에 의해 성립되었다고 보는 것이 일반적인 견해이다. Saussure는 그의 저서 『일반언어학 강의』에서 언어를 관념을 표현하는 기호 체계이자 일종의 사회 제도라고 보았다. 따라서 언어는 문자 체계, 수화법, 상징적 의식, 예법, 군용 신호 등에 비견할 만하다고 하였는데(Saussure, 2006: 23) 이는 언어를 체계 안에서 파악해야 한다고 본 것이다. 그는 언어를 두 영역으로 나누며 언어의 추상적인 체계를 '랑그'(langue)로, 그것이 밖으로 실현된 개별적인 발화 양상을 '파롤'(parole)이라 하여 이 두 개념을 정립하였다. 그는 랑그와 파롤이 밀접하게 연관되고 상호 의존 관계가 존재하지만 언어학의 연구 대상을 랑그로 한정해야 한다고 생각하였다. 언어는 사회적 제도이므로 음성 장치나 실질적 발화 그 자체는 언어 활동의 문제에서 부차적이라고 믿었기 때문이다.

이러한 구조주의 언어학이 외국어 교육에 미친 본질적인 영향 중의 하나는 구조적 상관관계와 규칙성을 이해하는 것이 닫힌 체계로서의 외국어를 배우는 데 도움을 주므로 효율적일 수 있다는 통찰이다. 그러므로 구조주의적 관점에서 외국어를 교육할 때 특정한 구조적 패턴들을 체계적으로 조작하여 언어구조에 대한 이해를 유도하고 연습시킬 수 있다(Edmondson & House, 2012: 79-80). 그러나 구조주의는 언어를 하나의 닫힌 체계로 보고 화용론적 층위를 고려하지 않았다는 한계점이 존재한다.

생성주의 언어학은 구조주의 언어학 이론의 한계를 극복하는 데에서 출발하였다. 생성주의 언어학을 대표하는 가장 중요한 인물은 Chomsky로, 그가 주장한 '변형 생성 문법' 개념은 한 언어의 화자는 한정된 수단을 가지고 무한대의 문장을 만들어 낼 수 있다는 인식에 기초한다. 이에 따라 이 이론은 인간의 언어 능력, 즉 토박이 화자가 선천적으로 타고나는 인간의 고유 능력을 규명하고 이를 습득할 수 있는 인간 언어에 공통된 원리와 요소를 발견하는 것을 목적으로 한다.

생성 문법은 많은 언어의 문법을 본질적으로 통찰할 수 있게 하였다는 점에서 제2 언어 교육에도 영향을 미쳤다. 그러나 제2 언어 습득과 제1 언어 습득에는 차별점이 명확히 존재한다. 보통 제2 언어 학습자들이 언어를 배우는 이유는 모국어를 배우는 아이들과 매우 다르다. 또한 제2 언어 학습자들은 모국어 화자보다 인지적으로 성숙한 상태이고 최소 하나의 언어를 이미 알고 있으며 언어 학습에 대해 더 다양하고 복잡한 학습 동기를 가지고 있다. 이런 측면에서 Chomsky의 이론은 제2 언어에 적용될 수 있으나 제2 언어 문법이 목표 언어의 모국어 화자의 문법과 같을 수는 없다.

한편, Bloom, Hymes, Canale & Swain 등의 기능주의 언어학자들은 이러한 생성주의 언어학을 비판하였다. 기능주의 언어학 이론은 다음의 측면에서 생성주의 언어학과 다른 특성을 지닌다. 먼저 기능주의 언어학은 언어를 화자가 세상이나 다른 사람들과의 관계를 형성하기 위한 인지적·정의적 표현의 능력, 즉 사회적 상호작용을 위한 것으로 인식하였다. 그리고 그것을 위해서 필요한 것은 언어의 형식이 아닌, 기능이라고 보았다. 이에 따라 기능주의자들의 연구의 초점은 언어의 규칙보다는 의미·기능 전달에 맞추어졌다. 또 기능주의자는 Chomsky의 언어 능력 대신 의사소통 능력을 중시하였으며 이를 위해 생성주의자가 관심을 갖지 않았던 언어수행에도 관심을 가지는 한편, 문장 외적인 표현은 물론, 사회문화적 규칙을 알아야 한다고 주장하였다.

(2) 심리학

언어학과 마찬가지로 심리학 이론도 외국어 교수·학습에 영향을 미쳤다. 심리학은 생물체의 의식과 행동을 연구하는 학문으로, 외국어 학습 과정에서 일어나는 학습자의 심리와 행동의 동기를 밝히는 데에 많은 기여를 하였다. 심리학 이론은 크게 행동주의, 인지주의, 구성주의 학습이론으로 나누어 살펴볼 수 있다.

정신분석 이론과 같은 심리주의에 대한 반발로 생겨난 행동주의 이론은 언어 학습을 다른 학습과 마찬가지로 일종의 습관의 형성으로 바라본다. 즉 행동주의 심리학은 학습의 본질을 자극(stimulus)과 반응(response)에 기초하는 것으로 보았으며 강화(reinforcement)를 통해 습관이 될 수 있다고 설명하였다. 이러한 행동주의 이론에서는 모국어를 배울 때 환경에서 자극하는 것을 배우는 것처럼 외국인 학습자 역시 교사로부터 새로운 언어 입력을 받아 이를 모방하고 반복적으로 연습하여 습관을 형성하고, 다시 교사로부터 강화를 받는 과정을 통해 목표어를 학습한다고 본다. 그러나 외국어 교수·학습의 환경은 모국어를 학습할 때처럼 단순하지 않다는 점, 언어의 창의성을 설명할 수 없다는 점, 모방을 절대적인 것으로 보았다는 점에서 비판을 받았다.

반면 인지주의 이론은 구조주의 언어학과 행동주의 심리학을 비판하고 이성주의적 접근법을 통해 인간 행동의 동기와 심층 구조를 파악하고자 하였다. 즉 인지주의 이론에 따르면 학습과 기억은 자극과 반응을 통해 기계적·수동적으로 이루어지는 것이 아니라 학습자 스스로 관계성을 파악하고 그에 따라 새롭게 순서를 재구성하고 조직화하는 것이다. 이는 경험이 아니라 학습자가 이미 가지고 있는 지식에 큰 의미를 부여한 것으로, 학습자가 스스로 구성한 지식이 학습에 가장 큰 영향을 미친다는 전제를 지니고 있다. 이러한 인지주의 이론에 따르면 후천적인 경험이 언어 습득에 미치는 영향은 미비하다. 또한 언어의 습득은 인간의 인지에 의해서만 가능하다고 주장하였는데 이는 생성주의 언어학자들과 같은 견해를 지니고 있다.

구성주의는 한마디로 '지식은 발견되는 것이 아니라 구성되는 것'이라는 개념으로, 개인의 능동적 참여와 사회적 맥락에서의 상호작용의 중요성을 강조한다. 이에 따라 이 이론은 학습을 능동적이고 구성적인 과정으로 보며 이때 학습자를 정보를 구성하는 주체로 간주한다.

구성주의는 지식 구성의 주요 요인을 개인의 인지적 작용 혹은 사회적 상호작용에 두느냐에 따라 다시 '인지적 구성주의'와 '사회적 구성주의'로 구분된다. 인지 심리학자인 Piaget의 이론에 영향을 많이 받은 인지적 구성주의는 이미 형성된 지식을 개인과 다른 사람과의 심리적 상호작용의 내적 과정을 통해 스스로 구성해 가는 것으로 설명한다. 반면 Vygotsky로 대표되는 사회적 구성주의자들은 지식은 한 사회 집단에 역사적·문화적으로 이미 존재해 있으며 이러한 지식을 이미 획득한 다른 사람과의 사회적 상호작용을 통해 구성한다고 보고 협력 학습의 중요성을 강조한다. 비고츠키의 이론 중 외국어 교육에 많이 응용된 이론은 '근접 발달 영역(Zone of Proximal Development, ZPD) 개념이다. 근접 발달 영역이란 실제적 발달 수준과 잠재적 발달 수준 사이의 거리다. 실제적 발달 수준은 독립적 문제 해결에 의해 결정되고, 잠재적 발달 수준은 성인의 안내, 혹은 더 능력 있는 또래들과의 협동을 통한 문제 해결에 의해 결정된다(Vygotsky, 2009: 134). 즉 근접 발달 영역은 아직 배우지 않았지만 적절한 자극이 주어지면 학습할 수 있는 과업을 뜻하며, 이는 능력 있는 동료나 성인의 도움으로 학습을 할 수 있다는 점에서 외국어 교육에 활용될 여지가 많다.

2) 교수·학습의 방법들

본격적인 교수·학습 방법에 대해 알아보기에 앞서 교수·학습 관련 용어의 개념을 정리할 필요가 있다. Anthony(1963: 63-67)는 외국어 교육을 논할 때 혼돈과 오해를 피하기 위하여 접근법(approach)과 교수법(method), 기법(technique)에 대한 도식을 다음과 같이 제안하였다. 여기에서 접근법은 언어 교수와 언어 학습의 성격을 다루는 데 관련된 일련의 가설이다. 교수법은 언어 자료를 질서 있게 제시할 전체적인 계획서이다. 기법은 실행적인 것으로, 교실에서 실제로 나타나는 것을 말한다. 그러나 Richards & Rodgers(2008: 30)는 이러한 Anthony의 제안은 기저에 놓인 이론적 원리와 이 원리들로부터 유도되어 나온 교수 실제들 간에 나타나는 차이점을 구별하는 유용한 방법으로 활용되었지만, 교수법 그 자체의 성격에는 충분한 관심을 두지 않았다고 말한다. 예를 들어 어떤 교수법에서 가정된 교사와 학습자의 역할, 교수 자료의 역할 등에 대하여 아무 것도 말해 주지 못한다. 즉 접근 방법이 교수법에서 어떻게 실행되는지, 혹은 교수법과 기법이 어떻게 관련되는지를 설명하지 못하고 있다.

이러한 비판을 바탕으로 Richards & Rodgers는 Anthony의 모형을 수정하고 확대하였다. 이들은 접근법과 교수법이 설계 단계에서 다루어지는 것으로 가정하며 이 단계에서 학습 목적, 교수요목(syllabus), 내용, 교사와 학습자의 역할, 그리고 교수 자료가 명확히 결정된다고 보았다. 그리고 Anthony가 말한 '기법'을 좀 더 종합적인 술어인 '절차(procedure)'로 다시 명명하였으며 접근법과 교수 설계, 절차 이 세 단계의 과정을 총괄하는 상위 개념을 번어 확인 필요역(method)이라 불렀다.

Brown(2010: 16)은 Richards & Rodgers의 방법에 대한 개념의 재구성은 타당하게 이루어졌으나 예부터 사용되던 용어에 새로운 의미를 부여하려던 시도가 교육학의 문헌에서 받아들여지지 않았음을 지적하였다. '설계'라는 용어 역시 우리는 그 용어 대신에 언어 프로그램의 설계 자질을 지칭할 때 더 편하게 쓰는 용어로 교육과정(curriculum) 혹은 교수요목을 쓴다고 밝혔다. 이에 따라 Brown은 다음과 같이 용어를 정의한다. 접근법은 언어와 언어 학습의 본질, 그리고 이를 교육적 상황에 적용할 수 있는 가능성에 관하여 이론으로 잘 숙지하고 있는 입장과 신념이다. 교수법은 언어적 목표에 도달하기 위한, 교실의 구체적인 사항의 일반화된 집합이며, 기법은 수업 목표를 구현하기 위해 교실에서 이용하는 다양한 연습문제, 활동, 과업 등이다.

한편, 이와 관련하여 최근의 논의로는 Celce-Murcia(2014: 2-10)를 들 수 있다. 그는 위에서 이미 기술한 바 있는 앤서니, 리처즈와 로저스의 논의를 언급하며 접근법과 교수법을 20세기 전 경향, 20세기 초중반 접근법과 언어교수에 대한 최근의 접근법으로 나누었다. 여기에 포함된 '디자이너 교수법'(designer methods)은 Nunan(1989)에 의해 분류된 것으로, 이 교수법들은 절차와 자료의 측면에서 접근법보다 더 상세하다. 교사들은 이 교수법을 사용하기 위해 특별한 훈련이 요구되며 또한 이 교수법들은 대부분 한 사람에 의해 개발되고 정의된 것이다. Celce-Murcia는 이러한 디자이너 교수법들의 예로 침묵식 교수법(silent way), 공동체 언어 학습법(community language learning), 전신 반응 교수법(total physical response), 암시 교수법(Suggestology, Suggestopedia, or Accelerated Learning)을 들었다.

이처럼 접근법과 교수법과 기법에 대한 개념은 한 가지로 정의하기가 쉽지 않고 학자마다 구분하는 방식도 다양하다. Larsen-Freeman(2011: xvi) 역시 교수법(method)의 용어 사용에 있어 어려움을 이야기하며 학습 전략(learning strategies)과 협동 학습(cooperative learning), 과학기술(technology)과 같은 혁신 이론에 대해서는 방법론적 혁신(methodological innovations)이라는 용어를 쓰기도 한다고 밝힌 바가 있다.

이 외에도 한국어 교육에서는 번역 등의 문제로 용어 사용에 더 많은 혼란이 존재하는 것이 사실이다. 이와 관련하여 구본관(2012: 266)은 접근법과 교수법을 구분하기가 쉽지는 않지만 대체적으로 원리적인 수준의 관점은 접근법, 구체적인 방법이 고안되고 개발되면 교수법으로 구별할 수 있다고 밝힌 바가 있다. 즉 거시적인 관점은 접근법, 이에 구체적인 방법론이 갖추어지면 교수법으로 구별하여 지칭할 수 있다는 것이다.

이러한 논의를 참고하여 이 장에서는 접근법을 이론에 토대를 두고 있는 상위의 개념이자 언어 수업에 대한 철학으로 본다. 교수법은 때로 매우 폭넓은 개념으로 사용되기도 하지만 일반적으로는 접근법의 하위의 개념이며 수업에 대한 보다 구체적이고 상세한 계획서라고 볼 수 있다. 마지막으로 기법은 교사가 실제 교실에서 실행하는 다양한 활동과 세부 기술들이라 할 수 있다.

번역 용어 역시 이러한 기준에 따라 선택하였다. 예를 들어 'communicative language

teaching'의 경우 의사소통 중심 교수법 또는 의사소통 중심 접근법 모두로 사용되나, 접근법에 더 가까운 성격을 지니고 있으므로 본서에서는 의사소통 중심 접근법으로 표기하도록 한다.

(1) 문법 번역식 교수법

문법 번역식 교수법(Grammar-Translation Method, GTM)은 가장 오래된 방법으로 중세 말기 라틴어 교육 때부터 사용되었다. 이 교수법은 본래 학생들로 하여금 외국어로 된 문학작품을 읽고 이해하게 만드는 데 그 목적을 두었다. 이를 위해 학생들은 목표어의 문법과 어휘를 학습하게 된다. 이처럼 문법 번역식 교수법은 구어가 아닌 문어를 학습의 중점에 두기 때문에 어려운 독해와 번역이 주된 학습 활동이고 말하기나 듣기, 발음에는 크게 신경 쓰지 않는다. 이런 이유로 교육의 목표를 '의사소통 능력의 신장'으로 본다면 문법 번역식 교수법은 그리 바람직하지 않을 수 있다. 그러나 문법 번역식 교수법은 의사소통 능력을 중시하는 오늘날에도 여전히 사용되고 있는데, 이는 문법 번역식 교수법이 특히 특정한 문법 요소를 설명할 때나 단어의 미묘한 차이를 비교할 때 유용하게 사용할 수 있기 때문이다.

이러한 문법 번역식 수업에서 교사와 학생의 역할은 매우 전통적이어서 교사는 권위적으로 가르치고 학생들은 교사를 그대로 모방하고 따라한다. 교사와 학생의 관계가 일방적이기 때문에 서로 상호작용은 거의 이루어지지 않는다.

〈문법 번역식 교수법의 예〉

학생들은 현지 교사와 함께 이효석의 『메밀꽃 필 무렵』을 배우고 있다. 학생들이 본문을 돌아가며 한 줄씩 읽고 그것을 자신의 모국어로 번역을 하면 교사는 틀린 부분을 정정하거나 새로운 문법과 어휘를 알려 준다. 번역이 모두 끝난 후에 교사는 학생들이 내용을 정확히 알고 있는지 파악하기 위해 학생에게 질문을 한다.

(2) 직접 교수법

직접 교수법(direct method)은 모어의 개입 없이 목표 언어로 직접 가르치는 교수법으로, 목표어로 의사소통 능력을 발달시키는 것을 학습 목적으로 삼는다. 이때 학습자는 목표어로 생각하는 능력을 길러야 하며 목표어에서 모국어로, 또는 모국어에서 목표어로 번역하는 것이 허용되지 않는다. 따라서 문법 번역식 교수법과 달리 의사소통 능력을 기르는 데 효과적인 것으로 알려져 있다. 이러한 직접 교수법은 제2 언어를 배우는 과정을 제1 언어를 배우는 것과 비슷하게 생각한 자연적 교수법(natural method)을 배경으로 한다. 즉 학습자가 모국어를 사용하지 않고 목표어만을 사용하게 하고 시각 자료나 실물 예시를 통해서 의미를 전달하는 것을 강조한다.

그러나 직접 교수법은 추상적인 주제를 다루는 데에 한계가 있고 실제로 수업을 할 수 있는 원어민 교사가 부족하다는 현실적인 제약이 따른다.

〈직접 교수법의 예〉

모든 수업은 한국어로 진행된다.

학생: (교재 속의 단어를 가리키며)선생님. 횡단보도가 뭐예요?
교사: (칠판에 도로와 신호등, 횡단보도 등을 그린다.) 여기는 어디예요?(도로를 가리키며)
학생: 도로예요.
교사: 맞아요. 우리가 길을 건너요. 어디로 건너야 해요? 이곳으로 건너요(횡단보도를 건너는 손짓을 하며). 여기가 어디예요?
학생: 횡단보도예요.

☞ 이후 교사는 횡단보도의 발음을 연습시키고 한국의 교통과 문화에 대해 추가적으로 대화를 나눌 수 있다

(3) 청각 구두식 교수법

청각 구두식 교수법(Audio-Lingual Method, ALM)은 직접 교수법과 마찬가지로 학생들이 목표어로 의사소통하는 것을 목적으로 한다. 그러나 어떤 특정 상황에서의 언어사용을 통한 어휘 습득에 강조를 두기보다는 문형 연습을 통한 외국어 학습을 강조한다는 점, 언어학과 심리학에 이론적 근거를 둔다는 점에서 직접 교수법과 차이점이 있다.

언어학자인 Fries(1945)는 구조주의 언어학의 방법론적인 원칙을 청각 구두식 교수법에 적용하고자 하였다(Larsen-freeman, 2009: 61). 동시에 행동주의 심리학에서 나온 이론과 대조 분석 방법이 사용되었다. 즉, '구조'를 출발점으로 보고 언어의 구조를 기본적 문형과 문법적 구조와 동일한 것으로 보았다. 또한 모국어의 버릇이 외국어를 배울 때 '방해'나 '간섭'(interference)을 하는 것으로 보고 이 문제를 해결하는 좋은 방법은 두 말의 대조 분석을 하는 것이라고 믿었다.

이러한 청각 구두식 교수법은 문형 연습만을 반복적으로 하기 때문에 실제 상황에서의 의사소통을 장담할 수 없고 자연스러운 언어를 배울 수 없으며 반복적인 학습의 강조가 학습자의 인지적 활동을 배제하므로 수업에서 학습자들이 쉽게 지루해질 수 있다는 단점이 있다.

〈청각 구두식 교수법의 예〉

모든 수업은 한국어로 진행된다.

교사: (녹음된 CD를 틀며)다음을 잘 들으세요.

가: 민아 씨. 어디에 가요?
나: 극장에 가요. 극장에서 영화를 봐요.
가: 철수 씨. 어디에 가요?
나: 운동장에 가요. 운동장에서 축구를 해요.

☞ 이후 교사는 학생들로 하여금 대화문을 한 줄씩 반복해서 따라하도록 한다. 그다음에는 교사가 '가' 역할을, 학생이 '나' 역할을 반복적으로 수행하고 익숙하게 하게 되면 역할을 바꾼다. '극장', '축구', '보다'와 같은 어휘 대신 다른 어휘를 넣어 변형해서 말할 수 있게 한다. 나중에는 학생들에게 대화문을 암기하게 하여 자동적으로 말할 수 있도록 연습시킨다.

(4) 침묵식 교수법

침묵식 교수법(silent way)은 심리학자인 Gattegno에 의해서 고안되었으며 인지 과정을 이용하여 철저히 간접적인 방법으로 언어교수를 실천하는 방법이다. 교사는 수업 시간에 되도록 침묵을 지키고, 반면에 학습자는 가능한 한 많은 말을 하도록 권장한다. 침묵식 교수법은 제2 언어 습득이 모국어 습득과는 다른 과정을 거친다고 보기 때문에 학습자들이 사고 과정이나 인지구조를 최대한 이용하여야 한다고 주장한다. 이에 따라 학습자 오류는 필수불가결하게 일어나는 것으로 보았다. 오류는 학습자들이 그들의 가설을 능동적으로 검증하고 있다는 표시이기도 하기 때문이다. 또한 교실에서 선택되는 교수 자료와 그것이 제시되는 순서, 가르칠 언어 자료를 조직하는 데에 있어서 문법 항목과 그에 연관된 어휘 중심으로 짜는 구조적 접근 방법을 선택하였다.

침묵식 교수법에서 교사는 다른 교수법과 달리 말 대신 교구를 사용하여 지시하고, 학습자는 그 지시에 따라 학습을 하게 된다. 교사는 학생들이 새로운 도전을 받아들여 시도해 가는 그들의 자율성을 존중해 주는 한편 학생들은 이전 언어지식을 이용하고 능동적으로 언어 학습을 성취해 간다. 수업에서는 학습자의 자율성을 위해 색칠한 도표와 네모 막대, 어휘 차트 등의 도구가 사용된다.

〈침묵식 교수법의 예〉

초급1 한글 자모를 배우는 수업 시간이다. 교사는 색깔별로 되어 있는 나무 막대를 가리키며 각각 발음을 하고 학습자는 교사가 색깔을 가리키면 발음을 한다.

교사: (빨간색 막대를 들며) 아.
학생: 아.
교사: (파란색 막대를 들며) 이.
학생: 이.
교사: (빨간색 막대와 파란색 막대를 함께 들고 대답을 유도해 낸다.)
학생: 아이.

(5) 암시 교수법

암시 교수법(desuggestropedia)은 심리학자 Lozanov의 주장에서 유래한 방법으로, 자료를 최대한 기억할 수 있도록 정신적 긴장 완화 상태를 활용하는 학습법을 뜻한다.[1] Lozano는 언어 학습이 성공적이 되지 못하는 한 가지 이유는 학생들이 학습에 대해 심리적인 장벽

1 Larsen-Freeman(2009: 118)은 학습에 대한 제약을 제거하는 데에 강조를 두기 때문에 이 교수법을 "비암시 교수법(desuggestopedia)"로 부르기도 하였다.

(psychological barriers)을 갖기 때문이라고 주장한다. 이에 음악을 활용하면 긴장이 완화되어 집중을 가능하게 되고 이것이 엄청나게 많은 양의 자료를 받아들이는 것을 가능케 한다는 것이다.

이러한 암시 교수법은 여러 곳에서 비판을 받았다. Scovel(1979: 255-266)은 Lozano의 실험 데이터에 대한 의문을 보였고 음악과 안락의자가 없을 때 암시 교수법은 그 실용성이 논란거리가 되었다. 보다 심각한 것은 언어 학습에서 암기가 어떤 위치를 차지하는가의 문제이다(Brown, 2010: 30).

〈암시 교수법의 예〉

수업이 시작되면 1, 2분 동안 대화를 중단하고 교사는 녹음기에서 나오는 음악을 듣는다. 그다음 새 텍스트를 읽고 암송을 시작한다. 이때 교사의 목소리는 음악과 조화를 이룬다. 학생들은 모국어로 번역된 텍스트를 따라 읽는다. 1부와 2부 사이에 엄숙한 침묵이 몇 분 동안 흐른다. 2부가 시작되기 전에 몇 분 동안 침묵이 다시 흐르고 음악이 시작되면 다시 텍스트를 읽는다. 학생들은 교과서를 덮고 교사의 낭독을 경청한다. 마지막에 학생들은 교실을 조용히 떠난다. 학생들은 잠들기 전에 한 번, 아침에 일어난 후에 한 번 교재를 대략 읽어 보는 것 외에 다른 숙제는 없다(Lozanov, 1978: 272).

(6) 공동체 언어 학습법

공동체 언어 학습법(Community Language Learning, CLL)은 언어교육에 상담 학습 이론을 적용시킨 것으로 Curran에 의해 개발되었다. 이 이론은 Rogers가 주장하는 인본주의 심리학의 상당한 영향을 받았다. 인본주의적 교수 기법이란 언어학적 지식 및 행동적 기능뿐만 아니라, 감정과 정서, 즉 정의적 영역을 포함하는 전인적 인간교육을 하고자 하는 것을 뜻한다. 커런은 성인 학습자들이 새로운 학습 상황에 의해 위협을 느끼고 그들이 바보처럼 보일까 두려움을 느낀다고 보았다. 이 두려움을 다루는 한 가지 방법은 교사가 '언어 상담자(language counselors)'의 역할을 하는 것이라 본 것이다. 이러한 측면에서 공동체 언어 학습법의 기법은 인본주의적 교수 기법으로 알려진 더 큰 일련의 교수 실제에 속한다고 볼 수 있다.

이러한 공동체 언어학습법은 다음과 같은 측면에서 비판을 받는다. 이는 언어 교사들에게 많은 부담을 주는데, 교사가 두 언어에 모두 대단히 능숙하며 미묘한 차이까지 알고 있어야 하기 때문이다. 또한 심리 상담에 비유되는 것이 과연 언어 학습에 적절한 것인지 알 수 없고 교수요목이 없다는 것도 또 다른 문제이다.

〈공동체 언어 학습법의 예〉

학생들은 모두 원형으로 둘러앉는다. 한 학생이 다른 학생에게 영어로 대화를 시작하면 그 학생 뒤에 서 있던 교사는 그 내용을 한국어로 번역하여 학생에게 귓속말로 전달한다. 학생은 그것을 다시 한국어로 다른 학생에게 말하고 그 내용을 녹음기에 녹음한다. 학생들은 모두 이런 식으로 녹음할 기회를 가지며 이를 다시 들어본다.

(7) 전신 반응 교수법

전신 반응 교수법(Total Physical Response, TPR)은 교사가 학생이 이해할 수 있는 정도의 목표 언어를 사용하여 지시나 명령을 하고 학생이 그것을 행동으로 반응하게 하여 목표 언어를 이해하도록 하는 방법이다. 이 교수법은 Asher에 의해 알려지게 되었는데, 애셔는 성인의 성공적인 외국어 학습 과정을 어린이의 모국어 습득과 유사한 과정으로 보았다. 전신 반응 교수법은 말과 행동의 일치를 바탕으로 한 교수법으로 주로 명령법이 많이 사용된다.

전신 반응 교수법은 문법에 기초한 언어관을 지녔다는 점에서 구조주의 언어학의 배경을 지니고 있으며 학습자의 스트레스를 최소화하여 불안감 없이 학습해야 함을 역설했다는 점에서 심리학적으로는 인본주의를 바탕으로 하고 있다. 또한 발달심리학, 흔적이론(trace theory)을 중시하였는데 흔적이론이란, 기억은 신체 활동에 의해서 연상 작용을 하는 자극을 받았을 때 흔적이 남으면 증진된다는 이론이다. 따라서 단어를 암기할 때도 책상에 가만히 앉아서 외우는 것보다는 춤을 추면서, 또는 단어와 관계된 기타의 동작을 하면서 암기하는 것이 훨씬 효과적이다. 이러한 전신 반응 교수법은 초급에서 효과적일 수 있으나 고급 수준으로 가게 되면 다른 방법과 병행하거나 연관해서 사용해야 효과를 거둘 수 있다.

〈전신 반응 교수법의 예〉

'V-(으)세요' 문법을 배운다.

교사: 일어나세요(교사 자신이 일어난 후 손짓으로 학생들도 일어나게 한다.).
　　　앉으세요(이번에는 교사 자신이 앉은 후, 손짓으로 학생들도 앉게 한다.).

이러한 행동과 말을 반복하며 'V-(으)세요' 문형을 익히게 한다.

(8) 의사소통 중심 접근법

의사소통 중심 접근법(Communicative Language Teaching, CLT)의 목적은 간단히 말해서, 의사소통 능력을 향상시키는 것이다. 이는 교실 안에서 배운 문장을 교실 밖에서도 적절히 사용할 수 있는 것을 뜻하며 이를 위해서는 언어에 대한 지식뿐만 아니라 언어가 수행되기 위한 사회적 맥락 또한 중시된다. 즉 의사소통을 하는 것은 언어적 능력(linguistic competence) 이상의 것을 필요로 하며 이는 의사소통 능력(communicative competence)을 요구한다. 이러한 변화는 Chomsky가 구조주의 언어 이론에 했던 비판과 일치한다. Chomsky는 당시 언어 구조 이론이 언어의 근본적인 특성이라 할 수 있는, 개개 문장의 창조성과 독특성을 설명할 수 없었다는 것을 증명했고 이러한 관찰은 의사소통 중심 접근방법으로의 변화를 가져오는 데 큰 기여를 하게 된다.

의사소통 중심 접근법에서 학습자는 언어 형태의 숙달보다는 의사소통 과정을 강조한다. 그러므로 학습자는 전통적인 제2 언어 교실과 달리 협상자의 역할을 하며 대화에 능동적으로 참여할 수 있다. 그러나 의사소통 중심 접근법은 교수법이라기보다는 하나의 접근 방법으로 간주되기 때문에 구체적인 교수요목을 만들기가 어렵다는 단점이 있다.

〈의사소통 중심 접근법의 예〉

교사: 여러분, 이번 주말에 뭐 할 거예요?
학생: 친구와 영화를 볼 거예요.
교사: 무슨 영화를 볼 거예요? 오늘 배운 문법과 어휘를 사용해서 이야기해 봅시다.

문법: V-(으)려고요, A/V-았/었으면 좋겠다
어휘: 개봉하다, 예매하다, 자리

(9) 협동 언어 학습법

협동 언어 학습법(Cooperative Language Learning, CLL)은 학급에서 짝이나 소집단을 구성한 학습자가 협력 활동을 최대한으로 이용하는 교수 접근 방법이다. 이때 학생들은 서로 정보를 나누고 도우며 성공적으로 목표를 달성하기 위해 함께 일해야 한다. 협동 언어 학습이 다른 학습과 구별되는 것은 단지 그룹을 형성하여 학습하는 것이 아니라 구성원이 함께 학습을 진행해 가는 방법을 사용하기 때문이다. 즉 교사가 주도하는 일방적인 학습이 아니라 학습자 중심의 접근 방법이다. 협력 학습은 경쟁보다는 협력을 장려하는 수업으로 개발되어야 하며 협력은 학습의 방식일 뿐만 아니라 의사소통을 위한 주제여야 한다.

협동 학습을 할 때 어려운 문제로는 다양한 문화적 기대, 개별 학습 유형, 개성의 차이, 모국어에의 지나친 의존 등을 어떻게 해결하는가 하는 점이 있다.

〈협동 언어 학습법의 예〉

교사는 학생들을 두 명씩 짝을 짓는다.

교사: (학생들에게 짤막한 이야기를 나누어 주며) 이 이후에 벌어질 일들에 대해 쓰세요. 다 쓴 후에는 쓴 것을 짝과 바꾸어 서로 틀린 부분을 고쳐 주세요.

☞ 이때 교사는 촉진자로서 돌아다니며 학생들과 활발히 상호작용한다.

(10) 과업 중심 접근법

과업 중심 접근법(Task-Based Language Teaching, TBLT)은 언어교수의 계획과 지도의 핵심 단위로 과업(task)을 이용하는 데 기초를 둔 하나의 접근 방법이다(Richards & Rodgers, 2008: 344). 여기서 과업이란, '어떤 목표를 얻기 위해서, 의미에 비중을 두면서 언어를 사용하도록 학습자에게 요구하는 하나의 활동'으로, 이러한 과업들은 의사소통 원리를 적용하는 데 유용한 도구로 제안되고 있다. 학생들은 과업을 완성해야 하기 때문에 학생들 간에 상호작용할 충분한 기회를 갖고 그런 상호작용을 통하여 학생들이 서로 이해하게 되며 자신의 의미를 표현하는 과정에서 언어학습이 촉진된다고 볼 수 있다(Larsen-Freeman, 2009: 220).

과업 중심 접근법은 의사소통 중심 접근 방법과 관련되어 있고 또 일부 유명한 제2 언어 습득 이론가들로부터 지지를 받고 있기 때문에 응용언어학 내에서 상당한 주목을 받아 왔다. 그러나 과업 중심 접근법을 대단위로 실제 적용해 본 적도 거의 없으며 교수요목, 교수자료 개발 및 교실 수업의 기초로서 그것의 시사점과 효율성에 관련된 문헌적 증거자료도 거의 없는 실정이다(Richards & Rodgers, 2008: 346).

〈과업 중심 접근법의 예〉

여행에 대한 설명을 듣고 제주도 여행 일정 짜기를 한다.

교사: 여행을 가려고 합니다. 어디로 갈까요?
학생: 제주도요.
교사: 좋아요. 제주도로 갑시다. 제주도에서 2박 3일 동안 여행할 거예요. 어디를 구경하고 싶어요? 무엇을 타고 여행할 거예요? 친구들과 함께 여행 일정표를 만들어 보세요.

3. 한국어 교수·학습 설계

1) 교수·학습 설계의 필요성과 원리

교수·학습 설계란 성공적인 교수·학습을 위한 계획의 개발, 또는 교수·학습에 선행하는 체계적 혹은 의도적인 계획과 사고 과정으로, 교사가 수업을 하기 전에 학습자를 대상으로 가르칠 내용과 방법을 결정하고 이를 적절하게 구조화하는 작업을 뜻한다.

이러한 교수·학습 설계는 수업의 단위 기간을 기준으로 장기적 설계와 단기적 설계로 나누어 볼 수 있다. 장기적 설계는 1년이나 한 학기를 기준으로 한 설계인데 이는 일반적으로 교육과정[2]이라는 용어로 불린다. 단기적 설계는 한 차시의 수업을 설계하는 것으로 이는 수업 설계 또는 수업 계획이라는 용어로도 사용할 수 있으며, 수업 설계를 위해 실제로 작성되는 계획서를 수업 지도안, 수업 계획서, 교안 등의 용어로 부른다.

2 교육과정에 대해서는 다른 장에서 자세하게 다루므로 여기에서는 생략한다.

변영계와 이상수(2003: 30-32)에 따르면, 수업 설계가 필요한 이유는 다음과 같다.

첫째, 수업 설계는 과학적이지 못한 전통적인 교육과정 개발과 교육 목표 설정의 대안으로 그 필요성을 인정받고 있다.

둘째, 수업 설계는 설정된 목표와 교육 내용, 교육 방법, 매체, 평가 간의 유기적인 통합을 통해 학습효과를 극대화시킬 수 있는 효과를 낼 수 있다.

셋째, 수업 설계는 내용 전문가나 교사의 입장이 아닌 학습자의 입장에서 학습자에게 적합한 수업을 계획하게 해 줌으로써 학습자의 적극적인 수업 참여를 유도하고 궁극적으로 수업의 효과를 높이게 해 준다.

넷째, 수업 설계는 수업에 관한 전체적인 큰 그림을 제공해 줌으로써 수업 설계, 개발, 실행에 관련되어 있는 모든 사람들 간에 통일된 노력을 기울이게 하고 수업 개선에 도움을 준다.

한편, Jensen(2008: 419)은 수업 설계의 원리로 다음의 세 가지를 제시하였다.

첫째는 일관성이다. 우수한 수업에는 일관성과 유동성이 존재한다. 이는 수업이 서로 연결된 것이지 따로따로 된 활동들의 연속물이 아님을 의미한다. 대규모 수준에서는 한 과목의 요일과 주에 걸친 여러 수업들을 서로 연결시켜야 하고 소규모 수준에서는 학생들이 각 활동에 대한 원리를 이해하여야 한다. 둘째는 다양성이다. 수업에서 지루함과 피로를 피하기 위해 수업 계획은 매일 같은 유형을 따라서는 안 된다. 대규모 수준에서는 강좌 기간에 걸쳐 주제(내용), 언어, 기술적인 측면에서 다양성이 있어야 하고 소규모 수준에서는 각 날의 수업에서 다루어지는 자료의 난이도에 따라 다양한 활동에 소요되는 시간과 같은 수업의 진행 속도 면에서 어느 정도 다양성을 가져야 한다. 셋째는 융통성이다. 수업 설계는 교사들을 미리 정해진 계획에 묶어 놓는 도구를 의미하는 것이 아니다. 유능한 교사들은 독립적으로 생각하고 수업 설계와 상관없이 언제 활동을 바꾸어야 하는가를 안다. 때로는 흥미로운 학생의 질문 하나가 예기치 않은 방향으로 수업을 이끌어 갈 수도 있다.

2) 교수·학습 설계의 변인

교수·학습 설계에서 고려해야 할 대표적인 변인으로는 교사 변인, 학습자 변인, 교실 변인으로 나눌 수 있다. 각각의 변인을 간단히 살펴보면 다음과 같다.

(1) 교사 변인

전통적 교실에서 교사는 학습자에게 지식을 전달하고 평가하는 역할을 주로 맡았으나 현재는 교사에게 훨씬 더 다양한 역할이 부여된다. 언어 수업에서 교사는 방관자가 될 수도 있고 적극적인 참여자가 될 수도 있으며, 때로는 촉진자로서의 역할도 할 수가 있다. 그러므로 수업을 설계할 때에는 교사의 역할을 먼저 반드시 고려해야 하며, 이에 따라 접근 방법도 달라져야 한다. 이 밖에도 교사의 개인적 특성에 따라 수업 설계도 달라질 수 있을 것이다. 예를 들어 원어민 교사라면 직접 교수법을 활용한 수업 설계를 할 수 있을 것이고 문어에 능통한 비원어민 교사라면 문법 번역식 교수법을 활용하여 수업을 꾸려나갈 수가 있다.

(2) 학습자 변인

한국어 교육에서 학습자는 매우 다양한 양상으로 나타날 수 있다. 수업에 영향을 미치는 학습자의 변인으로는 먼저 학습자의 언어적 수준이 있다. 초중고급처럼 학습자의 수준을 파악하여 수업 설계를 해야 하는 것은 물론이며, 한 교실에서도 매우 다양한 수준으로 이루어진 학습자들을 만나게 될 수도 있다. 이 경우 교사는 차별화된 교재를 사용하거나 다른 과업을 제시하는 등 교수·학습 방법에 변화를 주어야 한다.

또한 학습자의 모국어와 문화적인 배경 역시 반드시 고려해야 할 요소이다. 단일 언어권인지, 아니면 다양한 언어권인지에 따라 교수·학습의 방향도 달라질 수 있으며, 학생들의 문화적 배경에 따라서 그들에게 좀 더 친숙한 방법을 쓰거나 새로운 시도를 할 수도 있다.

마지막으로 학습자의 정의적 요인도 중요한 변인이다. 그들이 한국어를 배우는 동기와 수업에 임하는 자신감, 태도를 고려하여 이에 적합한 교수법을 사용하는 것이 좋다.

(3) 교실 변인

교실 안에 배치된 기자재와 공간, 분위기 등도 학습에 큰 영향을 미치므로 교실 환경 또한 수업 설계에서 반드시 고려해야 한다. 예를 들어, 인터넷의 가능 여부에 의해 수업의 방법이 달라질 것이고 좌석의 배치 상황과 공간의 활용 가능한 정도에 따라서도 수업 진행 방식에 큰 차이를 갖게 될 수밖에 없다.

3) 교수·학습 과정안의 작성

(1) 수업 지도안의 필요성과 원리

수업에서 밀도 있는 학습 활동이 이루어지기 위해서는 반드시 수업 지도안이 선행되어야 한다. 이는 수업 지도안의 작성이 단순한 사전 계획을 넘어서 수업의 기본 틀이 마련되는 작업이자 교사의 주체적이며 독자적인 철학이 가장 먼저 실현되는 단계이기 때문이다. 이렇게 마련된 수업 지도안은 수업이 끝난 후에 평가 과정을 거쳐 다음 수업을 위한 자료로도 쓰일 수 있다.

이때 수업 지도안은 교사에 따라 창의적이고 개성적인 내용으로 구성할 수도 있지만 기본적인 형식과 내용을 갖추는 것이 더 중요하다. 이와 관련하여 김선정·허용(1999: 110-112)은 오만록(1998)이 제시한 여섯 가지의 학습 지도 원리를 한국어 교육에 다음과 같이 응용하여 제시한 바가 있다.

첫째, 자발성의 원리이다. 학습의 수혜자인 학습자가 자발적으로 학습에 참여하도록 해야 한다. 그러기 위해서는 먼저 학습자가 스스로 학습하게 하는 방법이 모색되어야 한다.

둘째, 개별화의 원리이다. 학습자가 가지고 있는 각자의 요구와 능력에 맞는 학습 활동이 기회를 마련해 주어야 한다. 특히 높은 수준의 한국어 능력을 갖추고 있는 학습자와 그렇지 못한 학습자가 섞여 있는 경우에는 학습자 개개인을 학습에 참여하도록 하는 데 특별한 신경을 써야 한다.

셋째, 사회화의 원리이다. 현실적인 문제를 기반으로 학습 내용을 구성하여 학습자가 효과적인 사회활동을 할 수 있도록 해야 한다.

넷째, 통합성의 원리이다. 외국어 학습은 언어 기능의 네 가지 영역을 골고루 발전시킬 수 있도록 이루어져야 한다.

다섯째, 직관의 원리이다. 언어 수업을 위해서는 관련된 구체적인 사물을 직접 제시하거나 실제적인 경험을 해 보도록 한다.

여섯째, 목적의 원리이다. 학습은 일정한 교육 목적을 이루기 위한 활동이므로 학습 활동은 교육 목적에 맞게 이루어져야 한다.

(2) 수업 지도안의 작성 형식

수업 지도안의 작성 형식은 교육 기관의 특성과 교육 과정에 따라 다양한 형태가 존재한다. 현재 한국어 교육에서 보편적으로 사용되는 수업 지도안은 도입, 제시, 연습, 활용, 마무리로 이어지는 5단계의 형식을 따른다고 볼 수 있다.

[표 3-1] 수업 지도안 형식의 예

<table>
<tr><td>급수</td><td colspan="4"></td><td>차시</td><td></td></tr>
<tr><td>단원명</td><td colspan="6"></td></tr>
<tr><td>학습 목표</td><td colspan="6"></td></tr>
<tr><td>제시 문형</td><td colspan="6"></td></tr>
<tr><td>과제</td><td colspan="6"></td></tr>
<tr><td>자료 및 준비물</td><td colspan="6"></td></tr>
<tr><td rowspan="2">단계</td><td rowspan="2">학습과정</td><td colspan="2">교수·학습 활동</td><td rowspan="2">발화 예문</td><td rowspan="2">시간</td><td rowspan="2">비고</td></tr>
<tr><td>교사 활동</td><td>학생 활동</td></tr>
<tr><td>도입</td><td></td><td></td><td></td><td></td><td></td><td></td></tr>
<tr><td>제시</td><td></td><td></td><td></td><td></td><td></td><td></td></tr>
<tr><td>연습</td><td></td><td></td><td></td><td></td><td></td><td></td></tr>
<tr><td>활용</td><td></td><td></td><td></td><td></td><td></td><td></td></tr>
<tr><td>마무리</td><td></td><td></td><td></td><td></td><td></td><td></td></tr>
</table>

위의 표에서 보는 것처럼 수업 지도안에는 가장 먼저 단원명과 학습 목표와 과제, 중요 제시 문형 및 수업에 필요한 자료 및 준비물 등을 적는다. 이때 학습 목표는 이 수업을 통해 학습자가 가질 수 있게 되는 능력에 관해 세밀하게 기술해야 한다. 제시 문형에는 대개 이날 배우게 되는 문법의 형태가 들어가며 과제에는 수업 끝에서 학생들에게 부과될 과제의 내용이, 자료 및 준비물은 수업에 필요한 것들을 진술하여 교사가 수업 준비에 만전을 기하도록 한다. 그다음에는 도입부터 마무리까지의 과정에 필요한 수업 내용들을 작성하게 되는데 각 단계별 내용에는 다음과 같은 것들이 포함될 수 있다.

도입은 교사와 학생 간 인사를 나누고 가벼운 대화와 함께 자연스러운 분위기를 조성하는 단계이다. 그리고 지난 시간에 배운 것을 복습하면서 학생들의 습득 정도를 파악하고 오늘 배울 학습 목표와 학습 내용을 상황 맥락과 함께 제시하여 학생들의 관심을 불러일으킨다.

제시 단계에서는 문법과 어휘 등의 목표 항목을 간결하게 나타낸다. 이때 문형의 의미와 형태는 전형적이면서도 분명해야 한다. 그러므로 가장 효율적으로 문법과 어휘를 제시할 수 있는 방법에 대한 고민이 있어야 한다.

연습 단계에서는 학생들이 정확한 문형을 익힐 수 있도록 반복해서 연습시킨다. 연습은 쉬운 것에서 어려운 것으로 단계적으로 이루어져야 하며 교사는 이때 학생들이 시간 안에 최대한 많이 발화를 할 수 있는 가장 효율적인 방안을 찾아야 한다.

활용은 학생들이 배운 문법을 사용하여 의사소통의 유창성을 키우는 단계이다. 이를 위해 학습자들은 과제를 수행하게 되는데 이러한 과정은 학습자 주도적으로 이루어져야 하는 것이 중요하므로 학습자의 능동성을 불러올 수 있는 방법에 대한 고민이 필요하다.

마무리 단계에서는 배운 내용을 정리하고 학습자의 목표 도달 정도를 확인하는 단계이다. 이후 숙제를 부과하고 다음 차시에 대한 예고를 하며 수업을 마무리한다.

신입 교사인 경우 수업 지도안을 작성한 후에는 경험이 많은 교사에게 조언을 구하는 것이 좋다. 경험이 부족한 교사는 각 활동의 시간이 얼마나 걸릴지 추정하기가 어렵고 학습자의 수준에 맞는 내용인지 가늠하기도 쉽지 않기 때문이다. 또한 시간이 남을 것을 대비하여 여분의 활동을 미리 준비하는 것도 좋은 방법이다.

4. 한국어 교수·학습 실제

1) 교수·학습 매체와 교실 운영

(1) 교수·학습 매체

수업은 교사와 학생 간의 의사소통의 과정이다. 교사는 학습을 촉진시키고 가르치고자 하는 내용을 명확하고 구체적으로 전달하기 위해 매체(media)를 사용한다. 이때 사용되는 매체는 칠판, TV, 컴퓨터 등의 하드웨어는 물론 하드웨어를 이용하기 위한 설계, 개발, 실행, 평가 등의 기능까지 포함한다. 이 외에 포괄적으로 교재나 교수·학습의 자료까지 매체에 속한다고 볼 수 있다.

매체를 효과적으로 활용하기 위해서는 먼저 매체의 특성을 파악하고, 그것을 교수 상황에 맞게 선택하고 활용하는 것이 중요한데, 교수·학습 매체 선정 시 고려해야 할 사항은 다음과 같다.

첫째, 학습자 특성이다. 연령, 적성, 태도 등과 같이 매체를 사용하는 학습자 개개인의 개성과 차이는 매체를 선택하는 데 있어서 영향을 미치므로 학습자의 특성에 가장 적합한 매체를 선택해야 한다. 둘째, 수업 상황이다. 수업 상황은 수업 집단의 형태 및 규모, 수업 방법 등의 교수 전략을 포함한다. 소집단의 개별학습에서는 개별학습이 가능한 매체를 사용하지만, 대집단의 설명식 수업에서는 빔프로젝터와 파워포인터를 사용하는 것이 일반적이다. 셋째, 학습 목표와 내용이다. 학습 목표와 내용에 따라 그림이나 사진을 사용하거나 TV나 비디오 같은 시청각매체를 활용할 수도 있다. 넷째, 매체의 물리적 속성과 기능이다. 매체가 갖고 있는 물리적 속성과 그 본연의 기능은 매체의 선택에 영향을 미친다. 즉, 매체의 속성인 시각, 청각, 시청각, 크기, 색채 등을 고려하여 수업 상황과 내용에 적절한 매체를 선택해야 한다. 다섯째, 수업 장소의 시설이다. 수업이 진행되는 교실의 시설 및 환경은 매체의 선택에 영향을 미친다. 매체의 기능을 충분히 활용하기 위해서는 시설과 시스템이 갖추어져 있어야 한다. 여섯째, 실용적 요인이다. 사용하고자 하는 매체의 실용성은 매체 사용에 가장 큰 영향을 미치는 요소 중 하나이다. 즉 매체 사용의 용이성, 사용할 수 있는 여건의 구비 등이 주로 매체의 이용 여부를 결정하는데 이러한 실용성에 영향을 미치는 요인들로는 이용 가능성, 시간, 난이도, 비용 등이 있다.

(2) 교실 운영

교실 운영(classroom management)은 교실의 물리적인 배치에서 교수 유형에 이르기까지, 그리고 교실 에너지에 이르기까지 다양한 요소를 포함하는 개념이다(Brown, 2010: 278). 효과적인 교실 운영을 위해 계획하고 점검·실행해야 할 사항은 다음과 같다.

첫째, 교실의 물리적 환경이다. 교실은 외관상 항상 깨끗하고, 단정하며, 정돈되어 있어야 한다. 또한 필요한 물품이 모두 있는지를 확인해야 한다. 예를 들어 교실에 분필이나 보드마커가 있는지, 내용물이 충분히 나오는지 점검해야 하며 만일의 경우를 대비해 여유분을 가지고 들어가는 것이 좋다. 이때 교실은 외부의 소음으로부터 되도록 차단되어 있어야 하는데, 간혹 복도나 외부에서 소음이 발생할 경우에는 학생들의 집중을 위하여 가능한 소음을 줄이려 노력해야 한다. 교실의 냉난방 상태 역시 학생들에게 많은 영향을 미치기 때문에 적정한 온도를 유지하도록 신경을 쓰는 것이 필요하다(Brown, 2010: 279).

둘째, 좌석 배열이다. 수업에서 학생들은 팀의 일원으로서 서로 마주보고 대화를 나눌 수 있는 형태가 가장 좋다. 이때 좌석은 U자, 동심원 혹은 원의 형태로 하되, 2-4명이 함께 앉는 책상이라면 학생들의 상호작용을 최대한 촉진시킬 수 있는 형태로 배치해야 한다. 일반적으로 교사는 학생들의 좌석 배치까지 관여할 필요는 없지만 같은 모국어 배경을 가진 사람을 떨어뜨려 놓음으로써 학습자 간 한국어 사용이 더 용이해질 수도 있다. 또한 만일 옆에 앉은 학생들끼리 수업에 방해가 되는 경우라면 몇 명을 골라 좌석을 옮기도록 결정할 수도 있다.

셋째, 판서의 요령이다. 앞서 언급한 것처럼 칠판은 항상 깨끗하게 사용하되, 판서를 단정하게 하며 적당히 자주 지워 주어야 한다. 판서의 가독성을 위해 교사는 때때로 칠판에 글씨 쓰는 방식을 바꾸기 위해 실질적인 노력을 기울일 필요가 있다. 또한 수업 중에 판서를 할 때, 뒤돌아서 교사의 등을 학생들에게 보이는 것은 바람직하지 않다. 판서의 내용을 학생들이 볼 수 없도록 교사의 몸으로 가려서도 안 된다. 판서를 할 때에는 몸을 사선으로 하여 몸의 일부가 학습자를 향하도록 하고 학습자와 눈을 맞추면서 자연스럽게 수업하는 것이 좋다. 또한 중요한 내용은 학습자들이 보기 쉽게 다른 색깔로 구별하여 판서하는 것도 중요하다. 때로는 칠판에 그린 간단한 그림이 장황한 설명이나 번역을 피할 수 있다. 예를 들어 감정 표현을 가르칠 때 [그림 3-1]과 같은 그림을 그릴 수가 있다.

[그림 3-1] 감정 표현 그림의 예시

넷째, 기자재의 사용이다. 기자재가 교실 내에 적절하게 배치되어 있는지, 기자재를 사용할 시간적 여유가 충분한지, 제대로 작동하는지, 작동 방법을 알고 있는지가 중요한 사항들인데, 수업을 하기 전에는 항상 기자재의 작동 여부를 먼저 확인하는 것이 중요하다. 또한 초급의 경우 칠판에 자석을 사용하는 경우가 종종 있으므로 자석이 붙는 칠판인지를 점검하고 'Power Point'를 사용할 경우에는 필요한 장비가 모두 갖춰졌는지, 제대로 작동하는지를 확인하는 것도 필요하다.

다섯째, 음성과 신체 언어의 사용이다. 좋은 교수 활동의 첫 번째 요건 중 하나는 교사의 훌륭한 음성 전달이다. 교사의 목소리는 먼저 모든 학생이 들을 수 있는 정도가 되어야 하며 발음을 명확하게 해야 한다. 초급의 경우에는 발화 속도를 늦추는 것도 좋지만 우습게 들릴 정도로 속도를 늦춰서는 안 되며 가능한 한 말의 자연스러운 흐름을 유지하도록 해야 한다. 명확하게 조음하는 것이 천천히 말해 주는 것보다 언어를 듣고 이해하는 데 더 중요한 열쇠가 되기 때문이다.

신체 언어 역시 의사소통에서 중요한 요소이다. 특히 언어 교실에서 학생들이 음성 언어를 해독하는 데 필요한 기술을 충분히 습득하지 못한 경우에는 학생들이 비언어적 의사소통에 주의를 집중하게 마련이다. 이때 교사는 자세에서 자신감이 배어나게 하며 얼굴 표정은 낙관적이고 밝은 따뜻함이 묻어나야 한다. 또한 모든 학생들과 자주 눈을 마주치는 것이 중요하며 수업 시간 내내 한 자리에 서 있는 것은 좋지 않다. 학생들과 거리 유지 및 신체 접촉과 관련해서는 학생들의 문화적 관습을 따르는 것이 좋다.

여섯째, 오류 수정이다. 일반적으로 초보단계가 지나게 되면 의사소통에 방해가 되는 발음, 어휘, 문법사용은 어떻게 해서라도 수정되어야 하지만 그렇지 않은 경우에는 학생 스스로 찾아 교정하도록 방법을 찾으라는 것이다. 그리고 가능하면 스스로 수정을 하게 하거나(self-correction) 다른 학생을 통해 수정이 되게 하는 것이(peer correction) 교사가 직접 수정을 해 주는 것보다 효과적이다. 즉 직접적인 수정보다는 간접적인 수정이 언어 능력 발달에 긍정적으로 작용한다.

2) 수업 지도안 실제

다음은 실제 수업 계획서의 도입과 제시 부분이다. 처음 부분에 학습목표와 그날 수업에서 배울 문법과 어휘 등을 간단히 제시한 것을 볼 수 있다. 도입에서는 교사가 어떤 식으로 학생들의 관심을 유도하는지, 이에 대한 학생의 예상 답변이 무엇인지 간략하게 적혀 있다. 이어서 제시 부분에서는 교사가 카드를 활용하여 어휘를 교수하는 방법을 보여준다.

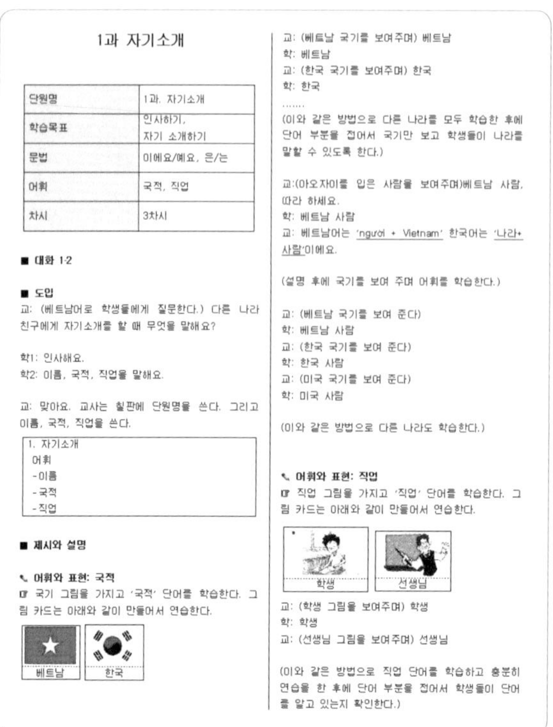

1과 자기소개

단원명	1과. 자기소개
학습목표	인사하기, 자기 소개하기
문법	이에요/예요, 은/는
어휘	국적, 직업
차시	3차시

■ 대화 1-2

■ 도입

교: (베트남어로 학생들에게 질문한다.) 다른 나라 친구에게 자기소개를 할 때 무엇을 말해요?

학1: 인사해요.
학2: 이름, 국적, 직업을 말해요.

교: 맞아요. 교사는 칠판에 단원명을 쓴다. 그리고 이름, 국적, 직업을 쓴다.

1. 자기소개
어휘
-이름
-국적
-직업

■ 제시와 설명

어휘와 표현: 국적

☞ 국기 그림을 가지고 '국적' 단어를 학습한다. 그림 카드는 아래와 같이 만들어서 연습한다.

교: (베트남 국기를 보여주며) 베트남
학: 베트남
교: (한국 국기를 보여주며) 한국
학: 한국
……
(이와 같은 방법으로 다른 나라를 모두 학습한 후에 단어 부분을 접어서 국기만 보고 학생들이 나라를 말할 수 있도록 한다.)

교:(아오자이를 입은 사람을 보여주며)베트남 사람. 따라 하세요.
학: 베트남 사람
교: 베트남어는 'người + Vietnam' 한국어는 '나라+사람'이에요.

(설명 후에 국기를 보여 주며 어휘를 학습한다.)

교: (베트남 국기를 보여 준다)
학: 베트남 사람
교: (한국 국기를 보여 준다)
학: 한국 사람
교: (미국 국기를 보여 준다)
학: 미국 사람

(이와 같은 방법으로 다른 나라도 학습한다.)

어휘와 표현: 직업

☞ 직업 그림을 가지고 '직업' 단어를 학습한다. 그림 카드는 아래와 같이 만들어서 연습한다.

교: (학생 그림을 보여주며) 학생
학: 학생
교: (선생님 그림을 보여주며) 선생님

(이와 같은 방법으로 직업 단어를 학습하고 충분히 연습을 한 후에 단어 부분을 접어서 학생들이 단어를 알고 있는지 확인한다.)

[그림 3-2] 수업 계획서 예시3

3 이것은 세종학당에서 제공하는 『세종 한국어』 모범 수업안 중 하나로, 전체 교안은 세종학당 웹사이트(www.sejonghakdang.org)의 '교원' 탭에서 공유 마당–지도안을 선택하면 볼 수 있다.

이러한 수업 계획서의 작성 방식은 기관과 학습 내용에 따라 다양할 수 있다. 여기서 중요한 것은 어떤 형태의 수업 계획서를 사용하든지 그 내용이 명확하고 오류가 없어서 초보 교사도 사용하기에 무리가 없어야 한다는 점이다. 또한 교사는 수업 계획서를 반드시 그대로 따라해야 하는 것이 아니라 수업 상황에 따라 적절히 수정하여 사용할 수도 있다. 예를 들어, 수업 시간이 부족할 경우에는 중요하지 않은 내용은 생략하고 넘어갈 수 있으며 학생들의 반응에 따라 지도안과 다른 교수법이나 기술을 사용할 수도 있다.

5. 한국어 교수·학습 평가

1) 교수·학습 평가의 설계

교수·학습 평가란 교수 설계나 교육 내용 또는 교육 방법에 대한 '가치' 정보를 제공하고, 그것의 개선을 위한 의사결정을 도와주는 활동이다. 이러한 평가는 가치 판단 혹은 가치 규명과 의사결정을 강조한다는 측면에서, 교육의 다른 분야에서 실시되는 사정(assessment), 측정(measurement), 검사(test)와는 차별화된다.

교수·학습의 결과가 만족스럽지 않은 것은 학습자의 문제일 수도 있지만 수업 설계가 제대로 되지 않았거나 또는 수업이 실시되는 방법 등에 문제가 있을 수도 있다. 그러므로 교수·학습 평가에서는 교육목표, 교육 내용, 교육 방법, 교사와 학생, 교육환경을 포함한 다양한 구성 요소가 모두 제대로 작동했는지를 평가해야 한다. 이러한 평가의 본질은 궁극적으로는 교육의 질을 향상시키고자 하는 것으로, 교수활동을 파악하고 진단하며 개선과 변화를 위한 정보를 제공함으로써 수업의 효과를 증진시킬 수 있는 방법을 찾을 수가 있게 된다.

일반적인 형태의 수업 평가의 절차 및 방법은 다음과 같다.

[표 3-2] 수업 평가의 절차(최지현 외, 2007: 408)

교수·학습 평가 도구로는 자유기록과 체크리스트, 절충적 방법을 사용할 수 있다. 자유기록이란 수업 상황을 시간대별로 기록하되 주요 사건을 기록하고, 그와 구분된 해석을 덧붙이는 것이다. 체크리스트는 교사, 학생, 교실 등 수업에 관여하는 구체적인 부분에 대해 장단점에 관한 정보를 수집하고, 평가의 객관성을 유지하기 위해 고안된 것으로 널리 쓰인다. 절충적 방법은 두 가지를 결합한 것으로, 예를 들어 세부적으로 구분된 각 평가 내용 항목마다 일일이 점수화하거나 체크하는 것이 아니라, 관찰 안내에 따라 주요 관찰 지점을 살펴보되, 이를 먼저 정한 평가 등급에 따라 범주별로 통합 점수를 매기는 방식으로 변형할 수 있다(최지현 외, 2007: 411-414).

외국어 교육 교실의 경우 실제 학습자의 수준 및 학습과 지도의 여건이 훨씬 더 다양하므로 학습자와 상황에 적합한 교수·학습 체제 평가를 실행하는 것이 중요하다. 여기에서는 이와 관련하여 대표적인 평가 방법 몇 가지에 대해 살펴보도록 한다.

2) 교수·학습 평가의 실행

(1) 수업 관찰

관찰(observation)이란 어떤 대상이나 활동을 의도적이고 체계적으로 보는 것이다. 수업 관찰은 교수 방법 개선을 위한 수업과정에 관한 자료 수집과 분석 및 평가에 가장 보편적으로 활용되는 수단이다. 많은 연구자들은 수업 관찰이 필요한 이유를 교수 방법과 학습 방법에 대한 연구의 기초 자료를 제공하는 데 있다고 말한다. 요컨대 수업 관찰은 수업을 분석·진단하기 위하여 자료를 수집하는 제반 행위이며, 수업에 대한 가치 판단을 수반하는 것으로 볼 수 있다. 이러한 논의에서 볼 때 수업 관찰의 목적은 관찰을 통해서 얻은 체계적인 분석 자료를 바탕으로 수업 현상을 올바로 이해하고, 교사가 좀 더 효과적인 수업 계획과 구조를 세우도록 돕는 데 있다.

수업 관찰을 통하여 교사는 자신이 매일 직면하는 문제점을 동료 교사들이 어떻게 다루는지를 볼 수 있는 좋은 기회를 갖게 된다. 즉, 교사는 자신이 이전에 시도하지 않았던 효과적인 교수 전략을 볼 수도 있다. 또한 동료 교사의 수업을 관찰하는 것은 자신의 교육 수행에 대해 성찰할 기회를 주기도 한다. 관찰되는 교사는 관찰자로부터 자신의 수업에 대한 객관적인 관점을 얻을 수도 있고, 가르치고 있는 교사 입장에서는 파악할 수 없는 수업에 대한 좋은 정보를 얻게 된다.

(2) 질문지법

질문지법(questionnaire)은 일반적으로 가장 널리 사용되는 조사 방법 중 하나로, 체계적으로 조직된 문항에 대한 응답자의 응답을 바탕으로 교수·학습 체제를 평가한다. 질문지법은 정형화된 질문에 대한 다수의 응답을 비교적 간편하게 얻어낼 수 있으므로 교사는 교수·학습 체제에 대한 다양한 의견을 수렴할 수 있다. 특히 수업 관찰은 수업 현장에서 나타난 교사의 행동만을 연구의 대상으로 하지만, 질문지법은 교사의 평소 모습, 수업 현장에 없을 때의 모습, 사적인 모습 등 다양한 측면에 대한 평가를 이끌어낼 수 있어 교수·학습 체제 전체에 대한 실마리를 얻는 데 유용하다. 그러나 교수·학습 체제를 평가하기 위한 문항이 적절하게 조직되지 않은 경우, 또는 응답자가 교수·학습 체제에 대한 식견을 제대로 갖추고 있지 못한 경우 제대로 된 평가가 이루어지지 못하므로 이에 유의할 필요가 있다.

(3) 자가 점검

자가 점검(self-monitoring) 또는 자가 관찰(self-observation)은 교사 자신이 스스로를 점검하고 평가하는 일체의 활동을 가리킨다. 교사에 대한 평가는 주로 외부적 관점에서 이루어지지만 이러한 평가 외에도 교사는 자신의 교육 활동을 스스로 점검할 수 있어야 한다. 자가 점검을 위해 교사는 종종 자신의 수업을 녹화를 하게 되는데, 이때 자신에 대한 주관적인 인식과 객관적인 관찰을 통해 보이는 실제의 차이점에 대해 놀라기도 하고 심지어 충격을 받기도 한다(Richards & Farrell 2009: 51). 그러나 이러한 자가 점검을 통하여 교사는 자신의 교육 수행을 더 깊이 이해할 수 있고 효율적으로 통제할 수 있으며 교육에 필요한 부분들을 체계적으로 조정할 수 있게 된다.

자가 점검은 교육 수행에 대한 기록으로 교사는 그것을 다양한 목적을 위해 사용할 수 있다는 장점을 지닌다. 특히 한국어 수업의 경우 외부에 수업의 공개를 꺼려하거나 평가를 해 줄 전문가가 없는 경우가 종종 있는데 자가 점검은 이러한 상황 속에서 자기 수업을 되짚어 볼 수 있는 수업 평가 방법이다.

탐구 과제

1. 다음 질문에 답해 보자.

① 학문 목적 고급 한국어 학습자를 위한 수업 설계를 해 보자. 이때 고려해야 할 교사 변인, 학습자 변인, 교실 변인이 무엇인지 함께 생각해 보도록 하자.

② 자신의 설계안을 다른 사람과 비교하여 토의해 보자.

2. 초급 학습자를 대상으로 문법 '–아/어서(이유)'를 가르치려고 한다. 다양한 교수법을 활용하여 수업 계획서를 작성해 보자.

3. 다음과 같이 다른 조건을 가진 두 개의 교실이 있다. 각 교실에서의 구체적인 수업 운영 방안에 대해 토의해 보자.

〈교실 1〉

학습자 정보	등급	초급
	학생 수	6명
	언어권	다양한 언어권
	학습 목표	취미로 한국어를 배우는 학습자가 대부분
교육 기간		10주 단기반
교수·학습 환경		활발하고 다소 소란한 환경

〈교실 2〉

학습자 정보	등급	중급
	학생 수	12명
	언어권	중국인 학습자
	학습 목표	학문 목적 학습자
교육 기간		1년 과정
교수·학습 환경		소극적 분위기

더 읽을거리

Brown, H. D. (2005). 원리에 의한 교수(제 2판). (권오량, 김영숙, 한문섭 역). 서울: 피어슨에듀케이션코리아. (원서 출판 2000)

Brown, H. D. (2010). 원리에 의한 교수 (제 3판). (권오량, 김영숙 역). 서울: 피어슨에듀케이션코리아. (원서 출판 2001)

원리에 의한 교수는 제2 언어 교육에 대한 책 중에서 가장 유명한 책이라 할 수 있다. 이 책의 저자인 브라운 교수는 1980년에 외국어 학습·교수의 원리를 출판한 후, 1994년에 원리에 의한 교수를 출판하며 실질적으로 교수에 필요한 여러 가지 원리와 방법들을 제시하였다. 이 책을 통해 외국어 교수·학습에 대한 기본적인 이론을 터득할 수 있는 한편, 교사가 교실에 들어가 어떻게 효과적으로 의사소통의 목표를 달성할 수 있는지 그 실제적인 방법에 대해 배울 수가 있다.

Larsen-Freeman, D. (2009). 외국어 교육의 교수기법과 원리. (방영주 역). 서울: 경문사. (원서 출판 2002)

이 책은 여러 다양한 교수법과 접근방법을 소개하고 있으며 최근 외국어 학습과 연관된 인지적·사회적·정의적·문화적인 성향을 반영하는 접근방법들도 소개하고 있다. 특히 이 책은 외국어 교수법의 이론적인 원리뿐만 아니라 각 교수법을 실제로 적용하는 수업 관찰을 통해 각 교수법이나 접근방법에 대한 폭넓은 이해와 함께 실제 교실상황에 적용시키는 방법에 대해 도움을 준다.

Richards, J. C., & Rodgers, T. S. (2008). 외국어교육 접근 방법과 교수법. (전병만, 윤만근, 오준일, 김영태 역). 서울: Cambridge. (원서 출판 2001)

이 책은 20세기 초반에서부터 현재에 이르기까지 외국어 교수법의 주된 경향이나 소수의 경향을 포괄적이며 이해하기 쉽게 기술하고 있다. 또한 접근법과 교수법의 역사적인 배경을 함께 다루었으며 언어학적·심리학적 교육적 전통 사이의 연계 관계를 설정함으로써 독자의 더 깊은 이해를 돕는다.

4장
한국어 교재론

1. 한국어 교재의 성격

1) 교재의 개념과 역할

교재가 없는 수업을 생각해 본 적이 있는가? 수업은 배우려는 학습자와 가르치는 교사가 교재를 매개로 이루지는 일련의 활동이라는 점에서 교재가 없는 수업을 생각하기란 쉽지 않다. 한국어 교육의 역사가 길어질수록 연구가 축적되면서 학습 목적 및 학습자 대상에 따라 다양한 유형의 한국어 교재가 등장하고 있다. 동시에 한국어 교육 경험을 가진 교사와 연구자 수가 늘어나면서 이들이 협력하여 해마다 수많은 교재를 출판하고 있다. 그렇다면 교재란 무엇일까? 교재의 개념에 대한 다음 정의를 살펴보자.

- (교재는) 어떠한 구체적인 물체의 형상을 입어야 하며, 그 물체가 교육을 위한 목적으로 사용되어야 하고, 그 물체는 자체가 가지는 어떠한 특성이 **교육의 내용으로 표상되어 있거나 표상되어야 한다**(이성영, 1992: 76).

- 교육을 '누가, 무엇을, 누구에게 가르치는 행위'로 볼 때 바로 이 **'무엇'을 담고 있는 총체물이 교재이다**. 넓게 말한다면 교육과정에서 동원되는 모든 입력물(input materials)이 교재가 된다. -중략- **좁게 말한다면 교재는 학생들이 교육 목표에 도달하도록 교육과정에 따라 교육 내용을 미리 선정하여 가시적으로 제시한 것**이다(민현식, 2000: 5).

- 교사가 교육 현장에서 학습자에게 '그 무엇'을 가르치고 학습자가 '그 무엇'을 배운다고 할 때, 교재는 **'그 무엇'을 담아내는 총체적인 도구**이다. 이런 의미에서 볼 때 외국어 교육에서의 **교재는 유형, 무형의 언어 자료 전체를 의미한다**(조항록, 2003: 249-250).

- 지금까지 교재란 넓은 의미에서는 교육과정(教育過程, process of education)에 투입되는 모든 자

료로서, 학습자와 교사를 이어주는 매개체로 보았다. 그리고 좁은 의미의 교재는 교육 목표에 입각하여, 교육과정을 구성하고, 그 교육과정에 따라 제작된 **가시적인 교육 내용이다**(박영순, 2003: 170-171).

위에서 제시한 교재의 개념은 교육과정을 구현한 것이라는 점에서는 의견이 일치한다. 다만, 교재가 표상성 즉, 구현된 실물 형태의 내용이어야 한다는 관점과 무형까지를 포함해야 한다는 거시적인 관점으로 나뉜다. 지금까지 한국어 교육에서는 출판된 교과서만을 교재로 보는 시각이 지배적이었다.

이 장에서 "교재(教材)란 교육 목표에 도달하기 위해 교사와 학습자에게 제공되는 총체적 도구로서 실체를 지닌 자료이다"라는 개념을 취하고자 한다. 이때의 교재는 '교육과정'을 구현한 것이어야 한다. 한편에서는 한국어 교육과정의 부재 또는 불충분성 때문에 이러한 개념의 교재를 구현하기 어렵다는 시각도 있다. 그러나 2019년 현재, 교육과정 구성 시 참조할 만한 '국제 통용 한국어 교육 표준 모형'이나 '세종학당 표준 한국어 교육과정'이 마련되어 있으며, 한국어를 가르치는 기관에서는 나름의 교육과정을 마련하여 도달해야 할 목표를 구체화하고 있으므로 교육과정이 구체화된 구현태로서 교재의 개념이 논의되는 것이 바람직하다.

교재를 나름의 목표를 가지고 구현된 실체로 인식하면 교재에 구현된 담화나 텍스트가 중요해진다. 우리는 교재의 담화나 텍스트를 일반 담화나 텍스트와는 다른 권위를 부여하기도 하는데 이는 다음과 같은 차별화된 교재 담화나 텍스트의 특성 때문이기도 하다.

첫째, 교재에 구현된 담화나 텍스트는 교육 목표를 실현하기 위해 집필자에 의해 선택, 조직된 구현체이다. 따라서 목표 지향적이다.

둘째, 교재는 교사나 학습자에게 언어 자료로서 모범적인 역할을 담당한다는 점에서 목표어 화자들에게 공유되는 모범적인 형태로 실현된다.

셋째, 교재에 구현된 자료는 교육의 관점에서 취사·선택된다는 점에서 가치 지향적이다. 학습자에게 교육할 만한 가치가 있는 자료로 구성된다.

넷째, 교재는 학습의 수월성 측면에서 텍스트나 담화가 재구조화될 수 있다는 점에서 독자 중심적이다. 교재는 배울 학습자인 독자의 측면에서 자료의 선택이 우선시되며 이는 학습자의 지속적인 학습 동기, 의욕을 강화시킬 목적으로 구현된다.

다섯째, 교재는 정해진 학습 시간 안에 도달해야 할 목표와 교육 내용으로 구성된다는 점에서 시간별 안배로 구성된다. 교재는 몇 시간 동안 학습할 분량인지가 교육 내용의 양을 결정하게 된다. 일반적으로 한 과의 분량 역시 학습 시간 안에 학습할 분량으로 결정되며, 전체 분량 역시 한 과정이 끝나는 전체 시간 안에서 구현된다는 점에서 학습 시간을 철저히 고려한 텍스트나 담화로 구성된다.

이러한 특성을 구현한 교재의 담화나 텍스트는 교사나 학습자에게 다음과 같은 역할을 담당한다고 할 수 있다.

[표 4-1] 교사와 학습자 측면에서 교재의 역할

교사 측면	학습자 측면
• 가르칠 내용을 구체화한 자료 • 가르치는 방법을 지원하는 자료 • 신입 교사나 경험이 적은 교사에게 안내를 위한 안내자 • 성취 평가를 돕기 위한 자료 • 교사와 학습자를 이어주는 중개자	• 연습 활동과 의사소통 활동을 위한 자료 • 어휘, 문법, 발음 등 언어 지식을 위한 참고 자료 • 자기주도적 학습이나 자율 학습 활동을 위한 자료 • 자기 평가를 통한 언어 능력을 평가하기 위한 자료 • 목표어와 학습자를 이어주는 중개자

조금 다른 관점에서, 교재의 역할은 어느 정도 수업을 균질화한다는 점에서도 기여하는 바가 크다. 한국어 교재는 한국어를 가르치는 기관별로 교재가 개발되어 있는 것이 일반적인데, 적어도 한 기관 안에서 하나의 공통된 교재로 가르친다면 그 수업은 어느 정도 균질화를 담보할 수 있게 된다. 무엇을 가르치고 배우는가에 대한 공통성의 확보는 교재의 중요한 역할 중의 하나이다. 그러나 이러한 균질화의 역할이 과도하게 적용되면 교사의 재량 영역이 축소되면서 교재에 수록된 모든 내용을 꼭 가르치고 배워야 하는 것으로 인식해 교재의 역할이 비대해진다는 단점이 존재하게 된다. 따라서 교재의 역할은 교육과정의 내용과 교수 방법에 대한 결정권자로서가 아니라 이를 도울 수 있는 조언자로서의 역할에 초점을 맞출 필요가 있다. 교재 자체가 가르치는 모든 것이 되어서도 안 되지만 교육과정을 반영한 교재라는 측면에서 무시되어서도 안 된다. 교재는 교수 자료로서 교사가 선택이 가능할 뿐만 아니라 다른 자료로 대체를 통해 교육 목표에 도달할 수 있는 하나의 자료로서의 역할을 담당하는 것이 바람직하다.

2) 교재의 변천

한국어 교재는 언제 처음 만들어졌을까? 한국어 교육이 언제 시작되었는지는 명확하지 않지만 『속일본기』(續日本記)의 기록[1]에 의존하면, 신라어를 일본인이 배웠다는 것을 알 수 있다. 그 후 1883년 간행된 중국어와 한국어의 대역 어휘집인 『화어유초』, 18세기 말에 사역원에서 간행한 일본어와 한국어의 대역 어휘집인 『왜어유해』, 일본의 에도 시대부터 일본에서 가장 널리 사용된 것으로 알려진 『교린수지』 등의 교재를 통해 국내에서의 외국어 학습과 해외에서의 한국어 학습의 역사를 알 수 있다.

본격적으로 한국어 교재의 편찬은 19세기에 들어서면서 선교 목적으로 한국에 들어온 이들에 의해 만들어지기 시작한다. 최초의 한국어 교재는 1877년 Ross가 출판한 『Corean Primer』로 알려져 있다. 이후 1882년에 개정판으로 『Korean Speech』가 출판된다. 이 교재를 만든 Ross는 선교사로 한국에 들어왔으며 한국어를 배운 지 얼마 안 된 상태에서 교재를 개발하여 문법에 오류가 많으나 한국어를 배운 교육적 경험을 교재화하여 한국어를 배우는 학습자에게 도움을 주고자 한 점에서는 높이 평가할 만하다. 더구나 교재가 문법에 초점을 두고 있으나 화제별로 제시하고 있다는 점도 특이하다. 이 교재가 주목받는 이유는 바로 여기에 있다. 교재의 회화가 화제별로 구성되었다는 점인데 이후 한국어 교재 개발이 주제별로 이루어진 교재 개발의 효시가 되기 때문이다. 이후 Underwood(1890)의 책

1 이수미(2011)에 따르면, 『속일본기』는 일본 율령시대(律令時代)의 정사(正史)인 육국사(六國史)의 하나로 헤이안시대[平安時代] 초기인 797년에 스가노노 마미치[菅野眞道] 등이 편찬하였는데, 당시 도래인(渡來人) 중 신라인이 신라어를 가르쳤을 것으로 추정된다. 『속일본기』의 기록된 내용은 다음과 같다고 한 바 있다.
乙未 令美濃 武藏二國少年 每國二十人習新羅語 爲征新羅也.

[표 4-2] 초기 한국어 학습서

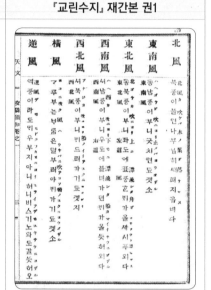

『화어유초』	『왜어유해』 권상	『교린수지』 재간본 권1
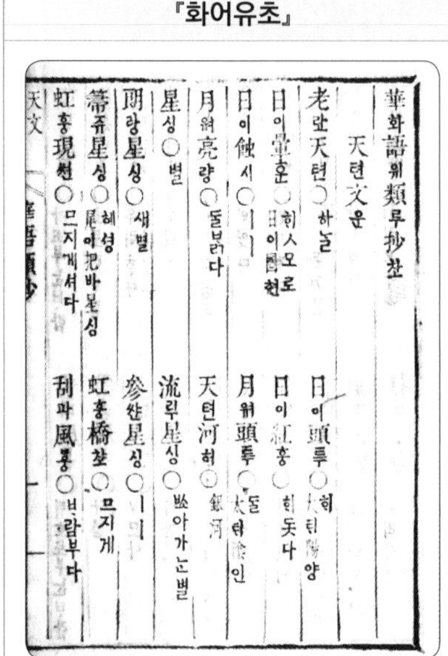	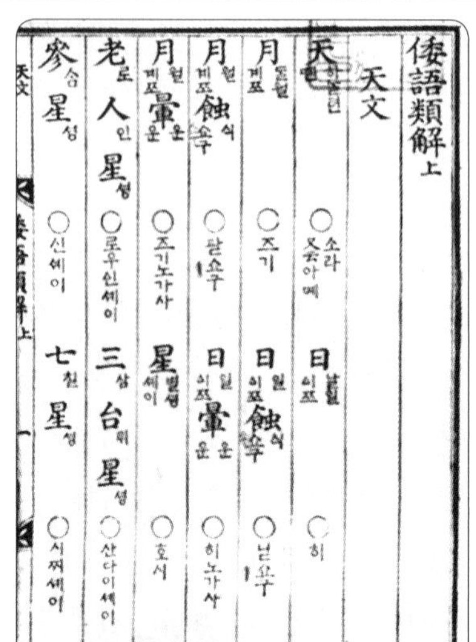	
『화어유초』는 1883년에 간행된 것으로 중국어를 표제어로 하여 우리말이 제시되어 있는 대역 어휘집이다. 수록된 어휘들은 의미에 따라 분류, 배열되었다는 특징이 있다(http://archives.hangeul.go.kr/scholarship/foreignLanguage/view/551?page=1).	『왜어유해』는 18세기 말에 사역원에서 간행한 일본어-한국어 대역 어휘집이다. 이책은 앞서 사역원에서 간행한 중국어의 『역어유해』, 만주어의 『동문유해』, 몽고어의 『몽어유해』 등과 유사한 성격의 어휘집이다(http://archives.hangeul.go.kr/scholarship/foreignLanguage/view/793?page=2).	이 책은 일본 에도 시대부터 메이지 시대에 걸쳐 일본에서 가장 널리 사용된 한국어 학습서이다. 1881년 간행된 초판본은 4권 4책 어휘집으로 어휘에 예문을 제시하였는데 재미있는 예시문이 녹아 있는 것으로 평가 받고 있다(예. 명태는 북어니 함경도 명천사든 태가가 처음으로 잡아먹어셔 인하여 명태라 이름하얏숩네)(http://archives.hangeul.go.kr/scholarship/foreignLanguage/view/819?page=2).

은 모두 2부로 구성되어 있는데 1부는 문법서, 2부는 영한숙어 문장으로 구성되어 있다. Underwood가 개발한 한국어 교재는 문법 중심 교재라고 할 수 있다. 이후 한국어 교재 개발 시 문법 중심의 교수요목이 구성된다는 점에서 이 책이 주목받아 왔다.

비교적 최근에 개발된 한국어 교재는 학생 책과 워크북(활용, 연습 책)으로 구성되어 출판된 서강대학교, 서울대학교, 연세대학교 등의 교재가 대표적이며 2015년에 6급까지 출간된 경희대학교 교재는 각 급마다 문법, 듣기, 말하기, 읽기, 쓰기의 5권으로 구성된 기능 분리형 교재에 해당한다. 2018년에 출판된 『성균 한국어』는 '어휘·문법, 기능(듣기, 말하기, 읽기, 쓰기)' 교재로 언어 지식과 언어 기능을 분리하여 1급부터 4급까지 두 권으로 출판한 바 있다. 각 대학 부설 기관의 교재와는 다르게 세종학당의 한국어 교재는 기능 통합형 『세종한국어』(1-8권) 외에 다양한 학습자의 요구와 학당의 특성을 반영한 『세종한국어 회화』(1-4권), 『세종한국문화 1』 등을 개발하여 출판했다.

한국어 학습자의 다양성, 학습 환경의 변화로 인해 다양한 온라인 교재가 등장하고 있는 만큼 한국어 교재는 앞으로 이전의 변화의 흐름보다 더 빠르고 더 큰 변화를 겪을 것으로 예상된다.

3) 좋은 교재의 요건

어떤 교재가 좋은 교재일까? 집필자는 좋은 교재를 만들고 싶어 하고, 교사와 학습자 모두는 좋은 교재로 가르치고 배우고 싶어 한다. 좋은 교재는 교사가 가르치기 쉬워야 하고, 학습자가 배우기 쉬워야 하며 무엇보다 학습 효과가 높아야 한다. 좋은 교재를 개발하기 위해서 교재 개발자들은 학습자 군(群)을 구체화하여 그들에게 맞는 좋은 교재를 개발할 수 있도록 목표를 설정해야 한다. 그렇다면 좋은 교재가 갖추어야 할 요건이 무엇인지를 고민해 보자.

교재는 학습자의 요구를 바탕으로 만들어진다. 학습자가 배우고 싶은 것을 가르쳐 준다면 그 교육적 효과는 학습자 측면에서 이상적인 결과가 도출될 것이다. 그러나 '교육'이라는 측면에서는 가르칠 만한 내용, 즉 교육적으로 바람직한 내용을 가르쳐야 한다는 측면에서 학습자의 요구로만 교재가 만들어질 수는 없다. 교재에 반영될 바람직한 내용이 학습자가 배우고 싶은 바로 그 내용이라면 고민의 여지가 없지만 '요구'는 다양하며 '바람직한 내용'과 일치하지 않을 수 있다는 점에서 고민은 깊어진다. 교재는 개발되고, 사용되고, 선정되고, 평가되는 일련의 과정 속에서 누군가에 의해 합의된 좋은 교재의 요건이 존재한다. 그렇다면 좋은 교재는 무엇을 반영하거나 담고 있어야 할까?

Shon(1995: 67-86)은 교재를 개발할 때에 고려해야 할 기본적인 원리 열여섯 가지를 제시한 바 있는데 이는 외국어로서의 한국어 교재가 갖추어야 할 요건을 제시한 것으로 의미가 있다. 그가 제시한 16가지 요건은 다음과 같다.

[표 4-3] 손이 제시한 한국어 교재가 갖추어야 할 요건 16가지

원리 1	학습자 중심	원리 9	동기 부여
원리 2	개인화	원리 10	기능 통합
원리 3	맥락화	원리 11	의사소통 기능과 의사소통 수행 간의 균형
원리 4	실제적인 자료의 사용	원리 12	나선형 교육
원리 5	기능/과제 중심	원리 13	목표 중심
원리 6	급간의 연계성	원리 14	스키마 활용(배경지식 활용)
원리 7	정확성 중심	원리 15	대조적인 설명(한국어와 영어의 차이 설명)
원리 8	문화 학습	원리 16	경험주의

Shon은 한국어와 영어의 차이에 주목한 언어·문화를 설명할 것을 주장하면서 학습자의 배경지식 활용과 개인화된 자료, 실제적인 자료가 학습자의 현재 수준에 맞으며, 더 나아가 다음 단계와 연계될 수 있는 교재를 언급하고 있다. 의사소통 중심 교육이 자칫 외국어 교육에서 유창성을 강조함으로써 정확성을 소홀히 할 수 있음에 주목하여 정확성을 중시한 것도 주목할 만하다. 외국어 교육, 즉 한국어 교육은 학습자의 정확성을 담보한 유창성에 의미가 있기 때문이다.

이후, Tomlinson(1998: 6-22)은 교재 구성 원리를 다음과 같이 16가지로 들었는데 Shon이

제시한 것과 유사한 점이 있기는 하지만 학습자의 정서적 측면을 고려한 학습 효과에 관심을 가졌다는 점에서 주목할 만하다. 그가 제시한 좋은 교재가 갖추어야 할 요건은 다음과 같다.

① 교재는 학습자의 신선한 충격(impact)을 느낄 만한 요소-참신성, 다양성, 매력, 흥미, 호기심 등-를 제공할 수 있도록 해야 한다.
② 교재는 학습자의 마음을 편안하게 해야 한다.
③ 교재는 학습자가 자신감(confidence)을 갖도록 해야 한다.
④ 교재는 학습 내용을 학습자의 생활과 적절하게 관련되도록 하여 실용성이 있도록 해야 한다.
⑤ 교재는 학습자가 자발적으로 관심, 노력, 주의를 집중하도록 해야 한다.
⑥ 교재는 학습자의 언어 능력 수준에 맞도록 해야 한다.
⑦ 교재는 학습자에게 실제적 사용(authentic use)을 노출시켜 주어야 한다.
⑧ 교재는 제공하는 자료를 통해 학습자가 언어적 특징(linguistic features)에 주의를 기울일 수 있도록 해야 한다.
⑨ 교재는 학습자에게 의사소통을 위한 목표어 사용의 기회를 주어야 한다.
⑩ 교재는 수업의 실효가 학습자의 언어 내재화를 통해 서서히 나타난다는 것을 감안해야 한다.
⑪ 교재는 학습자의 학습 방식(learning styles)에 차이가 있다는 점을 감안해야 한다.
⑫ 교재는 학습자의 정서적 태도(affective attitudes)에 차이가 있다는 점을 감안해야 한다.
⑬ 교재는 첫 단계부터 학습자의 조속한 언어 사용을 강요하지 않아야 한다.
⑭ 교재는 학습자의 좌뇌, 우뇌 쌍방을 자극하는 지적·심미적·정서적 활동을 격려하여 학습력을 최대화하도록 해야 한다.
⑮ 교재는 통제된(controlled) 연습 활동에 지나치게 의존하지 말아야 한다.
⑯ 개발된 교재의 효율성을 공개적으로 검증할 기회가 있어야 한다.

교재 개발에서 고려할 사항에서 좋은 교재가 갖추어야 할 요건을 추리는 것은 어렵지 않다. 교재가 배우는 학습자를 우선 고려해야 함에는 이견이 없지만 교재는 가르치는 교사를 고려해야 하며, 동시에 교육 목표를 결정하는 기관을 고려해야 한다. 즉 세 가지 축에서 좋은 교재가 갖추어야 할 요건을 제시할 수 있어야 한다. 학습자, 교사, 기관이라는 세 가지 축은 상호 관련성 속에서 특수성이 존재한다. 위에서 제시한 교재가 갖추어야 할 요건을 고려하여 좋은 교재가 갖추어야 할 요건을 제시하면 다음과 같다.

첫째, 학습자의 측면에서 교재는 언어 학습 프로그램의 목표 및 목적과 조화를 이루면서 학습자의 요구를 반영해야 한다. 언어 학습 프로그램의 목표 및 목적에 도달하기 위해 학습자의 요구를 반영한 내용은 학습자의 학습 과정을 용이하게 해야 하고, 학습자의 학습 목적에 가능한 한 효과적으로 도달할 수 있도록 해야 한다. 따라서 자료의 내용은 언어 항목, 기술(skills)과 의사소통적 전략의 측면에서 학생들이 무엇을 배우기를 원하는지에 부응하는 것이어야 한다.

둘째, 학습자의 측면에서 교재의 내용은 학습자의 요구를 반영하면서 동시에 학습자의 지적 능력을 자극할 만한 것이어야 한다는 점에서 교육적으로 가치 있는 내용이어야 한다. 학습자들은 학습이라는 심리적 부담감으로 인해 쉽게 지치거나 흥미를 잃을 수 있다. 따라서 교재는 학습자들이 독립적으로 학습하면서 학습이 일어나도록 학습자들의 관심, 흥미로운 주제를 포함하여 학습자가 스스로 생각하고 지식을 넓혀 갈 수 있도록 지적 자극을 독려하는 내용을 담고 있어야 한다.

셋째, 학습자와 교사의 측면에서 교재는 '학습 가능성(learnability)'을 고려하여야 한다. 교재는 학습자들이 어휘, 문법, 발음, 듣기, 말하기, 읽기, 쓰기 등 학습되어야 할 항목으로 구성되는데 이때 고려되는 것은 학습자들의 지금의 수준을 고려한 '학습 가능성'이다. 이는 학습량을 의미한다. 학습량은 교사의 교수 가능성 측면에서도 중요하다. 일반적으로 한국어 교재는 쉬운 것에서 어려운 것, 친숙한 것에서 낯선 것으로 배열된다. 그러나 학습자마다 학습 가능성은 달라질 수 있다. 이전의 교육적 경험, 연령, 모국어의 영향 등은 학습 가능성에 영향을 주는 주요 요인이다.

넷째, 교사와 학습자의 측면에서 교재는 학습자의 동기를 강화시켜 학습 향상에 기여할 수 있어야 한다. 학습자의 학습 동기를 강화시킨다는 것은 교사에게도 중요하다. 영어 교재인 『Blueprint One』(교사 지침서)(Abbs & Freebairn, 1990)에는 학생들의 동기를 강화시키는 다양한 방법의 하나로 주제와 활동의 실제성을 강조한다. 또한 주기적인 퀴즈 등을 통해 학습 동기를 강화시킬 것을 제안하고 있다. 교사 지침서의 내용은 다음과 같다.

> **교재는 실제적으로 잘 제시되어 있고 주제와 활동이 다양하고 재미있는 책은 학습자의 동기를 강화시킬 수 있다. 이는 교사에게도 마찬가지다. 학생들이 그들이 배운 것을 복습하게 하고 얼마나 많은 과정이 지나갔는지를 깨닫도록 하는 것은 동기와 학습을 강화시킬 수 있다.** 이러한 방법으로 주기적인 퀴즈(시험)가 있는데 이는 그들이 하지 못하는 것이 무엇인지를 알게 하는 것보다 학생들이 알고 있는 것을 깨닫도록 고안되는 것이 좋다(Cunningsworth, 1995: 17).

다섯째, 교사의 측면에서 교재는 학습자에게 한 가지 방법으로만 교수·학습 활동을 부과하지 않고, 그들의 학습 과정을 도울 수 있는 다양한 방법을 제공해야 한다. 교재는 암시적이든 명시적이든 교수 방법을 고려하게 된다. 예를 들어, 패턴 드릴(pattern drill)을 구성한 교재는 학습자의 언어 반복을 강조하며, 짝 활동, 소그룹 활동을 제시한 교재는 학습자의 또래 학습을 통한 교수가 가능하도록 교육 방법을 고려한 것이다. 이렇듯 교재는 학습자의 언어 기능이나 언어 지식을 학습하기에 적절한 교수 방법을 고려해야 학습의 효과를 극대화할 수 있다.

여섯째, 교사의 측면에서 좋은 교재는 이미 만들어진 자료, 즉 대화, 읽기 텍스트, 듣기 자료, 쓰기 제시문 등을 제공하여 교사들을 도울 수 있어야 한다. 교재에 구현된 텍스트나 담화 자체가 교사의 역할을 할 수 있도록 구성되는 것이 좋다.

일곱째, 기관의 측면에서 교재는 교육과정에 맞아야 한다. 한국어 교육은 기관에 따라

10주 혹은 8주 과정의 200시간으로 한국어 교육 프로그램을 운영하는가 하면 3주, 5주 단위로 한국어 프로그램을 운영하기도 한다. 또한 학습자 대상을 아동과 성인으로 나누어 외국어로서의 한국어가 개설된 기관이 있는가 하면, 결혼이주 여성이나 외국인 노동자 등 성인 중에서도 학습자 대상과 목적별로 한국어 교육과정을 마련한 기관도 있다. 따라서 교재는 기관의 교육과정을 고려하여 학습자, 교사의 특성이 반영되어 구현되어야 한다.

이렇듯 좋은 교재가 갖추어야 할 요건을 당위적인 측면에서 논의할 수는 있지만 이러한 요건을 갖춘 교재를 만들거나 찾기는 쉽지 않다. 이는 교재 개발에 드는 시간, 비용을 비롯한 현실적인 문제, 교재 집필자의 가치관을 포함하는 교육 철학의 문제, 현장 경험을 갖춘 교육자와 교재 개발 전문가의 협력에서의 문제 등이 어우러져 있어 이들 모두를 충족한 교재를 구현하는 것이 쉽지 않기 때문이다.

2. 한국어 교재의 유형과 구성

1) 교재의 유형

한국어 교재는 어떻게 유형화하여 분류할 수 있을까? 박영순(2004: 171)에서는 교재의 유형을 다음과 같이 제시한 바 있다.

〈교재의 유형(박영순, 2004: 171)〉

- 영역별: 회화, 듣기, 읽기, 쓰기, 말하기-듣기, 읽기-쓰기, 문법, 문화, 어휘
- 지역별: 한국, 일본, 중국, 북미, 호주, 유럽, 러시아, 우즈베키스탄
- 국적별: 한국인, 외국인, 기타
- 수준별: 초급 1·2, 중급 1·2, 고급 1·2, 최고급, 한국학 전공
- 성격별: 교실에서의 교수·학습용, 자습용, 교사용, 인터넷용
- 위상별: 주교재용, 부교재용, 과제용, 평가용, 워크북
- 목적별(기능별): 관광용, 교양용, 특수 목적용(언론, 외교, 통상, 군사 등), 어린이용, 중고생용, 대학 학습용, 한국학 전공자용, 한국어 교사용 등
- 언어권별: 영어권, 중어권, 일어권, 불어권, 독어권, 노어권 등

위와 같이 교재는 언어의 기능 영역, 지역, 수준, 성격, 위상, 목적에 따라 나눌 수 있다. 박영순에서 제시하는 것처럼, 국적별 유형은 교포와 외국인을 대상으로 나누어 언어권별 유형과 층위를 다르게 설정하고 있는 것은 한국어 사용자를 반영한 것으로 유의미해 보인다. 교재의 유형에 대해 보다 다양한 분류는 민현식(2000: 8)에서 찾아볼 수 있다. 그는 한국어 교육의 유형이나 학습자의 상황 여건에 따라 교재의 유형을 여러 기준으로 나누어서 교재 개발이 이루어져야 한다고 하면서 다음과 같이 교재 유형을 제시한 바 있다.

〈학습 과정 유형〉

① 국외 과정

ㄱ. 정규 과정: 대학 학위 과정(외국 대학들의 한국학과 과정), 대학, 고교 제2 외국어 과정, 민족 교육 기관 과정(한국 학교)

ㄴ. 정규 과정: 특별 과정-전문가 양성 과정(외교관, 공무원, 기업인, 학자 등), 일반 교양 과정, 민간 학원 과정

② 국내 과정

ㄱ. 정규 과정: 대학 정규 과정

ㄴ. 비정규 과정: 대학 비정규 과정(장, 단기 과정), 민간 학원 과정

그는 이렇게 교재를 나누는 것은 유형에 따른 교재 개발을 의미하나 한국어는 범용 교재 개발에 힘을 모아야 함을 지적하면서 교육 유형뿐만 아니라 학습자 상황별로도 달라짐을 보여준 바 있다.

〈교재 개발에서의 학습자 상황 요인〉

① 학습자 수준별(1-6급)

② 학습 목적별(상인, 군인, 외교관, 학자, 유학생 등)

③ 수강 기간별(단기, 중기, 장기)

④ 연령별(아동 학습자, 성인 학습자)

⑤ 국적별(학습자 국적별)

민현식은 국적별 교재는 학습자의 국적별 교재 유형을 의미하며 학습자의 다양한 문화 상황에 따라 주요 문화 권역별 교재가 개발되어야 함을 의미한다고 했다. 백봉자(1999: 2-3)에서는 지금까지 범용의 성인용 한국어 교재가 대부분인데 한국어 교재 모두가 언어적, 문화적 환경이 다른 서양어권 학습자를 고려한 교재라고 표방하고 있으나 면밀히 살펴보면 이들 학습자를 고려한 교재라고 보기는 어렵다고 하면서 서양어권 학습자를 위한 교재 개발을 구체적으로 제시한 바 있다. 민현식(2000)에서는 이러한 언어권별 교재 개발 연구를 지향하면서 언어권별 교재가 단순히 기계적 번역으로 이루어지는 것이 아니라 대조 언어학적 성과를 기반으로 하고 문화 차이를 반영해야 한다고 지적한 바 있는데 이는 지금의 상황에서도 여전히 유효해 보인다. 결국, 이러한 교재 유형은 김호정 외(2011)에서 제시한 분류 기준인 학습 과정, 학습자 상황, 언어 영역별, 위상에 따른 교재 구분으로 모아진다. 여기에서 주목하는 것은 다양한 한국어 교재의 개발 기관이 어디인가에 따라 그 유형이 우선적으로 결정된다는 관점을 취한다. 즉 정부 주도형 교재와 기관 주도형 교재, 민간인(개인)이 개발한 교재로 나눈다면, 교재의 학습자 상황과 목적은 개발 기관의 특성에 따라 어느 정도 결정되기 때문이다. 예를 들어, 재외동포재단에서 개발한 교재는 한글 학교 교재에 초점이 있으므로 아동에 초점을 두게 된다. 국립국어원에서 개발한 대표적인 교재는 한

국어(KSL) 교육과정을 토대로 만든 초등학교, 중학교, 고등학교 『표준 한국어』로 이들은 학습자의 특성을 고려해 생활 한국어와 학습 한국어로 구성되어 있다. 이러한 교재의 특성상, 학습자의 연령과 학습자의 학습 환경이 KSL(Korean as a Second Language) 상황이라는 것이 교재 유형을 결정짓게 된다. 대학 기관에서 개발한 교재는 성인을 대상으로 한 한국어 교재로 기능 통합형, 기능 분리형 교재 구현이 대표적이다. 그러나 대학 기관에서는 학습자의 학습 목적을 고려한 특별반, 학습자의 학습 기간을 고려한 단기반 등이 한국어 교육과정으로 개설되는데 이러한 상황을 고려한 교재는 비정규반이라는 유형 안에 묶인다. 개인이 개발한 교재와 정부 산하 기관에서 개발한 교재의 차이점은 개인이 개발한 교재는 교사용 지침서가 대부분 없으며, 문법, 회화, 토픽 등 하나의 영역에 초점을 두거나 유학생 등 학습자의 대상-이들은 대학 기관이나 정부 산하 기관 주도형 교재 개발에서 비교적 덜 주목을 받은 학습자 대상에 속하거나-이나 드라마, 노래, 영화 등 특정 매체를 활용한 교재가 주를 이룬다. 이를 표로 나타내면 다음과 같다.

[표 4-4] 한국어 교재의 유형

<table>
<tr><th>분류 기준</th><th colspan="5">유형</th></tr>
<tr><td rowspan="8">개발 주체</td><td rowspan="3">정부 산하 기관</td><td rowspan="2">문화체육 관광부</td><td>국립국어원</td><td colspan="2">이주민 사용을 목적으로 개발 『함께하는 한국어』 1-6권, 교사용 지침서, 『알콩달콩 한국어』(베트남어편, 중국어편), 이주 노동자 사용을 목적으로 개발(『아자아자 한국어』 1-2권), 초중고등학생 사용을 목적으로 개발(『초중고등학생을 위한 표준 한국어』 각 1-2권, (교사용 지침서) 등</td></tr>
<tr><td>세종학당재단</td><td colspan="2">세종학당 사용을 목적으로 개발(『세종한국어 회화』 1-4권, 『세종한국문화』, 『비즈니스 한국어』 등)</td></tr>
<tr><td>외교부</td><td>재외동포재단</td><td colspan="2">한글 학교 사용을 목적으로 개발(『한글학교 한국어』 1-6권 등)</td></tr>
<tr><td rowspan="4">대학 기관</td><td colspan="2" rowspan="2">정규 과정용</td><td>기능 통합형 교재</td><td>듣기, 말하기, 읽기, 쓰기를 교재 안에 함께 제시하거나 말하기와 듣기, 읽고 쓰기 등 일부 기능을 통합하여 제시</td></tr>
<tr><td>기능 분리형 교재</td><td>듣기 교재, 말하기 교재, 읽기 교재, 쓰기 교재 등 기능별 교재 제시</td></tr>
<tr><td colspan="2" rowspan="2">비정규 과정용</td><td>특별반 교재</td><td>토픽반, 발음반, 한자반 등 정규반 외의 과정으로 개설된 한국어 교육을 목적으로 교재 개발</td></tr>
<tr><td>단기반</td><td>정규반(200시간) 외에 3주, 5주, 15주 등 한국어 학습 기간에 따른 교재 개발</td></tr>
<tr><td>민간인 (개인)</td><td colspan="4">학습자 대상별(이주민, 이주 노동자, 유학생, 다문화 가정 아동 등), 사용 목적별(회화, 문법, 토픽 교재 등), 학습자 수준별(초급, 중급, 고급), 매체의 특성을 고려한 교재(한국 영화, 드라마 등)</td></tr>
</table>

최근에는 학습자 층의 다양화와 기술의 발달로 온라인 교재도 개발되고 있다는 점에서 교재의 유형은 매체, 교재의 위상(주교재/부교재), 학습자 상황 등의 다차원에서 접근한 교재 개발이 이루어질 것으로 보인다.

2) 교재의 구성과 내용

다양한 유형의 교재가 개발되는 것은 결국, 한국어 학습을 효율적이고 학습의 효과를 극대화하기 위함이다. 개발된 교재의 구성 안으로 좀 더 들어가 보자. 한국어 교재의 구성은 일반적으로 학생용 교재와 워크북으로 나눌 수 있다. 학생용 교재를 효과적으로 활용하기 위해 교사용 지도서가 있기는 하지만 많지는 않다. 이는 한국어 교재가 대학의 기관별로 학습자 수준에 따라 개발되어 온 현장의 특성과도 관련된다. 그러나 국가 산하 기관에서 개발한 교재는 교사용 지도서-지침서라 하기도 하는데-가 개발되어 있다. 어떻게 개발된 교재이든 한국어 수업을 전제한다면 일반적으로 교재는 다음과 같은 자료를 포함한다.

- 학생용 교재
- 교사용 지도서
- 워크북 또는 활동용 교재
- 테스트(시험)
- 더 읽을 읽기 자료
- 더 들을 듣기 자료
- 듣기 카세트테이프나 CD
- 발음 카세트테이프나 CD
- 비디오 자료(인터넷 사이트 자료 포함)
- 문법이나 어휘 설명을 돕기 위한 자료(PPT 형식 포함)
- CALL(컴퓨터 이용 언어 학습) 자료

여기에서 우리가 주목하는 것은 교재 전체의 구성보다는 학생용 교재에 담고 있는 내용이 무엇인가이다. 흔히 주교재라고 일컫는 교재를 말한다. 학생용 교재 외의 자료를 보조자료라고 하면 보조자료는 교사 재량이나 기관에서 개발하여 사용하는 것이 일반적이다. 또한 듣기나 대화문을 포함한 카세트테이프나 CD의 경우는 학생용 교재에 포함되는 것으로 듣기, 발음 내용과 관련되어 내용 구성에 포함되기도 한다.

교재는 어떤 내용을 담고 있어야 할까? 비교적 최근에 개발된 한국어 교재의 내용은 언어 지식, 언어 기능(기술), 문화로 나눌 수 있다. 언어 지식은 문법, 어휘, 발음 부분을 포함하고 언어 기능(기술)은 듣기, 말하기, 읽기, 쓰기를 포함하여 기능별로 이루어지거나 기능 통합형으로 제시하고 있다. 이와 별개로 문화 부분이 언어 교재마다 포함되어 있는데, 언어 교육에서 문화가 중요하다는 것에는 이견이 없지만 어떤 항목을 어떤 순서에 따라 선정·배열해야 할 것인가에 대해서는 합의가 어렵다. 다만, 문화 내용이 한국어와 밀접하게 관련되어야 한다는 점에서 언어문화에 초점을 맞추는 교재도 나오고 있다. 여기에서는 교재의 내용에 담아야 할 내용으로 언어 지식 영역의 어휘, 문법, 발음, 언어 기능 영역의 듣기, 말하기, 읽기, 쓰기의 내용 요소를 살피고자 한다.

(1) 어휘

최근까지 어휘는 외국어 교수 영역에서 소외되어 있었다. 하지만 최근 몇 년 사이에 어휘에 대한 관심이 늘고 있으며 어휘의 범위, 관련성 등에 대한 접근 없이는 지속적인 의사소통이 사실상 불가능하다는 인식에 합의하고 있다. 실제로 초급에서는 문법적인 요소보다 어휘에 대한 지식이 효율적인 의사소통을 가능하게 하기도 한다. 한국어 교육에서도 어휘 교육 연구는 기능 교육(듣기, 말하기, 읽기, 쓰기)과 문법 교육의 중요도에 가려지기도 했지만 어휘를 아는 것이 기능 교육과 문법 교육의 자원으로서 중요하다는 측면이 부각되고 있다. 또한 언어 지식의 측면에서 발음, 어휘, 문법 영역이 같은 층위에서 논의되는 등 어휘 교육의 위상이 어느 정도 정립되었음을 알 수 있다.

어휘는 교재에서 어떤 어휘를 우선 선정하여 제시할 것인가가 중요하다. 어휘를 선별하는 것은 예상보다 간단하지 않다. 빈도로 어휘 순서를 결정하는 것이 유용한 지표로 활용되어 왔지만 어휘가 독립적으로 교재에서 제시되기보다는 전체 주제, 문법 항목, 기능과의 관련 속에서 선별해야 한다는 점에서 빈도만으로 순서를 정하기는 적절하지 않기 때문이다. 따라서 이러한 관련성 속에서 어휘를 학습하기 위한 다양한 전략을 같이 제공하여 학습자의 어휘력을 향상시키고자 하는 것이 바람직하다.

교재에서 어휘를 제시하는 방법은 다양하다. 새 어휘의 수는 몇 개가 적절한지, 어휘의 사전적 정의를 줄 것인지, 어휘의 확장으로 유의어, 반의어, 상·하위어를 제시할 것인지, 제시한다면 어떤 방식으로 할 것인지가 중요하다. 그러나 일반적으로 교재에 구현된 어휘는 각 과의 주제에 해당하는 어휘가 설정되는 것이 보통이다. 한국어교육열린연구회에서 출판한 『열린 한국어 1』과 2018년에 출간된 『성균 한국어 1』에 제시된 어휘편은 다음과 같다.

[그림 4-1] 『열린 한국어 1』 어휘 제시의 예

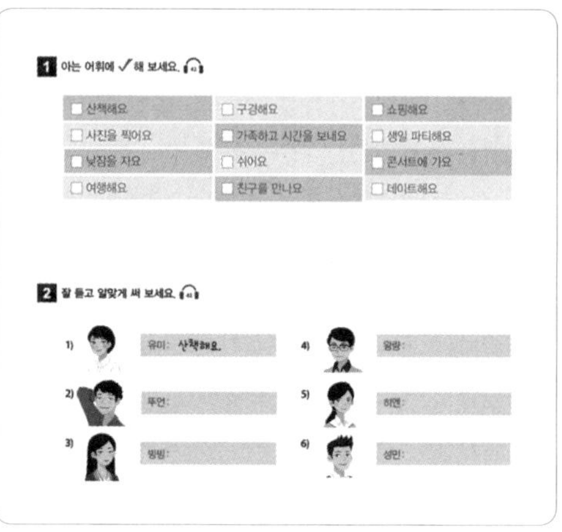

[그림 4-2] 『성균 한국어 1』 어휘 제시의 예

한국어 교재에 '어휘 영역'을 교재의 한 페이지로 따로 설정하지 않고, 말하기를 포함한 기능 영역의 하위 부분에 제시한 교재도 있으나 최근에 발간된 교재에는 어휘 영역을 주제와 관련하여 가장 앞부분에 넣기도 한다. 그러나 『열린 한국어』 교재처럼 어휘의 의미 제시에 초점을 맞추고 있는 것처럼 보이는 교재가 대부분이고 성균관대학교 교재처럼 어휘를 제시하고 이를 활용하여 어휘 연습을 하는 교재는 많지 않은데, 서울대학교 언어교육원에서 출판한 교재나 최근에 세종학당에서 출판한 『세종한국어 회화』(1-4권)는 각 단원별 주제 어휘 영역이 독립되어 있고 주제 어휘를 익히는 연습 문제가 있다. 한국어 교재에서 어휘를 알고 이를 활용하는 연습을 통해 정확하고 유창한 한국어 사용이 가능하다는 점에서 어휘 영역의 독립과 설명이 확장될 필요가 있어 보인다. 이런 점에서 어휘를 교재에 제시함에 있어서 고려해야 할 부분은 다음과 같이 생각해 볼 수 있다.

〈어휘의 교재 구현 시 고려할 사항〉

- 한 과에 몇 개의 어휘가 제시되는 것이 좋은가?
- 어휘 부분이 독립적으로 제시될 것인가, 다른 영역 안에 포함되어 제시될 것인가?
- 어휘의 의미 제시를 사전적 의미와 문맥적 의미 중 어디에 초점을 두고 제시할 것인가?
- 어휘의 제시에 있어서 의미론적 관계(유의어, 반의어, 상·하위어), 연어 관계, 문어/구어의 특성을 함께 제시할 것인가?

한국어 교재들이 어휘에 대해 다루는 비중은 다르지만 어휘 학습 활동을 강화하는 추세이다. 어휘가 문맥, 즉 맥락을 벗어나서 단독으로 제시되는 어휘는 학습자에게 유용하지 않다는 점에도 어느 정도 일치된 교재 구현을 보여 주고 있다. 다만, 어휘가 주제에 따라 제시되는 특징이 두드러지기 때문에 주제를 벗어난 어휘의 제시나 해당 어휘에 대한 상·하위어, 연어 관계 등을 어디에서 얼마나 제시할 것인가에 대한 논의가 더 필요해 보인다.

(2) 문법

문법 항목의 선정이나 배열은 한국어 교재 구성에 있어서 핵심적인 요소로 간주되어 왔다. 문법을 가르치는 것이 한국어를 가르치는 것과 거의 동일시되었던 때가 있었는가 하면 문법이 학습자의 학습 부담을 가중시킨다는 점에서 문법을 가르치지 말고(모국어를 습득하는 것처럼) 언어를 가르쳐야 한다는 문법 무용론에 이르기까지 문법이 한국어 교육에서 차지하는 비중은 달랐지만 이러한 논의 자체가 '문법의 중요성'에서 비롯된 것이라 하겠다. 특히 교재에서는 문법 항목을 먼저 선정하고 이에 맞는 어휘나 언어 기능별 교육 내용을 고려한 것처럼 보이는 교재도 많았다. 더구나 성인 학습자를 대상으로 하는 한국어 교육에서 문법 항목의 제시 방법이나 설명, 연습 활동은 교사가 교재 선정에 있어서도 중요한 기제로 작용해 왔다. 어떻든 문법은 일반적인 교육과정에서도 중요한 위치를 점하고 있다.

따라서 문법 항목을 뽑아서 어떻게 제시할 것인가는 교재에서 중요한 사안이다. 새로운 문법에 대한 설명을 어떻게 할 것인가, 모국어로 할 것인가, 목표어로 할 것인가, 문법의 의미, 형태, 기능(언제 사용하는지 포함)을 어떻게 제시할 것인가 등이 핵심적인 교재 구현의 고려 사항이었다. 한 과에서 몇 개의 문법 항목을 제시할 것인가를 포함하여 각 급에서 몇 개의 문법 항목을 가르칠 것인가는 교육과정과 맞물려 있다. 여기에서는 교재에 구현된 문법 항목에 대해 살펴보자. 최근에 개발된 교재의 문법 영역은 문법 항목 제시, 대표 예문, 해당 문법 항목에 대한 설명, 연습으로 구성되는 것이 일반적이다.

2018년에 출간된 성균관대학교 한국어 1급 교재는 어휘와 문법을 묶어 각 급별로 한 권씩 구성하고 있다. 이 중 문법 항목은 '동사, 형용사, 명사'라는 문법 용어와 목표 문법 항목을 제시하고, 대표 예문 제시, 목표 문법 항목에 대한 의미, 기능, 형태를 설명하고 있다. 이후 문법 항목에 대한 연습 문제가 제시된다. 연습 문제는 형태에 대한 연습 후 쉬운 것에서 어려운 연습 문제로 구성되어 있다. 성균관대학교 교재는 문법이 언어 지식 영역이지만 언어 지식 학습의 목적이 한국어 사용에 있음을 보여준다. 2018년에 출간된 『세종한국어 회화』에 제시된 문법 항목 제시도 이와 유사하다.

『세종한국어 회화』는 문법 항목 설정이 일반 한국어 교재보다 구어 중심이다. 또한 문법 항목의 설명은 의미 중심으로 간단하게 제시되고, 부록에서 형태에 대한 설명을 포함한 목표 문법 항목의 기능에 대해 설명하고 있다. 한국어 교재에 문법 항목이 없는 교재는 없는데 이때 논의가 필요한 것은 문법 항목을 구현할 때 고려할 사항이다. 문법 항목 구현 시 고려할 사항은 다음과 같이 생각해 볼 수 있다.

〈문법 항목의 교재 구현 시 고려할 사항〉

- 어떤 문법 항목들을 어떤 순서로 제시할 것인가?
- 문법 항목은 형태, 의미, 기능을 모두 제시할 것인가? 제시한다면 어떤 순서로 제시할 것인가?
- 유사 문법에 대한 비교를 할 것인가?(예를 들어, 에/에서, -니까/아서, -고/아서 등)
- 문법 항목의 노출은 일정한 간격을 두고 반복적으로 제시할 것인가?
- 하나의 문법 항목이 여러 가지 의미로 사용될 경우, 어떤 규칙으로 제시할 것인가?(예를 들어, -더니, -다가 등)

-는 것 같다, -은 것 같다/-ㄴ 것 같다

- 가: 밖에 비가 오**는 것 같아요**. 우산 있어요?
  나: 아니요, 안 가지고 왔어요.
- 김 선생님은 결혼한 **것 같아요**.
- 에밀리 씨가 기분이 좋**은 것 같아요**. 계속 웃고 있어요.

'-는 것 같다, -은 것 같다/-ㄴ 것 같다'는 어떤 행동이나 상태를 가정하거나 추측할 때 사용합니다.
'-는 것 같다, -은 것 같다/-ㄴ 것 같다' conveys the meaning 'it seems/appears~' and used when expressing the speaker's assumption or thought about a certain action.

-는 것 같다, -은 것 같다/-ㄴ 것 같다

'-는 것 같다/-은 것 같다/-ㄴ 것 같다'는 동사나 형용사 뒤에 붙어 어떤 행동이나 상태를 가정하거나 추측할 때 사용된다. 시제에 따라 과거는 '-은 것 같다/-ㄴ 것 같다', 현재는 '-는 것 같다', 미래는 '-을 것 같다/-ㄹ 것 같다'를 사용한다. 형용사에 붙을 경우 강한 확신을 가지고 추측할 때는 '-은 것 같다/-ㄴ 것 같다'를 사용하고 막연한 추측을 할 때에는 '-을 것 같다/-ㄹ 것 같다'를 사용한다. 명사의 경우에는 '인 것 같다'를 사용한다.

'-는 것 같다/-은 것 같다/-ㄴ 것 같다' is attached to a verb or adjective and used when expressing the speaker's assumption or thought about a certain action. Regarding tense, '-은 것 같다/-ㄴ 것 같다' is used for past tense, '-는 것 같다' is used for present tense, and '-을 것 같다/-ㄹ 것 같다' is used for future tense. When used with an adjective, '-은 것 같다/-ㄴ 것 같다' is used to indicate strong assumption while '-을 것 같다/-ㄹ 것 같다' is used for mild speculation. The form '인 것 같다' is used with a noun.

예 밖에 비가 오는 것 같아요.
오늘은 회의가 일찍 끝날 것 같아요.
사람들이 따뜻한 외투를 입은 걸 보니까 많이 추운 것 같아요.

[그림 4-3] 『세종한국어 회화 2』 문법 항목의 예

한국어 교육의 현장은 문법 중심의 교육이 이루어지는 경우가 많았다. 학생들은 문법 항목에 대해 명확히 가르치는 교사를 좋은 교사 또는 경험이 많은 유능한 교사로 일컫기도 한다. 이는 문법 항목이 지식 영역에 속하기 때문일 것이다. 지식이라는 것은 교사가 명확히 알아야 교수가 가능하기 때문이다. 교재에 구현된 문법 항목은 간단하고 명료해 보이지만 학습자들이 만드는 수많은 오류 문장은 문법 항목이 명확히 교수되지 않았기 때문일 수도 있다는 점에서 문법 항목의 설정과 기술은 중요하다.

(3) 발음

발음을 교육하는 것은 어휘와 마찬가지로 일반적인 교육과정에서는 소홀하게 다루어 온 것이 사실이다. 그러나 '발음' 영역은 교재에 구현되지 않았을 뿐 말하기와 듣기라는 기능별 수업에서도 중요한 부분임에 틀림없다. 더구나 한국어를 처음 배우는 학습자들은 '한

글'을 발음하고 읽는 연습이 주가 된다. 이때 한국어의 소리, 즉 발음이 중요하게 다루어져 왔다. 이런 연유로 발음은 초급에서는 중요한 교육 내용이지만, 중·고급에서는 교육 내용으로 제시되지 않기도 했다. 그러나 최근에는 억양을 포함한 발음 교육이 고급에서도 꾸준히 이루어져야 한다는 점에 암묵적으로 합의하면서 교재의 교육 내용으로 중요시 되고 있다. 이는 개별음에 대한 발음뿐만 아니라 초급에서도 중요하게 다루는 연음 규칙을 포함한 한국어의 음운 규칙, 자연스러운 억양에 이르기까지 그 범위가 확대되고 있다. 한국어 발음 교재에는 '음운 규칙'을 설정하고, 이에 대한 설명, 예시문 등의 순서로 제시하고 있다. 고려대학교, 경희대학교, 서울대학교 교재에 제시된 발음 부분의 예는 다음과 같다.

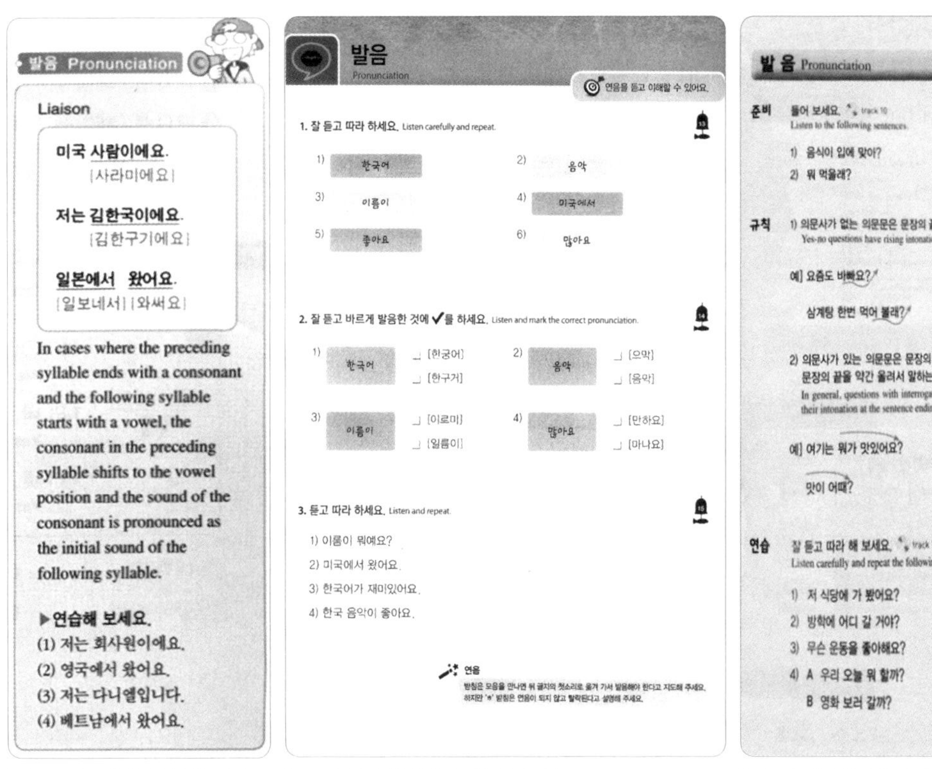

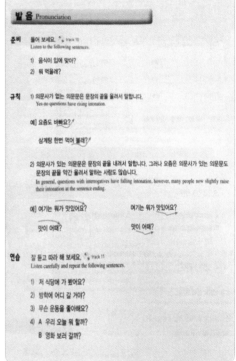

[그림 4-4] 고려대학교 교재 발음 예시 [그림 4-5] 경희대학교 교재 발음 예시 [그림 4-6] 서울대학교 교재 발음 예시

고려대학교는 발음과 관련된 내용이 나오는 부분의 날개 부분을 활용하여 발음 부분을 제시하고 있다. 그러나 경희대학교 교재는 말하기, 듣기, 읽기, 쓰기, 문법으로 분리 개발되었는데 발음은 '듣기 교재' 안에 제시되어 있다. 서울대학교 교재는 매 단원 마지막 부분에 발음 영역을 두어 1급부터 제시하고 있다. 발음의 교재 구현 시 고려해야 할 사항은 무엇일까? 다음을 살펴보자.

〈발음의 교재 구현 시 고려해야 할 사항〉

- 발음에 대한 제시 순서는 어떻게 구현할 것인가?
  - 개별음에 대한 정확한 발음

- 음운 규칙에 따른 발음
- 억양

- 발음 부분을 독립적으로 제시할 것인가? 듣기나 담화 연습 안에 포함시킬 것인가?
- 발음의 난이도별로 제시할 것인가?
- 발음을 정확하게 하기 위한 방법을 구현할 것인가?
- 발음 교육을 위한 카세트테이프나 CD를 제작할 것인가?

발음은 실제로 대조 언어학적으로 접근하여 연구되어 왔다. 이는 언어권별 학습자군의 특성이 발음에 가장 많이 존재한다고 보았기 때문이다. 예를 들어, 중국인 한국어 학습자와 베트남인 한국어 학습자가 모국어의 특성으로 인해 한국어를 발음하는 데 있어 어렵거나 못하는 발음이 존재한다는 것이다. 그러나 학습자 모국어의 특성 못지않게 음운 규칙이나 억양은 한국어 자체의 특성이 존재한다는 점에서 목표어, 즉 한국어의 특성을 고려한 발음 제시 순서가 교재에 구현되어야 한다는 입장이 굳어지고 있다.

(4) 기능 : 듣기, 말하기, 읽기, 쓰기

언어 기능은 듣기, 말하기, 읽기, 쓰기를 말하는 것으로, 교재에서는 네 기능을 분리하여 제시하는 방법과 통합하여 제시하는 방법이 있다. 한국어 교육은 의사소통의 능력 신장을 목표로 네 기능의 통합 교육을 지향하고 있다. 그러나 교재에서 듣기, 말하기, 읽기, 쓰기가 분리되어 있는 경우가 많다. 서강대학교와 서울대학교 교재는 기능 통합형에 가깝고, 경희대학교, 성균관대학교, 고려대학교 등의 교재는 교재 안에 각 기능을 독립적으로 제시하고 있어 기능 분리형에 가깝다. 연세대학교는 대화, 어휘, 문법을 교재에 제시하고 과제 영역에 과제의 성격을 고려한 말하기, 읽기, 쓰기를 활동으로 제시하고 있다. 서강대학교 교재는 '듣고 말하기', '읽고 쓰기'처럼 두 가지 기능을 통합하여 제시하고 있으며, 서울대학교는 '어휘, 문법과 표현 1, 말하기 1, 문법과 표현 2, 말하기 2, 듣고 말하기, 읽고 쓰기, 과제, 문화 산책, 발음'으로 말하기를 제외하고는 '듣고 말하기' '읽고 쓰기'로 기능 통합으로 제시하고 있다. 그러나 대부분의 교재가 기능 분리형 교재라고 해도 연습에는 기능 통합형이 제시되고 있어 결국 한국어 교재는 기능 통합형 교수를 지향하고 있음을 알 수 있다. 그렇다면 교재 구현 시 기능 영역에서 고려할 사항은 무엇인지 살펴보자.

〈언어 기능의 교재 구현 시 고려할 사항〉

- 언어 기능의 네 가지 기능을 모두 제시할 것인가?
- 네 가지 기능을 어떻게 적절하게 통합할 것인가? 각 기능별로 독립적으로 교재를 구현할 것인가? 아니면 기능 통합형(예를 들어, 듣고 말하기, 읽고 쓰기 등)으로 교재를 구현할 것인가?
- 각 기능별 연습 활동에서 기능의 통합을 지향할 것인가?
- 구어와 문어의 특성을 반영한 기능별 교재 구현을 어떻게 할 것인가?

대학 기관별로 만들어진 교재는 일반적으로 5년을 전후하여 새로운 교재가 개발된다. 최근에 개발된 한국어 교재는 주제를 설정하고 주제에 맞는 교재 구현을 시도하는 경향을 보인다. 예를 들어, '여행'이라는 주제를 설정하고 여기에 맞는 '어휘, 문법, 발음'이 설정되고 이를 활용한 말하기, 듣기, 읽기, 쓰기를 구현하는 것이 그것이다. 따라서 주제 설정이 교재 구현에서 중요하게 되는데 주제가 무엇인지에 대해서는 충분한 논의가 필요하다. 왜냐하면 주제와 기능, 주제와 과제 등이 혼재하여 사용되기도 하기 때문이다. 성균관대학교에서 개발된 초급 교재의 '자기소개'라는 주제 영역에 설정된 어휘는 '국적과 직업'이며, 문법 항목은 '-이에요/예요, -은/는, -입니다/입니까, -이/가 아니다'이다. 이를 활용한 기능편, 즉 '듣기, 말하기, 읽기, 쓰기'가 어휘와 문법의 통제를 받아 구현되어 있는데 앞으로 이러한 교재 구현이 더 많아질 것으로 보인다.

3. 한국어 교재의 평가와 선정

1) 교재의 평가

교재의 분석과 평가는 연구 자료로, 교재 집필을 위한 참고 자료로서 그 가치를 지녀왔다. 분석은 객관적인 지표를 요구한다. '분석(分析)'의 사전적 의미는 '나누다'가 핵심이며, '평가(評價)'는 '값이나 가치를 매기다'가 핵심이다. 우리는 분석하면서 어느 교재가 좋은지 또는 그렇지 않은지를 직관적으로 또는 객관화하여 제시하고 이를 설명하려고 한다. 따라서 평가는 분석을 전제한다. 평가에 대한 기준은 Neville Grant(1987: 120)에서 제안한 교재 평가를 위한 사전 조사항목의 영어 첫 글자로 이루어진 'CATALYST'를 한국어 교육 교재 평가에서도 활용해 왔다.

Communicative?	가장 기본적인 질문으로써, 교재가 의사소통 능력을 향상시킬 수 있도록 고안되었는가? 즉 선택한 교재로 학습한 후 목표 언어를 사용하여 의사소통을 할 수 있게 되어 있는가?
Aims?	교재가 프로그램의 목표 및 목적에 합당한가?
Teachability?	실제 이 교재로 교수 가능한가? 사용하기에 난점은 없도록 잘 조직화되어 있고, 또 쉽게 각 방법론들에 접근할 수 있는가?
Available Add-ons?	교재에 부가하여 교사 지침서나 테이프, 워크북 등이 부교재로 제시되는가? 그리고 그 부교재들이 실제 사용 가능한가?
Level?	학습자의 숙련도에 적합한가?
Your impression?	교재의 전체 과정에 대한 인상은 어떠한가?
Student interest?	학습자가 교재에서 어떤 흥미를 찾아낼 수 있는가?
Tried and tested?	실제 교실에서 검증된 적이 있는가? 있다면 어떤 상황에서, 누구에 의해, 그리고 그 결과는 어떤가? 그리고 그런 것들을 어떻게 알게 되었는가?

[그림 4-7] 교재 평가를 위한 'CATALYST'(Neville Grant, 1987:120)

'CATALYST'는 1차적인 평가 항목으로 유용하다. 그러나 보다 구체적인 목표와 접근, 디자인과 조직, 주제, 방법론 측면에서 평가 항목이 필요하다. 이는 Cunningsworth(2003)를 참고할 수 있다. Cunningsworth에서 제시한 내용을 요약하여 제시하면 다음과 같다.

방법론

- 교재는 언어 학습에 어떤 접근법을 적용하고 있는가? 구조 중심인가? 의사소통 중심인가? 이것은 지금의 교수·학습 상황에 적합한가?
- 새로운 언어 항목을 제시하고 학습할 때 어떤 교수 방법을 사용하는가? 그 교수 방법은 학습자에게 적합한가?
- 말하기, 듣기, 읽기, 쓰기의 각 언어 기능을 적절히 제시하고 있는가?
- 의사소통 능력을 충분히 신장시키고 있는가?
- 교재에 학습자의 언어 기능과 학습 전략을 위한 조언이나 도움이 있는가?

목표와 접근

- 교재의 목표들이 교수 프로그램의 목적과 학습자들의 요구에 일치하는가?
- 교재가 교수·학습 상황에 적합한가?
- 교재는 학습자와 교수자에게 좋은 재료인가?
- 교재의 재구성은 가능한가?

주제

- 학습자들에게 흥미를 주는 주제들인가?
- 다양하고 폭넓은 주제가 포함되어 있는가?
- 주제들은 학습자들의 지식의 폭을 넓히고 경험을 풍부하게 하는가?
- 주제들은 학습자들의 언어 수준 안에서 처리가 가능한가?
- 여성은 남성과 함께 동등하게 묘사되고 나타나 있는가?
- 인종, 직업, 장애 등에 대한 언급이 보편적인가?

디자인과 조직

- 교재는 전체적으로 어떻게 구성되어 있는가?
  (예를 들면 학생용 교재, 교사용 교재, 연습용 교재, 카세트 등으로 구성하였는가?)
- 내용은 어떻게 조직되었는가?
  (예를 들면 어휘, 문법, 기능 등의 영역에 따라 조직되었는가?)
- 내용은 어떻게 배열되었는가?
  (예를 들면 복잡성, 학습 용이성, 유용성 등에 근거하여 배열되었는가?)
- 교재의 무게나 크기는 적절한가?
- 사진, 삽화 등이 매력적인가?

교재의 평가는 교재의 한두 단원을 선택해서 자세하게 평가하는 방법과 전체를 평가하는 방법이 있으며 다른 교재와의 공통점과 차이점을 부각시키기 위해 여러 권의 교재를 동시에 평가하는 방법도 있다. 만약 한두 단원을 집중적으로 평가할 때에는 전체 교재에서 전형적인 것을 보여주는 단원을 선택하는 것이 좋다. 여기에서 각 단원마다 포함된 활동과 학습자의 참여 가능성, 소개된 새 어휘의 양, 어휘나 문법이 반복적으로 제시되는지 등을 세부적으로 분석하여 평가할 수 있다. 그러나 교재를 평가하기에 앞서 고려해야 할 사항은 교재를 평가하는 이유이다. 교재 평가의 중요성은 최근 들어 한국어 교육의 수업 현장에서 교재 선정을 위해 중시되고 있다. 대학 기관에서 교재를 개발하고 있지만 모든 대학 기관에서 개발되는 것은 아니다. 한국어 학습자가 다양한 만큼 다양한 교재가 개발되면 좋지만 그렇지 않은 현실을 감안했을 때 어떠한 교재를 선정할 것인지는 앞으로 더 중요해질 것으로 보인다.

2) 교재의 선정

교재의 선정은 개발 및 평가와 밀접한 관련을 지닌다. 교육에서 교재를 활용하는 최종의 단계인 '교재 선정'의 기준에 대해 Rivers(1981)는 교육과정 및 학습자 특성과 관련된 구체적인 조건에 적절한가, 교사와 학습자에게 적절한가, 언어와 내용이 적절한가, 언어 사항의 선택과 배열이 적절한가, 활동의 예가 적절한가, 실용성 그리고 즐거움의 지수로 나누어 설명하고 있다. 박갑수(2005)에서는 교재 선정의 기초로 학습자, 교육 관련자의 특성 반영, 교육 내용 및 체재, 교수·학습 방법을 그 기준으로 삼고 있다. Garinger(2002)는 제2 언어로서의 영어 교육 교과서 선정을 위한 평가 기준을 교육 프로그램과 수업과의 부합성, 교재에 제시되어 있는 언어 기능(skill), 교재 내의 연습 문제와 활동, 실제적 고려사항이라는 측면에서 제시하고 있다.

국내의 한국어 교재 선정 기준에 대한 연구는 김호정(2011) 외의 연구가 대표적이다. 이 연구에서는 커리큘럼, 학생, 교사의 세 요소로 나누어 교재가 커리큘럼에 잘 부합하는가, 학생에게 적합한가, 교사에게 적합한가로 나누어 설명하고 있다. 특히 학습자와 교사의 측면에서는 내용/설명의 측면에서 교사, 학습자에게 교재의 내용이 그 과정의 목적을 달성하기에 편리하게 잘 구성되어 있는지, 예들이 해당 단원에서 유용하게 사용될 수 있고 그 단원에 적합한 예들인지, 연습 문제/과제의 양이나 수준이 적합하고 학습 스타일을 고려하면서 연습 문제의 해답에 대한 정보가 있는지, 형식이 내용과 삽화 간에 관련성이 높은지를 제시하고 있다. 이는 한국어 학습자가 다양해지고 교사 역시 다양한 수업을 하게 된다는 점에서 교사가 교재를 선정함에 있어 간단하게 살필 수 있는 유용한 내용 선정 기준으로 보인다.

그러나 무엇보다 가장 좋은 교재의 선정은 시범 사용을 하는 것이다. 그러나 시범 사용을 위해서도 선정을 위한 분석이 요구된다. 모든 교재를 다 시범 사용할 수는 없기 때문이다. 교재 선정을 위해서는 시범 사용 외에도 이미 이 교재를 사용해 본 교사나 학습자의 의견을 듣는 것도 유용하다. 그러나 이 역시 교사나 학습자의 상황이나 환경이 다를 수 있다는 점에서 절대적인 고려 대상은 아니다. 우선적으로 고려해야 할 것은 이 과정의 목표와 교수·학습 상황, 교사와 학습자가 누구인가에 대한 고려이다. Cunningsworth(2003)는 이러한 점을 유목화하여 제시하였다는 점에서 유용하다. 여기에서는 Cunningsworth가 제시한 내용을 일부 수정하여 교재 선정 기준으로 제시하고자 한다.

목표와 목적

- 이 과정의 목적은 무엇인가?
- 이 과정의 언어 지식, 언어 기능을 포함하여 도달해야 할 목적은 구체적으로 무엇인가?
- 이 과정의 교수요목이 있는가?
- 목표와 목적은 어떻게 평가되는가?

교수·학습 상황

- 학습자의 모국에서 한국어의 지위와 역할은 어떠한가?
- 학습자들이 한국어를 배우는 주요 목적은 무엇인가?
- 학습자들은 얼마 동안 배울 것인가? 이 과정은 얼마 동안 이루어지는 프로그램인가?
- 학습자는 몇 명인가?
- 교실, 기자재, 부교재, 복사기가 포함된 시설이 있는가?

학습자

- 학습자의 나이, 수준, 기대감, 동기는 무엇인가?
- 학습자는 언어 학습에 대한 교육적 경험이 있는가?
- 학습자는 어떤 학습 방식을 선호하는가?
- 학습자의 흥미는 무엇인가?

교사

- 이 과정을 운영하는 기관에서 부여한 교사의 역할은 무엇인가?
- 교사는 어떤 방법론적 접근을 선호하는 편인가?
- 교사는 교수에서 주도적인 편인가? 그렇지 않은가?
- 교사의 이전의 한국어 교육적 경험은 어느 정도인가?
- 교사는 교재를 개작하거나 보충할 수 있는 권리가 있는가? 만약 가능하다면 그렇게 할 전문 지식을 갖추고 있는가?

교재를 선택하는 첫 번째 접근법은 교육의 목표 및 목적을 확인하는 것이다. 두 번째 접근법은 교재를 사용할 교수·학습의 상황을 분석하는 것이다. 이렇게 하면 선택하려고 하는 교재의 맥락적인 특징과 교재가 충족시켜야 할 요건을 알게 된다. 다음 단계는 출판사에서 받은 정보, 동료들의 제안과 자신의 이전 경험을 활용하여 예상 교재들의 목록을 작성하는 것이다. 교재의 선정 과정은 개인적인 것으로 객관적인 것은 아니다. 그러나 전문적이고 판단 중심적이어야 한다. 보다 현명한 교재의 선정을 위해서는 가능한 여러 사람들이 함께 모여 서로의 경험과 지각을 모으는 것이 좋다.

4. 한국어 교재의 사용

1) 교재 사용과 교사

수업의 질은 교재의 질을 넘어서기 어렵다는 말이 있다. 훌륭한 교사와 학습자에게 좋지 않은 교재는 그만큼 치명적일 수 있다는 말이다. 그러나 누구에게도 완벽한 교재는 없기 때문에 교재를 사용할 때는 교재에 대해 갖는 신념, 가치관이 중요하다.

교재와 교사의 균형적인 관계는 교사가 수업 내용의 자료를 대부분 선택할 수 있을 때 가능하다. 주교재는 언어 내용과 순서에 유용한 틀을 제공하지만 교재는 언제든지 교사가 선택적으로 활용할 수 있다. 주교재는 교사의 판단에 따라 다른 자료로 대체될 수 있어야 한다. 교사는 교재 사용을 위해 다음과 같은 생각을 갖는 것이 필요하다.

첫째, 교재는 일반적인 틀을 제공하는 안내자의 역할을 한다.

둘째, 경험이 적거나 많은 교사들은 그들이 필요한 만큼 교재를 사용할 수 있도록 한다.

셋째, 주교재에서 부족한 부분은 다른 책이나 다른 자료의 사용으로 대체될 여지가 있다.

넷째, 교사들이 책에 덜 의존하고 대체 자료에 도전하여 자신의 교수 자료 개발에 대한 자신감을 높일 수 있도록 한다.

한국어 교육 현장에서는 교사에게 수업 자료 선택에 있어 많은 재량이 주어지지 않기도 한다. 그것이 수업의 균질화나 초임 교사에게는 유리한 면이 있지만 교사의 전문성 신장 및 다양한 학습자의 요구에 유연하게 대처하는 방법은 아니라는 점에서 교재의 사용에 대한 바람직한 가치관이 중요하다.

2) 교재 재구성의 필요성과 방법

완벽한 교재는 없다. 교재는 출판하는 그 순간부터 재집필이 필요하다고 한다. 이렇듯 교재는 누구에게나 만족을 주기 어렵기 때문에 개작이 필요하다. 언급했듯이, 아무리 학습자에게 맞는 '맞춤형 교재'를 구현하는 것이 목표라고 해도 학습자에게 딱 맞는 교재는 1:1 교재가 아닌 이상 현실적으로 구현되기 어렵다. 특히, 교실은 늘 역동적이며 교사는 예상하지 못한 학습자의 질문에 당황하게 된다. 또한 개성, 학습 스타일, 학습에 대한 기대와 동기가 유사한 학습자 집단을 모아 수업을 한다고 해도 실제적으로 교사는 다양한 학습자를 만나게 된다. 이러한 역동적인 교실 상황을 만족시키려면 교재의 개작은 불가피하다. 문제는 언제, 어떻게 개작을 할 것인가이다. 최정순(1997: 139)에서는 학습자의 학습 동기, 학습 유형, 교사의 유형이 다름을 살펴 '개발자로서의 교사'에 주목하여 교재를 수정, 대체, 삭제 또는 보충을 결정해야 함을 지적한 바 있다. 일반적으로 교육과정에 맞는 교재가 선정되면 교사는 자신의 교육 철학과 학습자의 학습 스타일을 고려하여 다음과 같은 질문에 답을 찾는 방법으로 교재를 개작할 수 있다.

첫째, 교육 내용이 학습자의 흥미와 관심을 지속시킬 수 있는가?

둘째, 교육 내용을 가르치는 시간이 교사가 담당하고 있는 수업 시간과 일치하는가?

셋째, 교육 내용이 교육적·실제적으로 보완할 부분은 무엇인가?

넷째, 교육 내용에 맞는 교육 방법을 사용하고 있는가?

다섯째, 평가가 적절한가?

교사는 교재의 내용과 방법이 적절하지 않다면 수정, 대체, 삭제 중 적절한 것을 사용할 수 있어야 한다. 사용 중인 교재의 부족한 부분은 보충 자료를 찾거나 만들어야 하는데 이때 교사는 다양한 측면에서 교재 개작이 가능하다. 교재를 개작하는 방법은 다양하지만 대체로 다음과 같은 방법으로 개작이 가능하다.

- 교재의 일부분 삭제
- 자료의 추가(출판된 다른 교재에서나 교사가 직접 제작한 자료로 추가)
- 교재의 내용 순서를 재조직하기
- 사용하기에 더 적합하게 출판된 자료의 수정

교재의 개작이 어느 정도 가능한지는 교육과정 또는 기관의 특성과 무관하지 않다. 교재가 완벽하지 않다는 데에 이견이 없다고 해도 한국어 교재의 개작이 교사의 권한으로 주어지는 곳은 많지 않다. 교재를 개작하는 것은 지금의 학습 상황에 최적의 자료를 학습자에게 제공하기 위해서이다. 그러나 교재의 개작은 교사가 처해있는 교육 제도나 교수·학습 상황에 따라 다르며 교재 개작의 권한을 부여받았다고 해서 기존의 교재보다 더 좋은 자료로 제공할 수 있는 전문적인 지식이 없으면 가능하지 않다. 교재 개작을 통해 교사의 전문성을 신장시킬 수 있다는 점에서 교재 개작에 대해 교사의 끊임없는 도전이 요구된다.

탐구 과제

1. 내가 한국어 교재 개발자라면, 어떤 교재를 만들고 싶은지, 그 교재를 왜 만들고 싶은지에 대해 조별로 토의하여 발표해 보자.

2. 한국어를 가르치는 교사의 측면에서 학습자의 수준을 가정하고 가르치고 싶은 주제를 나열해 보자. 주제에 맞는 어휘, 문법 항목은 무엇이 적절할지 작성해 보자.

주제	문법	어휘

3. 다음 교재는 1급 교재의 단원명이다. 단원명을 토대로 예상 되는 주제, 어휘, 문법 항목을 작성해 보자.

언어 편

문화 편

출처: http://www.sejonghakdang.org/storage/image/upload/ebook/contents/ebook45-1/pc/EBook.htm

4. 조별로 어휘, 문법, 발음, 언어 기능(듣기, 말하기, 읽기, 쓰기) 교재 중 하나를 선정하여 한 단원을 교재로 구성해 보자.

서울대학교 국어교육구소 (편). (2014). 한국어교육학 사전. 서울: 하우.

이 책은 한국어 교육의 17가지 주제 영역을 설정하고 각 영역별 전문용어에 대해 기술한 책으로 개론서의 역할을 겸하고 있다. 특히 '교재론' 부분은 교재 개발의 절차가 세밀하게 제시되어 있으며 한국어 교육에서 개발된 목적별, 대상별 교재의 현황을 살필 수 있다는 점에서 유용하다.

Cunningsworth, A. (2003). *Choosing your Coursebook*. Oxford: Heinemann.

이 책은 Cunningsworth가 제2 언어로 영어를 가르치는 교사를 위한 교재 선택에 초점을 두고 집필한 것으로 1995년에 초판이 발행되었다. 비교적 오래 전에 영어 교재 선택을 위한 안내서로 집필되었지만, 한국어 교육의 교재 선택에도 시사하는 바가 적지 않다. 특히 각 영역별로 체크리스트를 두어 교재 선택 시 고려할 사항을 자세히 다루고 있다는 점에서 읽을 만하다. 교재 선택뿐만 아니라 다양한 영어 교재를 예로 들어 교재 선택 시 고려할 사항에 대해 살피고 있어 교재 분석에도 도움이 된다.

민현식. (2000). 한국어 교재의 실태 및 대안. 국어교육연구, 7-1. 5-60.

이 논문은 각 대학에서 개발된 교재를 살펴 교재에서 사용하는 용어 통일의 문제, 교재 개발의 문제를 되짚고 앞으로의 교재 개발 방향에 대해 제시하고 있다. 특히 교재론 안에 교재 개발론, 교재 평가론을 제시한 후 교재 개발을 위한 첫 단계로서 학습자 요구 조사를 치밀하게 다루고 있다. 이후 한국어 교재 연구에서 다루는 내용은 이 논문에서 논의한 거시적인 틀을 따르고 있으면서 여전히 개발 방향에서 제시한 것이 해결되지 않은 점이 있어 교재에 대한 문제의식의 폭을 넓힐 수 있다는 점에서 읽을 필요가 있다.

김호정, 강남규, 지현숙, 심상민, 조수진. (2011). 한국어 교재 추천제도 운영 방안 연구. 서울: 국립국어원.

이 보고서는 국립국어원 과제로 한국어 교재 활용을 위한 객관적 기준을 설정하고자 한 연구이다. 모든 한국어 교사들이 교재를 개발할 수 없지만, 모든 교사는 교재를 선정하고 사용해야 한다는 점에서 좋은 교재 선정을 위한 객관적인 지표가 요구된다. 이런 점에서 이 연구는 교재 추천을 위한 평가 기준안을 3장에서 자세히 기술하고 있어 이를 자세히 읽어 본다면 교재 선정을 위한 평가 기준 설정에 도움이 될 것이다.

5장
한국어 평가론

1. 한국어 평가의 성격

한국어 평가란 무엇인가? 본 장에서는 한국어 교실에서 이루어지는 다양한 형태의 평가와 대규모 한국어 능력 평가에 관한 여러 주제들을 다룬다. 한국어 평가는 학습자[1]의 한국어 수준을 판단 및 측정하고자 하는 모든 교육적인 시도와 관련이 있으며, '누구'를 대상으로 '무엇'을 '어떻게', 그리고 '왜' 평가하느냐에 초점이 있다.

1 본 장에서는 한국어 평가의 대상자를 지칭하는 용어로 교실 평가에서는 '학습자', 대규모 평가에서는 '수험자'를 사용하였으며, 한국어 평가가 주로 학습한 내용에 대한 교실 평가로 이루어진다는 점을 고려하여 일반적으로는 '학습자'를 사용하였음을 밝힌다.

1) 한국어 평가의 개념과 특성

한국어 평가는 학습자의 한국어 지식과 수행 능력을 측정하여 의사 결정에 이르기 위한 정보를 수집하는 교육적 실천이다. 한국어 학습자가 수업 시간에 연습한 결과에 대해 교사가 판정을 하거나, 단어 시험이나 기말고사 같은 보편적인 교육 활동들이 모두 한국어 평가에 해당한다. 한국어 평가는 학문 계통적으로 보면 응용 언어학에서 언어 평가 분야에 속하는 것으로서 외국어 또는 제2 언어 평가 분야에 해당한다. 이러한 맥락에서 평가(assessment)는 학습자의 한국어 수준을 파악하기 위해 측정(measurement)을 통해 체계적으로 자료를 수집하는 행위를 가리키며, 평가의 도구인 시험(test)이나 가치 판단을 포함하는 종합적인 평가(evaluation)와 구별된다.

한국어 평가는 목적에 따라 학습 과정의 진행을 목적으로 교육 현장에서 실시하는 교실 평가(classroom assessment)와 피평가자의 한국어 능력을 파악하기 위한 대규모 평가(large-scale assessment)[2]로 나눌 수 있다. 교실 평가는 교육과정을 중심으로 수업 중에 이루어지는 학습의 결과를 확인하기 위한 개인적·집단적 활동으로 이루어지며, 대규모 평가는 학습자가 발휘할 수 있는 현재적인 언어 능력을 평가하기 위한 지필 및 수행 평가로 이루어진다. 한국어 교육에서 이루어지는 교실 평가와 대규모 평가는 언어 평가 및 교육 측정 이론을 바탕으로 구성하며, 다음의 속성들을 공유한다.

2 대규모 한국어 평가로는 1993년부터 일본에서 시행 중인 '한글능력검정시험'과 1997년부터 시행 중이며 현재 가장 대표적인 대규모 한국어 능력 시험인 '한국어능력시험'(Test of Proficiency in Korean, TOPIK)이 있다.

첫째, 한국어 평가는 전 세계 240여 개 주요 언어 중 한국어를 평가 대상으로 한다. 언어 평가는 평가의 대상과 도구가 같다는 특징을 갖고 있으며(Bachman, 1990), 한국어 평가는 '한국어'를 평가 대상 및 도구로 삼는다. 한국어는 세계 언어들과 공유하는 음성적·통사적·문법적 특징을 갖고 있는 동시에 독창적인 한국어 문자 체계와 같은 특수성을 갖고 있다. 예를 들어 한국어와 같이 SOV 어순을 사용하는 언어는 약 500여 개나 있지만, 한국어 음운 가운데 쌍시옷(ㅆ) 소리는 한국어에만 존재하는 유일한 소리로 알려져 있다. 한국어 학습자들은 학습 과정을 통해 이와 같은 한국어의 여러 속성을 파악하고, 사용할 수 있는 능력을 갖추어야 하며, 한국어 평가는 학습자들의 한국어 학습 과정을 지원할 수 있는 방안을 모색하는 데 유용한 정보를 제공한다.

둘째, 한국어 평가는 학습자가 한국어를 사용하는 데 필요한 역량(competence)을 기르는 것을 기본 목표로 한다. 언어 역량은 언어를 사용하여 목표하는 바를 수행하기 위해 갖추어야 하는 지식이나 기술에 관한 것이며, 이는 언어 능력을 실현하는 기초이다. 이와 관련하여 노대규(1983: 143)는 언어 평가에서 다루는 언어 능력을 언어 구성 요소 및 사용에 관한 능력이라고 하였는데, 여기서 언어 구성 요소가 언어 역량과 관련이 있다. 학습자의 역량을 실제적으로 평가하는 한 가지 방법은 학습자가 한국어를 사용하는 과정을 평가자가 직접 관찰하고 기록하는 것이다. 가령 과거 시제 문장을 만드는 법을 배운 학생이 과거 경험을 이야기할 때 어미를 과거형으로 바꾸어 사용할 수 있는지를 따라다니면서 확인하는 것이다. 이러한 접근은 현실적으로 실행이 어려울 뿐만 아니라 관찰하고자 하는 현상을 정확하게 포착하기 어렵다는 문제도 있다. 한국어 역량을 평가하기 위해서는 교육 여건 안에서 평가하고자 하는 바를 실제 상황에 근접한 과제로 구성하여 학습자에게 제시하는 접근이 필요하다. 그런데 이와 같은 실제적인 접근은 학습자가 한국어에 대한 기본적인 지식을 갖추고 있다는 것을 가정한다. 이와 관련하여 언어 역량을 조직 지식과 화용 지식으로 이루어진 '언어 지식'(language knowledge)으로 본 Bachman & Palmer(2010: 45)의 관점을 한국어 평가에 적용한다면 학습자의 한국어 능력 신장을 위해 한국어 지식과 한국어 사용 지식을 두루 평가할 필요가 있는 것이다.

셋째, 한국어 평가는 한국어를 사용하는 맥락을 반영한다. 언어를 구사한다는 것은 문자나 발음을 아는 것 이상의 일이며, 맥락은 언어 사용에 대한 의사소통적인 요구와 관련하여 고려해야 하는 것으로서 언어의 형태와 의미, 사용에 대한 결정에 영향을 준다. 한국어 사용의 맥락을 고려한다는 것은 기본적으로 한국어 사용자의 맥락에 대한 이해를 가리키며, 이는 한국어를 사용하는 상황에서 장소나 대상, 시간 등을 고려하여 적절한 표현과 방법을 선택하여 의사소통 목적에 맞게 상호작용하는 것을 말한다. 학습자의 언어 사용 맥락에 대한 인식은 과제 수행 과정에서 나타나며, 따라서 평가 과제를 작성하는 과정에서 학습자가 고려할 것으로 기대하는 맥락을 고려할 필요가 있다. 평가 과제를 통해 확인하고자 하는 학습자의 언어 능력은 특정한 목적으로 이루어지는 의사소통 상황 가운데 나타나며, 어떤 언어 사용 맥락을 고려하는지에 따라 과제의 난이도나 변별도가 달라질 수 있다. 따라서 한국어 평가에서는 과제에서 고려한 맥락적 요소가 해당 학습자에게 어떤 반응을 유도하는지를 관찰한 후에 실제 평가에 적용할 수 있도록 해야 한다.

2) 한국어 평가의 종류

한국어 평가는 구체적으로 누구를 대상으로 무엇을 어떻게 평가하며, 평가 결과를 바탕으로 어떤 결정이나 결론을 내리고자 하는지에 따라 다양한 유형으로 이루어진다.[3]

3 평가의 목적에 따라 규준 참조 검사와 준거 참조 검사로 나누기도 하며, 과제 수행 특성에 따라서 직접 평가(direct test), 간접 평가(indirect test), 준직접 평가(semi-direct test)로 나눌 수 있다.

한국어 교수·학습 현장인 교실에서 이루어지는 교실 평가는 실시하는 평가의 공식성에 따라 형식적(formal) 평가와 비형식적(informal) 평가로 나눌 수 있다. 형식적 평가는 중간·기말고사와 같이 평가를 한다는 사실을 교사와 학습자가 모두 인식하고 있는 상황에서 교육 내용에 대한 학습자의 종합적인 성취도를 파악하기 위하여 실시하는 것을 말한다. 그에 비하여 비형식적 평가는 수업 중에 이루어지는 평가적인 행위와 관련된 것으로서 즉흥적이고 즉각적으로 이루어지며, 언어 능력에 대한 판정보다는 학습 과정을 지속하는 것을 목적으로 하기 때문에 수행 결과에 대하여 구체적인 피드백을 제공하는 일을 수반한다.

대표적인 형식적 평가인 시험은 평가 기능의 기능에 따라 형성 평가(formative assessment)와 총괄 평가(summative assessment)로 구분할 수 있다(Scriven, 1967). 형성 평가로서의 시험은 교수·학습 과정에서 이루어지는 평가로서 교사와 학습자에게 학습 진행 상황에 대한 정보를 제공하고, 이를 바탕으로 교수·학습 과정을 개선하기 위하여 실시한다. 수업 중 교사의 질문이나 과제, 퀴즈 등은 형성 평가의 대표적인 예인데, 이러한 방법은 학습을 위한 평가(assessment for learning), 즉 교사가 학습자의 수행을 판정하여 다음 학습 과정이나 전략을 결정하기 위한 방법이나, 학습으로서의 평가(assessment as learning), 즉 학습자가 동료의 피드백을 바탕으로 자신의 학습 과정을 점검하고 설계하는 방법으로 활용할 수 있다.

〈단어 퀴즈: 3급〉 이름: ________

※아래 상자에서 단어를 찾아서 아래의 문장들을 완성하세요. Complete the sentences using words provided in the box. 각 단어는 한 번만 사용하세요. You can use each word only once.

벌써 카페 공원 서점 인기 감기약 미용실

1) A: 책을 사고 싶은데요. B: 학교 안에 있는 ________에 가 보세요.
2) A: 이 드라마 봤어요? 요즘 이 드라마가 ________예요(이에요).
   B: 아니요, 아직 못 봤어요.
3) A: 갑자기 목이 아프고 콧물이 나는데 ________이(가) 있어요?
   B: 네, 여기 있어요. 삼천 원이에요.
4) A: 커피 한 잔 마시러 갈까요? B: 저는 ________ 한 잔 마셨어요.
5) A: 어디에서 머리 염색했어요? B: 강남에 있는 ________에서 했어요.

[그림 5-1] 한국어 어휘 관련 형성 평가(퀴즈)의 예시

총괄 평가는 일련의 교육 활동이 이루어진 후에 실시하는 것으로서, 교수·학습 목표의 성취 여부를 종합적으로 파악하기 위한 것이다. 교실에서 이루어지는 총괄 평가로는 평가의 목적에 따라 교육과정이 시작하기 전에 실시하는 배치 고사(placement test)와 효과적인 교수 활동을 위해 교육 활동을 시작하기 전에 실시하는 진단 평가(diagnostic test), 중간·기말고사와 같이 일정한 기간 동안 학습한 결과의 수준을 알아보는 성취도 평가(achievement test)가 있다. 성취도 평가를 통해 교사는 교수·학습 과정에서 학습자가 무엇을 얼마나 잘 학습하였는지를 확인해야 하기 때문에 평가의 내용은 학생이 배운 것으로 한정하여야 한다. 진단 평가는 학습자가 가진 강점과 약점을 파악하여 어떤 학습이 일어날지를 파악하기 위하여 실시한다. 진단 평가는 교수·학습이 시작되기 전에 학습자의 사전 지식이나 수행의 수준을 파악하기 위해 이루어지는데, 교육 이전에 실시한다는 점에서 배치 고사와 닮았지만, 배치 고사가 학생의 수준에 맞는 강좌 배치를 목적으로 하는 시험이라면, 진단 평가는 학습자의 학습 수준 파악을 목적으로 한다.

[그림 5-2] 언어 사용 능력 시험의 응시 장면(EPS-한국어능력시험)

교육 기관에서 교육과정을 따라 학습자의 수준을 평가하는 교실 평가와 달리, 언어 사용 능력 시험(proficiency test)은 평가를 하는 시점에서 발휘할 수 있는 한국어 능력을 확인하는 것을 목적으로 하며, 일반적으로 그 결과를 '해당 언어에 대한 응시자의 능력'으로 받아들인다는 점이 특징이다. 이러한 시험은 '숙달도 평가'라고도 부르는데, 이는 언어 사용 상황에서 기본적으로 요구되는 역량이 충분한지를 앞서서 알아보려는 목적을 갖고 있다는 의미이다.

3) 한국어 평가의 과정

한국어 평가는 평가 대상과 목적 등에 따라 학습자의 한국어 수준을 확인하기 위한 일련의 과정을 통해 이루어진다. 먼저 교실 평가는 교육 목표와 내용을 바탕으로 평가 과제를 통하여 학습자의 한국어 사용 능력을 측정하고 그 결과를 해석하여 적용하는 과정으로 이루어진다.

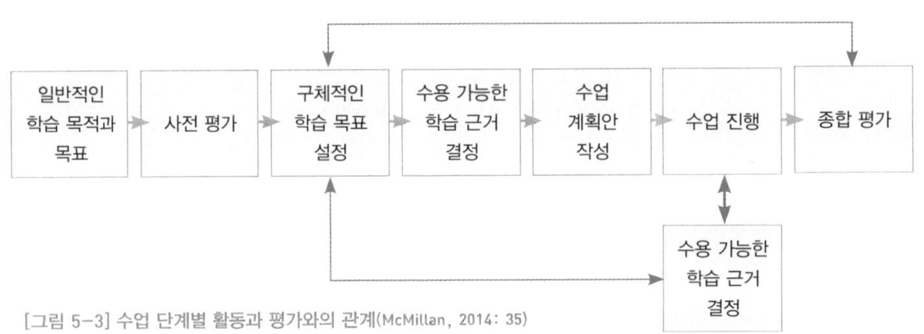

[그림 5-3] 수업 단계별 활동과 평가와의 관계(McMillan, 2014: 35)

[그림 5-3]은 평가와 수업 진행 과정의 관계를 나타낸 것이다. 교실 상황에서는 먼저 기본적인 학습 목적과 목표를 정교화하기 위하여 사전 평가를 실시한다. 그리고 그 결과를 바탕으로 실제 교육 상황에 적용할 구체적인 학습 목표를 설정한다. 다음으로 교실 상황에 알맞게 학습 목표를 적용하기 위하여 필요한 자원을 확인하고, 이를 바탕으로 수업을 계획하여 진행한다. 그리고 수업 과정에서는 사전 평가를 통해 설정한 학습 목표와 자원들이

적절하며 효과적인지를 확인하고, 필요한 경우에는 이를 재검토하여 보완한다. 끝으로 교육적 실천이 교육 목표에 부합하게 이루어졌는지를 알아보기 위하여 종합 평가를 실시한다. 종합 평가의 결과는 학습자의 교육 목표 달성 여부를 나타내며, 교육과정 개선을 위한 근거로서 활용할 수 있다. 교실 평가의 과정은 평가를 준비 및 계획하고 이를 실행하는 교사를 중심으로 이루어지는 것이 일반적이며, 교사는 평가에 참여하는 학습자와 과제와 같이 평가 결과 도출에 직접적으로 영향을 미치는 요인들을 구체적으로 파악하여 평가가 안정적으로 이루어질 수 있도록 해야 하는 책임이 있다.

대규모 평가의 경우에도 평가 목적을 따라 도구 설계가 이루어지며, 평가를 실행한 후에 평가 결과를 해석하고 활용하는 과정으로 평가가 진행된다. 대규모 평가에서는 피평가자가 시험 과제와 유사한 상황에서 수행할 수 있을 것으로 기대하는 잠재적인 능력을 측정하기 때문에 시험을 시행하기 이전에 어떤 조건에서 어떤 자료를 활용하여 어떤 과제를 수행하도록 할 것인지를 구체화할 필요가 있다. 이와같은 평가 과정 명세화와 관련하여 McNamara(2000)는 평가를 실시할 때 먼저 사용하는 도구의 한계에 대한 이해가 이루어져야 한다고 하였다. 평가자는 평가 도구를 사용하기 전에 그 특성과 한계를 면밀하게 확인하고, 시행 시에 필요한 준비와 방법 등을 제시한 '평가 도구 사용 지침서'(test specification)[4]를 바탕으로 안정적이고 일관성 있게 평가가 이루어질 수 있도록 해야 한다.

4 Alderson et al.(1995: 9)과 Bachman & Palmer(1996: 176)에서는 평가 도구 사용 지침서를 '청사진'(blueprint)으로 명명하였으며, 전통적인 관점에서는 이를 '평가 요목'(test syllabus)으로 부르기도 하였다(Fulcher, 2003: 120). 본서에서는 언어 평가의 상세한 특징과 사용 방법을 설명하고 있다는 점에서 이를 '평가 도구 사용 지침서'로 번역하였다.

〈평가 도구 사용 지침서는 어떻게 구성할까?〉

평가 도구 사용 지침서는 시험의 목적과 사용 방법 등이 담겨 있는 공적인 문서이다. Alderson et al.(1995: 11-14)에서는 평가 도구 사용 지침서를 구성하기 위해 시험 개발자가 생각해야 할 질문 목록을 제시하고 있다.

① 시험의 목적은 무엇인가?
② 시험에 응시하는 학습자의 특징은 무엇인가?(연령, 성별, 숙달도/학습 과정 수준, 제1 언어, 문화적 배경, 출신 국가, 교육 배경, 응시 목적, 관심사, 배경지식 수준 등)
③ 시험은 몇 개의 부분으로 구성되었으며, 각 부분의 시간은 어떠하며, 서로 어떤 차별점이 있는가?
④ 시험이 가정하고 있는 목표 언어 사용 상황은 무엇이며, 시험 내용과 방법 측면에서 반영되었는가?
⑤ 시험에서 선택한 텍스트는 문어 자료인가 구어 자료인가? 해당 자료의 출처와 예상 청중, 화제, 진정성은 어떠한가? 텍스트의 난이도와 길이는 어떠해야 하는가? 텍스트에 담겨 있어야 하는 기능(설득, 정의, 요약 등)은 무엇인가? 기대하는 언어적 복잡도 수준은 무엇인가?
⑥ 시험에서 평가하는 언어는 무엇인가? 각각의 기술은 명시적이며, 개발된 문항에서 독립적이거나 통합적으로 사용되었는가? 시험 문항들은 평가 목적에 따라 서로 구별되는가?
⑦ 시험에서 평가하는 언어 요소는 무엇인가? 평가하는 문법이나 문형의 목록을 제시하고 있는가? 어휘적인 특징과 관련하여 빈도 등의 정보를 제공하는가? 사용된 개념이나 기능 화행, 화용적 특성이 제시되었는가?
⑧ 시험에서 다루어야 하는 과제의 종류는 무엇인가?
⑨ 시험의 각 부분에서 다루어야 과제는 몇 개인가? 각 문항의 상대적 비중은 어떠한가?
⑩ 시험에 사용된 평가 방법은 무엇인가?(선다형, 정보차, 짝짓기, 형태 바꾸기, 단답형, 그림 설명, 역할극, 에세이, 글쓰기 등)
⑪ 시험에서는 어떤 평가 기준표(rubrics)를 사용하는가? 사례를 제시하여 응시자에게 정보를 제공하였는가? 채점 기준은 평가하고자 하는 응시자에 대한 준거(criteria)를 포함하고 있는가?
⑫ 시험의 채점자가 평가하는 준거는 무엇인가? 정확성, 적절성, 철자법, 길이 등의 중요도는 어떠한가?

한국어 평가는 교육 현장에서 교육 목표의 달성 여부를 확인하기 위한 역할뿐만 아니라 교육과정의 설계를 위한 접근법으로도 활용할 수 있다. 최근 활발하게 논의되고 있는 '이해 중심 교육과정'(understanding by design, backward design)에서는 교육의 목표 달성 여부를 확인하는 평가를 먼저 구성하고, 학습자가 평가 과정에서 수행해야 하는 내용과 기능을 따라 교육과정을 설계한다(Wiggins & McTighe, 2005). 한국어 교육에서도 학습자들의 교육 목표를 설정할 때에 교수·학습적인 필요만이 아니라, 학습자가 결과적으로 성취 및 습득해야 하는 언어 능력을 중심으로 교육과정을 설계하기 위하여 한국어 평가의 성취 수준을 먼저 고려하는 방법으로 교육과정을 수립할 수 있을 것이다. 이와 같은 평가 중심의 교육과정 구성은 학습자에게 도달해야 할 목표를 구체적으로 제시할 수 있다는 점과 실용적인 교육을 가능하게 한다는 장점이 있다.

2. 한국어 평가의 원리

바람직한 한국어 평가란 무엇인가? 한국어 평가를 실행하기 위해서는 평가를 구성하는 중심 요소들을 먼저 고려하여야 한다. 한국어 평가가 적절하게 이루어졌을 때 학습자와 교사, 교수·학습 과정 및 평가 도구 등에 관한 유용한 정보를 얻을 수 있다. 한국어 평가가 적절하게 이루어지도록 하는 원리로는 목표 중심성, 실제 중심성, 과정 중심성, 학습자 중심성을 들 수 있다.

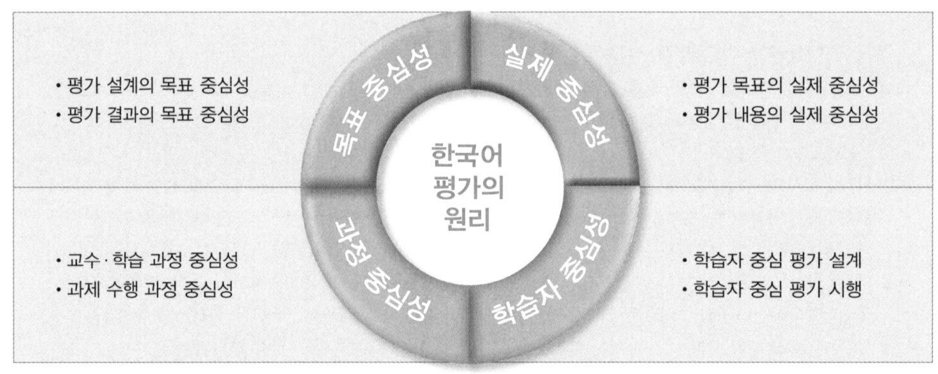

[그림 5-4] 한국어 평가의 원리

1) 목표 중심성

평가의 목표 중심성은 설정한 평가 목표에 맞게 평가 계획과 실천이 이루어지도록 하여 평가의 타당성을 확보하는 것과 관련된다. 타당도(validity)는 평가를 통해 제시하는 평가적인 판단과 관련된 것으로서, 평가 결과를 해석하고 사용하는 일이 충분하고 적절하다는 경험적인 증거나 이론적인 근거를 갖춘 정도를 통해 파악한다(Messick, 1989). 평가가 목표를 중심으로 긴밀하게 수행되고, 평가 결과를 통해 이를 확인할 수 있을 때 평가가 목표 중심적으로 이루어졌다고 본다. 평가 중심성은 평가를 구성하는 평가 설계의 측면과 평가 결과의 활용 측면에서 긴밀하게 요구된다.

(1) 평가 설계의 목표 중심성

한국어 평가는 필요성을 확인하고 실행 계획을 수립하는 평가 설계를 목표 중심적으로 하여야 한다. 평가자가 목표를 중심으로 평가를 설계하는 일은 평가 타당도와 밀접한 관련이 있다. 평가 타당도는 평가를 통해 평가하고자 하는 바를 적절하게 측정하였는지를 의미하기 때문에, 이러한 평가 타당도의 확보를 위해서는 평가 과제를 통하여 학습자의 언어 능력을 추론하는 과정이 타당하게 이루어질 수 있도록 평가 설계를 체계적으로 하여야 한다. 그 첫 번째 단계는 평가 설계 과정을 상세화하는 것이다. 평가 타당화를 위한 논거 기반 접근법(argument-based approach)을 제시한 Kane(1992, 2006, 2013)은 평가 도구 개발, 시행, 채점, 결과 활용의 과정을 연쇄적인 추론으로 보고, 평가를 계획하는 과정에서 추론의 가정과 근거를 검토하여 해석 논거(interpretive argument)를 마련해야 한다고 하였다. 이러한 접근은 평가 실행 이전에 평가를 통해 확보할 수 있는 증거들이 무엇이고, 평가 결과 사용자들이 어떻게 해석해야 할지에 대한 고려 등을 포함한다는 점에서 평가의 완전성과 일관성, 건전성을 확보할 수 있도록 한다(이성준, 2018).

한국어 평가 설계의 타당성을 확보하기 위해서는 평가 계획부터 결과 활용까지의 추론 행위에 대한 가정(assumptions)과 근거(warrant)를 점검해야 한다. 예를 들어 평가에 참여한 학습자에게 점수를 부여하는 과정에서 점수를 부여하는 근거가 무엇이며(예 채점 기준), 해당 평가 맥락에서 설정한 근거를 고려하는 것이 평가 목표에 부합하는지를 관련 연구나 이전 평가 수행 등을 통해 검토하여 판단하는 것이다. 교실 평가에서 평가 목표를 중심으로 평가를 설계하기 위해서는 교육과정을 기초로 요구하는 한국어 수준에 맞춰 평가 내용을 선정하고, 관련하여 다른 학습자들의 수행 및 실제 상황에서의 수행 결과를 활용할 수 있다. 대규모 평가에서는 선행 연구에서 해당 평가의 영역 및 과제, 채점 기준 등을 어떻게 다루어 왔는지를 검토해야 하며, 평가를 통해 수집하는 자료들이 평가 목표와 관련된 것으로서 체계적으로 수집될 수 있도록 계획되어야 한다. 양적·질적 자료들이 체계적으로 수집될 수 있도록 계획되어야 한다.

(2) 평가 결과의 목표 중심성

한국어 평가의 결과가 평가 목표를 중심으로 해석 가능하다는 것은 평가 결과를 활용하는 주체들이 수용할 만한 타당한 결론이 도출되었다는 것을 의미한다. 평가 결과의 타당도는 수집한 증거에 따라 내용 타당도, 안면 타당도, 준거 관련 타당도, 구인 타당도, 채점 타당도 등으로 나눌 수 있다.

이 중에서 교실에서 이루어지는 성취도 평가에서 확보할 수 있는 평가 타당도 가운데 대표적인 것으로는 내용 타당도와 안면 타당도가 있다. 내용 타당도(content validity)는 평가의 내용을 평가의 목적이나 수준 등을 고려하여 측정하고자 하는 바에 알맞은 것으로 대표성 있게 구성하였는가와 관련이 있으며, 주로 내용 전문가의 분석과 판단으로 확인한다. 안면 타당도(face validity)는 준비한 평가가 학습자에게 받아들여질 만한지를 알아보는 것인데, 학습자에게 평가 문항의 난이도나 진행상의 문제, 평가 결과에 대한 이해 등을 직접 확인하는 방법으로 알아볼 수 있다.

대규모 평가에서는 준거 관련 타당도와 채점 타당도 등을 확보할 수 있도록 노력해야 하는데, 이러한 증거들이 평가 결과에 대한 설명력을 나타낼 뿐만 아니라 결과 활용의 가능성을 나타내기 때문이다. 준거 관련 타당도(criterion-related validity)는 평가하려는 학습자의 한국어 능력이 평가를 통해 적절하게 평가되었는지를 알아보기 위한 것으로, 실행 시기에 따라 공인 타당도와 예측 타당도로 나뉜다. 공인 타당도(concurrent validity)는 학습자의 평가 점수와 다른 시험이나 관련 평가의 점수인 준거 점수와의 상관을 통하여 파악하는데, 타당성이 입증된 시험의 결과가 있어야 타당도 추정이 가능하다는 제한점이 있다. 예측 타당도(predictive validity)는 평가에 응시한 이후에 해당 학습자가 향후에 나타낼 것으로 기대하는 특정 영역에서의 수행 결과로 타당성을 확보하는 방법이다. 준거 관련 타당도를 확인하기 위하여 일반적으로 사용하는 방법은 비교하는 두 검사 결과 간의 상관 계수를 확인하는 것인데, 0(전혀 일치하지 않음)~1(완벽히 일치함) 사이의 숫자로 나타난 상관 계수를 통해 전반적인 수준에서 관련성을 파악한다.

채점 타당도(scoring validity)는 학생들에게 제공한 평가 결과가 타당한 과정과 근거를 바탕으로 도출되었는가에 관한 증거를 확인하는 것으로서, 채점자 신뢰도 분석과 문항 품질 분석, 학습자 응답 특성에 관한 분석 등을 바탕으로 접근할 수 있다. 채점자 신뢰도 분석은 말하기나 쓰기 같은 수행 평가에서 채점이 일관성 있게 이루어졌음을 입증함으로써 평가 결과가 수용할 만한지를 판단하기 위한 과정이다. 문항 품질 분석은 문항의 난이도나 변별도에 대한 정보로서, 평가가 해당 학습자군에게 의도한 목적에 맞게 이루어졌는지를 확인할 수 있는 지표가 된다. 학습자의 응답 특성 분석을 통해서는 객관식 문항의 경우에는 선택지별 빈도를 바탕으로 문항 개선의 필요성을 확인할 수 있으며, 주관식 문항에서는 각 문항의 점수대별 응답 특성을 확인하여 제대로 측정하지 못하는 언어 기능이나 능력 구간을 파악할 수 있다.

2) 실제 중심성

한국어 평가의 두 번째 원리는 실제 중심성, 즉 평가가 실제 한국어 사용에 가까운 조건과 상황을 기반으로 이루어져야 한다는 것이다. 이는 언어 평가에서 평가의 진정성(authenticity)으로 다루어져 왔는데, 평가가 현실을 왜곡하여 거짓이나 모방한 것이 아니라 신뢰할 수 있고 확실한 실제 언어 사용에 관한 것이어야 한다는 점을 강조한다. 평가가 진정성을 따라 이루어지기 위해서는 평가 목표와 과제의 측면에서 실제 중심성을 고려할 수 있도록 해야 한다.

(1) 평가 목표의 실제 중심성

평가 목표의 실제 중심성은 한국어 사용과 관련하여 학습자들이 실제적인 요구를 갖고 있는 영역에 대한 평가가 이루어질 수 있도록 해야 한다는 것을 말한다. 한국어 학습자는 자신만의 학습 동기를 바탕으로 다양한 사회 문화적인 배경에서 한국어 학습을 시작한다.

그리고 이들은 개인적인 취미 생활에서부터 유학이나 취업 등 다양한 목적을 갖고 한국어 학습을 한다. 이런 상황 속에서 포괄적인 목표를 갖는 범용 한국어 평가가 이루어질 경우, 비용이나 시행의 측면에서 편의성과 경제성이 높을 수 있으나, 구체적이고 실제적인 접근을 하기 어렵기 때문에 평가 결과 활용과 관련하여 긍정적인 환류 효과를 기대할 수 없다. 한국어 평가가 진정성있게 이루어지도록 하기 위해서는 각 평가의 목표를 학습자(응시자)와 평가 결과 사용자(교사 또는 이해 관계자)가 필요로 하는 진정성을 갖출 수 있도록 설정하는 것이 중요하다.

평가의 목표가 진정성을 갖추기 위해서는 평가를 통해 알고자 하는 바가 무엇인지를 분명하게 해야 하는데, 이는 대상 간의 상대적 수준을 알기 위한 평가인 규준 참조 평가(norm-referenced assessment)와 절대적인 차원에서 개개인의 달성 정도를 알기 위한 준거 참조 평가(criterion-referenced assessment)인지를 결정하는 것과 관련이 있다.

전통적인 관점에서는 집단에서의 상대적인 서열을 확인하는 규준 참조 평가가 중요했다면 현대적인 언어 평가는 개인의 성취 수준이 갖는 의미에 주목하는 준거 참조 평가를 강조하는 경향이 있다. 준거 참조 평가의 실행은 평가의 기준이 되는 준거를 설정하는 것이 핵심인데, 평가를 통하여 학습자가 해당 수준에서 반드시 성취해야 하는 목표를 달성하였는지를 확인하여 각 준거에 대한 성취 정도를 파악하는 것이다. 예를 들어 고급 수준의 학습자들에게 논증적인 글쓰기를 통해 한국어 쓰기 능력을 평가할 때, 논증적 글쓰기 능력을 구성하는 구인별로 학습자가 무엇을 얼마나 잘 수행할 수 있는지를 확인하는 것이 준거 참조 평가라고 할 수 있다. 학습자들은 자신이 다른 학생들보다 좋은 점수를 받기 위하여 평가에 임하여야 하는지 아니면 학습을 통해 자신이 성취해야 하는 영역별 수준에 도달하였는지를 알기 위한 것인지에 따라 평가 참여의 동기가 달라질 수 있다. 규준 참조 평가는 정규 분포를 가정할 수 있는 규모의 피평가자를 대상으로 평가가 이루어졌을 때 유효한 평가가 이루어질 수 있으며, 준거 참조 평가에서는 교육 목표의 달성을 중심으로 설정한 준거에 대한 달성 정도를 평가하여 개인의 자격 여부를 확인하려는 목적을 갖고 있으므로, 평가가 이루어지는 실제 맥락에 따라 이를 알맞게 설정해야 한다.

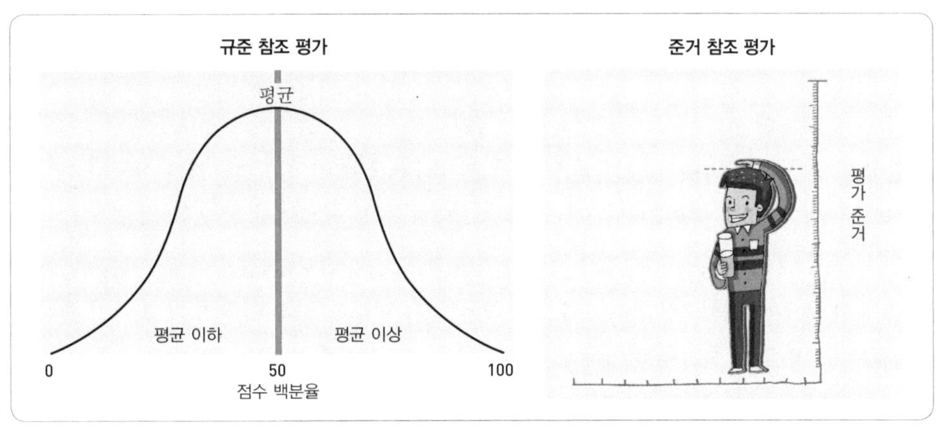

[그림 5-5] 규준 참조 평가와 준거 참조 평가의 비교

(2) 평가 내용의 실제 중심성

평가의 목표뿐만 아니라 평가의 내용도 실제적인 맥락을 반영하여 구성하였을 때 진정성 있는 평가가 이루어질 수 있다. Bachman(1990)은 언어 평가의 진정성을 상황적 진정성(situational authenticity)과 상호작용적 진정성(interactional authenticity)으로 구분하여 제시하였다. 상황적 진정성이 평가 자료나 과제의 특성이라면 상호작용적 진정성은 학습자가 수행해야 하는 의사소통 측면의 진정성을 말하는 것이다. 평가 내용의 진정성을 확보하기 위해서는 평가 과제를 구성할 때 실제적인 언어 사용을 적절하게 반영할 필요가 있으며, 이는 평가를 통한 학습자의 언어 능력에 대한 추론의 타당성을 높일 수 있다는 점에서 평가 과정에서 중요한 고려사항이 되어야 한다.

한국어 평가의 내용에 실제적인 언어 사용 맥락을 반영하기 위해서는 실제적인 의사소통 상황을 자료로 활용하는 방안을 고려할 수 있다. 교실에서는 실제 의사소통 상황과 관련성이 높은 과제를 여러 학습자가 함께 해결해 나가도록 할 수 있다는 점에서 실제성이 높은 활동을 수행할 수 있다. 대규모 평가에서는 교실 평가에 비해 물리적·공간적 제약이 있으나, 입력 자료의 실제성을 높이는 방법을 통해 진정성을 확보할 수 있다. 예를 들어 음성 대화를 녹음하여 자료로 사용할 때 현장감을 높이기 위해 주변 소음을 삽입하거나 대화가 이루어지는 장면의 사진을 제공하는 것, 다양한 억양의 언어 사용자의 발화를 들려주는 것, 기능 통합적인 언어 과제를 제시하는 것, 영상 자료를 활용하는 것 등의 방법을 통해 진정성을 확보할 수 있다(신상근, 2012: 120-121).

평가에서 실제성을 중시하는 관점은 언어 지식 수준을 주로 평가하였던 고전적인 접근을 실제 의사소통 상황 중심으로 변화시켰다는 의의가 있다. 실제성을 중심으로 하는 평가에서 주의해야 하는 점은 평가 결과로 학습자의 실제 언어 능력을 예단해서는 안 된다는 점이다. 학습자에게 실제성이 높은 과제를 제시하였다고 해도, 학습자는 특정한 조건이 사전에 결정된 평가 상황에서 언어를 사용한 것이기 때문에 언어 능력을 단편적으로 추론해서는 안 된다. 평가자는 평가 내용뿐만 아니라 긴장감, 피로도와 같은 심리적인 측면이 피평가자의 언어 수행에 영향을 미칠 수 있음을 이해하고 있어야 한다. 또한 평가 과제의 진정성 확보를 위한 접근 과정에서 평가 목적을 훼손하지 않도록 교육 평가로서의 본질을 놓치지 않도록 주의해야 한다.

3) 과정 중심성

한국어 평가의 세 번째 원리는 과정 중심성이다. 한국어 평가는 학습자가 한국어 능력을 발휘하여 교수·학습 내용을 바탕으로 구성된 평가 과제를 해결하고, 그 결과를 바탕으로 향후 학습에 대한 유의미한 정보를 얻기까지의 과정으로 이루어진다. 이와 관련하여 평가의 목표와 내용이 제시되는 교수·학습 과정은 평가 실행의 기초이며, 평가 결과의 환류가 이루어지는 장이다. 그리고 평가에서 학습자의 과제 수행 과정에서는 학습자의 한국어 능력에 관한 다양한 증거가 나타나기 때문에 이를 교육적으로 활용하기 위해서 체계적인 접근을 요구한다.

(1) 교수·학습 과정 중심성

한국어 평가는 한국어 교수·학습 과정이라는 거시적인 맥락에서 평가의 의미와 결과 해석, 활용에 관한 정보를 바탕으로 구성되는데, 평가를 통해 이후 교수·학습 과정의 방향 및 개선점을 확인할 수 있기 때문에 서로 밀접한 관계가 있다. 평가가 교수·학습 과정에 영향을 미치는 현상은 환류(washback)라고 한다. 예를 들어 한국어능력시험Ⅱ에서 요약하는 글쓰기 능력을 평가하는 문항이 매해 출제된다고 하였을 때, 자연스럽게 고급 수준의 학습자들에 대한 한국어 글쓰기 지도에서 요약하는 글쓰기를 강조하는 현상이 나타나는 것이 이에 해당한다.

한국어 교수·학습 과정은 교육적 특성을 고려하여 다양한 방식으로 구성할 수 있는데, 일반적으로는 초·중·고급의 수준별 구성을 기본으로 하며, 각 언어 수준별로 필요로 하는 언어적 지식과 말하기·듣기, 읽기, 쓰기의 언어 기능, 그리고 한국어가 사용되는 맥락인 사회 문화적인 요소 등을 바탕으로 구성된다. 교수·학습 과정과 관련하여 교실 평가에서는 먼저 교육과정에서 설정한 교육 목표를 검토하고, 이를 바탕으로 평가해야 할 언어 사용 능력을 확인하기 위한 평가 내용과 방법에 대한 결정이 이루어져야 한다. 이때 교육과정에서 현재의 학습 단계와 함께 이후 교수·학습과의 연관성을 높이는 방향으로 평가 내용을 구성할 때 학습을 위한 평가(assessment for learning)로서 평가가 효과적으로 기능할 수 있다.

교수·학습 과정을 중심으로 한 평가는 네 개의 순환적인 단계를 거치게 된다(Gottlieb, Katz & Ernst-Slavit, 2009). 첫 번째 단계는 교육 목표를 검토하는 것이다. 두 번째 단계는 학습자의 수행으로부터 정보를 수집하는 것이다. 세 번째 단계는 평가 결과를 바탕으로 정보를 조사하는 것이다. 마지막 단계는 수집한 정보를 활용하여 교수·학습 과정을 개선하고, 학습자로부터 얻은 정보를 공유하여 적절한 지원이 이루어질 수 있도록 하는 것이다. 예를 들어 문법 항목 가운데 피동에 대한 학습과 관련하여 성취도 평가를 실시한다고 하였을 때, 설정한 목표와 관련하여 교수·학습 과정에서 학습자들이 피동 개념을 이해하기 위해 수행한 연습이나 교재의 활동 자료 등을 검토하고, 학습자들이 형성하였을 것으로 예상되는 피동 개념의 이해 정도를 확인할 수 있는 평가 문항이 구성되어야 할 것이다. 또한 평가를 통해 수집된 피동 학습에 관한 정보들은 이후의 학습을 위한 정보로서 피드백으로 제공되어야 하며, 교사는 문법 교수·학습 과정 가운데 어떤 연관성을 갖는지 함께 기록해 두어야 한다.

(2) 과제 수행 과정 중심성

한국어 평가에서 학습자들은 주어진 평가 과제에 대하여 답을 하는 과정을 통해 자신의 언어 능력을 나타내게 된다. 이와 같은 과제 수행 과정에서 학습자는 과제를 파악하고, 과제를 해결하기 위한 계획을 바탕으로 지식과 기술을 동원하여 답을 제시한다. 그리고 과제 수행 후에는 주어진 피드백을 바탕으로 이후의 학습을 준비할 수 있도록 한다. 이와 같은 과제 수행 과정은 한국어 평가의 영역별로 차이가 있는데, 문법, 어휘, 발음과 같은 언어적 지식과 듣기와 읽기와 같은 언어 이해에 관한 기술, 말하기나 쓰기와 같은 표현 기술로 나누어 살펴볼 수 있다.

언어적 지식에 대한 평가는 직접적으로 해당 개념에 대해 알고 있는지를 물어보기 위하여 선다형이나 단답형의 문제를 사용하여 평가하는 것이 일반적이다. 이러한 언어 지식에 대한 평가에서 학습자의 과제 수행은 요구하는 언어 지식을 정확하게 알고 있으며, 적절하게 사용할 수 있음을 나타내는 간단한 과정으로 이루어지는 것이 일반적이다. 선다형 문항으로 평가를 구성할 경우에는 학습자가 문제에서 제시한 선택지 중에서 답을 선택하는 과정에서 어떠한 접근이 이루어질 수 있는지를 살펴볼 필요가 있다. 이해나 표현과 같은 언어 사용의 측면에서 언어적 지식을 함께 평가하는 방법도 고려할 수 있는데, 실제 언어 사용을 고려한다는 점에서 긍정적인 측면이 있으나, 다른 기능과 관련한 과제 수행으로 인한 부담의 영향이 있을 수 있음을 고려하여야 한다.

언어 이해에 관한 평가에서는 듣기 자료나 읽기 자료(텍스트)를 제시하고, 무엇을 듣거나 읽었으며, 이를 바탕으로 새롭게 알게 된 사실이나 의견 등을 파악하고 있는지를 확인하는 것이 중요하다. 또한 표현 능력의 평가와 연계하여 통합적인 접근이 이루어질 수 있는데, 읽은 것을 바탕으로 의견을 말하거나 쓰는 과제와 같이 실제 언어 사용 양상 가운데 나타날 수 있는 언어 기능의 통합적 양상을 고려한 과제가 이에 해당한다. 이해 능력 평가에서 학습자의 과제 수행 과정은 입력된 정보를 파악하고, 이를 해결해야 하는 문제와 연결하여 요구하는 수준의 답을 구성하는 것으로 이루어진다.

표현 능력에 관한 평가에서는 학습 수준에 따라서 제시하는 과제의 유형과 내용에 차이가 있는데, 초급에서는 제한적인 상황에서 간단한 표현이나 문장을 활용하는 단답형 과제를 사용한다면, 중·고급에서는 다양한 상황과 자료를 활용하여 말하고 쓰는 과제를 제시할 수 있다. 이러한 수준별 과제 형식의 차이는 과제에서 다룰 수 있는 주제에도 영향을 미치면서 학습자의 과제 수행 과정의 차이를 가져온다. 특히 과제에서 다루는 주제의 친숙도는 학습자의 응답 생성에 직접적인 영향을 끼칠 수 있다. 이와 관련한 부정적인 영향을 줄이기 위해서는 개인적인 정보를 활용하는 주제에서는 나이나 성별 같은 배경 차이가 과제 수행에 영향을 미치지 않도록 주의해야 하며, 사회적이거나 공적인 문제에 대한 과제에서는 주제에 대한 친숙성의 영향을 고려하여 보편적이면서도 해당 언어 수준에서 다룰 만한 과제를 제시하여야 한다.

4) 학습자 중심성

(1) 학습자 중심 평가 설계

평가가 학습자를 중심으로 이루어진다는 것은 평가의 목표가 교사나 평가 시행 기관이 얻고자 하는 정보를 수집하는 것만이 아니라 학습자의 개인적인 성장과 발전, 그리고 학습 동기 부여와 실용적인 활동 참여를 보장하는 것이라는 말이다(McMillan, 2011). 다시 말해서 학습자 중심으로 평가를 설계하는 것은 학습자들이 평가의 계획과 실행, 결과 활용의 중심에 있도록 하는 것이며, 이를 통해 학습자가 성장할 수 있도록 기회를 보장하는 것을 의미한다.

학습자 중심으로 평가를 설계하기 위해서는 먼저 학습자의 요구를 파악하여야 한다. 평가에 대한 학습자의 요구를 파악하기 위해서는 설문 조사나 요구 분석(needs analysis)을 실시하여 학습 초기와 현재의 인식 차이를 알아보는 방법을 이용할 수도 있다. 평가에 관한 요구는 평가 내용이나 평가 시행 방법 등에 관한 학습자의 실제적인 의견으로서 평가 설계의 근거가 된다.

다음으로 학습자들이 직접 평가를 계획하고 실행할 수 있는 평가 방법을 모색해야 한다. 기존의 교사나 평가 개발자 중심의 평가가 학습자들이 알고 있어야 한다고 상정한 지식이나 기능을 중심으로 구성되었다면, 학습자 중심의 평가에서는 학습자들이 중요하다고 생각하는 교육 내용과 평가 항목을 결정하고, 그에 알맞은 평가 방식을 적용하는 것으로 평가를 구성한다. 예를 들어 한국어 듣기 시험을 본다고 하였을 때, 스피커로 나오는 음성 자료를 듣고 선다형 문제에 답을 하도록 하여 그 결과로 듣기 실력을 결정하는 평가보다는 학습자들이 선택한 듣기 자료와 의미 있다고 판단한 교수·학습 내용을 중심으로 학습자들의 실제적인 이해를 확인하기 위한 서술형 과제를 구성하는 것이 보다 학습자 중심적인 평가에 가깝다고 볼 수 있다. 학습자 중심의 접근은 평가 결과인 성적을 부여하는 일에 학습자들이 직접 참여하는 것을 통해서도 이루어질 수 있다. 교실에서 많이 이루어지는 학습자 참여 기반 성적 부여 방법으로는 자기 평가와 동료 평가가 있다. 자기 평가는 본인이 평가 항목에 대한 이해와 숙련의 정도, 그리고 향후 학습이 필요한 부분을 평가하는 것이라면 동료 평가는 다른 학습자의 평가 참여 결과에 대하여 수준을 평정하고, 또한 추가적인 학습과 관련하여 조언을 하는 것이다(Dallimore, Hertestein & Platt, 2012).

학습자 중심의 평가 설계를 위해서 교사는 어떤 맥락에서 학습자 중심 평가가 필요하며, 어떤 방향으로 나아가야 하는지 등에 관해 학생들과 긴밀하게 소통할 수 있는 장을 마련하여 학습자 참여를 촉진시킬 수 있어야 한다.

(2) 학습자 중심 평가 시행

학습자 중심으로 평가를 시행하기 위해서는 해당 평가의 내용이나 방법과 관련하여 배제되는 학생은 없는지를 고려해야 한다. 이러한 학습자 중심의 평가 시행은 평가 상황에서 평가자가 일방적으로 권력을 갖는 것을 경계하며, 평가가 윤리적 정당성을 확보할 수 있어야 한다는 점을 강조한다. 이와 관련하여 국제언어평가협회(International Language Testing Association, ILTA)에서는 평가에 대한 윤리적 요구가 높아지면서 2000년에 9개 원칙의 윤리 강령(code of ethics)을 발표하였으며, 2018년에 다시 수정판을 공개한 바 있다. ILTA의 강령 가운데 학습자 중심의 평가 시행과 관련된 몇 가지 원칙을 살펴 보면 다음과 같다.

원칙 1. 언어 평가자는 평가 참여자의 인간성과 존엄성을 존중해야 한다. 평가 참여자를 위하여 최고 수준에서 전문적으로 배려해야 하며, 언어 시험 가운데 모든 사람들의 필요와 가치,

문화를 존중해야 한다.

평가 과정에서 평가에 응시한 학습자는 통제된 상황에서 평가 체제에서 허용된 수행만을 할 수 있다. 이러한 과정에서 학습자가 갖고 있는 개인적인 특성이나 맥락은 무시된 채로 일방적으로 평가가 이루어질 수 있다. 한국어 평가에서 학습자들의 인간성과 존엄성을 존중하기 위하여 교사들과 평가 담당자들은 평가 시행 과정에서 학습자들이 느끼는 어려움과 문제들을 지속적으로 확인하고, 이를 평가 체제 개선 과정에 적극적으로 반영하여야 한다.

원칙 2. 언어 평가자는 평가 참여자로부터 획득한 모든 정보를 비밀로 하여야 하며, 이러한 정보를 공유할 경우에는 전문적인 판단을 바탕으로 해야 한다.

교사와 평가 개발자들은 평가 참여자로부터 취득한 나이, 성별, 학력, 주소지, 국적 등 다양한 개인 정보와 응답 내용 가운데 언급한 사항과 관련하여 개인의 신분이 노출되지 않도록 기밀 유지에 힘써야 한다. 평가 결과를 얻기 위해 제공한 정보가 개인적인 목적으로 함부로 사용될 수 있다는 것을 안다면, 어떤 학습자도 평가에 참여하려고 하지 않을 것이다.

원칙 3. 언어 평가자는 시험, 실험, 처치 등의 연구 활동을 수행할 때 국가 및 국제 수준의 윤리 원칙을 준수해야 한다.

언어 평가는 결과 활용에 따라 개인의 인생에 큰 영향을 미칠 수 있으며, 따라서 시행할 때 기본적으로 지켜야 할 윤리적인 원칙이 국제적인 규약으로 존재하고 있다. 국내에서는 보건복지부 홈페이지(http://irb.or.kr/Main.aspx) 및 국내외 대학의 연구 윤리 위원회(IRB)를 통해 이를 확인할 수 있다. 주요 내용으로는 평가 과정에서 학습자로부터 여러 정보들을 어떻게 수집하고, 처리하며, 보고해야 하는지에 관해 평가 담당자가 알고 있어야 하는 사실과 따르는 방법을 안내하고 있으며, 평가자는 이를 숙지하고 있어야 한다.

원칙 9. 언어 평가자는 수행하는 업무의 이해 관계자들에게 미칠 장단기적인 잠재 영향을 고려하여야 하며, 양심에 근거하여 수행을 중단할 수 있는 권리를 갖고 있어야 한다.

언어 평가를 시행하는 과정에서는 평가 결과를 직접적으로 조작하거나, 그런 행위를 하도록 강요받는 등의 상황이 발생할 수 있다. 이러한 문제가 발생할 경우에는 즉각적으로 평가 진행을 중단하고, 관련 사항을 상부 기관이나 관계자에게 보고하여, 다른 평가 참여자들과 평가자가 불이익을 당하지 않도록 해야 한다.

한국어 평가에서 학습자 또는 피평가자가 자신에게 일어날 수 있는 문제 상황을 예측하는 것은 매우 어렵다. 또한 평가 상황에서 자신이 어떤 도움을 받을 수 있으며, 누구에게 어떤 방법으로 요청해야 하는지에 관하여 구체적으로 명시하지 않고 평가가 이루어질 수 있다. 교사를 비롯하여 평가를 시행하는 주체들은 학습자 또는 수험자가 마땅히 알고 있어야 할 이와 같은 정책적 정보를 제공하여야 한다.

3. 한국어 평가의 설계

한국어 평가는 평가의 주체에 따라서 다양한 방법으로 설계할 수 있다. 교사의 경우에는 교육 대상인 학습자와 관련하여 사전에 설정한 교육과정을 기반으로 평가를 구성할 것이다. 평가 연구자의 입장에서는 기존의 문헌들을 검토하고 평가의 목적을 바탕으로 이를 가장 잘 반영할 수 있는 방향으로 평가를 설계하려고 할 것이다. 평가의 설계는 평가의 대상과 방법, 시행 시기에 대한 계획을 고려하여 이루어지며, 이는 평가가 안정적으로 실행될 수 있는 토대를 제공한다.[5]

5 평가의 설계 및 실행, 활용과 관련하여서는 고급 학습자의 말하기 시험을 사례로 들어 평가 실행 과정을 설명하였다.

1) 평가의 대상

한국어 평가의 계획은 평가의 대상을 확인하고 이를 구체화하는 것으로 시작한다. 평가의 대상은 평가의 목적과 목표, 그리고 평가의 내용과 방법 등 평가를 구성하는 모든 요소를 결정하는 가장 중요한 기준이다. 한국어 평가의 대상은 평가 과정에 수반하는 모든 요소가 해당할 수 있는데, 일반적으로는 평가에 참여하는 학습자와 평가를 통해 확인하고자 하는 한국어 사용 능력이나 지식 등을 가리킨다.

평가 대상이 되는 사람은 피평가자(examinee)라고 하는데, 이들이 평가를 받는 과정은 어떠해야 하며, 평가를 통해 얻고자 하는 결과가 무엇인지와 관련하여 구체적인 정보를 파악할 필요가 있다. 피평가자에 대한 파악은 한국어 능력과 직접적으로 관련이 있는 언어적인 측면과 성별이나 나이와 같은 생물학적인 측면, 국적이나 소속 집단과 같은 사회 문화적인 측면에 대한 정보를 수집하는 것으로 이루어진다. 피평가자에 관한 정보는 특정 피평가자가 평가 참여와 관련하여 불이익을 받는 일이 없도록 평가 계획 과정에서 주의 깊게 고려해야 한다. 평가 결과의 해석과 활용의 측면에서도 피평가자의 정보는 근거를 제공하기 때문에 체계적으로 관리할 필요가 있다. 평가의 유형은 피평가자의 평가 참여 동기와 밀접한 관련을 맺고 있다. 성취도 평가와 같이 교육과정을 따라 학습이 적절하게 이루어지고 있는지를 알아보기 위한 경우에는 내재적 동기의 영향을 받지만, 총괄 평가나 대규모 평가의 경우에는 진급이나 진학과 같은 외재적 동기로부터 영향을 받는다.

교수·학습 과정 중에 실시하는 성취도 평가의 경우에는 학습자의 교육과정 성취 정도를 측정하기 위하여 교육과정 안에서 평가를 구성하는 반면에 대규모 평가의 경우에는 잠재적인 언어 사용 능력을 측정하기 위하여 보다 일반화된 접근을 취한다는 차이가 있다. 성취도 평가에서는 사전에 교육과정을 따라 수준과 주제 등을 바탕으로 분류한 과제 및 학습 활동이 직접적인 평가의 대상이며, 대규모 평가에서는 수준에 따라 습득하였을 것으로 기대하는 지식이나 기술을 확인하기 위해 언어 능력을 구성하는 구인(construct)을 평가의 대상으로 한다.

> ✓ 평가 설계 사례 〈고급 한국어 말하기 시험〉
>
> **평가 대상의 설정**
>
> • 응시자: 한국어 학습자로서 한국 대학 및 대학원 진학이나 한국 기업 취업, 한국어 통번역 전공 등에 관심을 갖고 있는 이들
>
> • 목표 언어 능력: 한국어를 사용하여 묘사하기, 설명하기, 의견 말하기 등의 과제 수행을 하면서 발음이나 문법 등의 오류가 의사소통을 방해하지 않으며, 과제 맥락을 고려하여 적절한 어휘 및 표현을 사용할 수 있는 능력

2) 평가의 방법

한국어 평가는 교육 목표의 달성 여부를 확인하고, 그와 관련하여 여러 정보를 수집할 수 있는 적절한 평가 방법으로 이루어져야 한다. 평가의 방법은 무엇을 평가(측정)하고자 하는지에 따라 선택하며, 과제는 평가를 구성하는 내용으로서 평가의 목적에 부합하도록 작성해야 한다.

언어 평가에서 과제는 평가 목적을 구현하기 위하여 개발하는 것으로서, 평가 원리를 바탕으로 개발해야 한다. 평가 과제를 개발하는 과정에서는 평가 도구 사용 지침서에서 제시한 평가 대상 언어가 포함하는 여러 영역과 내용, 평가 방법, 응답의 형식, 채점 방법 등과 같은 핵심적인 정보와 함께 시간, 환경, 지시 사항과 같은 과제 실행을 위한 정보도 고려해야 한다. 교실 평가에서는 평가 과제의 품질에 대한 책임이 교사에게 있으므로, 좋은 과제를 개발하기 위하여 동료 교사와의 협의나 전문가 검토 등의 책임감 있는 접근을 할 필요가 있다. 이와 같은 검토 과정을 통해 과제를 수정하거나 보완하는 작업은 평가의 품질 향상을 위해 반드시 이루어져야 한다. 대규모 평가의 경우에는 과제 개발 과정에서 연구진과 문항 작성자가 구분되며, 작성 지침을 따라 여러 차례의 문항 검토가 이루어질 수도 있다. 그런데 교실 평가에서는 이런 과제 개발이 몇 사람 혹은 한 사람에 의해 별도의 지침이 없이 개발 단계가 압축적으로 이루어질 수 있으며, 이는 타당성을 저해하는 원인이 될 수 있다. Bachman & Palmer(1996: 174)는 과제 개발 방법으로 진정성을 유지하면서 목표 언어 사용 과제의 유형을 수정하는 방법과, 독창적인 과제를 개발하는 방법을 제시하였는데, 이러한 접근에서는 평가의 목적에 따라 가장 부합할 수 있는 방향으로 접근이 이루어져야 할 것이다.

한국어 평가에서 과제의 개발은 과제 틀을 구성하고, 과제를 통해 평가하는 내용에 따라 수행의 조건을 마련한 다음, 그에 부합하는 평가 방법을 적용하는 것으로 이루어진다. 평가 방법은 평가 문항이 선택형인지 아니면 구성형인지, 참고해야 하는 자료는 무엇인지 등을 고려하여 선정하는데, 평가의 목적에 부합하는 학습자 반응을 이끌어 내기에 적절한 것이어야 한다.

한국어 교실 평가에서 자주 사용하는 평가 방법은 선다형이나 진위형, 단답형과 발표 등이며, 수준에 따라서는 구성형 응답 과제나 프로젝트, 포트폴리오, 동료 평가 등의 다양한

방법을 활용할 수 있다.[6] 대규모 평가의 경우에는 평가 방법을 다양하게 하였을 때 발생하는 평가 시행 관리와 채점의 문제로 인하여 간결하고 명확한 방식으로 평가가 이루어질 수 있도록 평가 방법을 선택하는 것이 유리하다. 일반적으로 읽기와 듣기 평가의 경우에는 선다형으로 이루어지는 경우가 많으며, 경우에 따라서는 기능 통합적인 평가로서 읽거나 들은 것에 대해 말이나 글로 표현하는 것으로 평가하기도 한다. 읽기와 듣기 같은 이해 능력에 대한 평가와 달리 말하기와 쓰기 같은 표현 능력에 대한 평가는 직접적인 평가가 이루어지는 경우가 많다. 말하기 평가는 즉각적이고 비영속적인 말하기 기능의 특성으로 인해 측정과 추정에 많은 어려움이 따른다. 말하기 평가의 실행을 위해서는 응답 유도 및 자료 수집 방법 등을 고려하여 시험 과정의 체계적인 설계와 진행이 이루어져야 하며, 계량화하여 평가할 수 없는 구인을 측정하기 위하여 구체적인 측정 기준의 설정이 수반되어야 한다.

6 교육 평가 방법의 분류(McMillan, 2012).

형태 분류	세부 분류		
선택형	선다형, 진위형, 연계형		
구성형	단순 구성형	단답형, 구성형, 도표에 제목 붙이기, 풀이 과정 쓰기	
	수행 과제	산출물	논문, 프로젝트, 시, 포트폴리오, 비디오/오디오, 스프레드시트, 웹페이지, 전시, 반성(소감문), 저널, 그래프, 표, 삽화
		기술	말하기, 시연, 극적인 읽기, 논쟁, 리사이틀, 운동, 자판치기, 춤, 읽기
	에세이	제한형, 확장형	
	구두 질의	비공식적 질의, 시험, 컨퍼런스, 면접	
교사 관찰	공식적, 비공식적	태도 설문지, 사회성 측정 도구, 설문지	
자기 평가	자기 보고서 설문지	태도 설문지, 설문지	
	자기 평가	평정, 포트폴리오, 컨퍼런스, 자기-성찰, 타인의 수행 평가	

평가 설계 사례 〈고급 한국어 말하기 시험〉

평가 방법의 설정

- 직접식 평가: 고급 학습자의 말하기 평가는 시험관 또는 면접관과의 면대면 말하기 평가로 진행한다. 학습자는 시험관이 제시한 문제에 답을 하거나 면접관과 상호작용하면서 주어진 과제를 수행해야 한다. 학습자의 평가 결과는 시험 종료 후에 시험관 또는 면접관이 채점 척도를 따라 점수로 제시하거나, 글로 작성하여 학습자에게 피드백으로 제공할 수 있다.
- 준직접식 평가: 평가 참여자 수가 많은 상황에서 면접관 또는 시험관에 의한 영향을 줄이기 위하여 컴퓨터나 녹음기를 활용하여 준직접식 평가를 실시할 수 있다. 학습자는 컴퓨터 모니터나 녹음기를 통해 제시된 과제에 대하여 주어진 자료를 활용하여 응답한다. 준직접식 말하기 평가의 결과는 전문 채점자가 학습자의 과제 수행 발화를 녹음한 자료를 들으면서 채점 척도를 따라 부여한 점수로 제시한다.

3) 평가의 계획

평가는 교수·학습 전반에 많은 영향을 미칠 수 있으므로 적절한 시기에 핵심적인 내용을 중심으로 평가가 이루어질 수 있도록 구체적인 계획을 수립하여야 한다. 평가의 계획은 평가의 대상과 방법 등을 종합적으로 고려하여 언제 어디에서 어떻게 평가를 실시할 것인지에 대한 목록으로 구성된다. Bachman & Palmer(1996: 86)는 평가 계획을 신중하게 수립해야 하는 이유로 첫째, 평가 목적에 부합하는 결과를 보장하는 최선의 방법이며, 둘째, 무엇을 왜 평가하는지에 대한 책임감 있는 태도를 갖도록 하며, 셋째, 평가에 참여하는 이들의 만족도를 높일 수 있기 때문이라고 하였다.

평가를 계획하는 과정에서는 평가 도구를 사용할 때 어떤 요인들이 영향을 미칠 수 있는지를 고려하여야 한다. 이러한 요인들은 평가의 맥락을 형성하여 평가 참여자의 평가 수행에 직접적으로 관여할 수 있으므로 평가 도구 사용 지침에 기록하여 평가를 실행하는 이들이 미리 파악할 수 있도록 해야 한다. 평가 도구 사용 지침서의 작성은 [그림 5-6]와 같이 이루어진다(Bachman & Palmer, 1996: 88-89).

1. 시험의 목적 기술

↓

2. 목표 언어 영역에 대한 과제의 확인과 기술

↓

3. 수험자(목표 언어 사용자)의 특징에 대한 기술

↓

4. 측정하고자 하는 구인에 대한 정의

↓

5. 유용성의 품질을 평가하기 위한 계획 수립

↓

6. 평가관련 자원에 대한 확인 및 분배와 관리에 대한 계획 수립

[그림 5-6] 평가 도구 사용 지침서의 구성 단계

미국교육연구협회와 심리학회, 교육측정위원회(AERA, APA, NCME, 2014: 85-86)는 평가 도구 사용 지침서가 반드시 포함해야 할 사항으로 평가의 목적, 구인의 정의(또는 측정하는 영역), 평가에 참여하는 수험자 집단과 평가 사용자를 위한 해석을 제시하였는데, 특히 각각의 사항에 대한 이론적인 근거가 반드시 갖추어져야한다는 점을 강조하고 있다. 평가 도구 사용 지침을 작성하기 위해서는 먼저 평가의 내용이 무엇인지를 규정해야 하며, 이에 적합한 평가 시간과 문항의 형식, 그리고 문항의 내용에 관한 정보, 문항의 순서와 배치 등을 결정해야 한다. 평가의 진행과 관련하여 학습자에게 평가를 안내하고 관리하는 시간과 사용하는 여러 자료(stimulus), 그리고 채점과 보고 절차에 대한 설명이 필요하며, 컴퓨터를 이용한 평가의 경우에는 필요한 장비와 소프트웨어의 사양에 관한 정보가 있어야 한다. Fulcher(2003: 120)는 평가 도구 사용 지침을 작성하는 과정이 유사한 과제들을 검토하고, 실제적인 언어 사용과의 연관성을 확인하며, 이론적인 검토를 거친다는 점에서 평가의 타당성을 확인하는 데에도 기여한다고 하였다.

교실 평가에서도 형성 평가로서 제시하는 문제나 퀴즈를 계획할 때, 학기나 프로그램 단위 별로 평가 도구 사용 지침을 작성하여 체계적인 평가 수행을 유도할 수 있다. 교사는 교육과정에서 제시한 언어 지식이나 기능에 대한 평가가 체계적으로 이루어지도록 과제의 목표와 관련 정보들을 정리하여 기록하고, 학습자가 평가에 원활하게 참여할 수 있도록 수집한 정보를 바탕으로 안정적인 평가 시행 체제를 마련해야 한다. 대규모 평가에서는 평가 결과의 파급이 크기 때문에 평가 도구 사용 지침이 없이는 평가 설계와 과제 구성이 불가능하다고 말할 수 있을 정도로 그 중요성이 매우 크다. 대규모 평가의 평가 도구 사용 지침은 과제 작성을 위한 세부 평가 내용과 이를 실행할 수 있는 평가 체제의 구성 방법이나 절차를 포함하여 작성한다.[7]

7 케임브리지 대학의 언어 평가 연구소(UCLES)에서는 영국문화원에서 사용 중인 평가 도구 사용 지침 작성과 문항 개발에 관한 자료를 공개하고 있다. 그 중 읽기 평가 문항에 대한 평가 도구 사용 지침에는 어휘에 대한 계량적 정보, 과제의 영역과 담화, 배경지식, 문화적 특성, 정보적인 특성, 표현 기능, 어휘 수준, 문법 수준, 문장 길이, 화제, 장르, 독자의 영향 등을 제시하고 있다.

평가 설계 사례 〈고급 한국어 말하기 시험〉

평가 계획의 수립

- 과제: 고급 한국어 말하기 시험은 총 4개 문제로 구성되어 있으며, 교수·학습 과정에서 다루어졌던 주제를 중심으로 개인적인 경험이나 생각을 묻는 과제와 공적인 문제에 대한 생각이나 의견을 묻는 과제로 이루어져 있다. 시험 시간은 과제에 따라 발화 유도가 충분히 이루어질 수 있도록 준비 시간을 포함하여 계획한다.
- 환경: 말하기 시험이 면대면 평가로 이루어질 경우, 소음이나 외부인의 영향이 없고, 학습자에게 편안한 상황에서 대화하거나 이야기를 할 수 있는 장소를 선택하여야 한다. 컴퓨터나 녹음기를 활용하여 평가할 때는 음성을 녹음하는 방법과 그에 대한 연습 과정을 준비하여 녹음에 대한 부담을 줄일 수 있도록 하며, 녹음을 방해하는 문제가 발생하지 않도록 온·오프라인상의 녹음 환경에 대한 점검이 이루어져야 한다.

4. 한국어 평가의 실행

한국어 평가의 실행 과정에서 평가를 준비한 교사나 개발자는 피평가자의 평가 수행에 대한 관찰과 평가 결과 도출을 위한 채점, 그리고 결과에 대한 해석이 타당하게 이루어질 수 있도록 노력해야 한다.

1) 측정 활동

한국어 평가는 피평가자의 언어 능력을 측정하는 활동으로 이루어진다. 측정은 일정한 기준을 통해 여러 속성을 재는 행위로서 측정한 대상에 대한 수량화된 결과를 산출하는 것이다. 대표적인 언어 평가 측정 도구인 시험은 평가 대상의 실력이나 속성을 알아보는 일을 말한다. 언어 평가에서는 평가하는 영역에 따라 측정 대상을 달리하게 되는데, 문법이나 철자법과 같이 명시적으로 맞고 틀림을 확인할 수 있는 것을 대상으로 할 수도 있지만, 담화 구성 능력과 같이 잠재적인 특성으로서 비명시적인 것도 평가 기준을 바탕으로 측정할 수 있는데, 이때는 이를 어떻게 판단하여 점수화할 것인지에 대한 명시적인 기준을 마련해야 한다.

교실 평가에서는 학습자가 교수·학습을 통해 반드시 익혀야 하는 핵심적인 사항을 측정할 수 있는데, 학습 수준에 따라 간단한 언어 지식으로부터 잠재적인 언어 능력까지 다양한 요소를 다룰 수 있다. 초급에서는 한글과 기본적인 어휘와 간단한 문장을 구성할 수 있는 문법 항목 자체가 측정의 대상이 될 수 있으며, 이러한 언어 지식을 활용하는 인사나 자기 소개하기, 길 찾기 등의 활동을 통해 학습한 내용을 통합적으로 측정하는 평가를 구성할 수 있다. 어휘, 문법, 문장 완성과 같은 내용은 명시적으로 맞고 틀림을 확인할 수 있기 때문에 일차적인 평가 대상으로 여겨진다. 명시적인 언어 지식의 습득에 대한 평가는 해당 지식을 알고 있는가를 기준으로 측정이 이루어지기 때문에 판정이 간편하고, 따라서 측정이 일관되게 이루어질 가능성이 크다. 반대로 언어 사용 능력을 측정하는 평가의 경우에는 학습자의 과제 수행에 대하여 채점자가 채점 척도를 바탕으로 내리는 판단을 통해 측정이 이루어지기 때문에 실제적인 언어 사용에 대한 평가가 가능하지만, 상황적인 요소를 함께 고려해야 하기 때문에 측정이 명시적이지 않다는 한계가 있다. 대규모 언어 평가에서는 실제적인 의사소통 능력을 확인하기 위한 과제를 통해 수험자가 산출한 응답으로부터 언어 능력에 대한 측정을 시도하는데, 이를 위해 구성한 과제와 과제 수행에 대한 채점, 그리고 채점 결과에 대한 해석의 타당도를 확보하기 위하여 체계적인 증거 수집과 판정이 뒷받침되어야 한다.

평가 실행 사례 〈고급 한국어 말하기 시험〉

말하기 능력의 측정 요소

- 언어적 요소: 고급 수준의 한국어 말하기 능력 보유자는 과제를 수행하면서 자연스러운 언어 사용자로서 문법, 어휘, 발음의 오류가 거의 없거나 의사소통을 방해하지 않으며, 효과적으로 어휘와 문장을 사용할 수 있다.
- 내용적 요소: 고급 수준의 한국어 말하기 능력 보유자는 과제에서 요구하는 내용을 초점화하여 내용적인 흐름에 따라 구체적으로 제시할 수 있다.
- 조직적 요소: 고급 수준의 한국어 말하기 능력 보유자는 효과적으로 발화 내용을 전달하기 위하여 적절한 담화 표지 및 담화 구조를 사용할 수 있다.

2) 채점 활동

한국어 평가에서 채점은 학습자가 평가 과제에 대해 응답한 것을 점수로 변환하는 일을 가리킨다. 채점을 통해 평가 참여자들에게 평가의 결과를 제공하기 위하여 정확한 측정과 공정한 판정이 이루어졌음을 보장해야 한다. 채점(rating, scoring, marking)은 평가자가 피평가자의 평가 수행 결과를 점수로 나타내는 것으로서, 평가자가 사전에 구성한 채점 기준을 근거로 학습자 수행에 대하여 점수를 부여하는 것을 가리킨다. 교수·학습 상황에서는 평가를 실시한 직후에 결과를 확인할 수 있어야 하기 때문에 채점 기준이나 척도를 사용하지 않고 간단한 형태로 제작하여 사용하지만, 총괄 평가나 대규모 평가의 경우에는 하나의 과제로 여러 개의 준거를 채점해야 할 수 있기 때문에 채점 척도와 기준이 상세하게 제시되어 있는 루브릭(rubric)이나 채점 척도(rating scale)를 사용한다. 루브릭은 평가하고자 하는 능력이나 요소에 대한 점수의 간격을 나타내는 척도를 따라 채점 준거별로 해당하는 수행의 품질을 설명하는 기술어(descriptor)로 이루어져 있다. 루브릭이 수험자의 수행을 준거별로 상대적으로 파악하기 위하여 개발한 것이라면 채점 척도는 각 척도별 수준을 빈도나 정도에 따라 구체적으로 나타낸 것이다. 여기서 척도란 평가를 통해 측정하는 수준을 의미하며, 척도를 바탕으로 평가하는 준거의 수준별 차이를 가늠할 수 있다. 채점 척도는 개발하는 주체에 따라 사용자 기반 척도, 평가자 기반 척도, 개발자 기반 척도로 나눌 수 있다(Anderson, 1991). 사용자 기반 척도란 평가 참여자로부터 예측되는 전형적인 행위에 대한 정보를 바탕으로 척도를 구성하는 것을 말한다. 이러한 정보는 척도를 기술하는 내용이 된다. 평가자 기반 척도는 평가자가 예측하는 평가 과제 수행의 질에 초점을 두는 것으로서,

구인에 대한 정의를 중심으로 각 척도별 내용을 구성한다. 개발자 기반 척도는 평가의 개발자가 평가 과제를 선정하기 위해 개발하는 척도로서 과제의 유형에 따라 실제 평가 사례를 바탕으로 기술한다. 세 가지 채점 척도 유형 중에서 일반적으로 많이 사용하는 평가자 기반 척도는 채점 방법에 따라 총체적 채점 척도(holistic rating scale)와 분석적 채점 척도(analytic rating scale)로 구분한다.

총체적 채점 척도는 평가 과제 수행의 전반적인 양상을 종합하여 하나의 점수나 등급을 부여하는 데 사용하며, 평가 수행에 나타난 모든 특징을 압축하여 전반적인 품질로 나타내는 것이 특징이다(Hamp-lyons, 1991). 총체적 채점 척도를 사용한 대표적인 사례로는 미국 FSI(Foreign Service Institute)의 외국어 능력 평가 척도가 있다.[8] 총체적 채점 척도는 압축적으로 평가 결과를 제시하기 때문에 학습자의 과제 수행에 대해 제공하는 정보가 제한적이라는 단점이 있다. 이와는 반대로 분석적 채점 척도는 여러 언어 능력의 구성 요소들을 통합하여 하나의 능력으로 채점하는 것이 아니라 상호 배타적인 영역(구인)으로 구분하여 채점을 하기 위하여 사용하는데, 학습자와 평가 결과 사용자가 활용할 수 있는 상세한 피드백을 제공할 수 있다는 장점을 갖고 있다. 분석적 채점 척도는 기본적으로 채점자가 채점 준거에 대한 양적 또는 질적 수준을 파악하고 있어야 정확한 사용이 가능하기 때문에 이러한 접근이 어려운 영역에 대해서는 평가하는 데 어려움이 따를 수 있으며, 여러 영역으로 나누어 진행되기 때문에 채점자의 피로도가 높아 채점의 일관성 확보가 어렵다는 단점이 있다.

8 FSI 척도는 https://www.govtilr.org/index.htm에서 확인할 수 있다.

채점 척도의 개발은 평가하는 내용과 채점 영역에 대한 양적 및 질적 분석과 이를 반복하는 과정을 통해 이루어진다. North(1995, 2000)는 유럽공통참조기준(Common European Framework of Reference for languages, CEFR)의 등급 척도 개발에서 해당 평가 영역과 관련된 채점 척도 사례를 수집하여 직관적인 방법으로 분류하고, 이를 다시 의사소통 활동의 유형이나 언어 능력의 양상에 따라 분류하였다. 이후에는 분류된 결과에 대해 질적인 분석을 실시하고, 이를 바탕으로 척도를 구성하여 사용한 후에 그 결과에 대한 양적 분석을 실시하였다. 그리고 양적 분석에서는 척도별 거리를 조정하기 위한 난이도 정보와 척도에 따른 집단의 구분, 그리고 집단별 수준과 수행 및 지식 구성 패턴의 비교와 관련된 정보를 수집하였다. 이러한 일련의 과정을 거친 채점 척도는 사용 과정에서 질적·양적 분석을 실시하여 지속적으로 개선시켜 나갈 수 있다. 이와 같은 체계적인 채점 척도 개발 및 개선은 평가의 품질을 보장하는 핵심적인 근거로서 평가의 책무성 확보에도 큰 기여를 한다. 한국어 평가에서도 평가의 이해 관계자들이 동의할 수 있는 조화로운 채점 척도를 개발하기 위하여 여러 평가 주체들의 지속적인 참여와 개선을 위한 체계적인 접근이 이루어져야 한다.[9]

9 언어 평가 척도 개발과 관련하여 Fulcher et al.(2011)에서 제시한 척도 개발 사례를 참고할 수 있다.

3) 해석 활동

해석(interpretation)은 평가 과정에서 측정을 통해 얻은 결과(정보)가 갖는 의미를 분석하고, 여기에 가치를 부여하는 것이다. 교실 평가에서의 해석 활동은 교사가 평가 결과를 바탕으로 교육 내용과 방법 등을 점검하고, 학습자들이 교수·학습 개선에 관한 의미 있는 정

[표 5-1] 고급 한국어 말하기 시험의 채점 척도 사례(민병곤 외, 2019)

문제 유형 1				
장르	서사 / 담화 유형: 개인적		기능	경험을 이야기하기
수준	내용	조직	발음과 유창성	어휘와 문법
우수 (5점)	• 응시자의 과거 또는 현재에 경험한 일과 관련된 화제를 선택한다. • 경험을 구성하는 요소(인물, 사건, 배경)를 구체화하여 말한다. • 경험에 대한 자신의 생각과 느낌을 자세하게 이야기한다.	• 응답이 도입, 본론, 마무리의 완결된 구조를 갖추고 있다. • 경험을 구성하는 요소(인물, 사건, 배경)가 자연스럽고 응집성 있게 연결된다. • 문장과 문장 사이의 연결에 짜임새가 있다.	• 정확한 발음으로 음운 규칙에 따라 자연스럽게 말할 수 있다. • 문장에 맞는 억양으로 자연스럽게 말하고 외국어(외국인)의 억양이나 강세가 거의 드러나지 않아 의미가 충분히 전달된다.	• 문장 내에서 어휘와 문법 사용의 오류가 거의 없다. • 단문과 복문을 효과적으로 사용할 수 있다. • 다양한 범주의 어휘를 맥락에 맞게 선택하여 정확하게 사용할 수 있다.
보통+ (4점)				
보통 (3점)	• 응시자의 경험에서 화제를 선택하였으나 내용이 초점화되어 있지 않다. • 경험을 구성하는 요소(인물, 사건, 배경)에 대한 자세한 설명이 부족하다. • 경험에 대한 자신의 생각과 느낌을 제한적으로 밝힌다.	• 응답이 도입과 본론은 있으나 마무리가 없는 미완결된 구조이다. • 경험을 구성하는 요소(인물, 사건, 배경)에 응집성이 부족하다. • 문장과 문장 사이의 연결에 짜임새가 있다.	• 발음이 일부 부정확하지만, 문장 내에서 이해 가능하다. • 모어의 영향이 드러나는 억양이나 강세가 드러나지만, 의미 전달이 가능하다. • 휴지나 망설임, 속도가 일정 수준으로 발화가 지속되는 데 방해가 되나, 의미 전달에는 영향을 미치지 않는다.	• 문장 내에서 어휘나 문법 사용의 오류가 일부 있지만, 의미 전달을 크게 방해하지는 않는다. • 단문과 복문을 효과적으로 사용하는 데 다소 어려움이 있다. • 제한적인 범위의 어휘를 선택하여 사용하며, 상황에 맞춰 어휘를 사용하려고 하지만, 적절성이 부족하다.
미흡+ (2점)				
미흡 (1점)	• 응시자의 경험에서 화제를 선택하지 못하였다. • 경험을 구성하는 요소(인물, 사건, 배경)가 모호하거나 부족하다. • 경험에 대한 자신의 생각과 느낌이 거의 드러나지 않는다.	• 응답의 구조를 파악하기 어렵다. • 경험을 구성하는 요소(인물, 사건, 배경)에 응집성이 없다. • 문장과 문장 사이의 연결에 짜임새가 있다.	• 발음이 부정확한 경우가 있고 문장 내에서 음운 규칙에 맞게 자연스러운 발음이 어렵다. • 모어의 억양이나 강세가 자주 드러나 의미 전달에 어려움이 있다. • 휴지나 망설임, 속도가 의미 전달에 방해가 된다.	• 문장 내에서 어휘나 문법 사용의 오류가 많아 정확한 의미를 파악하기 어렵다. • 단문과 복문을 사용하는 데 어려움이 있어 단순한 문장 구조를 반복적으로 사용한다. • 제한적인 범위의 어휘를 선택하여 사용하며, 상황에 맞지 않는 어휘를 사용한다.
채점 불가 (0점)	• 응답 내용이 없거나 너무 짧아 평가가 불가능하다. • 응답 내용이 문제와 관련이 없다.			

보를 발견하는 것을 말한다. 대규모 평가에서는 평가의 결과를 얻기 위해 채점을 실시하는데, 채점을 통해 나타난 점수가 갖는 절대적·상대적 의미를 평가 응시자와 결과 사용자가 필요로 하는 정보로 구체화하는 것이 해석 활동을 통해 이루어진다.

교실 평가에서 교사는 학습자의 평가 수행에 대한 해석을 통해 피드백을 제공할 수 있다. 학습자는 제공받은 피드백을 바탕으로 자신이 노력해야 할 영역과 발전시키기 위한 방향을 찾을 수 있다. 예를 들어 친구와 주말 계획에 대해 이야기하는 과제에서 학습자들이 수행한 대화를 듣고 교사가 평가 목적에 따라 문법이나 어휘의 적절성에 대한 정보나, 발음의 적절성 혹은 유창성과 관련하여 교정 받아야 할 부분이 무엇이며, 어떻게 이를 학습할 수 있는지 등을 알려주는 일이 피드백을 제공하는 것이라고 할 수 있다. 피드백이 효과적으로 이루어지기 위해서는 학습자가 피드백을 잘 이해하고, 자신의 한국어 학습을 반성하면서 다음 학습에 적용할 수 있도록 적절한 시기에 제공하는 것이 중요하다. 대규모 한국어 평가에서는 수험자에 대한 의미 있는 평가 결과의 해석을 제공하기 위하여 채점 과정이 체계적으로 이루어질 수 있도록 하는 채점의 체제를 설계할 필요가 있다. 계량적으로 채점이 가능한 객관식 문항의 경우에는 점수 결정과 순위 파악이 용이하지만, 잠재적인 특성을 측정하는 구성형 응답 문항은 구인과 문항, 시험 절차 등에 관한 이론적·실증적인 분석을 필요로 하기 때문에 평가 결과 산출의 어려움이 있다. 또한 수용할 만한 신뢰도와 타당도가 확보되었을 때에야 채점 결과를 바탕으로 본격적인 해석 작업이 이루어질 수 있다. 고부담 평가로서 시행되는 대규모 한국어 능력 평가는 평가의 목적에 따라 개인적인 목적 이외에도 유학이나 취업, 이민 등과 같은 선발을 위한 공식적인 기능도 할 수 있기 때문에 해석 과정에서 이에 대한 정보를 제공할 수 있어야 한다.[10]

평가 문항별 점수

문항	1번	2번	3번	4번	5번	6번
내 점수	3.50	2.50	2.50	3.00	3.00	3.00
기관 평균	2.07	1.96	1.56	1.43	2.02	1.47
전체 평균	2.47	2.27	2.12	1.98	2.38	1.76

점수(수준)	평가 기준
5점(우수)	문장과 화제의 연결이 자연스럽고, 문항의 요구를 충실하게 반영하여 응답하였다. 발음과 유창성의 문제가 거의 없고, 어휘와 문법 오류도 잘 나타나지 않는다.
4점(보통+)	
3점(보통)	문장과 화제의 응집성이 다소 부족하고, 부분적으로 미완된 구조를 갖추었지만, 문항의 요구를 포함하여 응답하였다. 발음과 유창성에서 몇 가지 실수가 나타나고, 어휘나 문법의 일부 오류가 있지만, 의미 전달에 영향을 미치지 않는다.
2점(미흡)	
1점(미흡)	문장과 화제의 응집성이 거의 없고, 과제가 요구하는 내용과 관련성이 매우 부족하다. 발음과 유창성에서 지속적인 문제가 나타나고, 어휘와 문법의 오류도 많아 의미를 파악하기 어렵다.
0점	내용이 문항과 관련이 없거나 너무 짧아 평가가 불가능하다.

[그림 5-7] 고급 학습자의 말하기 평가 결과 피드백 사례(민병곤 외, 2019)

10 한국어능력시험의 경우에도 해당 결과를 활용하여 외국인 유학생의 진학 자격 부여나 학사관리, 취업 비자 획득 및 선발과 인사 기준, 외국인 의사 면허 인정, 한국어 교원 자격 획득, 영주권 취득, 결혼 이민자 비자 발급에 이르는 다양한 목적을 위하여 결과를 활용하도록 하고 있다.

5. 한국어 평가의 활용

한국어 평가는 학습의 결과를 확인하는 교육적 실천으로서 평가 결과를 통해 피평가자의 수준을 진단 및 측정하여 이후의 학습을 촉진시키고, 더 나은 평가가 이루어질 수 있도록 한다는 점에서 순화적인 성격을 갖고 있다고 말할 수 있다. 평가를 활용한다는 것은 평가의 결과를 바탕으로 언어 교수·학습에 필요한 여러 의사 결정 과정에 이를 반영하는 것을 말하며 이는 학습자에 대한 진단과 성적에 관한 의사 결정, 그리고 교수 차원의 의사 결정과 관련이 있다. 교실 평가의 결과는 학습자의 학습 진단과 개선, 그리고 교육과정의 점검을 위하여 교육적인 차원에서 활용이 이루어진다. 대규모 평가의 결과는 피평가자의 진급이나 진학, 또는 교육 프로그램의 지속과 개선을 결정하는 데 사용하기 때문에 평가 결과 사용자가 신뢰할 수 있는 결과를 제공해야 한다. 이와 같은 결과를 보장하기 위해서 대규모 평가에서는 타당화 연구(validation)를 통해 평가의 타당성을 입증할 수 있는 관련된 증거를 제시할 수 있도록 해야 한다(Chapelle & Voss, 2014).

1) 교육적 차원

가장 오래된 교육 활동 중 하나인 평가는 교수·학습에 관한 유용한 정보를 제공하며, 교사는 이러한 정보를 적극적으로 활용하여 교육의 긍정적인 변화를 이끌어 나가야 한다. 평가 결과로부터 교육의 변화를 가져오기 위해서는 다음의 두 가지 특징을 유념해야 한다.

첫째로 평가는 학습자에 대한 한국어 능력과 관련된 구체적인 정보를 제공한다. 이는 평가의 일차적인 목표이며, 이를 바탕으로 교사는 학습자에 대한 교육적인 처치의 변화를 결정할 수 있으며 학습자의 개인적인 맥락과 교수·학습 과정이 어떻게 연결되고 있는지를 파악하여 이를 수정·보완할 수 있다. 또한 평가의 결과로 얻은 정보들은 교사의 교육 활동을 개선하기 위한 방향을 보여주며, 학습자에게도 자신의 학습에 어떤 문제와 특징이 있는지를 파악할 수 있도록 한다. 예를 들어 듣기 평가에서 제시한 대화를 듣고 답을 해야 하는 문제를 잘 해결하지 못하는 학습자들이 많이 나타났을 때 다양한 교육적인 원인을 고려해 볼 수 있다. 문제에서 제시한 대화가 해당 수준에서 해당 기능을 평가하는 데 적절한 것인지, 수험자가 충분히 연습을 한 문항인지, 대화의 화제가 교육과정에 부합하는지를 확인해야 한다.

둘째로 평가의 실행을 통하여 얻은 정보를 바탕으로 평가의 개선과 수정, 그리고 새로운 평가의 수립을 촉진할 수 있다. 평가를 통해 얻은 결과는 학습자의 수행적 특성과 평가 도구의 특성이 상호작용하면서 나타난 것이라고 볼 수 있다. 따라서 평가 결과를 해석할 때는 평가 도구가 과제 수행에 어떠한 영향을 주었으며, 평가 목적에 부합하는 타당한 결과를 얻기 위하여 개선해야 할 점은 무엇인지를 알아보아야 한다. 교실 평가의 경우에는 학습자들이 배운 것을 확인하고 점검하는 것을 기본적인 목표로 하기 때문에 수업에 참여한 학습자들이 모두 성취할 수 있을 만한 것을 평가 과제로 제시하는 것이 일반적이다. 그런데 교실 평가 과제를 제시하였을 때 학생들 다수가 수행에 실패하거나 혹은 수행하려고 하지 않는다면 해당 평가 과제가 작동하지 않는 원인을 파악하여 개선할 필요가 있다. 대규모 평가의 경우에는 기본적인 난이도와 변별도를 갖춘 문항을 사용하여야 하는데, 이러한 기준을 충족하지 못하는 문항들의 경우에는 문항에서 제시하는 과제와 투입 자료의 적절성 및 수준 등에 대한 재검토가 이루어져야 하며, 특히 평가 개발자와 피평가자가 공유한 평가 목적에 맞게 문항이 제작되었는지를 확인해야 한다.

2) 사회적 차원

한국어 평가를 통해 제공하는 학습자의 한국어 능력에 관한 정보들은 교육 현장에서의 교수·학습 개선을 넘어서 한국어를 사용하는 사회 속에서도 활용될 수 있다. 이와 관련한 대표적인 예는 대학 입시와 같은 선발 과정에서 한국어 교육 기관의 수료 등급이나 한국어 능력시험에서 취득한 점수를 기준으로 사용하는 경우이다. 대규모 언어 평가를 먼저 시작한 영어권에서도 시험을 개발한 주목적은 유학생들의 수용 여부를 결정하기 위한 것이었는데, 이는 평가의 영향이 개인적·교육적 차원을 넘어서 사회적 차원에까지 이르고 있음을 보여주는 것이다. 국제적인 영어 능력 평가인 TOEFL이나 IELTS의 경우에는 대학별로 평가 점수나 등급을 정해 놓고 응시자들에게 일정한 수준 이상의 점수를 획득하여야 지원할 수 있음을 고지하고 있으며, 이에 따라 지원자들은 원하는 결과를 얻을 때까지 반복해서 시험에 응시하여야만 한다. 학습자가 자신의 외국어 능력을 증명하기 위해 시험을 준비하고, 평가 결과를 제출하기까지의 과정에서 평가는 지원자들의 사회적 진출입을 통제하는 기능을 수행한다. 이러한 현상에 대해 Shohamy(2003)는 언어 평가가 권력으로서 작용하는 기제를 갖고 있다는 비판을 하기도 하였는데, 이러한 관점은 평가가 사회적으로 활용하는 과정에서 보이지 않는 여러 부작용이 나타날 수 있음을 예상하게 한다.

언어 평가의 결과를 사회적으로 활용할 때 주의해야 하는 것은 이러한 영향력이 교육 현장에서 체감하기 어려울 수 있다는 점이다. 수험자의 입장에서는 외국어 능력을 신장시키기 위해 한국어를 공부하고 시험을 치르지만, 평가 결과를 사용하는 이해 관계자는 수험자가 얼마나 성장하였는지에 관심을 두기보다는 이번 평가에서 받은 점수나 등급만을 확인한다. 평가가 갖고 있는 사회적인 영향력을 바람직한 방향으로 활용하기 위해서는 평가의 이해 관계자들이 평가 사용에 대한 책임이 있음을 기억하고, 평가 결과가 바람직하게 사용될 수 있도록 적극적으로 소통해야 할 필요가 있다.

평가의 사회적인 영향을 고려하기 위한 기초적인 접근으로는 공인 타당도나 예측 타당도를 확인하는 방법이 있다. 공인 타당도는 응시한 평가의 의미를 객관화하여 파악할 수 있도록 유사한 다른 평가의 응시 결과와의 관계를 파악하는 것이다. 한국어 교육에서는 한국어능력시험 결과와의 상관을 통해 개발한 평가의 공인 타당도를 확인하는 것이 이에 해당한다. 다음으로 평가 결과의 사회적 활용을 위하여 예측 타당도를 확인하는 방법이 있다. 예측 타당도는 평가에 참여한 이가 평가가 목표로 하였던 실제 상황에서 어느 정도로 언어 수행을 할 수 있는가를 통해 평가의 타당성을 확인한다. 이를 위하여 시험에 응시한 학생에 대하여 잘 알고 있는 이들이 실제 생활 속에서 해당 언어 기능이나 구인을 어떻게 수행하고 있다고 생각하는지를 평정하도록 하는 방법을 이용할 수 있다. 이러한 접근을 통하여 한국어 평가의 결과가 사회적으로 수용할 수 있는 진정성과 타당성을 갖추고 있음을 확인하고, 이를 확인하기 위한 새로운 접근 방법을 모색하기 위한 연구가 지속적으로 이루어져야 한다.

✓ 평가 설계 사례 〈고급 한국어 말하기 시험〉

말하기 평가 결과의 활용

- 진급 여부 결정: 고급 한국어 말하기 시험을 통과한 학습자는 고급 수준의 한국어 말하기 능력 보유자로서 이후 전문적인 영역에서의 한국어 말하기 과제 수행을 위한 준비가 된 것으로 볼 수 있으며, 따라서 대학 및 대학원 수준에서 이루어지는 발표, 토론 등에 관한 집중적인 학습에 참여할 수 있다.
- 진학이나 취업 관련 정보 제공: 고급 한국어 말하기 시험을 통과한 학습자는 일상생활에서의 한국어 의사소통에 문제가 없으며, 사회 일반적인 문제에 관해 자신의 경험이나 생각을 말하는데 문제가 없는 이들이다. 또한 낯선 주제에 관해서도 기본적인 수준에서 한국 사람들과의 구어 상호 작용에 참여할 수 있는 말하기 능력을 갖추고 있다.

탐구 과제

1. 교사 혹은 연구자로서 평가하고자 하는 학습자 집단의 수준(초·중·고급 등)과 말하기/듣기/읽기/쓰기 중 하나의 기능을 선택하여 교수·학습 과정에서 실시하는 평가와 학기를 마칠 때 실시하는 평가의 차이를 설명해 보자.

2. 다음은 외국어 학습자의 발화 전사 프로그램에서 학습자에 대해 기록하는 항목이다.

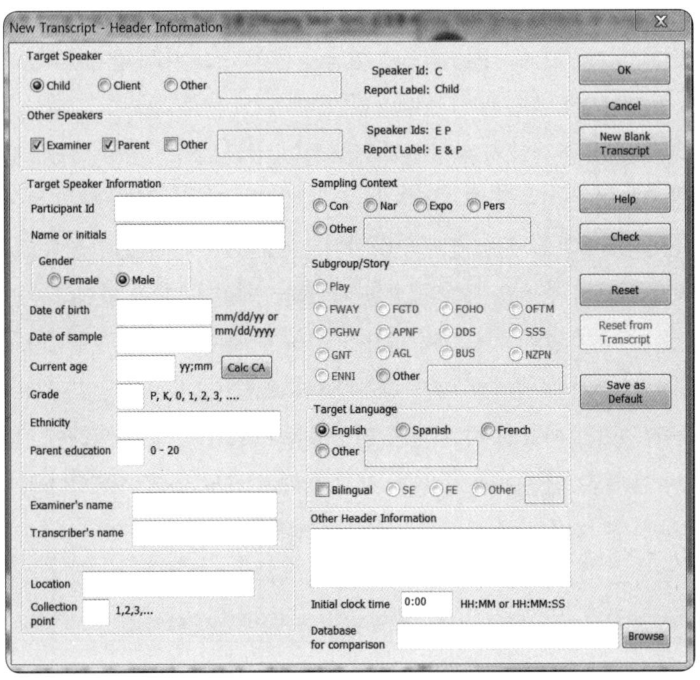

1) 위의 항목과 같은 학습자 정보를 파악하는 것은 한국어 평가의 계획과 실천 과정에서 어떤 기여를 할 것으로 예상되는가?

2) 추가하거나 삭제해야 하는 항목이 있는가? 그 이유는 무엇인가?

3. 아래의 문제를 보고 다음의 질문에 대한 답을 생각해 보자.

1) 이 문제를 통해 평가하고자 하는 대상(내용, 피평가자)은 누구인가?

2) 이 문제를 통해 평가하였을 때 발생할 수 있는 문제와 해결 방안은 무엇인가?

〈듣기〉 제37회 한국어능력시험 II B 형

[9-12] 다음 대화를 잘 듣고 여자가 이어서 할 행동으로 알맞은 것을 고르십시오. (각 2점)

9.

여자: 너 영어 잘하지? 번역 과제가 있는데 제대로 했는지 확인해 줄 수 있어?
남자: 음, 일단 메일로 보내 봐. 그런데 언제까지 해야 되는데?
여자: 과제 제출이 다음주 월요일이니까 토요일까지 보내 줘.
남자: 알았어. 그럼 메일 확인하고 전화할게.

① 남자에게 번역한 과제를 받는다.
② 남자에게 전화로 번역을 부탁한다.
③ 남자에게 이메일로 과제를 보낸다.
④ 남자에게 전화해서 제출 날짜를 묻는다.

〈읽기〉 제35회 한국어능력시험 I 기출문제

[40-42] 다음을 읽고 맞지 않는 것을 고르십시오.

40. (3점)

"1년 사용한
컴퓨터를 팔아요."
가 격: 100,000원
연락처: study@Korea.co.kr

① 이 컴퓨터는 십만 원입니다.
② 이 컴퓨터를 1년 동안 썼습니다.
③ 이 사람은 컴퓨터를 받고 싶습니다.
④ 컴퓨터를 사고 싶으면 이메일로 연락합니다.

〈쓰기〉 제41회 한국어능력시험 II 기출문제

[54] 다음을 주제로 하여 600-700자로 글을 쓰십시오. (50점)

세계 어느 나라에서나 역사를 가르칩니다. 이는 지나간 일을 기록한 역사가 오늘날의 우리에게 주는 가치가 분명히 있기 때문일 것입니다. 여러분은 우리가 왜 역사를 알아야 하고, 그 역사를 통해서 무엇을 배울 수 있다고 생각하십니까? 이에 대해 쓰십시오.

〈말하기〉 KoSTAP(학문 목적 한국어 말하기 평가) 예비 검사 문제

음식물 쓰레기 문제는 어떻게 해결할 수 있습니까? 글의 내용을 참고하여 해결 방법을 제안해 보세요. 그리고 그렇게 생각한 이유를 말해 보세요.

음식물 쓰레기 문제가 그 어느 때보다도 심각하다. 유엔(UN)의 보고서에 따르면 세계적으로 매년 13억 톤의 식략이 버려지고 있다. 어떤 나라에서는 식량이 부족하여 굶어 죽는 이들이 있지만 어떤 나라에서는 음식이 남아서 버리는 현상이 나타나고 있다. 또한 버려진 음식물 쓰레기도 큰 문제이다. 음식물 쓰레기에서 나오는 여러 오염 물질은 심각한 환경 문제를 일으키고 있으며, 이를 처리하기 위해서는 막대한 돈을 투자해야 한다. 우리는 음식물 쓰레기 문제를 어떻게 해결할 수 있을까?

01:00
준비시간

02:00
응답시간

저장

녹음 ■

다음▶

더 읽을 거리

강승혜, 강명순, 이영식, 이원경, 장은아. (2006). 한국어 평가론. 경기: 태학사.

이 책은 한국어 평가에 관한 폭넓은 내용들을 모아놓은 총서로서, 말하기, 듣기, 읽기, 쓰기 등의 모든 영역과 관련하여 교실 평가 및 숙달도 평가의 여러 실제적인 자료를 수록하고 있다.

Bachman, L. F., & Palmer, A. S. (2010). *Language assessment in practice*. Oxford: Oxford University Press.

이 책은 외국어 평가 연구 분야의 대표 학자인 Bachman & Palmer가 출판한 Language testing in practice의 최신 개정판이며, 기존의 논의에 더하여 평가 사용 논증(Assessment Use Argument, AUA)을 중심으로 평가가 이루어져야 한다는 점을 부각시키고 있다.

Davidson, F., & Lynch, B. K. (2008). *Test craft: A teachers guide to writing and using language test specifications*. CT: Yale University Press.

이 책은 교사의 관점에서 평가를 계획하고 실행하는 과정을 세심하게 제시하고 있으며, 특히 평가 도구 사용 지침 작성에 대한 구체적인 방법을 제시하여, 교실 언어 평가를 계획하는 교사들에게 도움이 된다.

Fulcher, G., & Davidson, F. (2007). *Language testing and assessment*. London: Routledge.

이 책은 언어 평가 분야에 대한 이론과 실행에 대한 내용을 압축적으로 제시하고 있으며, 각 장마다 실제적인 연습 문제를 포함하고 있어 이 분야를 처음 공부하는 이들에게 도움이 된다.

Popham, W. J. (2003). *Test better, teach better: The instructional role of assessment*. VA: Association for Supervision and Curriculum Development.

이 책은 교실에서의 평가를 전반적으로 이해하기 원하는 이들을 위한 일종의 평가 이해 및 활용법에 대한 매뉴얼이다. 특히 저자는 시험의 목적이 학습을 위해 기능해야 함을 주장하며, 교실 평가의 변화 방향을 제시하고 있다.

6장
한국어 교육 정책론

1. 한국어 교육 정책의 개관

1) 한국어 교육 정책의 개념과 성격

한국어 교육 정책의 개념을 살피려면 먼저 '정책'에 대한 개념을 확실히 할 필요가 있다. 정책이라고 했을 때 떠오르는 개념은 여러 가지다. '교육 정책', '경제 정책'이라고 했을 때는 '정책의 분야'를 의미하며 '실업자 지원 정책'이라고 쓸 때는 '거시적인 정책의 목표'를 가리킨다. 그런가 하면 '정책이 통과되었다'고 할 때는 '법률의 제정'을 의미하며 정부의 구체적인 결정사항이나 세부 사업을 모두 정책이라고 부르기도 한다(김지원·문병기, 2012). 이렇듯 정책이라고 했을 때 그것이 지칭하는 대상은 맥락에 따라 다양한 경우가 많은데 이상 열거한 사례 모두가 실상 정책에 포함된다고 할 수 있다. 그렇다면 정책의 본질적 개념은 무엇일까? 정책학에서 정책의 정의는 일반적으로 '바람직한 사회 상태를 이룩하려는 정책 목표와 이를 달성하기 위해 필요한 정책 수단에 대하여 권위 있는 정부 기관이 공식적으로 결정한 기본 지침'(정정길 외, 2010)이라고 본다. 여기서 정책의 중요한 속성은 '정부 기관의 공식적 결정'이되, '바람직한 사회 상태'를 추구하는 의도 아래 명시적인 '목표'와 '수단'을 갖는다는 점이다.

본 장의 주제인 '한국어 교육 정책'은 '한국어 교육과 관련된 정책'을 말한다. 『한국어 교육학 사전』(서울대학교 국어교육연구소, 2014)에서는 이를 "외국인과 재외 동포를 대상으로 하는 한국어 교육과 관련한 정부의 정책을 말하는 것으로 법, 제도, 정책 등으로 구체화되며 때로는 정부 내의 고유한 정책으로, 때로는 민간 전문가 등과의 협력 등을 통하여 개발되고 집행된다"라고 정의한다.

한국어 교육 정책은 기본적으로 교육 정책의 성격을 갖는다(민현식, 2016). 교육 정책이라고 한다면 기본적으로 그 안에 교육과정, 교재, 교원 등의 교육적 논의가 중요하게 다루어져야 할 것이다(민현식, 2009). 하지만 현재까지 한국어 교육 정책에서는 이러한 교육적 내용보다도 사회 집단의 한국어 교육 요구에 대응하는 데 급급해 왔다고 볼 수 있다(최정순, 2014).

그 이유는 한국어 교육 정책이 본격적인 '교육법', '교육 정책'보다는 언어 정책의 일부로, 재외 동포 정책의 일부로, 이민자 정책의 일부로 다뤄졌던 데서 찾을 수 있다. 지금까지도 한국어 교육 정책 논의는 주로 언어 정책의 하위 범주로 논의되어 온 경향이 강하다. 이러한 인식은 한국어 교육의 정책적 시행을 뒷받침하는 법률은 별도로 존재하지 않고, 대한민국의 대표적인 국어 관련 법률인 「국어기본법」의 하위 내용으로 언급되고 있을 뿐인 점에서도 드러나며, 여러 한국어 교육 정책 연구의 경향에서도 드러나고 있다(조항록, 2016).

또한 한국어 교육 정책은 한국어 정책으로서보다 여러 가지 외교적·사회 통합적 목적에서 수행되어 온 측면이 있다. 별다른 언어 정책이 존재하지 않던 1970년대에 국외 정치적 요인에 따라서 국외 동포를 대상으로 한 민족어, 민족 문화 교육 정책이 수행되기 시작한 바 있다. 현대에 들어서 한국어 교육 정책의 대상자는 점점 다양해서 국내 이주민, 다문화 아동, 북한 이탈 주민을 포함하고 있는데, 이는 사회 통합을 위한 시민 교육의 성격을 보여준다고 할 수 있다. 이들을 위한 한국어 교육에는 의사소통을 위한 언어뿐만 아니라 한국 사회의 사회문화 체계에 대한 이해를 가질 수 있게 하는 내용들이 상당수 존재한다(조항록, 2010).

이와 같이 한국어 교육 정책은 문화 정책, 재외 동포 정책, 사회 통합 정책의 일환으로서 시행되어 왔다. 일반적으로 대한민국에서의 교육은 교육법에 의해 규정되고 시행되나, 한국어 교육 정책은 교육법의 범위에 온전히 소속되는 길을 밟지 않고 국제적·사회적·역사적 요구 가운데서 발전되어 온 것이다. 그러다 보니 수요는 어느 정도 채웠더라도 교육의 내실화를 추구하지 못해 효율적인 교육을 실현하는 데 아쉬움이 크다. 한국어 교육 정책에 대해서는 이러한 언어·사회·국제 정책과의 깊은 관련성을 고려하면서도, 교육 정책의 본질적 성격에도 힘을 쏟을 필요가 있다.

2) 한국어 교육 정책의 역사

한국어 교육 정책의 역사는 그다지 길지 않다. 한국어 교육 정책은 초기에 그 수요에 따라 민간 기관에 의해 주로 수행되어 왔다. 1959년 연세대학교 한국어학당에서 한국어 교육이 처음 시행된 이래로 변화하는 시대적 요구에 따라 민간 기관들은 한국어 교육을 발전시켜 오는 데 중요한 역할을 수행해 왔다. 정부 기관에서 한국어 교육에 관여한 것은 1960년대 재일 동포 사회에서 조총련과 대립하는 재일본 대한민국 거류민단(민단)의 동포 교육을 지원하면서부터이다. 60, 70년대에 재일 동포를 대상으로, 모국 초청 하계연수와 수학여행 등을 실시하였고 1977년 '재외 국민의 교육에 대한 규정'이 제정된 후 본격적으로 국내외 재외 국민의 한국어 교육을 지원하기 시작하였다. 이 법률에 따라 국외 한국 학교 및 한글 학교 교육 지원이 공식화, 활성화되었고 국내에서도 서울대학교 부설 재외국민교육원(현 국립국제교육원)이 설치되어 재외 동포 학생들의 예비 교육, 하계 학교 운영, 재외 교원 연수를 담당하였다(한국민족문화대백과사전, 표제어 '재외동포교육').

1988년 서울 올림픽이 성공하면서 1990년 1월 문화부(현 문화체육관광부)가 발족하고 한류로 인해 한국어 학습 바람이 불면서 한국어 교육 정책의 필요성이 높아졌다. 1990년대

한국어 교육 정책은 교육부 재외동포교육담당관실과 문화부 국어정책과에서 담당하였는데, 교육부에서는 늘어나는 한국어 교육 수요에 따라서 한국어능력시험을 개발하여 1997년 처음 시행하였다. 문화부에서는 1990년대 초 서울대학교 어학연구소와 공동으로 언어권별 한국어 교재를 개발하였다. 1998년에는 한국어 교육 관련 전문가들로 한국어세계화추진위원회를 구성하였고 이를 중심으로 2000년대에는 교육과정 확립, 교재 개발, 각종 학습사전 편찬, 교사 양성 프로그램 개발, 교사 자격 인증제 추진, 국내외 한국어 교육 기관 협력망 구축 등 다방면의 한국어 교육 기반 구축을 위한 사업들을 의욕적으로 추진하였다. 이 위원회는 2001년 한국어세계화재단으로 개편되고 2012년 10월 세종학당재단으로 발전하였다.

2000년대 들어서 국어에 관련된 명문화된 법규가 없어 정책 추진에 한계가 있다는 인식에 따라 「국어기본법」 제정을 추진하였다. 이에 따라 「국어기본법」(법률 제14625호)이 2005년 1월 제정·공포되고, 2005년 7월 「국어기본법 시행령」도 공포되었다. 이 법은 국어에 대한 최초의 독자적인 법률로서 이를 통해 국가적 차원에서 국어 정책 추진의 동력을 얻게 되었다. 이 법은 대한민국의 공용어가 한국어임을 규정하며, 향후 5년마다 정기적으로 '국어 발전 기본 계획'을 세우는 등 지속적인 국어 정책을 다방면에서 펼칠 것을 규정하였다. 특히 한국어 교육 정책 차원에서 의미 있는 부분은 제19조(국어의 보급 등)와 제19조의 2(세종학당재단 설립 등) 부분이다.

> 제19조(국어의 보급 등) ① 국가는 국어를 배우려는 외국인과 「재외동포의 출입국과 법적 지위에 관한 법률」에 따른 재외동포(이하 "재외동포"라 한다)를 위하여 교육과정과 교재를 개발하고 전문가를 양성하는 등 국어의 보급에 필요한 사업을 시행하여야 한다.
> ② 문화체육관광부장관은 재외동포나 외국인을 대상으로 국어를 가르치려는 사람에게 자격을 부여할 수 있다.
> ③ 제2항에 따른 자격 요건 및 자격 부여의 방법 등에 관하여 필요한 사항은 대통령령으로 정한다.

> 제19조의 2(세종학당재단 설립 등) ① 국가는 외국어 또는 제2 언어로서의 국어 보급을 효율적으로 수행하기 위하여 세종학당재단(이하 "재단"이라 한다)을 설립한다(이하 항목은 생략).

이 조항에 따라 2006년에 제1회 한국어교육능력검정시험이 시행되었다. 「국어기본법 시행령」에는 구체적으로 한국어 교원의 자격 지정과 요건 제시, 자격 심사 위원회 구성, 한국어 교원 자격 취득에 필요한 영역별 필수이수 학점, 이수 시간 제시, 한국어 교육 능력 검정시험 영역 및 검정 방법도 명시하고 있어 법적 근거를 마련해 주었다. 또한 2007년 3월 세종학당이 몽골을 시작으로 설립되고 이를 관장하는 세종학당재단도 2012년 출범하게 되어 국외 한국어 교육 기관으로서 자리매김하고 있다. 「국어기본법」 이후부터는 국내외에서 대상 집단이 다양해짐에 따라 범위가 넓어지고 추진 정책이 다양해졌으므로 뒤에서 목표별로 자세히 다루도록 한다.

3) 한국어 교육 정책의 대상 집단

정책의 대상 집단은 정책으로 인해 혜택을 보거나 손해를 보는 집단을 말한다. 한국어 교육의 경우 정책의 수혜자가 되는 대상 집단은 국내외에 걸쳐 매우 다양하다.

[표 6-1] 한국어 교육 정책의 대상 집단

국내				국외	
결혼 이민자	다문화 가족 자녀	외국인 근로자	기타 국내 거주 외국인	재외 동포 (재외 국민, 외국 국적 동포)	외국인 학습자

다문화 가족 자녀에는 외국인 가족 자녀도 포함될까?

「다문화가족지원법」에서는 '다문화 가족 구성원인 아동 및 청소년'이라는 표현을 사용하며 여기서의 '다문화 가족'은 대한민국 국적자가 포함된 '국제 결혼 가족' 만으로 규정하고 있다. 하지만 초중등 교육에 존재하는 '다문화 가족 자녀' 범주에는 '국제 결혼 가족'의 국내 출생 자녀, 중도 입국 자녀뿐만 아니라 외국인 가족의 자녀들도 포함시켜 함께 대상으로 보고 있다. 이는 대상 집단이 외국 문화 기반의 가족이라는 점에서 유사하고 이에 따라 지원 방식이 다르지 않기 때문이다. 이에 따라 본 장에서 사용하는 '다문화 가족 자녀' 개념에는 외국인 가족 자녀도 포함시키도록 한다.

국내에서는 국내 거주 외국인 중 대표적으로 결혼 이민자를 들 수 있다. 국민의 배우자로서의 체류 자격을 가진 자이다. 이들 중 여성이 많기에 '결혼 이주 여성'이라고 지칭하기도 한다. 이들의 한국 생활을 위해서는 한국어 및 한국 문화 교육이 필요하다. 다문화 가족 구성원 중 '다문화 가족 자녀'도 가족 배경에 따라 한국어와 한국 문화 습득에 있어서 어려움을 가질 가능성이 있기에 다문화 가족 지원의 일환으로 한국어 교육 정책의 대상이 된다. 최근에는 이들이 성장하여 학교교육을 받게 되면서 '다문화 배경 학생'으로서 언어·문화·정체성 관련 어려움을 겪고 있어 교육부에서 이들을 위한 지원 정책을 마련하고 있다.

결혼이나 가정 요인 외에도 기타 여러 목적으로 국내에 거주하는 외국인들도 증가하는 추세로, 이들도 한국어 교육 정책의 대상이 된다. 이들 중 상당수를 차지하는 집단은 '외국인 근로자'이다. 외국인 근로자란 '대한민국 국적을 가지지 아니한 사람으로서 국내에 소재하고 있는 사업 또는 사업장에서 임금을 목적으로 근로를 제공하고 있거나 제공하려는 사람'을 말한다(「외국인근로자의 고용 등에 관한 법률」, 2003년 제정).

외국에서의 대상 집단으로는 재외 동포를 들 수 있다. 재외 동포는 '대한민국의 국민으로서 외국의 영주권을 취득한 자 또는 영주할 목적으로 외국에 거주하고 있는 자' 또는 '대한민국의 국적을 보유하였던 자(대한민국 정부 수립 전에 국외로 이주한 동포를 포함한다) 또는 그 직계 비속으로 외국 국적을 취득한 자 중 대통령령으로 정하는 자'를 일컫는다(「재외동포의 출입국과 법적 지위에 관한 법률」, 1999년 제정). 즉 전자는 한국 국적을 가진 채로 외국에 거주하고 있는 사람을 의미하므로 '재외 국민'이라고 할 수 있고 후자는 현재 대한민국 국적을 보유하고 있지는 않으나 한민족의 혈통을 지닌 사람을 의미하므로 '외국 국적 동포'라고 할 수 있다. 이들은 모두 재외 동포에 포함되며 국외 한국어 교육의 주요 대상 집단이다.

한편 국외에서 한국어를 배우는 사람들 중 한국과 혈통적인 인연이 없이도 개인적인 관심이나 학업·취업·사업 등의 목적으로 한국어를 배우는 사람들이 있다. 이와 같이 취미로 한국어를 학습하는 외국인들도 한국어 교육 정책의 대상 집단이 된다. 이들은 최근 한류 등의 영향으로 수가 많아지고 양상도 다양해지고 있다.

4) 한국어 교육 정책의 수행 기관

한국어 교육 정책은 주무 부서가 있는 것이 아니라 각 관련 기관의 부서에서 부서의 역할에 맞게 한국어 교육 정책을 부분적으로 추진하고 있는 상황이다. 특히 다양한 사회 집단이 대상인 특성상 대상 집단별로 각기 추진 부서가 다르다. 최근 국내 다문화 사회가 진전되면서 관련 부서는 더욱 다양해져, 현재 한국어 교육 정책을 담당하는 기관으로 문화체육관광부, 교육부, 외교부, 여성가족부, 법무부, 고용노동부가 있다. 기관별 한국어 교육 정책을 개괄하면 아래와 같다.

[표 6-2] 부서별 한국어 교육 활동

	기본 역할	세부 내용 및 소속 기관의 활동
문화체육관광부	「국어기본법」에 따른 한국어 국외 보급	○국립국어원 - 한국어교원 자격제도 운용 및 '국제 통용 한국어교육 표준 모형' 개발 - 외국어로서의 한국어 교육 관련 연구 및 자료 개발 수행 - 타부서와의 협의 가운데 교재 개발 담당 ○세종학당재단 - 국외 한국어교육 통합 브랜드로서 세종학당 설립, 교원 파견
교육부	• 재외 국민에 대한 국민교육 • 국내 이주민 자녀에 대한 정규 교육 지원	- 한국 학교, 한국교육원 운영 지원 - 다문화교육 정책학교, 한국어(KSL) 학급 운영 - 해외 고등학교의 한국어 교육 지원 ○국립국제교육원 - 재외 동포 교육 및 교사 연수 - 정부 초청 장학생 선발, 외국인 유학생 유치 - 한국어능력시험(TOPIK) 주관 ○한국학중앙연구원 - 유학생 지원 및 국외 한국학 진흥 사업 ○국가평생교육진흥원 소속 중앙다문화교육센터 - 국내외 학교에서의 다문화 교육 과정 및 내용 개발
외교통상부	국제 교류 증진 사업과 재외동포 사회 지원	○재외동포재단 - 재외 동포 지원, 한글 학교 지원 ○한국국제교류재단(KF) - 국제 교류 증진 차원의 해외 한국학 강좌 개설, 교수직 설치 지원, 학술 활동 지원 등 ○한국국제협력단(KOICA) - 정부 개발 원조(Official Development Assistance, ODA) 차원의 한국어 교육 지원
여성가족부	결혼 이주 여성과 다문화 자녀의 한국 사회 적응 지원	○한국건강가정진흥원 - '다문화 가족 지원 센터'의 설치와 운영 - 한국 사회 적응을 위한 전반적 서비스 및 한국어 교육
법무부	국민과 이주민의 사회 통합 추진과 이주민의 국적 부여	- 사회 통합 프로그램(귀화 필기시험 대체) 실시 - 국민 배우자 사증 발급 시, 영주권 및 국적 취득 시 한국어 능력 인증 요구
고용노동부	한국 내 진출 외국 인력 관련 정책	- 고용 허가제 한국어능력시험 실시 - '외국인인력지원센터'를 설치하여 이민자 대상 한국어 교육 및 한국 생활 적응 지원

한국어 교육 현황 점검 및 교육 지원 전략 연구 보고서(문화체육관광부, 2013) **내용 요약**

한국어 교육 정책은 이와 같이 여러 부서에서 각기 담당하는 부분이 있다 보니 정책 추진에 있어서 중복이나 누락이 있기 쉽고 거시적 계획을 세워 일관되게 추진하지 못하는 등의 한계를 보여 왔다. 이러한 문제를 해결하기 위해서 2005년부터 국무총리실 주관으로 한국어국외보급사업협의회를 두어 부서 간 조정 기능을 수행하고 있으며, 간사는 문화체육관광부에서 맡고 있다. 이외에도 정책 과정 전체에서 부서 간 긴밀한 소통 및 협의가 이루어지고 있다.

2. 한국어 교육 정책 결정 과정

정책 결정 과정이란 정책이 형성되고, 집행되고, 평가되는 과정을 말한다(김지원, 문병기, 2010). 이 정책 결정 과정을 이해하기 쉽게 만든 것이 정책의 단계 모형이다. 여기서는 정책론 논의에서 다양하게 제시되고 있는 정책 과정의 단계를 간소화하여 이해하면서 한국어 교육 정책 맥락에서 논의해 보도록 한다.

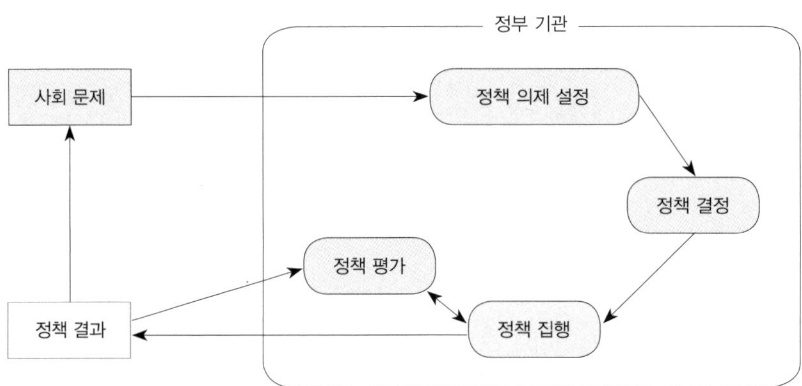

[그림 6-1] 정책 결정 과정(정정길 외, 2010: 14의 그림을 변용)

1) 정책 의제 설정

정책 결정 과정의 출발점은 사회 문제라고 할 수 있다. 사회에서 발생하는 각종 갈등과 문제 중에서 정책이 필요한 문제로 채택되는 과정을 '정책 의제 설정'이라고 한다. 사회 문제는 매우 다양하지만 이들에 대해서 모두 정부 기관이 개입하는 것은 가능하지 않으며 또한 바람직하지도 않다. 민간 기관에 의해 잘 수행되고 있는 부분에 대해서는 정부의 정책이 과도하거나 불필요한 개입이 될 수도 있다는 점을 고려하여야 한다(이병규, 2008b). 즉 정책 의제 설정 시에는 정부 기관의 활동이 필요하고 또 효과적일 수 있는 문제를 채택하게 된다. 또한 정책 의제 설정에서 주요하게 다뤄지는 요소로는 정책 환경과 정책 참여자가 있다.

(1) 정책 환경

정책 환경이란 정책의 배경이 되는 사회 환경을 말하는데, 정치 체제, 경제 상태, 사회 상태, 문화 수준, 자연환경과 같은 여러 요소들이 포함된다(조항록, 2016). 한국어 교육 정책의 경우 정책 환경은 주로 시대적·사회적 변화에 따른 필요나 다양한 사회 집단의 요구라고 할 수 있다. 예를 들면 한국어 교육 정책을 본격적으로 추진하게 되는 배경에는 국내외 한국어 학습자의 급증이라는 정책 환경의 요구가 있다. 국내 체류 외국인 수는 2020년 2월 17일 기준 252만 명에 이르며 이는 전체 인구의 4.9%에 해당한다. 이 수치는 2007년에 100만 명을 돌파한 이래 불과 9년 만에 200만 명을 넘어서는 등 증가 속도가 대단히 빠르다. 이에 따라 정부 기관은 한국어 교육 정책을 적극적으로 고려하지 않을 수 없게 되는 것이다.

또한 국내 공교육에 다문화 가정 아동을 시작으로, 외국인 학생, 중도 입국 학생, 귀국 학생, 북한 이탈 학생 등 다양한 배경의 학생들이 진입하기 시작하면서 2012년 발효한 지원안에 따라 교육부에서 이들을 위한 예비학교를 운영하고 여기에서 학습할 한국어(KSL) 교육과정 및 교재를 마련하였다. 이는 기존에 대부분이 한국어를 모어로 하는 학생들이었던 환경에서는 '한국어'라는 교과는 존재할 이유가 없었으나, 정책 환경의 변화로 공교육에서 한국어를 가르치게 된 사례라고 할 수 있다.

(2) 정책 참여자

정책 참여자는 정책에 관여하는 다양한 주체들을 말하는 것이다. 정책 결정 과정의 참여자는 공식적 참여자와 비공식적 참여자가 있다. 공식적 참여자는 정부 기관에 속한 주체들로 의회, 대통령, 행정부, 사법부가 여기에 해당된다. 행정부에는 여러 부처가 존재하는데, 각 부처에서 담당 공무원이 결재 계통을 거쳐 정책을 제안하게 된다. 정책 결정 과정에서는 여러 정부 기관이 관여하므로 이들 간의 협력과 견제도 나타나고 이를 조정하는 국무회의 등 부처 간 회의가 존재한다.

한편 입법부인 국회도 정책 결정 과정에서 중요한 역할을 담당한다. 먼저 국회는 그 주요 기능인 입법 기능을 통해서 정책을 결정할 수 있다. 정부에서 제안하는 경우를 정부 입법, 국회의원들이 제안하는 경우를 국회 입법(의원 입법)이라고 한다. 국회의원들의 입법 활동을 통해서 법률이 제정되면 정부 정책 추진의 강력한 동력을 제공하게 된다. 또한 국회에서는 정부 기관에서 제안한 정책의 예산 심의를 담당하기 때문에, 정책의 결정에서 결정적인 역할을 하게 되며, 국회의원의 감사 활동을 통해서 정책 평가에도 중요한 역할을 한다. 사법부의 경우에는 소송이 제기될 경우 위헌이나 위법 판결을 내림으로써 정책을 변화시킬 수 있다.

한편 정부 기관 외에도 정책 결정 과정에는 시민 여론, 언론, 이익집단, NGO, 정책 전문가, 정책공동체, 정당 등이 참여하는데 이들을 비공식적 참여자라고 한다. 한국어 교육 정책의 경우, 한국어 교육의 학습자나 교원의 의견, 한국어 교육 전문가, 학회 등 학술단체 등이 주요 참여자가 된다고 할 수 있다. 시민 여론은 무엇보다 정책 의제 설정에서 중요한 역할을 하여, 쟁점화된 문제는 정책 의제로 설정될 가능성이 크다. 여기에는 언론의 역할도 중요하다. 또한 한국어 교육 관련자들은 적극적으로 정책을 요청하기도 하며, 전문가들은 정책 시행 중에 자문을 통해서 정책 추진에 관여한다. 관련 집단은 정부 기관에 의견을 피력하여 강하게 요구하기도 한다.

한국어 교육 정책에서 비공식적 참여자들의 적극적 역할을 보여 주는 것이 「국어기본법」 입법 사례이다. 「국어기본법」 입법 과정에서는 평소 활발하게 활동하던 어문 운동 단체들이 적극적인 역할을 하여 정부에 입법을 제안하고, 국회 입법을 검토하기도 하는 과정을 거쳐 최종적으로 정부 입법으로 법안이 통과되었던 것이다.

[그림 6-2] 우리나라의 정책 결정 과정: 행정부를 중심으로(정정길 외, 2010: 112를 변용)

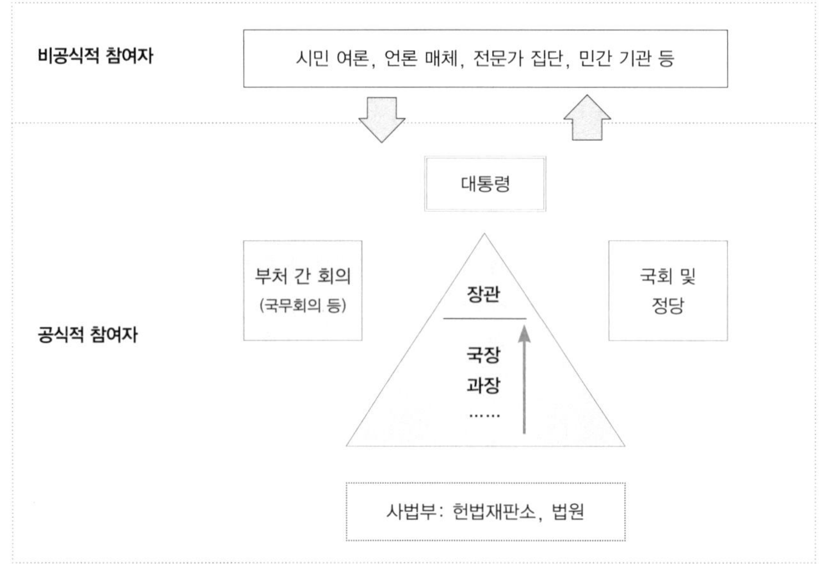

2) 정책의 결정

정책 환경과 정책 참여자들의 활동에 의해서 정책 의제가 선정되면, 이후 일련의 결정 절차를 거쳐 정책이 결정된다. 여기서는 '합리적 의사 결정 모형'을 통한 정책 결정 과정과 법률로 명문화되는 경우인 법률 제정 과정을 살펴보겠다.

(1) 합리적 정책 결정 과정

합리적 의사 결정 모형에 따르면 정책 결정을 위해서는 먼저 정책 문제 또는 정책 목표를 명확히 하고, 둘째, 정책 대안을 탐색 또는 개발하고, 셋째, 정책 대안의 결과를 사전 예측하고 넷째, 정책 대안의 결과를 비교 평가하여 마지막으로 최선의 정책 대안을 선택하여야 한다. 이러한 합리적 의사결정 과정은 이상적이라 다소 비현실적이라는 비판을 받고 있기도 하나 정책 결정의 기본적인 절차로서 이해할 필요가 있다(정정길 외, 2010: 330).

먼저 문제의 정의란 정책 관련자들이 문제의 핵심을 파악하여 문제의 원인, 구성 요소, 그 결과 등에 관하여 체계적인 진단을 내리는 과정이다(김지원, 문병기, 2010). 이 과정은 면밀하게 이루어질 필요가 있는데, 문제의 정의가 잘못되면 대안 모색 등 정책의 방향 전체가 엇나갈 수 있기 때문이다. 이 단계에서 하는 작업은 대략 네 가지로, 먼저 문제의 제 측면을 대략적으로 파악하고, 그 다음 문제의 범위, 크기, 강도를 통해 문제의 심각성과 피해 계층이나 집단을 파악하며, 문제 발생의 원인을 파악하고 마지막으로 이들 문제가 미래에 어떻게 될 것인지 파악하는 것이다. 이들 과정은 '정책분석론'이라고 할 수 있는 부분으로 정책론의 중요 분야 중 하나로 연구되고 있다.

문제의 정의 이후에는 정책 대안을 검토한다. 대안 모색을 위해서는 먼저 국내외에서 기존의 정책 사례, 전문 지식 및 이론을 참고할 수 있다. 또한 여러 사람들의 의견을 통해 대안을 마련하기도 하는데 여러 사람들 간의 자유로운 토의나 전문가, 정책 관계자들의 의견을 모아 합의해 보는 방식을 취할 수 있다. 정책 대안이 마련되면 그 결과를 미리 예측해 볼 필요가 있는데 결과는 통계적 모형을 통하여 정량적으로 예측해 보는 것이 필요하다. 대안 모색 단계에서는 구체적으로 어떤 방식으로 정책을 실행할지에 대한 결정도 필요한데, 이를 정책 수단 결정이라고 한다. 정책 대안에는 여러 가지 정책 수단이 함께 들어가 있기 마련이다. 일반적으로 정책 수단은 직접 재화나 서비스를 제공하는 방식, 혜택이나 규제를 가하는 방식 등이 있다.

그 후 정책 대안을 비교하고 평가하게 된다. 그 평가 기준은 효과성·능률성·공평성과 실현 가능성 등이 있다. 효과성은 목표 달성의 정도를 의미하며, 능률성은 정책에 들어간 비용 대비 기대 효과로, 정책이 효율적으로 추진되었는지를 의미한다. 공평성이란 여러 사람들이 공평한 혜택과 책임을 지는지, 또한 사회적 약자나 강자를 다르게 취급하여 약자를 보완하는 역할을 하고 있는지에 대한 것이다. 이 부분은 다소 정치적 측면으로 여러 사람들이 정책의 효과를 누리고 사회적 약자를 돕는 결과를 낳는 정책을 추구하기 위해 필요한 기준이다. 실현 가능성은 기술적·재정적·행정적·윤리적·정치적으로 실현 가능한지에 대한 부분이다. 이러한 기준을 통해 대안들을 비교한 뒤 최종적으로 정책안을 채택하게 된다.

(2) 법률 제정 과정

모든 정책 결정이 법제화되는 것은 아니지만, 중요성을 갖는 정책은 법률의 형태로 결정 및 명문화되는 경우가 많다. 법률로 제정되려면 입법권을 가진 국회에서 법안을 통과시켜야 하는데 이를 위해 여러 단계를 거쳐야 한다. 법안 발의는 정부 부처에서 내부 과정을 거쳐 제출할 수도 있고, 국회의원 10명 이상이 법안을 발의한 후 소관 상임위원회에 회부되어 심사를 받을 수도 있다. 한국어 교육 관련 법률의 경우에는 여러 부서에서 다뤄지기 때문에 각 부서의 소관 상임위에 회부하게 된다. 예를 들어 문화체육관광부에서 추진하는 한국어 교육 정책의 경우에는 문화체육관광방송통신위원회에 회부된다. 상임위 내에서 표결 결과 심사를 통과하면 국회 법제사법위원회에 회부되어 법률안의 위헌 여부, 관련 법률과의 저촉 여부 등을 심사한다. 이후 국회 본회의에 의제가 되어 질의 토론 이후 표결한다. 의결된 법안은 정부에 이송되는데 대통령은 이를 15일 안에 공포하거나 이의가 있을 경우 국회 본회의에 재의결을 요구할 수 있다.

이와 같이 법률로 제정 및 공포하는 데에는 대단히 긴 과정과 협의를 거쳐야 하며 법률의 개정 역시 절차가 복잡하다. 이처럼 까다로운 과정을 거쳐 법제화된 정책은 그만큼의 사회적 합의와 결정이 이루어진 것이므로 다른 정책보다 강력한 추진이 가능하다.

한국어 교육 정책에서도 법적 근거가 확보되면 사업을 더욱 적극적으로 시행할 수 있을 것이다. 하지만 앞에서 언급한 바와 같이 현재까지 한국어 교육 정책만을 대상으로 하는 법률은 존재하지 않는다. 현재 한국어 교육과 관련되는 법률들은 다음과 같다.

[표 6-3] 한국어 교육 관련 법률(정명혜, 2017: 153을 일부 수정)

구분	법 명칭	소관 부처
직접 관련법	국어기본법	문화체육관광부
	재외국민의 교육지원 등에 관한 법률	교육부
간접 관련법	재외동포재단법	외교통상부
	한국국제교류재단법	
	외국인근로자의 고용 등에 관한 법률	고용노동부
	다문화가족지원법	여성가족부
	출입국관리법	법무부

「국어기본법」 및 「재외국민의 교육지원 등에 관한 법률」에는 직접적으로 한국어 교육 관련 조항이 존재하기에 직접 관련법이라고 할 수 있다. 「국어기본법」에서는 앞서 살핀 것과 같이 한국어 교원 자격 부여와 세종학당 설립에 관한 조항이 포함되어 있고, 「재외국민의 교육지원 등에 관한 법률」에는 재외 국민에 대한 교육 지원 방안과 해외 한국학 연구자 지원에 대한 조항이 있다.

3) 정책의 수행

정책의 수행은 정부 기관이 직접 수행하는 방식과 위탁하여 간접 수행하는 방식으로 이루어진다. 직접 수행한다는 것은 직접 공무원이 재화나 서비스를 전달하는 방식을 말한다. 한국어 교육 정책 중에서도 상당수가 직접 수행되고 있는데, 예를 들면 해외 한국교육원, 한국문화원 운영, 한국어교원 자격제도 운영, 한국어능력시험 시행 등은 각 정부 기관에서 직접 수행하는 방식이다.

하지만 정부 기관이 모든 정책을 직접 수행하려면 인력과 시간이 부족할 뿐 아니라 사업의 성격에 따라서는 민간 전문 업체 또는 단체에 위탁하는 것이 더 효율적인 경우가 많다. 한국어 교육 정책 중에서는 여러 가지 연구 사업, 교재 개발 사업, 콘텐츠 및 시스템 개발 사업, 연수회 개최 사업 등은 경쟁 입찰을 통하여 선발된 업체, 기관과의 용역 계약을 통하여 사업 추진을 위임한다.

4) 정책의 평가

(1) 평가 목적과 대상

정책의 수행 이후에는 정책 평가 과정이 이루어진다. 정책 평가를 하는 목적은 크게 세 가지 관점으로 정리할 수 있다(한국교육행정학회, 2003). 첫째는, 정책에 대한 평가를 통해 사회 현상에 대한 새로운 지식을 발전시키고 앞으로의 정책 개발과 사회 문제 해결에 응용하려는 관점이다. 둘째는, 정책이 그 목표를 달성했는지, 계속 그 정책을 진행시키는 것이 바람직한지, 개선하거나 보완할 점은 없는지 등을 돌아보면서 관리를 개선하기 위한 관점이다. 셋째는, 정책 결정과 시행에 대해 정책 결정자나 행정 관리자들의 책무성을 강화하고 원래 의도한 목표를 효율적으로 달성하기 위한 관점이다. 한국어 교육 정책 평가를 통해서도 이후의 다른 한국어 교육 정책을 더욱 잘 수립할 수 있고, 각 정부 부처에서 정책을 운영하고 관리하는 모든 과정을 잘 점검하여 진행할 수 있으며, 한국어 교육 정책 효과를 극대화할 수 있을 것이다.

정책 평가의 대상은 정책 과정과 정책 효과로 나누어진다. 정책 운영 과정을 개선하기 위한 것이 목적이라면 정책의 과정을 평가할 수 있다. 이 정책 과정은 정책 문제를 발견하고 의제를 설정한 후, 이용 가능한 자원을 확인하는 과정을 거쳐 정책을 결정하고 집행하는 모든 과정을 의미한다. 또한, 이후 정책을 잘 수립하거나 현재의 정책이 가져올 효과를 극대화하는 것이 목적이라면 정책 효과를 평가할 수 있다.

정책 과정에 대한 평가로는 정책적 방향이나 관련 이론 등에 대한 깊은 논의가 있었지만, 법 시행 이전에 이미 형성되어 있는 한국어 교육 현장의 다양한 요구를 수렴하는 데 한계가 있었다는 평가가 있다. 정책 평가자는 이러한 평가를 통해, 법 시행 이전에 법이 규정하지 못하고 있는 다양한 현장을 고려하여 법을 적용하는 것이 필요함을 정책 담당 기관에 제안한다. 예를 들어, 외국에서 학위를 취득한 경우나 외국의 한국어 교육 현장에서 경력을 쌓은 경우에 대해, 한국어 교원 자격 심사에서 어떤 일관된 심사 기준을 마련할 것인가에 대한 고민이 필요하다는 점을 제안할 수 있다(조항록, 2010: 319).

'한국어교원 자격제도'의 정책 효과에 대한 평가로는 한국어교원 자격제도 시행 이후 한국어 교육 현장에서 강사 임용 시 교원 자격증 소지자를 우대하기 시작하고, 한국어 교원 자격을 취득하고자 지원하는 이의 수가 지속적으로 늘고 있고 합격률이 높아짐으로써 전문 인력 양성과 자질 함양에 기여하는 것으로 볼 수 있다는 평가가 있다(조항록, 2010: 316). 정책 효과에 대한 이러한 긍정적 평가는 향후 한국어교원 자격제도가 계속 유지될 가능성에 힘을 실어주는 평가라고 할 수 있다.

(2) 평가 기준과 방법

정책 평가의 기준은 정책의 어떤 측면에 중점을 두고 평가하려고 하느냐에 관한 질문이다(김신복 외, 1996). 그러므로 정책 평가 기준이 무엇인가는 중점을 둔 평가 대상이 정책 과정인가, 정책 효과인가와도 연관되어 있다고 할 수 있다. 평가 기준에 대해서는 여러 학자들이 다양한 기준을 제시하고 있는데, 여러 학자들이 공통적으로 제시하는 대표적인 기준은 효과성(effectiveness)과 능률성(efficiency)이다. 효과성은 정책 집행 결과로 정책 목표를 달성했는가를 평가하기 위한 기준으로, 정책 결과를 평가하기 위한 기준으로 사용할 수 있다. 능률성은 성과를 달성하는 과정에서 지불한 비용과 대비하여 성과의 질이 어떠했는가를 평가하기 위한 기준으로, 정책 과정을 평가할 때 사용할 수 있는 기준이 된다.

효과성의 측면에서는 세종학당 정책에 관여하는 세종학당재단과 문화체육관광부를 대상으로 해외 한국어 보급을 얼마나 잘 이루어냈는가를 평가할 수 있다. 세종학당재단의 경우, '한국어 교육 대표 브랜드 육성 및 확산'을 하나의 목표로 삼아 각국에 세종학당을 설립하고 있는데, 많은 수의 세종학당이 아시아에 편중되어 있고, 아시아에서도 일부 국가에 편중되어 있는 상황이다. 이러한 평가를 바탕으로 세종학당이 아직 세워지지 않은 국가를 대상으로 한국어 보급을 위한 세종학당 설립을 추진할 수 있어야 한다는 결론을 도출해 낼 수 있다. 실제로 국가브랜드위원회와 세종학당재단에서는 2015년까지 500개의 세종학당을 설립할 것을 계획하였는데, 현재까지 설립된 세종학당 수는 60개국 180개소(2019년 6월 기준)으로 목표에 미치지 못하고 있다.

다음으로 능률성과 관련해서는 세종학당 설립과 운영 성과와 대비, 지불한 비용과 노력을 평가 대상으로 삼을 수 있다. 현재 세종학당의 설립과 확산이 더딘 이유 중 하나는 세종학당 및 해외 한국어 보급 기관에 각 정부 부처의 노력이 분산되어 있기 때문일 수 있다. 이는 정책적 노력과 비용에 비해 운영 성과가 낮은 것으로 평가될 수 있는 상황으로, 이와 관련하여 강남욱 외(2011)에서는 세종학당이라는 통합 브랜드에 대해 부처 간 합의를 끌어낼 수 있는 상위 기관의 중재와 권고가 필요함을 지적하였다. 이와 관련하여 김정숙 외(2008)에서도 해외 한국어 보급 정책 관련 기관이 국립국제교육원, 한국학중앙연구원, 한국국제교류재단, 한국국제협력단, 재외동포재단, 국립국어원, 한국어세계화재단 등 여러 기관이 존재하고 있으나, 이 기관의 업무가 중복되어 능률이 떨어질 수 있음을 지적하기도 하였다.

이처럼, 한국어 교육 정책에 대한 평가는 현재 진행되는 정책이 능률적이고 효과적으로 진행되고 있는지를 확인하는 과정이 된다. 이러한 평가의 과정을 통해 정책을 수정하며, 이후의 정책을 효과적으로 수립할 수 있다.

3. 한국어 교육 정책의 목표별 내용

이는 다양한 분야에 걸쳐 있기 때문에 여기서는 정책의 목표별로 분류하여 살펴보도록 하겠다. 정책의 목표는 '정책을 통하여 달성하고자 하는 바람직한 미래 상태'로 정의된다(김지원, 문병기, 2010). 그렇다면 한국어 교육 정책의 목표는 어떻게 정리할 수 있을까?

공식적으로 한국어 교육 정책의 목표가 명문화된 바는 없다고 할 수 있다. 한국어 교육 정책은 여러 정책 환경 가운데서 다수의 정부 기관에 의해 수행되고 있기 때문에 일원적인 목표를 정리하기는 어려운 사정이기도 하다. 하지만 한국어 교육이 관련된 법령의 내용과 최근 추진된 사업들을 검토하여 현재 한국어 교육 정책의 목표를 네 가지로 들어 본다면 다음과 같다.

첫째, 한국어의 해외 홍보 및 교류를 통한 한국어 사용자 증대
둘째, 재외 동포 대상 한국어 교육을 통한 모국 정체성 확립 및 모국과의 교류 협력
셋째, 국내 이민자 및 외국인 대상 한국어 교육을 통한 한국 사회 적응
넷째, 국내외에서 능률적인 한국어 교수·학습 지원

1) 한국어 사용자 증대

(1) 국외 한국어 교육 여건 조성

첫 번째는 언어 정책과의 접점이 되는 내용으로서, 계속적으로 추진되고 있는 '한국어 보급' 정책에 해당된다. 국외에 한국어를 알리고 한국어 학습자를 늘리려는 여러 가지 노력들이 여기에 해당된다. 이는 언어 정책의 일환이나 한국어 교육이 실질적으로 이루어지고 있는 분야이기 때문에 한국어 교육 정책의 측면에서도 살필 가치가 있다.

세계 언어 환경에서 세계 소수 언어가 사라지고 있는 가운데 한국어는 세계 15위에 해당하는 사용자 수를 확보하고 있다. 에스놀로그[1] 조사 결과에 따르면, 한국어는 전 세계에서 77,264,890명이 사용하는 언어로 15위를 차지하고 있다(2019년 2월 에스놀로그 홈페이지). 하지만 급변하는 언어 환경 가운데 한국어 역시 세계의 지배적 언어들 가운데서 독자적인 위치를 유지하기 위해서는 국가적 노력이 필요하다. 언어는 민족의 문화 및 정체성과 밀접히 연결되어 있기 때문에 한국어의 미래는 곧 국가의 미래라고 할 수도 있는 것이다.

이를 위해 정부에서는 2000년대 들어 언어 정책 중 하나로 한국어 세계화의 과업을 주창하였다. 하지만 '세계화'라는 표현은 언뜻 한국어를 세계에 발맞추어 바꾼다는 의미로 파악되거나 또는 세계의 공용어가 될 수 있도록 해야 한다는 오해를 낳기도 쉽다. 이에 따라 최근에는 '한국어 보급'이나 '진흥'의 표현을 사용하고 있다. 이들 정책의 목적은 결국 한국어의 사용자를 늘리고 한국어가 소멸되지 않고 살아 숨쉬며 발전할 수 있도록 하는 데 있다.

이러한 목적의 달성을 위해서는 현재 남북한 및 재외 동포를 포함한 한국어 사용 인구 외에 새로운 한국어 사용자들이 생겨나야 한다. 최근의 통계를 보면 재외 동포 외에 일반 외국인이 한국어를 배우는 수요가 점점 증가하고 있는데, 특히 외국인 중에서도 취직 목적, 유학 목적이 아닌 일반 외국어 학습자들이 늘어나고 있는 것은 괄목할 만한 현상이다. 한류의 영향 등 한국의 국제적 지위가 높아지면서 개인적인 관심으로 한국어를 배우는 학습자들이 늘어나고 있는 것이다. 이러한 학습자는 '사회 교육[2]이나 평생 교육으로서의 한국어 학습자'라고 할 수 있다. 이러한 학습자의 증가는 한국어가 세계적으로 그 위상을 공고히 하고 그 사용 영역을 높이는 데 중요한 역할을 할 것이다.

이러한 학습자들의 증가는 물론 한류 등의 영향으로 개인적인 관심으로 찾아 공부하기도 하지만, 각국에서 사회 교육적 차원에서 한국어를 교육하는 환경이 제공되는 것과 관련이 깊다. 중고등학교, 대학교에서 한국어 수업이 개설되고, 더 나아가 졸업 자격 시험이나 대학 입학 시험 과목에 포함되는 등 사회적 여건이 조성되면 한국어 학습자 증가에 큰

1 에스놀로그(Ethnologue: Languages of the World)는 온누리의 언어라는 뜻으로 국제 하계 언어학연구소(SIL)의 웹 및 인쇄 출판물로서 각종 언어 관련 통계의 공식적인 자료를 제공한다. 2019년 2월에 제22판이 공개되었다. 한국어는 www.ethnologue.com/language/kor 참고. 제22판의 한국어 사용 인구는 남한을 2010년 기준 4,840만, 북한을 2008년 기준 2,330만, 중국 2012년 기준 271만, 일본 2011년 기준 90만 5천, 러시아 4만 2천, 우즈베키스탄 25만 명으로 보고 있어 2019년 기준으로는 다소 달라질 수 있다.

2 사회 교육이란 국가가 인정하는 제도권 공교육 외에 사회에서 행해지는 교육활동을 말한다.

도움이 되는 것이다. 이 부분은 교육부와 한국교육원에서 적극적으로 정책을 펼치고 있다. 실제로 미국에서 1997년 대학 입학 시험 외국어 과목에 한국어가 포함되면서 재외 동포를 포함한 한국어 학습자의 학습 열기가 높아지게 되었던 사례가 있다.

현재 한국어를 고등학교에서 제2 언어로서 가르치는 학교는 2014년 기준 26개국 1,111개교에서 2018년 말에는 28개국 1,495개교로 점점 증가하고 있다. 최근에는 2016년 터키가 한국어를 제2외국어 정규 교과목으로 채택하고 2017년 태국과 프랑스 대입 시험에서 한국어가 정식 과목으로 도입되는 등, 국가 수준의 제2외국어 교육과정으로 한국어 과목을 개설 또는 평가하는 국가도 점점 증가하고 있다(2018년 기준 미국, 캐나다, 일본, 호주, 뉴질랜드, 프랑스, 터키, 키르기스스탄, 태국, 인도네시아, 말레이시아, 필리핀 12개국, 교육부 재외동포교육담당관실 집계). 이는 한국 기업의 증가로 인한 취업 목적과 한국 관광객 증가로 인한 관광업 취업 목적이 중요 증가 원인이라 하겠다.

중고등학교 외에 대학교에서도 한국어 및 한국학 수업이 개설될 수 있도록 하는 노력도 지속적으로 기울이고 있다. 한국국제교류재단에서는 해외 대학 내 한국어학 교수직을 설치하고 강좌를 운영하며 강사 고용 지원을 하고 있으며, 한국국제협력단에서도 한국어 교육 여건이 좋지 않은 국가를 대상으로 한국어 교원을 파견하고 있다.

(2) 국외 한국어 교육 기관

일반 외국인 학습자를 대상으로 하는 한국어 교육은 한국문화원에서 제공하고 있다. 한국문화원은 문화체육관광부 해외문화홍보원에서 운영하며 외국인들에게 한국 문화와 한국어를 알리는 데 설립 목적이 있다. 현재 2019년 기준 27개국 32개소의 한국문화원이 운영되고 있으며 한국어 강좌를 개설하여 외국인 대상 한국어 교육을 제공한다.

외국인 대상 한국어 교육은 지역에 따라 한국문화원 외에도 한국교육원, 대학 강좌 등 다양한 방식으로 운영되었는데, 이를 보다 체계화하여 추진하기 위해 중국의 '공자학교'나 영국의 '브리티시카운슬(영국문화원)'과 같이 단일 브랜드화하여 운영할 필요성이 제기되었다. 2005년「국어기본법」공포 이후 제19조의 2에 따라 '세종학당'의 설립이 추진되면서 해외 한국어 교육 기관 단일화가 추진되기 시작하였다. 2007년에 몽골에 처음으로 세종학당이 세워졌으며 세종학당 운영은 현재 2012년에 출범한 세종학당재단이 담당하고 있다.

세종학당으로의 단일화를 통해 국외에서의 한국어 교육 지원 체계를 효율적으로 확립하고 지원할 수 있을 것으로 기대된다. 이는 기존 기관의 통합 및 전환을 통해 지정·설립되는 방식을 적극 취하고 있다. 세종학당은 설립을 희망하는 기관에서 설립을 신청하여, 시설, 교원, 운영 계획 등에 대한 세종학당재단의 심사를 거쳐 설립을 허가받게 된다. 이에 따라 기존 한국문화원에 설치되는 세종학당이 있고, 기존 한글 학교를 세종학당으로 변환한 경우, 또한 현지 대학 내에 세종학당을 설치하는 경우 등의 여러 유형이 존재한다. 각 지역의 현실에 따라서 다양한 형태를 가지게 되는 것이다. 이를 통해 세종학당은 2012년 1월을 기준으로 34개국 75학당이던 것이 2019년 6월 기준 60개국 179개소의 규모로 7년만에 3배로 확대되었다. 지역별로 살펴보면 아시아 미주 13개국, 유럽 19개국, 아시아 104개국, 아프리카 4개국, 호주 2개국에 설치되어 있다.

이러한 한국어 진흥 정책은 앞서 언급한 대로 한국어의 유지 및 발전을 위해 수행되지만, 국내외 한국어 교육의 수요 관리 차원에서도 중요성을 갖는다(최정순 2014). 국내 유학생을 예로 살펴보면 그 수가 폭발적으로 증가하다가도 최근 감소하는 경향을 띠는데 이러한 수치는 국내외 환경의 변화에 민감하게 영향을 받는다. 국내외 한국어 교육의 지속적인 발전을 위해서도 한국어 학습자를 늘리려는 국가적 차원의 노력이 필요할 것이다. 이는 한국어 교육 수요에 대응하기만 하는 정책이 아닌 한국어 학습자 수요를 스스로 창출하는 적극적 정책의 자세로서도 의미가 있다고 할 수 있다. 세계적으로 한국어 및 한국 문화를 접촉하고 학습에 쉽게 접근할 수 있는 근간을 마련하는 정책을 적극적으로 펼칠 필요가 있을 것이다.

2) 재외 동포의 정체성 유지 및 동포 사회 지원

두 번째 목표는 민족 교육적 성격을 갖는 재외 동포 대상 한국어 교육의 측면이다. 이 부분은 국외에 있는 한민족 혈통과의 소중한 연결 고리이기에 전통적으로 정책적 관심이 꾸준하였다. 한국은 세계적으로 재외 동포 숫자가 많은 편에 속하는데(조항록, 2004), 2018년 12월을 기준으로 재외동포재단 조사 결과에 따르면 재외 동포는 전 세계 193개국에 흩어져 있으며, 총 7,493,587명이다.

재외 동포를 대상으로 하는 한국어 교육은 1960년부터 시작되었는데 한국교육원, 한국학교, 한글 학교가 세계 각지에 분포하고 있다. 한국교육원은 교육부에서 재외 국민의 교육을 위해 설치 및 운영하는 기관으로, 1963년 4월 일본의 삿포로[札幌] 등 10개 도시에서 처음 시작되었다. 1980년 이후 미주 지역뿐만 아니라 캐나다, 파라과이와 유럽 여러 나라에도 한국교육원의 설립이 확산되었다. 현재는 2018년 기준 18개국 41개 한국교육원이 설치되어 있으며 재외 국민뿐만 아니라 현지 중고등학교에서의 한국어 교육 지원 등의 역할도 수행하고 있다.

한국 학교는 국외 체류 거주민 자녀들의 한국 정규교육과정 이수를 위해 설치되는 기관으로 교육부가 설립 및 운영하고 있다. 이에 따라 국내 교사가 파견되어 국내와 동일한 교육과정과 교재로 교수하고 한국 학교교육과의 연속성을 위하여 일시적 국외 체류 학생들이 다니는 경우가 많아 국외에 위치한 한국 중고등학교라고 할 수 있다.

한글 학교는 재외국민 사회에서 자발적으로 자녀들의 한국어 및 한국 문화 교육을 위해 만든 민간 기관으로 각 지역의 교회나 교민 공동체를 기반으로 운영된다. 주말에 2-6시간씩 어린 자녀부터 청소년들에게 한국어 및 한국 문화를 접하게 하는 방식을 취한다. 정부 설립 기관인 한국교육원이나 한국문화원이 대도시 중심으로 설치되어 있고 그 수가 적은 데 비해서 한글 학교는 재외 동포가 있다면 작은 도시에서도 설립되어 운영되고 있기에, 한국어 교육 여건이 좋지 않은 지역에서는 그 역할이 더욱 중요하다. 그러나 민간에서 자원봉사를 통해서 이루어지는 만큼 전체 수는 많지만 규모가 영세하고 인력, 재정 등 운영상의 어려움을 겪는 경우도 많다. 한글 학교 지원은 주로 재외동포재단에서 담당하는데 재외동포재단에서는 동포 학생 및 교원 초청 연수, 교장 연수를 재최하고 각종 단체, 행사를 지원한다. 재외동포교육진흥재단에서는 전세계 재외 동포 교육 기관에 교재를 보급하고 매년 재외 국민 한국어 지도자 대회를 개최한다. 이상 기관들의 설치 현황은 다음과 같다.

[표 6-4] 국외 재외 동포 대상 한국어 교육 기관 통계(2018년 교육 통계 연보, 교육통계서비스)

	한국교육원	한국 학교	한글 학교
국가 수	18	15	104
기관 수	41	32	1,854
학생 수	71,034	13,770	123,477

앞에서 살핀 바와 같이 한국교육원, 한국 학교 등의 기관은 여러 지역에 분포하지 못한다는 한계가 있고, 한글 학교는 지역마다 있지만 운영이 영세하여 거점 기관의 역할을 하지 못한다는 한계가 있다. 세종학당은 전 세계 곳곳에 설치되고 세종학당재단의 지원을 체계적으로 받을 수 있으므로 외국인 대상 한국어 교육은 물론 재외 동포 한국어 교육에도 기여할 수 있을 것으로 보인다.

재외 동포 교육은 지역별 상황이 천차만별이라고 할 수 있다. 재외 동포가 다수 거주하는 발달된 국가에서는 한국어 교육의 여건이 상대적으로 좋은가 하면, 한국교육원, 영사관 등 기관의 혜택을 받지 못하는 지역에서는 동포 공동체에서 자생적으로 설립하여 운영하는 한글 학교 정도만이 자리한다. 한글 학교는 자원봉사자들의 활동에 의존하기 때문에 교재나 교구, 교육과정에 대한 지원이 절실하다. 즉 한국어 교육의 여건이 비교적 좋은 지역은 자체적으로 지역에 맞는 교재를 개발하고 교사 연수를 실시할 수 있지만, 여건이 갖춰지지 않은 지역에서는 자체 조달이 어렵다고 보아야 한다. 문화체육관광부, 외교부, 교육부 등 관련 부서와 산하 기관에서 다양한 방식으로 교육 자료를 제공하고 있지만, 지역별로 언어, 대상, 문화 등 여건이 다르기 때문에 진정 유용하게 쓰이는 교육 자료를 개발하여 보급하는 데 어려움이 있는 것이 사실이다. 최근에는 부서 중에서 한국어 교재 개발을 담당하기로 한 문화체육관광부 국립국어원에서 해외 한글 학교에서 활용할 수 있는 유아, 아동용 교재를 개발하는 등 현지의 필요를 채우고자 정책을 펼치고 있다.

또한 재외 동포 한국어 교육의 어려움은, 여러 부서가 관여하다 보니 체계성과 일관성이 부족하다는 점이다. 지원이 중복되어도 부처 간에 인지하지 못하는 경우도 있으며, 반대로 지원의 빈틈이 생겨도 쉽게 인지하지 못하기도 한다. 여러 기관이 수행함에 따른 이러한 문제는 한국어 교육 정책 전반의 어려움이기도 하지만, 국외 지역 특성상 소통과 관리가 어려운 탓에 더욱 두드러진다. 재외 동포 사회와 발맞추어 효율적이고 일관된 방향으로 비전을 가지고 정책을 추진해 나갈 때 재외 동포 한국어 교육의 과업에서 성과를 거둘 수 있을 것으로 보인다.

3) 한국 사회 통합 및 이민자 적응 지원

세 번째 목표는 최근 정부 기관이 활발하게 펼치고 있는 국내의 여러 한국어 교육 수요

집단 대상 정책으로, 국내 이민자 및 외국인 대상으로 한국어 교육을 펼침으로써 한국 사회 적응을 돕고 궁극적으로 사회 통합에 기여할 수 있는 부분이다. 대상 집단이 다양하므로 가정과 학교의 범위에서 수요 대상인 결혼 이민자, 다문화 가족 자녀, 직장과 사회에서의 수요 대상인 외국인 근로자, 그 외 국내 거주 외국인으로 나누어 살펴보겠다.

(1) 결혼 이민자/다문화 가족 자녀

국내 거주 외국인 중 대표적인 경우는 결혼 이민자, 즉 국민의 배우자로서 한국 체류 자격을 가진 사람들이다. 결혼 이민자는 2018년 기준 158,600명(통계청 포털)으로 보고되며 이는 계속적으로 증가 추세에 있다. 이에 따라 이들이 안정적으로 국내에 정착할 수 있도록 하는 한국어 교육 정책도 계속해서 개발되어야 할 것을 요구하고 있다. 특히 성별로는 여성이 2018년의 경우 131,921명, 전체의 83.2%로 절대 다수를 차지하고 있어 이들 결혼 이주 여성은 여성가족부의 중요 정책 대상이 되고 있다. 또한 국적별로는 중국 36.9%, 베트남 26.6%, 일본 8.6%, 필리핀 7.4%순으로 최근에는 캄보디아, 몽골, 태국 등 결혼 이민자의 출신 국적이 다양해져 총 출신 국가 수는 152개국이나 되어 학습자의 언어권이 대단히 다양하다.

이들을 지원하기 위한 정책은 주로 여성가족부 한국건강가족진흥원이 추진하고 있다. 한국건강가족진흥원은 각 지역에 다문화가족지원센터를 설치하여 결혼 이주 여성을 위한 한국어 교육, 문화 적응, 자녀 양육 도움 등 다양한 서비스를 제공하고 있다. 한국어 교육으로는 학습자들의 출석이 불편한 것을 고려해 '다문화가정 방문교육지도사'를 함께 운영한다. 방문교육지도사는 직접 가정에 방문하여 한국어 교육과 부모와 자녀의 생활 관련 서비스를 제공한다. 다문화가족지원센터에서 실시하는 한국어 교육 과정을 살펴보면 다음과 같다.

[표 6-5] 여성가족부 정규 한국어 교육과정

구분 \ 단계	1단계	2단계	3단계	4단계
수업 시간	100시간	100시간	100시간	100시간
배치 평가 점수	0-35점	36-52점	53-72점	73-100점
이수 기준	출석률 80% + 성취도 평가 60점 이상			

이는 일반 목적 한국어 학습자에 비하여 급수별 수업 시간을 낮추고 전체 단계를 1-4단계로 간소화한 점이 특징이다. 부처 간 협의에 따라 결혼 이주 여성 대상 교육 과정이나 교재, 교사 연수 등은 국립국어원이 담당하고 있다. 다문화 교원을 대상으로 하는 연수도 2010년부터 국립국어원 주최로 매년 개최하고 있다.

다문화 가족 자녀는 앞서 1장 대상 집단에서 밝힌 대로 한국에 거주하는 국제결혼 가족 자녀(국내 출생이거나 중도 입국[3]) 및 청소년과 외국인 가족 자녀를 모두 포함한다. 다문화 가족 자녀 중 학령 전 아동은 다문화 가족 차원의 관심사이기에 여성가족부의 요청으로 2009년 '다문화가정 유아 대상 한국어 방문학습지'(국립국어원)가 개발되었다. 이를 방문교육지

3 중도 입국 자녀란 외국인 부모의 본국에서 성장하다가 중도에 국내에 입국한 자녀들을 말하는데 이들은 문화적 언어적 어려움이 더욱 크다고 할 수 있다.

도사들이 방문 수업에서 사용하는 방식으로 자녀들의 한국어 교육을 지원하고 있다.

다문화 가족 자녀 중 초중고등학교에 재학하고 있는 학생 수는 2018년 121,783명으로, 2012년 46,776명, 2015년 82,135명에서 급증하는 추세에 있다. 세부적으로 살펴보면 다음 표와 같다.

[표 6-6] 초중고등학교 재학 다문화 배경 학생 수(단위: 명)(2018년 교육 통계 연보, 교육통계서비스)

	국제결혼 가족의 국내 출생 자녀	국제결혼 가족의 중도 입국 자녀	외국인 가족 자녀	총계
초등학교	76,181	5,023	11,823	93,027
중학교	13,599	1,907	2,562	18,068
고등학교	8,361	1,185	1,142	10,688
총계	98,141	8,115	15,527	121,783

다문화 배경 학생들에게는 학교 교육 차원의 정책이 필요하므로 교육부에서 2012년 '다문화 학생 교육 선진화 방안'을 발표하여 이들을 위한 맞춤형 교육 계획을 수립하였다. 이 계획에는 한국어(KSL) 교육과정을 수립하는 것을 포함하여, 학교에서 다문화 친화적 교육 환경을 조성하고, 중도 입국 자녀 등 다문화 학생의 개인별 특징을 고려한 맞춤형 교육이 이루어져야 한다는 내용을 포함하고 있다. 이에 따라 2012년에는 교육과학기술부 고시 제2012-14호로 한국어(KSL) 교육과정이 발표되어 2013년부터 '한국어'(제2 언어로서의 한국어 과목)를 정규 과목으로 운영할 수 있게 되었다. 교육과정과 더불어 이를 바탕으로 개발된 표준 교재와 교사용 지침서를 초중고등학교에 보급하여 사용할 수 있도록 초중고생을 위한 교재가 각각 2권씩 개발되었다.

결혼 이민자와 다문화 가족 자녀 등 다문화 가족에 대한 한국어 교육에서는 어떤 이념을 가지고 교육해야 하는지의 문제를 고민해야만 할 것이다. 이주민 대상 언어 교육에서 불거지는 문제는 이것이 현지 언어 및 집단에의 동화를 목적으로 하는지, 모국어 및 문화를 존중하여 이중 언어를 목적으로 삼는지, 즉 동화주의와 이중 언어주의의 문제를 고려해야 한다. 현재 교육부 및 여성가족부에서 제시하는 정책은 이중 언어주의를 추구하는 것으로 파악된다. 교육부의 정책에서는 학교 내 상호 문화 이해 교육을 강조하고 있고 이에 따라 2009년 '이중언어강사 제도'를 도입하였다. 이는 고학력 결혼 이주 여성들을 이중 언어 강사로 선발하여 다문화 학생들에게 부모의 언어를 배울 수 있는, 이중 언어 교육을 실시하는 제도이다. 2012년에는 이를 일반 한국 학생들까지 확대하였다.

하지만 이러한 정책의 방향성과는 별개로 실제 수행에 있어서 여전히 동화주의의 이념이 깊게 자리 잡고 있는 것은 아닌지 살펴야 할 것이다. '이중언어강사 제도'에서도 실제 수행에서 '한국인 이중 언어 강사'와 교과 협업을 하지만 '이주 여성 출신 이중 언어 강사'는 교과 수업에서 배제하는 등의 불합리가 나타나고 있다(원진숙, 장은영, 2018). 이는 전체 방향성과는 별도로 아직 한국 사회나 학교 문화에서 이중 언어주의를 실천하는 것이 어려움을 보여 준다. 다문화 관련 교육 정책 추진에 있어서는 교육의 이념을 명확히 세우고, 사회적 인식과 합의도 같은 이념을 가질 수 있도록 고려하는 것이 필요하다.

(2) 외국인 근로자/기타 한국 거주 외국인

지금까지 결혼 이민자, 다문화 가족 자녀 등 대상의 한국어 교육 정책을 살펴보았는데, 이러한 목적 외에 국내에 거주하는 외국인들에 대한 정책적 지원도 필요하다. 2018년 11월 기준으로 한국 국적을 취득하지 않은 국내 거주 외국인 중 결혼 이민자, 유학생, 외국 국적 동포를 제외한 외국인의 수는 977,707명에 이른다. 사회 통합 프로그램은 이러한 이주민들의 사회 통합을 목적으로 법무부 출입국·외국인정책본부에서 실시하는 한국어와 한국 사회 이해 교육 프로그램이다. 법무부에서는 이 프로그램 이수자에게 '귀화 필기시험 및 면접 심사 면제, 영주 자격(F-5) 신청 시 한국어 능력 입증 요건 면제, 점수제에 의한 전문 인력 거주 자격(F-2) 변경 시 가점 부여'의 혜택을 준다. 이러한 혜택에 따라 귀화나 영주권, 사증 취득 등의 목적을 가진 외국인들은 이 프로그램을 이수하게 되며, 귀화 후 3년 이내의 귀화인도 프로그램을 수강할 수 있게 되어 있다.

사회 통합 프로그램의 단계별 교육과정 구성 및 이수 시간은 아래와 같다. 한국어와 한국문화 총 415시간, 한국 사회 이해 50시간으로 구성되어 있으며, 한국 사회 이해 과정은 필수 이수 과정으로 제시되어 있다. 2013년 연구 용역을 통하여 사용 교재를 개발하였고, 2012년부터 매년 교사 연수(국립국어원 주최)가 개최되고 있다.

[표 6-7] 사회 통합 프로그램의 교육과정 구성

	0단계	1단계(초급1)	2단계(초급2)	3단계(중급1)	4단계(중급2)	5단계
과정	한국어 기초	한국어와 한국 문화				한국 사회 이해
이수 시간	15시간	100시간	100시간	100시간	100시간	50시간
사전 평가 점수	구술 3점 미만 (자필 점수 무관)	3-20점	21-40점	41-60점	61-80점	81-100점

사회 통합 프로그램은 재한 외국인을 대상으로 하여 그 대상의 폭이 대단히 넓은 프로그램이지만 실제 수강자 중에는 결혼 이민자의 비율이 압도적으로 높아서 2011년 기준 결혼 이민자의 비율은 79.6%였다(조항록, 2012). 이 프로그램 이수 시 귀화 시험에서 혜택을 받기 때문에 결혼 이주자들이 적극적으로 참여하고 있는 것이다. 이에 따라 사회 통합 프로그램과 여성가족부에서 운영하는 결혼 이민자 대상 한국어 프로그램이 차별점이 없이 중복된 정책으로 여겨지는 결과를 낳았다. 따라서 이 프로그램 본래의, 국내 거주 외국인 전반을 위한 한국 사회 적응 지원의 취지를 고려하여 다양한 외국인들이 프로그램에 참가할 수 있도록 하는 개선책이 필요한 상황이라고 할 수 있다.

이들 중 상당수를 차지하는 집단은 '외국인 근로자'이다. 이들을 대상으로 하는 한국어 교육 정책은 뚜렷이 존재하지 않다가 2003년 고용 허가제가 시작되면서부터 한국어 교육 정책이 도입되게 되었다. 고용 허가제란 2003년 8월 16일 「외국인근로자의 고용 등에 관한 법률」이 제정·공포되면서 도입된 제도로 허가 받은 외국인의 국내 취업을 법적으로 보장하는 제도이다. 2005년 7월 27일부터 고용 허가제가 1992년부터 운영되던 외국인 산업 연수생 제도를 대체하는 제도로 자리 잡으면서 외국인 구직자 선발의 객관성 및 공정성을 기하기 위해 국내 취업 근로자에게 한국어능력시험을 실시하게 되었다.

고용 허가제 한국어능력시험(Employment Permit System-Test of Proficiency in Korean, EPS-TOPIK)은 일반 목적 한국어 학습자를 위한 한국어능력시험과는 별개로 치러진다. 이 시험에 합격하여야 고용 허가를 받을 수 있기 때문에, 최근 외국인 근로자들이 늘어나면서 이 고용 허가제 한국어능력시험 응시자도 점점 많아지고 있다.

[표 6-8] 고용 허가제 한국어능력시험 기본 정보

구분	고용 허가제 한국어능력시험
주관 기관	한국산업인력공단
목적	• 외국인 근로자 고용 허가제 일환으로 외국인 구직자에 대한 한국어 구사 능력과 한국 사회 및 산업 안전에 관한 이해 등을 평가하는 시험 • 구직자 명부 작성 시 활용
대상	• 외국인 구직자 • 만 18-39세 • 금고 이상의 범죄경력이 없을 것 • 대한민국에서 강제 퇴거/출국된 경력이 없을 것 • 출국에 제한(결격 사유)이 없을것
평가 영역	• 일반 한국어능력시험: 듣기, 읽기의 총 2개 영역 • 특별 한국어능력시험: 듣기, 읽기의 총 2개 영역
연간 횟수	국가별로 상이함
등급 분류	상대 평가로 합격/불합격 판정
출제 방식	문제은행식 출제
시험 방식	PBT, CBT

고용 허가제 한국어능력시험은 외국인 근로자를 선발해 근로자 명부를 작성하기 위한 목적으로 시행된다는 점에서 내용과 방식 등 모든 점에서 한국어능력시험과는 차이를 보인다. 이 시험은 한정되고 특수한 내용의 한국어를 대상으로 출제하다 보니 한국어 능력을 전반적으로 다양하게 평가하지 못한다는 한계가 있다.

외국인 근로자들의 입국 전에는 한국산업인력공단에서 한국어 교육을 실시하고 있으며 입국 후에도 역시 한국산업인력공단에서 총 20시간의 한국어, 한국 문화 이해 등의 교육을 실시하여 그들의 국내 적응을 돕고 있다. 또한 국내에서 외국인 노동자 지원 센터를 운영하여 외국인 근로자를 위한 한국어 교육을 추진하고 있다.

외국인 근로자는 현재 한국어 교육의 사각지대라 할 만큼 교육 지원이 충분치 않은 상황이다. 이는 외국인 근로자들이 한국어 교육에 시간을 내지 못하는 한계도 있지만 향후 이들의 원활한 사회 적응을 위해 지원책을 강화하여야 할 것이다.

4) 한국어 교육의 효율성 향상

네 번째는 교육 정책적 성격을 갖는 부분으로 한국어 교수·학습이 효율적으로 이루어질 수 있도록 하기 위한 정부 차원의 활동에 대한 부분이다. 한국어 교육이 국내외에서 민간 기관 또는 개인적으로 활발히 일어나고 있는데, 이를 지원하기 위해 정부 차원에서 필요한 활동들을 말한다.

앞서 살핀 정책과 같이 한국어 교육 정책은 대부분 특정 사회 집단의 필요를 대상으로 추진되어 온 측면이 있다. 그러나 한국어 교육 자체의 효율성을 높이기 위한 정책도 중요시 되어야 할 것이다. 교육 자체의 효율성을 높이기 위한 내용들은 바로 교사 양성 및 재교육, 교육 자료, 평가 도구와 같은 것들이다. 물론 민간에서 수행되면서 자체적으로 한국어 교육의 질을 높이려는 노력을 기울여 오고 있으나 정부 차원에서 수행하여야 할 역할이 분명히 존재하는 것이다. 여기서는 교육과정, 교재, 교사 인증 및 재교육으로 나누어 살펴보겠다.

(1) 교육과정 및 교재

① 국제 통용 한국어 교육 표준 모형

한국어 교육에서는 오랜 기간 통일된 교육과정이 존재하지 않았다. 먼저 다양한 대상 집단에 대해 다양한 방식으로 이루어지는 특성상 통일된 교육과정의 필요성이 적었으며, 어떤 내용을 가르쳐야 하는가에 대한 공통된 합의도 이루어지기 어려웠기 때문이다. 그러나 교육이 체계적으로 수행되기 위해서는 기준이 되는 교육과정이 필요하다는 문제의식 가운데 국립국어원에서는 2010년부터 4차에 걸쳐 '국제 통용 한국어 교육 표준 모형' 개발 사업을 추진하였다.

한국어 교육의 사정상 국내외 다양한 집단에 적용 가능한 교육과정을 개발하는 것은 어려운 과업이나, 지금까지 누적된 한국어 교육 연구 및 실천 성과를 통해 교육과정이 마련되었다. 이는 교육부의 자국어 교육과정과 같이 일괄적으로 적용하는 것이 아니라, 교육 대상과 맥락에 따라서 적절히 변용하여 사용할 수 있어야 함을 염두에 둔 것이 특징이라고 할 수 있다. 이에 따라 마지막 2017년도 사업에서는 개발된 국제 통용 한국어 교육 표준 모형 내용을 국내 결혼 이민자 대상, 사회 통합 대상, 국외 고등학생 대상 교육과정으로의 변용안을 선보였다. 이는 처음 정책적으로 마련된 한국어 교육과정이라는 점에서 의의가 크며, 이를 기반으로 지역별·대상별 변용안으로 다양하게 활용될 수 있을 것으로 보이며 학계와 교수 현장의 의견을 수렴하여 향후 더 개선된 교육과정으로 발전시킬 수 있을 것으로 기대된다.

② 교재

국내의 한국어 교육 기관에서 사용하는 교재는 기관별로 또 출판사별로 다양한 교재가 출간되어 상당한 종류가 시판 및 사용되고 있다. 그러나 국내 이주민 대상 한국어 교재나 국외 지역별·대상별 한국어 교재는 민간에서 교재를 개발하기는 어려운 상황이기에 정책적 교재 개발 및 보급이 필요한 부분이다. 따라서 정부에서는 한국어 교재 개발 및 보급 정책을 추진하면서 국내외 수요 발생에 따라 교재를 개발하고 있다. 부서 간 업무 협의에 따라 최근에는 주로 국립국어원으로 교재 개발 주체가 일원화되어 있다. 지금까지 개발된 재외동포 대상 한국어 교재, 국내 결혼 이민자를 위한 교재, 한국어(KSL) 학급용 교재 등 여러 수요에 따른 교재들이 개발되어 온 바 있다.

교재 개발을 위해서는 목표로 하는 교재 개발 역량을 가진 전문 인력이 우선 있어야 하며, 집필과 수정, 시범 사용 등을 거쳐 교재를 개발하는 데 상당한 시간이 필요하다. 그런데도 대상 집단과 맥락에 따라 필요한 교재의 유형이 다양하고 이를 개정할 필요도 있다 보니 교재 개발을 1년 남짓의 기간 동안 하게 되어 단기간의 무리한 교재 개발이라는 비판도 존재한다(최정순, 2014). 이러한 어려움에 따라서 교재 추천제[4]나 공모제의 대안도 고려되고 있다.

4 학습자, 학습 환경, 수준, 내용에 따라 적합한 교재를 추천해 주는 제도로 한국어 교육의 교재 추천 제도 운영 방안에 대한 연구 용역이 수행된 바 있다.

하지만 학습자의 수요나 경제적 이득이 뒷받침되지 않은 상태에서 공공 목적의 교재 개발이 민간에서 활발하게 수행되기는 어려워 보인다. 결국 수요가 적은 국내외 특정 대상별 교재는 정부 주도로 교재 개발을 추진하여야 할 것이다. 앞서 재외 동포 정책 부분에서도 언급하였다시피 국외 한국어 교육 기관은 교육 자료에 목말라 있는 지역이 많다. 다만 이 경우 정부 기관은 지원을 하되 현지 전문가에게 교재 개발을 위임하는 형태로 개발하는 방향도 고려되고 있다. 현지의 상황을 잘 아는 당사자가 누구보다 적합한 교재를 개발할 수 있기 때문이다. 물론 현지 전문가가 여의치 않은 경우에는 현지 자문을 받고 국내외의 전문가가 연합하여 교재 개발을 담당하는 방식으로 수행하고 있다.

(2) 평가

현재 한국어를 모국어로 하지 않는 외국인과 재외 동포를 대상으로 국내 또는 해외에서 시행되고 있는 공인되는 한국어 능력 평가로는 한국어능력시험(Test of Proficiency in Korean, TOPIK)이 유일하다. 한국어능력시험은 1997년 한국학술진흥재단 주관으로 처음 실시되었으며, 한국어가 모국어가 아닌 외국인 및 재외 동포를 대상으로 한국어 의사소통 능력을 평가하기 위한 목적으로 개발된 국가 공인 시험으로 현재는 교육부 국립국제교육원에서 시행하고 있다. 한국어능력시험 시행을 통해 국내외 한국어 학습을 독려하고, 한국어 사용 능력 평가를 통해 유학생을 선발할 수 있다.

한국어능력시험은 2015년 개정을 거쳤는데 한국어 초급의 경우는 한국어능력시험 1단계에, 중급과 고급의 경우는 한국어능력시험 2단계에 응시하도록 이원화하였다.

한국어능력시험은 시험 시행 때마다 출제위원이 집합하여 출제하는 방식으로 운영되어 왔는데, 이러한 방식의 특성상 매회 난이도 조절이 어렵다는 문제가 있었다. 이에 따라 문항 출제자 예비 집단(인력풀)을 구성하여 문제를 비축하고 문제은행식으로 바꾸고자 하는 노력을 기울이고 있다.

[표 6-9] 한국어능력시험 개관

구분	한국어능력시험
주관 기관	국립국제교육원(2011년 이후)
목적	• 한국어를 모국어로 하지 않는 재외 동포·외국인의 한국어 학습 방향 제시 및 한국어 보급 확대 • 한국어 사용 능력을 측정/평가하여 그 결과를 국내 대학 유학 및 취업 등에 활용
대상	한국어를 모국어로 하지 않는 재외 동포 및 외국인
평가 영역	• 한국어능력시험 1단계 : 듣기, 읽기의 총 2개 영역 • 한국어능력시험 2단계 : 듣기, 쓰기, 읽기의 총 3개 영역
연간 횟수	• 국내: 연 6회(1월, 3월, 4월, 7월, 10월, 11월) • 국외: 지역마다 상이함
등급 분류	• 2종 6급 체제 • 한국어능력시험 1단계 / 한국어능력시험 2단계 시험 분류 • 1-6급 성적 판정
출제 방식	출제위원 출제
시험 방식	PBT

(3) 교사 인증 및 재교육

「국어기본법」(2005) 제정 이후 '한국어교원 자격제도'가 시행되었다. 이 제도의 내용은 「국어기본법」 및 「국어기본법 시행령」에 상세히 규정되어 있다. 법령에 규정된 한국어 교원 자격은 높은 순으로 1·2·3급의 세 등급으로 나누어져 있으며, 각 등급별 기준은 학위 여부, 양성 과정 이수 및 시험 통과 여부, 경력 요건 등이다. 우선 2급 및 3급 자격의 취득은 양성 과정 수료 후 한국어교육능력검정시험을 통과하면 3급 자격을 취득할 수 있으며 한국어 교육 전공 대학이나 대학원 학위를 취득하고 일련의 수업을 이수하면 2급을 취득할 수 있다. 자격 취득 이후 일정한 교육 경력을 갖추면 상위 등급(3급 → 2급, 2급 → 1급)으로 승급할 수 있다.

한국어 교원 자격의 부여 절차는 크게 '대학 및 양성 기관 대상 교육과정 및 교과목 확인' 과정과 '개인 심사 및 자격 부여' 과정으로 나눌 수 있다. 기관 심사는 해당 기관의 교육 내용이 적정 교육과정·교과목을 이수하였는지를 심사 위원회에서 심사한다. 개인 심사는 자격을 갖춘 신청자가 소정의 서류를 갖추어 심사 신청을 하면 심사 위원회의 자격 심사를 통해 법정 요건 및 기준을 갖춘 신청자에게 자격을 부여하는 방식이다.

한국어교원 자격제도는 한국어 교원 자격의 취득과 승급에 대한 제도적 관리가 시작됨으로써 한국어 교육의 질적 향상을 꾀하도록 하였다는 점에서 중요한 의의를 갖는다. 교원은 한국어 교육의 최전선에서 학습자들을 교수하는 역할을 맡으므로 교원의 질은 수업의 질, 교육의 질이라고 할 수 있다. 그전까지 국내외 한국어 교육 현장에서는 교수 능력과 경험이 없는 교사들도 수요에 따라서 쉽게 교원으로 활동하는 상황이었다. 물론 초기 한국어 교육의 척박한 상황에서 당시 교원들은 사명감을 가지고 연구·노력하여 한국어 교육의 발전에 크게 기여하였다. 하지만 한국어 교육의 규모가 커지면서 한국어 교원의 교육과 자격에 대한 제도적 관리는 필수적인 부분이 되었다고 할 수 있다. 이 제도를 통해서 양성 과정과 대학 및 대학원 내 한국어 교육 전공 설치가 급증하였고, 그 교육 내용도 체계화될 수 있었다. 한국어 교육 전공은 2005년 당시에는 학부 9개, 대학원 과정이 14개뿐이었으나 2019년에는 대학원이 125개, 학부 56개로 증가하였고 2019년까지 1·2·3급 누적 자격증 취득자는 44,976명이다(국립국어원).

그러나 한국어교원 자격제도가 시행된 뒤 햇수를 더해가면서, 제도의 세부적인 요소들은 개선을 요한다는 목소리가 높다. 먼저 한국어 양성 과정의 질 관리이다. 현재 양성 과정에서 120시간 이상의 교육과정을 이수한 뒤 한국어교육능력검정시험에 응시할 자격을 주고 있는데, 현재 질적 수준이 떨어지는 양성 과정이 난립하고 있다는 점이 문제로 지적되고 있다. 충실하게 강의와 참관, 실습 경험을 제공하는 양성 과정도 있지만, 자격 취득만을 위해 형식적으로 운영되는 양성 과정도 있다. 이에 따라 한국어 교육 전공 개설 대학 및 대학원이 충분한 상황에서 양성 과정을 통한 자격 발급을 유지해야 하는지에 대한 의문이 제기되고 있다. 이에 따라 양성 과정을 대상으로 '기관 인증제'를 실시하여 일정 기준에 따라 기관을 심사하여 인증을 부여하도록 하는 방안이 논의되고 있다. 또한 이와 함께 현행 교육 과정을 더욱 충실히 하기 위해 이수 시간, 과목, 실습 시간 등에 대해서도 개정 방향을 위한 논의가 진행 중이다.

또한, 현재 법률에서 '양성 및 인증'의 내용은 적시하였지만 한국어 교원의 임용 및 재교육, 처우에 관련되어서는 언급이 없다는 점도 문제로 지적된다. 즉 자격은 국가 차원에서 부여하지만 이후에 임용 및 처우에 대한 정책적 결정은 아직 없는 상황이다. 국내 한국어 교육은 대부분 민간 기관에서 수행되고 있는데 기관 내에서의 처우는 제각각 다르다. 한국어 교육 기관이 대학 내 소속된 경우가 대부분이기 때문에 '시간 강사법'(「고등교육법」 일부 개정안)의 적용을 받는데, 이는 주 20시간 정도 정규 교육을 제공하는 한국어 교육 기관의 현실과는 괴리가 있는 정책이다. 다문화 가족 대상 교원이나 교육청 이중 언어 강사들도 처우는 안정적이지 않다. 교사들의 처우는 교육의 질과 직결되는 만큼, 정책적으로 국내 한국어 교원의 현 상황과 문제점을 진단하여 신분을 보장하고 처우를 개선하여 안정된 환경에서 한국어를 가르칠 수 있도록 하는 정책적 고려가 필요하다.

교원의 재교육에 대한 규정 및 제도도 필요하다. 교원의 성공적인 교육 활동을 위해서는 지속적인 연구개발의 기회가 필요하다. 국내 초중등 교육 현장의 경우 교사들의 연수 기회를 매 학기 다양하게 제공하고 있지만 한국어 교원의 재교육, 연수 기회는 제도적 장치가 없어 거의 전무한 상황이다. 현재 국내 한국어 교원 연수는 국립국어원에서 수행하는데, 규정이나 제도가 없다 보니 규모가 작아 국내 교육 기관 대상 연수로 신규·경력자 연수와 사회 통합 대상 교원 연수, 다문화 가족 대상 교원 연수를 통합하여 연 300명 정도의 교원이 연수에 참여하고 있을 뿐이다. 국내 한국어 교원 수에 비하면 연수 기회는 턱없이 부족한 상황이다. 선발되어 참석하더라도 1회성 참석에 그치기 때문에 체계적인 재교육은 불가능하며 교원 개인의 역량과 노력에 온전히 맡기고 있는 상황이다. 교육에서 교사의 중요성을 고려하여 향후 교원 양성 과정의 질 관리와 교원의 임용 및 처우, 재교육에 대한 적극적인 정책적 검토가 필요할 것이다.

탐구 과제

1. 한국어 교육 정책 기관에서 운영하는 사이트에 방문해 보고, 자신이 각 정책 기관별 정책 대상자가 되었다고 가정하고 사이트를 이용한 후, 특색 및 개선점을 생각해 보라.

- 여성가족부 '다누리'(www.liveinkorea.kr)
- 교육부 국립국제교육원 'Kosnet'(www.kosnet.go.kr)
- 문화체육관광부 국립국어원: '한국어교수학습샘터'(kcenter.korean.go.kr)
  세종학당재단: '누리 세종학당'(www.sejonghakdang.org)
- 외교부 재외동포재단: 'Study Korean'(www.study.korean.net)

2. 정책이 필요한 한국어 교육 관련 사회 문제를 선정하여 문제의 심각성, 문제의 원인, 정책의 목표, 정책 수단, 수행 주체, 대상 집단, 예상 결과 등을 기술하여 정책을 제안해 보자.

예 유학생 학업 지원 문제, 중도 입국 학생의 한국의 초중고교에서의 적응 문제, 외국인 청소년 학습자에 대한 한국어 학습 증진 및 지원 방안 등

3. 현재 한국어교원 자격제도를 어떻게 개선하면 좋을지 문제점을 추출하고 정책 의제를 설정해 개선 방안을 제안하여 보자.

더 읽을거리

민현식. (2014). 한국의 대외 한국어 교육정책의 현황과 개선 방향. 국어교육연구, 34, 119-179.

한국의 국내외 이주와 다문화 상황, 대외 한국어 교육의 정책 현황, 언어 정책으로서의 한국어 교육 정책에 대한 고찰 등을 담고 있다.

조항록. (2010). 한국어 교육정책론. 서울: 한국문화사.

이 책은 한국어 교육의 국가적·사회적 위상과 역할, 한국어 교육과 관련된 법적·제도적 접근, 한국어 교육 발전을 위한 정책 논의 등을 담고 있다. 저자는 한국어 교육의 역사를 돌아보고 미래 발전 방향을 예측하였으며, 관련 법규와 제도, 국가 정책에 대한 평가도 시도하였다.

조항록. (2010). 한국어 교육 현장의 주요 쟁점. 서울: 한국문화사.

이 책은 한국어 교육 현장의 교재, 평가, 문화 교육과 관련하여 몇몇 쟁점에 대한 한국어 교육 정책 전문가로서 저자의 의견을 정리하였다.

제2부

7장 한국어 말하기 교육론
8장 한국어 듣기 교육론
9장 한국어 읽기 교육론
10장 한국어 쓰기 교육론
11장 한국어 어휘 교육론
12장 한국어 문법 교육론
13장 한국어 발음 교육론
14장 한국 문학 교육론
15장 한국 문화 교육론

7장
한국어 말하기 교육론

1. 한국어 말하기 교육의 성격

1) 말하기의 개념

우리는 일상생활을 하면서 말을 하는 데 큰 어려움을 느끼지 않는다. 그러나 말하기가 그렇게 쉽거나 간단한 것만은 아니다. 우리가 하는 말은 단순한 말소리가 아니라 의미와 결합된 기호의 체계이다. 말을 하기 위해서 화자는 자신의 발화 의도를 나타내기에 적합한 언어 기호를 선택하여 음성으로 표현하는 심리적 과정을 거친다. 그리고 이 과정에서 말하기의 상황, 즉 목적이나 화제, 상대, 시공간적 배경 등에 따라서 말의 내용이나 표현 방법을 조절한다. 이와 같이 말하기는 음성 언어를 사용하여 발화 의도를 표현하는 사회적 의사소통 행위이다. 말하기의 개념을 언어적, 심리적, 사회적 측면으로 나누어 좀 더 자세히 살펴보자.

말하기는 음성 언어로 의미를 표현하는 언어 행위이다. 음성 언어는 소리를 통해 의미를 전달하기 때문에 필연적으로 발음, 억양, 강세, 휴지, 속도와 같은 음성적 자질, 즉 준언어적 표현과 결합한다. 이들은 화자의 의도나 태도를 좀 더 명확하게 인지할 수 있도록 돕기도 하고, 어휘와 문장 같은 언어적 표현으로 제시된 축자적 의미와는 달리 숨겨진 의미를 해석할 수 있는 단초를 제공하기도 한다. 시선, 몸짓, 자세와 같은 비음성적 자질, 즉 비언어적 표현도 마찬가지로 말하기에서 중요한 역할을 한다. 그리고 음성 언어 활동에 문자 언어나 시각 언어와 같은 다양한 언어 자원 또는 복합 매체들을 융합하는 양상이 나타나기도 한다. 또한 음성 언어는 미완결된 문장으로도 의미가 전달되며 어순의 배열이 비교적 자유로운 편이다. 이처럼 문장이나 담화의 구성에 있어서도 문어와는 다른 구조나 질서, 즉 구어적인 속성을 지닌다.

다음으로 말하기는 내용 선정, 조직, 표현(어휘, 문법 등의 선택) 등 메시지를 생산하고 조직하고 표현하는 심리 과정이다. 화자는 자신이 말하고자 하는 내용의 전체적인 흐름을 염두에 두고 하위 내용을 전개해 나간다. 그 과정에서 말의 내용을 표현하는 적절한 언어 자원들을 인출해 낸다. 여기에 청자의 반응을 고려하면서 말의 내용, 전달 순서, 표현 방법 등을 상황에 맞게 조절해 나간다. 그리고 이를 점검하고, 평가하고, 송환하는 활동 즉 메타인지도 작동하게 된다. 따라서 처리해야 하는 정보의 양이 많아질 경우 화자는 인지적 부담 때문에 말하기를 자연스럽게 이어나가기 어려울 수도 있다.

또한 말하기는 일정한 상황 맥락 속에서 타인과 상호작용하는 사회적 의사소통 사건의 일부이기도 하다. 말을 한다는 것은 음성 언어를 통하여 발화 의도를 표현하는 개인적 행위일 뿐만 아니라 두 사람 이상의 참여자가 함께하는 의사소통적 사건에 사회적으로 참여하는 일이기도 하다. 말하기는 사회적 행위로서 타인과의 상호작용 속에서 이루어지기 때문에 말하기의 과정은 화자가 일방적으로 의미를 전달하는 것이 아니라 화자와 청자가 말을 주고받으면서 의미를 협상하는 과정이다. 또한 말하기는 의사소통 참여자들이 속해 있는 언어 공동체의 관습이나 규칙, 문화의 영향을 받기 때문에 말하기를 잘하기 위해서는 그러한 해당 언어 공동체에 대한 이해가 전제되어야 한다.

구어는 어떠한 특성을 지니는가?

말하기 또는 구어의 특성에 대한 대표적인 논의로 Ong(1982), 노대규(1996), Brown(2000), 이해영(2005), Bygate(2009) 등이 있다. Ong(1982)은 구어는 부가적이며, 집합적이며, 반복적이며, 보수적이며, 인간 생활에 밀접하며, 논쟁적 어조이며, 공감적이며, 항상성을 유지하며, 상황중심적인 특성을 지닌다고 보았다. 노대규(1996)는 구어를 문어와 비교하며 구어가 다양성, 즉각성, 친교성, 표현성, 포함성, 구체성, 순간성, 동태성, 모호성, 비논리성, 비격식성, 상황 의존성을 띤다고 하였다. Brown(2000)은 구어가 무리 짓기, 중복성, 축약형, 수행 변인, 구어체, 발화속도, 강세와 리듬, 억양, 상호작용 등의 특성으로 인해 어렵기도 하고 쉽기도 하다고 설명하였다. 이해영(2005)은 한국어 구어의 특성을 음운적, 통사적, 화용론적 측면에서 논의한 바 있다. 통사적 특징을 예로 들면 완결된 문장의 형태가 아니라 구나 절 단위로 나타나며, 조사가 자주 생략되고, 어순의 배열이 자유롭다는 점 등이 있다. Bygate(2009)는 말하기의 주요 특질로 즉각성, 양방향성, 결정 구조의 중성을 제시한 바 있다. 여기서 결정구조의 중성은 결정할 때 화자 내적으로는 심리언어학적인 결정, 화자 외적으로는 사회언어학적인 결정이 융합된다는 의미이다.

이러한 측면들을 고려하여 말하기의 개념을 정의하자면 다음과 같다. 말하기는 "의사소통 맥락 속에서 음성 언어를 매개로 화자와 청자가 인지 활동과 상호작용을 통해 의미를 구성해 나가는 상호교섭적 행위"이다. 화자와 청자는 구체적인 의사소통 맥락에 터하고 있으므로 우선적으로 자신들이 위치하고 있는 시간과 공간, 더 나아가서는 사회와 문화를 고려해야 한다. 그리고 메시지를 생성하고 구조화하는 단계에서는 화자는 어떠한 내용을 말할 것인지, 그 내용을 어떻게 배열할 것인지에 대해 계획하는 인지 활동을 한다. 비교적 단순한 반응만 해도 되는 경우에는 메시지 생성과 구조에 대해 고민하지 않아도 되지만 자신의 의사를 명확하게 전달하고 싶다면 주의를 기울여야 한다. 이때 말하기의 언어적 속성도 깊게 관여한다. 화자와 청자는 메시지를 전하기 위해 적합한 언어 자원을 선택해야 하는데, 화자의 발화 의도, 상황, 청자와의 관계 등을 종합적으로 고려하여야 한다. 특히 한국어처럼 경어법이 발달한 경우에는 이 단계에도 주의를 기울여야 한다. 발화를 하는 단계에서는 정확하게 조음하려고 노력하고 억양이나 속도 등을 적절하게 조절할 필요가 있다. 화자와 청자는 이러한 단계를 거쳐 상호작용하는 과정 속에서 의미를 구성하고 창출한다.

2) 외국어로서 한국어 말하기의 특성

한국어 말하기는 한국어 학습자가 모어가 아닌 외국어 또는 제2언어로서의 한국어로 말하는 것이다. 학습자가 자신의 모어로 말할 때와 마찬가지로 한국어로 말할 때에도 의미 생성, 언어 자원의 선택, 조음, 의미 협상의 단계를 모두 거친다. 그러나 한국어가 제이언어 또는 외국어이기에 한국어로 말할 때는 그 과정이 모어와 일치하지는 않는다. 그러므로 한국어로 말할 때는 한국어의 언어적 특질과 문화적 특질에 대한 고려는 물론 한국어 말하기의 심리적 측면을 고려해야 한다.

한국어로 말을 하기 위해서는 우선 언어적 특질을 잘 이해해야 한다. 한 언어의 의미 체계는 어휘, 문장 구조 등에 영향을 미친다. 예를 들어 명제에 대한 화자의 태도를 나타내는 양태 표현의 경우, 한국어는 어미나 접사, 어휘, 어순 등을 이용해 나타낼 수 있다. 이와 달리 중국어는 주로 조동사, 어기사(語氣詞), 부사를 사용해 양태를 나타낸다. 미래에 대한 추측이나 주어의 의지를 나타낼 때 자주 사용하는 '-겠-'은 중국어에서 1, 2인칭이 올 때는 '要'로, 술어가 형용사일 때는 '會'를 사용한다. 발음도 마찬가지이다. 자신의 모어로 소리를 생성해낼 때와 다른 나라의 말로 소리를 만들 때 조음기관의 움직임, 즉 조음 방법이나 조음 위치에는 차이가 있다. 유사한 소리 값을 갖는 것처럼 보이는 음운들의 경우에도 조음 위치가 다를 수 있다. 한국어 학습자는 자신의 모어와는 다른 조음 위치와 조음 방식에 대한 인식을 바탕으로 유창하고 정확한 발음을 만들어 낼 수 있어야 한다. 그러나 한국어 학습자에게 항상 모어 화자와 다를 바 없는 정확한 발음을 요구하는 것은 아니다. 상황에 따라 모어 화자처럼 정확한 발음이 필요할 경우도 있으나 일반적으로는 대화 참여자들이 이해할 수 있는 수준에서 발음하면 된다.

한국어의 문화적 특질을 이해하는 것도 매우 중요하다. 언어권마다 특정 대상을 가리킬 때 언어마다 동일한 어휘나 문법을 사용하지 않고, 특수한 어휘나 표현을 사용하기 때문에 이에 적절한 내용과 표현을 사용해야 한다. 예를 들어 한국어로는 시간에 구애 받지 않고 '안녕하세요.'나 '안녕하세요?'를 사용하지만 영어는 아침, 점심, 저녁, 밤 등 시간에 따라 'Good morning', 'Good afternoon', 'Good evening', 'Good night'이라는 다른 인사말을 한다. 평안한지를 묻는 한국어와 달리 '좋은 아침', '좋은 오후' 등 이미 '좋다'라는 사실을 전제로 인사하기에 내포하고 있는 의미도 다르다. 또한 한국어로 말할 때는 특히나 상황 맥락에 의존적이다. 화자를 둘러싸고 있는 공간과 시간, 대화 참여자의 사회적 지위, 나이, 성별, 친소 관계에 따라 말을 잘 선택해야 한다. 한국어는 다른 언어와 달리 격식체나 비격식체의 구분이 상대적으로 명확하며, 대우법 체계가 발달했기 때문에 이를 잘 운용해야 한다. 예를 들어 누군가를 만났을 때 자연스럽게 대화하기 위해서는 대우법의 수준을 결정해야 한다. 초면이라면 대개 해요체나 합쇼체를 써서 상대를 존중한다는 것을 보여주는 것이 일반적이다. 그러나 사회적 지위나 연령이 비슷한데도 상대가 계속 존댓말을 깍듯하게 사용한다면 상대가 나와 거리를 두려고 한다고 생각할 수도 있다. 그러므로 상대방과의 관계를 잘 파악하고 거리를 설정해야 한다. 이는 한국어의 문화적 특질을 잘 이해하고 있을 때 비로소 가능하다.

한국어를 외국어 또는 제2언어로 말할 때 고려해야 할 심리적 측면은 무엇일까? 첫 번째로 생각할 수 있는 것은 발화 의지 부분이다. 학습자가 모어로 말할 때에는 언어·문화적 제약이 거의 없기 때문에 의지만 있다면 언제든지 말하기를 할 수 있다. 그러나 외국어로서 말할 때에는 말하고자 하는 바가 있다 할지라도 상황적 제약 속에서 적절한 언어 자원을 활용하여 자유롭게 표현하기 어려울 것이다. 따라서 개인차가 있을 수는 있지만 한국어 말하기에서는 발화 행위 자체를 주저하게 되는 심리적 상황이 발생할 수 있다. 또한 한국어 숙달도가 낮은 화자가 한국어를 말할 때에는 한 번에 처리할 수 있는 정보의 양이 제한된다는 점도 고려하여야 한다. 언어적인 자원의 제약과 사회문화적인 이해가 부족한 상황에서 말을 한다는 것은 그러한 제약을 처리하는 데 더 많은 인지적 자원을 배분해야 한다는 것을 의미한다. 따라서 외국어 화자가 말할 내용에 좀 더 집중할 수 있도록 하기 위해서는 문화적 요소의 간섭을 최소화하여 말하기 상황을 조성하거나 다양한 외국어 의사소통 전략을 사용할 수 있도록 하여야 한다. 그리고 화자는 음성 언어로 청자와 의미를 협상하며 상호교섭하는 과정을 점검하고 평가하며 조율할 수 있어야 한다. 예를 들어, 한국어에서는 "요즘 바빠? 힘들었어? 얼굴이 안 되어 보이네."라는 표현은 상대의 근황과 건강을 염려하는 관심의 표현으로 받아들여지는 경우가 많다. 그러나 다른 문화권에서는 이러한 표현을 부정적으로 받아들이기도 한다. "요즘 운동 좀 한 것 같은데? 좋아 보인다."라는 표현을 "피곤해 보인다." "안 되어 보인다."라는 말보다 선호하기도 한다. 만약 상대에 대한 관심을 표현하기 위해 "피곤해 보인다. 어디 아픈 데 있어?"라고 물었을 때, 상대가 이를 불편하게 받아들인다면 화자의 의도를 청자가 잘 이해하도록 오해를 풀거나 다른 화제로 전환하는 등 상호교섭의 과정을 조정하고 통제할 수 있어야 한다.

3) 한국어 말하기 교육의 지향

말을 한다는 것은 정확한 어휘나 문법을 유창하게 사용하는 것에 그치지 않는다. 화자는 사회 문화적 배경을 고려하여 전하려고 하는 내용을 자신의 의도와 목적에 맞게 전달해야 한다. 그리고 이 과정에는 음성, 비언어적 표현이 매개로 활용되는데 최근에는 문자, 그림, 사진, 동영상, 음향 등을 결합한 매체 언어를 활용하기도 한다. 그러므로 한국어 말하기 교육은 한국어 말하기를 기능 교육, 문화 교육, 매체 교육을 아우르는 총체적 관점에서 통합 교육을 지향해야 한다.

기능 교육은 언어 사용의 측면을 강조하여 한국어 발음, 어휘나 문법을 배우는 데 그치지 않고 학습자가 학습한 발음, 어휘나 문법을 목적에 맞게 잘 사용할 수 있어야 한다고 보는 입장이다. 가령 정보를 전달하거나, 상대방과 친교적인 관계를 형성하거나, 자신의 감정을 표현하거나, 상대방의 생각이나 태도를 바꾸려는 목적이 있을 때 각 목적에 적합하게 한국어를 정확하고 유창하게 말할 수 있어야 한다.

여기에 문화 교육의 관점을 더하여, 한국어의 사회 문화적 배경을 이해하고 한국의 사회와 문화에 적절한 내용을 구성하고, 적절한 형식을 선택하여 말할 수 있어야 한다. 한국어를 아무리 정확하고 유창하게 말한다고 해도 한국의 언어 문화에 적절하지 않은 표현을 사용하거나 한국어 사용자가 받아들이기 어려운 내용을 말한다면 결코 한국어를 잘한다고 볼 수 없다. 발화자의 의도를 청자가 제대로 이해하지 못한다면 성공적인 말하기라고 보기 어렵기 때문이다.

마지막으로 한국어 말하기 교육에 매체 교육도 포함해야 한다. 빠르게 발전하고 있는 정보 기술 환경으로 인해 언어 사용의 양상도 변모하고 있다. 예전에는 글이나 말을 매개로 한 의사소통이 대부분을 차지했다면 지금은 문자, 음성, 음향, 이미지, 동영상 등을 복합적으로 사용하는 의사소통이 빈번하다. 특히 정보 기술의 발달 속도가 매우 빠른 한국 사회에서 사람들이 의사소통을 하는 방식은 지속적으로 변화하고 있다. 각종 소셜 네트워크 서비스(Social Network Service, SNS)를 통해 이루어지는 의사소통을 보면 문어와 구어가 그 경계를 넘나들고 있으며 시각, 청각 등 감각적 요소를 복합적으로 활용하여 메시지를 작성하는 경향이 있다. 예를 들면, 문자 메시지에 이모티콘이나 음성, 사진, 동영상을 첨부하여 보내기도 하고, 공식적인 자리에서 MS 파워포인트나 Prezi 등을 활용하여 문자, 그림, 사진, 동영상, 음향 등이 복합적으로 결합된 자료를 매개로 청중에게 메시지를 전달하기도 한다. 이처럼 매체를 통해 메시지를 전달할 때 나타나는 언어를 '매체 언어'라고 한다. 말하기는 의사소통 행위가 음성이라는 상징적 기호에만 얽매여 있지 않고 다양한 양식이 복합적으로 결합된 의사소통 행위로 발전하고 있다. 그러므로 한국어 학습자들은 한국어 말하기에 등장하는 매체 언어를 이해하고, 자신이 말할 때 매체 언어로 표현할 수 있도록 교육해야 한다.

이처럼 한국어 말하기 교육은 기본적으로 기능 교육, 문화 교육, 매체 교육을 아우르는 통합 교육을 지향하지만 모든 한국어 학습자에게 통합 교육을 실시하는 것은 무리이다. 학습자의 한국어 말하기 능력에 적합한 수준에서 교육이 이루어지도록 발달적 접근을 할 필요가 있다. 초급 수준에서도 어느 정도 한국어의 언어 문화적인 측면을 가르칠 수 있고, 매체를 통해 메시지를 전달하는 활동을 할 수도 있지만, 초급에서 언어 문화적인 소재를 다루거나 매체 사용에 대해 논의를 하는 데는 한계가 존재한다. 초급은 기능 교육 중심으로, 중급과 고급은 기능 교육에 문화 교육과 매체 교육을 점진적으로 확대해 나가는 것이 바람직할 것이다.

2. 한국어 말하기 교육의 목표[1]

1) 말하기 교육의 관점

언어 형태를 강조하는 입장에서는 어휘, 문법, 발음 등의 언어적 자원을 중점적으로 가르친다. 어휘, 문법, 발음 등을 각각 개별적으로 교육한 후, 이를 통합하여 말하기를 수행하는 순서로 말하기 교육이 이루어진다. 화자가 생산해내는 결과물로서의 발화에 관심을 갖기에 정확한 어휘 선택과 문법 활용 능력, 발음 능력 등을 말하기 능력의 향상 정도를 판단하는 기준으로 삼는다. 반면 의사소통을 강조하는 입장에서는 어휘, 문법, 발음 등의 정확한 사용보다 화자가 대화 참여자와 서로 의미를 주고받을 수 있는가에 관심을 둔다. 의미는 대화 참여자 간 의미 협상 과정을 통해 구성된다고 보고, 정확성보다 유창성을 강조한다. 상대와 원활하게 상호작용하는 능력, 주제나 발화 순서 교대를 전략적으로 운용하는 능력, 목표 언어의 사회 문화에 적합한 표현을 사용하는 능력 등에 더 많은 관심을 기울이

1 기존 개론서에는 말하기 교육의 목표나 말하기 능력을 논할 때 주로 Hymes에서 시작하여 Canale & Swain의 논의를 주로 다루며, 일부에는 Brown의 말하기 능력을 언급하기도 한다. 최근에는 Bachman and Palmer의 논의도 종종 인용되고 있다.

며 교육한다. 말하기 능력이 향상하였는지를 판단할 때, 정확성보다는 의사소통의 성공 여부를 기준으로 삼는다. 그러나 언어 형태를 강조하면 언어를 정확하게 사용하지만 실제 의사소통이 잘 되지 않거나, 반면에 의사소통을 강조하면 의사소통은 가능하나 고급 수준의 언어 능력에 도달하는 데 어려움을 겪는다. 이러한 한계를 극복하기 위하여 의사소통을 강조하면서 의사소통 과정 중에 언어의 형태를 익히도록 유도하는 형태 초점 교수법이 등장하기도 했다. 그러므로 한국어 말하기 교육의 목표를 설정하기 위해서는 기존의 접근법 중 하나를 선택하기보다 이들을 참고하되 한국어 말하기 교육에 대한 역동적인 사회와 개인의 요구를 두루 살펴볼 필요가 있다.

한국어교육의 초창기에는 한국어 학습자들이 정확하게 그리고 유창하게 말할 수 있다면 그것으로도 충분했다. 그러나 한국어 학습자들이 크게 증가하며 그들이 상호작용하는 대화 상대방도 다양해졌다. 이로 인해 최근에는 시간, 장소, 대화 참여자 등 맥락을 고려하여 그에 적합한 내용을 생성하고, 상황에 적절한 구조로 조직하여 상대방과 상호작용할 수 있는 능력도 말하기 교육에서 강조되기 시작하였다. 또한 정보 기술이 발달하면서 문자, 그림, 동영상 등 다양한 기호 체계를 말할 때 융복합적으로 사용하는 경우가 빈번하다. 한국어 학습자도 이런 상황에 종종 놓이므로 매체 활용 능력까지 말하기 교육에서 다룰 필요가 있게 되었다. 이처럼 사회적 요구들이 말하기 교육 목표에 반영되고 있다.

한국어 학습자마다 한국어를 학습하는 목적이나 목표 수준이 다르다. 한국에 유학을 오기 위해 한국어를 배우기도 하며, 자신의 나라에서 한국인 관광객을 대상으로 안내를 하는 가이드가 되려고 한국어를 배우기도 한다. 또한 학습자가 목표로 하는 한국어 수준이 초급이냐 중급이냐에 따라 한국어 말하기 교육의 목표는 달라진다. 그리고 한국어를 외국어로 배우는 성인 학습자이냐 한국어를 제2언어 또는 모어로 배우는 다문화가정 자녀이냐에 따라 말하기 교육의 목표도 달라진다. 따라서 한국어 학습자의 목적, 수준, 배경 등 한국어 학습자의 개인적 요구도 한국어 말하기 교육 목표를 설정하는 데 고려해야 할 대상이다.

말하기 교육 목표를 설정하기 위해서 미국 외국어 교육(Standards for foreign language learning: preparing for the 21st century)의 목표인 5C(Communication, Cultures, Connections, Comparisons, Communities)를 참조할 만하다. 이는 외국어 교육의 목표가 외국어로 의사소통하는 능력을 넘어, 문화에 대한 학습, 타 학문과의 연계, 문화 간 비교, 다문화 사회 참여 등으로 확장되어야 함을 시사한다. 자국어 교육 분야에서도 화법 교육에 대한 관점을 '형식적(formal), 기능적(functional), 전통 문화적(cultural heritage), 비판적(critical), 개인적 성장(personal growth)' 관점으로 논의한 바 있다(민병곤, 2005). 여기에서 형식적 관점은 언어의 올바르며 정확한 사용을, 기능적 관점은 의사소통 목적 달성을 위한 전략과 방법의 활용을, 전통 문화적 관점은 문화유산의 계승을, 비판적 관점은 특정 언어문화에 대한 객관적이며 비판적인 수용 능력을, 그리고 개인적 성장 관점은 의사소통을 통한 사회 구성원으로서 필요한 습관과 태도의 함양을 강조한다. 이러한 논의는 의사 전달 능력을 전제로, 문화, 비판, 개인적 성장, 사회 참여, 타 학문과의 연계 등 폭넓은 영역을 아우른다는 점에서 한국어 말하기 교육의 사회적 요구와 맞닿아 있다. 지금까지 한국어 말하기 교육은 형식적 관점과 기능적 관점에

치우쳐왔던 것이 사실이다. 한국어 말하기 교육의 목표도 단순히 정확하고 유창하게 말하는 데에서 벗어나 사회적 요구와 개인적 요구의 변화를 수용하여 의사소통능력을 전제로 한 문화 이해, 개인적 성장 등으로 확장할 필요가 있다. 교육기관, 학습자, 교수자의 요구와 상황을 고려하면서 그에 적합한 한국어 말하기 교육 목표를 설정할 필요가 있다.

한국어 말하기 교육의 구체적인 목표를 정립하기 위해서는 우선 한국어 학습자가 한국어를 배우는 목적을 파악해야 한다. 일상생활에서 소통할 수 있는 한국어 능력의 함양이냐, 특정한 분야에서 한국어를 사용할 수 있는 능력의 획득에 있는가에 따라 한국어 말하기 교육의 목표는 다르다. 한국의 대중문화에 관심이 있어서 한국어를 배우는 학습자들은 일반 목적 한국어 교육에 해당하므로 일상생활에서 소통할 수 있는 말하기 능력을 길러주어야 한다. 그러나 한국의 대학원에 진학해 졸업한 후, 해당 분야에서 종사하려는 학습자들은 특수 목적 한국어 교육에 속하므로 자신의 분야에서 전문적으로 직무(학문 또는 비즈니스 등)를 수행할 수 있는 말하기 능력을 길러주어야 한다. 다음으로는 세부 목표의 구분 또는 분류 작업이 필요하다. Bloom의 전통적인 교육 목표 분류에서 태동한 지식, 기능, 태도를 따를 수도 있으며, 정확성, 유창성, 풍부성 등 말하기 능력을 평가하는 구인을 기초로 할 수도 있으며, 문법적 능력, 담화적 능력, 전략적 능력, 사회언어학적 능력 등 의사소통능력을 중심으로 할 수도 있다. 이 중 무엇을 기준으로 선택하느냐에 따라 세부 목표의 분류뿐만 아니라 세부 목표에 대한 진술이 달라진다.

2) 일반 목적 한국어 말하기 교육의 목표

일반 목적 한국어 교육의 경우, 구체적이며 실용적인 이유보다 일상생활에서 한국어로 소통하는 능력을 향상시키기 위해 한국어를 학습한다. 이러한 목적으로 인해 일상생활에서 빈번하게 접하는 주제, 어휘, 담화 유형, 기능 등을 쉬운 것부터 어려운 것으로, 단순한 것에서 복잡한 것으로 진행하는 것이 특징이다. 그렇기 때문에 일반적으로 '숙달도'와 밀접한 관계가 있다. 한국어 교육에서 숙달도에 대한 접근은 한국어능력시험[2]과 '국제 통용 한국어 교육 표준 모형'(김중섭 외, 2016)에서 확인할 수 있다. '국제 통용 한국어 교육 표준 모형'(2016)에서는 초급에 해당하는 1급부터 고급에 해당하는 6급까지 등급별 말하기 숙달도에 대한 구체적인 내용을 제시한 바 있다. '국제 통용 한국어 교육 표준 모형'(2010)과 비교했을 때, 달라진 점으로는 크게 세 가지를 꼽을 수 있다. 첫째, 등급별 기술을 목표와 내용으로 세분화하여 그 내용을 상세하게 기술하고 있다. 둘째, 말하기의 구어적 특징을 반영하여 대화 상황, 참여자 등의 정보를 추가하여 맥락성을 강조하고 있다. 셋째, 말하기가 표현 영역이라는 점을 고려하여 이해 영역에서 다루는 수준을 넘는 주제를 제시하지 않았다. 하지만 여전히 유사한 점은 주제와 발화의 길이가 두드러지게 보인다는 점이다. 초급(1-2급)은 관심사, 일상 등의 주제에 대해 비교적 짧은 대화를 할 수 있어야 하고, 중급(3-4급)은 친숙한 사회적 소재와 자신의 일상적 관심사에 대해 말할 수 있어야 하며, 이때 격식/비격식적 상황을 구분하여 말할 수 있는 능력을 갖추기 시작해야 한다. 고급(5-6급)은 친숙하지 않은 사회적·추상적 주제와 전문 분야에 대해 논리적으로 상세하게 말할 수 있

2 현재 한국어능력시험은 말하기 숙달도를 별도로 제시하지 않지 않고 있으므로 여기서는 '국제 통용 한국어 교육 표준 모형'에 따른 등급별 말하기 교육의 목표를 살펴보겠다.

어야 하며, 한국어 담화 구조를 잘 운용할 수 있어야 한나. 초급에서 고급으로 올라갈수록 발화의 길이가 길어지면서 담화 차원으로, 그리고 주제는 친숙하고 일상적인 것에서 전문적이고 사회적이고 추상적인 것으로 확장된다. 위의 내용을 통해 일반 목적 한국어에서 총괄적인 말하기 교육의 목표는 '대화 상황, 참여자, 격식성의 유무 등 맥락을 고려하여 다양한 주제에 대해 말할 수 있다'로 종합해 볼 수 있다.

3) 특수 목적 말하기 교육의 목표

학습자들이 특정 분야에서 한국어로 소통하는 능력을 함양하고자 할 때 이를 특수 목적의 한국어 교육[3]이라고 한다. 자신의 직업과 연계하여 한국어를 사용하려는 경우 직업 목적 한국어, 학업을 위해 필요한 한국어는 학문 목적 한국어, 선교를 위해 필요한 한국어는 선교 목적 한국어, 군사적인 용도로 활용하기 위해 한국어를 배우는 경우 군사 목적 한국어, 연구 자체를 목적으로 하는 경우 연구 목적 한국어, 한국으로 귀화하려는 또는 귀화한 사람들이 한국의 사회, 언어, 문화에 자연스럽게 적응하도록 도울 경우 사회 통합 목적 한국어, 관광을 위한 관광 한국어 등이 있다. [표 7-1]은 특수 목적에 따른 말하기 교육의 목표를 예시한 것이다.

3 특수 목적 한국어는 직업 목적과 학문 목적으로 대개 구분되는데, 민현식(2008)은 여기에 선교 목적을 추가한 바 있다. 최근 들어 한국 사회로 유입하는 외국인을 위한 사회 통합 목적 한국어, 현지에서 학습 수요가 높은 관광 한국어 등 특정 목적을 바탕으로 한국어를 배우려는 집단이 등장하면서 특수 목적 한국어 교육의 외연도 넓어지고 있다.

[표 7-1] 목적별 말하기 교육의 목표

직업 목적 한국어 교육	자신의 일을 성공적으로 수행하는 데 필요한 말하기 능력의 함양 및 향상
학문 목적 한국어 교육	학문 담화 공동체에서 수행해야 하는 말하기 능력의 함양 및 향상
사회 통합 목적 한국어 교육	가정, 직장, 지역, 학교 등 다양한 환경에서 만나는 사람들과 원만한 관계를 형성할 수 있는 말하기 능력의 함양 및 향상
선교 목적 한국어 교육	종교와 관련된 말하기 능력의 함양 및 향상
군사 목적 한국어 교육	군사적인 작전을 수행하기 위한 말하기 능력의 함양 및 향상
연구 목적 한국어 교육	연구를 수행하는 데 필요한 말하기 능력의 함양 및 향상
관광 한국어	여행 관련 사항이나 관광지와 관련된 내용을 말할 수 있는 능력의 함양 및 향상

이 중에서 직업 목적 한국어, 학문 목적 한국어, 사회 통합 목적 한국어를 중심으로 말하기 교육의 목표를 살펴보면 다음과 같다.

직업 목적 한국어 교육에서 말하기 교육의 목표는 자신의 일을 성공적으로 수행하는 데 필요한 말하기 능력을 향상시키는 데 있다. 공장에서 일하는 근로자라면 작업장 곳곳에 부착된 경고판이나 표지판에 쓰인 글을 읽고 안전에 주의를 기울일 수 있어야 하며, 함께 일하는 사람들과 문제없이 의사소통할 수 있어야 한다. 무역 업무를 담당하는 회사원이라면 무역과 관련된 어휘들을 숙지하여 거래처와 원활하게 소통해야 한다. 이처럼 직업 목적 한국어 교육에서는 업무와 관련된 어휘나 문법을 잘 이해하고 사용하며, 직장 상사, 동료, 거래처 직원 등 업무 관계자들과 원만한 관계를 유지하며 원활하게 소통할 수 있는 말하기 능력을 기르는 데 목표를 둔다.

학문 목적 한국어 교육에서 말하기 교육의 목표는 학문 담화 공동체에서 수행해야 하는 말하기 능력을 향상시키는 데 있다. 대학생이라면 교양 또는 전공 강의를 듣고 그 내용을 잘 이해하고, 강의 내용에 대해 질문하거나 교수의 질문에 답할 수 있어야 하며, 팀 프로젝트와 같은 과제에서 다른 조원들과 토의하는 과정 중에 자신의 의견도 피력하고 합의를 이뤄가며 과제를 성공적으로 수행해야 한다. 이처럼 학문 목적 한국어 교육에서는 강의, 과제 등의 학업과 관련된 말하기 능력, 행정 업무를 보거나 편의 시설을 이용하는 등 대학 생활과 관련된 말하기 능력, 학문 담화 공동체의 구성원들과 관계를 원만하게 형성할 수 있는 말하기 능력을 함양시키는 것을 목표로 한다.

사회 통합을 목적으로 하는 한국어 교육은 다른 언어 문화적 배경을 가지고 있는 사람들이 한국 사회·문화에 적응하며 한국어로 생활하는 데 어려움이 없도록 하는 데 목표가 있다. 다문화 가정 자녀를 위한 한국어 교육, 결혼 이민자를 위한 한국어 교육, 외국인 근로자 가정을 위한 한국어 교육, 탈북자를 위한 한국어 교육 등을 예로 들 수 있다. 여기에서 한국어 말하기 교육의 목표는 가정, 직장, 지역, 학교 등 다양한 환경에서 필요한 말하기 능력을 구사하며, 다양한 상황에서 만나는 사람들과 원만한 관계를 형성하는 데 있다.

3. 한국어 말하기 교육의 내용

1) 말하기 교육 내용의 범주와 체계

말하기 교육 내용을 수립하기 위해서는 교육 내용의 범주와 체계를 마련할 필요가 있다. 교육 내용의 범주와 체계를 구성하기 위해서는 말하기 능력을 구성하고 있는 요소는 무엇인지 그리고 말하기의 기제는 어떻게 이루어지는지 등 말하기 본질에 대한 다각적인 검토가 필요하다. 그러므로 여기에서는 말하기 구인에 대한 여러 연구자들의 논의와 말하기 기제에 대한 Levelt(1993)와 Bygate(2003)의 모형을 살펴보겠다.

(1) 말하기 능력의 구성 요소

말하기 능력을 구성하고 있는 요소는 말하기 능력을 의사소통 능력이라고 보느냐, 구어 능력이라고 보느냐에 따라 다르다. 우선 '말하기=의사소통 능력'이라는 입장(원진숙, 1992; 김정숙 외, 1993; 김양원, 1994; 전은주, 1997; 강승혜 외, 2006; 전나영 외, 2007)은 주로 Canale & Swain(1980), Canale(1983)과 Bachman & Palmer(1996)의 논의에 기반을 두고 있는데 이를 정리하면 [그림 7-1][4]과 같다.

4 Bagaric and Djigunovic (2007)의 도식을 인용하였다.

원진숙(1992), 김정숙 외(1993)는 문법적 능력, 담화 구성 능력, 사회언어학적 능력을 말하기 능력이라고 보았는데, 김양원(1994), 강승혜 외(2006)는 여기에 전략적 능력을 추가하였다. 전은주(1997)는 ACTFL에 대한 비판을 시작으로 Canale & Swain(1980), Bachman & Palmer(1996)에 기반하여 '발화 능력'을 정의한 후, 발화 능력의 구성 요소의 지위와 분류를 재조직하여 문법 능력, 어휘 능력, 발음 능력, 구성력, 사회 언어학적 능력, 의사소통 전략과 상호작용, 과제수행력을 평가 범주로 제시하였다. 전나영 외(2007)는 언어적 능력(음

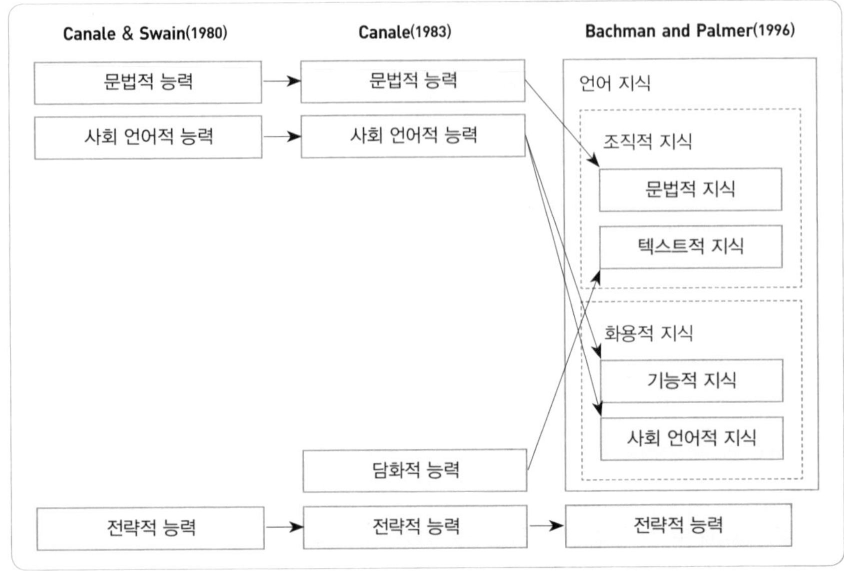

[그림 7-1] 의사소통 능력

운, 문법, 어휘, 담화), 화용적 능력(기능적 능력, 사회 문화적 능력)을 제시하였다. 이러한 접근은 말하기 능력의 거시적인 측면, 언어적 속성을 잘 이해할 수 있지만, 말하기의 즉흥적이며, 상호작용적이며, 구어적인 특성을 잘 드러내지 않는다는 점에서 한계가 있다.

이에 반해 말하기에 나타나는 구어적 특성을 강조하는 입장(이영식, 2004; 강승혜, 2005; 김정숙 외, 2006; 지현숙, 2006; 장경희, 2006)에서는 상호작용성, 유창성, 과제 수행 능력, 전략 등을 말하기의 능력으로 명시하여 좀 더 역동적이며 입체적인 말하기의 본질을 드러내고 있다. 이영식(2004)은 의사소통 능력, 과제 실현성, 대화의 적절성, 언어의 풍부함, 유창성, 정확성, 강승혜 외(2005)는 유창성, 정확성, 적절성, 논리성, 기타(표현의 독창성, 준비성, 태도, 전달 능력 등), 김정숙 외(2006)는 과제 수행, 주제, 내용 구성, 어휘·문법, 발음, 유창성, 사회 언어적 능력을 제시하였다. 지현숙(2006)은 수험자 내 구인과 수험자 간 구인을 구분하였는데 수험자 내 구인으로 발음, 어휘, 문법, 내용 조직을, 수험자 간 구인으로 상호작용 태도, 담화 운용, 전략을 제시하였다.

이외에도 외국어 능력 평가의 구인을 바탕으로 한국어 말하기 능력의 구인을 도출한 논의(공일주, 1993; 정광 외, 1994; 정화영, 1999)를 살펴보면 과제와 기능, 맥락과 내용, 상호작용성, 전략, 적절성 등을 언급하고 있다. 공일주(1993)는 ACTFL을, 정화영(1999)는 FSI를 기반으로 말하기 능력의 범주를 구성하였다. 공일주(1993)는 과제와 기능, 맥락과 내용, 정확성, 담화형, 정화영(1999)은 상호작용 이해력, 구조의 적절성, 어휘의 적절성, 사회 언어적·문화적 적절성, 상호작용적 전략, 유창성을 제시하였다.

Canale & Swain에서 Bachman & Palmer로 이어지는 '의사소통 능력'의 계보가 말하기 능력의 밑바탕을 이루고 있다는 사실은 부정할 수 없지만, 말하기 능력을 논할 때 말하기의 본질적인 특성을 드러내는 대화의 적절성, 전달 능력, 대화 운용 능력 등을 포괄하는 상호작용성을 간과해서는 안 된다.

(2) 말하기의 기제

Bygate(2008: 82)는 구어를 산출하는 데는 지식과 기술이 통합적으로 필요하다고 보았다. 말할 내용을 계획하는 단계에서는 정보나 상호작용, 담화 유형에 대한 지식 등을 바탕으로 내용을 생성하고, 계획 단계 이후에는 어휘, 구절, 문법 자원에 대한 지식을 바탕으로 필요한 항목을 선택하며, 이를 문법 규칙이나 발음 규칙에 대한 지식을 토대로 산출 기제를 통해 입말로 표현한다. 각 단계에는 지식뿐만 아니라 기술도 동시에 작용한다. 계획 단계에서는 정보나 상호작용을 계획하고, 말할 기회를 얻어내는 기술이 필요하다. 선택 단계에서는 의미를 명확하게 전달하기 위해 절차적으로 어휘 자원을 고르는 기술이 필요하며, 마지막으로 산출 단계에서는 발화를 촉진하거나 보충하거나 정확성을 높이고자 하는 기술이 필요하다. 이를 도식화하면 [그림 7-2]와 같다.

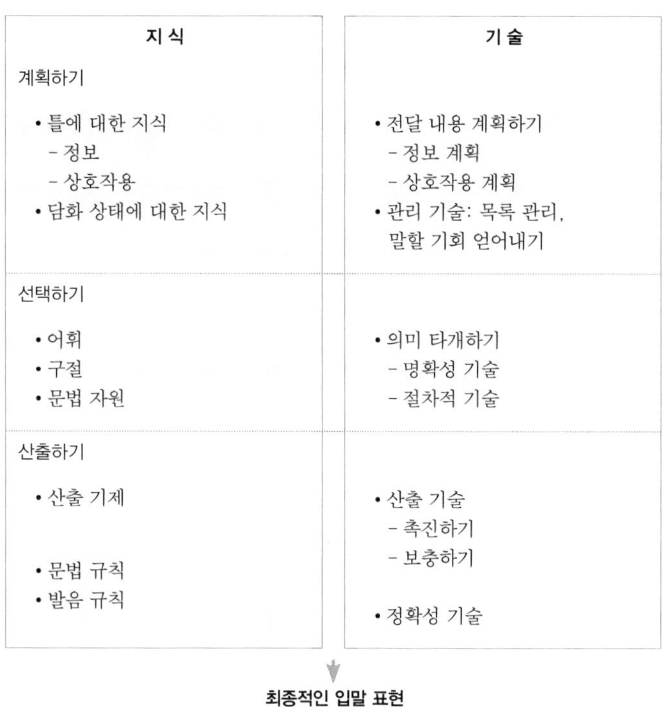

[그림 7-2] Bygate(2003)의 말하기 모형

Levelt는 화자가 정보 처리기와 대화 참여자로서의 역할을 한다고 보았다. 그는 메시지를 지각하는 일부터 조음하기까지를 정보 처리기로서의 화자가 겪는 과정으로, 화자와 청자가 메시지를 주고받고 해석하는 것을 대화 참여자로서의 화자가 경험하는 과정으로 보았다.

정보 처리기의 관점에서는 언어 산출에 주목하였다. 말소리의 생성, 즉 언어 산출의 단계를 '메시지 생성 - 문법 부호화 - 음운 부호화 - 조음하기'로 설명한다. 화자는 개념 형성기를 통해 메시지를 생성하는데 이때 담화 모형, 상황 지식, 백과사전 지식 등이 관여한다. 그리고 생성된 메시지는 언어화 이전의 메시지로서 언어 형식 주조기를 거쳐야만 비로소 부호화된다. 머릿속 어휘부를 작동하여 문법과 음운을 부호화하며 이렇게 음성 계획이 완료되면 조음 기관을 통해 말소리로 표출된다. 그리고 화자는 외현으로 표현된 말소리를 스스로 점검하고 고치기도 한다. 그리고 청자가 잘 이해했는지 상대방의 반응을 살핀다. 대화 참여자적 측면에서는 화자와 청자가 시공간이라는 맥락을 공유하며 맥락 의존적인 지시 표현들을 사용한다. 그리고 대화 행위를 지배하는 일정한 규칙과 체계를 준수하며 협력적으로 상호작용한다. 형태, 의미, 통사적 해석을 넘어 언어 사용 그 자체, 즉 화용적인 특질을 활용하여 말하고, 그 의미를 해석하는 과정을 쉴 새 없이 거친다. [그림 7-3]은 이러한 과정을 도해한 것이다.

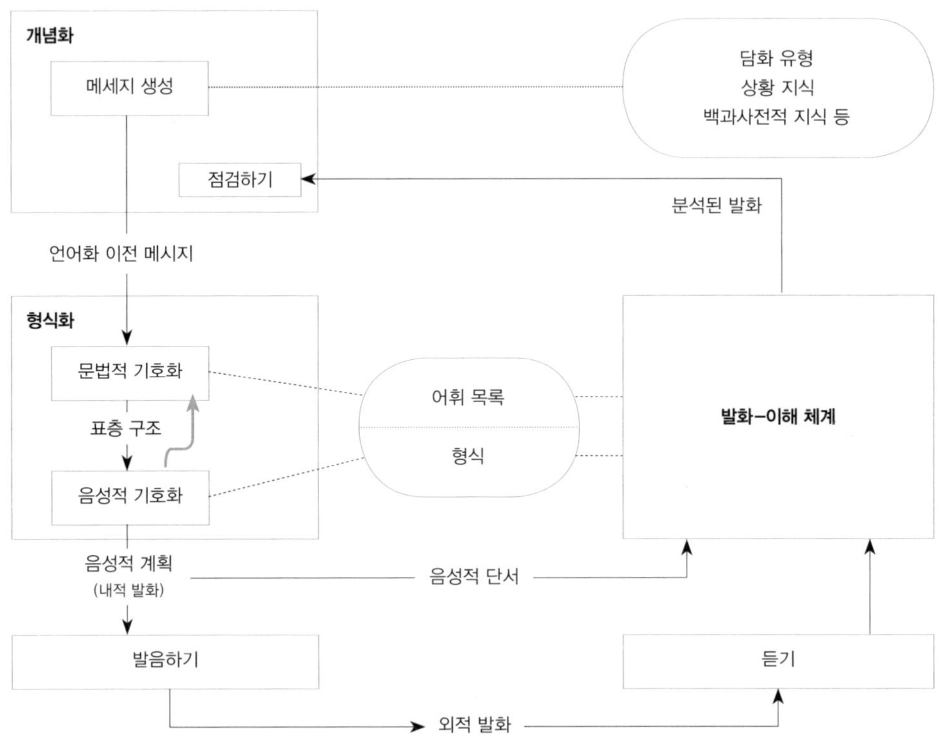

[그림 7-3] Levelt(2005)의 말하기 모형

Bygate의 논의는 말하기 전 단계에서 일어나는 화자의 심리적 과정을 설명하고 있으며, Levelt는 이러한 인지적 과정은 물론 청자의 반응을 살펴 이해 여부를 점검하는 단계까지를 산출의 범위에 포함하여 말하기 과정을 설명하고 있다. 이처럼 말하기의 내용과 형태는 상황 의존적이며 대화 참여자에 따라 계속 재조정될 수 있으므로 화자는 외적 맥락과 상황을 지속적으로 점검하며 말하기에 이를 반영해야 한다. 내용과 더불어 대화 참여자 간의 관계까지도 적절하게 조절하면서 말하기를 수행해야 한다.

말하기 능력과 말하기의 기제와 관련된 논의를 정리하면, 화자는 담화 유형, 언어 문화적 배경, 백과사전적 지식을 바탕으로 말하고자 하는 의미를 생성한 후, 어휘, 발음, 문법 등의 언어적 자원을 선택하여 말하고자 하는 내용을 기호화하는 심리적 과정을 거치고, 소리를 만들어 내기 위해 심동적(psychomotor) 기술을 사용하여 의미를 밖으로 표현한다. 화자는 홀로 독백을 할 수도 있으나 대개의 경우 한 명 또는 두 명 이상의 상대와 대화를 한다. 이 경우 대화 상대방과 상호작용하면서 의미를 협상하는 과정에서 의미를 확인하거나 발화 순서를 교대하는 전략이 필요하다. 그리고 목표 언어의 사회 문화적 맥락에 대한 이해를 바탕으로 자신의 언어와 비교하면서 한국의 언어 문화를 비판적으로 수용하는 태도, 또한 말하기 연습을 개인적 성장을 위한 계기로 활용하는 태도도 중요하다.

이를 바탕으로 말하기 교육의 내용 범주를 도출하면 '담화, 언어적 자질, 인지·기능적 전략, 사회 문화적 맥락'으로 정리할 수 있다. 담화는 담화 유형의 특성과 구조를 알고 운용하는 것에 해당하는 것으로 대화, 면접, 토의, 토론, 협상, 칭찬 등을 포함한다. 언어적 자질은 발음, 어휘, 문법, 담화 표지어 등을 포함한다. 다음으로 인지·기능적 전략은 내용의 생성, 내용의 조직, 언어 표현의 선택, 수정, 보완, 수사적 전략의 사용, 조음, 청자와의 의미 협상 등을 포함한다. 사회 문화적 맥락은 청자와의 상호작용, 한국어의 언어 문화적 측면의 반영 등을 포함한다.

2) 말하기 교육 내용 구성의 실제

'국제 통용 한국어 교육 표준 모형'(2016)에 제시된 등급별 말하기 교육의 구체적인 내용을 보면, 대화(묻고 답하기), 토론, 대담, 온·오프라인 담화 등이 명시되어 있는데 이는 내용 범주 중 담화에 속하고, 발음, 대우법 등은 언어적 자질에, 생각이나 의견 말하기 등은 인지·기능적 전략에, 격식적, 비격식적 상황 등은 사회 문화적 맥락에 속한다. 그러나 이는 구체적인 교육의 내용이라기보다 등급별 목표를 달성하기 위한 가장 핵심적인 내용만을 추려놓은 것이므로 실제적으로 적용할 수 있는 교육 내용 체계를 마련하기 위한 기초로는 미흡하다.

교육 내용 요소를 내용 범주에 따라 재구성하면 아래 [표 7-2]와 같다.

[표 7-2] 일반 목적 한국어 교육의 말하기 교육 내용

내용 범주	내용 요소
담화	대화, 발표, 면담, 면접, 토의, 토론, 협상 등
언어적 자질	어휘, 문법, 발음, 담화 표지어 등
인지·기능적 전략	주제나 입장의 선택과 표현, 내용의 생성과 조직, 청자를 고려한 내용 선택, 수정, 보완, 수사적 전략의 구사, 발화 유지 기술, 명료화 기술 등
사회 문화적 맥락	담화 공동체의 관습 반영, 한국 언어·문화에 대한 비판적 수용, 대화 참여자 간의 사회적 상호작용 등

담화는 대화, 발표, 면담, 면접, 토의, 토론, 협상 등 다양한 담화 유형을 내용 요소로 선정하였다. 한국어 학습자는 다양한 담화 유형의 특성과 구조에 대한 지식과 이를 운용할 수 있어야 하기 때문이다. 언어적 자질은 주로 어휘, 문법, 표현 등의 언어적 자원을 내용 요소로 한다. 인지·기능적 전략은 주제나 입장의 선택과 표현, 내용의 생성과 조직, 청자를 고려한 내용 선택, 수정, 보완, 수사적 전략의 구사, 발화 유지 기술, 명료화 기술 등 화자의 머릿속에서 일어나는 인지적 과정, 그것이 조음 기관을 거쳐 표현되는 심동적 기술, 상대와 상호작용하는 기능과 전략이 내용 요소이다. 사회 문화적 맥락은 담화 공동체의 관습을 발화에 반영하고, 한국의 언어 문화를 비판적으로 수용하며, 대화 참여자의 사회 문화적 배경을 고려하여 원활하게 상호작용할 수 있는 지식과 수행 능력을 기를 수 있는 내용을 교육 내용 요소로 선정했다.

이러한 교육 내용은 말하기 수행 과정을 중시하고 담화를 강조하였다는 점에서 조수진

(2007)의 말하기 교수 내용 선정의 원리와도 연결된다. 지식과 기능의 결합으로서의 담화를 강조하는 담화 중심의 원리, 말하기의 특성과 구조를 반영하며 능동적 수행의 가능성과 경험을 제공하는 실제성의 원리를 말하기 교수 내용 선정 원리로 제시한 바 있다.

학문 목적 한국어 교육에서 고급 한국어 학습자를 대상으로 하는 담화 유형 중 '발표'를 위한 교육 내용 구성의 사례를 홍은실(2014: 190-191)을 바탕으로 살펴보자. 비언어적 표현과 매체 언어를 포함하여 담화, 언어적 자질, 인지·기능적 전략, 사회 문화적 맥락에 해당하는 교육 내용 요소를 정리하면 [표 7-3]과 같다.

[표 7-3] 학문 목적 한국어 발표를 위한 교육 내용 구성(홍은실, 2014)

내용 범주	내용 요소
담화	• 학문 목적 발표의 본질 이해 - 담화의 특성 • 학문 목적 발표의 형식 구조
언어적 자질	• 학문 목적 발표의 본질 이해 - 학문 목적 발표의 수사적 특질 • 학문 목적 발표의 표현 - 적확한 표현 - 다양한 표현 - 유창한 발화 • 매체 언어의 형식
인지·기능적 전략	• 학문 목적 발표의 내용 생성 - 주제의 범위 선정 - 자료의 수집 - 내용 선정 • 학문 목적 발표의 내용 조직 - 학문 목적 발표의 주제 전개 방식 - 학문 목적 발표의 형식 및 의미 구조 - 소주제와 설명부의 연결 • 비언어적 표현의 활용 • 매체 언어의 선택과 활용
사회 문화적 맥락	• 학문 목적 발표의 본질 이해 - 학문 목적 발표의 맥락 • 학문 목적 발표의 태도 - 발표자의 역할 - 발표자의 자세

[표 7-3]에서 제시한 '발표' 교육을 위한 내용 범주 중 '담화'의 내용 요소는 학문 목적 발표라는 담화의 특성과 학문 목적 발표 담화의 구조이다. 언어적 자질은 주로 발음, 어휘, 문법과 관련된 내용으로 그 구체적인 내용 요소를 보면 다음과 같다. 발음, 어휘, 문법 측면에서 적확하며, 다양한 표현을 사용하고 유창하게 발화를 할 수 있도록 교육해야 한다. 인지·기능적 전략은 주로 내용을 생성하고 조직하는 측면과 밀접한 관련이 있으며 전략적인 부분과도 관련이 있다. 학문 목적 발표를 위한 내용을 생성할 때는 주제의 범위를 적절하게 선정하고, 신뢰할 만한 자료를 효율적으로 수집하며, 필요한 내용을 선정하는 과정을 거친다. 그리고 내용을 조직할 때는 학문 목적 발표의 주제 전개 방식, 형식 및 의미 구조, 소주제부와 설명부의 연결 등에 대한 지식을 바탕으로 그에 적합하게 발표 내용을 구성한다. 또한 효과적인 발표를 위해 비언어적 표현의 활용, 매체 언어의 선택과 활용 같은 전략적 측면도 교육 내용으로 담아야 한다. 마지막으로 사회 문화적 맥락의 내용 요소로는 학문 목적 발표의 본질 중에서도 학문 목적 발표의 기능, 학문 목적 발표가 가지고 있는 다층적 목적성, 청중과 발표자의 학문 담화 공동체로서의 속성 등과 같은 학문 목적 발표의 맥락에 대한 이해가 필요하며, 여기에서 수행해야 할 발표자의 역할, 발표자로서 가져야 하는 자세 등에 대한 분명한 이해가 있어야 한다.

4. 한국어 말하기 교육의 방법

한국어 학습자들의 한국어 말하기 능력을 향상시키려면 교수자는 말하기 수업 모형, 수업 활동, 그리고 학습자의 오류를 다루는 방법에 대한 이해가 필요하다.

1) 말하기 교수·학습의 모형

한국어 말하기 교육에서 보편적으로 사용되는 모형으로는 'PPP 모형'(Byrne, 1976)과

'TTT 모형'(Willis, 1996)이 있다. PPP 모형은 청화식 교수법에서 전통적으로 일련의 교수 절차로 채택해 왔다.[5] PPP 모형은 학습 내용을 제시하는 단계(Presentation), 형태적 측면을 반복적으로 연습하는 단계(Practice), 의미에 초점을 두고 언어를 사용하는 수행(Production)의 단계를 거친다. PPP 모형에 기반한 교수·학습은 기본적으로 교사 중심이며 문법 중심이었기 때문에 문법 또는 말하기 지식이나 기술을 분절적으로 익히는 데는 효과적이지만 언어를 창의적으로 사용할 수 있는 능력과 실제적인 말하기 수행 능력을 향상시키기에는 한계가 있었다.

5 Anderson(2017: 218-219)은 마지막 수행 단계가 청화식 교수법과는 지향하는 바가 다르다고 주장하면서 PPP 모형이 행동주의나 청화식 교수법에서 유래한 것이 아니라는 견해를 제시하기도 하였다.

이러한 한계를 극복하기 위해서 '과제'(task)라는 개념이 등장하였다. 과제라는 용어는 1950년대에 직업 교육이나 군사 기술과 관련되어 어떤 업무를 수행하는 데 필요한 구체적인 업무의 단위를 뜻하는 말로 등장하였다(Richards & Rodgers, 2001: 225). 이후 분절적이며 기계적인 말하기 수업보다 실제 상황에서 소통할 수 있는 능력을 강조하는 의사소통 중심의 접근법이 등장하면서 과제라는 개념이 더욱 부각되었다. 과제는 '학습자들이 주어진 정보를 가지고 사고 과정을 거쳐 결과물을 얻어내는 활동'(Prabhu, 1987), '의미를 중심으로 하는 의사소통 행위를 위한 모든 이해, 처리, 생산, 대응 활동'(Nunan, 1991)이라고 정의된 바 있다. 이처럼 과제 중심 수업에서는 언어의 구조나 기능보다는 학습자들이 해결하거나 수행해야 할 과제에 초점을 두었다. 학습자들이 명확한 결과를 산출하는 다양한 과제를 수행해야만 언어 학습이 촉진된다고 보았기 때문이다(Larsen-Freeman, 2001: 156).

과제 중심 교수·학습 모형 중 가장 대표적인 것이 TTT 모형이다. TTT 모형은 과제를 소개하고 준비하는 과제 1(Task), 오류 수정 중심의 문법 교육을 하는 교수(Teach), 과제 1과 유사한 과제를 수행하고 발표하는 과제 2(Task) 단계를 거친다. 첫 번째 과제 단계에서는 자신이 가지고 있는 언어 지식으로 유의미한 의사소통을 함으로써 앞으로 수행해야 할 과제에 필요한 언어 능력에 대해 자각하는 단계이다. 학습자가 자신에게 어떤 언어 능력이 필요한지 스스로 인식하기 때문에 학습 동기가 유발되어 앞으로의 수업 활동에 좀 더 흥미를 가지고 적극적으로 임할 수 있게 된다. 다음으로 이어지는 교수 단계에서는 첫 번째 과제를 수행하면서 학습자가 어려움을 겪거나 오류를 나타냈던 부분들에 대해 암시를 하거나 오류를 수정하는 등 도움을 제공함으로써 학습자가 필요한 부분을 익힐 수 있도록 한다. 마지막 단계에서는 학습자가 첫 번째 과제와 유사한 과제를 다시 수행하면서 앞에서 배운 내용을 적용하는 단계이다. TTT 모형은 교사 중심이었던 PPP 모형과 달리 학습자 중심이며, 실생활에 필요한 의사소통 능력을 함양할 수 있다는 장점이 있다. 그러나 학습자 측면에서는 첫 번째 과제 단계에서 자신의 제한적인 언어 능력으로 과제를 해결해야 하기에 부담이 크다는 점, 교수자 측면에서는 과제를 선정하거나 배열하기가 어렵다는 점이 단점이다.

지금까지 살펴본 PPP 모형과 TTT 모형은 말하기의 형식, 기능, 전략을 중시하고 있으나, 맥락이나 학습자의 주체적인 역할, 학습자 간 협업 등의 측면은 간과하고 있다. 맥락, 학습자의 역할, 학습자 간 협업을 일부 포함하고 있는 전통적인 교수법으로는 협력적 언어 학습, 공동체 언어 학습 등이 있다. 그러나 이들은 교실에서의 의사소통 맥락을 통해 의미를 이해하거나 의미를 구성하는 학습자 간 협업을 중시하기는 하지만, 교실 밖 의사소통의 맥락을 익힐 수 있다거나 학습자가 의사소통 활동을 주도하는 데는 한계가 있다. 또한 말하기에만 초점을 둔 수업 모형이 아니라 외국어 교수법이라는 점과 한국어 말하기 교육에서의 효과가 검증된 바는 없다는 점에서 한국어 말하기 교육에 바로 적용되기에는 무리가 있다. 그러므로 여기에서는 맥락과 학습자를 강조하는 '반성적 경험을 통한 말하기 교수 모형'과 '학문 목적 발표 교육 모형'을 소개하고자 한다.

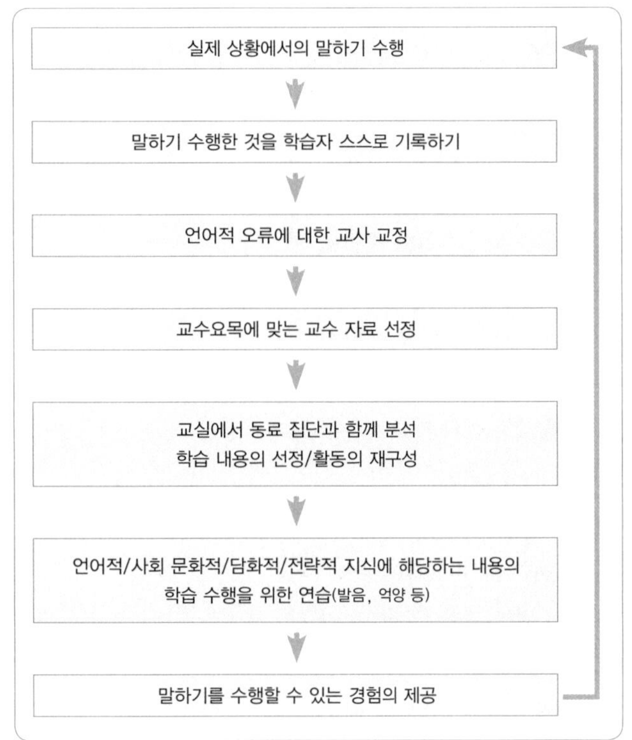

[그림 7-4] 반성적 경험을 통한 말하기 교수 모형(조수진, 2007)

'반성적 경험을 통한 말하기 교수 모형'(조수진, 2007)은 학습자가 자신의 말하기 수행을 기록하고, 이를 교사와 학습자와 함께 분석한 후, 다시 말하기 수행을 경험한다는 점에서 앞에서 살펴본 모형들과 차이가 있다.

학습자가 실제 상황에서 말하기 수행한 것을 교수 자료로 삼는다는 점에서 교실 안과 밖의 의사소통 맥락을 모두 포함하고 있다. 실제 상황에서 수행한 말하기를 학습자는 메타언어적 차원에서 기록하고, 교사는 이를 살펴보고 언어적 오류에 대한 피드백을 제공한다. 그리고 교수요목과 일치하는 교수 자료를 선정하여 교실에서 동료 집단과 함께 분석하면서 학습 내용을 선정하고 활동을 재구성한다. 그리고 이를 바탕으로 언어적, 사회 문화적, 담화적, 전략적 지식에 해당하는 내용을 학습한 후, 연습이 필요한 부분에서 연습 활동을 하고, 마지막으로 학습자 전체에게 다시 한 번 말하기를 수행할 수 있는 경험을 제공한다.

다음으로 '학문 목적 발표 교육 모형'(홍은실, 2014)은 학부 과정 한국어 학습자를 대상으로 하는 공통 기본 수업과 학습자 수준 및 유형별 지도 방안으로 구성된다. 학습자 수준과 유형을 진단하여 그에 따라 지도를 한다는 점에서 다른 말하기 수업 모형과 차이가 있다. 또한 공통 기본 수업은 '1단계: 예비 발표하기 → 2단계: 모범 발표 사례 경험하기 → 3단계: 재발표하기 → 4단계: 토의하기'로 구성되어 학습자들의 주체적인 역할과 학습자 간 협업을 강조하고 있다.

1단계
예비 발표하기
참여
• 학습자: 주어진 발표 과제 수행
• 교수자: 녹화, 발표 수준 및 유형 분류
2단계
모범 발표 사례 경험하기
협력
• 학습자: 모범 발표 사례 관찰 후 특징 분석
• 교수자: 모범 발표 사례 선정 및 자료 제시 혹은 시연
3단계
재발표하기
협력+참여
• 학습자: 소그룹에서 동료 학습자와 협력, 협의하여 예비 발표 수정하기 ⇨ 발표 수행하기, 동료 학습자의 발표 관찰
• 교수자: 적절한 도움 제공 및 녹화
4단계
토의하기
협력
• 재발표한 결과에 대해 학습자와 교수자가 토의

[그림 7-5] 학문 목적 발표 교육 모형(홍은실, 2014)

공통 기본 수업은 전 단계에 걸쳐 학부 과정 한국어 학습자가 학문 목적 발표 장르를 생성하는 '참여' 그리고 학문 목적 발표의 생성 과정 및 결과에 대해 학문 담화 공동체 구성원들과 토의하며 지원을 얻는 '협력'을 통해 학문 목적 발표 장르의 속성을 인식하고 경험할 수 있다. 그리고 학습자들이 자신의 발표를 동료 학습자의 발표, 모범 사례와 견주어 봄으로써 학문 목적 발표 장르의 속성을 자연스럽게 이해하도록 한다.

2) 말하기 교수·학습의 활동

말하기 교수·학습 활동은 특정 말하기 교수·학습 모형에 의존적이지 않으며 여러 교수·학습 모형의 연습이나 수행 단계에서 광범위하게 사용할 수 있다. 이때에는 교사, 맥락, 환경, 학생, 내용, 매체 등을 종합적으로 고려하여 교수·학습 활동을 선정하고, 효과적으로 활용해야 한다.

다양한 말하기 교수·학습 활동이 존재하는데 여기에서는 학습자 참여, 의사소통 과정, 교육 내용 요소에 따른 유형을 정리하겠다. 먼저 학습자 참여의 형태에 따라 개인 활동과 상호작용 활동으로 구분할 수 있다. 개인 활동에는 주로 문법 구조를 반복적으로 연습하거나 어휘를 기계적으로 연습하는 활동이 있다. 상호작용을 강조한 활동으로는 정보 차(information gap) 활동, 직소(jigsaw) 활동, 역할극(role play), 게임 등이 있다.

[표 7-4] 대표적인 말하기 교수·학습 활동

정보 차 활동	참여한 사람들 사이에 정보 격차를 두고, 말하기를 통해 그 간극을 메우는 활동
직소 활동	양방향 정보 차 활동, 학습자가 서로 다른 정보를 가지고 서로의 정보를 모아야 전체 내용이 완성되는 활동
역할극	구체적 상황 맥락 속에서 다양한 역할을 맡아 말하기를 수행하는 활동
게임	학습자가 게임에 참여함과 동시에 말하기 연습이 되는 활동으로 오락적 요소가 강함

정보 차 활동은 활동에 참여한 사람들 사이에 정보 격차를 두고, 그 간극을 말하기를 통해 메우도록 하는 활동이다. 이 경우 한 사람만 정보를 가지고 있고, 다른 사람은 정보를 가지지 않도록 활동을 구성한다. 예를 들어 '앞, 뒤, 옆, 위, 아래' 등 위치를 나타내는 표현을 연습하고자 할 때 한 사람에게는 사물의 위치가 그려진 방 그림을 주고, 나머지 한 사람에게는 사물의 위치가 표시되지 않은 빈방 그림을 준 후, 서로 대화를 통해 물건들의 위치를 찾게 한다.

직소 활동은 양방향 정보 차 활동이라고도 하는데, 학습자가 서로 다른 정보를 가지고 있어 서로의 정보를 모아야 전체 내용이 완성되는 활동이다. 예를 들어 두 사람이 장을 보러 가기로 할 때 물품 목록은 동일하게 주지만 개수나 가격에 대한 정보는 서로 엇갈리게 제공한 후, 질문과 대답을 통해 장 볼 목록을 완성하게 한다.

역할극은 학습자들이 다양한 역할을 맡아 말하기를 수행함으로써 구체적인 상황 맥락 안에서의 상호작용을 배울 수 있는 활동이다. 교사가 역할극의 상황, 대본, 문형 등을 통제할 수도 있고, 교사가 상황만 제시하고 학습자들이 자율적으로 말하기 기능을 수행할 수도 있다. 예를 들어 여행을 가기 위해 여행 계획을 논의하는 친구들 간의 토의, 여행사 직원과 고객이 되어 숙소나 교통편을 예약하는 전화 통화, 환전하려는 여행객과 은행 직원의 대화 등 다양한 상황에서 여러 역할을 수행하면서 실제 장면에서의 언어 사용을 경험할 수 있다.

게임은 학습자가 게임에 참여함과 동시에 말하기 연습이 되는 활동이다. 오락적 요소가 강하기 때문에 학습자들의 흥미를 유발하며 교실에는 긴장감을 불러와 생동감 있는 수업이 되도록 돕는다. 자주 활용되는 게임으로는 스무고개나 스피드 퀴즈 등과 같이 유창성에 초점을 둔 추측 게임, 그림이나 이야기를 다시 말하기, 릴레이로 이야기 만들기 등 내용 전달에 초점을 둔 기억 게임 등이 있다.

다음으로 의사소통 과정에 대한 말하기 교수·학습 활동에 대한 논의는 Rivers & Temperley(1978)와 Littlewood(1981)가 있다. Rivers & Temperley(1978)는 언어는 기능 습득(skill-getting)과 기능 사용(skill-using)의 과정을 거쳐 학습된다고 보고 이를 바탕으로 말하기 교수·학습 활동을 정리하였는데, 그 내용은 [표 7-5]와 같다.

[표 7-5] Rivers & Temperly(1987)의 말하기 활동 유형

의사소통 학습의 과정			활동 유형
기능 습득	인지 (지식)	지각(단위, 범주, 기능)	문법 연습 활동
		추상화(범주와 기능을 연결, 규칙 내재화)	
	생산 (유사 의사소통)	조음(소리의 연결 연습)	구조화된 상호작용 활동
		구성(의사소통 연습)	
기능 사용	상호작용 (실제 의사소통)	수용(메시지 이해)	실제적인 상호작용 활동
		표현(개인적 의미 전달)	

기능 습득은 언어 단위, 범주, 기능에 대해 지각하고 이와 관련된 규칙을 내재화하는 '인지'와 소리와 의사소통에 대한 연습 단계인 '산출'을 통해 일어난다고 보았다. 그리고 기능

사용은 전달된 내용, 메시지를 이해하고 자신의 메시지를 표현하는 상호작용이 가능해야 한다고 보았다. 그러나 이러한 단계들은 실제적인 의사소통이 아니라 인위적 의사소통으로서, 실제 의사소통에 적용될 수 있는 능력을 기르는 과정이다. 이러한 능력을 기르기 위해서는 문법 학습을 위한 구두 연습 활동, 교사가 다양한 구조를 연습하도록 돕는 구조화된 상호작용 활동, 실제 의사소통과 동일한 자율적 상호작용 활동이 이루어져야 한다고 보았다.

Littlewood(1981)는 교사는 '수동적 관찰자'나 '대화 참여자'(co-communicator)의 역할에 머물러 학습자가 능동적으로 언어를 습득하는 것을 지향하였다. 그래서 의사소통 학습 과정을 전(前) 의사소통적 활동과 의사소통적 활동의 두 단계로 구분하였다. 이를 정리하면 아래 [표 7-6]과 같다.

[표 7-6] Littlewood(1981)의 의사소통적 활동

전 의사소통적 활동 Pre-communicative activities	의사소통적 활동 Communicative activities
구조화된 활동 Structural activities	기능적 의사소통 활동 Functional communication activities
유사 의사소통적 활동 Quasi-communicative activities	사회적 상호작용 활동 Social interaction activities

전 의사소통적 활동은 교사가 말하는 데 필요한 지식이나 기술의 요소를 분절화하여 학습자들이 연습할 수 있는 기회를 제공하는 예비 단계이다. 여기에는 문법 구조 중심으로 연습하는 구조화된 활동과 전형적인 회화를 연습하는 유사 의사소통적 활동이 있다. 다음으로 의사소통적 활동은 전 의사소통적 활동 단계에서 연습한 것을 종합하는 단계로 의미 전달에 중점을 둔다. 여기에는 정보 차이를 극복하거나 문제를 해결하는 기능적 의사소통 활동과 사회적 맥락 속에서 역할극을 해보는 사회적 상호작용 활동이 있다.

교육 내용 요소에 따른 말하기 교수·학습 활동은 각 교육 내용 요소의 본질적 특수성으로 인해 일관된 활동 분류의 기준을 설정하기는 어렵다. 다만 담화, 언어적 자질, 인지·기능적 전략, 사회 문화적 맥락 등 각 내용 범주에 속하는 교육 내용 요소를 연습할 수 있는 단편적인 활동의 예를 들 수 있다. 예를 들어 언어적 자질에 속하는 발음을 가르칠 경우 최소 대립쌍을 이용하여 음절의 차이로 인한 의미의 차이를 인식하고 단어 카드를 고르거나, 귓속말로 특정 단어를 전달하여 정답을 맞추는 게임 등을 할 수 있다. 목표 문법을 익히는 활동으로는 목표 문법이 들어간 질문과 대답을 연습하도록 교실을 돌아다니면서 인터뷰하는 활동이나 목표 문법을 사용하는 역할극 등을 할 수 있다. 인지·기능적 전략에 속하는 발화 유지 기술을 연마하려면 가상의 문제를 해결하기 위해 토의하는 활동을 할 수 있으며, 주제를 정하거나 내용을 구성하는 연습을 하려면 발표하는 활동을 할 수도 있다. 사회 문화적 맥락에 속하는 담화 공동체의 관습을 익히려면 말하기 장르에 나타나는 관습을 찾아보고 이에 대해 비판적으로 수용하는 태도를 취하며 의견을 교환하는 활동을 할 수 있다.

말하기 교수·학습에서 중요한 또 하나의 문제는 오류에 대한 문제이다. 오류를 처치할 것인가를 결정하려면 우선 학습자의 발화가 오류인지 아닌지를 판별해야 한다. 일반적으

로 오류 판별의 기준은 '정확성'을 전제로 한다. 즉 목표 언어의 체계나 규범에서 벗어난 것을 오류라고 본다. 그러나 청자가 화자의 의도를 이해할 수 있다면 이때는 정확성보다는 '이해 가능성'에 주목하여 오류라고 판별하는 기준을 완화하기도 한다. 또한 화자가 메시지를 청자에게 잘 전달했으나 화용론적 차원에서 실수가 있었다면 '상황 적절성'에 주목하여 오류로 판정하는 기준을 상당히 낮춰주기도 한다. 이처럼 오류는 일반적으로 정확성을 전제로 하지만 이해 가능성이나 상황 적절성을 포함하여 판단하기도 한다. 때에 따라서는 초급 수업에서 상당히 인위적이고 어색한 한국어를 학습자가 말해도 그 발화가 수업의 목표에 종속되는 것이라면 용인하고 넘어가기도 한다. 이처럼 오류에 대한 판별 기준은 학습자가 한국어를 배우는 목적, 한국어를 학습하는 상황, 교사의 교육관 등에 따라 조금씩 달라진다. 예를 들어 모음 'ㅗ'와 'ㅓ'를 구분하여 발음하는 데 어려움을 겪는 일본인 학습자가 있다고 가정해 보자. 이 학습자는 음식을 만들 재료 중 '오이'가 없다고 말하고 싶을 경우에 종종 '오이 없다[오이 업따]' 대신에 '어이없다[어이업따]'라고 말해서 상대방을 당황하게 만들 수 있다. 이때 맥락상 '오이'를 가리키는 것을 알아차릴 수 있으므로 '이해 가능성'에 주목하여 오류라고 보지 않고 넘어갈 것인지, 정확하지 않은 발음에 초점을 두고 오류라고 판별할 것인지를 결정해야 한다.

오류에 대한 관점은 크게 세 가지로 나누어 볼 수 있다. 첫째 오류는 화석화될 가능성이 있기 때문에 반드시 교정해야 한다는 관점, 둘째 언어를 습득하는 과정에서 나타나는 중간 언어로서 보는 관점, 마지막으로 오류는 교정해야 할 대상이 아니라 학습 자원으로서 보는 관점이 있다. 첫 번째 관점에서는 오류가 나타나면 바로 오류라고 판별하고 그냥 넘어가지 않고 교정하려고 한다. 그러나 두 번째와 세 번째 관점에서는 오류의 원인, 오류의 유형에 따라 처치를 한다. 오류의 원인으로는 모국어 혹은 다른 언어의 영향으로 인한 간섭, 목표 언어를 학습하는 과정에서 언어 규범을 일반화하기 때문에 나타나는 과잉 일반화, 목표 언어를 학습하는 과정에서 연습이 영향을 미쳐 나타나는 연습 전이, 학습자의 개별적 특성으로 인한 개인적 요인, 사회 문화적 요인 등이 있다. 오류의 유형에는 발음, 어휘·의미, 형태·통사, 화용적 오류 등이 있다. 발음 오류가 모국어로 인한 간섭 때문에 나타났다면 두 번째 관점에서는 이를 중간 언어로 보고 명시적 교정 없이 암묵적으로 단서를 제공하고 넘어갈 수 있다. 세 번째 관점에서는 오류를 오류에 대해서 설명할 수 있는 자원으로 활용한다. 이처럼 관점에 따라 오류에 대한 처치가 달라진다.

학습자의 발화 오류가 나타나면 피드백을 제공하는 시점에 대한 고민도 필요하다. 즉시 피드백을 제공할지, 발화가 다 끝난 후에 제공할지, 수업이 끝나는 시점 중 언제가 가장 적절한지에 대해서 생각해 봐야 한다. 또한 피드백의 내용에 있어서도 지나치게 간섭적인 피드백을 지양하고 적절한 수준에서 피드백을 주어야 하기 때문에 피드백의 양과 수준도 고민할 필요가 있다. 그리고 피드백 제공의 방식 또는 오류를 수정하는 방식도 중요하다. 학습자가 스스로 고치도록 권하거나 교사가 직접 수정하거나 동료 학습자가 고쳐 주는 방식이 있다.

3) 말하기 교수·학습 자료

한국어 말하기 교수·학습을 위한 자료는 한국어 학습자가 말하기 활동을 직접 수행하도록 유도하는 장치로써 이를 통해 학습자의 말하기 능력의 신장을 꾀한다. 광의로는 말하기 수행을 촉진하는 모든 자료를 말하기 교수·학습 자료라고 하지만, 협의로는 의도되고 계획된 말하기 교수·학습 목표를 달성하기 위해 마련된 자료를 뜻한다. 한국어 말하기 교수·학습 자료로는 교재, 활동지, 동영상, 실물 자료 등 다양한 유형의 매체가 있다.

우선 세종학당에서 출간한 『세종한국어 회화 2』 교재[6]에 제시된 말하기 연습 [그림 7-6]을 보면, 교통편을 묻고 대답하는 역할극을 할 수 있도록 고안되었다. 대화의 구조나 내용을 이해할 수 있도록 〈보기〉에 대화를 제시하고, 그 아래에 목적지와 지하철 노선, 목적지와 버스 노선, 목적지와 지하철과 버스 환승에 대한 대화를 연습할 수 있도록 단서들이 제시되어 있다.

6 책으로 출간되었으나 세종학당 홈페이지에 접속하면 이북(e-book) 형태로 내용을 확인할 수 있다.

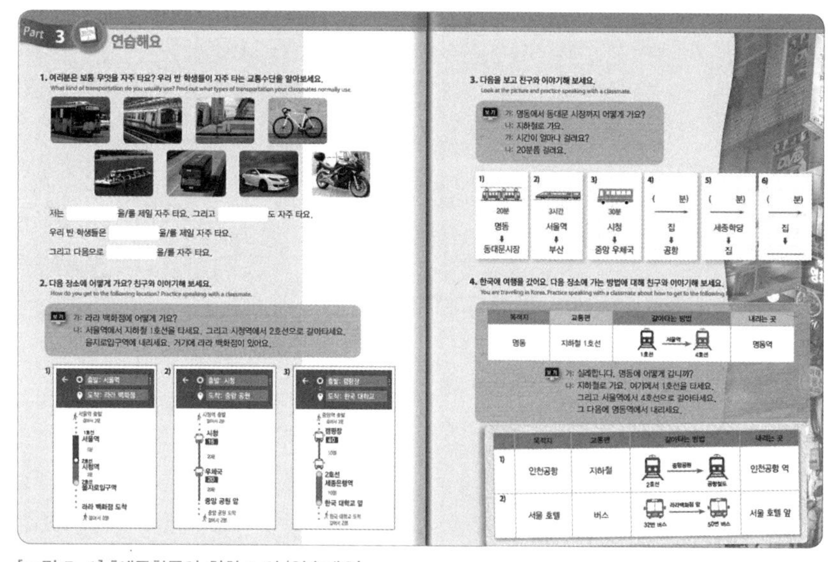

[그림 7-6] 『세종한국어 회화 2』의 '연습해요'

다음의 활동지 [그림 7-7]은 교실 내에서 자리를 이동하며 다른 한국어 학습자를 임의적으로 만나 일대일 대화를 연습하도록 고안된 인터뷰 활동이다. 초급 수준의 학습자들이 서로의 이름과 국적을 묻고 대답하는 연습을 할 수 있도록 고안되었다. 대화 연습이 끝나면 내용을 바탕으로 "다나카 씨는 일본 사람이에요"와 같이 하나의 완성된 문장으로 써 봄으로써 이름과 국적을 동시에 소개하는 말하기와 쓰기로 확장되는 활동이다.

이름이 뭐예요?	어느 나라 사람이에요?		한 문장으로 써 보기
다나카예요.	일본 사람이에요.	⇨	다나카 씨는 일본 사람이에요.
		⇨	
		⇨	
		⇨	
		⇨	

[그림 7-7] 이름과 국적 묻고 대답하기 활동지

다음 활동지 [그림 7-8]도 초급 수준의 한국어 학습자를 대상으로 대화, 글쓰기, 발표, 그리고 게임까지 할 수 있도록 고안된 활동이다. 교실을 돌아다니며 할 수 있는 것과 할 수 없는 것에 대해 다른 한국어 학습자와 여러 차례 대화를 나눈 후, 이 중 한 사람을 골라 그 사람에 대한 정보를 정리하여 짧은 문단의 글로 쓴다. 그 후 그 사람에 대해 발표를 하고, 다른 학습자들은 그 사람이 누구인지 맞춰보는 게임을 할 수 있다.

※ 〈보기〉와 같이 친구와 이야기를 나누세요. 그리고 친구가 할 수 있는 것에 ○, 할 수 없는 것에 ×하세요.

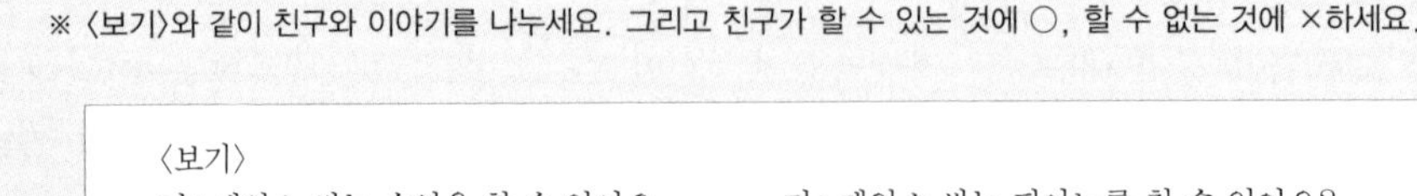

〈보기〉
가: 제임스 씨는 수영을 할 수 있어요.
나: 아니오, 저는 수영을 할 수 없어요.

가: 제임스 씨는 피아노를 칠 수 있어요?
나: 네, 저는 피아노를 칠 수 있어요.

제임스		( )		( )		( )	
수영	×	기타		농구		볼링	
피아노	○	스케이트		드럼		테니스	

※ 친구에 대해 발표하세요.

이 사람은 ________하고 ________을/를 할 수 있어요. 그렇지만 ________하고 ________은/는 할 수 없어요. 누구일까요?

[그림 7-8] 짝활동 및 발표 활동지

이 밖에도 동영상과 녹화 기기를 이용하여 말하기를 연습할 수 있다. 말하기 내용의 구조나 전달 능력, 발음과 어휘 능력 등에 있어서 모범이 될 만한 우수한 한국어 학습자의 말하기 동영상을 말하기 교수·학습 자료로 활용할 수 있다. 또한 한국어 학습자에게 자신의 말하기 장면을 녹화하여 제출하라는 과제를 내주고, 여러 차례 촬영하여 가장 잘했다고 스스로 생각하는 동영상을 제출하라고 하면, 학습자는 자신의 말하기 수행 능력을 메타 인지의 수준에서 좀 더 객관적인 눈으로 관찰하고 검토하는 기회를 갖게 되어, 이를 바탕으로 부족한 점은 보완하고, 잘하는 부분은 좀 더 강화할 수 있다.

5. 한국어 말하기의 평가

1) 말하기 평가의 계획

말하기 평가라고 하면 일반적으로 한국어 말하기 수준이 어느 정도인가를 판별하기 위한 숙달도 평가를 떠올린다. 한국어 학습자의 말하기 능력을 가늠하기 위한 숙달도 평가도 중요하지만 한국어 말하기 교수·학습을 실시한 후에 그에 걸맞은 성과가 있는지, 즉 성취도를 확인하는 평가도 중요하다.

성취도를 평가하기 위한 계획은 교육과정의 목표, 수업의 목표를 수립할 때 동시에 이루어져야 한다. 평가 계획이 교육의 목표에 기반해야 목표 달성 여부를 측정할 수 있는 평가 문항을 개발할 수 있다. 교육 목표와 평가 항목은 교육과정과 수업에 있어서 나침반 역할을 한다. 평가 계획이 교육 목표와 거리가 멀수록 실제 수업은 길을 잃게 된다. 모든 것을 가르치고, 모든 활동을 할 수는 없기에 선택과 집중을 해야 하는 순간들을 직면하는데 이때 초점을 두고 가르칠 것은 바로 교육의 목표, 그리고 평가와 밀접하게 관련된 것이다. 예를 들어 수업에서 새로 등장한 어휘가 30개라고 하더라도 교사가 30개를 하나하나 일일이 가르치거나 학습자가 이를 다 익혀야 하는 것이 아니다. 이 중에서 주제나 기능과 밀접한 어휘를 중심으로 익히고, 이들을 위주로 평가해야 한다. 말하기 평가에서 담화 유형에 적절한 구조로 담화 내용을 구성하는지, 내용을 전달하는 능력이 충분한지, 사회 언어적인 배경을 고려하여 상대방과 소통하는지 등도 간과해서는 안 된다.

말하기 평가를 위해서는 목표와 관련된, 평가하고자 하는 내용을 가능한 구체화해야 한다. 담화 유형, 기능, 화자, 청자, 화맥, 소재, 주제, 의도, 어휘 범위 등의 명세표를 만드는 것이 도움이 된다. 이를 바탕으로 학습자가 수행해야 하는 평가 과제를 구성한다. 그리고 학습자의 수행을 판단할 수 있는 채점에 적절한 척도를 만들어야 한다. 말하기 평가를 실행할 때 담화 유형에 따라 인터뷰, 발표, 대화 등 다양한 형태를 선택할 수 있으며, 평가 주체에 따라 자가 평가, 교사 평가, 동료 평가, 집단 평가 등으로 나뉘기도 한다. 이러한 일련의 평가 절차와 채점 절차를 체계적으로 진행해야 한다.

한편 단편적인 평가 결과로 학습자의 말하기 능력 향상도를 판단하는 것은 무리가 있다고 간주하여 포트폴리오(portfolio) 평가 방식이 대안적 평가 방법으로 도입되고 있다. 포트폴리오는 본래 작품 목록집이라는 뜻을 지니는데 말하기 평가에서는 말하기 수행의 과정과 결과를 순서대로 모아 말하기 능력의 변화와 발전을 볼 수 있도록 정리한 것이다. 학습자가 거쳐 온 과정에 대한 종합적인 정보를 얻을 수 있기에 과정과 결과에 대한 평가가 가능하다.

2) 말하기 평가의 실행

말하기 평가를 실제로 수행할 때는 평가 시행 전, 중, 후 등 단계에서 인력, 시간, 장소 등 말하기 평가를 실시하기 위한 자원을 관리해야 한다. 말하기 성취도 평가라면 대체적으로 학습자에게 한국어를 가르친 교사가 평가자도 겸하게 된다. 피평가자에게 익숙한 평가자라고 해도 말하기 평가에서는 학습자의 긴장감이 학습자의 말하기 능력을 정확하게 측정하기 어려운 부정적 요인으로 작용하기도 하므로, 평가자는 초기에 학습자가 긴장을 풀고 자신의 말하기 수행 능력을 잘 시연할 수 있도록 유도할 필요가 있다. 한국어 학습자들이 말하기 평가 과제를 수행할 때, 방해받지 않고 편안하게 평가에 임할 수 있는 장소를 마련하고, 피평가자별 시간을 적절히 안배하며, 평가자별 입장 순서 공지 등을 미리 공지해야 한다.

컴퓨터 기반의 대규모 말하기 평가라면, 평가 시행에 앞서 컴퓨터 사운드 장치에 문제가 없는지, 녹음은 잘 되는지 평가시설 및 장비를 미리 점검하고 확인해야 한다. 피평가자들이 입실한 이후, 평가에 대한 안내가 상세하게 이루어져야 한다. 시험을 진행할 진행 요원도 시험과 시험 시행에 대해 숙지할 수 있도록 사전 훈련이 필요하다. 평가 시행 중에 돌발적으로 발생하는 상황에 유연하게 대처해야 한다.

다음으로 학습자들의 말하기 평가 과제 수행에 대한 점수를 부여하는 채점도 준비해야 한다. 직접적으로 이루어지는 대면 평가라면 과제 수행을 관찰하는 동시에 직접적 채점을 하기도 하고, 녹음 등을 통한 비대면 평가라면 과제 수행 후에 간접적으로 채점을 하기도 한다. 이러한 간접식 말하기 평가에서는 채점 활동이 원활하게 이뤄지고, 채점자들이 타당하게 점수를 부여하도록 채점할 양과 시간 등을 조절할 수 있는 장치를 마련해야 한다.

3) 말하기 평가 결과의 활용

학습자의 말하기 과제 수행 평가에 대한 분석은 학습자 정보 수집, 교수·학습 활동 개선, 평가 도구 개발 및 수정에 도움을 준다. 교수자 입장에서는 교사 자신의 부족한 점과 잘한 점, 교육과정의 장단점, 수업 계획의 문제점과 의의, 학습자의 문제와 수준 등을 파악하여 교사, 교육과정, 학습자에 대한 이해가 깊어진다. 교육과정, 교재, 교수·학습 방법을 개선할 수 있으며, 학습자에게 좀 더 명확한 피드백을 제공할 수 있다. 또한 학습자 입장에서도 평가 결과를 교사와 상담함으로써 자신의 말하기 능력에 대해 정확하게 이해하며 앞으로의 학습 방향을 효과적으로 수립할 수 있다.

탐구 과제

1. 다음은 한국어 말하기 수업과 관련한 문제 상황이다. 〈문제 상황〉을 읽고 해결 방법을 토의해 보자.

> 문제 상황 1-수업 도입부

교사는 수업을 시작하려고 한다. 수업을 시작하기 전에 학생들에게 "어제 뭐 했어요?"라고 물었다. 그런데 학생들은 교사를 바라보며 어색한 미소를 지으며 대답을 하지 않는다. 교사는 학생들에게 재차 "어제 뭐 했어요?"라고 묻는다. 수업 분위기를 부드럽게 조성하기 위한 간단하고 가벼운 질문이 수업을 지연시키고 있다.

- 학생들이 교사의 질문에 대답을 하지 않는 이유는 무엇이겠는가?

말하기의 본질, 학습자의 성향, 교사의 발문 등 다양한 관점에서 생각해보자.

- 교사가 학생들의 대답을 유도하려면 어떻게 해야 하는가?

> 문제 상황 2-말하기 연습 활동

오늘 수업의 목표는 '길을 묻고 답하기'이다. 길을 묻고 답하는 데 필요한 표현들을 다 익혔으니 이제 말하기 연습 활동을 하려고 한다. 일부 학생들에게는 물어야 하는 장소 목록을, 일부 학생들에게는 해당 장소들이 표시된 약도를 나누어주었다. 교실을 자유롭게 돌아다니면서 역할극을 하도록 안내하였는데, 학생들이 머뭇거리며 자리에 앉아 있다.

- 학생들이 말하기 연습 활동에 적극적으로 참여하지 않는 이유는 무엇이겠는가?

학습자의 개인적 성향, 교실 구성원 활동 유형 등 다양한 관점에서 생각해 보자.

- 교사가 학생들의 발화, 적극적인 참여를 이끌어내기 사용할 수 있는 방법에는 어떤 것이 있는가?

2. 다음은 교실에서 이루어진 대화 상황이다. 〈대화 상황〉을 보고 질문을 중심으로 토의해 보자.

> 대화 상황 1

> 대화 상황 2

1) 밑줄 친 부분은 오류인가, 오류가 아닌가? 그렇게 생각하는 이유는 무엇인가?

	오류 여부	그렇게 생각하는 이유
커피 마실래요?		
저... 저가... 저가		

2) 오류라고 판단한 경우, 오류를 지적할 것인가, 말 것인가? 그 이유는 무엇인가?

오류 지적 여부	그렇게 생각하는 이유

3) 오류에 대한 피드백을 제공할 때, 어떠한 방법을 사용할 것인가? 그 방법을 택한 이유는 무엇인가?

오류 피드백 방법	그 방법을 택한 이유

3. 다음의 교수-학습 상황에서 말하기 수업을 설계해 보자.

> 교수 학습 상황

한국의 언어교육원에서 한국어를 배우고 있는 초급 학습자를 대상으로 은행에서 환전하는 상황에서의 말하기를 가르치려고 합니다.

1) 학습자 수준, 한국어 교육 기관, 기능, 담화 유형 등을 고려하여 수업 목표를 기술해 보자.

2) 교육 내용의 범주와 요소를 선정해 보자.

3) 교수-학습을 위한 활동 유형을 정하고 구체적인 자료를 고안해 보자.

<table>
<tr><td>수업 목표</td><td colspan="2"></td></tr>
<tr><td rowspan="4">교육 내용</td><td>범주</td><td>요소</td></tr>
<tr><td></td><td></td></tr>
<tr><td></td><td></td></tr>
<tr><td></td><td></td></tr>
<tr><td rowspan="3">교수-학습
활동
및 자료</td><td>유형</td><td>자료</td></tr>
<tr><td></td><td></td></tr>
<tr><td></td><td></td></tr>
</table>

4. 다음의 QR 코드로 접속하여 한국어 학습자들의 자기소개 영상을 본 후, 각 학습자의 말하기 능력을 평가해 보자.

평가 요소	배점	동영상 (가)	동영상 (나)	동영상 (다)
합계				

평가표 작성 시 고려할 사항
- 한국어 말하기 수준을 평가하기 위한 평가 요소로 무엇을 선정할 것인가?
- 평가 요소별 평가 결과를 기록할 점수 체제는 어떻게 할 것인가?
- 평가 요소별로 말하기 수행 수준을 어떻게 판단할 것인가?

더 읽을거리

김선정, 김용경, 박석준, 이동은, 이미혜. (2010). 한국어표현교육론. 서울: 형설출판사.

이 책은 한국어 교육 분야에서 가장 대표적인 학회인 국제한국어교육학회에서 편찬한 책으로 제2 언어와 외국어로서의 한국어 교육에서 다루어야 하는 말하기와 쓰기 영역에 대한 이론과 실제를 담고 있다. 말하기는 1부에서 다루고 있는데 말하기의 본질, 말하기 교육의 방향, 연구사, 말하기 활동, 말하기 교육의 원리, 말하기 평가, 말하기 교육의 실제 등 폭넓은 내용을 정리해 두었다.

Bygate, M. (2003). 말하기. (김지홍 역). 서울: 범문사. (원서 출판 1987)

이 책은 옥스퍼드 언어교육 시리즈 중 한 편으로 외국어 교육의 관점에서 말하기를 다루고 있다. 학습자들이 어떻게 외국어를 말하는지, 그리고 말하기 기술들을 가르치기 위한 다양한 접근법에는 어떠한 것들이 있는지에 대해 중점적으로 논의하고 있다. 1부에서는 말하기를 이해하기 위해 말하기에 필요한 지식, 기술, 상호작용, 말하기와 쓰기의 차이, 생산의 측면, 상호작용의 측면을 서술하고 있다. 2부에서는 구어 상호작용을 위한 다양한 교수·학습 활동을 제시하고 있다.

Hughes, R. (2002). *Teaching and Researching Speaking*. London: Longman.

이 책은 말하기 교육의 실제와 연구를 모두 다루고 있다는 점에서 유용하다. 말하기의 개념적이며 역사적인 배경지식을 제공할 뿐만 아니라 주요 논제와 쟁점들을 서술하고 있다. 그리고 말하기 교육 연구 주제와 틀과 연구를 위한 자원들도 제시하고 있다.

Levelt, W. (1993). *Speaking (from intention to articulation)*. MA: MIT Press.

이 책은 말하기에서 일어나는 화자의 내적 과정과 발화 후 대화 참여자와의 상호작용의 측면을 모두 다루고 있는데, 인지적 과정을 단계별로 나누어 상세하게 기술하고 있다는 점이 특징이다. 말하기 교육에 앞서 말하기의 본질을 제대로 이해하기 위해서는 한번쯤 읽어봐야 하는 책이다. 『말하기 1: 그 의도에서 조음까지』, 『말하기 2: 그 의도에서 조음까지』라는 제목으로 김지홍(2008)에 의해 한국어로 번역되었으니 역서로 읽어도 좋다.

8장
한국어 듣기 교육론

1. 한국어 듣기 교육의 성격

1) 듣기의 개념

듣기는 인간의 언어생활에서 가장 많은 비중을 차지하고 있는 영역으로, 의사소통의 출발점이 된다는 점에서 매우 중요하다. 모국어의 경우에 사람들은 별다른 노력 없이도 들린 말의 요지를 알아들을 수 있으므로 듣는 것 자체에 큰 문제를 느끼지 못한다. 하지만 듣기란 그리 간단한 활동이 아니다. 남의 말을 제대로 듣는다는 것은 단순히 어떤 소리를 듣는 것도 아니고 들은 말의 사전적 의미만을 연상하는 것도 아니기 때문이다. 듣기란 특정 상황에서 발화된 특정 언어들의 의미와 그것을 말한 화자의 의도를 아는 것을 의미한다. 이를 위해서 청자는 자신이 들은 그 소리를 구성하고 있는 언어 자원과, 그에 수반된 비언어 또는 준언어적 요소들을 효과적으로 조합해야 한다. 말이 전달된 시간과 장소, 말을 한 사람과 자신의 관계도 고려해야 한다.

이론적으로 보았을 때, 듣기는 들은 말을 정확하게 이해하는 것이 가장 중요하다고 보는 '이해관'과 듣기란 청자가 자신이 들은 말을 토대로 화자와 더불어 의미를 교섭하는 활동이라고 보는 '소통관'으로 나누어 살펴볼 수 있다. 이해관에서는 듣기를 입말을 통해 전달된 내용을 '이해하는' 행위이자 구어를 통해 생산된 언어 텍스트를 '수용하는' 과정이라고 본다. 따라서 청자는 자신의 언어 지식을 총동원하여 화자가 어떤 말을 하려고 했는지, 또는 말을 통해 전달하려고 했던 바가 무엇인지를 정확하게 파악하고 받아들이는 것을 목표로 삼게 된다.

소통관에서는 듣기를 구어로 이루어지는 의사소통 장면의 한 부분으로 인식하여, 듣기란 입말을 매개로 이루어지는 의사소통 상황에서 상대방과 의미를 '교섭하는' 과정이라고 본다. 즉, 구어를 통해 다른 사람과 의사소통을 하기 위해서 상대방의 말에 주목하고 그 말에 대해 이해하고 있는 바를 확인하며 그것을 상대방을 향한 자신의 발화의 토대로 삼으려는 모든 행위를 듣기라고 보는 것이다.

최근에는 의사소통이란 상호 간의 협력을 통해 이루어진다는 관점이 우세하고, 이에 따라 이해관보다는 소통관에 따라 성공적인 듣기란 무엇인가를 이야기하려는 경향이 있다. 즉, 현대 사회의 의사소통에서 요구되는 듣기 행위란 수동적으로 주어진 말을 이해하고 받아들이는 것이 아니라 구어 의사소통을 원활하고 효과적으로 이끌어 나가기 위해 능동적으로 행동하는 것이라고 보는 것이다. 이에 따라 듣기의 개념에 대한 논의는 음성적 자질과 구어 문법에 따라 말의 의미를 이해하는 것에서 시작하여, 대화 상황과 맥락에 따라 들은 내용을 이해하는 행위와, 상대방의 말을 이해하고 있는 정도를 반언어적이고 비언어적인 표현을 동원하여 알려주는 행위를 포괄하는 방향으로 진행되고 있다. 이는 궁극적으로 상대방의 말에 따라 적절하게 반응하여 구어 의사소통을 통한 의미 교섭이 성공적으로 이루어질 수 있도록 하는 데에 목표를 두는 것이다.

한편, 듣기는 들린 말에 담긴 의미가 무엇인지, 혹시 그 안에 숨은 의도가 있는지를 적극적으로 탐색하는 능동적인 과정이다. 듣기에 대한 개념을 살펴보면 이러한 듣기의 특성이 잘 드러난다. 가령 한재영 외(2004: 95)는 듣기를 말하기와 더불어 설명하면서 그것은 말한 사람의 부호를 '풀이하여 의미를 해석하는 과정'이라고 했다. '상호작용 속에서' 대화에 참여하는 사람들 사이에서 지속적으로 진행하는 '의미 협상 과정'이라는 것이다.

또한 듣기는 '청각에 기반을 둔 구어적 사고'로서, '행위자의 삶의 맥락에서 해석되어 주체화된 사건들'과 매우 가깝게 위치해 있는 언어 행위이기도 하다(임칠성, 2016: 237). 사람들이 들었다고 생각하는 내용은 사실 객관적인 내용이기 어렵다. 들은 사람은 각기 다른 경험과 가치관을 가지고 있으며, 이에 따라 형성된 '이해의 틀'을 가지고 있다. 들린 내용은 청자가 가지고 있는 '이해의 틀'에 따라 선별되고 추론되며 해석된다. 따라서 들은 내용이란 사실, 화자가 발화한 그대로의 내용이라고 보기 어려우며, 오히려 화자의 말을 청자가 자기 나름대로 이해한 내용, 다시 말하면 청자가 재구성한 내용에 해당한다(Brownell, 2007: 5).

말이 청자의 '이해의 틀'에 따라 재구성된다는 것은, 같은 내용도 그것을 듣는 청자의 언어 능력에 따라 다르게 이해될 수 있다는 것을 의미한다. 듣기는 청자가 아주 짧은 시간 동안에 소리로 전달되는 언어자원과 비언어적이거나 준언어적인 요소들을 조합하여야 한다. 하지만 청자는 이 모든 의미소에 주의를 기울이기는 어렵다. 아주 짧은 시간 동안에 나타났다가 사라지는 이 의미소들을 모두 감지하고 해석하는 것은 불가능에 가깝기 때문이다. 이것이 듣기가 청자에 따라 이루어진다고 하는 가장 큰 이유이다. 청자는 보통 자신이 가지고 있는 '이해의 틀'에 따라 어떤 의미소에는 주목하고 다른 의미소는 감각하지 못한 채 흘려보낸다. 듣기에 무의식적인 면이 반영되어 있다고 하는 것은 듣기의 이런 특성 때문이다(임칠성, 2016: 234).

결과적으로, 듣기란 ① 듣는 순간에 발화자가 한 '말'과 그와 더불어 표현한 의미 구성 요소들을 포착하는 행동, ② 듣기가 이루어지는 상황과 화자와 청자 사이의 관계 맥락에 따라 들은 내용의 의미를 조율하는 행동, ③ 청자가 가지고 있는 '이해의 틀'과 청자

1. 의미소의 개념
의미소란 의미를 구성하는 요소들이다. 듣기의 경우에는 음성 언어, 발음과 발음 사이의 간격, 청자의 눈빛, 몸짓 등이 모두 의미소가 될 수 있다.

2. 적극적인 의미 협상 활동으로서의 듣기
듣기란 청자가 들은 내용을 자신이 가진 '의미의 틀'에 따라 이해한다는 뜻이다. 의미의 틀은 청자 자신의 경험과, 자신이 생각하는 화자와의 관계, 대화가 이루어지는 상황에 대한 자신의 판단으로 구축된다.

의 입장이나 관점에 따라 들은 내용을 재구성하며 구어 의사소통에 참여하는 행동으로 구성된다고 할 수 있다.

2) 한국어 듣기의 특성

한국어 듣기란 한국어가 학습자의 제2 언어 또는 외국어에 해당되는 상황을 뜻한다. 제2 언어 또는 외국어로서의 한국어를 듣는다는 것은 상당한 난이도를 갖는 활동이다. 듣기란 해당 언어의 음성적 자질에 대한 이해를 전제로 삼기 때문이다. 모국어의 경우, 청각 기관에 별 문제가 없다면 큰 노력 없이도 그것을 들을 수 있다. 특별한 상황이거나 전문적인 내용이 아니고서는 들린 말의 요점을 파악하는 데에도 별다른 어려움을 겪지 않을 가능성이 높기도 하다.

한국어 학습자들에게 한국어 듣기는 외국어 듣기에 해당한다. 외국어 듣기의 경우에는 학습자가 해당 언어에 노출되는 빈도가 매우 낮다. 이는 외국어 소통 상황에서라면 학습자들이 음성 언어의 자질과 사용법을 익히는 데에 곤란을 겪을 수밖에 없다는 것을 의미한다. 그래서 한국어 교육에서는 한국어의 음운과 음절을 분별하고 그로부터 의미를 환기하는 활동부터 시작하도록 돕고 있다. 음운을 변별하는 작업은 보통 발음 교육과 함께 이루어진다. 한국어 음운과 음절에 익숙하지 않은 학습자들이 한국어 음성을 듣고 구분할 줄 알도록 안내하는 것은 그 음성을 표현할 수 있도록 하는 것과 병행될 때 가장 큰 효과가 있다.

듣기란 음성 언어를 식별하는 것뿐만 아니라 그 음성 언어가 지니고 있는 의미를 이해하는 활동이다. 이를 위해서는 듣는 상황이나 맥락, 말하는 사람과 듣는 사람 사이의 관계 등을 고려할 수 있어야 한다. 구어는 상황과 맥락에 따라서 그 표현이 지닌 의미가 변화할 수 있는 말이기 때문이다. 즉, 듣기는 대화에 참여하는 사람 사이의 맥락 의존적인 의사소통 과정이다. 따라서 듣기를 잘 하기 위해서는 말을 듣고 이해하기 위하여 고려해야 할 모든 요소들을 인식하고, 이를 적절하게 조절할 줄 아는 메타 인지(meta cognitive) 능력을 갖추어야 한다.

구어는 '기억 체계 중에서도 특히 작동 기억(working memory)'을 핵심적인 교육 요소로 삼는데(민병곤, 2006: 17-18), 이는 외국어로서의 한국어 듣기 활동을 할 때 특히 주의해야 할 지점이다. 외국어를 들을 때 청자가 듣는 과정에서 처리해야 할 정보의 양이 많으면 인지적 부담을 많이 갖게 되기 때문이다. 심지어 한국어 학습자들은 한국과는 다른 사회 문화적 환경에서 성장한 경우가 많다. 이는 한국어 학습자들이 한국 사람들과는 다른 문화적 감각이나 사회적 이념을 지니고 있을 수 있다는 것을 의미한다. 다른 듣기와 마찬가지로 한국어 듣기 또한 맥락 의존적으로 이루어져야 한다. 따라서 한국어 듣기는 대화가 이루어지는 상황에 맞춰 상대방이 지닌 가치관이나 문화적 습성을 이해하고, 그것을 배려하면서 상호 소통해야 한다는 특성을 특히 강조할 필요가 있다.

2. 한국어 듣기 교육의 목표

1) 듣기 교육의 관점

듣기 영역의 교육 목표에는 문법 번역식 교수법에서부터 인지언어학적 교수법에까지 다양한 교수법적 연구가 영향을 주었다. 각각의 교수법들은 듣기 활동의 의미를 재개념화하고 그에 따라 교육의 내용과 방법을 구안하고 있다. 그리고 이는 현재 한국어 듣기 교육 연구의 토대 이론으로서 중요한 가치를 지닌다. 이 부분에서는 한국어 듣기 교육의 목표가 어떻게 형성되어 왔는지를 검토하고, 현재 한국어 교육이 듣기 교육의 목표로 무엇을 설정하고 있는지를 확인한다.

(1) 듣기 교육에 대한 주목

문법 번역식 교수법이 성행하던 시기에 외국어 교육은 문어에 집중하는 경향이 있었다. 구어를 소홀히 다루고 듣기 교육을 등한시하는 것처럼 보인 것이다. 하지만 직접 교수법이나 청각 구두식 교수법에서 입말과 그것의 반응으로서 이루어지는 산출에 관심을 가지자, 구어 교육의 중요성이 매우 부각되기 시작했다. 듣기에 대한 관심이 모이기 시작하던 초기 단계에는 듣기를 하나의 '반응' 활동으로만 이해했다. 그러나 의사소통에 사용되는 여러 언어 기능 중에서 듣기가 가진 위상과 중요성이 점차 강조됨에 따라, 한국어 교육을 비롯한 외국어 교육에서는 듣기 활동을 점점 더 중요하게 다루게 되었다.

(2) 목표어에 대한 노출의 강조

듣기가 주목을 받기 시작하던 때는 외국어도 모국어처럼 학습하면 될 것이라는 관점이 부각된 시기였다. 이에 연구자들은, 마치 학습자가 모국어에 오랜 시간 동안 노출되어 자연스럽게 모국어에 대한 듣기 능력을 갖추게 되었던 것과 같이, 그들이 외국어에 오랜 시간 동안 노출하게 만들면 자연스럽게 목표 언어를 듣는 능력을 갖출 수 있을 것이라고 생각하였다. 제1 언어를 익혔을 때와 마찬가지로, 제2 언어도 오랜 시간 그 언어에 노출되어 있다 보면 해당 언어의 언어적 요소와 문화적 요소 등을 어느 정도 인식하고 이해할 수 있을 것이라는 가정을 가지고 있었던 것이다.

'목표어 입력물'에 대한 노출 빈도를 높일 것을 강조한 연구들의 초기 형태는 Asher(1977)의 전신 반응 교수법과 Krashen & Terrell(1983)의 자연적 교수법에서 확인해 볼 수 있다. 전신 반응 교수법은 구두 반응을 보이기 전에 '충분히' 듣기를 권장하였다. 자연적 교수법은 또한 말하기 전에 침묵기를 두어 학습자들이 '완전히' 듣기만 하는 순간이 필요하다고 말했다.

(3) 듣기의 과정과 단계의 구분

인지이론이 발달되면서부터 외국어 교육에서는 듣기의 과정 및 절차에 대한 연구들이 활발하게 이루어졌다. 듣기를 '들리기(Hearing), 듣기(listening), 청해(auding)'단계로 나눈

Tayler(1964)의 구분법 또한 이러한 연구 흐름에서 제시된 것이다. 테일러의 구분법은 '들리기'와 '듣기'를 구분하였다는 점, 그리고 '듣기'를 다시 '수동적 듣기'와 '능동적 듣기'로 구분하였다는 점에서 그 의미를 인정받고 있으며, 1970년대 이후로 지속적으로 발전되어 지금에까지 영향을 주고 있다.

① 들리기 단계

외국어로서의 한국어 교육 입장에서 '들리기'의 단계는 그 말이 다만 소리일 뿐 아니라 의미를 수반한다는 것을 인식한다는 의미를 지닌다. 외국어로서의 듣기 연구에서 이 단계에 주목한 연구자들로는 Anderson & Lynch(1988)가 있다. 그들은 주변 환경으로부터 입말 신호를 확인하는 것, 즉 듣기 자료에 대한 언어학적 인식이 듣기의 시작이라는 것을 강조했다. 그래서 말소리의 흐름으로부터 분절된 음운들을 식별하고 그것을 구어의 구조에 맞춰 이해하는 것을 듣기의 가장 중요한 시작점이라고 본다.

외국어 음운 자질에 익숙해진다는 것은 쉬운 일이 아니다. 그래서 한국어 교육에서는 학습자가 한국어를 듣고 그 의미를 포착하도록 연습하는 활동을 초급에서부터 지속적으로 제공한다. 이 활동은 의미를 분절시키는 음운 자질과 그것과 관련이 없는 음운자질을 구별하는 것에서부터 시작하여, 말의 표현 아래에 강세나 음의 길이 등을 통해 표현된 의미를 포착하는 것까지 학습자들의 언어 수준에 따라 다양하게 제시되고 있다.

② 듣기 단계

'듣기' 단계에서는 학습자들이 수많은 정보들 중에서 무엇에 '주목'하는지와 그중 무엇을 '기억' 하는지에 큰 관심을 갖고 있다. Lindsay & Norman(1972)은 당시 유행하던 '기억 장치'의 흐름을 통해 이 과정을 아래와 같이 도식화한 바 있다.

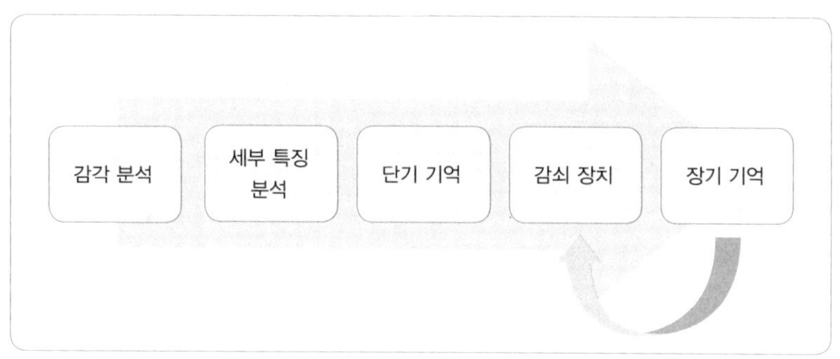

[그림 8-1] Lindsay & Norman(1972)의 기억 과정

Lindsay의 이 흐름을 외국어 교육에 대입해 본다면, 학습자들은 우선 청각 기관을 통해 쉴 새 없이 밀려들어 오는 정보들을 받아들이게 된다. 그리고 이 정보들 중에서 학습자들이 '말'이라고 판단했거나 그 음성적인 세부 특징들에 따라 의미화한 정보들만이 단기 기억 장치 내부로 들어오게 된다. 즉 '들리기' 단계에서부터 '듣기' 단계로 이행하게 되는 것이다. 학습자들이 감각해 단기 기억 장치에 입력될 수 있었던 청각 정보들은 장기 기억 장

치에 내장된 능동적 종합자에 의해서 단기 기억 장치에서 감쇠 장치로 이동한다. 감각된 정보들이 감쇠 장치에 의해 오랫동안 기억되어야 하는 것과 그렇지 않은 것으로 분류되는 것이다.

장기 기억 장치로 이동해 온 정보들은 오랫동안 기억되거나 다른 정보를 처리하는 데에 반영되며, 들은 내용에 대한 반응을 표현하기 위한 토대 정보로 활용된다. 하지만 선택되지 못한 정보들은 감쇠 장치를 통해 망각이나 단순화된다. 이는 학습자의 '정보를 선별하는 능력'이 들은 내용의 요점을 정확히 파악하는 데에 얼마나 큰 영향을 주는지 보여준다는 점에서 의미가 있다. 즉, 정보를 제대로 선별하기 위해 필요한 구어 문법적인 지식들과 문화적인 지식 등을 가르치는 일이 얼마나 중요한지를 반증해 주는 것이다.

③ 청해 단계

'청해' 단계에서 학습자들은 주목하고 기억한 것을 '이해하여 자기화하는' 과정을 거친다. 그런 점에서 이 과정은 인지 심리학자들이 제시한 스키마와 관련이 깊다. 어떤 정보들이 뇌 속의 인지 시스템에 유입될 때, 인간은 그것을 자신이 이미 가지고 있는 '사고의 틀'에 따라 해체하고 재구성하여 받아들인다. 주어진 정보를 있는 그대로 기억하거나 이해하지 않고, 자신의 사유방식에 따라 그 정보를 조정하여 기억하거나 이해한다는 것이다. 인지 심리학자들은 입력된 정보에 영향을 주는 이 '사고의 틀'을 스키마라고 불렀다. 그리고 모든 이해는 이해 주체가 자신의 스키마를 반영하여 회상한 결과물(recall protocol)이라고 하였다.

스키마에 대한 주목은 외국어 듣기 교육에도 영향을 주었다. Clément & Kruidenier(1983)는 청자들이 들은 내용의 유형에 따라 어떤 형식 스키마를 불러올지를 정하고, 자신이 불러온 스키마에 따라 들은 내용을 이해할 것이라고 하였다. 정보 유형에 대한 사전 정보가 들은 내용에 대한 이해에까지 영향을 줄 수 있으므로 이를 먼저 제공하여 듣기에 도움을 주자는 것이다. 또한 Brown(2000)은 청자의 스키마는 들은 말의 유형을 결정한 후 그 유형에 대한 형식 스키마를 내용 해석에 동원하는 것은 물론, 자신이 감식한 들은 말의 주제를 통해 화자의 의도와 말의 진의를 파악하는 경향이 있음에도 주목하였다.

2) 듣기 교육의 목표

최근의 듣기 교육 연구들은 듣기란 적극적으로 들은 내용을 이해하려고 자신의 이해 정도를 표출함으로써 구어 의사소통에 협조하는 행위라고 보는 경향이 있다. 이러한 영향은 외국어로서의 듣기 교육에도 반영되어 있으며 제2 언어 또는 외국어로서의 한국어 교육의 듣기 교육 목표에도 반영되어 있다.

듣기 교육의 목표는 학습자의 듣기 수월성을 향상시키는 것이다. 학습자의 듣기 행위와 그 수월성에 대한 관점은 듣기에 대한 교육 연구자들의 인식과 관점에 따라 변화 및 발전해 왔다. 듣기가 정보의 입력과 기억에 해당한다고 본 시기에는 들은 내용을 잘 기억하도록 하는 것이 듣기 교육의 목표였다. 그리고 학습자들이 오랜 시간 동안 구어에 노출되게 함으로써 이를 달성할 수 있다고 생각했다.

하지만 듣기가 인지적 사고 활동이라는 관점이 적극적으로 도입된 이후부터는 듣기 교육의 목표가 달라졌다. 학습자가 청자로서 자신이 가지고 있는 자원과 역량을 최대한 활용하여 주어진 음성 정보를 유용하게 처리할 수 있도록 도와야 한다는 것이다. 즉 듣기 교육은 학습자가 수월하게 듣기 위해서 갖춰야 할 지식을 확충하고 듣기에 필요한 능력을 형성하도록 돕는, 듣기에 대한 문식성 형성에 목표를 두게 되었다.[1] Morgan(1999)의 문식성 구분 방식에 비추어 볼 때, 듣기 교육의 목표는 아래의 세 가지로 구분할 수 있다.[2]

첫째, 듣기 교육은 음운을 정확하게 인식하고 구어 문법의 체계에 따라 의미를 이해하는 능력을 갖추는 것을 목표로 삼는다. 이러한 관점은 구조주의적 언어관을 전제로 하는 것으로 볼 수 있다. 세부 목표로는 학습자들이 한국어 음운의 표준형들을 정확히 알고 구분할 수 있는 것, 음운의 고저와 장단을 명확하게 인식하고 의미소로 삼을 수 있는 것, 구어 문법에 따라 그 의미를 이해하고 반응할 것을 강조할 수 있다.

둘째, 듣기 교육은 목표 언어를 생활어로 사용하는 공동체의 문화적 관습에 맞게 들은 내용을 이해하는 것을 목표로 삼는다. 앞에서 언급한 바와 같이 구어는 인간의 생활 세계와 밀접한 관계를 지니는 언어 체계로서 사회적 이념이나 문화적 관습에 따라 의미 해석에 큰 영향을 받는다. 언어의 의미 해석과 소통에 관여하는 이런 문화적 요소들은 해당 언어를 사용하는 공동체 내에서 공유되어 있는 것이다. 따라서 그 언어 공동체에 진입하는 입장에 있는 외국인 학습자들의 경우에는 언어 체계의 기저에서 의미 해석에 영향을 주는 문화적 요소들을 익히는 것 또한 중요한 목표가 된다.

셋째, 듣기 교육은 들은 내용을 자신의 관점에 따라 재구성할 수 있는 능력을 목표로 삼게 된다. 외국어 또는 제2 언어로서의 한국어 교육에서도 비판적 문식성에 주목을 하고 있다. 전세계에 있는 언어 사용 공동체들 사이에 존재하는 사회적·문화적 인식의 차이가 의사소통을 통한 의미 교섭에 장애가 될 수 있기 때문이다. 언어를 통해 다른 문화에 진입한 학습자들이 주체적으로 언어를 사용할 수 있도록 하기 위해서는 자신이 세계 시민이라는 의식을 가지고 한국어의 문화적이고 사회적인 요소들을 판단하고 그에 대한 대응 방식을 조절하면서 대화를 이어나갈 수 있어야 한다.

1 이와 같은 견해는 『국제 통용 한국어 교육 표준 모형 개발 보고서』에도 반영되어 있다.

2 모건은 문식성을 조작적 차원의 문식성과 문화적 차원의 문식성, 그리고 비판적 차원의 문식성으로 나눈다. 조작적 차원의 문식성이란 언어의 체계를 알고 그것을 효과적으로 사용하는 능력을 갖추는 것을 말한다. 문화적 차원의 문식성이란 사회 문화적인 차원에서 의미가 어떻게 형성되고 소통되는지를 알고 맥락에 따라 적절한 언어를 사용하여 소통하는 능력을 의미한다. 비판적 차원의 문식성이란 사용자의 주체적 언어 운용 능력을 강조하는 것으로, 언어 사용자가 학습한 언어를 있는 그대로 계승하는 것이 아니라 지금 자신이 속한 시대 상황과 공간 지형에 맞게 적절히 운용할 수 있는 능력을 말한다. 이 구분 방법에 따라 듣기 교육의 목표를 살펴보면 아래와 같다.

(1) 듣기 교육 목표의 등급별 제시 방법

한국어 듣기 교육은 학습자들이 한국어를 처음 배우는 상황일 수 있다는 점을 고려하여, 위와 같은 듣기 교육의 목표들을 학습자들의 언어 등급에 맞춰 제시하고 있다. 학습자의 동기나 한국어 교육이 이루어지는 맥락에 따라 세부적인 교육 목표는 달라질 수 있을 것이다. 하지만 대체적으로 초급에서 고급으로 올라갈수록 학습자들이 긴 길이의 발화와 전문적인 내용의 발화를 들을 수 있도록 이끌고 있다. 초급에 해당되는 1급과 2급은 관심사, 일상 등의 주제에 대한 간단한 대화를 나눌 수 있는 정도의 듣기 실력을 목표로 한다. 3급, 4급에 해당하는 중급의 경우에는, 친숙한 사회적 소재와 자신의 일상적 관심사에 대한 내용에 대해 대화할 수 있을 정도의 듣기 능력을 갖추는 것을 목표로 한다. 격식을 차려야 하는 상황과 그렇지 않은 상황에서 이루어지는 대화의 내용과 방식에 대한 구분 능력을 갖추는 것도 중급 수준의 목표이다. 5급 이상으로 제시되는 고급 수준에서는 추상적인 내용이나 전문적인 주제에 대한 내용을 들을 수 있는 능력을 목표로 한다. 따라서 고급 수준의 학습자들은 오랜 시간 동안 이루어지는 연설이나 강연에 대한 듣기 능력도 갖출 수 있어야 한다.

(2) 학습 목적에 따른 듣기 교육의 목표

일반 목적의 한국어 듣기에서는 학습자들의 학습 목표나 동기를 고려한다. 학습자의 동기와 목표에 따라 '일상'으로 제시해야 할 내용이나 '친숙한 사회적 소재'로서 다루어져야 할 텍스트가 달라지기 때문이다. 이를 확인할 수 있는 대표적인 사례가 '직업 목적 한국어 교육'과 '학문 목적 한국어 교육'이다.

직업 목적의 한국어 교육은 학습자들이 산업현장에 투입될 가능성과, 국제 무역 상황에 대비해야 할 가능성, 국제 무대에서 활약 중인 한국 기업에서 활약할 가능성을 대비한다. 최근에는 정보 통신(IT) 분야, 의료 산업 분야, 실무 기능사 분야 등 한국 내에서 외국인들의 진출이 두드러지는 곳의 전문적인 문식성 형성을 위한 교육 내용으로까지 확대되고 있다. 직업 목적 한국어 듣기 교육에서는 학습자들이 한국어로 직무 내용의 의사소통에 참여할 수 있는 능력을 형성하는 것이 목표이다. 그런 이유로 직업 목적의 듣기 교육에서는 직장 생활을 하면서 경험할 수 있는 특정한 상황이나, 업무 수행을 위해 나누어야 하는 대화 내용 등에 초점을 맞추어 교육하고 있다. 학습자들은 주로 목표로 하는 전문 분야의 용어들을 듣고 식별할 수 있는 능력, 직무 수행에 필요한 대화에 참여할 수 있는 능력, 안전 교육을 포함한 직장 내 재교육을 받기 위해서 필요한 듣기 능력 등을 목표로 삼아서 학습을 한다.

학문 목적의 한국어 듣기 교육의 경우에는 주로 한국 내의 대학 또는 대학원의 정규 학위 과정에 입학할 학생들을 대상으로 운영된다. 위에서 볼 수 있는 바와 같이, 5급 이상의 수준에서는 '전문 분야'의 구어 의사소통에 참여할 수 있는 능력을 학습의 목표로 삼는다. 하지만 현실적인 관점에서 볼 때 일반 목적의 한국어 교실에서는 특정한 전공 영역에 초점이 맞춰진 언어 능력을 길러주는 데에 한계가 있다. 이에 한국어 교육에서는 '학문 목적'을 특수 목적으로 보고 이에 따라 언어 교육을 시행한다. 즉 이 분야의 교육 내용은 주로 학생들이 한국의 정규 학위 과정에 잘 적응하고 성공적인 학업 활동을 할 수 있도록 돕기 위한 내용으로 구성되어 있다. 가령 대학이나 대학원에서 수강하는 강의를 정확하게 이해할 수 있는 능력, 학술 발표를 정확히 이해하고 비판적으로 인지할 수 있는 능력, 학술적인 내용으로 이루어지는 담화에 참여하기 위해 필요한 듣기 능력, 다양한 경로의 구어 의사소통의 결과로 확보한 내용들을 토대로 자신의 견해를 형성할 수 있는 능력 등이 이에 해당한다.

3. 한국어 듣기 교육의 내용

듣기는 인간의 의사소통 수단 가운데 가장 많은 시간을 차지한다. 그래서 그 능력을 형성하기 위한 교육을 소홀히 해서는 안 된다. 또한 듣기는 매우 짧은 시간에 이루어지기 때문에 학습자들은 특별히 의식하여 정보를 포착하거나 들은 정보를 분석할 시간적 여유를 확보하기가 어렵다. 이런 이유로 듣기 교육에서는 학습자들이 듣기 능력을 '체득'하도록 노력해 왔다.

듣기 교육은 학습자들이 구어 의사소통 상황에 직면했을 때 자동적으로 위의 국면들을 고려하는 듣기 행위를 할 수 있도록 돕기 위한 교육 내용과 교육 활동을 다양하게 제시해야 한다. 하지만 한국어 음운에 익숙하지 않은 학습자들은 음운을 식별하고 한국어 음절에 대한 감각을 형성하는 과정에서부터 시작해야 한다. 순차적이고 단계적인 접근이 필요한 것이다. 이에 듣기 교육에서는 음운에 대한 인식을 토대로 말의 의미를 파악하는 능력과 한국 사회의 문화를 고려하여 발화 내용을 해석할 수 있는 능력, 자신의 관점과 읽기 목적에 맞게 들은 내용에 대한 판단을 내리는 능력을 학습자들의 언어 수준에 맞춰 단계적으로 제시하고 있다.[3]

3 '국제 통용 한국어 교육 표준 모형'(김중섭 외, 2017)의 읽기의 목표에 따르면, 초급에 해당하는 초급 수준에서는 일상생활에서 자주 접하는 표지나 안내문, 광고와 같이 단어나 문장 수준으로 구성된 글을 대상으로 위와 같은 능력을 갖추는 것을 목표로 제시하고, 고급 수준으로 가면서 점점 길고 전문적인 글을 읽고 이해하며, 해석하고 판단하는 능력을 갖추는 것을 목표로 제시하고 있다.

1) 한국어 듣기 교육 내용의 범주와 체계

(1) 듣기 교육에서 주의를 기울이는 요인들

지금까지 듣기 교육에서 '듣기를 어렵게 만드는 근원 요소들 중에서 특히 중요한 변수'로서 다루어온 특징들은 무엇일까? Brown & Yule(1983)에서는 듣기 교육에서 고려해야 할 요소들을 화자 요인, 청자 요인, 내용 요인, 보조자료 요인으로 구별하여 제시하였다. Anderson & Lynch(2003)에서는 이를 들을 내용에 대한 요소와 맥락, 정황에 따른 요소로 나누어 설명했다. 이러한 흐름을 반영하여 이 글에서는 들을 내용에 대한 것, 보조적인 것, 그리고 정황과 맥락에 따른 것으로 나누어, '사용된 어휘나 문법 수준', '조직 형태', '유형', 그리고 정보의 '명확성'과 '친숙성'에 대해 살펴보겠다.

① 발화에 사용된 어휘와 문법

한국어 듣기 교육이 가장 중요하게 고려하는 내용은 바로 학습자들이 들을 말에 사용된 어휘나 문법을 정확히 인지할 수 있는가 하는 점이다. 한국어 교육의 학습자들은 생득적으로나 생애적으로 한국어의 어휘 지식이나 사용례를 충분하게 확보하기 어렵다. 한국어에 대한 대부분의 지식과 경험이 교실을 중심으로 습득되어 나가는 형국이라고 볼 수 있는 것이다. 따라서 한국어 듣기 교육에서는 학습자들의 등급을 기준으로 말에 사용된 어휘나 문법 요소들을 검토하여 학습자들이 너무 쉽다고 느끼거나 너무 어렵다고 생각하여 포기하지 않을 만한 수준으로 조정해야 한다. 이는 한국어 학습자들의 학습 동기와 자신감을 유지 및 발전시키기 위한 조치이다.

② 발화의 조직 형태

'조직 형태'란 들을 내용의 정보소들이 배치되어 있는 구조를 말한다. 가령, 제시될 정보에 대한 개략적인 정보가 먼저 제시되어 있는 경우나 제목이 명확하게 제시되어 있는 경우가 그렇지 않은 경우보다 더 듣기 쉽다. 또한 인과 관계나 시간 순서와 같이 일반적으로 예측 가능한 조직 형태가 역순행적 조직 형태나 비유적인 조직 형태보다 더 이해하기가 쉽다는 연구들이 있다. 이에 한국어 듣기 교육에서는 학습자들이 들을 말의 조직 형태도 고려하여 학습 내용의 난이도를 조절하고 있다.

③ 발화의 유형

발화 유형은 글의 중심 소재나 목적에 따라 구분할 수 있다. 글의 중심 소재가 정물이나 풍경과 같이 정태적인 것인가, 장면이나 시간의 흐름처럼 역동적인 것인가, 또는 이념이나 사상처럼 추상적인 것인가 하는 점은 학습자가 들을 내용에 크게 영향을 준다. Brown & Yule(1983: 107)에서는 정태적인 것보다는 역동적인 것이, 역동적인 것보다는 추상적인 것이 더 듣기 어렵다고 하였다. 그래서 외국어 교육에서는 글의 화제와 소재에 따라 글의 유형을 구분하고, 글의 유형에 등급을 매기기도 한다. 하지만 이는 그렇게 단순하게 판단될 일이 아니다. 특정 글이 어렵게 느껴지는가 아닌가 하는 문제는 대상에 대한 청자의 관심도와 사물에 대한 개념 또는 선이해, 그리고 보조자료의 영향도 매우 크게 받고 있기 때문이다.[4]

4 가령 '학'을 한 번도 본 적이 없는 사람에게는 사랑이라는 추상적인 내용을 대상으로 한 글보다 그림 자료 없이 '학'에 대해 설명한 글이 더 어렵게 느껴질 것이다.

④ 발화의 명확성

'명확성'은 필요한 정보만을 분명하게 담고 있는 말을 의미한다. 듣기에서 명확성이 높은 말이란 내용 요소들 사이의 관계가 명백히 드러나고, 추론이 필요하지 않은 말을 뜻한다. 명확성을 높이기 위해서는 일반적으로 정확한 설명이 필요하다. 하지만 지나치게 자세한 설명은 내용의 의미를 파악하는 데에 방해가 될 수 있으므로 주의를 기울여야 한다. 또한 부가적으로 제시된 정보가 과도하게 많거나 그 안에 잉여적인 내용이 포함되어 있다면 글의 명확성이 떨어지게 된다. 명확성이 떨어지는 내용의 듣기는 난이도가 높은 수준에 해당할 수 있다. 따라서 듣기 활동을 제시할 때는 이 점을 충분히 고려해야 한다.

⑤ 발화 내용의 친숙성

'친숙성'이란 청자가 화제를 얼마나 친숙하게 느끼는가에 대한 것이다. 일반적으로 청자는 말의 주제가 청자에게 친숙한 것일수록 그 말에 대해 더 쉽게 알아 들을 수 있다. 화제가 친숙하다는 것은, 곧 청자가 그 글의 전제나 구도, 또는 개념에 대해서 일정 수준 이상의 배경지식이나 스키마를 갖추고 있다는 것을 의미하기 때문이다. 반면 청자들이 듣는 내용에 대해 전혀 알지 못할 때, 또는 학습자들이 사실상 자신이 들은 내용과는 상관이 없는 배경지식이나 스키마를 이끌어 와서 자신이 들은 내용과 무리하게 관련시킬 때에는, 들은 내용에 대한 학습자의 기억이 왜곡되거나 의미 해석이 잘못 이루어질 수 있다.

⑥ 발화의 상황과 맥락

상황과 맥락에 따른 요소는 화자 요인, 발화 정보 요인, 청자 요인 등으로 나누어 볼 수 있다. 가령 상황과 맥락에 영향을 주는 화자 요인으로는, 화자의 수와 화자의 발화 특성이 있다. 화자의 발화 특성이란 말의 빠르기나 억양 등을 말한다. 단순하게 보자면 빠르면 빠를수록 어렵고, 표준 발음에 가까울수록 쉽다고 판단할 수 있다. 하지만 실제로는 청자가 가장 익숙하게 느끼는 빠르기와 억양이 제일 잘 들린다.

청자 요인이 듣기에 영향을 주는 이유는 화자들은 모두 독립적인 인격체이기 때문이다. 화자들은 대화가 이루어지는 상황이나 대화 주제에 대해서, 이미 특정한 견해를 가지고 있을 수 있다. 만약에 학습자의 생각과 그가 들어야 할 발화 내용이 일치한다면, 그 학습자는 아주 성공적인 듣기를 할 수 있게 될 것이다. 하지만 학습자가 자신이 듣는 내용과 전혀 다른 생각을 하고 있다면 발화 내용을 쉽게 이해하기 어렵게 될 것이다. 이러한 문제를 극복하기 위해서 듣기 교육에서는 '들은 내용의 의미를 파악하는 작업'과 '들은 내용에 대한 비판 작업'을 분리할 것을 요구하기도 한다.

발화 정보 요인이란 맥락이나 상황에 대해 청자가 얼마나 알고 있는가, 청자가 처리해야 할 정보의 양이나 질이 어떠한가 등을 뜻한다. 가령 집에 들어가자마자 아버지께서 '엄마가 고무장갑을 어디에 두는지 아니?'라고 물어본다면 즉각적으로 대답을 하기 어려울 것이다. 어떤 사람은 당황하여 아버지께서 무슨 말씀을 하시는지 알아듣지 못할 수도 있다. 이야기가 이루어지는 상황과 맥락에 대한 사전 정보나 감각이 부재한 상태에서 갑자기 어떤 말을 들은 경우에는 그 말을 제대로 포착하기 어렵기 때문이다. 다른 예로 2시간짜리 강연을 듣고 나오는 길에 누군가가 강연 앞부분에 어떤 내용이 있었는지 묻는다면 이 또한 바로 대답하기는 어려울 것이다. 강연은 대부분 일정 시간 동안 상당히 많은 양의 정보를 제공하며, 청자가 그것을 내면화할 시간을 제공하지 않기 때문이다.

⑦ 청자 요인의 영향

듣기에 영향을 주는 청자 요인으로는 그에게 요구된 반응 수준이나 맥락이나 상황에 대한 참여도, 대상에 대한 흥미 등이 있을 수 있다. 이는 같은 내용도 다르게 느껴지게 한다는 점에서 매우 중요하다. 가령 어떤 말을 단순히 흥미 차원에서 듣는 것은 그것을 요약하거나 비판하기 위해 듣는 것보다 수월할 것이다. 또한 말을 듣다가 중간에 잠시 멈출 권한이 있어서 중간에 정리할 기회를 갖거나 질문할 기회를 갖는다면, 그런 기회가 없이 계속 듣는 것보다 쉽게 들을 수 있을 것이다. 한편, 화자에 대한 청자의 호감도 역시 듣기에 영향을 준다는 연구도 있다.

(2) 듣기의 기제

한국어 교육에서는 듣기의 용이성을 기준으로 듣기 교육의 자료나 활동들을 등급별로 제시한다. 쉬운 과제부터 어려운 과제의 순서로 제시하는 이유는 그렇게 해야 학습자들이 학습 동기를 잃지 않고 자신감 있게 학습할 수 있기 때문이다. 성공적인 듣기를 위해서 청자는 적극적으로 듣기에 참여해야 한다. 잘 안 들리거나 잘 이해가 안 되는 내용에 대해 질문하는 행동은 사실 자신감을 필요로 한다. 그래서 쉬운 과제부터 제시하여 학습자들이 성공 경험을 축적하게 하는 교육과정은 구조적으로 학습자들이 자신감을 가지고 능동적으로

소통할 수 있도록 돕는 효과가 있다.

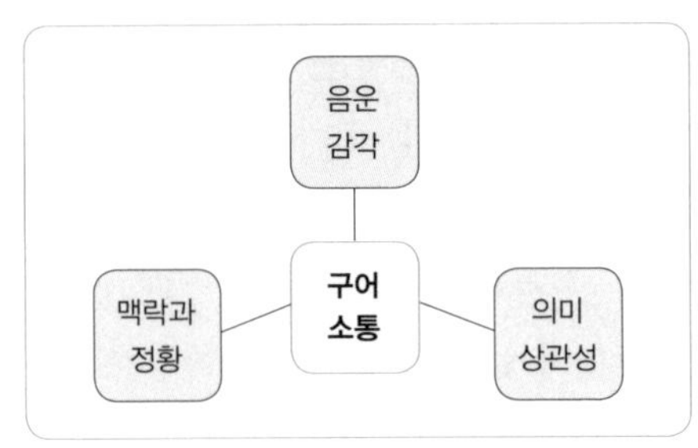

[그림 8-2] 구어적 의사소통의 요소

그러나 구어 뭉치 속에는 청자들이 듣고 이해하기 어려운 특성들이 산재되어 있다. 이는 실제적인(authentic) 자료일수록 더욱 심하다. 이러한 상황은 듣기 교육에서 이 모든 내용들을 총괄하여 일목요연하게 등급화한다는 것은 불가능하다는 회의감을 야기할 수 있다. 하지만 몇 가지 기준을 설정하면 이러한 문제는 사실 극복될 수 있다.

듣기 교육에서는 듣기를 어렵게 만드는 근원 요소들 중에서 특별하게 중요한 몇 가지 변수들을 중핵 기준으로 삼아서 듣기 자료를 등급화하고 있다. 이와 같은 설계는 인간이 한 번에 인식할 수 있는 것이나 이해할 수 있는 용량에 제한이 있다는 심리학 이론을 전제로 한 것이다. 즉, 교육을 통해 '가', '나', '다' 차원의 특성들을 듣는 능력을 갖추게 도와서 학습자가 '가' 차원의 특성들을 듣는 데에 큰 노력이 들지 않게 된다면, 불시에 이것이 '하' 차원의 특성들과 함께 제시되더라도, 청자들이 '가'에 들일 노력을 '하'에 더 사용할 수 있게 된다는 것이다. 교육 활동으로 학습자들의 듣기를 방해하는 몇 가지를 인식하고 이해하는 능력을 갖추도록 도움으로써, 학습자들이 그 이외의 것들에 대한 대응력을 예비할 수 있도록 돕는 것이다. 지금부터는 듣기를 들리기 단계와 듣기 단계, 그리고 청해 단계로 구분하는 방식을 중심으로 이러한 교육 구성 방식을 살펴보겠다.

① 들리기 단계

듣기의 첫 번째 단계인 '들리기'는 청각 기관에 수용되는 소리를 인식하는 단계로, 학습자들이 음운, 강세, 어조 등을 감각할 수 있는 능력을 갖출 수 있도록 도울 교육 내용을 제시한다. 주로 한국어의 입말을 구성하는 언어 자원들과 준언어적 요소들에 초점이 맞춰져 있다. 발음 교육과 함께 이루어지며, 최소 분절음들을 구분하는 활동, 어절 내의 위치에 따라 다르게 들리는 음운들에 대해 이해하는 활동, 활용 형태에 따라 음운이 달라질 수 있음을 이해하는 활동 등으로 이루어진다.

들리기 단계는 학습자의 청각적 감각에 큰 영향을 받는 활동이다. 그래서 학습자들은 자신의 모국어가 무엇인지에 따라 서로 다른 오류를 보여주기도 하고 서로 다른 부분을 어려워하기도 한다. 가령 모국어에 /ㅊ/과 /ㅈ/의 구분이 없는 학습자의 경우에는 이 구분을 하기까지 시간이 걸리고, 모국어에 /ㅡ/ 발음이 없는 경우에는 이 발음을 인식하기 어려워하며, /z/와 /j/의 분별이 중요했던 국가에서 온 학생들은 한국어에서 이 발음이 유사하다는 데에 혼란을 겪을 수도 있다.

② 듣기 단계

듣기 단계는 청자가 청각 정보에 '주의해서 들은 후 그 문면적 의미를 아는 상태'를 말한다. 그래서 이 단계에서는 음성 정보로부터 의미를 이해하게 만드는 데에 초점을 맞추고 있다. 이 단계의 학습을 충실히 수행한 학습자들은 앞 단계에서 익힌 음운 분별 능력을 토대로 음성 언어가 지닌 구조와 질서를 이해하는 능력과 자신이 들은 내용에 이를 적용하여 들은 내용의 의미를 이해하는 능력을 갖출 수 있게 된다.

한편, 학습자들은 들은 내용에 영향을 주는 반언어적이고 비언어적인 요소들의 의미까지 포착하여 의미 구성에 활용할 줄 알아야 한다. 아나운서처럼 정제된 발음을 하는 화자가 아닌 이상, 화자의 말에는 숨소리 등의 다양한 소리가 섞여 있을 수 있다. 또한 대화란 꼭 조용한 공간에서 이루어지는 것만은 아니기 때문에 주변의 잡담이나 음악 소리 등이 화자의 말과 함께 청각 기관으로 밀려들어올 수 있다. 이런 상황에서 화자에게 집중하여 그 사람이 전달하는 '말'을 듣기 위해서, 청자는 언어 정보와 함께 그에 수반된 비언어적이고 반언어적 요소들을 선별하는 능력을 갖추고 있어야 한다. 이에 한국어 교육에서는 표현을 익힐 때마다 그 표현을 사용하여 구어적인 의사소통을 하는 활동을 제공하여 이 표현의 사용을 익힐 수 있도록 돕고 있다.

③ 청해 단계

이 단계는 앞선 활동들로부터 얻은 정보들을 '자기 나름대로 이해하는 단계(subjectivation)'이다. 그래서 학습자들은 이 단계에서 자신이 이미 지니고 있는 '이해의 틀'을 적극적으로 활용하여 듣기 활동을 하게 된다. 이 단계의 교육 내용은 학습자들이 자신이 포착한 정보들을 토대로 그 말의 논리적 흐름을 짚고 그에 내포된 바를 추론하며 어떠한 판단을 내릴 수 있도록 하기 위한 목적에 따라 구조화되어 있다. 그래서 학습자들은 현재 자신이 가지고 있는 사고의 틀이 무엇인지를 성찰하고, 새로운 정보를 활용하여 기존에 자신이 가지고 있던 생각을 조정할 수 있어야 한다. 그런 점에서 이 단계의 교육 내용은 청자의 구어적 이해 능력과 사회 문화적 이해 능력을 모두 향상시킨다는 교육적 가치가 있다.

2) 듣기 교육 내용 구성의 실제

한국어 듣기 교육에서는 학습자의 수준과 목표를 고려하여 교육 내용을 제시하고 있다. 듣기 전에는 개괄적인 상황 정보를 제시하고 듣는 중에는 들을 내용을 특정 내용 단위에 따라 끊어서 듣도록 하며 들은 후에는 교실에서 할 수 있는 활동을 제시하여 학습자들이 자신의 듣기 활동을 점검하도록 하고 있는 것이다.

언어 활동을 수준별로 구성하는 것은 명시적으로 이루어지기 어려운 일이다. 하지만 너무 쉽거나 어려운 활동은 학습자들의 학습 효능감을 저해할 수 있다. 그래서 언어 활동은 반드시 학습자의 수준에 맞게 구성된 상태로 제시되어야 한다. 언어 활동의 등급화는 명확한 등급의 분류를 목표로 하기 보다는 '제2 언어 학습자의 관점'에서 보아 더 어려울 것인가 아닌가를 따지는 방식으로 시행되어야 한다(Mckey & Wong, 1996). 가령 Mckey & Wong(1996)에서는 언어 자료의 어휘나 문법과 같은 요소들은 물론, '언어 그 자체와는 별도'라고 여겨지지만 학습자들의 지각에 영향을 주는 요인들 또한 함께 고려할 것을 제안한 바 있다. 듣기의 어려움은 들을 내용 그 자체는 물론, 그것이 소통되는 맥락의 문제에 따라 발생할 수 있다는 점을 고려했기 때문이다.

(1) 어휘

언어 자료를 수준별로 분류할 때에는 주로 어휘의 난이도, 통사의 복잡성, 발화의 길이를 고려한다. 제2 언어 듣기 학습에서는 언어 사용 빈도가 높은 일상 언어는 더 쉽고 그렇지 않은 어휘는 더 어려운 것으로 취급하는 경향이 있다. 그러나 어휘의 사용 빈도는 그 학습자가 처한 환경에 따라 달라질 수 있다는 것을 항상 염두에 두어야 한다. 가령 '과제'라는 단어와 '공구함'이라는 단어를 두고 볼 때, 학생 신분의 학습자라면 전자를 더 친숙하게 여기겠지만 공장 근로자라는 신분의 학습자라면 후자를 더 친숙하게 여길 것이기 때문이다. 따라서, 듣기에서 수준별 어휘 선정을 할 때에는 그 어휘가 사용되는 맥락이 학습자들의 생활과 얼마나 관계가 깊은지, 그 어휘가 사용되는 주제가 학습자들에게 친숙할 것으로 예상되는지 등을 함께 고려할 수 있어야 한다.

(2) 문법

문법의 복잡도는 총체적인 수준에서 한국어 능력을 등급화하는 토대가 되고 있다. 그래서 한국어 교육에서 듣기 과제를 제시할 때에는 학습자들의 수준에 맞는 문법과 어휘가 적용된 문장으로 바꾸는 경우가 많다. 학습자가 이해 가능한 수준으로 수정된 텍스트들은 외국어에 대한 학습자들의 중압감을 덜어준다는 점에서 장점이 있다. 다만 학습자들의 수준에 맞게 텍스트를 수정할 경우 학습자들의 수준을 지나치게 고려한 나머지 문장의 의미가 소실되거나 왜곡되는 상황이 벌어지지 않도록 주의해야 한다. 이에 한국어 교육에서는 문장에 휴지를 넣거나 반복 표현을 제시하는 방법 등을 활용하여 의미가 왜곡되거나 유실되는 상황을 최소화하고 있다.

(3) 길이

외국어 교육에서는 일반적으로 긴 텍스트를 듣는 활동이 짧은 텍스트를 듣는 활동보다 어렵다고 생각하는 경향이 있다. 이에 한국어 교육에서는 학습자들이 음절을 분류하며 들을 줄 아는 수준, 단어 듣기 수준, 문장 듣기의 수준, 문단 듣기의 수준 등으로 듣기 활동을 단계적으로 체계화하여 제시한다. 또한 O'neill & Scott(1974)에 따르면 중급 이상의 수준을 가지고 있어서 한국어 듣기에 비교적 능숙한 것으로 보이는 학습자라고 할지라도 1분 30초보다 긴 듣기 자료를 집중하여 듣는 것은 어려울 수 있다. 이 견해에 따라 한국어 듣기 교육에서는 듣기 학습 자료의 길이를 학습자들의 듣기 실력은 향상시키되 부담은 주지 않는 수준으로 조정하기 위해 노력하고 있다.

(4) 문단 형태

듣기 자료의 난이도를 판정하는 또 다른 기준으로는 그 정보가 조직화된 방식을 들 수 있다. 정보 조직 방식이 학습자들에게 얼마나 친숙한가 하는 점과, 그래서 그 조직 안에서 정보가 명확하게 제시되고 있는가 하는 점은 자료의 난이도에 큰 영향을 준다. 한편, 학습자들이 다양한 언어 자료를 경험해 볼 수 있게 하는 것은 매우 중요한 일이다. 이를 위해 듣기 교육은 다양한 문단의 형태를 학습자들에게 제공할 필요가 있다. 하지만 다양한 학습 자료를 제공하는 것도 학습자들의 수준에 맞게 이루어져야 한다. 즉, 정보가 충분하게 제공되고 있는 문단 형태, 지시어나 언어 표지가 명료한 문단 형태, 어휘나 문법 수준이 세심하게 고려되고 있는 문단 형태가 먼저 학습되어야 한다. 한편, 학습자들이 스스로 이해하기에는 어려울 수 있다고 생각되는 문단을 들을 때에는 교사가 듣기 전 활동에서 학습자들의 듣기 활동을 도울 수 있을 만한 보조자료를 제공할 수 있다.

(5) 청자 요인

① 모국어 또는 외국어 학습 경험에 대한 고려

듣기 학습에서는 학습자의 모국어가 무엇인지, 또는 이전에 배운 외국어가 어느 나라 언어인지를 세심하게 고려한다. 교수 내용을 제시하는 방식이나 학습 내용의 이해를 돕는 방식이 달라질 수 있기 때문이다. 외국어 교육의 하나로서, 한국어 듣기 교육은 학습자들이 알고 있는 언어와 한국어 사이의 대조언어학적 측면을 교수 방식으로 활용하는 경우가 있다. 즉, 학습자들의 모국어나 친숙하게 여기는 외국어를 한국어 설명의 비계로 활용하는 것이다. 대조언어학적 접근은 화용적 차원에서도 검토되어야 한다. 가령 동양어권 학습자들의 경우에는 나이가 많거나 직위가 높은 사람에게는 적극적으로 질문을 하지 못하는 경향이 있다. 이런 상황이 포착되면 교사들은 학습자들의 문화적 인식이나 성향, 의사소통 습관 등을 고려하여 듣기 활동의 내용과 방식을 조절하는 모습을 보여주어야 한다. 따라서 그들의 문화적 인식과 습관을 충분히 고려하여 듣기 연습을 할 수 있는 상황과 맥락을 제공해야 하는 것이다.

② 학습 목적에 대한 고려

학습자들의 한국어 학습 목적은 크게 일반 목적과 특수 목적으로 나누어 생각해 볼 수 있다. 일반 목적 학습자들에게 제시되는 교육 내용은 주로 한국을 여행하거나 한국에 머무르는 동안에 일상생활을 하면서 마주할 수 있는 대화 상황과 관련이 있다. 그야말로 생활 한국어가 중심을 이루는 것이다. 하지만 특수 목적의 경우에는 약간 다른 내용이 제공된다. 특수 목적 한국어의 대표적인 두 가지가 바로 학문 목적 한국어와 직업 목적 한국어이다. 그중에서 학문 목적 한국어에서는 학습자들이 나중에 대학이나 대학원에서 다른 사람의 발표를 듣거나 교수자의 강연을 들을 수 있도록 돕는 활동을 많이 제시한다. 직업 목적 한국어에서는 직장인들 사이의 관계 구도를 고려하면서 이야기를 듣거나, 직업군별 업무 상황에서 빈번하게 논의가 되는 주제를 학습 테마로 해서 그 주제에 대한 내용을 잘 듣는 능력을 가르치는 데에 목표를 둔다.

교육의 목표가 달라지면 학습자들에게 제공될 듣기 자료도 달라진다. 그리고 그에 따라 학습자들이 중요하게 생각해야 하는 어휘나 문법, 발화 패턴도 달라지며, 더불어 대화하면서 특별히 더 고려해야 하는 비언어적인 요소들도 달라지게 된다. 이에 교수자들은 학습자들의 중핵적인 목표에 유의하여 목적 달성에 초점을 맞춘 수업과 활동을 제공하고자 더욱 노력할 필요가 있다.

③ 연령에 대한 고려

학습자들의 연령은 학습자들의 인지적이고 정서적인 발달 수준과 관계가 있다. 따라서 한국어 듣기 교육에서는 학습자가 아동인지 청소년인지, 아니면 성인인지를 고려하여 듣기교육의 내용과 방법을 결정한다. 학습자의 인지적이고 정서적인 발달 수준을 고려하여 가장 효용성이 높은 내용과 방식을 구안하는 것이다. 가령 아동의 경우에는 발음 조성 기관이 성인보다 유연하기 때문에 음운 식별 및 변별에 대한 부담이나 어려움을 적게 느낄 수 있다. 하지만 가만히 앉아서 수업에 집중할 수 있는 시간이 상대적으로 짧기 때문에 신체를 활용한 놀이를 여러 가지 구성하거나, 노래 등의 다양한 자료를 함께 제시하여 흥미가 떨어지지 않도록 도와야 한다. 또한 아동은 성인과 달리 모국어나 다른 외국어의 학습을 통해 언어 일반에 대한 지식을 확보한 경우가 적다. 따라서 아동에게 어떤 표현을 설명하거나 제시할 때에는 성인에 비해서 사전 지식이 부족하다는 아동의 특성을 고려해 문법적 설명이나 어휘 분석에 초점을 맞추기 보다는 리듬감 등을 활용한 놀이 등을 사용하는 것이 효과적이다.

청소년 시기는 학습이 가장 왕성하게 이루어지는 시기이다. 그래서 많은 사람들이 일반적으로 청소년 학습자는 언어 학습에서도 탁월한 성과를 보여줄 것이라고 기대한다. 원칙적으로 학습 절정기(critical period)는 사람마다 다른 것으로 이야기 되지만, 청소년기는 성인이나 아동보다는 학습 절정기에 가까운 상태라고 여겨져 왔다. 청소년은 성인에 비해서 조음 기관이 유연하고 귀가 열려 있는 편이며, 아동에 비해서 활용할 만한 지적 자원이 있는 상태라는 점에서 학습 절정기에 가깝다고 할 수 있기 때문이다. 따라서 청소년 학습자들을 대상으로 한 한국어 듣기 교육에서는 청소년 학습자들이 이미 보유하고 있는 다양한 자원과 능력을 적극적으로 활용할 수 있도록 도와줄 필요가 있다. 언어 자료를 제시하거나 활동을 제공할 때 정서적인 것에서부터 정의적이거나 인지적인 것까지 다양하게 제시하는 것도 이를 위한 방법 중 하나이다. 다양한 자료는 학습자들이 다양한 경험을 하게 도울 것이고, 이는 한국어 학습에 대한 흥미를 돋우어서 그들이 점차 자기주도적으로 학습할 수 있도록 도와줄 것이다.

성인 학습자의 경우에는 모국어의 음운 체계가 확고하게 자리 잡고 있어서 모국어에 없는 음운을 청취하여 식별하는 데에 어려움을 겪는다. 하지만 모국어나 다른 외국어 학습을 통해 언어 일반에 대한 지식을 어느 정도 갖춘 경우가 많기 때문에 모국어에 대한 지식이나 외국어 학습에 적용할 수 있는 지식 등을 한국어 학습에 활용할 수 있다. 이는 목표 언어에 대한 이론적이고 분석적인 설명을 충분히 이해하고 실제 언어생활에 적용해 보는 데에 도움이 된다. 따라서 성인 학습자들은 리듬 등을 활용한 감각적인 활동보다는 생활 친숙도가 높거나 지적인 욕구를 자극하는 활동을 제시하는 것이 듣기 능력을 향상시키는 데에 더 도움이 된다고 알려져 있다.

4. 한국어 듣기 교육의 방법

음성 언어의 대표적인 특징으로는 일회성과 순간성을 들 수 있다. 그래서 음성 언어 자료를 토대로 한 듣기 교육은 오디오 같은 기계에 의존하지 않고서는 이루어지기 힘들다고 여겨지기도 했다. 그래서인지 듣기 교육은 오랜 시간 동안 음성 언어를 재생시킬 수 있는 매체에 의존해 왔다. 또한 외국어 듣기 활동이란 기자재 활용 가능성에 제한을 받는 교수·학습 활동으로 인식되는 경향이 있었다. 지금은 교육에 활용할 수 있는 매체가 발달하고 대중화되어 이것이 큰 문제로 다가오지 않는다. 하지만 외국어 교육이 활성화된 1960년대 초기에는 이것이 상당한 난점으로 작용하였다.

1) 듣기 교수·학습의 모형

(1) 전신 반응 교수법

전신 반응 교수법(Total Physical Response, TPR)은 1950년대 미국의 언어학자인 J. Asher가 고안한 것으로, 발달심리학, 학습이론, 인본주의 교육학 등과 관련이 있다. 이 교수법에서는 신체 감각을 활용하여 학습하기를 꾀하며, 듣기 능력을 통한 이해력 증진을 강조하여 아동의 듣기 지도에 많은 시사점을 주었다. 정적인 활동으로만 이루어진 학습을 어려워하는 아동들의 흥미를 고취시킨다는 점이나, 들은 내용을 표현하는 능력이 부족한 학습자들이 행동을 통해 듣기가 잘 이루어지고 있는지를 나타낼 수 있다는 점에서 고무적이었다.

(2) 자연적 교수법

자연적 교수법은 Krashen & Terrell(1983)이 제시한 것으로 학습자들이 온전한 듣기 능력을 얻기 전에 침묵기(silent period)를 가질 수 있어야 한다는 것을 강조한다. 표현에 대한 압박감 없이 언어를 충분히 경험해야 한다는 것이다. 이는 이해 능력의 하나로서 듣기 능력을 강조한다는 점에서 듣기 교육의 위상에 영향을 주었다. 이 이론에서 강조하는 바는 충분한 교육 시간과 언어 자료에 대한 자

자연적 교수법은 이후 Krashen & Terrell(1983)이 발표한 '이해 가능한 입력'(comprehensible input) 개념과 더불어 이해해야 한다. 이해 가능한 입력이란 학습자들의 현재 능력을 고려하여 그것을 약간 상회하는 정도의 자료를 지속적으로 제공해야 자연스럽게 상위 수준으로 나아갈 수 있다는 것을 의미한다(Krashen, 1985).

연스러운 노출, 그리고 인위적이고 강압적인 교육 상황의 최소화이다.

(3) 전략적 교수법

'전략적 교수법'은 효과적인 학습을 위해서 자신의 듣기 수준에 맞는 전략을 세울 것을 강조하는 메타 인지적 활동을 강조한다(Brown, 2006). 가령 청각 자료를 분별하기 어려운 초급 학습자들에게는 상향식 접근법을 많이 권한다. 다양한 음운에 귀가 열려있지 않은 성인 학습자들에게는 자신의 모어에는 없는 초분절음운들을 변별할 수 있도록 꾸준히 노력해야 한다는 것을 강조한다. 또한 음운이나 음절에 따른 의미 변별 능력이 어느 정도 형성된 이후에는 상향식 접근법의 방식을 점차 줄일 것을 강조한다. 선행 지식을 활성화하고 스키마를 제공하는 활동의 양을 늘려서 학습자들이 스스로 듣기 자료를 이해하는 능력을 발달시키도록 해야 하기 때문이다.

(4) 대화 분석적 교수법

'대화 분석적 교수법'은 화자가 말한 내용과, 말한 방식, 태도 등을 분석하여 들을 내용을 해석하고 이해하는 것이다. 실제 대화 상황에서 화자의 언어적, 준언어적, 비언어적 표현들은 순식간에 실행되고 사라진다. 따라서 학습자는 짧은 시간에 중요한 요소를 포착하여 자신의 이해 자원으로 활용하는 연습을 해야 한다.

이에, 대화 분석적 교수법에서는 화자의 발화 상황을 녹화한 영상 자료나, 그 말을 녹음한 음성 자료 등을 교육에 동원하기도 한다. 학습자들은 자료를 통해 입말의 구성은 물론 말의 표현 방식과 말하는 사람의 표정 또는 손짓 등을 분석 대상으로 삼으며, 이를 통해 상대방의 말을 어떻게 이해해야 하고, 그 말에 어떤 반응을 보이는 것이 가장 합리적이고 타당할 것인지를 정한다.

이러한 분석 연습은 한국어로 이루어지는 구어 의사소통 상황에 익숙하지 않은 학습자들이 실제 의사소통에 도입되기 전에 능동적이고 참여적인 청자로서 일임할 수 있도록 돕는다는 점에서 의의가 있다. 또한 다른 사람의 말하기를 듣는 입장에서 분석해 봄으로써 향후 자신이 구어로 표현을 할 때에 무엇을 유의해야 하는지를 알 수 있게 한다는 점에서 말하기 의사소통 능력의 형성에도 도움을 줄 수 있다.

2) 듣기 교수 · 학습의 활동

(1) 듣기 단계에 따른 활동

듣기 활동은 학습자의 음성 언어의 인지, 음성 언어의 의미 이해, 음성 언어의 해석을 위한 소통 행위로 구성된다. 이에 듣기 수업에서는 학습자들이 상기 활동들을 원활하게 수행할 수 있도록 듣기 행위를 듣기 전 단계, 듣기 단계, 듣기 후 단계로 나누어서 제시하고 있다. 이는 한국어 듣기에 아직 익숙하지 않은 학습자들이 음성 언어를 보다 쉽게 인지하고, 그 의미를 맥락적으로 이해하며 해석할 수 있도록 하기 위한 것이다.

① 듣기 전 단계

듣기 전 단계란 실제로 듣기가 이루어지기 전 단계이다. 듣게 될 내용에 대한 배경지식을 활성화하고 들을 내용에 대한 스키마를 형성하며, 들을 목적을 명확하게 하도록 이끄는 역할을 한다. 실제 맥락과 더불어 고찰해 볼 때, 아무런 맥락 없이 급작스럽게 이루어지는 대화는 거의 없다. 아주 구체적으로는 아니라도 친교를 목적으로 한다든지 정보 교환을 목적으로 하는 등, 구어 의사소통 상황에 대한 개괄적인 목적이나 기대 지표가 형성되고 공유된다. 따라서 듣기 교육에서 학습자들이 대화 상황에 대한 배경지식이나 스키마를 활성화하도록 이끄는 행동은, 학습자들이 실제 의사소통 상황에서와 같이 맥락을 인식하고 파악하며 대화하도록 하려는 의도와도 관계가 있다.

한편 듣기 전 활동은 학습자들의 인지 부담을 덜어주는 효과도 있다. 만약 듣기 수업에서 교사가 학생에게 아무런 언질도 하지 않은 채 갑자기 들어야 할 내용을 들려준다면 학습자들은 매우 당황해하면서 듣기가 어렵다고 생각하게 될 것이다. 무엇을 왜 들어야 하는지 분명하지 않은 상태에서 들은 내용은 의미라기보다는 하나의 소리로서 흘러가 버릴 수도 있기 때문이다. 이런 부정적 경험은 학습자들의 언어 능력이 발전하는 데에 장애가 될 수도 있으므로 경계해야 한다. 이에 교사는 듣기 전 활동에서 학습자들의 선험 지식 구조를 활성화시키거나, 들을 내용과 관련이 있는 배경지식을 제공하여 학습자가 주제에 대한 기대 지표를 구축하도록 도와야 한다. 또한 학습자들에게 듣기의 목적을 제시하여, 학습자들이 어떤 부분에 주목해야 할지 안내함으로써 학습자가 능동적이고 적극적인 자세로 듣기 활동을 준비할 수 있도록 도와줄 수도 있다.

한국어 교재에서 듣기 전 활동으로 제시하는 문항으로는 다음과 같은 것이 있다.

- **시각 자료 제시하기:** 학습 내용과 관련된 사진이나 그림, 동영상 자료 등을 보여준다.
- **어휘 및 표현 익히기:** 듣기 자료에 있는 어휘나 표현을 미리 익히고 학습한다.
- **관련된 경험 이야기하기:** 의도적 학습(intentional learning)이라고도 할 수 있을 이 과정은 학습자들의 관심을 북돋우는 데에 도움이 되며, 생활 경험으로부터 상황에 적절한 어휘 및 표현을 연상하게 돕는다는 점에서도 교육적 효용성을 지닌다.
- **특정 주제에 대해 탐색하기:** 학습자들에게 관련 주제에 대한 정보를 검색하고 개념 지식을 알아보게 함으로써 학습자들이 그 주제에 대한 배경지식을 갖추게 도울 수 있다. 모둠별로 조사하거나 주제 토론을 하도록 하는 것도 좋은 방법이다.

② 듣기 단계

듣는 중에는 학습자들이 듣기에 집중하여 적극적으로 반응할 수 있도록 도와주는 활동을 제시한다. 대화 상황에서 듣는 활동을 하는 학습자는 들은 내용에 대한 어떤 반응을 보임으로써 자신의 이해도와 집중도를 표현할 수 있다. 이런 반응을 하는 것은 실제 의사소통 상황에서 들을 때에도 필요한 것이라는 점에서 권장될 필요가 있다. 구체적인 반응의 종류로는 들은 말에 대한 표정 짓기, 몸짓으로 반응하기, 핵심어라고 생각되는 것을 다시 말하기 등이 있다.

하지만 교실 현장의 듣기는 일대일로 대화를 나누면서 이루어지는 듣기보다는 주어진 듣기 자료에 대한 일방적인 듣기일 때가 많다. 이런 경우에는 학습자들이 들은 내용을 정리하면서 잘 듣지 못한 부분이나 들으면서 생긴 의문점 등을 정리하도록 돕는 것이 필요하다. 중급 이상의 학습자들은 어느 정도 한국어에 익숙해졌으므로 듣는 도중에 자신이 들은 내용을 간단하게 필기하는 등의 행동을 보일 수 있을 것이다. 하지만 듣기에 익숙하지 않은 학습자들은 무엇인가를 적어야 할 것 같다는 생각조차 부담으로 느낄 수 있다. 이럴 때는 교사가 간단하게 O/X로 표시하면서 들은 내용을 확인하거나, 단어들을 연결하면서 들은 내용을 정리할 수 있는 자료를 제공하는 것이 유용하다. 이는 한국어 듣기에 숙련되지 않은 학습자들이 자신의 듣기 능력을 발달시키는 데에 도움이 될 것이다.

듣기 단계에서 할 수 있는 활동은 다음과 같은 것이 있다.

- **들으면서 그림 고르기:** 초급에서 주로 사용하는 방법이다. 명료하고 간단한 그림을 제시하여 학습자들이 그림 판단에 혼란을 겪지 않도록 돕는다.
- **내용을 들으면서 O/X 표시하기:** 표나 문장으로 내용을 제시하며, 학습자가 직접 들은 내용에 따라 제시된 자료에 O/X 표시를 하면서 내용을 정리할 수 있도록 돕는다.
- **관계있는 것끼리 연결하며 듣기:** 나열된 그림과 숫자, 글 등을 보고 들은 내용에 맞게 연결하는 활동을 하도록 돕는다.
- **그림을 그리거나 쓰면서 듣기:** 그리기는 주로 초급 단계에서, 쓰기는 주로 고급 단계에서 사용되는 전략에 해당한다. 쓰기가 초급에서 활용될 때는 표의 빈칸 채우기를 할 수 있다.
- **그림 순서를 맞추며 듣기:** 주로 여행이나 요리법 등 시간 순서 또는 과정별 단계에 따라 선형화할 수 있는 내용을 들을 때 사용하는 방법이다.

③ 듣기 후 단계

듣기 후 단계는 학습자들이 들은 내용을 확인하고 요약하거나 정리하는 활동을 통해 충분히 이해할 수 있도록 돕는 단계이다. 듣기 후 활동은 말하기나 쓰기 등의 다른 언어 영역과 연계될 수 있는 단계로 활용된다. 즉, 상황에 대해 추측을 하거나 내용에 대한 느낌을 덧붙이면서 들은 내용을 해석하고 자기화하는 활동을 할 수 있는 것이다. 주로 초급에서는 제목이나 핵심어 말하기, 이어질 내용과 관련된 그림 찾기 등과 같이 시각적인 자료를 활용하는 활동이나 간단한 활동을 수행한다. 중·고급에서는 전체 내용을 요약하기, 비판하기, 문제 해결하기, 상황 추론하기, 토론하기 등을 수행한다. 경우에 따라서는 들은 내용에 대한 자신의 견해나 감상을 글로 쓰게 하는 기능 연계 활동을 할 수도 있다.

듣기 후 단계에서 이루어지는 활동은 마무리 단계 활동으로서 다른 기능 연습과 연계될 수 있는 특성이 있기 때문에 수행 시간이 오래 걸릴 수 있다. 이에 교사들은 이 활동을 위해 사용될 시간 등을 적절히 안배해 두거나, 시간이 많이 걸리는 부분을 과제로 제시하는 등의 설계를 할 필요가 있다. 학습자들이 시간에 급급하지 않고 충분히 숙고하면서 자기주도적으로 언어를 사용하는 경험을 할 수 있도록 도와야 하기 때문이다.

듣기 후 단계에서 할 수 있는 활동의 예로는 다음과 같은 것들이 있다.

- **중심 내용 정리하기:** 듣기에서 가장 보편적으로 제시되는 과제로, 들은 여러 가지 정보 중에서 가장 핵심적인 것을 추출하여 제시한다.
- **추측하기:** 추측은 다양한 수준에서 여러 가지로 이루어질 수 있다. 그래서 학습자들이 추측하기 활동을 할 때에 교사는 추측할 내용과 범주를 명확하게 제시하여 과도한 추측으로 인한 내용 곡해가 일어나지 않도록 해야 한다. 초급에서는 대화에 이어질 내용이나 대화에 참여하는 사람들의 태도 등을 추측하는 활동, 안내방송에 따라 청자가 해야 할 활동 등을 제시할 수 있다. 고급에서는 토론, 강의 등을 듣고 나서, 이후에 이어질 내용에 대해 추론하는 활동, 강연자의 태도와 청중의 반응 등을 추측하는 활동 등을 할 수 있다.
- **토론하기:** 담화로 제시된 내용에 대해 짝활동이나 소그룹 활동으로 토론을 할 수 있다. 담화 주제에 따라 대화 국면에서 도출된 문제들을 해결할 방안이 무엇이 있을지를 이야기할 수도 있고, 특정한 견해나 주장에 대한 자신의 의견을 이야기하고 그것을 뒷받침할 내용 등을 탐색하여 제시할 수도 있다. 토론하기는 들은 내용의 주제를 충분히 파악하고 자기화하여야 가능한 활동이다. 따라서 교수자는 학습자들이 들은 내용을 정리하는 활동이나 들은 내용에 대한 이해를 심화하는 활동을 병행하는 것이 좋다.

듣기 활동은 오직 듣는 행위로만 이루어지는 경우도 있지만, 도표나 그래프, 또는 사진을 앞에 두고 이루어지는 경우도 많다. 자료에 대한 분석과 이해를 함께 해야 하는 활동의 경우에는, 도표나 그래프, 사진에 대한 인식과 이해 능력을 충분히 갖추고 있는 학습자일수록 듣기 행위를 더 잘 하는 것처럼 보이는 상황이 발생한다. 즉 복합 매체 인식 및 이해 능력이 듣기에 영향을 주는 것이다. 이에 교수자는 학습자들이 듣기 활동이 아니라 자료 해석 활동에 몰입하지 않도록 도와줄 필요가 있다. 다양한 자료를 인식하고 이해하는 능력이 부족한 문제로 듣기 활동이 소홀해지지 않도록 해야 하는 것이다.

3) 듣기 교수·학습의 자료

(1) 자료 선정의 전제

효과적인 언어 수업이라면 교실 수업에서 경험한 의사소통 활동이 현실 사회의 의사소통 상황에 적용될 수 있어야 한다. 그러나 듣기 수업의 학습자들은 아직 한국어에 대한 감각을 완성하지 못한 사람들이다. 그래서 실제적인 언어 자료를 듣는 활동이 아무리 중요하다고 하여도, 언어적 감각이 발달되지 않은 학습자들에게 실생활의 의사소통 장면을 있는 그대로 들려주는 행동은 신중하게 이루어져야 한다. 실생활의 의사소통 장면에는 문법이 허용하는 범위를 벗어난 문장들이 사용되거나 핵심 주제를 벗어난 내용으로 대화가 이어지는 모습이 포함되어 있기도 하기 때문이다. 이는 언어의 규칙을 익히고 그것을 기틀로 삼아서 언어적 감각을 형성해 나가는 학습자들에게는 혼란스럽게 느껴질 수 있다. 즉, 외국어로서 한국어를 배우는 학습자들을 대상으로 한 듣기 교실에서는, 실제성이 고려된 듣기 자료를 가지고 오더라도, 학습자들의 수준과 상황을 고려할 필요가 있다.

또한 듣기는 본질적으로 청자와 화자가 함께 구성해 나가는 언어 활동이다. 그래서 현실 상황의 구어 소통 맥락을 녹음한 자료를 학습자에게 제시하였을 때, 그 자료가 과연 실제적인가에 대해서는 어느 누구도 확실하게 대답하기 어렵다. 실제 인물들의 대화를 녹음한 자료라고 할 지라도, 학습자는 그 듣기 활동에 진실로 포함되어 있지는 않기 때문이다. 즉, 녹음된 자료를 듣는 학습자들은 자신이 들은 내용에 의문이 생기거나 피치 못할 사정으로 제대로 듣지 못한 부분이 발생하였을 때 그에 대해서 질문을 하는 등의 행위를 통해 대화에 개입할 수 없다.

이와 같은 상황들은 교실에서 시행되는 의사소통 활동들, 그중에서도 구어를 중심으로 한 듣기 활동이 현실 사회의 의사소통 활동들과 완전하게 일치하게 만드는 것은 거의 불가능에 가깝지 않은가 하는 생각을 하게 만든다. 이에 한국어 교육에서는 교실에서 제시할 수 있는 실제 자료란 현실 세계에서 이루어지는 소통 장면을 복사한 것이 아니라, 교실 상황에서 '실제 상황과 최대한 유사하게 재조정한 자료'로 재개념화하여 사용하는 방식을 취하고 있다. 즉, 한국어 교육에서 이야기하는 실제적 자료란, 교육 목적에 맞게 언어적 요소들을 수정하고, 선행지식이 없어도 듣기 활동을 할 수 있도록 조정한, 학습자의 어휘 능력이나 문법 수준에 맞게 표현을 정리한 자료이지만, '실제 사회의 의사소통 상황에서도 충분히 이루어질 수 있을 법한 상황'을 제시한 자료를 의미한다.

그런데 듣기 활동을 구성하는 사람은 학습자들이 다양한 유형의 듣기 활동을 할 수 있도록 고려해야 한다. 이는 실제 사회에서의 듣기 활동의 다양성을 듣기 교육의 내용 안에 최대한 반영하기 위한 노력이라고 할 수 있다. 교실 환경 안에서 고려되는 듣기 활동으로는 주로 일상적인 대화에 참여하며 듣기, 안내 방송 등의 일방적인 발화를 이해하는 듣기, 영화나 드라마 등을 감상하기 위한 듣기가 있다.

일상적인 대화에 참여하는 듣기는 질문하고 답하기, 상대방의 부탁을 들어주기, 상대방의 요청을 거절하기, 상황 설명을 듣고 해결책을 제안하기 등이 있다. 학습자들의 수준에 따라서 교과서에서 제시되어 있는 상황들이 달라지는 것은 물론 그 상황에서 이루어질 수 있는 대화의 내용과 그 길이도 달라진다. 지금까지의 교재들은 표본이 될 만한 대화를 학생들에게 제시하고, 학습자들이 단어나 문형 패턴을 바꿔가면서 그와 같거나 유사한 대화를 듣거나 말하는 연습을 할 수 있도록 이끌었다. 그리고 이에 발맞춰서, 많은 한국어 교육자들은 교재에 제시된 활동을 수행하기 위하여 학습자들이 짝활동을 하거나 그룹 활동을 하면서 이를 연습해 보도록 안내하였다.

일방적으로 이루어지는 발화를 듣는 연습 활동에 사용되는 듣기 자료에는 안내방송, 광고, 뉴스, 연설 등이 있다. 안내방송은 짧고 간결하며 직접적이어서 특별한 조정 없이 사용할 수 있다는 장점이 있다. 이 듣기 자료에 대한 활동으로는 안내된 내용 중에서 가장 핵심적인 것이 무엇인지 찾아내는 것이 주로 사용된다. 한편, 뉴스나 강연은 배경지식도 필요하고 길이가 긴 경우가 많다. 그래서 뉴스나 강연이 한국어 교육의 듣기 자료로 사용되는 경우에는 교재 편집자나 교육자들이 뉴스나 강연에 사용된 어휘와 문형을 조정하는 경우가 많이 생긴다. 또한 학습자들이 이 자료를 듣기 전에 취해야 할 전략이 사전에 안내된다든지 간단히 훈련되는 상황도 발생하고는 한다. 이는 학습자들의 학습 의욕을 유지시키고자아 효능감을 지켜주기 위한 조치라고 할 수 있다.

마지막으로는 목표어 세계의 음악이나 영화와 같은 문화 콘텐츠를 감상하는 활동이 있을 수 있다. 한류 열풍 등에 힘입어서 전세계의 다수의 한국어 교육 현장에서는 한국 현대 콘텐츠에 대한 학습자들의 흥미와 관심이 한국어 교육에 활용되고 있다. 그런데 이 활동은 학습자들이 문화 콘텐츠의 내용을 이해하는 것과 그 내용에 정서적으로 반응하는 것으로 구성된다. 그런 점에서 복합적이고 풍성한 활동이라고 할 수 있을 것이다. 세계화 시대에 돌입하면서 문화 콘텐츠의 일부 내용은 이미 범세계적인 공통감을 기반으로 한 것이 되어 버리기도 했다. 이런 부분에 대해서는 굳이 사전 지식을 제공하거나 설명을 하지 않아도 되는 편리함이 있다. 하지만 급속한 세계화가 진행되었음에도 불구하고 문화 콘텐츠에 포함된 어떤 내용들은 한국만의 고유하거나 특수한 모습을 보여주는 것이어서 보충 설명 없이는 이해하기 어려울 때가 있다. 이럴 때에는 듣기 수업과 문화 수업을 융합하는 형식으로 학습자들의 이해를 다층적이고 심도 깊게 만들어줄 수 있을 것이다.

(2) 듣기 자료의 종류

① 음운 체계를 알고 구분하는 활동을 위한 자료

한국어 구어 의사소통이 가능하려면, 기본적으로 음운 체계를 인지하고 있으며, 초분절음에 따른 의미 변별을 할 수 있어야 한다. 모국어 학습자들의 경우에는 유아동 시기에 이 능력을 형성하게 되지만 한국어를 외국어로 배우고 있는 한국어 학습자들은 이 능력이 교육이라는 인위적이고 계획적인 시도를 통해 형성되어야 한다. 그래서 한국어 듣기 교육은 학습자들이 개별 음운을 익혀 한국어의 음운 체계에 익숙해지는 것부터 시작하고 있다.

가장 먼저 이루어져야 할 활동으로는 개별 음운 익히기, 음운들의 체계 이해하기, 최소 대립쌍을 통해 음소 식별하기, 음운 변동의 사례와 변이형 익히기 등이 있다. 그중에서 최소 대립쌍을 식별하는 것은 학습자의 모어를 고려하여 이루어질 필요가 있는 활동이다. 학습자의 모어에서는 변별되지 않는 음소들이 한국어에서는 변별되는 경우가 있기 때문이다. 가령 중국어권 학습자들은 'ㄹ'과 'ㄹㄹ'의 구별에 취약하고, 일본어권 학습자들은 'ㅡ'와 'ㅜ'의 구별에 취약하다고 알려져 있다. 또한 영어권 학습자들은 'ㅓ'와 'ㅗ'의 구별에 취약하다고 알려져 있기도 하다. 따라서 한국어 교육에서는 학습자들의 모어에 맞춰 각각의 학습자들이 자신이 취약한 최소 대립쌍을 구분할 수 있도록 도와줄 필요가 있다.

듣기 교육에서 음운 변동의 사례와 변이형에 대해 익히는 활동은 말의 소리와 의미를 제대로 연결시키기 위한 연습으로서 의미가 있다. 가령 '읽다'의 활용형에 해당하는 '읽어'와 '읽지'는 각각 [일거]와 [익찌]로 소리가 난다. 하지만 이는 둘 다 '읽다'라는 단어의 활용형에 해당한다. 하나의 단어가 활용형에 따라 소리만 다르게 나는 것이기 때문에 교수자들은 학습자들이 이를 서로 다른 단어라고 인식하지 않도록 도와야 한다.

② 들은 내용의 의미 구조를 인식하기 위한 자료

음운에 대한 감각이 형성된 학습자들은 자신이 들은 단어들을 연결해서 문장 수준의 의미를 이해하는 연습을 한다. 단어들 간의 의미 구조를 파악하기 위해서는 그 단어들이 어떻게 이어져 있는지를 알아야 한다. 그래서 문장을 구성하는 성분들을 이해하고 그것이 조직된 문법 구조를 이해하는 활동이 필요하다. 그러나 한국어의 어휘와 문법 지식은 그 내용이 방대하기 때문에 한국어를 외국어로 배우는 학습자들의 경우에는 단시간에 그것을 모두 알아내기가 결코 쉽지 않다. 그렇기 때문에 한국어 학습자가 어떤 문장을 듣고 그 의미를 이해하는 능력은 단시간에 형성되는 것이라고 하기 어렵다. 이는 한국어 학습자가 한국어 문장 형성에 활용되는 요소들을 배우는 동안에 지속적으로 조금씩 구축해 나가는 능력이라고 보아야 한다.

한편 담화 차원의 듣기 활동과 문단 단위의 듣기 활동은 그 맥락 또는 구조에 대한 인식이 수반 되어야 한다. 그래서 이 활동을 하는 학습자는 문장 수준의 듣기를 할 때보다 높은 수준으로 사고할 수 있어야 한다. 하지만 어떠한 학습자도 문장 수준의 듣기를 완벽히 완성한 상태에서 문단 수준의 듣기로 넘어가지 않기 때문에 전 단계를 완벽하게 완성한 상태로 다음 단계로 넘어가는 일은 거의 일어날 수 없다.

다행히도 한국어 교육의 학습자는 대부분이 성인 학습자들이다. 이들은 모국어를 통해 담화나 문단에 대한 이해 능력을 어느 정도 갖추고 있다. 그래서 담화 차원 또는 문단 단위의 의미 구조를 인식하고 이해하는 활동에는 학습자들이 자신의 모국어 학습으로부터 형성한 능력을 활용할 때가 많다. 이는 학습자가 한국어 텍스트를 읽으면서 자연스럽게 자신의 모국어 텍스트의 구조 및 흐름과 한국어 텍스트의 구조 및 흐름을 비교해 보는 활동을 시도하도록 이끌기도 한다.

듣기 교육의 궁극적인 목표는 한국어 학습자들이 구어 의사소통을 원활하게 하는 데에 있다. 한국어 듣기 활동은 일방적으로 듣기만 하는 형태로 이루어지는 경우도 있고, 그것을 말한 사람과 더불어서, 또는 그것을 같이 들은 사람과 더불어서 상호적이거나 협력적으로 이루어지는 경우도 있다. 듣기 활동의 종류는 Brown(1994)이 Nunan(1991)을 토대로 정리한 [그림 8-3]에서 잘 보여주고 있다.

③ 듣는 상황과 맥락을 고려하는 듣기 연습을 위한 자료

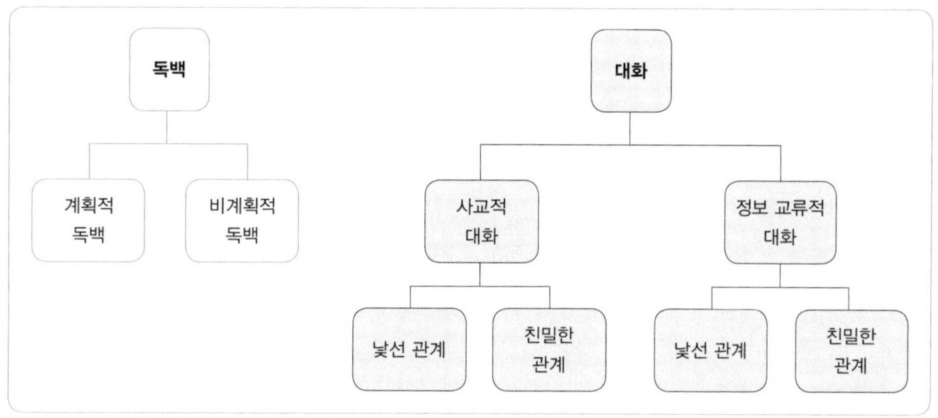

[그림 8-3] 듣기 활동의 분류(Brown, 1994)

위 분류에서는 질의응답 시간이 준비되어 있지 않은 강연이나, 텔레비전이나 라디오 등의 매체를 통해 전달되는 말을 '계획적 독백'이라고 명명하였다. 대화 가능성이 차단되어 있기 때문이다. 또는 누군가의 혼잣말을 듣는 상황이 발생하다면, 그것은 '비계획적 독백'을 들은 것이 된 것이라고 말한다. 그러나 이와 같은 상황들을 제외하고는 듣기란 원천적으로 대화에 기반하고 있다는 것을 보여주고 있기도 하다. 이는 한국어 듣기 교육 또한 학습자들이 일방적으로 제시된 내용을 듣고 이해하는 능력만 길러줄 것이 아니라, 자신이 들은 내용을 토대로 말하는 사람과 능동적으로 의사소통할 수 있도록 해야 한다는 것을 시사한다.

5. 한국어 듣기 교육의 평가

1) 한국어 듣기 평가의 계획

교육에서 평가란 교실에서 지도된 내용이 올바르게 학습되었는지 확인하는 것이다. 따라서 교사는 교실에서 지도된 내용에 따라 평가의 내용과 방식을 달리 해야 한다. 듣기 교육은 학습자의 구어 의사소통 능력을 기르는 것을 궁극적인 목표로 한다. 따라서 실제 평가 또한 학습자의 구어 의사소통 참여 능력을 중심으로 제시되어야 한다.

평가의 층위는 지식을 갖고 있는 것과 수행 능력을 갖추고 있는 것을 기본 축으로 하여 여러 층위가 논의될 수 있다. 가령 기초적으로 요구되는 듣기 지식으로는 한국어 음운 자질, 음운 자질들이 결합된 형태, 구어 문법의 구조, 발화의 의미를 파악하기 위해 고려해야 할 비언어적이거나 반언어적인 요소들 등이 있다. 또한 이것과 관련된 수행 능력으로는 학습자가 한국말로 표현된 음성들을 정확히 포착하였으며, 구어 문법의 구조에 맞춰 그 의미를 파악할 수 있는가 등이 있다.

맥락적 이해 능력을 평가하려면 제시된 모든 정보들을 발화자와 자신 사이의 관계, 그

대화가 이루어지는 정황에 대한 문화적 이해, 말이 오가는 맥락 등과 관련시킬 수 있어야 한다. 또한 비판적 듣기의 관점에서는 들은 내용에 맞춰 제시할 반응이 무엇이며 그런 반응을 보이는 이유가 무엇이었는지를 설명하게 하는 것을 평가 대상으로 삼을 수 있다.

듣기 평가에서는 이 평가가 목표로 하는 것이 수행을 위한 지식인지, 형태 인식을 기반으로 한 내용의 이해인지, 문화적 요소들까지도 고려한 내용 해석인지, 자신의 입장에서 들은 내용에 어떻게 반응할 것인지를 결정하는 비판 능력인지, 아니면 이 모든 것을 종합적으로 평가할 계획인지를 분명히 하고 목표한 바에 맞춰서 평가의 방식을 결정해야 한다. 이는 평가의 정확성과 신뢰성을 향상시키는 데에 기여할 것이다.

2) 듣기 평가의 실행

Brown(2004)은 듣기 과정에 따라 듣기 평가의 목표를 제시하고 이에 따라 듣기의 유형을 세부적 듣기, 반응적 듣기, 선택적 듣기, 확장적 듣기로 분류하였다. 세부적 듣기는 학습자가 듣기를 수행할 기초적인 능력을 갖추고 있는지를 확인하는 것으로, 하나의 긴 발화를 구성하는 요소들, 가령 단어의 구별, 억양에 따른 의미 변별 등을 할 수 있는지를 확인하는 것이다. 반응적 듣기는 내용의 소통의 목적을 둔 것으로, 질문에 대답하거나 요청을 수락하거나 거절하는 등 상대방의 말에 적절하게 반응하는 것을 의미한다. 선택적 듣기는 한 단락의 듣기 자료를 듣고 어떤 정보를 찾아내거나 그에 따라 길을 찾거나 그 글의 주제 또는 핵심이 무엇인지를 찾는 것이다. 마지막으로 확장적 듣기는 발화에 대한 전반적인 이해도를 확인하고, 화자의 의도에 맞춰 중심 내용을 이해하거나 추론하는 활동을 말한다.

한국어 듣기 평가는 다른 외국어 영역에서 듣기 평가에 활용하는 다양한 문항들을 고려하여 의미 파악 능력의 평가, 반응 능력의 평가, 정보 파악 능력의 평가, 추론 및 종합 능력의 평가를 시행하고 있다. 의미 파악 능력의 평가는 음운을 식별할 수 있는지, 들은 단어를 정확히 찾을 수 있는지 등을 먼저 확인한다.

반응 능력 평가에서는 주로 대화 국면에서 화자의 발화 목적과 의도에 부합하는 반응 문장을 제시할 수 있는가를 확인한다. 반응 능력 평가 부분에서는 인사, 질문, 명령, 청유, 요청 등 다양한 대화 맥락에 따라 반응할 수 있는지를 평가할 수 있다. 정보 파악 능력 평가 부분에서는 주어진 내용의 세부 내용을 파악하는 활동이나 일치하는 내용을 찾는 활동, 중심 내용을 파악하는 활동, 주제어 또는 제목을 추론하는 활동 등이 가능하다.

마지막으로 추론 및 종합 능력 평가에서는 화자의 태도를 추론하는 활동, 이어질 내용을 추론하는 활동, 앞선 내용을 추론하는 활동, 담화 상황을 추론하는 활동 등이 있다. 의사소통 상황에서 듣는 활동에 대한 평가는 주로 교실 상황에서 교사가 학생과 일대일로 평가를 시행할 때 도입된다. 하지만 공식적인 언어 능력 평가 상황에는 아직 구체적이고 체계적으로 도입되어 있다고 보기 어렵다. 평가가 가지고 있는 여건으로 인하여 듣기 능력의 평가가 지면 평가의 형태로 이루어지는 경우가 많기 때문이다.

최근에는 외국어 듣기가 오랜 시간의 노력을 요구하기 때문에 단편적인 평가 방식으로는 학습자들의 언어 능력이 변화하는 모습을 보여주기 어렵다는 인식이 형성되었고, 이에 따라 학습자의 학습 결과물들을 모아서 총체적인 평가의 자료로 삼는 포트폴리오 평가법이 적극적으로 활용되고 있다. 원래 포트폴리오는 서류나 목록을 묶은 것을 말한다. 듣기에서는 학습자가 어떤 음성 자료를 들을 때마다 자신이 들은 내용과 이해한 내용을 적은 자료들을 순차적으로 모아 놓을 수 있다. 이는 학습자 스스로 자신의 실력이 변화하는 모습을 확인할 수 있게 하고, 이를 통해 자기 평가를 할 수 있도록 한다는 점에서 가치가 있다.

3) 듣기 평가 결과의 활용

듣기 평가의 결과는 교수자나 학습자의 입장에서 다양하게 활용될 수 있다. 교수자의 입장에서는 지도한 내용에 대한 학습자들의 이해도를 가늠할 자료가 된다. 가령 학습자들이 특정 음운 자질을 듣는 데에 특히 취약하다면, 교사는 차후에 수업을 구성할 때 그 음운과 관련이 있거나 유사한 것을 학습자들이 다시 들어보게 함으로써 자신이 취약한 부분을 강화하도록 도울 수 있다. 만약 이 정도의 강화 기제로 극복이 안 될 정도의 내용이라면 교사는 학습자들에게 추가 활동을 과제로 제시하여 학습자들이 이 부분을 스스로 단련시킬 수 있도록 도울 수도 있다.

학습자의 입장에서 평가 결과란 지금까지 자신이 공부한 방식이 올바른 것인지, 이해되었다고 생각했지만 아닌 것은 무엇인지를 파악할 수 있는 근거 자료에 해당한다. 만약 평가 결과가 기대 이하라면 학습자들은 앞으로 자신이 힘을 쏟아야 할 부분을 확인하여 그 부분에 더 힘을 쓰거나, 지금까지의 학습 방식이 효과적이었는지를 검토하여 새로운 학습 전략을 구축해야 한다. 만약 평가 결과가 만족스러운 것이라면 교실 밖 상황에서 적극적으로 의사소통에 참여하면서 교실 안에서 학습한 내용이 실제 사회의 의사소통 능력으로 확장될 수 있도록 노력해야 할 것이다.

탐구 과제

1. 듣기로 형성된 사고능력과 읽기로 형성된 사고능력에서 전자는 청각에 초점을 맞추고 있으며, 후자는 시각에 기반을 두었다는 점에서 근본적으로 차이가 있을 것이라고 추론되어 왔다. 그 대표적인 예가 Ong(1982/1995)이다. 이 연구는 '시각은 토막 나는 감각임에 반해서 소리는 통합하는 감각'이기 때문에 전자는 개인적인 사유를, 후자는 일체적인 사유를 하게 만든다고 이야기한다. 아래의 인용문을 읽어보고 이 견해에 대한 자신의 생각을 이야기해 보자.

> 목소리로 된 말은 소리라는 물리적인 상태로 인간의 내부에서 생겨나서 의식을 가진 내면, 즉 인격을 인간 상호 간에 표명한다. 그러므로 목소리로 된 말은 사람들을 굳게 결속하는 집단을 형성한다. 한 사람의 화자가 청중에게 말을 하고 있을 때, 청중 사이에 그리고 화자와 청중 사이에도 일체가 형성된다. 그런데 만약 화자가 청중에게 자료를 건네주고 읽도록 하여 청중의 한 사람이 홀로 독서의 세계에 들어가면, 청중의 일체성은 무너지고 재차 구술하는 이야기가 시작할 때까지는 그 일체성은 회복되지 않는다. 쓰기와 인쇄는 분리한다. 독자를 나타내는 말에는 '청중'에 대응하는 집합명사나 집합적인 개념이 없다(위의 책, 177).

2. 듣기의 세 단계를 정리해 보고, 학습자들이 각 단계마다 무엇에 주의를 기울여야 하는지 설명해 보자.

감각 단계	>	자기화 단계
들리기		청해하기
	• 문면적 의미 이해하기 • •	

3. 듣기는 다양한 의사소통의 맥락 속에서 상호 교섭적으로 이루어진다. 그러나 외국어로서의 한국어 의사소통의 상황에서는 대화 참여자들 사이에 공유된 상식(common sense)이 서로 다를 수 있다. 상식이란 것은 어떤 사회에서 무엇을 당연하다고 생각하면서 자랐는지에 따라서 달라지기 때문이다. 이러한 문제는 개인 대 개인의 의사소통이나 개인 대 집단의 의사소통 상황, 소그룹 내 의사소통 상황 등 다양한 상황에서 언제든지 발생할 수 있다. 말하는 사람은 당연하다고 생각한 내용이 듣는 사람에게는 당연하지 않을 수도 있기 때문이다. 듣기 교육의 입장에서 한국어 학습자가 이와 같은 문제에 대비하기 위해서 어떻게 교육할 수 있을지 이야기해 보자.

> 상황 1

> 상황 2

4. '반려동물 안전 관리'에 대한 뉴스를 이용하여 듣기 수업을 할 때, 수업을 어떻게 조직할 수 있을 것인지 생각해 보고, 듣기 전 활동과 듣기 후 활동에 대한 아이디어를 정리해서 발표해 보자.

듣기 전	듣기 후
• (예시 답안: 반려동물이나 안전 관리 같은 주제와 관련이 있는 단어를 학습한다.) • (예시 답안: 뉴스의 구조와 형식을 확인하여 특히 집중해야 할 부분이 어디인지를 예측한다.) • (예시 답안: 한국 사회의 반려견 안전 관리 방법을 찾아보고 어떤 이야기가 더 나올 것인지 추측한다.)	• (예시 답안: 뉴스에서 자신이 들은 반려견 안전 관리 방법을 구조화하여 정리한 후 그것을 다른 학생들과 함께 이야기해 본다.) • (예시 답안: 뉴스에서 들은 내용에 대한 자신의 견해를 발표한다.) • (예시 답안: 뉴스에서 들은 한국의 반려견 안전 관리 방법과 자국의 반려견 안전 관리 방법을 비교하여 이야기한다.)

더 읽을거리

양명희, 김정남. (2011). 한국어 듣기 교육론. 서울: 신구문화사.

외국인 등의 한국어 학습자를 가르칠 때 유용한 한국어 듣기 교육론 교재다. 한국어 듣기 수업에서 유용하게 활용할 수 있는 활동을 소개하고 있다. 아울러 한국어능력시험 기출 문제를 통해 평가의 방향에 대해 가늠하게 함으로써 한국어 교사가 가져야 할 기본 소양을 길러준다.

국제한국어교육학회. (2009). 한국어 이해교육론. 서울: 형설출판사.

한국어 교육에서 듣기와 읽기와 같은 이해 교육에 관한 내용을 담고 있다. 이해 교육이라는 측면에서 공통점을 갖는 듣기와 읽기가 각각 구어적 특징과 문어적 특징으로 인하여 어떤 차이점을 지니게 되는지를 설명해 주고 있다. 듣기 교육론과 읽기 교육론에 대한 내용을 별도로 제시하고 있기 때문에 한국어 듣기 교육과 한국어 읽기 교육에 대해 더 알아보고 싶을 때 읽으면 도움이 된다. 듣기 교육론의 경우, 정의와 특성부터 듣기 교육의 원리, 듣기 전략, 평가 등의 내용이 제시되어 있다. 읽기 교육론의 경우에는 읽기의 정의와 특성부터 주제별 읽기 교육, 교육의 원리, 읽기 후 활동, 평가 등의 내용을 제시하고 있다.

Anderson, A., & T. Lynch. (2003). 듣기. (김지홍 역). 서울: 범문사. (원서 출판 1988)

외국어로서의 영어 듣기 수업을 대상으로 하고 있지만, 수업에 있어서 이론만 가지고는 해결되지 않는 실제 수업 상황에 대비하고자 개발된 교재이기 때문에 참고할 가치가 있다. 현장에서 교사들이 접할 수 있는 문제들을 제시함으로써 언어 교육자로서 각각의 교육 내용과 상황, 교육 방법들에 대해 비판적인 안목을 갖도록 이끌어주며, 실제 교육과정에서 새로운 방법을 적용해 볼 수 있도록 구성되어 있다.

9장
한국어 읽기 교육론

1. 한국어 읽기 교육의 성격

1) 읽기의 개념

읽기란 누군가가 문자로 표현한 내용을 이해하는 행위를 말한다. 그래서 읽기 행위에 대해서 자세하게 이야기하기 위해서는 자신이 하고 싶은 말을 글로 표현하는 사람(필자)과, 작성된 글, 그리고 그것을 읽는 사람(독자) 사이의 관계에 대해서 먼저 생각해 보아야 한다. 글은 필자가 자신이 알고 있는 내용을 언어 기호를 통해 표현한 것인데, 기본적으로 어휘 및 표현 방법을 '선택'하고 '배열'하는 활동으로 이루어진다. 그래서 글은 의미가 조직되어 나간 결과물이란 뜻에서 '텍스트'라고 부른다.

읽기 행위가 이루어지는 동안 독자의 앞에 있는 것은 필자가 아닌 텍스트이다. 필자는 '문자'라는 기호를 통해 자신의 생각이나 의견을 표현하거나 정보를 전달한다. 그래서 독자는 글의 문자를 이해하고 해석하며 그 의미를 이해한다. 그런데 문자는 매우 추상적인 방식으로 의미를 전달하는 기호이다. 문자의 추상성은 필자가 자신이 생각한 내용을 완벽하게 표현하기 어렵게 만든다. 사람들은 같은 단어를 읽으면서도 각기 다른 의미를 생각하거나 다른 감각을 떠올릴 수 있다. 필자가 글을 쓴 목적이나 의도와는 별도로, 독자들은 글을 읽으면서 자신의 경험에 따라 각기 다른 생각을 하거나 다른 감각을 떠올릴 수 있기 때문이다.

이러한 차이는 글의 주제나 내용에 대해서 사람들이 각기 다른 입장을 가지고 있을 수 있고, 그에 따라 생각의 차이가 발생할 수 있기 때문에 발생한다. 가령 '명절 음식'에 대한 글을 읽는 상황이 있다고 했을 때, 누군가에게는 그 글에서 설명하고 있는 음식이 낯설고 이국적인 음식과 풍습일 수도 있고 누군가에게는 평범하고 익숙한 것일 수도 있다. 글에 대한 입장 차이는 글에 사용된 단어나 표현에 부여되어 있는 의미와 감각의 차이에 따라 발생하기도 한다. 한적한 시골의 풍경에 대한 글을 읽으면서 어떤 사람은 '느긋하고 평화롭다'는 감각을 가질 수 있고, 어떤 사람은 '지루하고 따분하다'는 감각을 가질 수도 있다.

그래서 텍스트는 때로, 필자가 의도하거나 목표한 것과는 다른 방식으로 이해되거나 해석될 수 있다.

'빈자리'는 독일의 읽기 연구자, W. Iser가 제시한 개념이다. 이저는 독자들이 같은 글을 읽으면서도 각기 다르게 인식하는 이유를 의미가 비어있는 자리에서 찾았다. 글은 필연적으로 의미가 비어 있는 자리가 있다. 글자는 추상적인 의미 기호이기 때문이다. 필자가 생각하기에는 충분히 설명한 것과 같은 글도, 독자의 입장에서는 충분하게 설명되지 않은 글로 보일 수 있다. '빈자리' 개념에 따르면 글을 읽는다는 것은 글에 존재하는 '빈자리'를 채워 나가는 것이다. 따라서 이 개념은 독서란 독자가 글을 이해하기 위해서 적극적이고 능동적으로 의미를 부여하며 구축해 나가는 행동이라고 할 수 있다.

글에 대한 해석의 차이는 글의 종류와 특성에 따라 가지게 되는 구조와 맥락에 따라 발생하기도 하고, 특정한 부분이 구체적으로 제시되지 않아서 발생하기도 한다. 이런 부분을 두고 읽기 연구자들은 '빈자리'라고 이야기한다. '빈자리'는 글의 특성에 따라서 생기기도 하고, 필자에 의해서 생기기도 한다. 글의 특성에 따라서 '빈자리'가 생기는 대표적인 경우로는 시문학을 들 수 있다. 은유와 상징의 기법을 주로 사용하는 시문학은 읽는 사람이 그 의미를 적극적으로 부여해야 하는 '빈자리'가 많다.

하지만 '빈자리'는 특별한 몇몇 글들에만 있는 것이 아니다. 필자 자신이 너무나도 당연하게 전제하고 있기 때문에 굳이 표현할 필요성을 느끼지 못하여 누락시킨 내용이나, 글이 가지고 있는 '암묵적인 전제'에 따라서 생기기도 하기 때문이다. 육하원칙에 따라 사실 정보를 제공하는 것을 원칙으로 하는 기사문의 경우에도 '빈자리'는 있을 수 있다. 기사문을 작성한 사람의 관점과 가치관이 사건 인식 방향이나 방법에 영향을 줄 수 있기 때문이다. 그런데 기사문은 기자의 관점을 설명하지 않는 경우가 많다. 사건에 가하는 시선은 어떻게 보면 문면적으로 제시되어 있지 않은 '빈자리'에 해당할 수 있는 것이다. 정리하자면, 글의 곳곳에는 '빈자리'가 자리하고 있으며, 이는 똑같은 글이라도 독자마다 다르게 느끼고 이해하게 되는 원인이 된다.

'빈자리' 개념이 읽기 교육에 시사하는 지점은, 읽기 행위가 이루어지는 동안 독자의 앞에는 오직 글만 있다는 것이다. 글에 적혀 있는 내용을 필자에게 확인하면서 글을 읽을 수 있는 상황이란 거의 존재하지 않는다. 독자는 주로 자신의 앞에 놓인 글에 의지하여 그 내용을 파악하고 이해해야 한다. 독자는 글의 내용과 관련이 있는 자신의 경험이나 글을 읽기 전부터 알고 있던 지식 등을 동원하여 글을 이해하는 일이 많기 때문에 글의 '빈자리'들을 자기 나름대로 채워 나가게 되는 것이다. 하지만 독자가 나름대로 채워나간 빈자리들은, 필자의 생각이나 의도와 합치되는 방향일 수도 있고 그렇지 않을 수도 있다.

교육의 관점에서 먼저 강조되어야 할 점은 독자가 읽고 있는 글은 어디까지나 필자의 표현물(表現物)이라는 것이다. 독자는 글을 읽으면서 그가 어떤 의도와 목적으로 이 글을 썼는지, 무엇을 전제로 하고 있는지를 먼저 인식하고 이해해야 한다. 물론 필자의 글과 그 글에 드러난 의도와 목적, 그리고 추론된 내용들은 모두 독자 자신의 입장에서 다시 해석되고 판단될 것이다. 하지만 이 작업 또한 필자가 글을 어떤 목적과 의도로 썼는지를 충분히 이해한 이후에야 가능한 것이다. 오독(誤讀)한 내용에 대한 비판적 견해는 설득력이 떨어지기 때문이다. 이런 과정으로 미루어 볼 때, 읽기는 독자가 자신의 앞에 놓인 글을 통해 필자가 표현하고자 했던 의미를 이해하고, 그것을 다시 자신의 입장에서 해석하고 판단하는 매우 적극적인 활동이라고 할 수 있다.

2) 한국어 읽기의 특성

읽기는 필자와 독자가 텍스트를 중심에 두고 하는 의사소통 과정이다. 한국어 읽기 교육 상황에서 필자와 독자는 서로 다른 문화적 배경을 가지고 있는 경우가 많다. 한국어 읽기 교육에서 다루는 글들은 대부분 한국에서 태어나고 자란 사람들이 쓴 것이다. 한국어로 글을 쓰는 한국인 필자는 일반적으로 한국인 독자가 그 글을 읽을 것이라고 가정하면서 글을 쓴다. 하지만 한국어 교실에서 그 글을 읽는 학습자들은 필자의 예상을 벗어나 있다. 단언하기는 어렵지만, 한국어 교실의 학습자들은 대부분 필자가 가정한 독자들보다 한국어 표현에 능숙하지 않고 한국의 역사, 문화와 사회에 대한 정보나 지식이 부족한 사람들이 포함되어 있다.

이러한 이유로 한국어 읽기 교육은 연구 초기부터 외국어 교육으로 인식되었으며, 교수·학습 방법 역시 외국어 교수·학습 이론의 흐름에 따라 변화하였다. 한국어 읽기 교육에서 학습자들에게 제시하는 자료들은 학습자의 입장에서 보았을 때에는 제2 언어로 쓴 글이기 때문이다. 이런 관점에 따라 한국어를 읽는 활동을 규정한다면, 그것은 학습자가 머릿속에서 자신이 읽은 글을 '번역'해 나가는 과정이라고 할 수도 있다. 개념적으로 번역이라는 활동은 근본적으로 원작에 대한 빈틈없는 이해와 해석을 기본으로 삼는다. 그래서 이 관점에서는 학습자가 주어진 글의 목적과 의미를 정확하게 이해해야 한다는 것을 강조한다. 그리고 학습자가 글의 언어적인 요소들과 구조를 정확하게 인식하여 필자의 의도와 목적에 맞게 글을 이해하도록 도와주는 데 초점을 두었다. 이는 지금까지도 한국어 읽기 교육에서 중요하게 다루어지는 부분이다.

한편 외국어 교육에 대한 구성주의 교육관과 학습자 중심 교육관의 영향력이 강해짐에 따라, 한국어 읽기 교육도 독자가 자신의 입장이나 상황을 적극적으로 반영하여 읽도록 해야 한다는 생각이 대두되었다. 그렇게 하여 도입된 교육적 접근으로는 정보 처리 이론에 따른 접근, 인지 과정 이론에 따른 접근, 그리고 초인지 이론에 따른 접근이 있다.

(1) 정보 처리 이론에서 본 읽기의 특성

정보 처리 이론에서는 읽기란 독자가 글의 정보를 처리하는 과정이라고 보며, 그렇기 때문에 읽기 교육 내용은 독자가 글에 담긴 '정보를 처리하는 과정'을 고려하여 순차적이고 단계적인 것으로 제시되어야 한다고 본다. 정보 처리 이론에서는 읽기 과정을 주로 상향식 정보 처리 과정, 하향식 정보 처리 과정, 상호작용식 정보 처리 과정으로 구분하여 이야기한다.

먼저 상향식 정보 처리 과정은 학습자가 텍스트를 읽을 때 텍스트 구성의 기초 단위인 단어에서부터 문단, 글의 수순으로 의미를 구축한다고 본다. 그래서 읽기 교육에서는 학습자들이 글의 기초 단위에서부터 순차적으로 이해해 나가도록 도와야 한다고 주장한다. 외국어로서 한국어를 배우는 학습자들은 처음에 한글을 먼저 익히고 단어와 문법에 대한 지식을 토대로 읽기 능력을 갖추어 나간다. 그런 점에서 이 견해는 한국어의 구성 요소들과 구성 단위, 그리고 기본적인 구조부터 익혀 나가야 하는 초급 과정의 학습자들에게 매우 큰 시사점을 준다.

하향식 정보 처리 과정은 학습자가 자신의 배경지식을 바탕으로 텍스트 전반에 대해 예측하면서 중요한 내용을 추출하고, 그것을 확인하고 수정하는 활동으로서 글을 읽어나간다고 본다. 그래서 이 관점에 따른 읽기 교육은 학습자들이 글의 장르와 내용에 따라 적절한 전략을 구사할 수 있도록 하는 방식으로 이루어진다. 외국어로서의 한국어 교육에서는 주로 한국어 어휘나 한국어 문법 지식이 어느 정도 갖추어진 학습자들이나 한국어를 모어로 사용하고 있는 외국인 학습자들을 읽기 교육의 대상으로 삼을 때 이 관점을 취하고 있다.

상호작용식 정보 처리 과정은 어휘와 문법에 대한 지식과 글의 내용에 대한 독자의 추론이 동시에 이루어진다는 견해이다. 이 견해에 따르면 글에 사용된 어휘와 문법은 글의 내용을 추론할 단서로 활용될 수 있고, 글의 전반적인 흐름은 글에 사용된 '모르는 표현'을 추측하기 위한 토대가 될 수 있다. 독자들은 글을 읽으면서 글을 구성하는 가장 기본적인 요소와 글의 전체적인 윤곽에 대한 독자의 추론을 동시에 진행한다는 것이다. 읽기를 이처럼 복합적인 과정으로 보는 관점은 여러 요소들을 종합하여 읽기 능력을 향상시키는 한국어 학습자들의 읽기 활동을 이해하는 데에 도움을 준다. 한국어 교육에서는 학습자의 언어 수준에 따라 읽기 과정이 달라질 수 있다고 보고, 이 점을 고려하여 읽기 교육의 내용을 조직하고 있다.

(2) 인지과정 이론에서 본 읽기의 특성

인지과정 이론은 '스키마'(schema) 개념을 토대로 한 이론이다. 그래서 이에 따른 읽기 교육은 텍스트 그 자체에 대한 분석에 치우치기보다는, 텍스트를 읽어야 하는 학습자가 이미 알고 있는 내용이나 기대하고 있는 내용을 고려해야 한다고 본다. 읽기에 작용하는 스키마는 크게 형식 스키마와 내용 스키마로 구분된다. 읽기에서 형식 스키마란 글의 유형, 글의 구조, 글의 형식, 담화 표지 등을 말한다. 또한 내용 스키마는 글의 주제나 소재와 관계가 있는 지식들과 독자가 이와 관련하여 가지고 있는 경험을 의미한다. 형식 스키마와 내용 스키마 개념이 읽기 교육에 시사하는 바는 다음과 같다.

먼저 형식 스키마 개념은 학습자들은 자신의 목표어로 작성된 글의 구조나 형식이 자신의 모국어와 유사한 구조와 특성을 지니고 있을 때 더 잘 이해할 수 있다는 것을 시사한다. 또한 내용 스키마 개념은 학습자가 목표어 사회의 관습과 문화적 특성들에 대해 많이 알고 이해하고 있는 것이 목표어로 쓴 글을 읽고 이해하는 데에 도움이 된다는 것을 시사한다. 이에 한국어 읽기 교육에서는 학습자가 한국어로 쓴 글의 형식과 내용을 인식하고 풍부하게 이해할 수 있게 도와주는 자료들을 읽기 전 활동이나 읽기 후 활동으로 제시하고 있다.

(3) 초인지(메타 인지) 이론에서 본 읽기의 특성

마지막으로는 초인지 이론 또는 메타 인지 이론으로 불리는 관점을 살펴보겠다. 이 관점은 학습자들이 문어적 소통의 시작과 끝에 관여하는 모든 인지적 활동을 관리 및 통제하는 능력을 갖추도록 교육해야 한다는 점을 강조한다. 읽기 교육에서 학습자들에게 강조하는 메타 인지적 활동으로는 크게 다음의 세 가지를 들 수 있다. 하나는 학습자들이 글을 읽으면서 글의 의미를 체계적으로 구축해 나가는 활동이다. 둘은 학습자가 자신의 관점과 생각에 따라 읽은 글의 내용을 비판적으로 재구성하는 활동이다. 셋은 학습자가 자신이 글을 읽을 방식을 돌아보고 어떤 방식으로 글을 읽는 것이 더 능률적일지를 생각하면서 자신의 활동을 조정해 나가는 활동이다. 구체적인 사례로는 사전 지식을 점검하기, 읽기 정황에 맞는 전략 사용하기, 과제 수행 시 요건을 꼼꼼히 점검하기 등을 들 수 있다.[1]

지금까지 살펴본 이론들은 한국어 읽기 교육에서 교수법과 학습법, 수업 모형, 전략 등을 구축할 때 참고하는 기반 이론들이다. 가령 읽기 교실이 '읽기 전 – 읽기 중 – 읽기 후' 과정을 골조로 하는 것은 스키마에 대한 인식을 토대로 하고 있기 때문이다. 독서 행위를 하면서 학습자가 수행해야 할 역할과 개진해야 할 사고를 단계적으로 제시하거나, 학습자에게 스키마 조직을 위한 보조 활동을 제공하거나, 학습자들이 자신만의 읽기 전략이나 읽기 학습 전략을 탐색하라고 강조하는 수업은 초인지 이론을 고려하고 있는 것이다. 이처럼 한국어 읽기 교육은 다양한 외국어 교수·학습 이론을 토대로 학습자의 역량 구축을 위한 교수·학습에 초점을 맞추고 있다.[2]

1 읽기 교육에서는 학습자가 자신의 '읽기' 행위에 대한 메타 인지적 전략을 구사하는 것과 더불어 읽기 '학습'에 대한 메타 인지적 전략을 구사할 것을 강조한다. 읽기 학습 층위에서 강조되는 메타 인지적 전략으로는 학습에 대한 설계 및 계획하기, 학습 전략 수행 및 조정하기, 학습 전략 평가하기 등을 예로 들 수 있다.

2 구체적으로는, 학습자의 스키마 활성을 강화하는 수업 방식을 제안하거나, 텍스트 독서 전후에 이루어져야 할 활동까지를 수업 구성에 포함하거나, 텍스트 독서 과정에서 구현되어야 할 인지적 이해 활동을 가시적으로 드러낼 방안을 구축하거나, 내용 스키마로서의 한국 문화를 고려하거나, 학습자의 읽기 전략을 실증적으로 고찰하거나 학습자의 전략 활용 능력을 강조하는 연구들이 있다.

2. 한국어 읽기 교육의 목표

1) 읽기 교육의 관점

읽기 교육은 읽기란 무엇이고, 읽기 능력이란 어떻게 증진될 수 있는지를 정의하는 방식에 따라 그 목표와 강조점을 달리 해 왔다. 가장 전통적인 관점은 행동주의 심리학에 따른 것이다. 이 관점에서는 읽기를 '필자의 의도를 정확히 알기 위한 행동'이라고 보며, 읽기 능력이란 글의 의미를 정확하게 이해하기 위한 전략을 다양하게 구사할 수 있는 능력이라고 보았다. 즉, 읽기 교육이란 교사가 학생이 사용하는 읽기 전략을 검토하고 더 정확하게 의미를 이해할 수 있도록 이끌어 주는 행동으로 이해되어 온 것이다. 이러한 맥락에서 읽기 교육 연구자들은 읽기에 영향을 미치는 요인들을 추출하고, 학습자가 지금보다 신속하고 정확하게 글을 이해하기 위해 갖추어야 할 능력 요소들을 제시하는 연구를 꾸준히 진행하고 있다.

한편, 읽기를 글과 독자 사이의 소통으로 보는 관점이 강화됨에 따라, 글의 구성 요소뿐만 아니라 글의 의미를 구성해 나가는 '독자'에 주목하는 관점들이 나타났다. 사회 구성주의적 관점이라고 불리는 이 입장은 읽기를 '문어를 통한 의사소통'으로 보고, 읽기 능력이란 글과 소통하기 위한 전략을 다양하게 구사할 수 있는 것이라는 관점을 제시하였다. 이 관점에서는 읽기 교육이란 학습자가 그 글에서 주목하고 있는 것이 무엇인지를 살피고, 학습자가 그 부분을 글의 전체 맥락과 어조를 고려하여 이해할 수 있게 돕는 활동이라고 본다. 그래서 이 관점을 가진 사람들은 독자의 배경지식에 주목하거나(Goodman, 1975), 독자 스스로 글의 내용에 대해 질문하고 탐색하며 예측하는 역량을 증진시킬 교육 방안을 모색

한다(Smith, 1982).

2) 한국어 읽기 교육의 목표

초창기 한국어 교육에서는 읽기란 학습자가 정보를 획득하거나 한국 문화를 이해하기 위해 갖추어야 할 능력이라고 보고, 이를 길러주기 위한 목적으로 읽기 교육을 도입했다(심상민, 2001: 101). 당시 한국어 교육의 중요한 목표 중 하나는 '한국인의 생활, 제도, 풍속, 문화 및 사고방식을 이해하는 것'이었기 때문이다. 그러나 이는 점차 학습자들이 '스스로' 한국에 대한 정보를 습득하게 하려면 무엇을 어떻게 교육해야 하는가에 대한 고민으로 이어졌다. 읽기 교육의 궁극적인 목표는 학습자들이 한국 사회에서 유통되는 다양한 자료들을 읽고 이해할 수 있게 하는 것이기 때문이다. 그리하여 한국어 읽기 교육에서는 전체 교육과정을 구성할 때, 교육적으로 재가공된 과제와 실제적인 과제를 고르게 제시해야 한다는 견해가 형성되었다.

외국어 교육에 대한 전세계적 관심사는 점차 L2 학습자들이 '사회적 소통 능력으로서의 언어 능력'을 형성할 수 있는 방안을 모색하는 것으로 변화했다. 이와 같은 입장을 보여주는 대표적인 사례는 유럽에서 제시한 '외국어 교육에 대한 유럽공통참조기준'(Common European Framework of Reference for languages, CEFR)과 미국에서 제시한 '미연방국가표준'(National Standards in Foreign Language Education, the 5Cs)이다. 이 보고서에서는 학습자들이 배워야 할 중요한 외국어 읽기 교수·학습 내용으로 ① 생활 영역과 상황에 맞춰 목표 언어 텍스트를 읽을 수 있는 능력과, ② 목표어로 이루어지는 의사소통에 참여한 학습자가 필자의 사고의 흐름이나 심리적 정황을 고려하면서 의미를 구성해 나가는 능력을 강조한다. 이는 외국어 교육의 범주가 목표 언어로 일상 세계에서 의사소통을 할 수 있는 능력에 그칠 것이 아니라, 직장이나 학교에서 전문적인 내용에 대해 소통할 수 있는 능력까지 포함된다는 것을 의미한다.

이에 따라 한국어 교육에서도 학습자들이 한국에서 사회적 삶을 누릴 수 있도록 이끌어야 한다는 견해가 형성되었다. 즉, 한국어 교육은 학습자들이 한국어로 의사소통을 하는 것이나 한국의 사회와 문화를 인식하고 이해하는 것만을 목표로 삼아서는 안 된다. 한국에서 전문적인 공부를 하고 싶거나 직장생활을 하고 싶어하는 학습자들이 언어적인 두려움이나 곤란함을 겪지 않도록 교육적인 도움을 줄 필요도 있다는 것이다. 한국어 교육에 대한 관점 변화 과정에 따라, 한국어 읽기 교육은 점차 학습자들이 주체적이고 능동적으로 텍스트를 탐색하여 읽어 나갈 수 있도록 이끌어야 한다는 목표 의식을 가지게 되었다. 이는 학습자들이 ① 언어 지식을 활용하여 글을 논리적 흐름에 따라 그 내용을 정확하게 이해하고, ② 글의 종류에 따라 그 목적과 의도를 이해할 수 있으며, ③ 이 모든 요소들을 종합하여 글을 해석하고, 그 글의 내용을 어떻게 활용할 것인지 판단하여 주체적으로 활용할 수 있도록 해야 한다는 것을 뜻한다.

다만, 한국어 읽기 교육은 여전히 한글에 익숙하지 않은 학습자들도 그 학습 대상으로 삼고 있으므로 이런 학습자들이 한글을 인식하고 한국어에 대한 지식을 습득하는 능력을 갖추도록 도와주는 일도 지속해야 한다. 이에 한국어 교육에서는 초급 수준의 학습자들을 대상으로 한 교육 내용을 구성할 때에는 (상호 문화적이거나 사회 문화적인 내용보다는) 우선, 한글에 대한 인식을 토대로 글의 내용을 이해하는 능력에 초점을 맞추다가 학습자들의 언어 능력이 발달함에 따라 단계적으로 한국 사회의 문화를 고려하여 글의 내용을 해석할 수 있는 능력이나 자신의 관점과 읽기 목적에 맞게 글의 내용에 대한 판단을 내리는 능력을 형성해 나가도록 하고 있다.[3]

먼저 1급과 2급에 해당하는 초급 수준의 학습자는 일상생활에서 자주 접하는 표지나 안내문, 광고와 같이 단어를 통해 한국어 문자에 대한 인식과 이해 능력을 갖추게 된다. 그리고 문장 수준으로 구성된 글의 구조에 익숙해져서 두세 문장으로 된 글 읽기를 학습 목표로 삼는 경우가 많다. 3급과 4급에 해당하는 중급 수준에서는 친숙하고 일상적인 사건들에 대한 주제로 된 글을 주로 제시하며 두어 단락으로 된 글을 읽는 능력을 갖추는 것을 학습 목표로 삼는 경우가 많다. 5급 이상에 해당하는 고급 수준에서는 추상적이거나 전문적인 주제에 대한 긴 글을 읽고 이해할 수 있는 능력을 갖추는 것을 목표로 하는 경우가 많다. 이처럼 한국어 읽기 교육은 초급 수준에서 고급 수준으로 올라갈수록 학습자들이 일상적이고 친숙한 것에서부터 전문적이고 사회적인 수준의, 그리고 문장 수준에서 담론 수준의 글을 읽을 수 있도록 하고 있다. 어휘와 문장에 대한 인식에서부터 시작하여 글의 구조와 맥락에 대한 이해로 나아갈 수 있도록 구성되어 있는 것이다.

한편, 한국어 교육에서는 학습자들의 학습 목적과 의도에 초점을 맞춘 교육 내용을 제시하기도 한다. 그 대표적인 예로는 직업 목적으로 한국어를 학습하는 학생들이나 학문 목적으로 한국어를 학습하는 학생들을 대상으로 한 한국어 읽기 교육 과정을 들 수 있다.

직업 목적 한국어 읽기 과정의 교육 목표는 학습자들이 직장 생활을 하면서 접하게 될 용어들을 익혀서 직업인으로서 다루게 될 문서들을 능숙하게 처리하게 돕는 것이다. 가령 공장에서 일하는 근로자라면 작업장 곳곳에 부착된 경고판이나 표지판에 쓰인 글을 읽고 안전에 주의를 기울일 수 있어야 할 것이다. 무역 업무를 담당하는 회사원이라면 화물의 종류, 화물의 집적, 운송 수단의 배당 등과 관련되어 있는 전문 어휘들이 사용된 글을 능숙하게 읽고 이해할 수 있어야 한다. 이처럼 직업 목적 한국어 교육에서는 학습자들이 업무와 관련된 내용을 알고, 이를 읽고 숙지하고, 직장 동료들이나 거래처 직원 등 업무 관계자들과 주고받는 문서들을 능숙하게 다룰 수 있도록 하는 데에 초점을 맞추고 있다.

학문 목적 한국어 읽기 과정의 교육 목표는 전공 서적이나 논문 등을 읽고 이해하는 능력을 향상시키는 데 있다. 대학생이라면 교양 또는 전공 강의를 들으면서, 수업의 교재들을 읽고 이해할 수 있어야 한다. 과제를 수행하기 위해서는 다른 자료들을 찾아 읽을 수도 있어야 한다. 수업에 관련된 책이나 자신의 전공과 관련된 내용을 읽고 이해하며, 그것을 자신이 작성하고자 하는 보고서의 관점에 맞춰 해석하고 판단할 수도 있어야 한다. 즉 학문 목적 한국어 교육에서는 학교에서 수업을 들으며 과제를 수행하기 위해 필요한 읽기 능력을 갖추는 것이 그 궁극적인 목표이다.

3 이 관점은 『국제 통용 한국어 교육 표준 모형 개발 보고서』(국립국어원)의 읽기의 목표에서도 엿볼 수 있다. 이 모형의 초급 수준에서는 일상생활에서 자주 접하는 표지나 안내문, 광고와 같이 단어나 문장 수준으로 구성된 글을 읽기 대상으로 삼지만, 고급 수준으로 가면서 점점 길고 전문적인 글이나, 해석하고 판단해야 하는 글을 읽기 대상으로 삼는다.

3. 한국어 읽기 교육의 내용

1) 읽기 교육 내용의 범주와 체계

(1) 읽기 교육에서 고려할 점

행동주의 심리학적 관점과 사회 구성주의적 관점은 모두 오늘날 읽기 연구에 지대한 영향을 끼치고 있다. 거시적인 차원에서 보면 두 관점은 모두 읽기 행위를 사회 유지 및 발전을 위한 중요한 행동이라고 본다. 읽기 교육이란 개인이 그 사회 구성원으로 행동할 수 있도록 돕는 행위라는 것이다. 하지만 그 방법에 있어서, 행동주의 심리학과 사회 구성주의적 관점은 다소 차이가 있다. 전자는 학습자가 글에 담겨 있는 정보를 정확히 이해하는 행동을 길러주는 데에 초점을 맞추고 있는 반면, 후자는 학습자가 자신의 상황과 관심을 고려하여 글을 읽어나갈 수 있도록 이끄는 데에 초점이 맞춰져 있다.

한국어 읽기 교육에서는 읽기 행위와 읽기 능력, 읽기 교육에 대한 위의 관점들 그리고, '이독성'(readability)과 '문식성'(literacy) 등을 고려하여 읽기 교육의 내용을 선정하고 조직한다.

문해력, 문변력이라고도 하는 문식성을 문자 그대로 이해한다면, '문자를 읽고 쓰는 능력'을 의미한다고 생각할 것이다. 하지만 읽기 교육의 관점에서 이 개념은 '직업적으로나 시민적으로, 공동체와 개인의 필요에 의해 통용되는, 문자를 다루는 복잡한 기능들'(UNESCO)을 적절하게 다룰 수 있는 능력이라는 다소 복잡한 의미로 사용되고 있다. '문식성' 개념에는 '글이란 필자와 독자의 만남을 매개'한다는 생각이 전제되어 있기 때문이다(노명완, 2008).

이독성이란 '독자가 문장 전체의 의미에 대해 예견하고 확인할 수 있는 정도'를 나타내는 개념으로, 텍스트에 대한 독자의 선지식을 강조한다(최정순, 1999: 64). 한국어 교육의 학습자들은 주로 한국어에 대한 지식과 한국의 소통 문화에 대한 배경지식이 부족할 것으로 예상된다. 따라서 한국어로 쓴 글이 가지고 있는 형식에 대해 얼마나 알고 있는가, 글의 구성 요소들인 단어와 표현 등에 대해 얼마나 알고 있는가, 글의 주제에 대해 얼마나 알고 있으며 어떤 생각을 가지고 있는가 등이 학습자의 이독성을 좌우할 수 있다고 본다(이지은, 2008; 이지혜, 2009; 지근, 2014).

문식성은 문자와 관련된 능력을 전반적으로 다루는 개념이고 이독성은 읽기에 특화된 개념이라는 점에서 구별할 수 있지만, 읽기 능력이란 언어생활권의 사회적 관습과 문화를 고려하여 텍스트를 읽고 해석할 수 있는 능력이라는 것을 전제로 하고 있다. 사회 문화적인 배경에 따라 글의 내용이나 형식이 달라지기 때문에 독자는 그것을 고려하여 글의 내용이나 표현 방식을 이해할 수 있어야 한다는 것이다. 그런데 사회적 관습과 문화는 시간의 흐름에 따라서도 변한다. 같은 언어를 사용하는 지역이라도 공간적인 거리에 따라 다를 수 있다. 그래서 읽기 교육에서는 독자가 글이 작성된 시간과 공간을 고려하여 글을 읽을 수 있도록 이끌고 있다. 이는 한국어 읽기 교육에서, 학습자들이 한국의 사회 상황과 글쓰기 관습을 알고 이를 고려하여 글을 읽을 수 있도록 돕는 활동으로 구현되고 있다.[4]

한편, 읽기에서는 '독자의 상황'에도 관심을 기울이고 있다. 독자는 자신의 입장과 처지에 따라 글을 달리 받아들일 수 있기 때문이다. 가령 '한국인의 결혼관'이라는 글의 경우에는 자신이 한국인과 연애 중이거나 결혼할 수도 있다고 생각하는 독자가 그렇지 않은 사람보다 열심히 읽을 것이다. 글에 대한 독자의 심리적 태도에 따라 읽기 목적과 방식이 달라질 수 있는 것이다. 또한 독자가 남성인지 여성인지, 결혼을 앞둔 젊은이인지 부모 세대인지, 미혼인지 기혼인지, 한국인인지 외국인인지에 따라 그 글의 내용은 다르게 다가올 수 있다. 독자 스스로가 사회 문화적으로 어떤 위치에 있느냐에 따라 '결혼'이라는 사건에 대해 다른 생각을 가지게 되기 때문이다.

즉 독자는 자신의 상황과 사회적 '위치'에 따라 글을 다른 방식으로 해석할 수 있다. 이에 한국어 읽기 교육은 글의 내용과 형식이 가지고 있는 문화적인 성격을 고려하여 읽고 이해하며, 그 글에 대한 자신의 입장을 표현해 볼 수 있도록 하고 있다.

4 최근 읽기 교육 연구 동향을 보면 그 글이 어떤 매체를 통해 유포되었는지에 주목하고 매체가 지닌 특성을 고려하여 글을 읽어야 한다는 관점이 형성되어 교육에 반영되고 있다. 그 글이 신문 칼럼의 형식으로 유포될 것인지, 인터넷 게시글로서 유포될 것인지에, SNS를 통해 유포될 것인지에 따라 글의 형식과 내용이 달라질 수 있다는 것이다. 이런 생각에는 필자가 글을 작성할 때 자신의 글이 어떤 방식으로 유포될지를 고려하고 있다는 생각이 반영되어 있다. 하지만 한국어 교육의 입장에서 볼 때, 이러한 의식은 전 세계적인 흐름에 따른 것으로 학습자가 모국어 읽기 교육을 통해서 이미 갖추고 있는 내용에 해당한다. 이에, 한국어 읽기 교육에서는 한국어 교육의 장에서 주목해야 할 내용으로 한국어와 한국 문화에 초점을 먼저 맞추고, 이와 같은 내용은 부차적인 수준에서 다루거나 고급 수준에서 다룰 수 있도록 하고 있다.

(2) 읽기 교육 내용 구성에서 고려할 점

한국어 읽기 교육에서는 학습자들이 '정확하게 해독하는 즐거움'[accuracy]과 '스스로 읽어나가는 쾌감'[automaticity]을 느낄 수 있는 교육 내용을 마련하기 위해 노력하고 있다. 이 두 가지가 학습자들의 한국어 학습의 동력이 될 것이기 때문이다. 너무 어려운 텍스트는 자아효능감을 떨어트릴 수 있으며, 너무 쉬운 텍스트는 학습 동기를 저해할 수 있다. 그래서 가능하면 학습자들의 근접 발달 영역(Zone of Proximal Development, ZPD) 내에 위치한 글을 교육 대상으로 제시할 필요가 있다.

한국어를 학습한 지 얼마 안 된 학습자들에게는 실제 한국 사회에서 유통되는 텍스트들이 매우 어렵게 느껴질 수 있다. 그래서 한국어 읽기 교육 연구자들은 때로 텍스트의 어휘나 문법적 표현, 글의 구조를 학습자들에게 적절한 수준으로 조정하여 제시한다. 글의 소재나 주제에 대해서도 마찬가지이다. 학습자들은 자신에게 친숙한 제재는 쉽게 느끼지만 그렇지 않은 제재는 어렵다고 생각한다. 이에 한국어 교육에서는 학습자들이 친밀하게 읽을 수 있는 보편적인 내용부터 제시하는 방식으로 난이도를 조절한다.

하지만 다소 어려워 보이더라도 학습자들의 생존과 직결된다고 판단되는 내용은 초급 단계에서 바로 제시하기도 한다. 가령, 범용 한국어 교제에서는 초급부터 약국에서 쉽게 접할 수 있는 '제조약 복용 방법'을 읽고 이해할 수 있도록 돕는다. 이주 노동자 대상 교재에서도 '공구 사용 방법 안내'나 기계에 부착된 '취급 시 주의사항'을 초급에서부터 읽기 자료로 제시하고 있다. 이 글에 사용된 어휘와 표현이 다소 어려울지라도, 그것을 읽는 능력은 학습자들의 생존이나 안전에 매우 중요하기 때문이다.[5]

5 이런 내용의 경우에는 학습자들이 현실에서 마주할 글과 가장 유사한 형태[진정성, authenticity]로 제시하여 위험한 상황을 피할 수 있도록 한다.

읽기는 학습자의 문어적 소통 능력이므로, 읽기 교육은 학습자가 목표 언어를 사용하여 다른 사람과 상호 타협하면서 의미를 창출할 수 있는 능력을 길러주는 데 초점을 맞춰야 한다(L. Bachman, 1990; H. Brown, 2001). 한국어 교육에서는 언어 능력에 대한 이러한 관점이 비교적 일찍부터 도입되었다. 대표적인 예로, 서울대학교 교육과정(1999)에서는 "외국어 혹은 제2 언어로서 한국어를 배우려고 하는 외국인과 해외 교포에게 한국어와 한국 문화를 교육하여 유창하고 정확한 한국어를 구사하고 한국을 이해할 수 있게 한다"를 중요한 목표로 제시했다. 이는 학습자 중심주의와 사회 구성주의에 따라, 문어 독해 능력을 통해서 학습자의 언어적 실천력을 강화할 것을 강조하는 말이다.

이 관점은 한국어 읽기 교육이 주로 이국적 환경에서 성장한 학습자를 대상으로 한다는 점이 주목을 받으면서 더욱 발전하였다. 작가가 한국어로 텍스트를 쓸 때 예상했던 독자와 한국어 교실의 학습 독자 사이에는 사회 문화적인 간극이 있으므로, 학습자들이 이를 극복할 수 있도록 도와야 한다는 것이다. 이 관점에서는 학습자들이 한국의 사회 문화적 상황에 따라 구성된 텍스트를 그에 맞게 읽고 이해할 수 있도록 하는 데에 초점을 둔다. 그리고 이를 위하여 한국 사회의 사회 문화적 정황을 인지하고 이해할 수 있는 '문화적 문식성'과, 자신의 입장에 따라 그 상황에 적절하게 처신할 수 있는 '비판적 문식성'을 중요하게 여긴다.[6]

6 읽기에서 이러한 교육 내용은 주로 담론 차원에서 논의된다. 담론을 통해 한국어 텍스트의 문식성을 길러주는 교육은 한국어 텍스트 구조화 방식의 특성을 알려준다(김정숙, 1996). 읽기 텍스트의 담화 유형이나 장르를 분석하여 제시하거나, 읽기 텍스트의 담화 구조나 담화 표지를 활용하도록 돕기도 한다. 읽은 텍스트 중 몇 단락을 모국어로 번역하게 하면서 그 차이를 극복해 보거나, 글의 중심 내용을 탐색하게 하면서 글의 구조를 이해하게 돕는 활동도 제시되곤 한다. 학습자가 자신의 선지식을 조율하면서 목표어 텍스트의 구조를 이해하고 그 의미를 구성하게 만드는 것이다.

이를 종합해 보면, 한국어 읽기 교육은 크게 다음의 두 가지 흐름에 따라 진행되어 왔다고 할 수 있을 것이다. 첫 번째 흐름은 학습자가 언어의 구성 요소와 구조를 이해하고 해독할 수 있는 능력을 갖추도록 이끌 것을 강조하는 것이다. 이 능력의 하위 영역으로는 문법 차원의 언어 능력과 텍스트적 접근에 따른 언어 능력이 제시될 수 있다. 두 번째 흐름은 학습자가 문어 소통의 참여자로서 의미를 자기화할 수 있도록 해야 한다는 것이다. 하위 영역으로서는 텍스트에 구현된 다양한 언어 표현 양식의 언표 내적 의미를 활용하며 텍스트의 의미를 풍부하게 이해할 수 있는 능력과 한국어 사용권의 사회적·문화적 상황 및 맥락에 따라 그 텍스트를 이해하고, 자신의 입장을 고려하여 해석하는 능력이 제시될 수 있다(주옥파, 2004; 안경화·김민애, 2014).

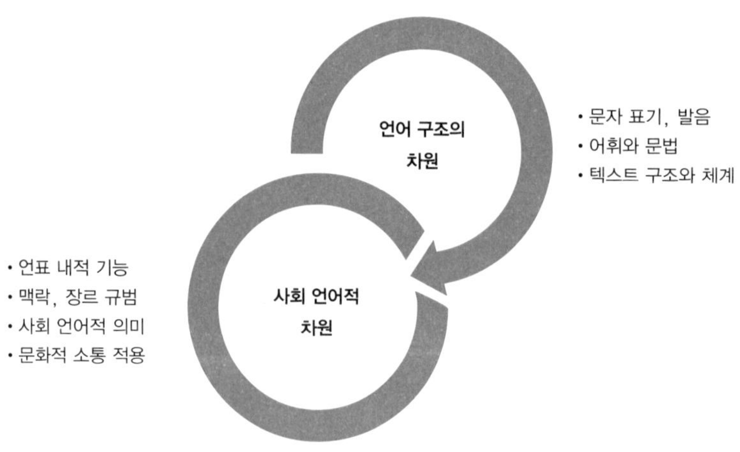

[그림 9-1] 한국어 읽기 능력을 구성하는 두 차원

2) 읽기 교육 내용 구성의 실제

(1) 일반적인 내용 구성

한국어 읽기 교육 내용은 ① 텍스트를 구성하는 어휘나 문법과 같은 언어적 측면과, ② 글의 구조(structure), 문체(style), 형상(figure), 질감(texture) 등과 같은 텍스트적 측면, ③ 담론적 소통 맥락에서 독자가 실천해야 할 활동에 주목하는 인지·전략적 측면을 고려한다. 또한 읽기란 독자가 텍스트와 맥락, 정황 등을 고려하며 의미를 구축하는 활동이라는 인식이 강조되면서, ④ 텍스트를 읽는 동안에 학습자들이 수행해야 할 인지적 또는 정의적 내용들도 중요한 관심사가 되었다. '읽기 전략'이라는 이름 아래 논의되는 이 교육 내용은 주로, 학습자가 텍스트를 읽는 동안에 자신의 내적인 요인과 외적인 요인들을 어떻게 조율하는가, 그 조율방식이 읽기의 효율성을 증진하는가를 중요한 교육 내용으로 삼는다(Carrell, 1988; Cohen, 1998; Chen, 2007).

읽기 전략은 학습자의 개인적 변인이나 학습자가 처한 학습 환경에 따라서 다양하게 구사될 수 있다. 읽기 전략을 크게 세 그룹으로 나누어 보면, 첫 번째 전략 그룹으로는 주어진 읽기 자료를 이해하는 데에 전반적으로 도입하게 되는 총체적 전략(general/global strategies)과 전체 글의 일부에 해당하는 특정 내용을 이해하기 위해서 사용하는 지엽적 전략(local strategies)을 들 수 있다. 두 번째 전략 그룹으로는 이러한 전략들을 조정하는 사고를 의미하는 메타 인지 전략(meta-cognitive strategies)을 들 수 있으며, 세 번째 전략 그룹으로는 읽기 정황에 따라 글에 대한 독자의 반응을 조정하는 사회적 전략(social strategies)과 정의적 전략(affective strategies)을 들 수 있다(Carrell, 1989; O'Malley & Chamot, 1990; Cheng, 2003).

한국어 읽기 교육에서는 학습자들의 읽기 효율성을 높이기 위한 목적에서 읽기 전략들도 교육 내용으로 제시했다. 읽기 전략들에 대한 교육의 목적은 주로 아래의 세 가지에 해당된다. 첫째, 학습자들이 자신의 한국어 읽기 능력이나 성향을 진단한다. 둘째, 학습자들이 한국어 읽기 효율성을 높이기 위한 전략을 탐색하여 자기발전을 꾀하게 한다. 셋째, 학습자들이 한국어 텍스트를 읽는 태도를 적절하게 갖추게 한다.

(2) 목적별 내용 구성

한국어 학습자들의 읽기 교육 내용은 학습들의 구체화된 학습 목표에 따라 달라질 수 있다. 교육 내용은 읽기 자료의 장르에 따라 달라질 수 있지만, 읽기 자료를 대하는 태도(읽어나가는 방법)에 따라 달라지기도 한다. 이 글에서는 학문 목적, 직업 목적, 사회 통합 목적의 세 가지 차원에서 구체적인 읽기 목적에 따라 내용 구성 방식이 어떻게 달라질 수 있는지를 검토한다.

① 학문 목적 읽기

한국어능력시험 등급이 일정 수준 이상인 학습자들은 한국 내의 대학 또는 대학원의 정규 학위 과정에 입학할 수 있다. 그러나 현실적인 관점에서 볼 때 한국어능력시험은 불특정 다수를 위한 언어 능력 시험이므로, 한국어능력시험을 공부하며 형성한 한국어 읽기 능력으로는 학술 텍스트들을 충분히 이해하고 분석하기 어려운 점이 있다. 이를 위해서 새로이 고안되고 있는 것이 바로 '학문 목적 읽기 교육'이다.

학문 목적 읽기 교육은 통합 규준의 읽기 교육에서 언어 능력을 학습한 학생들이 정규 학위 과정에 잘 적응하고 성공적인 학업 활동을 할 수 있게 한다는 목적을 지닌다. 대학이나 대학원에서 학습자들이 읽어야 할 교재 또는 자료를 정확하게 이해할 수 있는 능력, 논문을 정확히 이해하고 비판적으로 인지할 수 있는 능력, 읽은 내용들을 토대로 그에 대한 자신의 견해를 형성할 수 있는 능력 등이 이에 해당한다.

이 과정의 학습자들은 기본적으로 텍스트의 의미 구조를 맥락적이고 분석적으로 이해하기 위한 연습을 하며, 도해 조직자 등을 적극적으로 활용하여 텍스트를 정확히 이해하기 위해 노력한다. 또한 전공 서적을 읽기 위해서 필요한 개념어와 담론 공동체의 언어 사용 방식에 주의를 기울이고, 자기 질문법 등의 읽기 전략을 적극적으로 활용하는 연습을 한다. 의미 구도를 탄탄하게 하기 위하여 관련이 있는 다른 자료들을 자기주도적으로 찾아 읽는 연습도 하고 있다.

학문 목적 학습자들에게 요구되는 읽기 능력으로는 학술 논문에 대한 장르 문식성을 갖추는 것이 있다. 학문 목적 한국어 학습자들이 비판적 읽기 능력을 형성할 수 있도록 하기 위해서는 분석적 읽기를 통해 저자의 입장과 목적, 관점을 파악하도록 하는 활동, 읽은 자료와 비슷하거나 상치되는 자료를 읽는 활동, 다양한 읽기 자료를 견주어 보고 자신의 관점을 세우는 활동, 자신의 학습 성향을 돌아보고 적절한 읽기 전략을 고민하는 활동 등을 제공할 수 있다.

② 직업 목적 읽기

직업 목적 읽기 교육과정은 학습자들이 산업 현장에 투입되었거나, 국제 무역 상황에 대비해야 할 때, 또는 국제 무대에서 활약 중인 한국 기업에서 활약할 때를 대비하기 위한 준비 과정에 해당한다. 최근에는 정보통신 분야, 의료 산업 분야, 실무 기능사 분야 등 한국 내에서 외국인들의 진출이 두드러지는 분야의 전문적인 문식성 형성을 위한 교육 내용으로까지 확대되고 있다.

직업 목적 한국어 읽기 교육에서는 학습자들이 한국어로 직무를 수행할 수 있는 능력을 형성하는 것을 목표로 한다. 그래서 상황 중심 교수·학습 방식이나 내용 중심 교수·학습 방식을 주로 원용하고 있다. 학습자가 목표로 하는 전문 분야의 용어들과 직무 수행 시 다루어야 하는 문서들, 그에 수반되는 소통 체계를 익히는 교육 내용, 안전을 위해서 차후 해당 분야의 산업 또는 상업 현상에서 예의주시해야 하는 문서들의 독해력 형성 등을 중점적으로 다루고 있다.

더불어 최근에는 특히 전문직이나 기능직 분야를 중심으로, 학습자들이 자신의 직무 능력을 인정받기 위해 취득해야 할 자격증에 대한 안내 자료를 교육 내용으로 활용하기도 하고 자격증을 따기 위해 필요한 문식성을 갖추기 위한 읽기 교육 내용으로까지 확대되는 등 한국어 학습자들이 실질적인 업무 능력을 갖출 수 있게 도와주는 교육 내용까지도 포함하는 형태로 발전하고 있다.

③ 사회 통합 목적 읽기

사회 통합 목적의 읽기로는 국내 이주민 대상의 읽기 교육과 해외 교포 대상의 읽기 교육이 있다.

[이주민 대상 읽기 교육]

국내 이주민 대상의 언어교육에서는 이주민들을 한국 사회에 적응할 수 있도록 돕는다. 여기에는 이주민들이 한국 사회에 통합되기 위해 필요한 요소들, 혹은 이주민들이 자신의 이웃이나 동료로 만나게 될 한국인들과 정서적으로 유대감을 가질 수 있도록 돕는 내용들이 제시되고는 한다. 한국어 읽기 교육이 이주민들의 사회 통합까지 고려하게 된 이유는 읽기 활동에는 언어 공동체를 통합하는 기능과, 문자로 표상된 가치를 전승하고 전파하는 기능이 내재되어 있기 때문이다.

이를 위해서 초기의 읽기 교육은 한국의 우화, 전래 동화, 민담 등을 활용한 정서적 소통 회로 활성화 교육 방법이 다양하게 모색되었다. 최근에는 이들이 처한 상황과 입장을 고려해야 한다는 견해에 따라 이주민들이 현실적으로 마주할 가능성이 높을 뿐만 아니라 친숙하게 느낄 가능성이 높은 다문화 서사들을 활용하는 교육이 논의되고 있다(윤여탁, 2013).

먼저, 국내 이주민 대상의 교육은 일차적으로 한국에서 생활을 영위할 수 있는 능력 형성에 초점을 맞추고 있다. 가령, 이주 노동자 대상의 한국어 읽기 교육은 직장 생활을 할 때 필요한 문어 문식성 형성이 목표가 되며, 결혼 이주자의 경우에는 가족 구성원이자 미래 세대의 부모로서 갖추어야 할 문어 문식성 형성이 목표가 된다.

참고로 다문화 서사에 대한 문식성은 기본적으로 한국 사회가 점점 다문화적으로 변모하고 있다는 것을 전제로 한다. 또한 이주민을 비롯한 모든 사회 구성원들이 다문화적인 사회를 살아가기 위해 필요한 기초적인 언어 능력을 길러야 할 필요가 있다는 것도 전제로 삼고 있다. 그런 점에서 다문화 서사를 교육 제재로 삼는 교육을 할 때에는 **반드시 다문화 문식성의 교육 대상은 이주민뿐만이 아니라는 것을 전제**로 해야 한다. 이주민을 대상으로 한 다문화 교육과 선주민들을 대상으로 한 다문화 교육은 모두 이들이 사회 구성원으로서 자신이 소속된 사회의 현재를 인식할 뿐만 아니라 그 사회가 나아가고 있는 미래를 예상하면서 상호 협력적으로 의사소통할 수 있어야 한다는 것을 교육 목적으로 삼는다.

[해외 교포 대상 읽기 교육]

해외 교포 대상의 읽기 교육은 학습자들의 민족 정체성 문제와 관련이 있으며, 계승어로서의 위상을 갖는다. 부모 세대가 한국어를 사용하는 세대들은 한국어를 모어처럼 습득했을 수 있다. 하지만 이런 방식의 언어 교육은 그 사용역이 가족을 중심으로 한 일상생활의 권역으로 한정되고 언어 사용자들의 한국어 능력은 주로 청각 기호에 의존하는 경향이 있다(홍애란, 2006). 또한 환경적으로 어휘력 성장과 문식성 성장을 위한 스키마 형성에 제한이 있어서 공교육에서 다른 언어를 본격적으로 배우게 되면 점차 퇴색되기도 한다.

이러한 특성에 따라, 재외동포를 위한 한국어 읽기 교육은 학습자들이 자신의 구어적 경험을 비계로 삼아서 문어 능력도 발달시킬 수 있도록 조직되거나, 가정 내에 국한된 한국어 소통 상황을 공동체 권역으로 확장시킬 수 있도록 안내하는 방식으로 이루어진다. 먼저, 구어 경험을 비계로 삼는 경우에는 학습자가 소리를 내어 읽는다든지 학습자들이 녹음자료를 들으며 텍스트를 읽어 나가는 등, 청각 기호에 의존하고 있는 언어 능력을 시각 기호로 전환하기 위한 방법을 적극 활용한다.

가족 내로 국한된 한국어 사용역을 확장시키기 위해서는 한인 타운이나 한인 신문 등의 한국어 생활 공동체를 활용하기도 한다. 소소하게는 이메일이나 초청장 등 일상 속에서 문어로 상호작용을 할 수 있을 만한 활동을 하기도 하고, 한인 신문 등에 실린 이야기를 읽기 자료로 사용하기도 한다. 부모 세대가 알고 있는 사회 문화적인 이야기를 읽기 과제로 제시함으로써 가족 구성원들의 도움을 받아 언어 능력을 확장할 수 있도록 조직하기도 한다.

(3) 매체별 내용 구성

현대 사회에서는 다양한 매체가 사용되고 있으며, 현대 사회의 읽기 자료는 다양한 매체를 통해 소통된다. 그런데 매체의 성격에 따라 글의 내용과 형식이 달라지기도 한다. 글이 구현되는 대표적인 매체 형식은 종이 위에 잉크로 쓰거나 인쇄한 형태였다. 하지만 컴퓨터가 주된 작성 도구로 활용되고, 인터넷이 문서 유통에 활동됨에 따라 컴퓨터에서 2차원적으로 작성된 글을 PDF로 유통하여 보는 방식으로 변화하고 있다. 또한 사진과 동영상을 사용한 콘텐츠 제작 및 공유가 쉬워짐에 따라 문서 작성 및 소통의 형식 또한 다변하고 있다.

매체의 변화는 글의 형식을 다양화하는 데에도 영향을 주었다. 인터넷을 기반으로 한 전자 매체가 활성화됨에 따라 전보, 엽서, 편지, 회보 등과 같은 형식으로 주고받던 내용들은 이메일, 문자, SNS 등과 같은 형식을 취하게 되었다. 조간, 석간, 주간, 월간 등의 형태로 출판되던 신문이나 잡지 또한 이제는 출간 방식을 달리하여 사건이나 화젯거리가 발생하면 그 즉시 관련 기사가 인터넷망에 게시되는 형식으로 바뀌었다. 책으로 출판되거나 신문이나 잡지에 실려야만 읽을 수 있던 문학 작품도 독자에게 배포되는 형식이 다양해졌다. 작품을 읽기 위해서 그것이 실린 판본을 통째로 사야 하는 시대는 끝이 나고, 이제는 독자가 작가의 블로그나 웹사이트 등을 방문해 원하는 작품만 골라 읽거나 특정 부분만 구입할 수 있게 되었다. '앱'(app)이나 웹페이지를 통해 작품을 구독해 볼 수 있기도 하다.

영상을 촬영하거나 재생할 수 있는 기기가 보편화됨에 따라 글의 구성 방식 또한 달라졌다. 글자가 중심이고 그림이 간간이 활용되던 방식에서, 그림이나 영상이 자유롭게 삽입되는 방식으로 변화한 것이다. 이와 같은 변화에 따라 현대 사회에는 복합 매체 양식의 글들, 즉 의미를 표현할 수 있는 매체를 복합적으로 사용한 글들이 자유롭게 유통되고 있다.

매체의 특성은 글의 형식과 내용에 모두 영향을 준다. 그래서 글은 그것이 실린 매체의 종류에 따라 다르게 이해될 필요가 있다. 예를 들어 사건이나 이슈가 발생했을 때 즉각적으로 올라오는 뉴스 게시물과 SNS의 글들을 읽었을 때는 그 글이 있는 그대로의 사실 정보를 전달한다고 섣부르게 판단해선 안 된다. 이러한 형식으로 유통되는 정보들 중에는 사실 정보가 철저하게 확인하지 않은 상태에서 유포된 것들이 포함되어 있기 때문이다.

어떠한 사건이든 사실 정보를 확인하는 데에는 시간이 걸린다. 따라서 즉각적으로 유통된 자료를 본 독자는 그것이 진짜인지를 먼저 확인하는 습관을 가져야 한다.

한편, 복합 매체의 형식으로 제시되는 글을 읽을 때는 글에 사용된 다양한 기호를 이해하고 해석할 수 있어야 한다. 여기에는 전통적인 읽기 교육에서는 강조하지 않았던 능력도 포함되어 있다. 영상, 도표 등과 함께 제시된 글을 읽을 때는 동원된 자료에서 전달하는 내용을 함께 이해하는 태도 또한 필요하다.

함께 제시된 자료들의 사회 문화적인 맥락을 비판적으로 고려해야 할 필요도 있다. 2018년에 쓴 글이 2010년의 자료를 인용하고 있는 경우나, 한국인에 대한 글에 첨부된 사진이 일본인이나 중국인 사진인 경우, 또는 글의 주제와 다른 맥락의 자료가 제시되는 경우 등이 주의를 요하는 경우에 해당한다.

이러한 시대적 흐름에 따라, 한국어 교육에서는 학습자들이 매체의 특성을 고려하여 글을 해석하거나 비판적으로 받아들이도록 교육할 방법을 모색하고 있다. 이는 한국어 교육의 대상 학습자들이 향후 해외에 한국을 소개하는 경우가 잦고, 한국과 관련된 일을 할 확률이 높다는 점에서도 중요하게 다루어지고 있다.

4. 한국어 읽기 교육의 방법

읽기는 독자와 텍스트의 만남이다. 독자는 텍스트를 읽으면서 마주한 새로운 정보를 자신의 인지적 체계 안으로 밀어 넣으며, 적극적으로 그 의미 조직을 해체하고 해석한다. 결국 읽기란 독자가 자기주도적으로 텍스트와 교섭하는 형태의 소통 맥락을 지니고 있는 것이다. 읽기에 대한 이러한 이해는 읽기 활동을 할 때 독자가 전략적이어야 함을, 적절한 스키마를 적당한 때에 활성화시키는 능력이나 스스로 질문을 던지고 그에 대해 탐색하는 적극적인 활동을 수행해야 함을 강조하는 수많은 논의들을 양산하였다. 이에 따라 읽기 교수·학습의 내용은 인지적인 것에서부터 메타인지적인 것까지 다양하게 발달했다. 그중 핵심적인 몇 가지를 외국어 교수법에 따라 살펴보면 다음과 같다.

1) 읽기 교수·학습의 모형

(1) 직접 읽기 활동 모형

직접 읽기 활동(Directed Reading Activity, DRA)은 활동을 통해 학생들의 학습 동기도 자극하고 학습 목표도 달성하게 하는 것을 목적으로 한다. 주로 다음과 같은 형식으로 구성되어 있다. 먼저, 교사는 오늘 읽을 내용과 관련된 배경지식을 학습자들에게 제시하여 이와 관련이 깊은 사고를 활성화한다. 주어진 텍스트를 묵독의 형태로 읽을 수도 있고 낭독의 형태로 읽을 수도 있다. 텍스트를 다 읽은 후 제시되는 활동은 '연습 활동, 후속 활동, 강화 활동'으로 구성한다. 연습 활동은 교사와 학생들이 함께 수업 목표에 맞는 읽기 기능을 연습하는 것이고, 후속 활동은 교사의 감독 아래 학습자들이 개별적으로 그 기능을 연습하는 것이며, 강화 활동은 확장형 텍스트 등을 가지고 오늘 학습한 기능이 몸에 익도록 강화하는 활동이다. 세 활동 모두를 교실에서 수행하기 어려울 때는 숙제로 이루어질 수도 있다.

(2) 직접 읽고 사고하기 활동 모형

직접 읽고 사고하기 활동(Directed Reading Thinking Activity, DRTA)은 학습자가 스스로 자신의 목적에 맞게 읽기 전략을 탐색하고 구사할 수 있도록 돕는 데에 목표가 있다. 그 교육 방법은 아래와 같다. 먼저, 텍스트를 읽기 전에 교사와 학습자들은 이 글을 읽는 목적을 분명히 하고, 이 목적을 달성하기 위해서 필요한 읽기 전략을 이야기한다. 텍스트를 읽으며 교사와 학습자들은 자신들의 읽기 행위를 목적에 맞게 조절하며 읽는다. 이후, 교사는 학습자들이 스스로 목적에 따라 읽기 전략을 달리 하면서 글을 읽도록 하고 학습자의 읽기 행위에 대한 피드백을 준다.

(3) 안내된 읽기 과정 모형

안내된 읽기 과정(Guided Reading Procedure, GRP)은 학습자들이 글의 구조를 글을 읽고 회상하는 데에 적극 활용할 수 있도록 돕는 지도 방법이다. 주로 '읽기 목표 설정 > 읽기 > 읽은 내용 확인 > 재(再)지도 > 평가'의 순서로 진행된다. 읽기 목표는 학습자의 상황이나 글의 장르에 따라 다르게 설정될 수 있으며, 이에 따라 확인할 내용도 달라질 수 있다. 읽은 내용을 확인하는 과정은 주로 학습자가 읽은 내용을 보지 않고 기억하여 말하거나 쓰는 방식으로 이루어진다. 교사는 이때 글과 일치하는 내용과 일치하지 않는 내용을 모두 점검할 수 있게 도와야 한다. 또한 글에 대한 이해가 미진한 경우에는 스키마나 배경지식을 활성화함으로써 이해를 도모하도록 할 수 있다.

2) 읽기 교수법

(1) 직접 교수법

직접 교수법(Direct Instruction, DI)은 지식으로는 전수되기 어려운 교육 내용을 마치 지식을 가르칠 때처럼 명료하게 알려주고자 고안된 방법으로, 우리나라의 읽기 교육에 지대한 영향을 주었다. 직접 교수법의 기본형은 다음과 같은 방식으로 진행된다. 학생들이 교과에 주의를 집중시킬 수 있도록 한 후, 교사가 교육 목표와 학습 내용을 개관한다. 수업 진행 순서는 '어휘 안내 〉 단계적 설명 〉 교사의 시범 〉 학생의 연습'으로 진행되며, 최종적으로 학생이 오늘 학습한 내용을 혼자서 할 수 있는지 확인하는 것으로 수업을 마무리한다.

(2) 현시적 교수법

현시적 교수법은 학습자가 자발적으로 사고할 수 있도록 유도하는 교육 방법이다. 이 교수법에서는 세 가지를 강조한다. 첫 번째는 교사가 기능이나 전략이 왜 필요하고 언제 어떻게 사용해야 하는지를 알려줘야 한다는 것이다. 두 번째는 교사는 학습자가 그 전략을 스스로 탐색하면서 학습하게 도와줄 뿐이어야 한다는 것이다. 그리고 세 번째는 학습자가 이 전략을 자기 것으로 만들었는지 확인하기 위하여 연습에 사용하지 않은 과제를 제시할 필요가 있다는 것이다.

현시적 교수법의 구체적인 과정은 '시범 > 교사 유도 연습 > 강화 > 학생 독립 연습 > 적용'의 단계로 이루어진다. 시범을 보일 때, 교사와 학습자는 주어진 글을 읽는 목적을 분명히 해야 한다. 그 후 교사는 시범을 보이는 전략을 설명하면서 그것을 어떻게 사용하는지를 사고 구술 방법 등을 활용하여 보여준다. 이후 교사와 학생은 함께 이 전략의 수행 방법을 탐색해 나간다. 학생은 자신의 전략 사용 방법과 결과를 사고 구술하거나 회상하여 이야기하고, 교사는 그에 따른 피드백을 통해 학습자에게 필요한 행동을 강화하거나 목표 지향적 읽기를 위해 요구되는 방식을 안내한다. 강화는 주로 지금까지 연습한 내용과 그 목적, 결과를 정리하면서 지금 연습한 기능, 전략의 필요성이나 효용성 등을 학습자가 확실히 인지할 수 있도록 하는 방향으로 이루어진다.

(3) 단계별 읽기 교수법

단계별 읽기 교수법은 학습자들이 읽기 교육을 통해 활성화시켜야 할 여러 능력들을 읽기 전·중·후 단계에 따라 제시한다. 읽기 전 단계에서는 주로 제목이나 목차, 그림 자료 등을 통해 읽을 자료에 대한 예측 활동을 한다. 배경지식을 활성화하고 독서에 필요할 스키마를 이끌어낼 수 있을 준비 과정으로서 언급되어 온 것이다. '세탁기에 대한 일화'는 읽기 전 단계의 중요성을 강조하는 데 일조한 바가 있다. 이는 적절한 선행 조직자(advance organizer)를 찾아내는 것이 읽기 활동에서 얼마나 중요한지를 강조한다.

읽기 중 단계는 독서를 할 때 텍스트 내에 구축된 의미를 구체적으로 조직해 나가는 단계이다. 구성주의적 관점과 독자 중심주의적 사고에 따라 최근 읽기 교육 연구에서는 읽기 중에 학습자들이 하는 활동들, 그중에서도 학습자들이 적극적으로 의미를 도출하거나 도출한 의미를 자기화하여 이해하는 활동들을 강조한다. 이는 읽기 또한 소통적 상황에서 의미 구현이 이루어지는 활동에 해당하며, 그 구체적인 결과물은 독자 안에 형성된다는 사고가 반영된 것이다. 읽기 중 활동으로 도입되는 요소들로는 자기 질문법과 사전 예측 및 확인, 부분적 요약 등이 있다.

읽기 후 단계는 읽은 내용을 자기화하는 단계로, 독서를 통해 얻은 정보를 독자의 인지망에 맞게 정리하고, 자신의 지식, 흥미, 의견과 연관하여 의미화하는 활동이 장려된다. 읽기 교육이 텍스트에 대한 이해를 중심으로 구축될 때에는 요약 및 개념 지도 형성이 장려되었으며, 읽기 교육의 사회구성적 측면이 강조된 이후에는 글에 대한 핵심 사안을 정리하고, 그 의미를 해석하거나 비평하는 방식의 활동이 이루어지기도 했다. 읽기 후 단계는 필연적으로 모종의 '쓰기'가 도입되기도 한다. 이는 읽기라는 것이 문어적 소통의 한 방향을 의미하며, 그런 점에서 쓰기와 연계 학습했을 때 장점이 크다는 것을 시사한다.

(4) SQ3R 지도법

SQ3R은 전통적인 읽기 지도 방법으로 다음과 같은 순서로 진행된다. 먼저, 교사는 학생들이 먼저 글을 개관하도록 한 후(Survey), 글의 내용에 대해 질문을 생성(Question)하도록 한다. 학생들은 교사의 안내에 따라 글을 읽고(Read), 글을 다 읽은 후에는 읽은 글의 내용을 상기해 말한다(Recite). 교사는 학생과 함께 학생이 상기한 내용이 맞는지를 확인하며, 학생이 잘못 기억하고 있는 내용이나 학생이 이해가 안 된다고 이야기한 부분을 함께 검토한다(Review). 이 지도법은 앞에서 살펴본 단계별 읽기 교수법을 교수자의 입장에서 체계화하여 교실 상황에서 활용하기 좋게 압축해 준 것이라고 할 수 있다. 따라서 이 지도법에 따라 읽기 수업을 진행하는 교사는 학생들이 앞서 살펴본 읽기 전 활동과 읽기 중 활동, 읽기 후 활동의 흐름을 익혀서 성공적인 읽기를 할 수 있도록 하는 데에 초점을 맞춰야 한다. 그래서 이 지도법은 읽기 교육에서 사용할 수 있는 훌륭한 읽기 전략으로 오랜 시간 동안 자주 거론되어 왔다.

3) 읽기 교수·학습의 활동

(1) 집단별 읽기 활동

오랫 동안 읽기는 독자가 개별적으로 해야 하는 활동으로 인식되었고, 교육 현장에서도 독자의 개별적 읽기가 중심이 되었다. 그러나 읽기란 개별 독자의 독단적 해석과 의미화로 끝나는 것이 아니라는 주장이 제기되었다. 집단적 읽기에 주목하는 사람들은 실제 상황에서 이루어지는 독서는 개별적 읽기일 수 없다는 관점을 가지고 있다. 글을 읽는 순간, 독자는 지금 자신이 읽고 있는 글 이외에 다른 글들을 떠올리게 되기 때문이다. 이러한 관점에서 글이란 필연적으로 다른 글과 더불어서 의미를 갖는다.

글이라는 것은 다양한 사람들로 이루어진 공동체 안에서 소통되며, 결과적으로 그 의미는 여러 사람들의 해석이 서로 교차되면서 구축된다. 글을 읽고 난 후 독자가 내린 해석과 평가도 하나의 글로써 다른 사람의 읽기에 영향을 준다. 같은 맥락으로 읽기 교육에서는 학습자들이 동료 학습자들과 자신의 이해, 해석, 또는 비평을 나눔으로써 실제 세계에서 이루어지는 의미화 과정을 경험하게 한다. 그들은 교실에서 동료 학습자들과 함께 자신의 해석과 감상을 나누면서 글의 주제나 내용에 대해서 이야기하며 사태를 진단하고 판단한다.

집단별 읽기는 교실에서 학습자들이 수행하는 협력 활동이 교사의 주의가 미처 닿지 않는 부분에서 발생할 수 있는 학습자의 오독을 부각시키거나 교정할 수 있다는 장점이 있다. 다만, 특정 학습자가 발화를 독점하는 경우에는 집단 구성원들이 모두 그 사람의 관점에 치우치게 될 위험이 있기도 하다. 따라서 교사는 집단별 읽기에 참여하는 학습자들에게 자신의 해석과 판단을 이야기할 기회를 고르게 나누어 줄 수 있어야 한다.

(2) 장르별 읽기 활동

장르(genre)는 '특정 장면에서 사용되는 독특하고 인식 가능한 패턴'으로 '표준적인 구성과 구조를 가지고 있어 다른 유형과는 구별되는 의사소통 기능을 가지는 담화 유형'을 말한다(Richards & Schmidt, 2010, 김창구 역, 2016: 241). 각 장르는 서로 다른 의사소통 목적과 기능을 지니기 때문에 글을 읽는 사람은 읽는 글이 어떤 장르에 속하느냐에 따라서 글을 읽는 태도를 달리할 수 있다. 글의 특성으로부터 그 글의 장르가 무엇인지를 파악한 후, 장르 지식을 적극 활용하여 글을 효율적으로 읽을 수 있도록 하는 것이다. 이에 한국어 읽기 교육에서는 학습자들이 글의 장르에 맞춰 글을 읽을 수 있도록 교육한다.

장르 특성에 따른 읽기 교육을 위해서 활용할 수 있는 자료로는 언어학자들의 텍스트 분류 연구와 이를 바탕으로 연구자들이 협의하여 구성한 교육과정의 텍스트 분류가 있다. 이 자료들에는 텍스트들이 장르별로 어떤 특성이 있는지가 나와 있으므로, 교수자들은 이 특성들을 토대로 학습자들이 무엇에 주의하며 글을 읽어야 하는지를 제시할 수 있다. 가령 언어학자 Rolf(1993)의 경우에는 텍스트의 화행적 목표에 따라 텍스트 유형을 다음과 같이 나누고 있다. 이것을 읽기 교육에 활용한다면 '화행 목표'로 제시된 부분은 글을 사이에 둔 필자와 독자가 어떤 관계에 있는지, 또는 글과 독자가 어떻게 소통해야 하는지를 알 수도 있을 것이다.[7] 또한 국어과 교육과정에는 텍스트를 정보 전달, 설득, 사회적 상호작용, 정서 표현에 따라 분류하고 있으므로 이를 활용하면 글의 장르적 특성을 고려하여 글의 내용을 이해하거나 판단할 수 있을 것이다.

한편, 장르에 따라서 한국어 교육에서는 읽기 자료를 토대로 '역할극'을 하거나, 글에 대한 자신의 느낌이나 생각을 표현하게 할 수 있다. 읽은 글과 같은 주제로 자신의 견해를 표현하는 기능 복합적 활동은 학습자들이 글을 읽고 이해하는 것만이 아니라, 진정한 의미에서 글을 통한 의사소통을 경험할 수 있도록 돕는다. 즉, 한국어 읽기 능력을 한국 사회에서 살아가는 방식과 연관지어 자기화할 수 있는 것이다.

7 Rolf(1993)의 텍스트 분류표를 독서 상황에 맞춰 조정하면 다음과 같다. 이때 '글의 화행 목표'는 학습자들이 글을 읽을 때 무엇에 유의하면서 읽어야 하는지를 알려주는 지표로 활용할 수 있다.

텍스트 종류	글의 화행목표	화행유형
보도문, 보고서, 추천서 등	글은 독자에게 특정한 관점에서 본 사태를 독자에게 전달함.	단언적
광고문, 논평, 안내문 등	글은 독자의 생각에 영향을 주거나 특정한 행동을 하게 함.	지시적
계약서, 보증서, 서약서 등	글쓴이와 독자 사이의 이해관계와 관련된 미래 행위를 정함.	위임적
각종 편지글, 문학작품 등	독자는 글로부터 감정적 영향을 받거나 생각에 잠길 수 있음.	표현적
임명장, 유언장, 위임장 등	글은 제도적·관습적 실제가 존속하거나 대치되었음을 증명함.	선언적

4) 읽기 교수·학습의 자료

한국어 읽기 교육에서는 학습자들이 도전할 만한 읽기 과제를 제시하기 위하여 읽기 텍스트를 학습자들의 한국어 능력에 따라 등급화하고 있다. 실제 한국 사회에 존재하는 텍스트를 제공하기 어려울 정도로 한국어 읽기 능력이 낮은 학생들에게는 학습자 수준에 맞게 수정(modification)한 글을 제공하거나, 기존의 글을 교육 목적에 맞게 새로 쓴 글을 제공한다. 이는 앞에서 언급하였던 것과 같이 학습자들의 학습 동기와 자아 효능감을 고려하기 위한 조치이다.

학습자들의 수준에 맞게 텍스트를 수정하는 방법으로는 크게 두 가지가 있다. 첫 번째 방식은 텍스트의 요소들을 단순하게 바꿔 쓰는 단순화(simplication)이다. 주로 글의 어휘나 문법, 문장 구조를 더 쉽고 단순한 것으로 바꿔 주는 작업을 한다. 두 번째는 전문적이거나 문화적으로 내포된 내용이 많아서 쉽게 이해하기 어려운 부분에 대해서 상세한 설명을 덧

붙여 서술하는 상세화(elaboration)이다(Long, 1996; Ellis, 2001; 한상미, 1999; 김영규, 2005). 주로 학습자들의 문장 읽기 능력을 고려하여 곳곳에 휴지를 삽입하거나, 글에 사용된 표현을 설명하거나, 같은 내용을 쉽게 풀어서 반복적으로 써 주는 방식으로 글을 수정한다.

텍스트 수정은 글의 의미를 달라지게 만들 수 있으며, 이렇게 달라진 글은 기존의 글이라고 보기 어렵다는 문제 제기를 받는다. 따라서 텍스트를 수정하는 사람은 수정된 글이 원전과 크게 달라지지 않도록 다듬기 위해서 항상 주의를 기울여야 한다. 모든 수정은 그 글의 의미가 분명해지는 방향으로 진행되어야 하기 때문이다. 텍스트를 수정할 때 주의해야 할 사항은 어떠한 수정이 가해지더라도 텍스트가 균질성 있는 맥락적 흐름을 유지할 수 있어야 한다는 것, 그 텍스트의 의미들이 유지되어야 한다는 것, 그리하여 텍스트의 진정성이 확보되어야 한다는 것이다. 그래서 글의 저자가 직접 수정하거나 저자와의 협의를 통해 수정되는 경우가 많다.

5. 한국어 읽기 교육의 평가

1) 읽기 평가의 계획

읽기 평가에서는 한국어 학습자의 읽기 능력을 가늠하기 위한 숙달도 평가와, 한국어 읽기 교수·학습을 실시한 후에 교육 성과가 있는지를 확인하는 성취도 평가가 있다. 교수·학습의 상황에서 우선시 되어야 하는 것은 주로 성취도 평가이다. 성취도 평가는 교육 과정의 교수·학습 목표를 수립할 때 계획되며, 학습자들이 교수·학습의 목표를 달성했는지를 확인하기 위한 문항들로 구성된다. 가장 중요한 것은 학습자들이 중점을 두고 학습한 내용이 무엇인가이다. 교사는 교수·학습의 중핵 내용에 따라 다양한 평가 방식 중에서 가장 적합한 평가 방식을 골라 제시할 수 있다.

한국어 읽기 교육에서는 학습자들의 철자 이해력, 어휘력과 문법 능력, 문장 이해력과 담화 이해력을 중심으로 텍스트의 이해 능력과 해석 능력, 그리고 텍스트에 대한 비평 능력을 평가 대상으로 삼을 수 있다. 또한 학습자의 텍스트 이해 정도를 크게 세 가지로 평가할 수도 있다. 하나는 읽기 과정에 대한 평가이고 둘은 읽기 결과에 대한 평가이며 셋은 읽기 행위에 대한 메타적 평가이다. 하지만 한정된 수업 시간에 관련된 모든 내용을 가르치고 평가할 수는 없다. 따라서 전체 교육과정에 비추어서 배분한 수업의 목표에 따라 평가 내용을 조율할 필요가 있다. 또한 수업에서 중점을 두었던 내용에 맞추어서 평가 요소들을 선별하거나 평가 요소들 사이의 비중을 달리하는 것도 학습자들의 수업 참여도와 집중도를 높일 수 있는 효과적인 방법이다.

2) 읽기 평가의 실행

한국어 읽기 평가에서는 주로 읽기 과정 평가와 읽기 결과 평가, 읽기 전략 평가를 시행한다. 먼저 읽기 과정 평가에서는 학습자들이 텍스트의 어느 부분을 잘못 읽었는지를 확인하는 오독 분석을 수행하거나, 학습자들이 글을 읽으면서 빈칸을 메우는 빈칸 메우기 검사, 또는 텍스트를 읽으면서 그래픽 조직자를 완성하게 하는 평가를 시행할 수 있다.

읽기 과정 평가의 방식인 오독 분석은 학습자들의 이해나 해석이 잘못되기 시작한 지점을 확인한다는 가치가 있다. 빈칸 메우기 검사는 학습자들이 글의 맥락을 잘 따라가고 있는지 확인하는 효과가 있다. 그래픽 조직자 그리기는 학습자들이 글의 구조를 파악하는 방식과 글을 구성하는 개념 및 정보의 구도를 제대로 정리하고 있는지 확인하는 효과가 있다.

읽기 결과 평가에서 가장 일반적으로 수행되는 평가 방식으로는 자유 회상, 탐문, 진위 문항 가리기, 연결하기, 질문에 가장 적합한 답 찾기, 문장 완성하기가 있다. 자유 회상은 학습자가 읽은 글의 내용을 자유롭게 회상하여 말하면 평가자가 학습자들의 말로부터 회상한 내용, 회상하는 전략, 회상의 과정을 분석하여 과오를 진단하는 것이다. 탐문은 읽기 활동이 끝난 후 학습자들이 질문에 응답하는 것인데, 이때 질문은 학습자들이 읽은 내용을 기억해 낼 수 있도록 유도하는 방식으로 구성되어 있다. 진위 문항 가리기와 연결하기, 질문에 적합한 답 고르기는 다수의 학습자를 대상으로 할 때 가장 손쉽게 빨리 할 수 있는 것이기 때문에 가장 많이 사용된다. 문장 완성하기는 평가자가 문장의 일부만을 제공하면 학습자가 그것을 보고 나머지 부분을 채우는 것으로 역시 평가의 효율성이 높아 많이 사용되고 있다.

읽기 전략에 대한 평가는 자기 평가, 프로토콜 분석, 오류 발견 등을 통해 이루어진다. 자기 평가는 학습자 자신이 주어진 과제의 난이도와 자신이 사용하고 있는 학습 전략, 발생 가능성이 있는 문제들을 확인하기 위해서 스스로 질문을 던지고 답하는 것이다. 프로토콜 분석은 학습자들이 글을 읽으면서 머릿속에 떠올리는 모든 생각을 소리 내어 표현하게 한 후, 이것을 녹취하여 다시 확인하는 방식으로 이루어진다. 프로토콜 분석은 학습자들이 생각을 말로 표현하는 데 익숙해질 때까지 약간의 시행착오가 있다는 문제가 있으나, 익숙해지면 글의 이해 과정을 생생하게 드러내어 학습자들의 읽기 전략을 판단할 수 있게 한다는 장점이 있다. 마지막으로 오류 발견 과제는 글 속에 오류나 불완전 요소를 포함시키고 학생들이 이것을 발견할 수 있는지 확인하는 평가 방식이다. 이는 학습자들의 분석력과 검토 능력을 확인한다는 장점이 있다.

글의 해석이나 비평에 대한 평가는 주로 말하기나 쓰기와 같은 언어 활동으로서 평가되는 경향이 있다. 읽은 글의 내용에 대한 비평문을 쓰거나, 읽은 글에 대해서 토론하거나, 읽은 글에 대해서 발표하는 방식 등이 활용될 수 있다.

3) 읽기 평가 결과의 활용

읽기 교육의 평가에서 가장 중요한 점은 그 결과가 학습자들의 역량 향상을 위한 방식으로 활용되어야 한다는 것이다. 평가는 오직 시험을 보고 점수를 매겨서 학습 결과를 확인하기 위한 것이 아니다. 평가는 학습자들이 평가를 준비하면서 학업에 매진할 수 있게 하는 도구이자, 학습자들에게 성취의 기쁨과 보완 및 보충의 기회를 제공하기 위한 작업이다. 따라서 교사는 반드시 평가의 결과를 학습자들에게 공개해야 하며, 그 결과가 학습자들의 차후 학습으로 이어져서 자신의 부족한 점은 보완하고 장점을 강화하여 읽기 역량을 강화할 수 있도록 도와야 한다.

탐구 과제

1. 다음은 읽기 자료를 제시할 때에는 다음의 두 가지를 고려해야 한다. 각 개념이 의미하는 내용에 대해서 설명해 보자.

난이도	실제성	다양성	유용성

2. 학습자의 학습 목표와 학습 상황에 따라 한국어 교육의 목표가 어떻게 달라질 수 있는지 설명해 보자.

• 여행 목적으로 한국어를 배우고 싶은 외국인:

• 한국인과 결혼한 결혼 이주민:

• 한국인이 운영하는 회사에 취직할 외국인 근로자:

• 한국에 있는 대학교에 가고 싶은 외국인 학생:

• 한국계 조부모 또는 부모가 있는 재외 교포:

3. 읽기 모형은 크게 '상향식 읽기 모형'과 '하향식 읽기 모형', 그리고 '상호작용식 읽기 모형'으로 구분할 수 있다. 알맞은 것끼리 짝지어 보자.

상향식 읽기 모형 •	• 독자가 글 또는 글자를 정확하게 해독하는 것이 중요하다.
하향식 읽기 모형 •	• 스키마에 의존해서 텍스트 전체를 이해하는 '개념 기반' 처리 방법이다.
상호작용식 읽기 모형 •	• 독자는 자신의 경험이나 언어 지식을 이용하여 텍스트의 내용을 예측한다.
	• 텍스트와 독자의 사회 언어적 구성력이 상보적으로 의미를 구성한다.

4. 학습자들의 읽기 능력을 높여주기 위하여 실시되고 있는 읽기 방식으로는 '집단별 읽기 활동'과 '장르별 활동'이 있다. 각각의 활동은 어떻게 하는 것이며, 이 활동들을 계획할 때 고려해야 할 점은 무엇인지 설명해 보자.

확장형 읽기 활동
• 수행 방식: • 주의할 점:
읽기 속도 높이기 활동
• 수행 방식: • 주의할 점:

더
읽을
거리

노명완, 박영목. (2008). 문식성 교육 연구. 서울: 한국문화사.

이 책은 읽기 교육에서 중요하게 다루고 있는 문식성의 개념과 의미, 교육적 가치를 구체적으로 다루고 있는 책이다. 글이란 문자를 매개로 한 필자와 독자의 만남이라는 전제하에, 글을 매개로 한 개인과 개인 사이의 소통이 국가, 사회, 인류에게 어떤 영향을 주었는지를 검토하고 현재와 미래의 시점에서 지니고 있는 가치와 의미를 구체적으로 살펴보고 있다. 또한 교육적인 차원에서 문자 소통에 접근하는 방법과, 학습자들의 문식성을 향상시키기 위해서 실제 교육 현장에서 시행해야 할 교육 방법에 대해 상세하게 제시하고 있다.

정길정, 연준흠 (편). (1996). 외국어 읽기 지도의 이론과 실제. 서울: 한국문화사.

이 책은 의사소통 기능 중의 하나인 읽기 능력의 중요성을 강조하고, 외국인 학습자들의 읽기 능력을 향상시키도록 이끌 외국어 교수·학습에 관한 이론과 실제를 조망하였다. 각 장마다 주제와 관련된 선행 연구적인 이론을 소개함과 아울러 주요 요소별 교수·학습 방법과 사례들을 제시하고 있으므로 외국어 읽기 방법과 실제를 연계하여 학습자들에게 도움이 될 것이다.

Dehaene, S. (2017). 글 읽는 뇌. (이광오, 배성오, 이봉주 역). 서울: 학지사. (원서 출판 2009)

심리학적이고 신경과학적인 관점에서 읽기의 과정을 검토한다. 읽기 교육에 대한 책은 아니지만 글자에 대한 인식부터 글에 대한 이해까지의 과정을 다루고 있다는 점에서 한글에 대한 인식과 이해로부터 출발하여 글을 읽으며 그 의미를 축성해 나가야 하는 학습자들의 상황을 이해할 수 있도록 돕는다. 세상의 모든 문자는 외견상 서로 매우 다르지만 심리적이거나 신경과학적인 관점에서 볼 때 문자를 인식하고 의미를 도출하여 구성하여 글을 이해해 나가는 방식은 크게 다르지 않다는 관점을 가지고 있다.

10장
한국어 쓰기 교육론

1. 한국어 쓰기 교육의 성격

1) 쓰기의 개념

쓰기가 무엇인지를 정의하기 위해서는 '텍스트, 필자, 독자'의 관계를 규정짓는 것이 필요하다. 일반적으로 쓰기는 필자와 독자가 텍스트를 매개로 하여 의사소통하는 것으로 정의하여 왔다. 이러한 관점에서는 의사소통 수단으로서의 쓰기의 역할이 강조된다. 필자는 자신이 하고자 하는 말을 텍스트로 표현하고, 독자는 이를 이해하려는 일련의 과정을 거치면서 필자와 독자가 텍스트를 통해 '소통'을 한다고 보는 것이다. 소통의 측면에서는 필자의 표현 능력 못지않게 독자의 이해 능력 또한 중요하게 다루어진다. 한국어 쓰기에서, 필자의 표현 능력의 부족은 전제되어 있는 반면 독자의 이해 능력에 관심을 갖지는 않는다. 따라서 소통의 수단으로서 한국어 쓰기는 결국, 필자의 표현 능력 신장이라는 목표에 초점이 모아진다. 필자의 한국어 표현 능력을 기르는 것이 쓰기 교육의 목표이면서 이를 실현하려는 교육 내용이 구현된다고 하겠다.

다른 관점은 쓰기를 필자의 사고력 증진의 수단으로 보는 것이다. 필자가 쓰기를 한다는 것 자체는 일정한 목적을 지닌다. 나의 일상의 기록을 위해 쓰는 일기나 친구의 안부를 묻는 편지를 쓰는 일에서부터 과업 수행을 위해 작성하는 연구 계획서나 보고서에 이르기까지 '쓰는 행위'는 일정한 '목적'을 지니기 마련이다. 이러한 목적 지향적인 글쓰기는 필자가 쓰는 목적에 도달해야 할 분명한 목표가 있기 때문에 그러한 목적에 도달하기 위한 다양한 전략을 세울 필요가 있다. 또한 이러한 목표 실현을 위해 필자는 끊임없이 자신이 쓰고자 하는 바를 살피고 점검해야 한다. 잘 쓴 글은 필자의 목적이 분명히 드러난다. 필자는 목적에 쉽고 또는 효율적으로 도달하기 위해 부단한 노력을 하게 된다. 이러한 과정을 통해 필자는 '좋은 글'을 생성하게 된다. 필자의 노력은 결국 쓰면서 끊임없이 생각하는 사고의 과정일 수밖에 없다. '좋은 글'이라고 평가 받는 것은 어느 날 갑자기 무엇인가의 영감으로 한 번에 쓰고 발표되는 것이 아니라 필자의 거듭되는 '사고의 과정'을 거쳐 탄생하는 것이다. 필자가 무엇인가를 써 내려가는 과정은 사고의 과정이므로 쓰기를 통해 필자의 사고력을 신장시킬 수 있다. 고급 한국어 학습자 중에는 한국어 표현 능력의 문제로 쓰기를 어려워하기보다는 내용 생성 능력 즉 무엇을 쓸 것인가, 이를 어떻게 조직화할 것인가의 문제를 더 어려워하는 사람도 있다. 더구나 한국어로 표현된 좋은 글의 평가 기준은 언어 표현의 영역보다 내용 영역이 큰 비중을 차지하고 있어 필자가 쓸 내용에 대한 깊이 있는 사고력 신장의 문제가 한국어 쓰기에서 중요하게 다루어진다. 이러한 관점에서 좋은 글을 쓰는 행위는 필자의 사고력을 요하는 것이며 이러한 사고력을 신장시키기 위해 쓰기 교육의 목표와 교육 내용이 구현되어야 한다고 본다.

마지막으로 쓰기를 정서 치유의 수단으로 보는 관점이다. 말하기와 함께 쓰기는 언어의 '표현 행위'에 속한다. 우리는 자신이 하고 싶은 말을 표현해 냈을 때의 후련함에 대한 기억이 있을 것이다. 자신의 고민이나 생각을 누군가에게 말하거나 어딘가에 끄적이면서 정리하기도 하고 그러한 고민을 털어놓았을 때의 시원함에 대한 경험이 있을 것이다. 이러한 긍정적 체험은 표현 행위가 갖는 매력 중의 하나이다. 원진숙(2010)은 결혼 이민자를 대상으로 12주 동안 자신의 삶에 대한 자기 표현적 글쓰기를 진행하고 이를 분석한 결과, 학습자의 한국어 쓰기 능력의 신장뿐만 아니라 자신의 삶의 이야기 나눔을 통한 소통과 치유의 경험을 통해 긍정적 자아 정체성을 형성하는 데 글쓰기가 기여한다는 것을 보고한 바 있다.

이러한 관점에서 쓰기는 필자의 자기표현, 성찰에 초점이 맞추어진다. 이는 읽을 독자를 전제하는 '소통으로서의 쓰기'나 완성된 텍스트의 질에 주목하는 '사고력 신장으로서의 쓰기'와는 다르다. 필자가 쓰기를 통해 어떠한 정서적 경험을 할 수 있는가에 초점이 맞추어지기 때문이다.

이렇듯 쓰기를 어떻게 개념화하든 한국어 쓰기는 필자가 한국어로 자신의 생각을 표현해 내는 일련의 사고 과정이라고 할 수 있다. 그러나 우리는 한국어 쓰기에서 필자와 독자는 서로 다른 언어 문화적 배경을 지니고 있다는 데에 주목해야 한다. 필자와 독자의 서로 다른 언어 문화적 배경은 필자로서 글쓰기 과정에서 부딪히게 되는 문제를 독자인 한국인들이 예상하지 못하거나 예상할 수 없는 부분이 존재하기 때문이다. 이는 모국어 쓰기에서 필자가 독자가 되고, 독자가 필자가 될 수 있는 순환적 구조 속에서 접하는 문제와는 다른 차원이 존재한다는 것이다. 한국인 독자는 한국어 쓰기의 필자가 될 수는 없기 때문이다. 이러한 필자와 독자의 '다름'은 제1 언어 쓰기가 어떻게 제2 언어 쓰기에 영향을 주는지, 더 넓은 의미에서 제1 언어 쓰기와 제2 언어 쓰기의 상관성 논의와 맥을 같이 한다.

2) 한국어 쓰기의 특성

한국어 쓰기는 제1 언어와 제2 언어의 상관성 연구에서 출발하는 연구사적 흐름에서 그 특성을 찾을 수 있다.

제1 언어 쓰기와 제2 언어 쓰기는 얼마나 또는 어떤 상관관계가 있을까? 제1 언어로 쓰기를 잘 하는 사람이 제2 언어 쓰기도 잘할 것이라는 데 동의하는 것은 어렵지 않다. 그렇다면 제1 언어 쓰기를 잘 못하는 사람이 제2 언어 쓰기를 잘할 가능성은 있을까? 이에 대해 긍정적인 답이 쉽지 않은 것은 제1 언어 쓰기가 제2 언어 쓰기에 주는 영향력 때문일 것이다. 한국어 쓰기의 연구 분야에 일찍이 등장한 오류 분석은 한국어 쓰기에 나타나는 모국어의 영향을 밝혀 이를 쓰기 교육에 적용하기 위한 것이었다. 학습자의 작문 자료에서 발생한 어휘, 문법적 오류를 언어권별로 분석하여 해석하려는 노력은 한국어 쓰기 지도 시 한국어 학습의 난이도를 예측할 수 있다는 점, 학습자의 습득 순서를 예측할 수 있다는 점에서 유의미하다.

오류 분석의 연구 동향을 살피기 위해 1985년 이전부터 2015년까지의 석·박사 학위 논문 207편을 분석한 결과, 말하기 오류 연구가 55편, 쓰기 오류 연구가 110편으로 나타난(이훈호, 2015) 것을 보더라도 대부분의 오류 연구는 작문 자료를 바탕으로 분석되었다고 볼 수 있다. 그러나 오류 분석은 대부분 문장 층위에서 논의되기 때문에 '쓰기 자체' 또는 '쓰기 전체'의 거시적인 측면에서 제2 언어 쓰기에 제1 언어 쓰기가 미치는 영향력을 설명하기는 힘들다. 문장 층위를 넘어서는 측면보다 쓰기 자체에 주목한 연구 방법으로 대조 수사학을 들 수 있다. 대조 수사학에서는 언어권별로 쓰기의 수사학적 특성이 제2 언어 쓰기에도 나타난다는 것을 보여 주었다. 대조 수사학은 필자의 생각의 흐름에 초점을 맞춘 것으로, 글을 생성하는 필자의 사고 구조에 관심을 갖는다. 수사학은 생각의 양상이면서, 입으로 무엇이 나오는가가 아니라 생각이 어떻게 흘러가는가와 관련이 있다(Grabe & Kaplan, 1996). 따라서 사고의 흐름은 언어권마다 다르며 이러한 흐름은 제1 언어에서 구조화되어 있기 때문에 제2 언어 쓰기에도 영향을 미친다는 것이다.

Kaplan(1966)은 언어권별 영어 학습자 598명의 에세이에 나타난 단락의 조직을 분석한 후, 언어권별로 5개의 집단으로 나누고, 집단별로 주제를 향한 단락 전개 유형을 제시한 바 있다. 그에 따르면, 영어권 학습자는 설명적 에세이에서 주제를 향하여 선형적 구조를 보이고, 셈(Semitic) 언어권 학습자는 평행 대등절에 바탕을 둔 내용 전개를 하고, 동양 언어권 학습자는 주제를 에둘러 표현하는 성향을 지닌다고 했다. 또한 로망스(Romance) 언어와 러시아어권 학습자는 주제와 관련하여 필요 없는 자료가 과다하게 포함되어 주제에서 이탈의 정도가 심하다고 하였다. 이후, Kaplan의 연구는 영어권 언어 담화 공동체가 사용하는 쓰기를 기준으로 하여 다른 언어권 학습자의 영어 쓰기를 분석하였다는 점에서 비판을 받기도 하였다. 그러나 한 담화 공동체가 합의한 '쓰기 구조'는 일정한 패턴을 가진다는 것, 이러한 사고의 흐름이 제2 언어 쓰기 내용을 전개하는 구조에 영향을 미친다는 것에는 이의가 없어 보인다는 점에서 대조 수사학 연구의 성과를 평할 수 있을 것이다. 한국어 교육에서 대조 수사학적 관점에서 논의한 연구는 많지 않은데, 진대연 외(2006)에서는 고급 한국어 학습자의 작문 자료 120편을 대상으로 일본, 중국, 서구, 러시아, 동남아로 나누어 각 언어권별 작문 자료에 나타난 주제문의 위치, 주제문의 뒷받침 방식, 입장 표명, 제재의 유형 등을 대조 수사학적 관점에서 분석한 바 있다. 이들 연구의 시도는 Kaplan 연구와 맥을 같이 하면서 언어권별로 나타나는 한국어 쓰기의 특성을 살피고자 했다는 점에서 의의가 있다.

수사학에 근거한 쓰기 연구는 한국어 쓰기에서 학습자들이 보이는 텍스트 내용 구성 및 구조의 어색함을 제1 언어 쓰기의 이상적 또는 모범적 텍스트를 상정해 놓고 밝히려는 것이다. 오류 분석을 통한 쓰기 연구가 문장 층위에서의 한국어 학습자의 쓰기에 나타나는 문제를 밝혀 이를 처방하려는 것이었다면 대조 수사학적 연구는 문장 층위를 넘어서서 텍스트 구조, 내용 구성에 관심을 갖는다는 점에서 더욱 쓰기 자체에 주목한 것이라 볼 수 있다. 결국, 한국어 쓰기가 제1 언어 쓰기와 얼마나 다른가에 초점을 맞춘 연구 방법에 해당한다. 오류 분석과 대조 수사학적 연구 방법은 목표어 쓰기의 이상적 모범 텍스트를 연구자가 상정해 놓고 연구가 진행된다는 특성이 있다. 그러나 목표어 쓰기의 이상적이거나 모범적인 텍스트가 무엇인지에 대해서는 목표어 사용자 사이에서도 합의하기 쉽지 않다. 이러한 점에서 텍스트성에 근거한 연구가 진행된 것은 특이한 점이 아니다. 이는 목표어 즉 한국어 학습자의 쓰기를 위해서는 한국어 사용자가 생산한 텍스트를 분석하여 그 특성을 밝힌 후, 이를 한국어 학습자가 생산한 쓰기와 비교하여 처방하는 연구라 할 수 있다.

텍스트의 특성 즉 텍스트성(textuality)에 대한 연구는 Beaugrande & Dressler(1982; 김태옥 역, 1991)의 텍스트성 연구에서 시작되었다. 그들에 따르면, 텍스트 언어학은 텍스트의 제반 특성과 통화 행위 속에서 그 사용을 규명하는 것을 말한다. 통화 행위는 의사소통을 의미한다. 따라서 텍스트 언어학은 인간이 의사소통을 목적으로 사용하는 자연 언어 자체를 연구 대상으로 삼는다. 그들은 텍스트는 하나의 독립된 인공물이 아니라 인간의 통화 행위 속에서 발휘되는 언어(language)와 인간정신(mind)과 외적 현실(reality)이 모두 개입하여 완성되는 것으로 본다. 즉, 한국어 학습 필자가 생산한 한국어 텍스트는 그 자체가 독립된 하나의 인공물이 아니라, 필자의 정신(내용), 언어(언어 지식), 현실(수사적 양식)의 결합으로 일어나는 유기적이고 통합적인 형태로 간주해야 한다고 본다(이수미, 2010: 26). 텍스트성을 연구하는 텍스트 언어학자들의 주된 과제는 구체적인 텍스트의 바탕을 이루는 텍스트 구성의 일반적인 조건과 규칙들을 체계적으로 기술하고 텍스트를 수용할 때 갖는 이들의 의미를 밝혀내는 일이다(Brinker, 1985; 이성만 역, 1995: 8). 따라서 텍스트성의 연구는 목표어권의 텍스트에서 발견되는 일반적인 조건과 규칙을 밝혀 이를 한국어 학습자의 쓰기에 반영하는 것이 연구 과제이다. Beaugrande & Dressler는 텍스트성을 논의하기 위해서는 7가지 텍스트 기준을 이해해야 한다. 그들은 텍스트 기준으로 응결성(cohesion), 응집성(coherence), 의도성(intentionality), 용인성(acceptability), 정보성(informativity), 상황성(situationality), 상호텍스트성(intertextuality)을 제안했다. 이 중 하나라도 결여되면 텍스트가 실현될 수 없다고 한다. 이러한 7가지 텍스트 자질이 모두 갖추어져야 텍스트라고 하는 것에는 반론의 연구들이 이어진다. 대표적으로 시 텍스트나 광고 텍스트는 7가지 자질을 다 갖추었다고 보기 어려우며 오히려 일반적으로 독자가 기대하는 응집성이 깨졌을 때 그 효과를 발현하기도 하기 때문이다. 한국어교육에서 텍스트성에 근거하여 한국어 학습자들이 생산한 텍스트에 발현된 텍스트 자질의 특성을 연구한 이수미(2010)에서는 한국인 학습자들이 생산한 텍스트의 자질과 한국어 학습자들이 생산한 텍스트의 자질이 초·중·고급에 따라 어떻게 발달해 가는지를 보여 준 바 있다. 결국, 이러한 텍스트의 자질은 학습자가 생산하고자 하는 '장르'와 깊은 관련을 맺는다는 것을 보여줌으로써 한국어 쓰기는 장르 중심의 쓰기에 주목하게 한다.

이러한 연구의 흐름은 결국, 학습자가 목표어로 배우고 있는 한국어 쓰기를 제1 언어와의 관련성 속에서 이해하려는 것이다. 한국어 쓰기를 이해하기 위해서는 제1 언어 쓰기를 이해해야 한다는 전제가 오류 연구나 대조 수사학 연구에서 작문 자료를 활용하는 것이었다. 그러나 한국어 쓰기는 그 자체로 목표 언어에 주목하여야 한다는 것에 관심이 모아지면서 한국어를 모국어로 하는 사람들이 쓴 텍스트의 특성을 분석하려는 연구가 이어진다. 이는 한국어다운 텍스트를 이해하고 이에 근거하여 한국어 학습자가 생산한 텍스트가 한국어 모어 화자가 생산한 텍스트와 무엇이 다른가에 주목하는 것이다. 한국어 학습자가 생산하는 텍스트가 한국어답지 못한 것은 한국어다운 텍스트가 무엇인지를 모른다는 전제에서 출발한다. 따라서 쓰기를 잘하기 위해서는 한국어 쓰기 자체에 주목하여 그러한 방식에 익숙해져야 한다. 따라서 우리는 한국어 학습자가 얼마나 제1 언어 쓰기를 잘하고 못하고에 관심을 갖기보다는 한국어 쓰기를 잘하기 위해 교육 내용과 방법은 무엇이어야 하는지에 초점을 맞출 필요가 있다.

2. 한국어 쓰기 교육의 목표

1) 쓰기 교육의 관점

쓰기 교육에서 지향하는 것은 모든 학습자가 한국어 쓰기를 잘하게 하는 것이다. 이러한 지향점과는 다르게 한국어 학습자들은 말하기, 듣기, 읽기에 비해 '쓰기'가 가장 어렵다고 이야기하고, 교사들 또한 가장 가르치기 어려운 기능 영역으로 꼽기도 한다. 그렇기 때문에 쓰기를 잘하게 한다는 것은 굉장히 요원(遙遠)한 일처럼 느껴지기도 한다. 그러나 우리는 쓰기를 잘 교육하면 쓰기 능력은 발달하고 이러한 관점에서 쓰기 교육이 필요하다고 믿는다. 그렇다면 쓰기 교육은 어떻게 하는 것이 좋을까? 이는 쓰기 능력이 무엇인가에 따라 쓰기 능력을 발달시키는 쓰기 교육은 달라진다. 쓰기 능력이란 무엇인가에 대한 해답을 찾기 위해 쓰기를 잘하는 학습자, 즉 능숙한 필자의 특성은 무엇이고 그에 반해 미숙한 필자는 어떠한 점에서 능숙한 필자와 다른가를 살펴보자.

능숙한 필자와 미숙한 필자를 나누는 기준은 발달 정도의 차이에 있다. 미숙(未熟)의 의미를 국어사전에서 찾으면 '1. 열매나 음식이 아직 익지 않은 상태에 있다. 2. 일 따위에 익숙하지 못하여 서투르다.'로 풀이되어 있다. 미숙은 '아직' 익지 않은 상태에 있으므로 시간이 지나거나 어떠한 처치가 가해지면 '미숙'의 상태에서 벗어날 수 있다는 것을 의미한다. 결국 우리가 쓰기 교육에서 사용하는 '미숙'의 의미는 일 따위에 익숙하지 못하여 서투르나 어떠한 교육적 처치가 가하여지면 능숙(能熟)한 상태인 능(能)하고 익숙한 상태로 갈 수 있다는 것이다. 따라서 미숙한 필자는 언제까지나 미숙한 상태에 있는 것이 아니라는 것을 전제한다.

그렇다면 미숙한 필자와 능숙한 필자의 특성은 무엇일까?

미숙한 필자는 글의 완성 단계를 계획하기, 초고 쓰기, 고쳐 쓰기로 본다면 계획하기 단계에 시간을 덜 들이는 반면 능숙한 필자는 계획하기 단계에 시간을 오래 쓴다. 미숙한 필자는 생각나는 대로, 또는 생각나는 것을 바로 쓰기 시작한다는 특성을 지닌다. 이에 반해 능숙한 필자는 글의 전체 구조와 내용 구성을 위한 계획하기에 시간을 충분히 갖고 시작한다. 미숙한 필자가 글의 전체 구조와 내용 구성에 시간을 오래 쓰지 않는다는 것은 필자가 쓰고자 하는 글을 누가 읽을 것인지, 나는 이 글을 왜 써야 하는지 등에 대한 고려를 하지 않은 채로 글을 써 내려 간다는 것을 의미하기도 한다. 이에 반해 능숙한 필자는 내가 쓴 글을 읽을 독자는 누구인지, 내가 글을 쓰는 목적은 무엇인지를 분명히 고려한 상태에서 글을 써 내려 간다. 따라서 능숙한 필자는 독자의 배경지식을 정확히 예측하고 독자들이 특정한 쓰기 결과물에서 기대하는 것을 예상함으로써 성공적인 텍스트를 생산할 수 있다. 미숙한 필자의 다른 특성은 초고 쓰기가 그대로 완성본이 된다는 것이다. 따라서 '고쳐 쓰기'에 시간을 할애하지 않는다는 것도 그들의 특성이다. 이에 반해 능숙한 필자는 초고 쓰기에서 그치는 것이 아니라 여러 번 다시 읽어 보면서 고쳐 쓰기 단계를 충분히 거친다. 실제로 글은 고쳐 쓰기를 많이 할수록 좋은 글이 완성된다. 고쳐 쓰면서 맞춤법을 비롯한 지엽적인 수정뿐만 아니라 글의 전체 구조를 바꾼다든지 필요한 내용을 추가하고 필요 없다고 판단되는 내용의 삭제나 보완이 끊임없이 일어날 수 있기 때문이다. 너무나 당연할지도 모르지만 미숙한 필자는 글쓰기를 싫어하거나 지루해하고 어려워하기 때문에 좋은 글을 완성하기도 쉽지 않다. 글쓰기에 대한 자신감이나 태도도 쓰기 능력 중 하나로 포함될 수 있다. 미숙한 필자가 도달해야 할 지향점이 능숙한 필자의 모습이라는 데는 이견이 없지만 단적으로, 계획하기나 고쳐 쓰기에서 무조건 시간을 오래 보내는 것만이 쓰기 능력을 향상시키는 방법은 아닐 것이다. 즉 어떠한 부분을 고려하면서 시간을 보낼 것인가가 관건이다. 따라서 쓰기 능력이 무엇인지에 대한 구체화된 지표가 필요하다.

쓰기 능력이 무엇인지에 대해서는 학자마다 조금씩 다른 정의를 해 왔다. 이를 정리하여 제시하면 다음과 같다.

1) Krashen(1984: 20): 쓰기 능력이란 쓰기를 잘하는 학습자가 쓰기에 대해 가지고 있는 추상적인 개념이다. 쓰기는 필자가 사용하는 문법, 어휘, 담화 스타일을 포함하는 쓰기에 대한 언어 지식을 말한다.
2) Scott(1996: 18): 쓰기 능력과 언어적 능력은 다르며 쓰기 능력은 쓰기에 대한 지식과 쓰기 전략에 대한 지식을 포함하는 것으로 글쓰기 전반의 응집성(coherence)에 반영된다.
3) Brown(1994: 327): 쓰기 능력은 맞춤법, 문법 체계, 수사법을 알며, 글의 표면적 의미와 함축적 의미를 구분하고 쓰기 과정에서 적절한 전략을 사용하는 기술을 말한다.
4) Tribble(1996): 쓰기 능력은 ① 내용적 지식(content knowledge)-주제와 관련된 지식, ② 맥락적 지식(contextual knowledge)-누가, 어떤 문맥에서 글을 읽을 것인지에 대한 것으로 상황에 맞게 글을 구성하는 능력, ③ 언어 체계에 대한 지식(language knowledge)-어휘, 문법, 철자, 구문에 대한 지식, ④ 쓰기 과정에 대한 지식(writing process knowledge)-전략적, 절차적 지식이라는 네 가지 범주로 나눌 수 있다.

쓰기 능력이 있는 사람을 능숙한 필자라고 했을 때, 능숙한 필자가 가진 쓰기에 대한 기술은 쓰기 능력의 개념을 포함하고 있어야 한다. 쓰기 능력이란 ① 글을 쓰는 목적이 분명하며, ② 이 글을 읽는 독자가 이 글에서 예상하는 것은 무엇인지를 포함하는, 읽을 독자에 대한 분석이 가능하며, ③ 글을 생성하는 데 필요한 어법, 수사법, 글의 구조에 관한 담화 관습에 능하며, ④ 글 전체의 내용이 일관되어 응집력 있는 글을 생성할 수 있는 것을 말한다. 이러한 맥락에서 우리는 쓰기 능력의 향상을 위한 쓰기 교육을 지향한다.

2) 일반 목적 쓰기 교육의 목표

쓰기 교육의 목표는 쓰기 능력의 신장에 있다. 미숙한 필자가 능숙한 필자의 능력을 갖추도록 하고 능숙한 필자의 능력을 극대화하도록 교육적 처방을 가하는 것이 쓰기 교육의 목표이다. 그러나 우리는 이러한 쓰기 교육의 목표에 도달하는 것이 짧은 시간에 가능하지 않다는 것을 알고 있다. 더구나 초급 수준의 한국어 학습자들은 말한 대로 쓰는 연습부터 시작하는 한국어 교육 현장을 보더라도 쓰기 교육 자체에 초점을 맞춘 쓰기 교육 목표 실현에 주목하고 있지 못하다는 반성의 목소리도 높다. 쓰기는 쓰기 교육 자체에 주목하여 학습자의 언어 수준별 목표가 설정되어야 한다는 연구가 이어지는 것은 고무적이다. 대표적으로 2017년 국제 통용 한국어 표준 교육과정 적용 연구에서 제시한 급별 쓰기 교육 목표는 참고할 만하다. 초급, 즉 1급과 2급은 모두 일상생활과 관련된 주제의 글을 쓰되 급별 발달을 고려하여 세부 주제의 확대와 문장 수준과 글 수준에서 차이를 두고 있다. 중급, 즉 3급과 4급은 친숙한 사회적·추상적 주제로 된 글을 쓰는 것을 목표로 하되 3급에서는 설명하는 글에, 4급에서는 설명하는 글을 포함하여 의견을 전달하는 글로 발달되도록 구성하고 있으며, 고급, 즉 5급과 6급은 친숙하지 않은 사회적·추상적 주제의 글이나 자신의 전문 분야의 내용을 담은 글을 어느 정도 쓸 수 있도록 하는 데에 목표를 두었다. 5급에서는 친숙하지 않은 사회적·추상적 주제에 대해 논리적으로 글을 쓸 수 있다면 6급에서는 논리적이며 정확하게 글을 쓸 수 있도록 하여 정확하고 논리적인 글쓰기가 되도록 제시하고 있다. 특히 4급부터는 쓰기 기법(예시, 비교·대조, 정의, 인용, 비유, 분류·분석)을 활용하여 급별 장르적 특성과 연결시킨 것도 주목할 만하다. 그러나 급별 연계성 및 층위의 구분이 명확하지 않고, 구체적인 목표를 제시하다 보니 거시적인 차원에서 쓰기 필자가 알아야 할 쓰기 영역에서의 지식, 능동적으로 쓰기 활동을 할 수 있는 필자의 태도 부분이 없다는 것이 아쉽다. 이와는 조금 다른 측면이긴 하지만 한국어능력시험에서 쓰기 항목의 평가 기준은 쓰기 교육이 도달해야 할 각 급별 목표와 관련된다는 점에서 유의미하다. 한국어능력시험에서 제시한 각 급별 쓰기 평가 기준은 다음과 같다.

[표 10-1] 한국어능력시험 급별 쓰기 평가 기준

급	목표
1급	• 정형화된 표현이나 외운 표현을 사용하여 대화를 구성할 수 있다. • 기본적인 문장 구조를 이해하여 간단한 문장이나 대화를 구성할 수 있다. • 일상적이고 친숙한 소재에 대해 짧은 생활문을 쓸 수 있다. • 글자 구성 원리를 이해하여 맞춤법에 맞게 글씨를 쓸 수 있다.
2급	• 사용 빈도가 높은 조사와 연결 어미를 사용하여 문장을 구성할 수 있다. • 일상생활에 관한 간단한 대화를 구성할 수 있다. • 일상적이고 친숙한 소재에 대해 생활문을 쓸 수 있다. • 간단한 메모, 편지, 안내문 등의 실용적인 글을 쓸 수 있다.
3급	• 사적이고 친숙한 소재의 글을 유창하고 정확하게 쓸 수 있다. • 자신에게 친숙한 사회적 소재에 대해 글을 쓸 수 있다. • 설명문의 구조를 이해하여 간단한 글을 쓸 수 있다. • 문어와 구어의 기본적인 특성을 구분할 수 있으며, 문어체 종결형을 사용해 글을 쓸 수 있다.
4급	• 친숙한 사회적·추상적 소재에 대해 글을 쓸 수 있다. • 일반적인 업무와 관련된 간단한 서류 및 보고서를 작성할 수 있다. • 간단한 감상문, 설명문, 수필 등을 쓸 수 있다. • 자신의 생각을 논리적으로 표현하는 간단한 글을 쓸 수 있다.
5급	• 자신과 관련이 적은 사회적·추상적 소재에 대해 어느 정도 글을 쓸 수 있다. • 업무나 학문 등의 전문 분야에서 요구되는 글을 쓸 수 있다. • 다양한 담화 상황에 맞는 적절한 격식을 사용하여 글을 쓸 수 있다. • 감상문, 설명문, 수필, 보고서, 논설문 등을 쓰거나 요약할 수 있다.
6급	• 자신의 업무나 전문 분야와 관련된 글을 정확하고 유창하게 쓸 수 있다. • 한국어 담화 구조의 특징을 이해하여 설득력 있고 논리적인 글을 쓸 수 있다. • 다양한 표현법 중 가장 적절한 표현을 선택해 사용할 수 있다. • 논문, 연설문, 공식적인 문서 등을 쓸 수 있다.

한국어능력시험의 평가 항목의 기준은 각 급별로 도달해야 할 목표처럼 기술되어 있어 이에 도달하기 위한 다양한 문제로 평가하겠다는 의지가 보인다. 그러나 각 급에서 대표적으로 제시한 1급의 대화나 생활문, 2급의 편지, 안내문, 메모, 3급의 설명문, 4급의 간단한 감상문, 설명문, 수필 등 대표성을 띄는 글쓰기의 유형에 대한 급별 위계화 문제나 대화문 구성이 쓰기의 평가 항목이 된다는 것은 논의가 필요해 보인다. 그럼에도 쓰기 교육의 목표나 내용 항목이 쓰기 자체에 주목하고 있다는 점, 한국어 교육 현장에서 도달해야 할 목표를 어느 정도 예측할 수 있다는 점에서 유용하다.

우리가 주목하는 쓰기 교육의 목표는 한국어 학습자가 어떠한 교육 내용을 통해 한국인이 합의한 텍스트 구조에 맞고, 한국인이 용인할 수 있는 내용으로 글을 쓸 수 있는가이다. 이는 한국인처럼 써서 결국은 한국어다운 텍스트를 생산하는 데 교육 목표가 있기 때문이다.

3) 특수 목적 쓰기 교육의 목표

한국어 교육에서 학습자가 한국어를 배우는 목적에 따라 일반 목적과 특수 목적으로 구분하는 것이 통용되고 있지만 실제로 학습자가 한국어를 배우는 목적은 그 자체로 특수적이다. 한국어가 좋아서 배우든 한국어를 학문적으로 연구하기 위해서 배우든 한국인 친구와의 원활한 대화를 위해서 배우든 그들의 목적은 다양하며 그래서 특수적이다. 다만 이들이 어떤 목적에 있든 그들은 한글을 배워야 하고, 기본적인 어휘와 문법을 알아야 의사소통이 가능하다는 점에서 거시적인 목표는 일반 목적과 특수 목적이 구분될 필요가 없다. 그러나 한국어 학습자가 비즈니스를 목적으로 한국어 쓰기를 배운다면 그들이 배워야 할 쓰기 자료는 특수해진다. 또한 학문 목적으로 한국어 쓰기를 배운다면 그들은 그들이 속한 학문 공동체가 합의한 쓰기 구조에 맞게 쓸 수 있어야 한다. 이러한 측면에서 특수 목적의 쓰기 교육은 그야말로 그들이 글쓰기를 해야 하는 상황 맥락과 밀접한 관련을 맺는다. 한국인 친구와 문자 메시지를 주고받는 글쓰기를 원한다면 이들은 구어의 특성이 반영된 문자 메시지 쓰기를 익히는 것이 목표가 된다. 만약, 결혼 여성 이주민의 경우 아이의 학교 선생님께 보내는 문자 메시지를 배워야 한다면 문어에 가까운 문자 메시지 쓰기를 배우는 것이 목표가 된다. 이렇듯 특수 목적의 한국어 쓰기 교육의 목표는 다음 항목을 고려한 목표를 설정할 수 있다.

첫째, 한국어 학습자는 언제 글쓰기를 할 것인가?(초·중·고급 중 언제 글쓰기를 할 것인가?)

둘째, 한국어 학습자는 왜 글쓰기를 하는가?

셋째, 한국어 학습자가 쓰는 글의 종류는 무엇인가?(이메일, 편지, 엽서, 비즈니스 문서, 논문 등)

넷째, 한국어 학습자가 쓰는 글의 독자는 누구인가?(친구, 상사, 학문 공동체를 포함한 전문가 집단 등)

한국어 학습자가 글을 쓰는 목적에 맞게 교육의 목표는 단계적으로 제시되는 것이 바람직하다. 그러나 이 단계 안에는 일반 목적의 한국어 쓰기 교육의 목표가 포함됨을 잊지 말아야 한다.

3. 한국어 쓰기 교육의 내용

1) 쓰기 교육의 내용 범주와 체계

한국어 쓰기 교육에서 무엇을 가르칠까의 문제는 교육자 또는 학습자의 선택보다는 교육자와 학습자의 '합의' 과정이 우선되어야 한다. 교사가 가르치는 것을 학습자가 모두 습득하거나 학습할 것이라는 것은 이상일 뿐만 아니라 가능하지도 않다는 것에 우리는 동의한다. 학습자가 배우고 싶은 것을 배울 때 학습의 효과가 극대화된다는 점에도 동의하지만 학습자의 요구를 모두 바람직한 교육 내용으로 보기 어렵다는 것 또한 공감하기 때문에 학습자와 교육자의 합의의 과정은 생각보다 훨씬 복잡하다. 그럼에도 합의의 과정이 필요한 것은 한국어 쓰기 교육의 대상이 일반적으로 제도권 밖에서 이루어지는 비정규 과정을 따른다는 것을 무시할 수 없다. 가르치는 것이 전제될 때 예상되는 교사와 학습자의 특성은 교육 내용에 그대로 반영되기 마련이다. 학습자가 관심을 가지는 교육 내용의 추출과 학습자의 수준에 맞는 교육 내용의 선정이 우선되어야 하는 것은 학습자 중심의 교육의 효과를 기대하기 때문이다. 그러나 이는 어디까지나 '교육'의 테두리 안에서 가치 있는 것이라야 가능하다. 정해진 시간 안에 다양한 학습자의 특성을 반영한 한국어 쓰기 교육의 모든 것을 다루는 것은 현실적으로 불가능하다. 그렇기 때문에 교사가 가르칠 만한, 가르칠 수 있는 것이어야 하고, 그것이 교육적 기대 효과를 가능하게 한다는 암묵적 합의에서 우리는 교육 내용을 선정하게 된다.

결국, 한국어 학습자가 한국어 쓰기를 잘하기 위해 필요한 한국어에 대한 언어 지식을 포함한 쓰기 내용 및 구조 지식이 무엇인지를 구현하여 나타내는 것이 교육 내용이 될 것이다. 이러한 관점의 실현을 위해서는 보이는 '지식'으로의 구현이 필요하다. 지식을 보이는 실체로서 구현하기 위해서는 '한국어 쓰기'에 필요한 지식을 어떤 범주에서 체계화할 것인가가 중요하다. 우리는 한국어 학습자가 한국어 언어 지식을 쌓아 가는 학습의 과정에 있다는 점에서 쓰기에 관여하는 언어 지식을 학습자가 자주 접할 수 있는 '쓰기 결과물'을 상정하고 이에 따라 내용을 체계화할 것을 제안하기도 하였다. 대부분의 교재에 구현된 '쓰기' 부분은 학습자의 수준에 통제되어 있는 언어 지식을 활용하여 학습자가 텍스트를 생산할 가능성을 염두에 두어 실제로 써 보도록 하는 활동이 제시되어 있다. 언어 지식에 초점을 맞춘 제안된 쓰기 활동은 쓰기의 내용(무슨 내용이 좋은 내용인가?), 쓰기의 구조(어떤 구조로 제시하는 것이 효과적인가?) 등에 대한 내용 체계를 제시하기가 쉽지 않다. 쓰기 내용과 구조는 장르의 속성을 그대로 구현하는 실체이기 때문이기도 하다. 재미있는 것은 장르는 고정되어 있는 것이 아니기 때문에-어느 정도는 고정되어 있다고 해도, 변할 수 있다-필자의 의도나 목적에 따라 다양한 인접 장르의 속성을 지닐 수 있다. 이를 그림으로 제시하면 [그림 10-1]과 같다.

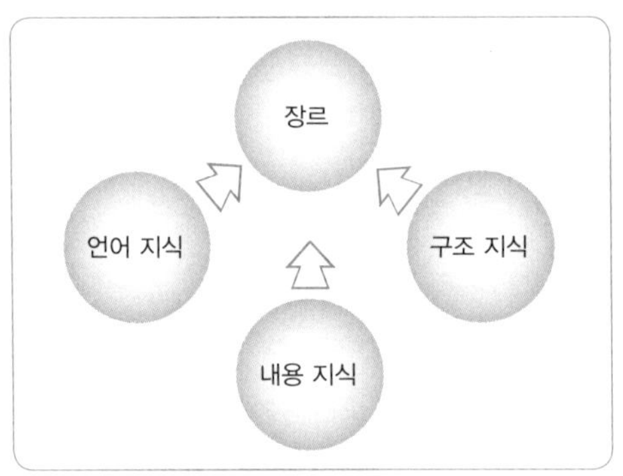

[그림 10-1] 쓰기 내용 체계의 예

예를 들어, '편지'라는 장르는 안부를 묻거나 친교를 목적으로 생산되기도 하지만 필자에 따라 설득하기도 하고 설명하기도 한다는 점에서, 편지라는 형식적 속성을 유지한 채로 내용과 구조는 다른 장르의 속성을 지닐 수 있다. 따라서 내용 체계는 쓰기에 관여하는 언어 지식, 내용 지식, 구조 지식이 쓰기 결과물에 대한 고정된 장르의 형태라기보다는 대표적인 장르의 속성을 제시하는 것이어야 한다.

한국어 쓰기 교육 내용의 큰 덩어리가 선정되면 학습자의 언어 수준, 학습자가 도달해야 할 목표, 가르치는 시간 등을 고려하여 나누는 작업이 필요하다. '나눈다'는 것이 수준별, 대상별, 시간별에 따른 위계화가 될 것이다. 대상이 누구인가에 따라 교육 내용의 순서는 달라질 수 있으며 얼마 동안 배울 것인가에 따라 교육 내용 중 첨가 혹은 삭제가 가능하게 될 것이다. 일반적으로 한국어 쓰기 교육에서 위계화에 가장 큰 고려가 된 것은 수준별이었다. 한국어 교육은 1급부터 6급까지의 수준을 상정하고 있다. 각 언어교육원마다 6급 위를 7급, 연구반 등의 이름으로 개설하기도 하지만 일반적이지는 않다. 위계화의 층위는 장르를 한 축으로 이에 포함되어야 할 또다른 축을 언어 지식, 내용 지식, 구조 지식으로 상정하고 이를 위계화한다면 보다 명확한 내용 위계화가 가능하다.

[표 10-2] 한국어 쓰기 내용 위계화

장르	언어 지식	어휘, 문법, 수사 영역
	내용 지식	글의 목적에 대한 이해, 독자에 대한 분석 영역
	구조 지식	해당 장르의 구조 분석 영역

장르는 언어 지식, 내용 지식, 구조 지식 전반에 걸쳐 나타날 수 있으며 언어 지식은 문법과 어휘 지식을 포함하여 문맥에 맞는 지식을 포함한다. 내용 지식과 구조 지식을 학습자가 빈번하게 접할 수 있는 장르를 중심으로 상정하되, 내용 지식을 위해서는 글을 쓰는 목적에 대한 이해, 이 글을 읽을 독자에 대한 분석이 가능해야 한다. 구조 지식은 해당 장르에 대한 단락별 또는 전체 텍스트의 구조적 분석을 통한 위계화가 이루어져야 한다.

2) 쓰기 교육 내용 구성의 실제

한국어 쓰기 교육 내용은 학습자의 수준별 구현이 일반적이다. 교육 목표에 도달하기 위해 교육 내용이 구성되는 것이 일반적이므로 여기에서는 일반 목적 한국어 교육의 교육 목표에 맞는 교육 내용 구성의 실제에 대해 살펴보도록 하겠다.

학습자의 수준을 한국어 언어 숙달도에 따라 1급부터 6급까지 구분하고, 1, 2급을 초급, 3, 4급을 중급, 5, 6급을 고급이라고 하므로 이를 토대로 가르쳐야 할 내용이 구현된다. 쓰기 교육 내용은 급별 쓰기 교육의 목표와 내용 체계에 맞게 제시되는데, 초급에서는 일상생활과 관련된 쓰기 장르가, 중급에서는 학습자에게 친숙하거나 빈도가 높은 사회적·추상적 소재와 관련된 쓰기 장르가, 고급에서는 사회적·추상적 소재와 자신의 분야에 대한 전문적 능력을 요구하는 쓰기 장르가 구현된다. 이를 표로 제시하면 다음과 같다.

[표 10-3] 언어 수준에 따른 교육 목표와 교육 장르

언어 수준	교육 목표	교육 장르
초급	일상생활과 관련된 내용을 쓸 수 있다.	생활문, 실용문
중급	자신에게 친숙하거나 빈도가 높은 사회적·추상적 소재에 대해 쓸 수 있다.	생활문, 실용문, 설명문, 논설문, 감상문
고급	사회적·추상적 소재와 자신의 전문 분야에 대한 글을 쓸 수 있다.	생활문, 실용문, 설명문, 논설문, 감상문, 비평문, 자신의 전문 분야 글

쓰기 교육 목표와 교육 장르가 정해지면 장르에 따라 언어 지식, 내용 지식, 구조 지식의 장르 지식이 구현된다. 초급 생활문의 교육 내용을 예로 제시하면 다음과 같다.

[표 10-4] 초급에서 소개하는 글의 내용 구성의 실제

언어 수준	교육 장르	교육 내용	교육 내용의 실제
초급	생활문 (소개하는 글)	언어 지식	• 맞춤법에 맞게 짧은 문장을 쓴다. • 문장과 문장이 자연스럽게 연결되도록 접속 부사를 사용한다. • 소개하는 글에 자주 등장하는 정형화된 표현을 사용한다.
		내용 지식	• 친숙한 인물을 간단하게 소개하는 글의 목적이 드러나도록 글을 쓴다. • 읽을 독자를 가정하고 내용을 구성한다.
		구조 지식	• 소개하는 글의 구조에 맞게 쓴다.

쓰기 교육의 내용 구성은 한국어 모범글의 분석을 통해 학습자 수준에 맞는 어휘 및 표현, 수사 영역의 언어 지식을 교육 내용으로 구현하는 것이 핵심이다. 학습자가 사용할 수 있는 또는 사용해야 하는 언어 지식이 결정되면 글의 내용은 여러 번의 글쓰기와 수정을 통해 좋은 글쓰기가 가능하기 때문이다.

4. 한국어 쓰기 교육의 방법

쓰기에서 어떻게 가르칠까의 문제는 제2 언어 쓰기에서 무엇을 중심으로 연구되어 왔는지와 맥을 같이 한다. 각 연구에 영향을 준 쓰기 이론으로 인해 쓰기 교육 내용이 달라지기 때문이다. Jonhs은 제2 언어 쓰기 이론에 영향을 준 접근법으로 통제 작문, 현대-전통 수사법, 과정 접근법, 학문 목적 영어(EAP)의 흐름으로 정리한 바 있다. 제2 언어 쓰기에서 통제 작문 시대에는 텍스트의 결과물에 관심을 갖는데 쓰기 교육에서 요구하는 내용이 반영되어야 한다는 점에서 정확한 쓰기를 지향한다. 여기에서는 목표어권의 언어 지식을 활용하여 정확하고 유사하게 텍스트를 생산하도록 쓰기 교육 내용이 체계화되었다. 그러나 이러한 쓰기는 예상대로 필자의 자율성·창의성이 제한되어 모범 텍스트와 닮은 텍스트의 생산이라는 천편일률적 글쓰기 교육이 될 수밖에 없었다. 따라서 통제 작문 시대에서 학습자는 목표어의 텍스트처럼 쓰기 위해 표현 또한 제한적으로 활용하였다.

이후, 현대-전통 수사법을 강조하는 시대에서는 통제 작문처럼 엄격한 통제가 쓰기 교육 내용이 되지는 않았지만 목표어권의 내용 구조가 모국어와 얼마나 다른지를 비교하여 이를 교육 내용으로 삼았다는 점에서 의의가 있다. 통제 작문이나 현대-전통 수사법 시대는 결과 중심 쓰기가 강조된 형식주의 작문 이론이 팽배해 있던 모국어 교육의 쓰기와 맥을 같이 한다. 이후 인지주의 이론에 기댄 과정 중심 접근법에서 제2 언어 쓰기는 학습자의 특수성을 반영한 학문 목적의 영어, 즉 장르 중심의 쓰기 지도에 주목하고 있다. 여기에서는 쓰기 교수·학습 모형은 쓰기 결과물에 대한 이해와 해석을 중심으로 가르치는 결과 중

심 쓰기와 필자의 쓰기 생성 과정과 문제 해결에 초점을 두는 과정 중심 쓰기, 목표어의 장르를 이해하고 이를 가르치고자 하는 장르 중심 쓰기로 나누어 살펴보도록 하겠다.

1) 쓰기 교수·학습 모형

(1) 결과 중심 쓰기

결과 중심 쓰기는 형식주의 관점을 바탕으로 규범 문법과 수사적 규칙을 강조하면서 잘된 글을 학습자에게 모방하게 함으로써 학습자의 쓰기 능력 신장을 도모한다.

결과 중심 쓰기 교육을 대표하는 모형으로는 Rohman이 1965년에 제시한 '예비 쓰기(pre-writing)-쓰기(writing)-다시 쓰기(re-writing)' 모형과 Britton과 그의 동료들이 1975년에 만든 '개념(conception)-품기(incubation)-산출(production)'의 단계적인 작문 모형이 있다. 이러한 모형의 핵심은 쓰기를 선형적인 구조로 인식한다는 점과 모방글의 생산이다. 제2 언어 작문 지도에서는 '통제 작문, 현대-전통 수사법'이라는 시대로 언급한 Silva(2003)의 주장과 맞닿아 있다. 통제 작문은 청각구두 교수 방법의 선구자인 Fries의 구두 교수법에 바탕을 두고, '언어는 말이며 학습은 습관 형성이다'라는 정의에 기대고 있다. 따라서 글쓰기는 말하기인 구두 교육보다 2차적인 자리에 놓이며 구두 습관을 보완하는 것으로 간주된다. 이에 따르면, 제2 언어 학습자가 작문에서 사용하는 언어의 고정된 패턴을 익히고 이에 대한 충분한 연습을 통해 모국어 필자들의 쓰기처럼 가능해진다고 믿는다.

그러나 Pincas는 언어 사용이 고정된 패턴의 조작이고, 이러한 패턴의 학습은 모방을 통해 이루어지며, 이것들을 학습하고 나서야 비로소 독창성을 발휘할 수 있다는 것은 수긍하기 어렵다고 비판한다. 그럼에도 문어 자체가 갖는 고정된 형태의 특성은 '패턴화'가 어느 정도 가능하며 패턴의 연습을 통해 학습자의 제2 언어 쓰기를 향상시킬 수 있다는 점에서 통제 작문이 갖는 효과는 결과 중심 쓰기와 같은 선상에서 논의될 수 있다. 이와 유사한 시기에 이어 등장한 현대-전통 수사법은 1960년대 중반에 서면으로 의사를 전달하는 방식의 확대로 제2 언어로서의 영어(ESL)에서 쓰기 교육의 중요성이 대두되면서 주목을 받게 된다. 이는 원어민의 작문 지도인 현대-전통적인 패러다임의 기본 원리와 Kaplan의 대조 수사학의 작문 방법에 대한 이론을 결합한 것이다. 이 방법에서 주요 관심은 의사 전달 형식의 논리구조와 배열이었다. 여기에서 주요 관심사는 단락이다. 즉 현대-전통적인 수사법 형식의 관점에서 글쓰기는 기본적으로 배열의 문제이고 문장과 단락을 규정된 패턴으로 통일시키는 것이다. 현대-전통적인 방법들이 수년 동안 문학에서 규칙적이고 강도 높게 제재를 받아왔고 비난을 받아 왔음에도 제2 언어 쓰기 교실에서는 막강한 영향력을 행사하고 있다.

결과 중심 쓰기 지도는 어법에 맞는 문장 쓰기에서 시작하여, 단락 쓰기, 글쓰기 단계로 점차적으로 확대되는 관점을 취한다. 따라서 완성된 한 편의 글을 생성하기 위해서는 단계별 쓰기를 통해 이루어진다고 본다. 이는 한 편의 글을 완성하기까지의 시간이 오래 걸리며 각 단계별 합이 전체 텍스트가 되지 않는다는 한계를 지닐 수밖에 없었다. 그러나 제2

언어 쓰기에서 문장 쓰기에서 단락 쓰기, 단락 쓰기에서 한 편의 글을 쓰는 단계로 나아가는 단계별 구성은 그 자체로 의미가 있다. 한국어 학습자들은 정확한 문장 쓰기, 문장과 문장의 연결, 단락 안에서 문장의 구성 등이 한국어로 익숙하지 않기 때문이다. 유창한 내용 구성이 가능하다고 해도 정확한 쓰기 표현이 되지 않으면 좋은 글이라고 보기 어렵다는 점에서도 결과 중심 쓰기 지도는 교사들에게 시사하는 바가 크다. 결과 중심 쓰기 지도에서 중요한 것은 모범 텍스트의 선정이다. 모범 텍스트를 분석하고 해체하는 재구성의 단계를 거치지 않더라도 따라 쓰기, 모방 쓰기, 모범 텍스트로 유도된 글쓰기 교육 방식은 한국어 교재에서도 쉽게 찾아 볼 수 있다. 한국어로 되어 있는 '읽기 텍스트'를 학습한 후, 유사한 맥락의 '쓰기 텍스트'를 생산하게 하는 활동은 결과 중심 쓰기의 대표적인 예에 해당한다.

결과 중심 쓰기 지도는 형식화된 모형을 규칙적으로 연습하게 함으로써 쓰기 능력을 향상시키는 것인데 여기에서 교사는 모범 글의 선택과 이를 구조화하여 학습자에게 전달하는 데 주목한다. 또한 쓰기의 과정은 학습자가 계획하고, 생산하고, 고치는 과정이 선형적으로 이루어지게 지도한다.

(2) 과정 중심 쓰기

과정 중심 쓰기 지도는 결과 중심 쓰기 지도의 한계를 보완한다는 측면에서 접근하는 것이 바람직하다. Faigely(1986)는 과정 진영(process camp)내에 있는 연구자와 교육자를 두 그룹, 즉 표현주의자와 인지주의자로 구분하고 있는데 이는 과정 중심 쓰기 지도 역시 두 가지로 나눌 수 있다는 것을 의미하기에 유의미하다.

표현주의는 20세기 전반 10년 동안에 발전되어 1960년대 후반과 1970년대 초반에 절정에 이르렀다. 표현주의에서 작문이란 하나의 기술 즉 창작행위로 간주되었다. 그 행위에서 과정(참된 자아 발견)은 작품(자아 발견과 표현)만큼 중요하다(Berlin, 1988: 484). 표현주의에서 교사는 비지시적이며 학생들이 자기 자신의 작문을 잘 쓸 수 있도록 격려하는 교실 기법을 주장한다. 이러한 맥락으로 쓰기 교실에서 교사의 역할에 대한 의문이 제기되기도 하였다. 한편, 인지주의자의 관점에서 쓰기는 '문제-해결로서의 작문'을 주장하는 그룹이 이에 속한다. 인지주의 논의에서 가장 중요한 말은 '사고와 과정'(thinking and process)이다. 고차원적 사고능력을 문제 해결 능력과 동일시하는 것으로 Flower가 쓴 교과서의 제목인 '작문의 문제-해결 전략'(Problem-solving Strategies for writing)(1985, 1989)이 대표적인 인지주의자의 관점을 보여준다. 문제 해결 전략은 생각한 것을 표현하는 실험 계획과 다른 기법을 이용했던 Hayes & Flower가 1983년에 수행했던 연구에 근거하고 있다. 그것은 복잡한 작문 과정이 선형적이지도 않고 공식화된 것도 아니면서 다소 개성적이고 순환적이라는 것이다. 인지주의 관점에서 교사들은 '강력한 전략의 교육 내용이 많을 뿐만 아니라 필요할 때에는 자신이 만든 대안적인 기법을 충분히 인식할 수 있는 훌륭한 작가들을 배출하는 것이 목적이다. 제2 언어 쓰기 연구자들 중에는 Hayes & Flower의 연구를 지지하면서 과정 중심 쓰기 지도가 주목 받게 된다.

과정 중심 쓰기 지도는 '쓰기 과정'에서 쓸 '내용'에 주목한다. 따라서 개인의 인지 과정에 주목함으로써 필자로 하여금 다양한 전략을 통해 텍스트 생성에서 써야 할 내용을 풍부하게 하였다는 의의를 지닌다(이수미, 2010: 38). 과정 중심 쓰기는 학습자의 '사고 활성화'에 주목하면서 쓰기 과정 자체를 순환적으로 지도함으로써 쓰기 능력을 향상시키고자 한다.

과정 중심 쓰기는 내용 생성과 내용 구성이 학습자로 하여금 충분한 시간을 두고 학습하게 한다는 점에서 의의가 있다. 그러나 한국어 학습자가 지닌 쓰기에 대한 스키마가 목표어권 담화 공동체와 다르다는 점에서 그 효과를 기대하기는 쉽지 않다. 과정 중심 쓰기에서 사회 구성주의에 기댄 문제 해결 중심 쓰기는 각 단계별 쓰기에 예상되는 문제를 구체적으로 제시하고 이를 해결하는 전략 중심 쓰기로 진행되는데 이는 한국어 교육의 쓰기 지도에 시사하는 바가 크다. 문제-해결에 초점을 두는 쓰기 지도는 쓰기 과정에서 학습자가 취해야 하는 '전략'이 무엇인지를 지도하고 이를 실현할 수 있도록 가르친다. 무엇보다 여기에서 전략은 학습자의 쓰기 능력 신장을 위한 단계별 '사고 능력'과 관련된다는 점에서 쓰기를 통해 논리적인 사고력의 신장에도 기여할 수 있다는 관점을 취한다.

(3) 장르 중심의 쓰기

제2 언어 쓰기에서 장르란 무엇일까? 장르(genre)란 유사한 텍스트에서 발견되는 공통된 특성을 밝히기 위해 사용하는 용어이다. 하나의 장르를 이름 짓기 위해서는 텍스트를 수집하여 필자가 반복적으로 사용하는 언어가 무엇인지를 밝혀야 한다. 장르를 지지하는 이들은 텍스트에서 반복적으로 발견되는 언어 사용을 목록화하여 교수하면 학습자의 쓰기 능력을 향상시킬 수 있다고 본다. 이러한 장르의 개념에 기초한 장르 중심 쓰기(genre-based writing)는 체계 기능 언어학(Systemic Functional Linguistics, SFL)과 신수사학(New Rhetoric, NR), 특수 목적의 영어 교육(English for Specific Purpose, ESP)의 영향을 받았다. 장르 중심 쓰기에 영향을 준 접근법의 특성은 다음 표와 같이 간략히 정리할 수 있다.

장르와 관련하여 중시되는 개념인 '맥락'에 대해서는 이수미(2010: 36)에서 다음과 같이 지적한 바 있다.

[표 10-5] 장르에 영향을 준 접근법

오리엔테이션 (소개하기)	주요한 초점	지적인 근원	교육학	교육 맥락	견본 장르
체계 기능 언어학	담화 구조와 특징	체계적인 언어학	Vygotsky 근접 발달 영역의 교수·학습 주기	제1 언어 학교, 성인 이주자	서술, 보고서, 이야기
신수사학	사회 목적, 맥락	후기 구조주의	발견적 교수법 일반적 형식	제1 언어 대학 작문	정치적 업무 지침서, 특허, 의학 보고서
특수 목적의 영어 교육	담화 구조와 특징	외국어로서의 영어, 의사소통 중심 교육, 화용론	의식 고양, 요구 분석	직업적이고 학문적인 훈련	기사, 메모, 영업 편지

오스트레일리아에서 주로 연구되는 장르 중심은 텍스트를 이루고 있는 언어적 특징에 집중하는 반면, 북미에서는 텍스트 생성과 관련된 사회 문화적 맥락에 관심을 가지고 맥락

과 텍스트와의 관계에 주목한다. 그러나 시드니학파라고 불리는 Halliday에서 이어지는 장르 중심 접근이 텍스트에 반영된 언어의 특성에 주목한다고 해서 사회적 맥락을 간과하는 것은 아니다. 이들이 말하는 언어 특성은 전통적인 형식주의로 불리는 결과 중심의 쓰기 교육에서 집중하였던 문법의 규칙이나 문장 구조에 대한 언어적 특성과는 다르다. 즉 맥락 속에서 이루어지는 텍스트의 의미를 중시하기 때문에 언어는 맥락을 떠나서는 존재할 수 없는 것으로 간주한다. 바꾸어 말하면, 텍스트는 담화 공동체가 합의한 맥락 속에서 탄생하는 것이기 때문에 텍스트에 담긴 언어는 사회 문화적 맥락 안에서 의미를 지니는 것이라 할 수 있다.

제2 언어 쓰기에서 장르 중심 쓰기를 강조한 Hyland(2003)는 '장르'의 개념에 더불어 '장르 지식'의 개념을 명확히 함으로써 장르 중심 쓰기 지도가 구현되는 실체를 보여 준다. 장르가 의사소통적 행위의 유형으로 인식된다고는 하지만 실제 상황에서 우리가 보는 것은 장르가 아닌 텍스트이기 때문에 장르는 그저 추상적인 개념(idea)일 뿐이다. 장르 지식은 단순히 문법적 지식이 아니라 실세계의 의사소통 상황에 참여하는 방법을 아는 능력까지를 말한다. 교사들은 학생들이 장르와 관련된 조직, 문법, 어휘, 내용상의 관습을 이해하는 것뿐만 아니라, 이것들이 어떻게 보다 광범위한 수행 규칙으로 연결되는지 알 수 있도록 해야 한다. 다시 말해 장르가 활용되는 문화나 제도를 고려해야 한다. 수사적 상황이 정확히 똑같지는 않더라도, 우리가 이미 경험했던 목적과 텍스트를 새로운 상황에 맞게 수정하고 변화시키면서 그것과 관련된 유사성을 만들어 내야 하기 때문이다. 그러므로 장르 지식은 필자, 독자 그리고 텍스트가 발견되는 문화에 대한 지식이다. 장르 지식의 주요 구성 요소는 다음과 같다.

- 장르가 기본적으로 도달하고자 하는 의사소통적 목표에 관한 지식
- 텍스트를 구성하고 해석하는 데 필요한 적절한 형식에 관한 지식
- 내용과 사용역(register)에 관한 지식
- 장르가 규칙적으로 발견되는 맥락에 관한 지식

장르 중심 쓰기 지도에서 교사는 선정한 장르의 특성을 파악하는 것은 물론, 학습자가 스스로 텍스트를 탐구하고 발견할 수 있도록 무엇을 어떻게 가르쳐야 하는지를 알고 통제할 수 있어야 한다. [그림 10-2]는 Feez(1998)가 제시한 교수·학습의 순환을 Hyland가 장르 중심 접근법에서 활용할 것을 제안한 것이다.

장르 중심 쓰기에서 주목하는 것은 목표어권 담화 공동체가 합의한 장르 지식을 학습자에게 어떻게 학습시킬 것인가이다. 따라서 하나의 장르가 확정되면 교사는 이러한 장르가 어떠한 '맥락'에서 구현되는지를 학습자에게 인식시키는 것이 첫 번째 단계이다. 거기에서 반복적으로 발생하는 어휘 및 문법적 특성, 구조적 특성을 이해하고 이를 모방할 수 있는 단계가 두 번째 단계이다. 이러한 장르에 맞는 텍스트를 구성하기 위해 소집단으로 참여하기도 하고 혼자 구성하기도 하면서 텍스트를 완성하고, 인접 장르와의 유사성 및 독자성을

[그림 10-2] Feez의 교수·학습 순환 모형

학습자가 인식하게 되면 목표어권 담화 공동체가 합의한 방식의 텍스트를 학습자가 생산할 수 있게 된다.

2) 쓰기 교수·학습 활동

쓰기 교수·학습 활동은 쓰기 전, 쓰는 중, 쓰기 후로 나누어 제시할 수 있다. 다른 방법은 쓰기 과제에 따라 활동을 달리하는 방법이다. 쓰기 전에는 무엇을 쓸 것인가에 대한 내용과 글을 쓰는 목적을 분명히 하는 단계로 이 글을 쓰는 이유, 이 글을 읽을 독자, 이 글에서 꼭 필요한 내용 등을 고려하여 활동을 제시한다. 대표적인 활동으로 브레인스토밍(brainstorming)을 들 수 있다. 브레인스토밍은 짝활동 또는 소집단 활동을 통해 창조적인 아이디어 생성을 위해 하는 활동으로 단어와 단어를 나열하는 단어 은행(word bank)이나 주제어를 상·하위 관계나 의미에 주목하여 묶는 무리 짓기(clustering) 등의 활동이 있다. 쓰는 중 활동으로는 학습자의 언어 수준에 따라 초급에서는 한 단어 또는 한 문장 받아쓰기에서 시작하여 중급 이상에서는 교사의 이야기를 듣고 제시어를 이용해서 내용을 재구성하는 활동인 딕토콤프(dicto-comp)가 있다. 딕토콤프는 받아쓰기(dictation)와 작문(composition)의 합성어로 교사가 스토리를 들려주고 핵심어를 칠판에 제시하여 학습자가 이야기를 구성하는 것으로 이야기 쓰기에 자주 활용된다. 쓰기 후 활동에서는 학습자가 자신이 쓴 글을 스스로 수정할 수 있는 활동인 '언어 관련 일화'(language related-episode) 활동이 있다. 언어 관련 일화란 학습자가 쓰기 활동 중 부딪치는 언어 지식의 문제를 학습자 간의 대화를 통해 해결하는 활동이다. 언어 관련 일화는 Swain & Lapkin(1995: 378)이 사용한 것으로 실제로는 협동 작문을 강조한 것이다. 앞에서 언급했듯이 쓰기는 여러 번 고쳐 쓸수록 좋아진다. 그러나 학습자의 언어 지식의 부족은 여러 번 수정한다고 좋아지지 않을 수 있다. 모르는 것을 고치는 것은 어렵기 때문이다. 이때 또래 집단의 협력 수정을 통한 활동이 유용하다.

쓰기 과제에 따른 활동은 교사가 과제의 난이도, 학습자의 언어 수준에 따라 진행할 수 있는 모방 쓰기, 유도 작문, 자유 작문의 활동이 있다. 모방 쓰기는 모범 텍스트를 그대로 베껴 쓰는 활동에서부터 시작하여 한두 문장을 바꾸어 쓰거나 모범 텍스트의 주제와 유사한 쓰기를 하도록 하는 활동을 말한다. 모방 쓰기가 학습자의 자율성을 제한하는 측면이 있다면 자유 작문은 학습자가 자유롭게 쓰기를 할 수 있다는 장점이 있다. 모방 작문과 자유 작문 사이에 유도 작문이 존재한다고 볼 수 있다. 교사는 과제가 학습자에게 어렵다고 판단되는 경우 모방 작문에서 시작하여 유도 작문을 거쳐 자유 작문에 이르게 할 수 있다. 또한 중급 이상의 학습자의 경우 과제의 친밀도에 따라 유도 작문에서 시작하여 자유 작문을 하게 하는 것도 가능하다.

한국어 쓰기 교육을 위한 교수·학습 활동은 학습자의 쓰기 능력을 향상시키고 한국인들이 합의한 좋은 글쓰기를 위해 고안되는 것이므로 지금의 학습자 수준, 과제의 난이도에 따른 활동을 고안하는 것이 바람직하다.

3) 쓰기 교수·학습 자료

쓰기 교육을 위한 교수·학습 자료는 크게 세 가지로 구현되는 것이 일반적이다. 쓰기 과제를 제시하는 형식이 첫 번째이다. '가족을 소개하는 글을 써 보세요, 여행한 경험을 써 보세요, 주말에 무엇을 했는지 써 보세요' 등이 초급 쓰기 과제로 자주 등장해 왔다. 이는 '소개하는 글, 경험담' 등의 비교적 쉬운 소재로 출발한다. 여기에서 중요한 것은 학습자가 쓸 내용과 관련된 어휘와 문법 항목이다. 학습자들은 어휘와 문법이라는 언어 지식을 활용하여 쓰기 내용을 구성하기 때문이다. 좋은 글쓰기를 위해서는 학습자가 쓸 내용의 어휘와 문법을 제시하는 것이 필요하다는 점에서 두 번째 학습 자료가 제시되어 왔다. 예를 들면 다음과 같은 자료 제시이다.

[표 10-6] 초급 쓰기 교수·학습 자료의 예

※ 다음 문법을 사용하여 한국에서 여행한 것에 대해 써 보세요.		
-(으)ㄴ 적이 있다/없다	-(으)ㄴ 명사	-아서/어서/여서

위와 같은 쓰기 자료는 학습자에게 문법을 사용해야 한다는 부담감으로 '내용'과 관련 없거나 내용보다 문법 사용에 초점을 두는 글쓰기가 이루어질 수 있다는 점에서 비판받아 왔다. 따라서 문법에 대한 제시 없이 과제의 내용 정보가 구체적으로 제시되는 것이 세 번째 자료 제시 방법이다. 이에 대한 예는 다음과 같다.

[표 10-7] 내용 정보가 제시된 초급 쓰기 교수·학습 자료의 예

※ 다음에 대해 메모하고 한국에서 여행한 것에 대해 써 보세요.	
1. 언제 여행했어요?	3. 거기에서 무엇을 했어요?
2. 누구와 어디에 갔어요?	4. 그 여행은 어땠어요?

위의 예시는 보다 학습자가 쓸 내용에 초점을 맞춘 교수·학습 자료에 해당한다. 그러나 이러한 예시는 학습자가 한국어로 무엇을 쓸 것인지는 명확해지지만 어떻게 써야 하는지에 대한 글 구조 정보가 없다는 것이 문제이다. 따라서 모범 텍스트를 제시하고 이와 유사

한 텍스트를 쓰게 하는 학습 자료 제시가 최근에는 자주 등장한다. 모범 텍스트는 '읽기' 형태로 제시되기는 것이 일반적이지만 읽기와 쓰기의 특성상 쓰기 영역에 보다 초점을 맞추어 제시되기도 한다. 예를 들어, 광고문은 학습자가 읽을 필요는 있지만 쓸 필요는 없다. 그렇지만 한국어로 된 광고문을 만들어 보는 것은 넓은 의미에서 한국어 소통 능력의 향상이므로 쓰기 학습 자료의 하나의 예가 될 수 있다. 중요한 것은 쓰기 학습 자료는 어떻게 제시하는 것이 좋은가에 초점이 있으므로 학습자가 쓸 수 있도록, 학습자가 쓰기 능력이 향상되도록 쓰기 자료를 제시하는 것이 필요하다.

5. 한국어 쓰기 교육의 평가

1) 쓰기 평가의 계획

쓰기 교육에서 우리는 잘 쓴 글 못지않게 잘 쓰지 못한 글에 관심이 많다. 교육적으로 잘 쓰지 못한 글에 대한 교육적 처방이 주요한 관심사일 때가 많지만 이럴 때도 누가 봐도 '잘 쓴 글'을 바탕으로 잘 쓰지 못한 글과 비교하여 논의가 이루어진다. 따라서 '잘 쓴 글', '좋은 글'에 대한 합의는 쓰기 평가에서 전제되어야 할 중요한 요소이다. 재미있는 것은, 독자로서 필자가 생성한 글을 읽으면서 느끼는 잘 쓴 글에 대한 평가는 한 담화 공동체에서 암묵적으로 합의가 되어 있다는 것이다. 이는 쓰기를 가르치는 교사가 아니라도 한국어로 된 글을 한국인이 읽으면서 '아, 이 정도 글은 잘 쓴 글이다'라고 합의하는 것은 어렵지 않으므로 우리가 관심을 갖는 것은 이러한 잘 쓴 글을 판단하는 기준이다. 잘 쓰지 못한 글에 대한 교육적 처방이 이루어져야 하기 때문이다. 평가 기준의 설정이 쓰기 평가의 설계에서 우선되어야 하는 이유는 '쓰기 과제 유형'에 따라 '평가 기준'이 달라질 수 있지만, 무엇을 평가할 것인가라는 평가 항목이 중요하기 때문이다. 무엇을 어떻게 평가할 것인가가 좋은 평가를 위한 계획이다. 더불어 언제, 어느 정도의 양을 평가할 것인가를 결정하는 것이 평가 계획에 포함된다. 따라서 우리는 평가를 계획할 때는 무엇을 평가할 것인가에 대한 평가 항목에 주목한다. 다음 학자들의 평가 항목을 살펴보자.

[표 10-8] 제2 언어 쓰기에서 쓰기 평가 항목

학자명	쓰기 평가 항목
Richards(1990)	응집성-전개, 연속성, 균형, 완결성, 담화의 다양한 유형 응결성-지시, 대치, 생략, 접속, 어휘
Weir(1990)	관련성 및 내용의 적절성, 작문의 조직, 응결성, 목적에 따른 어휘의 적절성, 문법, 표기의 정확성 Ⅰ(구두점), 표기의 정확성 Ⅱ(맞춤법)
Brown(1994)	내용, 조직, 담화, 통사, 어휘, 표기
Tribble(1996)	과제 수행/내용, 조직, 어휘, 언어/문법, 표기
Douglas(2000)	언어 지식-문법적 지식, 텍스트적 지식, 기능적 지식, 사회 언어학적 지식
Weigle(2002)	내용, 조직, 어휘, 언어 사용/문법, 표기(분석적 채점 척도)

학자들마다 조금씩 쓰기 평가 항목이 다르지만 어휘 및 문법의 정확성을 포함하는 언어 지식, 글의 전체 내용에 대한 일관성 및 구조의 적절성에 주목하여 항목화하고 있음을 알 수 있다. 무엇보다 글을 평가할 때 주목하는 것은 언어, 내용, 구조(조직)의 문제를 벗어날 수는 없다.

한국어 교육에서 쓰기 평가는 한국어능력시험의 쓰기 평가 기준을 참고할 만하다. 한국어능력시험 중 '쓰기 평가'는 4문제로 구성되어 있으며 51번과 52번은 전체 텍스트 내용에 맞는 한 문장 쓰기, 53번은 주어진 정보를 활용한 단락 쓰기, 54번은 주어진 과제에 맞는 완성된 텍스트 쓰기로 구성되어 있다. 한국어능력시험의 평가 기준이 위에서 제시한 평가 기준과 크게 다르지 않게 여겨지는 것은 언어 지식에 대한 평가, 내용, 구조에 대한 평가로 나누고 이에 더하여 과제 수행에 대한 평가가 주요한 항목으로 더하여지기 때문일 것이다. 과제 수행의 여부나 정도성의 평가는 평가자가 학습자의 쓰기를 평가하기 위해 고안된 '목적'이 포함된다는 점에서 유의미하다.

[표 10-9] 한국어능력시험의 평가 기준

문항	평가범주	평가내용
51-52	내용 및 과제 수행	• 제시된 과제에 맞게 적절한 내용으로 썼는가?
	언어 사용	• 어휘와 문법 등의 사용이 정확한가?
53-54	내용 및 과제 수행	• 주어진 과제를 충실히 수행하였는가? • 주제에 관련된 내용으로 구성하였는가? • 주어진 내용을 풍부하고 다양하게 표현하였는가?
	글의 전개 구조	• 글의 구성이 명확하고 논리적인가? • 글의 내용에 따라 단락 구성이 잘 이루어졌는가? • 논리 전개에 도움이 되는 담화 표지를 적절하게 사용하여 조직적으로 연결하였는가?
	언어 사용	• 문법과 어휘를 다양하고 풍부하게 사용하며 적절한 문법과 어휘를 선택하여 사용하였는가? • 문법, 어휘, 맞춤법 등의 사용이 정확한가? • 글의 목적과 기능에 따라 격식에 맞게 글을 썼는가?

한국어능력시험에서 제시하고 있는 평가 기준 중 '과제 수행'은 일반적인 평가 기준과 다른 특성을 보여준다. 이는 한국어능력시험이 일반적인 쓰기 능력 평가라기보다는 평가를 위한 평가, 즉 평가자의 의도를 반영하고 있기 때문이다. 평가자의 의도가 '과제'로 구체화된다는 점에서 채점을 수월하게 한다는 의도도 반영되어 있다. 그러나 평가를 실제로 구현하기 위해서는 위에서 제시한 평가 기준의 '점수'를 '어느 정도'로 분배할 것인가가 핵심이다. 각 항목별로 몇 점을 부과할 것인가? 부분 점수를 인정할 것인가? 부분 점수의 인정은 어떻게 할 것인가? 등이 평가 신뢰도를 높이기 위해서 구체화되어야 한다.

2) 쓰기 평가의 실행

쓰기 평가를 실행하면서 고려되어야 하는 첫 번째는 평가들 사이의 신뢰도를 높이는 것이다. 학습자의 '쓰기 생산물'에 대해 평가자마다 다른 점수와 능력을 부여한다는 것은 평가에 대한 신뢰도 자체를 의심 받게 되기 때문이다. 따라서 쓰기 평가는 평가자가 어떠한 채점을 하는가가 중요하다. 쓰기 채점을 어떻게 할 것인가에 대해서는 일반적으로 글 전체를 읽으면서 인상 평가에 주목하는 총체적 채점과 평가 항목별로 세분화하여 채점하는 분석적 채점이 있다. 다른 방법으로는 쓰기를 통계적으로 채점하는 방식으로 T-unit이 있다.

(1) 총체적 채점과 분석적 채점

총체적 채점(holistic scoring)은 학습자의 쓰기 결과물을 평가자가 전체적인 인상에 근거하여 단일한 점수를 주는 방법이다. 총체적 채점을 통합적 채점이라고도 한다. 이에 반해 분석적 채점(analytic scoring)은 평가 항목을 세분화하고 이에 따라 점수를 부여한 후 총합으로 점수를 주는 방법이다. 총체적 채점은 분석적 채점에 비해 평가 시간을 단축시킬 수 있고, 전체적인 글의 구성이나 내용에 초점을 둔다는 장점이 있다. 그러나 채점자 간 신뢰도를 확보하기 어렵다는 단점이 있다. 채점자 훈련이 충분하지 않을 경우, 총체적 채점 방식에 의한 점수 부여는 채점자 간 점수 폭이 클 수 있다는 것이 문제이다. 이에 반해, 분석적 채점은 평가의 항목이 구체적으로 제시되고 그에 따른 점수가 구체적으로 제시되기 때문에 채점자 간 신뢰도가 높은 편이다. 예를 들어, 언어 사용에서 어휘 점수(5점), 문법 점수(5점), 내용 구성 점수(10점), 구조 점수(10점)로 구성한 후, 틀릴 때마다 만점 점수에서 점수를 감하는 방식이 있다. 이는 채점자 간 신뢰도는 어느 정도 확보할 수 있으나 채점하는 데 시간이 많이 걸리고, 평가 항목 설정의 문제가 단점으로 지적된다. 그러나 실제로 한국어 교육 현장에서는 많은 경우, 채점자 간 신뢰도 확보가 우선되어야 한다는 점에서 분석적 채점 방식을 선호하는 편이다.

총체적 채점과 분석적 채점의 차이에 대한 연구로 김정숙(2010)을 들 수 있다. 그는 10인의 한국어 교원에게 학습자가 쓴 작문을 총체적 채점과 분석적 채점 방식으로 했을 때의 차이를 연구한 바 있다. 총체적 채점은 전체적인 인상에 근거하여 글의 내용과 구조, 정확성 정도를 매우 우수에서 매우 부족함의 5개 등급으로 나누었고, 분석적 채점은 2010년를 기준으로 한국어능력시험에서 쓰기 평가 기준으로 제시한 내용 및 과제 수행(30점), 글의 전개 구조(20점), 언어 사용(어휘 15점, 문법 15점, 맞춤법 10점), 사회 언어학적 격식(10점)으로 나누고 각 항목별 점수 단계는 매우 우수에서 매우 부족으로 5등급으로 채점하였다. 채점 결과, 두 채점 방식 중 총체적 채점의 평균이 다소 높았지만 크게 차이가 나지는 않았다. 높은 점수를 받은 글의 경우에는 총체적 채점이나 분석적 채점 방식의 점수 차이가 크지 않았으나 낮은 점수를 받은 글의 경우에는 분석적 채점이 총체적 채점에 비해 높은 점수를 받은 것으로 나타났다. 이 연구 결과를 일반화하기는 어렵지만 분석적 채점이 하위권 학습자에게는 다소 유리한 채점 방식이라 할 수 있을 것이다. 그러나 분석적 채점이든 총체적 채점이든 채점 신뢰도 확보를 위해 채점자 훈련은 필수적이다.

(2) T-unit

T-unit은 문장의 복잡성 정도를 파악하는 것으로 쓰기의 발달 정도를 평가하는 데 사용되어 왔다. 쓰기 평가를 지표화하여 채점하기 위해서는 문장 층위에서 논의되는 언어 사용 지식을 넘어서는 평가 지표가 필요하다. 우리가 평가해야 할 쓰기 결과물은 문장의 합인 텍스트가 아니라 의미의 덩어리인 텍스트이기 때문이다. Halliday & Hasan(1976)은 텍스트를 형식의 단위가 아닌 의미의 단위로 볼 것을 제안했다. 텍스트는 문장의 단순한 집합이 아니라 문장에 의해 재현되는 어떤 상징체이다. 다시 말해 어휘나 문장의 문법적 단위나 의미 단위에서 얻은 것을 텍스트 단위에서 반복할 수 없다는 뜻이 된다(정희모·김성희, 2008: 396). 이런 맥락에서 Hunt(1965)는 학생들의 문법적 구조를 연구한 논문에서 문장 대신에 의미의 최소단위로서, 또 문장의 성숙도를 측정하기 위한 새로운 지표로 자신이 고안한 T-unit이라는 개념을 제안했다. 헌트는 T-unit이란 의미를 이루는 최소 단위인데, 일반적으로 영어에서는 종속절을 포함한 하나의 문장으로 나타난다. 종속절이 아닌 대등하게 연결된 문장의 경우, 각각의 절이 곧 T-unit이 된다. 한국어 문장을 예로 들면 다음과 같다.

① 나는 두 시간 동안 운동했다.
② 나는 운동했고, 친구는 공부를 했다.
③ 나의 희망은 가족이 모두 건강을 유지하는 것이다.

①은 하나의 주어와 서술어로 이루어져 있다. 따라서 하나의 T-unit이 된다. 그러나 ②는 두 개의 주어와 서술어로 이루어져 있다. 즉, 대등하게 이어진 문장이다. 이는 두 개의 T-unit이 된다. ③은 '가족이 모두 건강을 유지하는'이라는 관형절을 안은 문장이다. 두 개의 절로 구성되어 있지만 '나의 희망은'이라는 하나의 주어에 '가족이 모두 건강을 유지하는 것이다'라는 서술어 구조를 가지고 있기 때문에 하나의 T-unit이 된다. T-unit의 분석은 텍스트의 복잡성을 밝히는 것으로, 의미 단위에서 텍스트의 성숙도를 파악할 수 있다는 점에서 의미가 있다. T-unit을 통한 평가는 채점자 간 신뢰도 확보의 문제를 고려할 필요가 없다는 것이 장점이기는 하나 문장의 복잡성이 쓰기 자체에 주목한 결과물에 대한 평가라고 보기 어렵다는 점에서 채점의 타당도가 문제되어 왔다.

3) 쓰기 평가 결과의 활용

쓰기 평가의 활용은 그 자체로 학습자의 쓰기 능력을 향상시키는 방안으로 교실 안에서 수행되는 것을 목표로 한다. 쓰기 평가는 교사의 수업 내용, 수업 방법, 수업 도구를 전반적으로 검토할 수 있도록 함과 동시에 학습자가 무엇을 잘하고, 무엇을 더 배워야 하는지를 제공할 수 있는 재료로 구현되는 것이 바람직하다.

쓰기 평가가 학습자 측면에서 효과를 기대하기 위해서는 다음과 같은 점이 고려될 필요가 있다.

첫째, 쓰기에서 내가 어려워하는 것은 무엇인가?

둘째, 쓰기의 평가 기준과 관련하여 내가 고려하지 않은 부분은 무엇인가?

셋째, 제1 언어 쓰기의 습관이 제2 언어 쓰기에 방해되는 전략은 무엇인가?

넷째, 제2 언어 쓰기를 잘하기 위해 제2 언어 담화 공동체가 수행한 과제에서 기대하는 것은 무엇인가?

다섯째, 쓰기 생산물을 다시 쓴다면 나는 더 잘 쓸 수 있는가?

동시에 교사 측면에서 쓰기 평가의 효과를 기대하기 위해서는 다음과 같은 점을 고려할 필요가 있다.

첫째, 나는 평가하고자 한 것을 제대로 평가하고 있는가?

둘째, 학습자가 잘 못하는 것은 쓰기 교육과 관련하여 무엇 때문인가?

셋째, 학습자가 반복하여 잘못 쓴 것은 무엇인가? 무엇이 쓰기 수업에서 보완되어야 하는가?

넷째, 나의 수업 방식은 학습자의 쓰기 능력을 향상시키고 있는가?

다섯째, 쓰기 교육과정과 관련하여 쓰기 평가는 제대로 이루어졌는가?

쓰기 능력을 향상시키는 것은 단시간에 가능하지 않지만, 그러나 효과적인 쓰기 교육이 진행된다면 쓰기 능력은 향상된다는 믿음에는 이견이 없다. 이를 위해서 교사는 끊임없이 쓰기 교육을 제대로 하고 있는지를 점검해야 한다.

탐구 과제

1. 다음은 학습자가 생산한 쓰기 내용이다. 교사의 피드백이 무엇에 초점을 맞추고 있는지 생각해 보고 효과적인 피드백 방법에 대해 토의해 보자.

① 2급 한국어 학습자의 쓰기 예

안녕하셨습니까? 아버님도 건강하시고 민결도 잘 지냈겠지요?
민결은 일하기 시작했습니까? 정말 보고 싶습니다! 저를 보고 싶었습니까?
한국에 온지 벌써 사 개월이 됐습니다. 서울대학교 학기가 끝났는데
한국어 반 여름 학기는 시작했습니다. 그래서 아직도 매일 숙제를
해야합니다. 저는 한국에 와서 부지런한 학생이 됐습니다. 기쁩니까?
그러는데 지금 오후에 다른 수업이 없어서 시간이 전에 보다 더 있습니다.
한국친구이라서 수영장에 가면 조금 할인 받았습니다. 그래서 이주일 부터
수업 해서 수영장에 갈 것입니다.
어제 학교에 오다가 토니를 만났습니다. 오래 동안 안 만났는데
조금 뚱뚱해졌습니다. 토니의 아버님은 일이라서 지금 서울에
살고있습니다. 일이 있어서
그러면 안녕히 계세요!
건강하세요.
민정 올림

② 2급 한국어 학습자의 쓰기 예

◐ 메모를 보고 내가 한국에서 가 본 곳이나 자주 가는 곳에 대해 써 보세요.

저가 한국에서 자주 가는 곳이는 강남입니다. 제의 친구 때문에 거기에
자주 갑니다. 제 친구가 'Pangyo'에 살고 있어서 우리 만날때 항상
강남역에서 만납니다. 어젯밤도 우리 친구 생일파티가 있어서 우리는강남역에
만나서 신사에 갔다왔습니다. 강남에 쇼핑하는 것 좀 비싸서 잘
못 해지만 강남역이도 강남역 근처도 예뻐서 많이 좋아합니다.
지난주도 강남에 갔다왔습니다. 강남에서 있었는 Language Exchange에 우리
친구랑 갔다왔습니다. 거기서 한국인 언니랑 만났습니다. 그 언니는
Puma에서 일 하는 사람이었습니다. 다음주에서도 그 모임이가 있으니까
다시 친구랑 같이 간다고 했습니다. 크리스마스에 강남에 가면
사람이 너무 많이 있을 것 같습니다.

2. 다음은 3급의 한국어 학습자가 생성한 쓰기 자료이다. 교사의 관점에서 실제로 피드백을 해 보고, 무엇이 어려운 문제인지 토의해 보자.

③ 3급 한국어 학습자의 쓰기 예

다이어트 하는 법

살이 찌는 것은 쉽지만 살이 빼는 것은 어렵다. 그렇지만 얼마나 건강할지 모른다. 그래서 살이 찌면 다이어트를 해야 건강을 지킬 수 있다. 운동은 가장 쉬운 다이어트 방법이다. 처음에 운동할 때 힘들지만 하면 할수록 기분도 상쾌하고 몸도 좋아진다. 일주일에 세 번 이상, 하루 30분 운동해야 다이어트 효과를 볼 수 있다.

그런데 다이어트를 할 때 좋은 음식을 먹지 않으면 안 된다. 패스트푸드를 못 먹고 채소를 더 먹으면 칼로리 섭취를 줄이고 살이 찌는 걸 막을 수 있다. 그리고 채소를 비타민하고 미네랄 등 있고 건강도 챙기면서 다이어트에 도움을 줍는다. 그리고 음료수하고 술은 칼로리가 높은데 다이어트를 위해 단 음료수하고 술은 자제하야 한다.

그러나 건강을 위해 물이 중요하다고 들었다. 그래서 하루에 물을 8잔 이상 마셔야 될다. 그런데 숙면은 다이어트에서 매우 중요하다. 그래서 매일 8시간 자지 않으면 안 된다. 이런 방법을 할 수 있으면 다이어트도 할 수 있고 건강도 좋아질 것이다.

3. 다음은 한국어능력시험의 53번에 나온 기출 문제와 모범답안이다. 이를 학습자에게 지도하는 방법을 고안해 보자. 또한 결과 중심, 과정 중심, 장르 중심 지도 방법 중 효과적인 방안을 조별로 토의해 보자.

① 문제

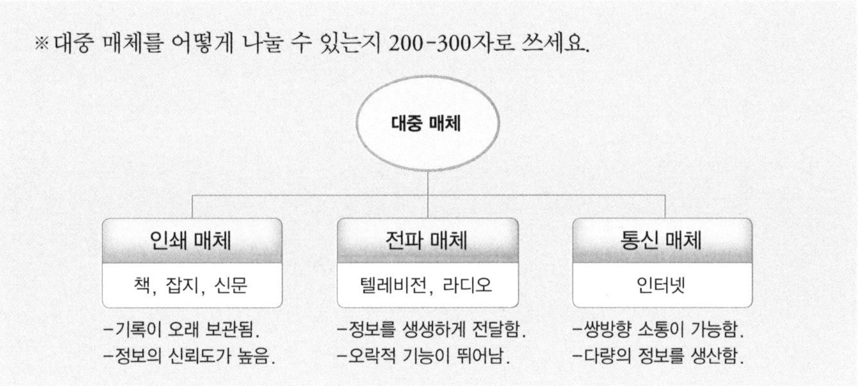

② 모범답안

대중 매체란 많은 사람에게 대량으로 정보와 생각을 전달하는 수단을 말한다. 이러한 대중 매체에는 다양한 양식이 있는데, 표현 양식을 기준으로 나누면 크게 인쇄 매체, 전파 매체, 통신 매체이다. 인쇄 매체는 책이나 잡지, 신문 등으로 기록이 오래 보관되고 정보의 신뢰도가 높다는 특징이 있다. 다음으로 전파 매체가 있는데 텔레비전, 라디오 등이 이에 속한다. 정보를 생생하게 전달하고 오락성이 뛰어나다는 특징을 가진다. 마지막으로 인터넷과 같은 통신 매체를 들 수 있다. 쌍방향 소통이 가능하고 다량의 정보를 생산한다는 특징이 있다.

더 읽을거리

Hyland, Ken. (2019). 장르와 제2 언어 글쓰기. (이수미, 이소연 역). 서울: 하우. (원서 출판 2004)

이 책은 외국어로서의 쓰기 교육에 장르가 왜 필요한지에서 시작하여 장르 중심 쓰기 지도 및 평가에 대해 실제 자료를 바탕으로 기술하고 있다. 장르에 대한 개념을 정립하고 장르 중심 쓰기 지도의 실제를 살필 수 있다는 점에서 유용하다.

진대연, 김민애, 이수미, 홍은실. (2006). 한국어 학습자의 쓰기 텍스트에 대한 대조 수사학적 연구. 한국어 교육, 17(3), 325-356.

이 논문은 쓰기 이론에서 하나의 축을 형성하는 대조 수사학적 쓰기에 대한 이론을 살피고 한국어 쓰기에서 대조 수사학적 특성이 실제로 학습자 작문 자료에서 어떻게 나타나는지를 고찰한 거의 유일한 연구로, 대조 수사학을 이해하는 데 도움을 준다.

서울대학교 국어교육연구소(편). (2014). 한국어교육학 사전. 서울: 하우.

이 책은 쓰기 교육의 전문 용어를 기술한 책으로 전문 용어에 대해 깊이 있게 이해할 수 있을 뿐만 아니라 쓰기 교육의 개념부터 연구사, 지도에 대해 집약적으로 제시하고 있어 유용하다.

11장
한국어 어휘 교육론

1. 한국어 어휘 교육의 성격

1) 어휘 교육의 위상

언어로 표현되는 모든 것의 질은 거기에 동원된 낱말의 질이 어떠하며, 그것들이 얼마나 정확하게 구사되어 있느냐에 따라서 결정된다(김광해, 1988). 어휘(lexis, vocabulary)는 개념 및 사고 표현의 도구로서 의사소통의 가장 중심적인 요소이자 기초 자원이다. 우리는 보통 어휘라고 했을 때 '단어'(word)를 떠올린다. 실제로 한 언어에서 어휘의 단위는 흔히 단어로 나타난다. 어휘의 개념을 이해하기 위하여 먼저 단어를 어떻게 이해해야 하는지 살펴보자. 단어가 무엇인지에 대해 학자마다 다양한 정의를 내리지만, 일반적으로 단어는 '자립성, 휴지(休止), 분리 가능성을 기준으로 한 최소의 자립 형식'(minimal free form) 혹은 '궁극적으로 독립된 의미 단위'(an ultimate independent sense-unit)라고 정의된다. 즉 하나의 단어는 혼자 쓰일 수 있고 내부에 휴지를 둘 수 없으며 다른 단어를 넣어 분리할 수 없는 것이다. 또한 단어는 언어의 기본 구성단위로 기능하는데, 그에 따라 문장, 문단, 텍스트와 같은 더 큰 구조를 형성하는 의미 단위로서 기능한다. 이에 비해 어휘는 단어의 총체로서 집합적인 성격을 띠고 있다. 예를 들면, 어휘는 '한국어 어휘', '15세기 조선어 어휘', '제주도 방언 어휘', '한용운의 어휘', '농업 어휘' 등과 같이 특정한 범위를 상정한 집합적인 개념을 갖는다. 우리의 논의 대상인 한국어 어휘를 살펴보면, 1999년 국립국어원이 펴낸 『표준국어대사전』에는 509,076개의 어휘가 수록되었으며, 2008년부터 국립국어원 누리집에서 온라인으로 제공하고 있는 '표준국어대사전'에는 2018년 9월 기준으로 511,414개의 어휘가 수록되어 있다. 이와 같이 어휘는 집합적인 성격을 가지고 있으므로 개별적인 단위를 지칭하기 위해서 어휘소(lexeme) 혹은 어휘 항목(lexical item)이라는 용어를 사용하기도 한다.

그렇다면, 실제로 어휘 교육은 어떤 위상을 지니고 있을까? 이를 이해하기 위해 교수법의 변천에 따라 어휘 교육이 어떻게 이루어졌는지, 그리고 한국어 교육에서 어휘 교육의 위상은 어떤지에 대하여 살펴보도록 하겠다. 어휘 교육은 문법 번역식 교수법이 성행하던 시기에 가장 중요하게 다루어졌고 그 이후로 어휘란 점차 어휘 단위의 의미를 알기만 하면 이해에 아무런 문제가 없는 것, 표현하고자 할 때 화자나 필자의 의도에 맞는 어휘를 그저 가져다 쓰면 되는 것 정도로 인식되어 언어 교육에서 주변적인 위치를 점하게 되었다. 즉 문법 번역식 교수법에서는 어휘 교육의 비중이 매우 컸는데 이는 정확한 문법과 어휘 습득을 통한 번역에 목표를 두었기 때문이다. 다만 학습자의 모어로 일대일로 번역된 많은 양의 어휘를 고립적으로 제시하고 암기하는 방식이어서 효과성에 문제가 제기되기도 하였다. 청각 구두식 교수법에서는 구조를 바탕으로 한 대체 연습을 주로 하고 어휘 교육은 최소화하였다. 그러다가 언어 사용을 중시하는 의사소통 접근법으로 이동하며 의미 전달의 핵심체인 어휘의 중요성이 강조되고 있다.

한국어 교육 연구에 있어서 어휘 교육의 위상 역시 이와 크게 다르지 않은데 초기에는 암기의 대상으로 여겨지다가 점차 어휘 교육에 대한 다양한 접근과 체계적인 설계를 가능하게 하는 연구들이 이루어지고 있다. 한국어 교육에 관한 연구는 노대규(1969)를 필두로 하여 점차 그 수가 많아지다가 1990년대에 들어 양적으로 증가하고 2000년대에 들어서면서 양적인 성장과 질적인 성장을 이룬다(강승혜, 2003). 이 중에서 어휘 교육과 관련된 연구는 1980년대에 한 편(김명순, 1986), 1990년대에 13편을 찾을 수 있다. 그리고 2000년대에 들어서 2016년 상반기까지 한국어 교육 연구에서 교육 내용과 관련된 연구 총 3,989편 중 어휘 교육과 관련된 연구가 853편으로 문법 관련 연구(853편, 21.3%)에 이어 두 번째로 많은 20.1%를 차지한다(강승혜, 2017). 이러한 연구는 내용적으로는 어휘 의미 관계에 관한 연구가 전체의 50% 정도를 차지하고 뒤이어 관용 표현에 관한 연구, 연어에 관련된 연구, 한자어 관련 연구 및 의성어, 의태어, 외래어, 호칭어에 대한 연구가 많이 이루어졌다. 반면 교수학에 관련된 연구는 상대적으로 많지 않고, 일반적 어휘 교수 방법론을 적용하는 수준에 머물러 있다. 또한 한국어 교육용 기본 어휘나 특정 대상을 위한 어휘 목록 선정 연구도 많이 이루어졌는데 종합해 보면 한국어 교육에서 어휘 교육의 위상은 초기에 비해 괄목할 정도로 성장하고 있으나 이론적 연구가 부족하다는 평가(나은미, 2010)도 있어 앞으로 해야 할 과제 역시 많다고 하겠다(강현화, 2013).

2) 어휘 교육의 필요성

언어 교육에 있어서 어휘 교육의 중요성은 무수히 강조되어 왔다. 예를 들어 Wilkins (1972)는 문법이 없이는 약간의 의미를 전달할 수 있지만 어휘가 없이는 아무것도 전달할 수 없다고 말한다. Rivers(1981)에 의하면 어휘를 이해하지 않고서는 언어를 배울 수 없다. 발음과 문법이 언어의 형식을 구성하는 것이라면 어휘는 언어의 내용을 구성하는 것으로 어휘 없이 한 언어를 배운다는 것은 불가능하다. 또한 어휘는 그 양의 방대함과 어휘가 지니는 정보의 다양함으로 인하여 초급 단계에서부터 고급 단계에 이르기까지 끊임없이 교육이 이루어질 필요가 있다. 어휘가 언어의 자원으로 활용되다 보니 어휘에 대한 사실은 언어를 통한 모든 교육에 관여하게 되는 것이다. 따라서 말하기, 듣기, 읽기, 쓰기 등의 기능 교육에서도 어휘는 빠질 수 없는 중요한 요소가 된다. 이는 어휘를 분석적이고 독립적 항목으로 볼 것인가 하는 문제와도 연결되고 교육 내용과 방법 및 평가에 있어서도 계속 같은 문제를 야기하는 원인이 된다. 어휘는 언어 교육의 모든 방면에 관여하게 되고 특히 평가에 있어서는 기능과 관련된 능력을 평가하는 것인지 어휘 능력을 평가하는 것인지가 모호해지는 경계들이 있다. 즉 어휘 능력은 말하기와 듣기 능력을 비롯하여 특히 읽기와 쓰기 능력과 매우 밀접하게 관련된다.

2. 한국어 어휘 교육의 목표

1) 어휘 교육의 관점

제2 언어 교육에서 어휘 교육의 필요성과 중요성은 앞에서 강조하였다. 그렇다면 어휘 교육이 어떻게 이루어져야 하는지 그리고 그와 같은 교육을 통해 무엇을 이루어야 하는지에 대하여 생각할 필요가 있다. 이는 바로 어휘 교육의 관점을 확인하고, 목표를 설정하는 일과 연결된다.

어휘 교육의 대하여 어떻게 접근할 것인가 하는 관점의 차이는 세 가지 차원에서 나타난다. 첫째는, 어휘를 교육의 대상으로 보는가 아니면 학습의 대상으로 보는가에 따라 나뉜다. 이는 어휘가 거의 무한대의 집합이라는 특징과 관련된 것으로 무수히 많은 어휘를 어떻게 교육의 장에서 하나하나 가르칠 수 있는가 하는 문제와 관련된다. 따라서 많은 경우 주요 어휘는 수업 시간에 다루되, 그 외의 어휘는 학습자의 자율적인 학습에 맡기고 평가를 통해 습득 여부를 확인하는 방법을 사용하기도 한다.

둘째로, 또 다른 관점은 어휘를 독립적인 요소로 보는가 아니면 보다 확장된 언어 단위(예를 들어, 텍스트)의 구성 요소로 보는가 하는 것과 관련된다. 이는 교육에 있어서 어휘가 교육의 대상이든 학습의 대상이든 어휘를 하나하나 개별적으로 가르치거나 학습해야 하는가 아니면 어휘란 실제 언어생활을 통해 우연히 교육되거나 학습되는 것인가 하는가 하는 문제로 이어진다. 이러한 관점의 차이는 어휘가 무한한 집합이라는 특징 그리고 단순한 암기의 대상이라는 인식에 기인한다. 그러다 보니 어휘 교육은 전형적으로 가르칠 때 특별히 새 단어를 강조하지 않더라도 그 단어가 포함된 대화나 읽기 자료 등에 노출시키면 일정한 양의 새 어휘를 우연적으로 익히게 된다는 가설에 의해 개별 표현을 중심으로 한 설명과 활동을 조합한 형태로 이루어져 왔다. 이에 따라 초급반이라면 교실의 생김새나 가구, 즉 창문, 문, 책상, 칠판 등에 목표어로 단어를 적은 쪽지를 붙여 놓기도 하고 짧은 글 등을 적은 것을 게시하기도 한다. 또한 읽기 활동에서는 교사가 전체 학생을 한꺼번에 지도하거나 조별, 짝별, 개인별로 텍스트의 의미를 해독하도록 하면서 개별 단어와 구에 대한 설명, 정의, 예시, 연습 등을 하도록 한다. 이는 문맥 기반 접근(context-based approach)에 의한 우연적 학습(암시적 학습)에 해당한다. 반면 어휘를 하나하나 따로 다루는 개별적이고 독립적인 학습은 개별 단어 중심 접근(individual word-focused approach)에 의한 의도적 학습(명시적 학습)에 해당한다.

마지막으로, 어휘가 무한한 집합이라는 점은 교육에 있어서 또 다른 문제를 제기한다. 어휘를 모두 가르친다는 것은 현실적으로 불가능하기 때문에 어휘를 가르쳐야 하는가 아니면 어휘 학습 전략을 가르쳐야 하는가 하는 고민이 생기는 것이다. 어휘 교육에 있어서의 이러한 관점의 차이는 앞으로 이어질 어휘 교육의 내용과 방법 그리고 평가에서 계속 나타난다.

2) 어휘 교육의 목표

어휘 교육의 목표는 궁극적으로 학습자가 어휘를 잘 아는 상태로 이끄는 것이다. 어휘를 안다는 것은 세계를 구성하고 있는 구체적 사물이나 추상적 사고 과정을 내면화하는 것이다. 어휘력의 부족은 생각의 한계로 이어져 한 개인의 한계는 그가 가지고 있는 어휘력에 따라 결정된다고 할 수 있다. 즉 어휘 교육의 목표는 학습자의 어휘력(vocabulary knowledge 또는 lexical knowledge), 어휘 사용 능력, 어휘 능력(lexical competence) 등으로 지칭되는 어휘와 관련된 능력의 신장이다(구본관, 2011a: 30). 이에 우리는 어휘 교육을 통해 획득하게 되는 어휘 능력이 무엇인지에 대하여 이해하고 교육의 실제에서 어휘 교육의 목표는 어떻게 수립되는지 살펴볼 것이다.

(1) 어휘 능력

어휘력 내지 어휘 능력이란 어휘에 대한 총체적인 지식으로, 형태와 의미, 용법에 관한 지식, 정확하고 적절하게 사용하는 능력 등을 말한다. 그리고 학습자가 지니고 있는 어휘력 내지 어휘 능력은 일상 언어생활에서 말하기나 쓰기를 통한 표현력과 듣기나 읽기를 통한 이해력의 정도에서 드러난다. 이렇게 보면 어휘 능력이라는 것은 어휘와 관련하여 형태, 의미, 통사, 화용, 기능 등을 모두 포괄하는 것으로 보인다. 김광해(1993: 305-314)는 어휘력이 양적 능력과 질적 능력으로 이루어져 있다고 보았다. 여기에서 양적 능력은 어휘의 양을 말하며 질적 능력은 어휘의 의미에 대한 이해와 어휘 사이의 의미 관계 및 공기(共起, co-occurrence) 관계에 대한 이해를 포함한 능력을 말한다.

Richards(1976: 78-83)에 의하면 어휘 지식은 평생을 통해 성장하는 것이며 단어를 안다는 것은 단어의 공기 관계, 화용적 정보, 통사적 정보, 구성 정보, 의미 관계, 의미를 아는 것이다. Nation(1990: 31)은 어휘 지식, 즉 단어를 안다는 것에 대하여 단어의 형식, 의미, 사용의 차원으로 나누어 접근하며 각각에 대하여 다시 단어의 철자, 발음, 구성, 의미, 의미 관계, 통사적 특질, 연어, 빈도,

의미 관계와 공기 관계란 어떤 것일까?

한 언어의 어휘 체계는 의미상 서로 관련성을 지닌 어휘들로 집단화되어 하나의 장(場, field)을 이룬다. 이를 어휘장(lexical field) 또는 낱말 밭이라고 하며 단어들이 어휘장 속에서 서로 어떠한 위치에 있느냐에 따라 의미 관계를 이루는데 여기에는 유의 관계, 대립 관계, 다의 관계, 상하 관계, 부분 관계 등이 있다.

유의어는 유의 관계에 있는 어휘들을 말하는데 의미가 유사하고 문맥에 따라 교체가 가능하다. 반의어는 대립 관계에 있는 어휘들로서 의미상 여러 공통된 속성을 가지고 있으면서 한 가지 속성이 다름으로써 성립된다. 다의어는 하나의 어휘가 두 가지 이상의 의미를 지닌 것으로서 다의어의 상호 의의 관계를 다의 관계라고 한다. 상하 관계는 '계절'과 '봄'처럼 계층적인 어휘 관계에서 상위어가 그것의 부분 장 속에 위치하고 있는 하위어를 포함하는 관계를 말한다. 상위어는 보다 일반적인 의미 영역을 지니게 되며 하위어는 구체적인 의미 영역을 지니게 된다. 부분 관계는 '나무'와 '잎'의 관계처럼 한 단어가 다른 단어의 부분이 되는 관계를 말한다.

공기 관계는 둘 이상의 단어가 자주 함께 사용되는 현상을 말하는데 예를 들어 '그녀가 여기 산다'는 올바른 문장이지만 '산이 여기 산다'는 그렇지 않다. 이때 '그녀'와 '살다'는 공기 관계를 가지나 '산'과 '살다'는 공기 관계를 갖지 않는다.

[표 11-1] 단어 지식의 구성 요소(Nation, 1990: 31) (R: 수용적 지식, P: 생산적 지식)

형식	구어	R	단어가 어떻게 들리는가?
		P	단어를 어떻게 발음하는가?
	문어	R	단어가 어떻게 생겼는가?
		P	단어를 어떻게 쓰는가?
	단어구성소	R	단어에서 어떤 구성소를 인식할 수 있는가?
		P	의미를 표현하는 데 단어의 어떤 구성소가 필요한가?
의미	형태와 의미	R	이 단어의 형태는 어떤 의미를 나타내는가?
		P	이 의미를 표현하는 데는 어떤 단어 형태를 사용할 수 있는가?
	개념과 지시 대상	R	이 개념에는 무엇이 포함되는가?
		P	이 개념이 어떤 항목을 지시할 수 있는가?
	연상 관계	R	이 단어는 어떤 단어들을 연상시키는가?
		P	이 단어 대신에 어떤 단어를 사용할 수 있는가?
사용	문법적 기능	R	이 단어는 어떤 패턴으로 출현하는가?
		P	이 단어를 어떤 패턴으로 사용해야 하는가?
	연어 관계	R	이 단어가 어떤 단어, 어떤 단어 유형과 함께 출현하는가?
		P	이 단어를 어떤 단어, 어떤 단어 유형과 함께 사용해야 하는가?
	사용 제약 (사용역, 빈도 등)	R	언제, 어디에서, 어느 정도의 빈도로 이 단어를 만날 것이라고 기대하는가?
		P	언제, 어디에서, 어느 정도의 빈도로 이 단어를 사용할 수 있는가?

화용적 특질 등을 아는 것이라고 정의한다. 특히 어휘 지식의 각 항목을 수용적 지식과 생산적 지식으로 구분하여 설명하고 있는데 이는 각각 어휘 이해 능력과 어휘 표현 능력과 통한다.

[표 11-1]의 R(수용적 지식)과 P(생산적 지식)는 각각 어휘 이해 능력과 어휘 표현 능력에 해당한다. 언어 구사 능력은 이해 능력과 표현 능력으로 구분할 수 있는데 실제 언어생활에 있어서 이해 능력이 표현 능력보다 범위가 넓고 잠재력이 크기 때문에 어휘력에 있어서도 대개 표현력보다는 이해력이 뛰어나다. 이러한 구분을 어휘의 사용에 적용하면 어휘는 표현 어휘와 이해 어휘로 나눌 수 있다. 표현 어휘와 이해 어휘는 능동 어휘와 수동 어휘로 구분되기도 하는데 전자는 배워서 사용이 가능한 어휘를 가리키는 데 반해 후자는 표출할 수는 없으나 듣거나 읽었을 때 이해가 가능한 단어를 뜻한다. 표현 어휘는 사용 어휘라고도 하며 이해 어휘는 수용 어휘라고도 한다. 모어에서도 그러하지만 특히 제2 언어에 있어서는 이해 어휘의 수가 표현 어휘의 수보다 많으며 학습 초기에는 이해 어휘가 표현 어휘보다 빨리 발달한다. 또한 어휘의 표현 능력은 구어의 표현력과 문어의 표현력이 다르게 마련인데 대체로 문어의 표현력은 구어의 이해력에 가깝다.

한편 Chapelle(1994: 166-167)은 어휘 능력에 대하여 어휘에 대한 문법적 지식 외에도 '어휘 사용에 있어서 초인지적 전략'을 포함한다. 어휘 사용에서의 초인지적 전략은 Bachman(1990: 85)의 '전략적 능력'에 바탕을 둔 것으로 언어 사용자들이 의사소통 상황에

어휘의 양이 방대하고 다양한 기준에 의해 체계를 이루고 서로 복잡하게 얽혀 있는데 우리는 어떻게 이것을 다 기억하는 것일까?

어휘는 개인의 머릿속에 기억된 지식으로 존재한다. 이러한 단어의 저장소를 어휘부(lexicon) 혹은 머릿속 사전(mental lexicon)이라고 한다. 단어는 우리의 마음속에 어떠한 구조를 지니고 표상되어 있으며 우리는 필요할 때 단어를 꺼내 쓴다. 어휘부는 어휘의 배열과 관련한 거시 구조와 어휘의 사용과 관련한 미시 구조로 이루어져 있다(구본관, 2011a: 39-46). 즉 어휘는 어휘부 내에서 거시적으로는 단어, 관용구, 속담, 연어 등이 등위 관계, 배열 관계, 상위 관계, 동의 관계 등의 망으로 연결되어 표상되어 있고 미시적으로는 각각의 어휘 항목에 대하여 음운, 형태, 통사, 의미, 화용의 언어적 정보와 더불어 시각, 청각, 후각, 미각, 촉각 등의 인지적 정보가 표상되어 있다. 어휘부 내의 연결에는 이러한 다양한 정보가 관여하지만 학자들에 의하면 제2 언어 어휘부나 모어 화자의 어휘부 모두 가장 주요하게는 의미가 중심이 되어 연결되어 있다.

서 어휘 지식을 사용하는 방식을 관리하는 데 사용하는 것이다. 예를 들면 부족한 어휘 지식을 극복하기 위해 사용하는 에둘러 말하기, 바꾸어 말하기, 언어 전환하기, 화제 전환하기, 회피, 상위어 사용하기, 사전 찾기, 물어보기, 추측하기 등이 이에 해당한다.

이상의 논의를 종합하면 어휘 능력은 크게 지식적 차원과 전략적 차원으로 나누어 생각할 수 있다. 지식은 어휘의 형태와 의미, 통사, 화용, 기능 등 어휘에 관한 총체적인 지식을 말하고, 전략은 어휘의 학습에 있어서 상황을 판단하고 목표를 세우고 계획하고 실천을 통제하는 데 필요한 초인지적 전략과 어휘의 사용에 있어서 부족한 어휘 지식을 보충하기 위해 사용하는 다양한 전략을 말한다.

(2) 어휘 교육 목표 수립의 실제

어휘 교육의 목표는 궁극적으로 학습자의 어휘 능력을 신장하는 것이다. 그러나 교육의 현장에서는 전체적인 교육과정의 목표와 교육 내용 및 학습자의 수준 등을 고려하여 구체적인 어휘 교육 목표를 수립할 필요가 있다.

먼저 국립국어원에서 그간의 한국어교육의 표준에 대한 국내외의 요구에 답하여 개발한 '국제 통용 한국어 교육 표준 모형'에 반영된 어휘 교육의 목표를 살펴보자. 국립국어원은 2010년에 유럽공통참조기준(CEFR), 미국의 ACTFL, 중국의 국제한어교학통용과정대강(国际汉语教学通用课程大纲), 영어과 교육과정, 한국어능력시험(TOPIK), 한어수평고시(HSK), 일본어능력시험(JLPT) 등을 참조하여 한국어 교육의 표준 모형을 개발한 바 있다. 그리고 2016년에 이를 다시 수정·보완하고 2017년에 다시 내용을 보완하여 현장 적용을 위한 전체 6등급의 교육과정을 수립하였는데 각 등급에서 도달해야 할 교육 목표에서 어휘 교육의 목표를 도출하면 1급과 2급에서는 일상생활과 관련된 표현과 의사소통, 개인적인 소재와 한국의 일상생활 문화를 다룰 수 있는 정도의 일상적이고 친숙한 주제의 어휘를 습득해야 하고 3급과 4급에서는 직업, 사랑, 교육 등과 같은 친숙한 사회적·추상적 주제에 더하여 자신이 관심을 가진 영역의 사회적인 주제를 포괄하는 어휘를 습득해야 하고 사회 언어적인 특징과 사회 문화적인 특징이 반영된 어휘를 습득해야 한다. 또한 5급과 6급에서는 정치, 경제, 과학 기술 등과 같은 친숙하지 않은 사회적·추상적 주제, 학습자의 전문 분야, 한국의 사회 제도와 문화 영역의 어휘를 습득해야 한다고 목표를 설정할 수 있다. 이를 다시 정리하면 초급에서 고급으로 갈수록 어휘의 내용적인 면에서는 개인적이고 구체적인 것에서 사회적이고 전문적이며 추상적인 것으로 영역을 넓혀 나가고 어휘 체계의 면에서는 단일 단어에서 관용어, 사자성어, 속담 등으로 복잡성을 발달시켜 가야 함을 알 수 있다.

숙달도에 따른 한국어 어휘 교육의 목표는 한국어능력시험에서 요구하는 학습자의 수준별 어휘 능력에서도 역으로 유추해 볼 수 있는데 전체를 6등급으로 보았을 때 1급에서는 약 800개의 어휘를 습득해야 하고 2급에서는 약 1,500-2,000개의 어휘를 이용하여 친숙한 화제를 다룰 수 있어야 한다. 또한 어휘의 사회 언어적인 특징에 대해서도 이해하고 있어야 한다. 3급에서는 친숙한 사회적 소재를 다룰 수 있어야 하며 4급에서는 뉴스나 신문 기사 중 일반적인 소재와 사회 문화적인 내용을 다룰 수 있어야 한다. 이때 관용적인 표현과 문화어에 대한 이해도 요구된다. 5급부터는 정치, 경제, 사회, 문화 등의 친숙하지 않은 소재도 다룰 수 있어야 하는데 고급으로 갈수록 원어민 수준에 이르지는 못하더라도 어려움이 없을 정도에 도달해야 함을 요구한다. 역시 고급으로 갈수록 더욱 추상적이고 전문적인 영역의 어휘를 다룰 수 있어야 하고 어휘의 사회 언어적인 특징을 익혀 사용할 수 있도록 목표를 설정하고 있다는 것을 알 수 있다.

전체적인 한국어 교육과정을 염두에 두고 등급별로 설정한 어휘 교육의 목표를 거시적인 목표라고 본다면 미시적으로는 교육 단위별로 어휘 교육의 목표를 설정할 수 있는데 각 한국어 교재의 앞부분에 제시된 '내용 구성'이나 '교재 구성'을 담고 있는 표를 보면 각 단원별로 목표로 제시한 어휘 영역을 확인할 수 있다. 대개는 어휘장이나 의미장 단위로 표시하고 있어 '음식과 생활', '취미 활동', '주거 환경 관련', '자기 개발 및 진로 탐색' 등과 같이 설정되어 있는 것을 확인할 수 있다.

3. 한국어 어휘 교육의 내용

1) 어휘 교육 내용의 범주와 체계

우리는 앞에서 어휘가 거의 무한대의 집합이기 때문에 그 교육에 있어서도 다양한 기준에 따라 관점이 나뉘는 것을 보았다. 어휘의 이러한 특징은 어휘 교육의 내용을 결정하는 데서도 동일하게 작용한다. 그러므로 한국어 어휘 교육의 내용을 결정하기 위해 먼저 한국어 어휘의 범주와 체계를 잘 이해하는 것이 필요하다. 그리고 이어서 교육 내용이 될 어휘는 어떠한 체계를 이루는지 살필 것이다.

(1) 한국어의 어휘 체계

거대한 집합적 개념으로서의 어휘에 대한 체계화는 다양한 기준에 의해 이루어져 왔다. 우리는 먼저 단어 차원에서 살펴보고, 단어를 포함하여 덩어리를 이루는 어휘 항목의 차원으로 나누어 살피도록 하겠다. 단어는 품사, 형성법, 어종, 기능 등의 기준에 따라 분류되어 왔다. 먼저 품사(word class)란 단어를 문법적인 성질의 공통성에 따라 나눈 부류이다. 한국어의 품사는 학교 문법에 따라 명사, 대명사, 수사, 동사, 형용사, 관형사, 부사, 감탄사, 조사의 9품사 체계로 보는 것이 일반적이다. 한국어의 품사 체계는 다음과 같이 정리된다.

[표 11-2] 한국어의 품사 체계(고영근·구본관, 2008: 46~48)

기능	의미	설명	예
체언	명사	사람이나 사물 따위의 이름을 나타내는 말	철수, 책
	대명사	사람이나 사물 따위의 이름을 대신하는 말	나, 이것, 저기, 접때
	수사	수량이나 순서를 나타내는 말	하나, 이(二), 셋째, 제사(第四)
용언	동사	움직임이나 작용을 나타내는 말	가다, 녹다
	형용사	성질, 상태, 존재를 나타내는 말	푸르다, 기쁘다
수식언	관형사	체언 앞에서 체언을 꾸며 주는 말	옛, 모든, 철학적
	부사	용언이나 문장을 꾸며 주는 말	매우, 과연, 벌써, 몹시, 확실히
독립언	감탄사	화자의 느낌을 표시하는 말	아, 오
관계언	조사	자립성이 있는 말에 붙어 그 말과 다른 말의 관계를 표시하는 말이나 특수한 뜻을 더해 주는 말	가, 을, 만, 도

이러한 품사에 대한 개념은 한국어 교육에서 문법의 설명과 이해를 위해 적극적으로 활용된다.

한국어의 단어는 형성 방법에 따라 단일어와 복합어로 나뉘고 복합어는 다시 합성어와 파생어로 나뉜다. 단일어는 '산', '하늘'과 같이 구성이 단일한 단어를 말한다. 복합어는 구성이 복합적인데 '산나물', '높푸르다'와 같이 어휘 의미를 강하게 띠는 요소끼리 결합한 것을 합성어, '풋사랑', '웃음'과 같이 어휘 의미를 가진 요소에 접두사나 접미사와 같이 형식 의미를 갖는 요소가 결합한 것을 파생어라고 한다. 단어의 형성에 대한 지식은 한국어 학습자가 어휘를 확장하거나 모르는 단어의 의미를 추측하는 데 도움이 된다.

단어는 또한 어종에 따라 고유어, 한자어, 외래어로 분류할 수 있다. 고유어는 순우리말이라고도 부르는 단어들로서 한민족 특유의 문화와 정서가 반영되어 있다. 또한 오래 전부터 사용되어 다양한 상황에서 쓰이다 보니 의미의 폭이 넓어 다의어가 많다. 한자어는 한자로 적을 수 있는 우리말로서 개념어나 추상어가 많다. 한자어는 한자 문화권 학습자들이 비교적 쉽게 이해하지만 그만큼 간섭도 많아 가르칠 때 주의가 필요하다. 외래어는 외국어에서 빌려 쓰면서 한국어로 인정되는 단어들로, 우리가 다른 나라와 문화적, 경제적으로 교류하면서 자연스럽게 들어온 말이다.

어휘는 또한 기능에 따라 내용어(content word)와 기능어(function word)로 구분할 수 있다. 내용어는 의미를 담고 있는 어휘로서 명사, 형용사, 동사, 부사 등이 해당되고 기능어는 문법적인 기능을 담당하는 보조적 어휘로서 조사와 어미 등이 해당된다.

어휘의 범주에는 개별 단어 외에도 관용 표현이 있다. 관용 표현은 의미나 구조상 관습적으로 특별히 굳어진 단어나 구절을 가리키는데, 연어, 속담, 사자성어, 격언, 금기담 등을 포함한다. 언어 구조면에서 볼 때 관용 표현은 대개 두 단어 이상으로 이루어진 구절로, '그림의 떡, 발이 넓다, 귀에 못이 박히게' 등과 같이 각 단어가 지닌 기본적인 의미로는 그 전체 의미를 알기 어렵다는 특징을 갖는다.

연어(collocation)는 긴밀한 결합 관계를 가지는 단어들 사이의 관계 혹은 그 구성을 말하며 기본적으로 두 단어 사이의 관계가 통사적일 것을 전제로 한다. 단어의 결합 관계에 따라 의미적인 결합에 의한 것을 어휘적 연어, 문법적인 결합에 의한 것을 문법적 연어라고 한다. 어휘적 기능을 수행하는 어휘적 연어는 통사적인 기준에 의해 나눌 수 있는데 '군침이 돌다, 나이가 들다, 눈이 부시다'와 같은 주술 관계 연어, '몸부림을 치다, 물구나무를 서다, 박수를 치다'와 같은 목술 관계 연어, '간발의 차, 깜짝 놀라다, 막다른 골목'과 같은 수식 관계 연어로 나눌 수 있다. 문법적 기능을 수행하는 문법적 연어는 그 문법적 기능에 따라 '을 통해, 을 위한, 에 의해, 을 근거로, 을 중심으로, 와 함께' 등의 조사적 연어와 '-기 때문에, -는 바람에, -기 위해, -을 수 있다, -을 예정이다, -고 있다, -어 주다' 등의 어미적 연어가 있다. 또한 연어는 핵심어와 부속어로 나눌 수 있는데 핵심어에 해당하는 것을 연어핵(base), 부속어에 해당하는 것을 연어변(collocate 또는 collocator)이라고 한다. 예를 들어 '군침이 돌다'에서 '군침(이)'은 연어핵이고 '돌다'는 연어변이다.

속담은 교훈이나 풍자를 하기 위해 어떤 사실을 비유의 방법으로 서술하는 간결한 관용어구로서 비록 낱말은 아니지만 한 언어의 특별한 문화적·사회적 관념을 나타내기 때문에 어휘에 준하는 것으로 다루어 사전에 등록된다. 속담을 통해 한국인의 가치와 사고, 생활 방식 등을 알 수 있어 한국어 교육에서는 문화 교육을 위한 자료로 활용되기도 한다.

사자성어는 네 글자의 한자로 이루어진 말로 주로 옛사람들이 만들어 지금까지 전해 내려오는 표현이다. 사자성어는 교훈이나 비유, 상징 등을 함축적으로 담고 있기 때문에 일상생활에서도 대화 속에 널리 사용된다. 사자성어의 예는 타산지석(他山之石), 유비무환(有備無患), 십시일반(十匙一飯), 일석이조(一石二鳥), 오비이락(烏飛梨落), 학수고대(鶴首苦待), 함흥차사(咸興差使) 등 다양하다.

(2) 교육용 어휘의 체계

어휘의 방대한 크기를 고려하면 모든 어휘를 교육과 학습의 대상으로 삼는 것은 불가능하다. 따라서 외국어를 학습하기 위해 필요한 최소한의 가장 중요한 어휘 목록이 있다면 우리는 보다 쉽게 어휘 학습에 접근할 수 있을 것이다. 어휘를 쓰임새에 따라 나누면 중심 어휘와 주변 어휘로 구분할 수 있다. 물론 여기에서 어휘 교육의 대상은 중심 어휘가 되어야 할 것이다. 이러한 중심 어휘에는 기초 어휘(basic vocabulary)와 기본 어휘(fundamental vocabulary)가 속한다.

기초 어휘는 언어생활에서 빈도수가 높고 분포가 넓으며, 이차 조어의 근간이 되는 최소한의 필수어를 말한다. 영어의 경우 Ogden(1930)이 영어 학습에 필요한 최소의 기초 어휘를 제공하기 위해 선정한 850개의 단어와 West(1953)가 영어 학습자에게 가장 일반적으로 도움이 될 수 있는 단어로 선별한 2,284개의 단어가 대표적이다. 특히 2013년에는 West(1953)의 영어 단어의 일반 서비스 목록(a general service list of english words) 60주년을 축하하여 학습 목적과 사용 상황 등에 따라 세분된 새로운 일반 서비스 목록(new general service list)이 형태, 빈도, 번역된 의미, 교육 자료 등 관련 정보와 함께 공개되어 편리하게 사용할 수 있다(http://www.newgeneralservicelist.org). 한국어에는 임지룡(1991)이 빈도와 의미 분야를 절충하여 선정한 1,500개의 단어와 김광해(2003)에서 23만여 단어를 기존의 기초 어휘와 사전 등의 중요도를 참고하여 7등급으로 나누어 목록화하고 중요도가 가장 높은 1등급으로 선정한 1,845개의 단어, 조남호(2003)의 5,965개의 단어, 배주채(2010)의 2,700개의 단어 등이 이에 속한다.

기본 어휘는 어떤 목적에 따라 인위적으로 선정되며 공리성을 지닌 어휘 목록이다(眞言信治, 1977; 임지룡, 1991 재인용). 한국어 교육용 기본 어휘는 한국어 교육을 위해 선정된 어휘로, 한국인의 의사소통에 꼭 필요한 어휘이다. 한국어 교육이라는 특성상 기본 어휘는 기초 어휘와 겹치는 면이 있다. 일본어의 경우 1944년에 외국인의 일본어 교육을 위해 2,000개의 기본 어휘를 선정한 바 있다. 한국어 교육에서는 최길시(1998)가 절충적 방법을 통해 선정한 2,000개의 어휘와 서상규 외(1998)에서 말뭉치를 구축하여 선정한 2,000개의 어휘, 조현용(2000)에서 절충적 방법을 통해 선정한 725개의 어휘 등이 있다. 2000년대 중반에 들어서면서 기본 어휘의 선정이 학습 목적에 따라 세분화되기 시작하는데 상경 계열 전공과 인문·사회 계열 전공 학습자를 위한 기본 어휘와 이주 노동자를 위한 염색 가공업, 건설업과 제조업 등과 관련된 기본 어휘를 선정하는 연구가 이루어지기 시작한다. 2010년대에 들어서는 여성 결혼 이민자를 위한 기본 어휘, 이공 계열의 전공과 관련된 기본 어휘, 호텔 관광, 디자인, 섬유 공학 등의 전공을 위한 기본 어휘 및 다문화 가정 초등학생, 새터민 청소년과 난민 아동을 위한 기본 어휘가 선정되었다.

한편 김광해는 교육용으로 제시되는 어휘의 범위를 결정하기 위해 1995년에 모어에서 자연스럽게 습득되는 어휘는 1차 어휘, 학습에 의한 것은 2차 어휘라고 구분하고 2003년에 이를 다시 한국어 교육용 어휘의 범위와 비교한 바 있다. 모어의 어휘와 제2 언어의 교육용 어휘의 범위를 비교하면 모어의 1차 어휘는 한국어 교육에서의 기본 어휘에 해당한다. 이에 비해 모어의 2차 어휘는 인간의 고등 정신이나 전문 분야와 관련된 것으로 한국어 교육에서는 의도적이고 선택적으로 가르치고 학습하는 고급 어휘에 해당한다.

2) 어휘 교육 내용 구성의 실제

우리는 앞에서 한국어 어휘의 체계와 교육용 어휘가 어떠한 체계를 이루는지, 그리고 학습 목적에 따라 다양한 분야의 어휘가 교육용으로 선정될 수 있음을 이해하였다. 이제는 교육용 어휘는 어떤 원리와 방법을 통해 선정되어야 하는지 그리고 교육 내용으로서 교육과정 내에 어떻게 배열되어야 하는지 알아보자.

(1) 교육용 어휘 선정

① 교육용 어휘 선정의 원리

어휘 선정의 기준에는 여러 가지가 있지만 국제적으로 크게 빈도, 사용 범위, 사용 분포 세 가지 기준을 적용한다. 빈도는 그 어휘가 얼마나 자주 쓰이는가에 관한 것이다. 빈도수가 높다는 것은 일상생활에서 그만큼 많이 쓰이고 유용하다고 볼 수 있기 때문에 경제성의 원리에서도 빈도수가 가지는 장점은 매우 크다. 이때 고빈도어는 소규모 그룹이지만 구어와 문어 텍스트에 출현한 전체 어휘의 상당 부분을 망라하고 모든 종류의 언어생활에 출현하므로 텍스트 포괄 범위(text coverage)가 매우 높다. 따라서 초급에는 고빈도어를 배치하고 고급으로 갈수록 저빈도어를 배치하는 것이 바람직하다. 사용 범위는 하나의 어휘가 얼마나 다양한 텍스트에 사용되는가를 측정하는 것으로서 기초 자료인 말뭉치의 설계와 관련이 있다. 현재는 규모가 충분하고 균형 잡힌 말뭉치가 없어 대부분의 연구에서는 한국어 교육 분야의 어휘 자료인 사전, 교재, 평가 등을 두루 포함함으로써 사용 범위에 있어서의 타당성을 보완한다. 사용 범위는 그 단어의 출현 빈도의 많고 적음에 관계없이 얼마나 많은 말뭉치에서 사용되었는가를 측정하는 반면 사용 분포는 한 말뭉치 안에서 일정한 빈도수를 유지하는 것을 측정하는 것이다. 이외에도 친숙도, 학습 용이성, 활용성 등이 고려되는데 이것들은 객관적인 수치로 나타내는 데 어려움이 있고 주관성이 개입된다는 점에서 비판이 제기되기도 한다.

② 어휘 선정 방법

교육용 어휘를 선정하는 방법에는 주관적 방법, 객관적 방법, 절충적 방법이 있다. 주관적 방법은 어휘론이나 어휘 교육론의 전문가가 주관적으로 판단하여 어휘를 선정하는 방법으로 전통적으로 사용되어 왔지만 계량적인 연구 방법이 도입된 최근에는 선정자의 편견을 배제할 수 없고 객관성과 타당성이 결여되어 있다는 지적을 받고 있다. 객관적 방법은 어휘 선정의 기준을 전적으로 통계 수치에 두는 것이다. 이것은 구체적인 언어 자료의 빈도수를 조사하는 것인데 동일한 자료에 어휘 항목의 단위를 구분하는 방법과 분류 방법을 일치시키면 누가 조사하더라도 동일한 결과가 나올 것이므로 객관적이라고 한다. 이와 같이 말뭉치나 교재 자료를 기반으로 한 객관적 방법은 객관성 측면에서는 적절하지만 다음과 같은 비판을 받을 수 있다. 먼저 기초 자료에 해당하는 말뭉치가 크기가 충분한지, 영역별로 균형을 이루고 있는지, 대표성을 갖고 있는 것인지 하는 문제가 있다. 또한 객관적 빈도의 결과가 교육적 효용이나 교육과정에의 적용 가능성으로 연결되는가 하는 문제가 있다. 또 다른 객관적인 방법인 델파이 방식은 전문가의 평가를 객관화한 것이나 역시 전문가 집단의 분포가 다양하지 못하다는 한계가 있다. 절충적 방법은 앞의 두 가지 방법을 종합한 것으로 종합적 방법, 경험적 방법이라고도 한다. 대개는 먼저 빈도를 중심으로 한 객관적 방법을 통해 말뭉치 등의 기초 자료에서 어휘를 선정한 후 다시 전문가의 주관적인 판단을 통해 수정을 하는 방법이다.

(2) 어휘 교육 내용의 배열

여기에서는 선정된 교육용 어휘를 어떻게 체계적으로 배열하고 위계화할 것인지에 대해 논의하기로 한다. 교육용 어휘의 체계화는 어휘에 대한 계열적인 분류라면 교육용 어휘의 위계화는 학습자의 숙달도에 따라 제공해야 할, 어휘의 난이도와 활용도에 따른 분류라고 할 수 있다.

① 교육용 어휘의 체계화

먼저 교육용 어휘의 체계화 방안도 여러 가지가 있을 수 있다. 조현용(1999)은 한국어 어휘의 특징에 따라 교육에 있어서 세 가지 접근을 제안한 바 있다. 첫째는 어휘의 구조에 따른 것으로 파생어, 합성어, 관용 표현, 음성 상징어에 대한 교육이다. 둘째는 의미 관계에 따른 것으로 유의어, 반의어, 다의어, 상위어, 하위어, 동음이의어, 이철자 동음이의어에 대한 교육이다. 셋째는 사회 언어학적 특징에 따른 것으로 경어, 완곡어, 비속어, 방언, 외래어에 대한 교육이다. 여기에서는 이에 더하여 학습 목적별 체계화 방안과 어휘 의미망을 활용한 체계화 방안을 함께 설명할 것이다.

[어휘 구조에 따른 교육 내용 체계화]

먼저 구조에 따른 교육의 대상으로 파생어, 합성어, 관용 표현, 음성 상징어에 대한 교육 내용을 살펴보자. 파생어는 어휘 의미를 가진 요소에 접두사나 접미사가 결합하여 생성된 것이다. 이때 접두사나 접미사의 결합 양상과 기능 및 의미에 대하여 교육할 수 있다. 접사의 정확한 의미 설명이 이루어진다면 어휘를 형성할 수 있는 능력을 제공할 수 있다. 다만 지나친 어휘 확장은 잘못된 적용으로 이어질 수 있으므로 주의하고 접사의 의미는 가르치되 단계에 맞는 어휘만을 묶어서 제시하는 것이 바람직하다. 합성어는 어휘 의미를 가진 요소끼리 결합한 것으로 조어력이 강한 요소를 인식하면 많은 어휘의 의미를 추측할 수 있다. 합성어의 특성을 고려하여 대표 어휘를 선정하여 교육하면 어휘력을 확장하는 데 효과적이다. 관용 표현에는 생활과 문화가 반영되어 있기 때문에 한국의 역사와 문화와 같은 배경지식을 함께 다루어야 한다. 음성 상징어는 소리나 모양의 느낌을 음으로 흉내를 내는 말로서 음운 교체, 첩용, 접사에 의한 파생 등과 같은 형태적인 특성을 갖는다. 의성어는 음과 의미 사이에 필연성이 있는 항목인 만큼 언어권별로 각국의 의성어를 조사하게 하는 과제를 활용할 수 있다. 의태어는 문맥을 통한 교육이나 어원이 되는 명사와 연결시켜 기억하는 핵심어 기법을 활용할 수 있다.

[의미 관계에 따른 교육 내용 체계화]

둘째로, 어휘는 의미 관계에 따라 체계화할 수 있는데 이에 따라 교육용 어휘 역시 의미 관계에 따라 교육 내용은 유의어, 반의어, 다의어, 상위어, 하위어, 동음이의어, 이철자 동음이의어 등으로 분류할 수 있다. 유의어와 반의어는 전통적으로 어휘 확장에 활용되는 교육 내용이다. 유의어의 경우 모든 상황과 문맥에서 치환되는 것은 아니므로 유의어 간의 차이점도 명확히 제시해야 한다. 반의어는 한 개의 대립짝만을 갖지 않는 경우도 많으므로 같은 계열의 어휘를 묶어서 의미장(semantic field)으로 교육할 수 있다. 의미장은 의미적 관련성을 지닌 단어들의 집합이다. 자주 다루어지는 의미장에는 신체 부위, 지형(地形), 질병, 색깔, 음식, 친족 관계 등이 있다. 기본 어휘는 다의적인 성격을 갖는 경우가 많다. 따라서 고급 단계에서도 기본 어휘를 가르치되 단계별로 중심 의미에서 주변 의미로 확대하며 가르치는 것이 필요하다. 상위어와 하위어는 보통 하나의 의미장을 이루고 있다. 상위어와 하위어를 교체할 수 있는 문장을 제시하고 대화 전환에서 상·하위어를 사용하도록 한다. 학습자들이 생각나지 않는 어휘를 찾아낼 때 목표 어휘에 도달하기 위한 의사소통 전략에도 도움이 된다. 동음이의어는 한자어에서 많이 나타나는데 문맥 속에서 의미를 구별하는 연습이 필요하다. 이철자 동음이의어는 '국문(國文)'과 '궁문(宮門)'처럼 표기는 다르지만 발음이 같고 뜻은 다른 것을 말한다. 혼동의 예를 따로 제시하고 평폐쇄음화나 자음 동화 등의 음운 규칙과 함께 교육한다.

[사회 언어학적 특징에 따른 교육 내용 체계화]

셋째로, 사회 언어학적 특징에 따른 어휘 교육 내용은 경어, 완곡어, 비속어, 방언, 외래어로 분류할 수 있다. 경어의 바른 사용은 한국인이 매우 중시하는 것이므로 초급에서부터 '나이/연세, 에게/께, 먹다/드시다' 등 평어와 경어의 쌍을 묶어서 교육하는 것이 필요하다. 완곡어는 상대방의 기분이 나쁘지 않도록 직설적으로 말하지 않고 돌려서 표현하는 어휘인데 직접적인 의미가 사용되지 않는 경우가 많아 외국인 학습자에게 혼동을 줄 수 있다. 사회 문화적인 배경을 담고 있는 어휘이므로 이에 대한 교육이 함께 이루어져야 한다. 비속어는 이해의 측면을 강조하여 교육하고 역시 사회 문화적인 배경을 함께 가르쳐 오류나 남용을 방지한다. 방언은 집중적으로 교육할 필요는 없지만 이해를 위해 일정 단계부터는 방언의 특징이나 듣기 등에 관한 교육이 필요하다. 외래어는 국제적인 차용어인 경우가 많아 가르치면 단기간에 어휘의 양을 증대시키는 효과가 있다.

[학습 목적에 따른 교육 내용 체계화]

넷째로, 학습 목적별로 어휘 교육 내용을 체계화할 수도 있다. 학습자의 목적에 따라 학문 목적 학습자를 위한 어휘, 결혼 이주 여성을 위한 어휘, 비즈니스 어휘, 생활 어휘, 관광 어휘 등을 따로 선정할 수 있고 교육 목적에 따라 문화 관련 어휘, 교실 운영 어휘 등을 선정하여 제시할 수 있다. 학문 목적 어휘는 한국의 대학이나 대학원에서 수학할 목적의 학습자들을 위해 일반적인 사고도구어(academic vocabulary)를 선정하기도 하고 전공에 따라 다르게 선정하기도 한다. 결혼 이주 여성을 위한 어휘는 결혼 생활 관련 어휘, 자녀 교육 관련 어휘 등을 포함한다. 문화 관련 어휘는 지역명, 인명, 나라명, 음식명 등의 고유 명사와 문화를 상징하는 어휘들을 의미하며 주로 문화 교육의 필요성에 따라 선정된다. 교실 운영 어휘는 한국어 교재나 교사가 학습자에게 목표 학습 항목에 대한 설명이나 학습 활동을 지시하기 위하여 사용하는 메타 용어를 말하며 주로 초급에서 교육된다.

[어휘 의미망을 활용한 교육 내용 체계화]

끝으로, 어휘의 의미망(semantic network)을 활용하여 교육 내용을 체계화할 수도 있다. 앞에서 어휘부는 거시적으로는 단어, 관용구, 속담, 연어 등이 등위 관계, 배열 관계, 상위 관계, 동의 관계 등의 망으로 연결되어 표상되어 있고 미시적으로는 각각의 어휘 항목에 대하여 음운, 형태, 통사, 의미, 화용의 언어적 정보와 더불어 시각, 청각, 후각, 미각, 촉각 등의 인지적 정보가 표상되어 있다고 하였다. 의미망을 인간의 기억이나 지식, 실세계를 망 구조로 표현하는 것, 즉 어떤 대상에 내재하는 다양한 의미 관계를 통해 다른 것과의 관련성을 지정하는 지식 구조라고 할 때 어휘의 의미망에 따른 분류 체계 역시 교육 내용으로 삼을 수 있다. [그림 11-1]은 의미망 구현의 예시이다.

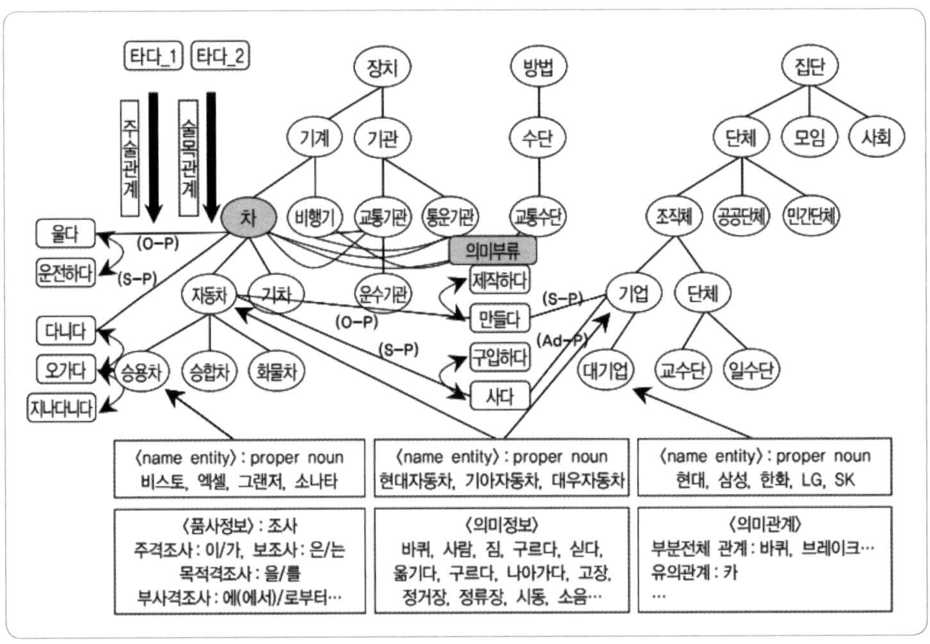

[그림 11-1] 차와 관련된 한국어 의미망의 일부(최호섭·옥철영, 2002: 322)

어휘 교육 내용 정보

국립국어원에서는 '한국어 교육 어휘 내용 개발(1-4단계)' 연구의 결과를 교수 현장에서 활용할 수 있도록 어휘 선정 및 등급화 외에 선정된 어휘 목록에 의미 범주와 주제 범주를 제시하고 기초 정보(길잡이말, 품사, 빈도, 번역어), 결합 정보(연어, 관용구), 관련어 정보(유의어, 반의어, 상위어, 하위어, 참고어, 파생어, 높임말/낮춤말, 본딧말/준말, 큰말/작은말, 센말/여린말), 화용 정보를 한국어교수학습샘터(https://kcenter.korean.go.kr/)에 제공하고 있다.

즉 어휘의 전체-부분관계, 동음이의어, 일반-구체 관계, 유의어, 반의어, 의미 구성성분, 문장 유형, 사건 구조 등을 바탕으로 수업에서 다루는 주제에 따라 의미망을 구축하여 교육 내용으로 활용할 수 있다.

② 교육용 어휘의 위계화

어휘 교육 내용의 위계화는 주로 교육과정과 교재를 통해 실현된다. 내용 선택과 위계화는 교육과정의 특정 단계에서 어떤 어휘에 초점을 두어야 하고 어떻게 초점을 두어야 하고 어떻게 배열되어야 하는가에 관한 것이다. 교육과정 설계자는 단어, 문법 항목, 기능, 담화 유형 등과 같은 언어 단위, 화제나 주제와 같은 개념, 상황이나 과제와 같은 언어 사용 영역을 각각의 단원에 넣을지 단원들을 어떻게 위계화할지에 대하여 결정해야 한다.

수업 진도 단위(unit of progression)[1]로 어휘를 사용한다면 각 단원은 어휘의 출현 빈도나 발생 범위 등을 고려하여 새로운 어휘를 체계적으로 도입하게 된다. 어휘를 중심으로 한 교육과정 설계를 위해 시리즈 접근법과 분야 접근법, 어휘 교수요목을 적용할 수 있다. 시

1 수업 진도 단위란 교육과정을 통한 발달을 표시하는 단위로서 문법, 기능, 과제 등을 예로 들 수 있다. 문법을 기반으로 한 과정의 경우 수업 진도 단위는 대개 문법 구문이며 각 단원은 새로운 문법 구문을 다룬다. 기능 기반 과정이라면 수업 진도 단위는 언어의 기능이다. 과제 기반 교수요목에서는 통합적 언어 과제를 수업 진도의 단위로 간주한다. 교육과정 설계자는 어떤 언어 단위(단어, 문법, 기능, 담화)와 어떤 개념(화제, 주제), 어떤 언어 사용역(상황, 과제)를 각각의 단원에 넣을지, 그 단원들을 어떻게 위계화할지 결정해야 한다.

리즈 접근법에서 교육과정은 어휘의 출현 빈도, 복잡성, 의사소통적 필요성에 따라 위계화된다. 분야 접근법에서는 먼저 일군의 어휘를 선택하고 편리한 순서에 따라 단어를 위계화한 뒤 최종적으로 해당 분야의 어휘가 적절히 망라되었는지를 확인한다. 어휘 교수요목은 학습자에게는 한 언어를 배우면서 꼭 학습해야 하는 어휘 목록이자 교사에게는 어떤 어휘를 가르쳐야 하는지 알려 주는 어휘 목록의 내용이다. Sinclair & Renouf(1988)에 의하면 어휘 교수요목을 통해 교육 내용을 위계화할 때 빈도를 원리로 삼되 고빈도어는 대부분 기능어이기 때문에 교육과정의 초기 단계부터 저빈도어를 다루어야 한다. 또한 어휘장과 같은 어휘 집합을 도입하는 경우에는 사용 빈도라는 기준에 반하기 때문에 각별한 주의가 필요하다. 빈도를 고려할 때에는 형태적 빈도와 의미 빈도, 사용 빈도를 두루 고려해야 한다.

한국어 교육에서는 각 교육 기관마다 교육과정 설계에 따른 등급별 어휘 교육 내용을 기술하고 있다. 이는 각 교재의 교재 구성표 혹은 내용 구성표를 통해 쉽게 확인할 수 있다. 국립국어원에서 개발한 '국제 통용 한국어 교육 표준 모형'에서 정리한 등급별로 다루어야 할 주제를 살펴보면 1급과 2급인 초급 단계에서는 일상생활과 관련한 주제를 다루고 3급과 4급인 중급 단계에서는 친숙한 사회적·추상적 주제, 5급과 6급인 고급 단계에서는 친숙하지 않은 사회적·추상적 주제를 다루도록 한 것을 알 수 있다. 즉 일상적인 것에서 친숙한 것, 다시 친숙하지 않은 것으로 범위를 확장하는 체계이다. 사회적이고 추상적인 주제도 중급에서는 친숙한 것을 먼저 다루고 고급 단계에서는 친숙하지 않은 것으로 확장된다.

국립국어원의 「한국어 교육 어휘 내용 개발 보고서(4단계)」(2015: 6)에서는 숙달도 단계별 어휘의 특성을 다음과 같이 정리한 것을 확인할 수 있다.

[표 11-3] 숙달도 단계별 어휘의 특성(한송화 외, 2015: 6)

	초급	중급	고급
기본 방향	기초 어휘 중심의 기본 어휘	확장된 기본 어휘	더 확장된 어휘
주제 및 상황	일상적, 친숙	일상적, 사회적	사회적, 전문적, 친숙하지 않음
어휘 유형	고유어 중심, 단일어 중심	한자어, 외래어, 합성어, 파생어	한자어, 외래어, 파생어, 합성어, 전문어, 관용어

[표 11-3]을 보면 역시 초급에서는 보다 일상적이고 친숙한 주제의 기본적인 어휘를 중심으로 배우고 중급에서는 사회적인 주제를, 고급에서는 전문적인 주제를 포괄하는 한자어, 외래어, 복합어, 관용어 등의 보다 난이도가 높은 어휘를 학습하도록 교육과정을 설계하고 있다는 것을 알 수 있다.

4. 한국어 어휘 교육의 방법

한국어 어휘 교육의 방법은 어휘 교육의 내용을 어떻게 학습자에게 전달할 것인가에 관한 것으로, 교육용 어휘를 선정하였다면 그것을 실제 어떤 방식으로 학습자에게 습득되도록 할 것인가 하는 문제이다. 디만 어휘의 방대한 양은 교육 방법적인 면에서도 관점에 따라 다양한 접근으로 나타나는데 전통적으로는 어휘를 아는 것을 중시하여 개별적인 어휘를 하나하나 명시적으로 가르치는 방법이 사용되었다면 시간이 지날수록 어휘를 학습의 대상으로 보고 언어 활동의 구성 요소로 인식하며 우연히 습득되는 것으로 여기는 관점이 공존하게 된다. 이에 우리는 먼저 단어를 가르치는 전통적인 방법인 단어에 대한 뜻을 가르치는 방법으로부터 시작하여 외국어 교수법의 변화에 따른 어휘 교육 방법의 변화를 살피고, 이어서 의도적으로 어휘를 학습하는 경우와 언어생활을 통해 우연히 습득하게 되는 경우를 나누어 이해하고, 모르는 어휘를 처리하는 방법에 따른 학습 방법을 알아볼 것이다.

1) 어휘 교육 방법의 변화

단어를 가르치는 가장 전통적인 방법은 단어의 뜻을 가르치는 것이다. 이때 단어를 정의하는 방법에는 기능적 정의, 관계적 정의, 물리적 정의, 분류적 정의, 지시적 정의 등이 있다. 기능적 정의는 행위자, 도구 기능을 들어, 관계적 정의는 배경, 위치, 비유나 비교, 부정, 관련 실체 및 작동 원리 등을 들어, 물리적 정의는 부분, 재료, 속성을 들어, 분류적 정의는 상·하위어, 동의어 등을 들어, 지시적 정의는 시각 자료를 이용하여 단어가 나타내는 실체를 가리켜 정의하는 방법이다. 이대규(1990)에 의하면 단어를 정의하는 방법에는 공식적 정의, 동의어 정의, 예에 의한 정의, 열거에 의한 정의, 대조에 의한 정의, 용도에 의한 정의, 어원적 정의, 혼합적(또는 확장적) 정의 등이 있다. 공식적 정의는 '인간: 이성을 가진 동물'과 같이 단어, 단어의 상위 개념, 정의할 단어와 동류 종류들과의 차이점으로 구성된다. 동의어 정의는 '인간: 사람'과 같이 단어의 의미를 뜻이 같은 다른 말로 정의하는 것이다. 예시적 정의는 '가구: 책상, 의자, 식탁, 침대 등'과 같이 정의할 단어의 하위 종류들을 나열하는 것이다. 열거에 의한 정의는 단어가 가리키는 대상의 부분을 열거하는 방식이다. 대조에 의한 정의는 단어가 가리키는 대상의 차이점을 부각하는 방법이다. 용도에 의한 정의는 단어가 가리키는 대상의 용도를 통해, 어원적 정의는 단어의 어원을 통해 의미를 밝히는 방법이다. 혼합적 정의는 이상의 방법을 섞어서 사용하는 방법이다.

한편, 어휘 교육은 교수법의 변천에 따라 다르게 이루어졌는데, 변화가 크게 나타난 문법 번역식 교수법(grammar-translation method), 청각 구두식 교수법(audio-lingual method), 의사소통 중심 접근법(communicative approach)을 중심으로 살펴보겠다.

먼저 문법 번역식 교수법에 따른 전형적인 수업은 목표어로 된 도입과 본문, 새 단어의 해설, 문법 설명, 문법 연습, 번역 연습, 기타 활동을 읽고 번역하는 방법으로 이루어진다. 이러한 구성을 따르면 문법 번역식 교수법에서는 전체적으로 우연적 어휘 습득이나 개별 어휘 습득이 작용할 기회가 많다. 그러나 학습자의 모어를 매개로 가르치고 문어를 중심으로 하였기 때문에 단어의 음운 형태에 익숙해질 기회가 적었다.

이어 청각 구두식 교수법을 도입한 수업은 모범 대화문의 암기와 문형 연습, 어학실습실에서의 반복 연습으로 이루어진다. 모든 수업이 목표어로 진행되므로 교사의 구어 입력에 의한 우연적 어휘 학습의 기회가 많았을 것이다. 또한 원자론적 어휘 학습의 기회도 많이 제공한 것으로 보인다. 그러나 제한된 어휘만을 활용하는 점과 학습자의 모어 사용을 금지하여 새로운 단어의 의미를 잘못 이해하는 경우가 자주 있었다는 점이 단점으로 제기되었다.

끝으로 의사소통 중심 접근법에 의한 수업에서는 구문 관련 활동 후에 유사 의사소통 활동, 자유로운 상호작용에 중점을 둔 의사소통 활동이 이어진다. 듣기와 읽기 자료가 풍부하고 자료의 내용이 학습자의 요구에 기반한 실제 자료를 바탕으로 하고 시각 자료 또한 풍부하여 우연적 어휘 학습에 유리한 조건을 제공한다. 그러나 어휘 학습의 원자론적 측면에서는 새로운 단어의 암기를 적극적으로 권하지 않는다거나 어휘에 특별히 치중한 연습문제가 적다는 점에서 습득의 기회를 덜 제공하는 편이다.

이밖에도 어휘가 언어 학습에서 중심적인 역할을 한다는 언어관에 근거하여 의사소통의 기본 단위를 이루는 어휘를 중심으로 교수요목을 설계하고 가르치는 접근법이 있는데 이를 어휘적 접근법(lexical approach)이라고 한다.

2) 어휘 학습 방법의 유형

(1) 어휘 습득의 차원에 따른 학습 방법

전통적인 어휘 교육 방법이 체계적이고 직접적인 지도라면 최근에는 어휘가 교육의 대상이기도 하지만 그보다는 학습의 대상이라는 점, 그리고 어휘 교육 내용은 어휘에 관한 지식뿐만 아니라 어휘를 사용하는 전략 및 학습 전략도 포함한다는 점 등 관점의 변화에 의해 어휘 학습의 방법을 크게 어휘 습득의 차원에 따라 의도적 학습(intentional learning)과 우연적 학습(incidental learning)[2]으로, 낯선 어휘에 대한 처리 방법에 따라 문맥 추론과 의사소통 전략으로 나누고 있다. 먼저 의도적 학습과 우연적 학습에 대하여 살펴보자.

2 우연적 학습은 특별한 동기가 없는 경우, 또는 일정한 활동이나 재료를 학습시키려는 형식적 교수나, 학습하려고 하는 마음가짐이 없는 경우에 일어나는 학습이다(현종익 외, 2002: 453). 어휘의 학습에 있어서는 어휘를 학습하려는 의도가 없이 의미에 초점을 두고 언어를 사용하는 과정에서 어휘가 습득되는 것을 우연적 어휘 학습이라고 한다.

① 의도적 학습

의도적 어휘 학습 또는 명시적 어휘 학습은 주로 제2 언어 단어 목록에 학습자들이 모어로 번역이나 주석을 달아서 암기하거나 단어와 주석의 쌍을 암기하는 학습 방법이다. 이때 학습자들이 자주 사용하는 전략에는 이중 언어 사전을 이용하기, 반복해서 쓰기, 반복해서 말하기, 큰 소리로 단어 말하기, 단어의 철자 외우기, 필기하기 등이 있다. Nation에 의하면 한두 번 노출되는 것으로는 단어를 기억하기 어렵고 단어의 습득을 위해서는 예닐곱 번은 반복해서 마주쳐야 한다. 이러한 학습 방법에 대한 연구들의 주요 결과는 다음과 같이 요약할 수 있다.

(4) 가. 학습하기 어려운 정도는 단어의 품사에 따라 다르다. 학습자들이 명사를 좀 더 쉽게 시각화할 수 있기 때문에 명사가 가장 배우기 쉽고 그다음은 형용사가 쉬우며 반면 동사와 부사가 가장 어렵다.

나. 기억 증진 기법은 단어의 의미에 관한 지식을 얻는 데 효과적인 방법이다. 구체적인 방법으로는 핵심어 기법(keyword technique)이 있다. 핵심어 기법은 학습하려는 목표어 어휘

와 발음이 비슷한 모국어를 핵심어로 선정하여 음운적으로 연결시키고 그 핵심어와 학습하려는 목표어 어휘의 뜻을 심상으로 연결시키는 기억 전략이다.

다. 단어가 제시되었을 때 단순히 인식만 하는 데 그치지 않고 학습자가 스스로 단어를 말해야 잘 기억된다.

라. 발음하기 어려운 단어들이 발음이 쉬운 단어보다 더 천천히 학습된다.

마. 초급 단계의 학습자들은 단어의 소리에 따라 어휘를 저장하지만 고급 단계로 갈수록 의미에 따라 단어를 저장한다.

바. 반의어나 같은 어휘 부류의 단어들은 상호 연관성 때문에 더 배우기 어렵다.

사. 학습자들은 모양이나 소리가 비슷한 단어들을 자주 혼동한다.

② 우연적 학습

어휘는 모든 언어 활동의 기본이 된다. 따라서 어휘 학습이 아닌 다른 언어 활동을 통해서도 우연히 학습이 일어나기도 한다. 우연적 어휘 학습 또는 암시적 어휘 학습은 주로 읽기와 듣기를 통해 어휘를 습득하게 되는 경우를 말한다. 우연적이라고 표현하는 것은 학습이 이해를 위한 인지 과정에서 부수적으로 발생하기 때문이다. 그러나 습득이라는 과정 자체가 학습자가 의식하지 않는 채 발생한다는 것은 가능하지 않다는 반론(Ellis, 1997)도 있다. 즉 우연적 학습이 어휘 학습의 충분한 방법이 되기는 어렵다. 한국어 교육에서는 교재나 멀티미디어 자료의 어휘 주석, 영화 자막, 읽기 텍스트를 통한 우연적 어휘 학습에 대한 연구가 주로 이루어졌다. 말하기, 듣기, 읽기, 쓰기와 같은 기능 교육과 우연적 어휘 학습의 관계에 대하여 살펴보자.

[듣기와 우연적 학습]

듣기에서는 듣기 과제에 직접적으로 도움이 되는 어휘를 제공하면 읽기용 어휘를 많이 알고 있으나 듣기 기술이 부족한 학습자에게 도움이 된다. 또한 들으면서 도표의 빈칸을 채우는 활동이나 텍스트를 보면서 듣는 활동을 통해 어휘를 인식할 수 있다. 예를 들어 일기 예보나 시간표, 약속, 메뉴나 쇼핑 목록 등과 관련된 내용을 들을 때 빈칸의 일부는 비워 두고 일부는 미리 채운 표를 제공하면 어휘 학습에 도움이 된다.

[표 11-4] 듣기 활동에서 활용할 수 있는 어휘 학습 자료의 예시

		월요일	화요일	수요일	목요일	금요일
오전	9:00-9:50	한국어				국제 관계
	10:00-10:50			통계		
	11:00-11:50					
오후	1:00-1:50	한국 문화			행정	
	2:00-2:50		한국 역사			

[표 11-4]의 경우는 새 학기의 시간표에 대하여 이야기하는 대화를 들려주면서 빈칸에

과목 이름을 채우도록 하여 어휘를 인식하도록 하는 예시이다. 표의 아래에는 새로운 어휘의 목록을 제공할 수도 있다.

[말하기와 우연적 학습]

구어 어휘의 유창성 발달과 수용적 어휘 지식을 생산적 사용으로 가져가기 위해 의미 지도 그리기(semantic mapping)를 활용할 수 있다. 의미 지도를 그리기 위해 이전에 읽은 이야기, 최근에 일어난 사건이나 영화, 수업의 한 단원, 특정 주제에 관한 학습자의 일반적 지식을 재생한다. 이때 의미 지도를 그리는 동안 행하는 토의가 어휘 학습에 기여한다(Stahl & Vancil, 1986). 이외에도 문제 해결, 다시 말하기, 역할극, 순위 매기기 등의 다양한 말하기 과제가 어휘 학습에 도움을 준다.

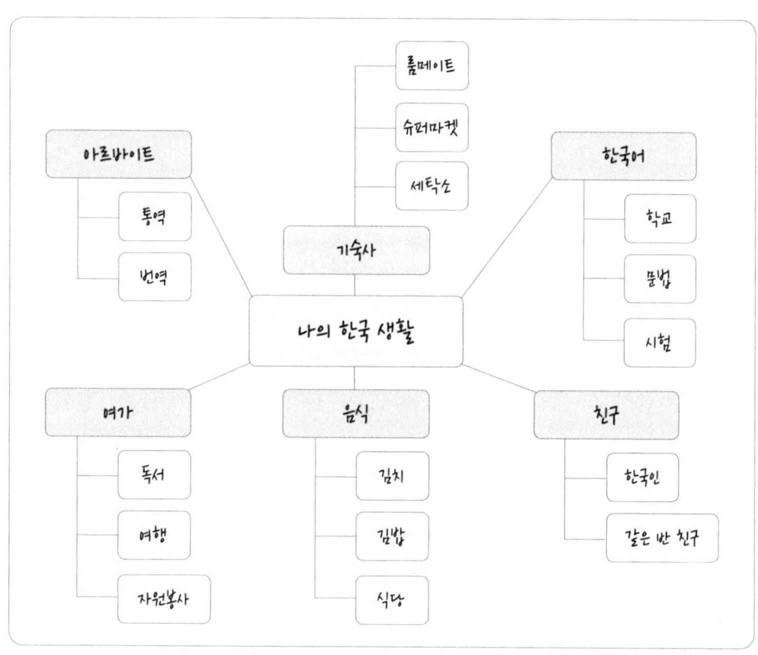

[그림 11-2] 의미 지도 그리기 예시

[읽기와 우연적 학습]

읽기를 통해서 어휘의 우연적 학습이 일어나는 것은 여러 연구에서 증명되었다. 그러나 학습 효과는 그다지 크지 않다고 한다. 이를 보완하기 위해 읽기 텍스트의 단순화나 상세화, 평이화를 통해 어휘 학습 효과를 증대시킬 수 있다. 단순화는 어려운 단어를 쉬운 단어로 교체하는 방법을 사용하는데 텍스트의 진정성(authenticity)을 잃게 한다는 이유로 비판을 받아 왔다. 반대로 상세화는 가능한 한 원본을 훼손하지 않고 학습자가 텍스트의 의미를 잘 이해할 수 있도록 동의어나 관형절 정의, 명시적 정의, 예시, 어휘 설명 등을 추가하고 복잡한 문장을 나누는 방법이다. 평이화는 텍스트의 어휘를 바꾸는 것뿐만 아니라 도표, 그림, 표, 테스트 개요, 어휘집, 발문(guiding question), 제목 등을 추가적으로 제공하여 텍스트를 읽기 쉽게 만드는 것이다. 또한 읽기 자료에 어휘 주석을 다는 것도 어휘 학습을 돕는 방법이다. 어휘 주석의 장점은 주석 없이는 읽을 수 없는 어려운 텍스트도 사용할 수 있게 한다는 점, 모르는 단어의 정확한 의미를 제공한다는 점, 읽기 처리 과정을 거의 방해하지 않는다는 점, 단어에 주의를 집중시켜 학습을 촉진한다는 점 등이다.

다음은 텍스트 상세화의 예로서 왼쪽의 원문에서 굵은 글씨체로 표시한 어려운 단어에 대하여 그 의미를 설명하는 표현(밑줄)을 해당 단어의 앞에 추가하여 학습자들이 어휘 의미를 추측하도록 가공한 것이다.

[표 11-5] 텍스트 상세화의 예시

원문	상세화 텍스트
플라스틱 빨대로 인한 **환경 오염**에 대한 **우려**가 **확산**되면서 국내 프랜차이즈 커피전문점들도 **대안** 마련에 적극 나서는 분위기다. **기존** 플라스틱 빨대를 대신할 방법을 찾는 **브랜드**들이 늘어나고 있다(2018. 8. 24. 뉴시스).	플라스틱 빨대를 많이 사용해서 생기는 쓰레기로 환경이 나빠지고 있다. 이러한 **환경 오염**에 대한 걱정과 **우려**가 널리 퍼지고 **확산**되면서 국내 프랜차이즈 커피전문점들도 환경 오염 문제를 해결할 **대안** 마련에 적극 나서는 분위기다. 이미 사용하고 있는 **기존** 플라스틱 빨대를 대신할 방법을 찾는 커피숍 **브랜드**들이 늘어나고 있다.

[쓰기와 우연적 학습]

쓰기에서는 어휘를 생산적 사용으로 유도하는 것이 필요하다. 생산적 어휘 사용에는 지식과 동기의 두 가지 요인이 영향을 미친다. 어휘의 생산적 지식은 수용적 지식보다 더 많은 학습을 필요로 한다. 즉 학습자가 목표 어휘를 가지고 쓰기 활동을 하기 위해서는 그 단어가 쓰일 문맥과 단어의 철자를 알고 단어와 관련된 통사적 지식과 의미 관계를 알아야 한는 것이다. 동기는 특정 단어를 사용하고자 하는 욕구와 기회에 관련된다. 어휘를 생산

[표 11-6] 어휘 학습을 위한 쓰기 활동의 예시

다음 단어를 사용하여 예문과 같이 문장을 만들어 보세요.	주제: 인상 깊었던 영화
항상, 보통, 자주, 가끔, 결코 1. 어머니는 **항상** 나에게 잘 먹으라고 하신다. ________ 2. 아버지는 **보통** 이 시간에 일어나서 먼저 신문을 읽으신다. ________ 3. 나는 여름이 되면 팥빙수를 **자주** 먹는다. ________ 4. 동생은 **가끔** 나에게 전화를 한다. ________ 5. 그는 **결코** 숙제를 안 해온 적이 없다. ________	감독, 배우, 음악, 주인공, 배경, 줄거리, 사건, 감동적이다, 권하다

적 사용으로 유도하기 위해 교사는 어휘의 생산적 지식을 위해 시범을 보이거나 예문을 제공할 수 있다. 그리고 다양한 쓰기 활동과 어휘 사용에 대한 적극적인 격려의 피드백을 통해 동기를 부여할 수 있다.

예를 들어 [표 11-6]과 같이 목표 어휘를 제공하고 각 어휘를 포함한 문장 쓰기를 할 수도 있고 주제와 관련된 어휘를 제공하고 짧은 글 쓰기를 할 수도 있다.

(2) 낯선 어휘의 처리 방법에 따른 학습 방법

학습자가 모르는 단어를 만났을 때 대처하는 방법은 크게 문맥 추론과 의사소통 전략으로 유형화할 수 있다. 각각의 방법에 따른 학습 방법을 살펴보면 다음과 같다.

① 문맥 추론

문맥 추론은 모르는 어휘 항목을 접했을 때 맥락에서 단어의 뜻을 추론하는 방법을 말한다. 먼저 모르는 어휘 항목이 있을 때 그 항목을 확인해야 할지 말지를 평가하는 상위 인지 전략이 있다. 그리고 텍스트 자체에서 이용 가능한 정보를 통해 의미를 추론하는 전략이 있다. 추론하기는 텍스트 전체를 더 깊이 있게 이해하는 것을 가능하게 하고, 다른 방식으로는 이해할 수 없는 어휘 항목의 학습을 유발하는 이상적인 전략이다. 여기에는 전체 문맥과 배경지식을 활용하거나 모르는 단어의 품사 확인하기, 그 단어와 연어를 이루는 다른 단어를 찾기 위해 주변 문장 살펴보기, 지문에서 다른 문장들과 그 문장을 연결해 주는 결합 장치 찾기, 접두사, 어근, 접미사와 같은 단어 자체의 구조 분석하기 같은 방법이 포함된다. 한국어 교육에서는 문맥 추론을 활용한 어휘 학습 과제 개발이나 어휘 수업 방안, 읽기 능력 신장 등에 관한 연구 외에 학습자들의 수준과 언어권에 따른 문맥 추론 전략 활용 양상 등을 비교한 연구가 있다. 다음은 문맥 추론의 예이다(장지영, 2009: 44~45).

(5) 가. 물건을 **대량**으로 <u>많이</u> 사면 <u>하나만</u> 살 때보다 싸게 살 수 있어요.
나. **무더위**에도 <u>덥지</u> 않고 **혹한기**에도 <u>춥지</u> 않아서 종종 지하 쇼핑몰에 가요.
다. 백화점은 시장보다 물건 값이 비싸기 때문에 **구입**하고 싶은 물건은 세일할 때 <u>사요</u>.
라. **원거리**에는 맛있는 식당이 많이 있<u>지만</u> 점심시간이 짧아서 그냥 <u>가까운</u> 식당에 가요.
마. 오늘은 친구와 함께 <u>박물관</u>에 가서 <u>아름다운</u> 그림 같은 **예술품**을 **관람**했어요.

(5가)에서는 '대량'이라는 단어의 뜻을 가까이에 있는 유의어인 '많이'나 반의 관계인 '하나' 등을 통해 유추할 수 있다. 유의어나 반의어는 (5나)부터 (5마)에서 동일하게 찾을 수 있는 의미 추론의 단서이지만 여기에서 우리는 지하 쇼핑몰이나 백화점, 시장, 점심시간, 박물관 등이 제공하는 배경지식과 경험을 의미 추론의 단서로 활용하게 된다. 또한 (5나)와 (5라)에서는 상황을 대비시키는 문장 구조(-고, -지만)를 통해서도 추론을 할 수 있다.

② 의사소통 전략

의사소통 전략은 학습자가 말하기, 쓰기에서 마주치는 어휘적 공백을 처리하는 방법에 관한 것으로 바꾸어 말하기, 바꾸어 쓰기, 말 바꾸기, 도움 요청하기, 몸짓, 회피 등의 전략이 해당된다. Tarone(1977)의 의사소통 전략의 5가지 분류 체계를 보면 [표 11-7]과 같다.

이러한 전략을 사용함으로써 학습자들은 '반의어는 어느 것인가? 동의어는 어느 것인가? 품사는 어느 것인가?'와 같은 질문을 하게 되고 머릿속에서 이미 알고 있는 단어 간에 연관성을 형성하게 된다. 그리고 합성어, 파생어 등 단어 형성에 대한 기술을 발달시킬 수 있다. 이러한 어휘적 전략을 효과적으로 사용할 때의 또 다른 이점은 학습자들이 목표어에 능숙한 화자와 대화를 지속할 수 있으며 그에 따라 유의미한 의사소통적 맥락 안에서 새로운 단어를 습득할 기회를 가질 수 있다는 점이다.

[표 11-7] 어휘의 공백을 처리하기 위한 의사소통 전략의 유형(Tarone, 1977)

전략		설명
바꾸어 말하기	근접 대체어	어휘가 생각나지 않을 경우 비슷한 단어를 활용한다. (예) 잠수함 대신 물밑배
	단어 만들기	목표 개념을 전달하기 위해 새로운 단어를 만든다. (예) 풍선 대신 바람공
	우회적 화법	적절한 단어를 이용하는 대신에 물건이나 행동의 특징이나 요소를 설명한다.(예) 젓가락 대신 두 개로 되어서 음식을 먹을 때 쓰는 것
말 바꾸기	글자 그대로 번역하기	쉬운 어휘로 목표 의미를 그대로 번역해서 말한다. (예) 칭찬을 듣다 대신 좋은 이야기를 듣다.
	언어 바꾸기	모어 용어를 사용한다. (예) 요청했어 대신 ask했어
도움 요청하기		정확한 용어나 구조에 대하여 물어본다. (예) 그런데 이것은 뭐라고 해요?
몸짓		비언어적 전략을 사용한다. (예) 박수를 설명하기 위해 손뼉을 침
회피	주제 회피	모르는 어휘나 의미 구조에 대하여 이야기하지 않을 때 참여한다.
	메시지 포기	메시지 전달과 이해를 포기한다.

5. 한국어 어휘 평가

1) 어휘 평가의 계획

어휘 평가를 계획하는 데에는 고려해야 할 것이 매우 많다. 이는 역시 어휘의 방대한 양과 다른 모든 언어 활동의 기초 재료로 쓰인다는 점에 기인한 것으로 어휘를 독립적으로 직접 평가해야 하는 것인가 아니면 다른 언어 활동에 나타난 어휘 요소를 간접적으로 평가하고 그 결과를 평가 대상자의 어휘 능력이라고 보아야 하는가의 문제로 나타난다. 이는 언어 평가에서 나타난 두 가지 경향과도 일치한다. 하나는 분리 항목 접근법(discrete point approach)이고 다른 하나는 의사소통 접근법(communicative approach)이다.

(1) 분리 항목 접근법

분리 항목 접근법은 단어의 의미와 형태, 문형, 음성 대조 등과 같은 언어의 구조적 요소들에 대한 지식을 학습자가 가지고 있는지를 평가하는 시험을 고안하는 것과 관련된다. 그러나 분리 항목 어휘 평가 방식에는 학습자의 어휘 지식의 적절성 측면에 대하여 의미하는 바가 없다는 점, 제2 언어에 능숙해진다는 것은 단어나 문법의 규칙을 아는 것의 문제가 아니라 다양한 의사소통의 목적에 맞게 그 지식을 효과적으로 활용할 수 있는가에 대한 문제라는 점, 표현 능력에 대하여 검사하지 못한다는 점, 일반적인 언어 사용에서 단어는 고립된 문장에서 나타나는 것이 아니라 전체 텍스트와 담화에 통합된 성분으로 나타난다는 점, 의사소통 상황에서 특정 단어에 대한 부족한 지식을 보충하는 전략이 있다는 점 등 많은 비판이 제기되었다.

(2) 의사소통 접근법

분리 항목 접근법에 대한 비판을 수용함에 따라 많은 언어 시험에서 의사소통 접근법을 채택하게 되었는데 의사소통 접근법은 언어 숙달도 시험에서 과제를 기반으로 하여 대학 강의 주제를 이해하는지 확인하거나 면접에서 직업에 대한 열망을 어떻게 달성할 것인지 등에 대하여 토의하도록 하는 등의 과제를 부여하고 과제에서 요구하는 전반적인 언어 지식을 얼마나 만족스럽게 충족시켰는지를 평가한다. 이때 어휘는 문법적 지식의 일부로서뿐만 아니라 사회 언어학적 지식으로서 일상적인 또는 관용적인 표현, 문화적 배경지식, 비유적 표현, 언어 사용역과 관련된 지식에 기여하는 것이다.

(3) 평가에 대한 관점의 다각화

Read(2001)는 이상의 두 가지 접근에 대하여 이분법적으로 수용할 것이 아니라 어휘 평가에 대하여 전통적인 사고에서 벗어나 다양한 목적과 관점에 따라 다양한 시험 절차를 활용해 어휘 지식과 사용에 대해서 평가할 것을 제안한다. 그리고 어휘 평가에 대한 관점을 다음과 같이 정리한다.

[표 11-8] 어휘 평가에 대한 관점(Read, 2001; 배도용·전영미 (역), 2015: 28)

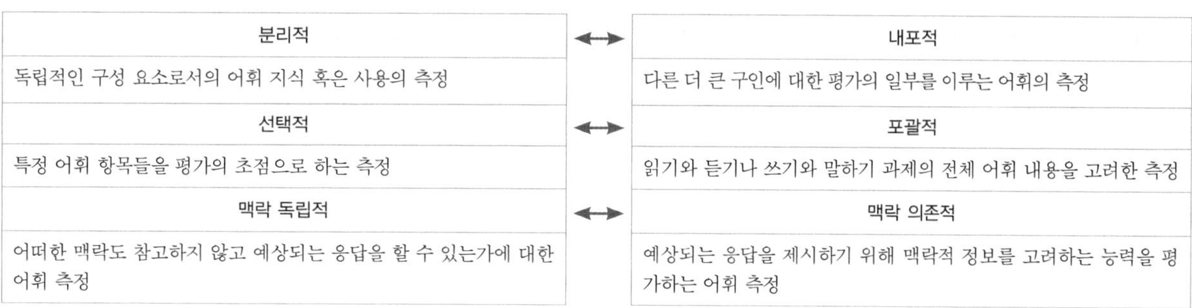

분리적	↔	내포적
독립적인 구성 요소로서의 어휘 지식 혹은 사용의 측정		다른 더 큰 구인에 대한 평가의 일부를 이루는 어휘의 측정
선택적	↔	포괄적
특정 어휘 항목들을 평가의 초점으로 하는 측정		읽기와 듣기나 쓰기와 말하기 과제의 전체 어휘 내용을 고려한 측정
맥락 독립적	↔	맥락 의존적
어떠한 맥락도 참고하지 않고 예상되는 응답을 할 수 있는가에 대한 어휘 측정		예상되는 응답을 제시하기 위해 맥락적 정보를 고려하는 능력을 평가하는 어휘 측정

[표 11-8]과 같이 관점을 다각화하면 상황과 목적에 따라 다양한 평가 방법을 활용할 수 있다. 분리적 시험은 어휘 지식을 언어 능력의 다른 구성 요소와 분리된 별개의 구인으로

취급한다. 내포적 어휘 측정은 더 큰 구인의 평가에 도움이 되는 것으로 주로 쓰기와 읽기 시험에서 복합적 측정을 이루는 척도 중 하나가 된다. 이때 어휘 평가는 쓰기 시험보다는 읽기 시험에서 더 내포적으로 작용한다. 선택적 어휘 척도는 목표 단어를 선정하여 별개의 시험 문항이나 글에 통합시켜 그 단어를 어휘 평가의 기초로 사용하는 것이다. 반면 포괄적 척도는 구어 텍스트나 문어 텍스트의 모든 어휘를 고려한다. 이때 평가자는 특정 단어나 표현에 초점을 두지 않고 전반적인 어휘 사용의 질에 대해 평가한다. 맥락은 어휘 시험에 있어서 오래된 쟁점이다. 전통적으로 맥락화는 단어를 하나의 고립된 요소로 제시하기보다는 문장 내에서 제시하는 것을 의미한다. 그러나 이제는 그보다 더 확장하여 전체 텍스트와 담화를 포함하는 것까지 개념이 확장되고 있다. 다만 평가의 목적에 따라 시험 과제에 적절한 답을 할 수 있기 위해 맥락적 정보를 이용할 수도 있어야 하고 또는 마치 단어가 홀로 존재하는 것처럼 답을 할 수 있기도 해야 한다.

2) 어휘 평가의 실행

앞에서 어휘의 평가에는 어휘의 성격과 관련하여 어휘를 독립적으로 평가해야 하는가 아니면 평가의 한 요소로 볼 것인가 하는 문제가 제기되고 그에 따라 평가에 대하여 분리 항목 접근법과 의사소통 접근법의 두 가지 관점이 있다는 것을 보았다. 어휘를 독립적인 영역으로 보는 관점인 분리 항목 접근법에서는 어휘의 영역이 따로 있다고 보고 그것을 평가한다. 그에 반해 어휘를 평가의 구성 요소 중 하나로 보는 관점인 의사소통 접근법에서는 주로 말하기나 쓰기 평가를 통해 거기에 나타난 어휘적 요소를 평가한다. 이어서 이러한 어휘 영역과 요소에 대한 평가가 어떻게 이루어지고 있는지 그 실제를 살펴보자.

(1) 어휘 영역 평가

어휘 평가에 대한 다양한 관점을 바탕으로 평가의 실제적인 부분에 대하여 알아보자. 먼저 평가를 계획함에 있어 목적과 목표를 정해야 한다. 어휘력 평가의 목적은 어휘 교육 목적의 도달 여부를 점검하는 데 있다. 어휘력 평가의 목적을 단계별로 구분하고 수준을 정하게 되면 어휘력 평가의 목표로 이어진다(임지룡, 1998). 평가 대상 어휘는 주로 내용어이다. 예를 들어 한국어능력시험(2017년도 제52회 한국어능력시험 1 읽기 B형)에서는 다음과 같이 어휘 영역을 독립적으로 평가하는 문항을 볼 수 있다.

※[31–33] 무엇에 대한 이야기입니까? 〈보기〉와 같이 알맞은 것을 고르십시오(각 2점).

〈보기〉

포도를 먹었습니다. 포도가 맛있었습니다.
① 공부 ❷ 과일 ③ 여름 ④ 생일

31.

형은 스물한 살입니다. 누나는 스물세 살입니다.

① 나이 ② 날짜 ③ 여름 ④ 시간

※[34–39] 〈보기〉와 같이 (　　)에 들어갈 가장 알맞은 것을 고르십시오.

〈보기〉

단어를 모릅니다. (　)을 찾습니다.
① 안경 ② 수박 ❸ 사전 ④ 지갑

35. (2점)

배가 고픕니다. (　　　)에 갑니다.

① 은행 ② 식당 ③ 우체국 ④ 여행사

어휘 능력에는 양적인 면과 질적인 면이 있다. 이는 평가에 있어서 각각 어휘의 양을 측정하는 방법과 질을 측정하는 방법으로 이어진다.

① 어휘의 양 측정

어휘의 양을 대상으로 한 교육 연구는 기초 어휘나 기본 어휘를 선정하는 방향으로 이어졌다. 학습자의 어휘 양을 산출하기 위해서는 이미 만들어진 목록에서 표본 단어를 추출하여 그 단어를 알고 있는지 확인하는 과정을 거쳐야 한다. 이때 중요하게 다루어지는 것은 학습자가 가지고 있는 절대적인 어휘 양이 아니라 언어 사용에서 가장 접하기 쉽고 가장 필요한 고빈도어를 얼마나 알고 있는가 하는 것이다. 표본 단어가 정해지면 시험 문항을 구성해야 한다. 일반적으로는 선다형 문항, 동의어나 정의 연결하기, 모어 대응어 제시하기, 단어를 아는지 모르는지 표시하는 점검표 방식이 이용된다. 어휘의 양을 측정하기 위한 목적으로 시험을 구성할 때 선다형 문항은 시간이 많이 걸리므로 비판을 받아 왔고 같은 이유로 동의어나 정의 연결하기, 모어 대응어 제시하기, 점검표 시험이 선호된다. 점검표 방식은 많은 양의 어휘를 다룰 수 있다는 장점이 있는 반면 수험자들이 단어를 안다고 했을 때 다른 단어와 혼동해서 실수하게 되는 경우나 과장하는 경우도 있어 이를 막기 위해 철자가 틀린 단어나 존재하지 않는 가짜 단어를 포함한 점검표를 준비하기도 한다. 유로센터 어휘 양 시험(Eurocentres Vocabulary Size Test)은 상당수의 가짜 단어를 포함한 점검표 방식의 시험인데 수험자들은 가짜 단어가 있다는 정보를 미리 제공받으며 존재하지 않는 단어를 안다고 표시한 경우 감점을 받는다. 이때 어휘의 양을 측정하기 위한 테스트는 대개 이해 어휘에 초점을 두고 있는데 표현 어휘는 이해 어휘보다 항상 더 적으며 측정하기가 어렵다. 표현 어휘를 측정하기 위해서 문맥에서 빈칸 채우기 또는 단어를 제공하고 글을 쓰도록 한 후 저빈도어를 사용한 경우 더 넓은 표현 어휘를 가지고 있다고 측정하기도 한다.

② 어휘 지식의 질 측정

어휘의 양을 측정하는 것의 한계는 단어를 얼마나 알고 있는가에 대한 표면적인 면만을 알 수 있다는 것이다. 이에 대비하여 어휘 지식의 깊이 혹은 질을 측정하는 것에 대한 연구가 있어 왔다. 어휘 지식의 질은 단순한 단어 의미 이상의 철자, 발음, 문법 형태, 상대적 빈도, 연어, 용법의 제한 등을 포함하는 것이다. 학습자의 어휘 지식은 하나의 단어의 경우에도 다양한 단계가 존재하며, 알거나 모르는 것이 아니라 어느 단계까지 아느냐의 문제이다. 이를 위해 Paribakht & Wesche(1993)는 어휘 지식 척도(vocabulary knowledge scale)를 고안한 바 있다.

[표 11-9] 어휘 지식 척도(Paribakht & Wesche, 1993)

1단계	나는 이 단어를 본 적조차 없다.
2단계	나는 이 단어를 본 적이 있으나 무엇을 의미하는지는 모른다.
3단계	나는 이 단어를 본 적이 있고 단어의 뜻은 ______라고 생각한다(빈칸에 유의어 또는 학습자의 모어로 번역한 의미를 기입하도록 함).
4단계	나는 이 단어를 안다. 그 단어의 뜻은 ______이다(빈칸에 유의어 또는 학습자의 모어로 번역한 의미를 기입하도록 함).

5단계	나는 이 단어를 사용해 문장을 만들 수 있다.

Schmidt(1998)에 의하면 이러한 접근의 장점은 어휘 습득에 대하여 안다와 모른다의 이분법적인 관점이 아닌 점진적인 발달의 개념을 이용한다는 점이다. 단점에는 발달의 단계를 어떻게 경계를 지을 것인가 하는 문제, 척도 간의 간격이 균등한가 하는 문제, 습득의 과정을 정확하게 설명하기 위해 필요한 단계의 수를 정할 수 있는 원리가 없다는 문제, 수용 어휘와 표현 어휘에 대하여 균형이 잡힌 접근을 하기 어렵다는 문제가 있다. 이외에도 어휘의 질을 평가하기 위해 전통적으로 고안된 방법에는 맥락을 주고 빈칸 메우기(cloze)를 하거나 빈칸에 들어갈 단어의 전반부는 제시하고 후반부를 메우도록 하는 C-테스트 등이 있다.

어휘 사용 분석의 다른 방법은 학습자의 작문을 분석하는 것인데 훌륭한 글은 어휘적으로 풍요롭다(어휘 풍요도, lexical richness)는 전제하에 어휘의 독창성(lexical originality), 밀도(lexical density), 세련도(lexical sophistication), 다양성(lexical variation), 오류를 측정하는 것(occurrence of errors)이다(Read, 2001; 배도용·전영미 역, 2015: 276~284). 어휘의 독창성은 다른 글과 구별되게 독창적으로 쓴 어휘의 수를 판정하는 것으로 전체 저자 중 한 명의 글에만 나타난 어휘의 비율이다. 이는 전체 저자의 변동에 따라 수치가 변하며 안정되지 않으므로 신뢰성이 있다고 하기 어렵다. 어휘의 밀도는 글에 사용된 내용어의 비율로서 어휘 자체에 대한 측정이라기보다는 구문과 관계된 속성이 많으며 기능어의 수에 영향을 받으므로 타당성에 영향을 미친다. 어휘의 세련도는 작문에 사용된 고급 어휘의 비율로서 무엇을 고급 어휘로 정의하느냐에 따라 영향을 받는다. 어휘의 다양성은 전체 어휘 수에 나타난 서로 다른 어휘들의 비율로서 한정된 수의 단어가 반복적으로 사용되기보다는 오히려 다른 단어들이 얼마나 다양하게 사용되는지를 평가하는 데 유용하다. 그러나 이것은 텍스트의 길이에 영향을 받으며 짧은 텍스트에서는 수치가 안정되지 못하다는 단점이 있다. 또한 오류가 있는 어휘의 수나 비율을 측정할 수 있는데 이때 중요한 것은 어휘 오류와 어휘 오류가 아닌 것을 구별하는 것이다.

이 외에도 Laufer & Nation(1995)이 제안한 어휘 빈도 분석(lexical frequency profile)이 있다. 어휘 빈도 분석은 최고 빈도 1,000 단어와 그다음 빈도 1,000 단어 등과 학습자의 작문을 비교하기 위해 컴퓨터 프로그램을 사용하는 테스트이다. 장점은 통사적, 텍스트 응집성으로부터 독립적이고 더 세부적이고 객관적인 측정을 제공한다는 점이다. 또한 빈번하게 사용되는 것과 더 낮은 빈도로 사용되는 것을 구별하여 학생의 표현 어휘 수준을 측정할 수 있으며 어휘 사용의 다른 점을 분석할 수 있다. 반면 단점에는 제공하는 비율이 서로 간에 독립적이지 않은 특징을 포함한다는 점과 개별 단어만 볼 뿐이지 관용 표현 사용은 분석하지 못한다는 점이 있다.

(2) 어휘 요소 평가

앞에서 어휘 영역에 대한 평가를 다루었다면 이제는 어휘 요소를 평가하는 방식에 대하여 살펴보자. 이는 언어의 사용에 중점을 두는 척도인데 예를 들어 Weir(1990), Read(2001

재인용)는 교육 목적 영어 시험(Test in English for Educational Purposes)에서 쓰기와 말하기 과제에 대하여 '목적에 따른 어휘의 적절성'이라는 평가 체계를 도입하였다. 그중 말하기에 대한 평가 체계는 다음과 같다.

[표 11-10] 말하기 평가에서 목적에 따른 어휘의 적절성(Weir, 1990)

0	의도된 의사소통의 가장 기본적인 부분에서조차 부적절한 어휘
1	간단한 요구 사항을 표현하는 데 필요한 어휘에 한계가 있음. 어휘의 부적절성이 가장 기본적인 대화 주제를 제한함. 어휘의 부적절성이 빈번하게 반복됨.
2	어휘의 부적절함과 부정확함으로 인해 어느 정도 오해가 생김. 주저하거나 우회적 표현이 빈번함. 하지만 표현 어휘의 발전을 볼 수 있음.
3	해당 과제에서의 어휘 사용에 부적절함과 부정확함은 거의 없음. 우회적 표현이 드물게 나타남.

Weir의 평가 척도는 어휘 사용의 범위와 정확성을 측정한다. 이번에는 한국어 교육에서 쓰기 평가와 말하기 평가에서 어휘 영역을 어떻게 다루는지 살펴보자. 이때 어휘는 평가 영역이라기보다는 평가의 한 요소로 볼 수 있다. 전은주(1997)는 한국어 말하기 능력의 평가 범주로 문법, 어휘, 발음, 구성, 사회 언어학, 의사소통적 전략과 상호작용, 과제 수행 등을 설정하고 4개의 평가 등급을 나누었는데 그중 어휘 능력의 평가 기준 시안은 다음과 같다.

[표 11-11] 한국어 말하기 능력 평가 기준 시안의 어휘 범주(전은주, 1997: 168-169)

평가 범주 단계	어휘
4	다양한 범주의 어휘를 상황에 맞게 풍부하게 정확히 사용: 전문적인 어휘 구사
3	일상생활 어휘로는 충분: 토론, 전문 분야 약간 부족
2	일상적 어휘 구사: 적절하지 못한 어휘 선택 많음
1	약간의 단어와 구: 일상 회화를 하기에도 불충분

쓰기 평가에서도 어휘는 중요한 평가 척도가 된다. 미국의 ESL 작문 분석표(Jacobs, 1981) 중 어휘 평가 척도를 보면 다음과 같다.

[표 11-12] ESL 작문 분석표에서 어휘 평가 척도(Jacobs, 1981)

수준	기준
20-18	우수-매우 잘함: 세련된 어휘 범주, 효과적인 단어와 관용어구 선택 및 사용, 완전히 습득한 단어 형태, 적절한 사용역임.
17-14	잘함-보통: 적절한 어휘 범주, 단어 및 관용어구의 형태와 선택 그리고 사용에서 가끔 오류가 있지만 의미가 모호하지는 않음.
13-10	무난함-부족: 제한적인 어휘 범주, 단어 및 관용어구의 형태와 선택 그리고 사용에서 빈번한 오류, 의미가 혼란스럽거나 모호함.
9-7	매우 부족: 기본적인 어휘 번역, 단어 및 관용어구의 형태에 대한 지식이 거의 없음, 또는 평가하기에 충분하지 않음.

이는 생각을 표현하기 위해 사용한 어휘 항목 범주의 적합성, 글에 나타난 어휘 항목의

효과적인 신댁과 사용, 단어 형태의 정확성, 사용역 등을 측정하고 있음을 알 수 있다.

한편 한국어능력시험의 쓰기 영역 채점 기준표를 보면 어휘는 언어 사용으로 구분되며 53번 문항에서는 '어휘를 다양하고 풍부하게 사용하며 적절하게 어휘를 선택하였는가? 맞춤법이 정확한가? 글의 목적과 기능에 따라 격식에 맞게 글을 썼는가?'를 근거로 하여 6개의 등급으로 측정한다. 54번 문항에서는 '고급 수준의 어휘와 문법을 다양하게 사용하였는가? 고급 수준의 어휘와 문법을 정확하게 사용하였는가? 구어적 특징이 드러나는 어휘나 문법(종결형, 어미, 조사 등)을 사용하지 않고 문어의 특성을 살려 글을 썼는가?'를 근거로 하여 3개 등급으로 측정하도록 한다. 이 역시 어휘의 범주와 적절한 사용, 형태의 정확성, 사용역 등을 측정하고 있음을 알 수 있다.

(3) 부족한 어휘를 보충하기 위한 전략 평가

언어 시험의 목적은 학습자의 언어 능력에 대하여 추론하는 것이다. 이때 학습자의 언어 능력은 언어 지식(language knowledge)과 전략적 언어 능력(strategic competence)의 두 가지로 구성된다. 제2 언어 습득 연구자들은 학습자가 읽기나 듣기에서 모르는 단어를 유추할 수 있는 능력을 알아보기 위해 문장이나 텍스트에서 그런 단서를 의도적으로 배치하기도 하였지만 어휘 평가에 있어서 평가 대상은 거의 항상 지식적인 측면이다(Bachman & Palmer, 1996).

그렇다면 부족한 어휘를 보충하기 위한 전략에 대한 평가는 어떻게 해야 할 것인가? 어휘적 의사소통 전략의 평가에 대하여 두 가지 접근이 가능하다. 하나는 면접이나 스토리텔링 같은 학습자의 말하기 과제 수행에 대한 내포적·포괄적 측정을 하는 것이다. 이때 학습자가 의미를 전달하기 위해 전략을 사용할 때 효과를 판단한다. 다른 하나는 물병, 책상, 열쇠 같은 구체적인 단어나 운명, 책임감 같은 추상적인 단어에 대하여 설명하도록 하는 것이다. 그러나 이와 같은 전략에 대한 평가는 아직 연구가 이루어지지 않은 분야이며 특히 Read(2001)는 이러한 평가에 대하여 숙달도 평가에서 어휘 사용의 전략을 측정하는 문항을 개발할 필요는 없다고 하였다. 이는 학습자의 전략적 능력은 이미 어휘 지식의 평가 결과에 어떻게든 반영될 수밖에 없기 때문인 것으로 보인다.

어휘 평가에 대한 이상의 관점은 한국어 교육에서도 확인할 수 있다. 한국어능력시험이나 많은 성취도 평가에서 어휘는 여전히 분리 항목 접근법적으로 평가된다. 그러나 말하기나 쓰기 시험 등에서 어휘 능력은 의사소통 접근법적으로 평가되기도 하는데 여전히 평가 대상은 상당 부분 지식적인 측면에 관한 것이어서 전략과 관련한 보다 다각적인 평가 방법과 기준의 마련이 요구된다.

3) 어휘 평가 결과의 활용

어휘 평가의 결과를 활용한다는 것은 평가 결과를 바탕으로 어휘의 교수·학습에 필요한 여러 의사 결정 과정에 이를 반영하는 것을 말한다. 어휘 평가와 관련해서는 학습자의 어휘 능력에 대한 진단과 그에 따른 교육적 처치, 그리고 교육과정과 교재의 어휘 구성 요소에 대한 평가와 그에 따른 교육과정과 교재의 개선을 들 수 있다.

(1) 어휘 오류 분석과 활용

학습자의 어휘 능력을 평가한 후에는 학습자들이 왜 어휘 사용에 오류를 보이는지 또 오류의 양상은 어떠한지에 대하여 이해해야 그에 따라 교육 내용이나 방법을 개선할 수 있다. Engber(1995)는 다음 표와 같이 먼저 크게 어휘 선택상의 오류와 어휘 형태상의 오류로 구분한 뒤 각각 다시 세분하여 어휘 오류를 체계화한 바 있다.

[표 11-13] 어휘 오류의 분류(Engber, 1995)

<table>
<tr><td rowspan="5">어휘 선택</td><td rowspan="2">개별 어휘 항목</td><td>1. 맞지 않는 그리고 의미상으로 관련이 없는 어휘</td></tr>
<tr><td>2. 맞지 않는 그러나 의미상으로 유사한 어휘</td></tr>
<tr><td rowspan="3">복합 구성</td><td>1. 두 개의 어휘 항목</td></tr>
<tr><td>2. 구</td></tr>
<tr><td>3. 핵심 어휘 항목과 관련된 복합적 오류들</td></tr>
<tr><td colspan="2" rowspan="4">어휘 형태</td><td>1. 파생적 오류</td></tr>
<tr><td>2. 동사 형태 오류</td></tr>
<tr><td>3. 음성적으로 유사하지만 의미적으로 무관한 어휘</td></tr>
<tr><td>4. 중대한 철자 오류</td></tr>
</table>

[표 11-13]과 같이 오류의 양상을 분류하면 학습자의 어휘 사용에 대하여 보다 체계적으로 파악할 수 있다. 어휘 선택에 문제가 있는 것인지 아니면 어휘는 제대로 선택하였는데 정확성이 떨어지는 것인지 등을 판단할 수 있고 분석 결과에 따라 적절한 교육적 처치를 할 수 있다. 즉 어휘 오류 분석의 목적은 이를 통해 어휘 교수요목을 결정하는 기초를 마련하고 어휘 오류를 처치하기 위한 교육적 방안을 고안하는 것이다.

한국어 교육에서 이정희(2003: 304)는 어휘 오류를 현상에 따라 대치, 첨가, 누락의 3가지 유형으로 나누고 오류 범주에 따라 형태적 오류, 의미적 오류, 통사적 오류, 표현 오류, 전략적 오류로 나눈 바 있다. 여기에서 대치는 다른 어휘로 잘못 쓴 것을 말하고 첨가는 불필요한 어휘를 추가해서 쓴 것을 말하고 누락은 써야 할 어휘를 쓰지 않은 것을 말한다. 그리고 형태적 오류에는 형태적 인식이 부족하여 틀린 단순한 맞춤법상의 오류와 형태적 유사성에서 오는 오류, 음운적 유사성에서 오류 등이 해당된다. 의미적 오류는 주로 유의어 그룹 중에서 통사적·상황적 맥락에 맞지 않는 어휘를 선택하여 사용한 데서 나타난 오류이고, 통사적 오류는 어휘의 합성과 파생 등 한국어 어휘의 구조적 특징에 대한 이해의 부족으로 인해 파생어, 합성어, 구문 등에서 나타나는 오류이다. 표현 오류는 연어 관계, 관용 표현, 지시어의 사용에서 볼 수 있는 오류이며 전략적 오류는 없는 어휘를 만들어서 사용하거나 모국어를 직접 차용하는 것을 말한다.

(2) 교육과정과 교재의 어휘 구성 요소 평가와 활용

어휘 평가라 하면 주로 학습자를 대상으로 하여 어휘 지식과 어휘 사용 능력과 학습 전략 등을 평가하는 것을 말한다. 그런데 우리는 또한 외국어 교육 학습 과정의 전체 구성 중 어휘 구성 요소가 어떠한지에 대하여도 평가할 수 있다. 외국어 과정의 전반적인 체계는 교육과정과 교재를 통해 확인할 수 있다. Nation(2011, 김창구 역, 2012: 375-376)은 교육과정의 어휘 구성 요소를 평가하기 위하여 다음을 확인할 것을 제안한다.

(3) 가. 교사가 학습자의 어휘 수준과 요구를 알고 있는가?
　나. 프로그램은 가장 적합한 어휘 수준에 초점을 두고 있는가?
　다. 어휘가 유용하게 배열되어 있는가?
　라. 활동이 어휘 학습에 도움이 되도록 설계되어 있는가?
　마. 이미 알고 있는 어휘의 유창성을 발달시킬 기회가 적절한 비율로 구성되어 있는가?
　바. 어휘 제시가 학습에 도움이 되는가?
　사. 학습자들이 자신의 향상에 대해 흥미로워하는가?

이는 학습자의 어휘 능력 수준, 교육 내용 선정과 위계화, 학습 활동, 교육 방법, 학습자의 흥미와 어휘 능력 발달 점검이 교육과정에 반영되어 있어야 함을 의미하고 또한 교육과정 설계자는 이를 평가해야 함을 의미한다. 또한 이러한 평가 결과는 교육과정의 어휘 구성 요소를 보다 효과적으로 구성하는 데 활용된다.

한편 한국어 교육에서는 이해영(2006: 28)이 교재의 어휘 학습 영역을 점검하는 목록으로 다음을 제시하였다.

(4) 가. 어떤 기준에 의하여 어휘가 선택되었는가?
　나. 학습자의 요구(숙달도, 인지 능력, 학습 목표 등)를 반영하였는가?
　다. 단계별로 학습량이 적절한가?
　라. 다양한 주제 관련 어휘가 다루어지는가?
　마. 새로 나온 어휘는 후에 충분히 반복하여 재활용되는가?
　바. 어휘 학습을 위한 다양한 연습 방법이 제공되는가? 단순 제시인가?
　사. 연습 활동이 어휘의 구조나 어휘 간의 관계에 대하여 감각을 가질 수 있도록 하는가?
　아. 어휘 학습이 학습자의 어휘 학습 전략 개발에 도움이 되는가?

위의 점검 목록은 학습자의 요구, 교육용 어휘 선택과 위계화, 학습 활동, 학습자의 어휘 학습 전략 개발 등을 검토하도록 한다. 교재는 교육과정에 따라 구성된다는 점을 감안하면 (4)의 목록은 교육과정 평가에도 동일하게 적용할 수 있으며, 마찬가지로 그 검토 결과는 교재와 교육과정 구성에 역으로 적용하여 그 개선에 도움을 줄 수 있다.

탐구 과제

1. 다음은 곽지영(1997)이 제시한 어휘 연습 방법을 참고하여 만든, 수업 시간에 할 수 있는 어휘 연습 방법이다. 가르칠 어휘나 이미 학습한 어휘를 활용해 어휘 연습 문제를 만들어 보자.

(1) 두 개의 보기를 제시하고 알맞은 것을 선택하도록 하기

이 방법은 조사나 시제, 피동형, 사동형 등을 포함하는 어미와 같이 혼돈하기 쉬운 기능어의 연습에 좋다.

〔초급〕 제 이름(은, 는) 응우옌입니다. 저는 2월(에, 에서) 베트남(에, 에서) 왔습니다. 지금 한국대학교 (에, 에서) 다닙니다. 아침(에는, 에서는) 학교(에, 에서) 가서 한국어를 공부합니다. 저녁(에는, 에서는) 기숙사(에, 에서) 갑니다.

〔중급〕 경찰이 범인을 (잡으려다가, 잡히려다가) 오히려 범인에게 (좇았다, 쫓겼다).
어린이를 가르칠 때에는 아무리 화가 (나도, 내도) 화를 (나면, 내면) 안 돼요.

(2) 어휘나 그 설명으로 이루어진 두 개의 집합을 제시하고 서로 어울리는 것을 찾아 연결하도록 하기

이것은 어휘의 의미 관계(유의 관계, 대립 관계, 다의 관계, 상하 관계, 부분 관계)에 의한 쌍이나 단어의 정의, 연관성 있는 단어 등을 연습할 때 좋다.

〔초급〕 서로 반대되는 말을 찾아 연결하세요.

춥다	•	•	재미없다
재미있다	•	•	쉽다
어렵다	•	•	뜨겁다
차갑다	•	•	덥다

〔중급〕 서로 뜻이 같은 것을 찾아 연결하세요.

피부로 느끼다	•	•	어떤 일에 꽉 잡혀서 벗어나지 못하다.
발목을 잡히다	•	•	직접 경험하다.

(3) 단어의 정의를 보고 그 단어를 쓰도록 하기

1			6	7	
2	3			8	
		9	10		11
4					
5				12	

세로
1. 한국의 대표적인 반찬. 배추나 무를 고춧가루, 파, 마늘 따위의 양념에 버무려 만들었다.
3. 나무에서 얻는, 사람이 먹을 수 있는 열매.
4. 큰 길이 아니고 집들 사이의 길
7. 아픈 데를 진찰하고 고쳐 주는 사람
10. 약을 파는 곳
11. 차에 기름을 넣는 곳

가로
2. 이가 아플 때 가는 병원.
5. 머리를 감으며 온몸을 씻는 일
6. 어떤 문제를 여러 사람이 모여 의논하는 일
8. 하루, 이틀, 그리고 ___
9. 먼저 한 약속
12. 쓸고 닦아서 깨끗하게 하는 일

(4) 문장이나 대화의 빈칸 채우도록 하기

〔초급〕 저는 김치찌개가 (　　) 맛있어요.
① 제일　② 잘　③ 아마　④ 별로

〔중급〕 알맞은 표현을 보기에서 골라 ____에 써 넣으십시오.

〈보기〉 작다　밝다　착하다　똑똑하다　인기가 많다　조용하다

A: 키가 아주 _____(으)ㄴ 현수가 지금은 친구들 중에서 키가 가장 크네.
B: 정말이네. 그리고 은주는 어렸을 때부터 책을 좋아하고 _____더니 교수가 되었대.

(5) 비슷한 어휘나 알맞은 설명 고르도록 하기

〔중급〕 밑줄 친 부분과 비슷한 뜻을 가진 것을 고르세요.
수업 시간에는 될 수 있는 대로 한국말만 쓰십시오.
① 가능한 한　② 마음대로
③ 하고 싶은 대로　④ 마음 놓고

〔중급〕 가장 알맞은 설명을 고르세요.
입만 아프다
① 말해도 소용없다　② 병원에 가야 한다
③ 음식이 만족스럽지 않다　④ 불만이 많다

(6) 잘못 사용된 어휘 고르도록 하기

추상적인 의미를 지니며 여러 대상, 여러 경우에 쓰일 수 있는 중급 이상의 어휘를 연습할 때 좋다.

〔고급〕 다음 중 잘못 쓴 문장을 고르십시오.
① 형과 동생은 누가 잘못했는지 따지고 있다.
② 물건을 살 때는 비용과 효과를 잘 따져 보고 사세요.
③ 어제 일을 따지고 보면 나도 잘못이 많다.
④ 과일을 따져서 팔았다.

(7) 그림을 이용한 어휘 연습

사물이나 개념을 그림으로 구체화할 수 있는 어휘의 연습에 좋다.

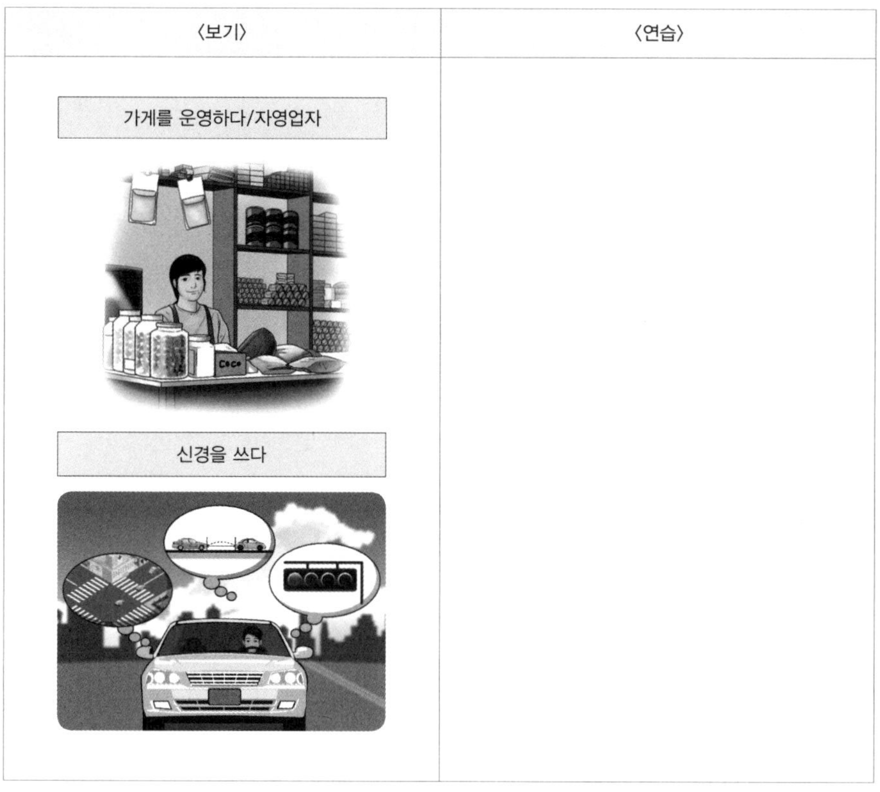

〈보기〉	〈연습〉
가게를 운영하다/자영업자 신경을 쓰다	

※ 〈보기〉의 그림은 '누리 세종학당'의 홈페이지(http://www.sejonghakdang.org/sjcustu/dms/picture/list.do)에서 제공하는 교원을 위한 디지털 자료를 인용한 것입니다.

(8) 제시된 어휘를 설명하거나 그 어휘로 단문 짓도록 하기

어휘를 제시하고 직접 문장이나 글을 짓도록 하여 이해 어휘를 표현 어휘로 전환할 수 있도록 한다.

2. 본문의 '교육과정과 교재의 어휘 구성 요소 평가와 활용'에 있는 '(3) 가–사'를 참고하여 교재 한 권을 선정한 후 어휘 학습 영역이 어떻게 구성되어 있는지 분석하고 평가해 보자.

더 읽을거리

구본관, 신명선, 서혁, 이도영, 민병곤, 김봉순, 원진숙, 이관규, 김정우, 이경화, 전은주, 김창원, 강보선, 권순희, 송영빈, 박동열, 신동광, 김호정, 김중신, 조형일, 이기연. (2014). 어휘 교육론. 서울: 사회평론아카데미.

이 책은 국어 교육과 한국어 교육의 세부 영역들을 전공하면서 어휘 교육의 필요성에 깊이 공감한 21명의 저자들이 각자의 영역에서 느낀 문제의식과 그 해결 방안 및 지향점을 담고 있다. 어휘와 어휘 교육의 제 분야에서 마땅히 논해야 할 내용이 다루어지고 있어 어휘 교육에 대한 시각을 넓히고 이해하는 데 매우 유용하다.

조현용. (2000). 한국어 어휘교육 연구. 서울: 박이정.

이 책은 어휘 교육을 통시적이고 공시적으로 매우 폭넓고 깊게 다루고 있어 한국어 어휘 교육을 이해하기 위해서 반드시 읽어야 하는 책 중 하나이다.

Marconi, D. (2019). 어휘 능력. (신명선, 이기연, 차경미, 강경민 역). 서울: 역락. (원서 출판 1997)

이 책은 의미 능력의 요소로서 어휘 능력에 대하여 단어를 사용하는 능력이 무엇으로 구성되는지, 어떤 종류의 지식과 능력이 그것의 기초가 되는지에 대하여 인간의 자연 언어 시스템과 인공 지능의 설계와 작동을 위한 인공 언어 시스템을 대비하여 설명함으로써 인간의 언어에 대하여 그리고 어휘 능력에 대하여 보다 본질적인 탐구와 깊은 이해가 가능하도록 한다.

Nation, I. S. P. (2012). 외국어 어휘의 교수와 학습. (김창구 역). 서울: 소통. (원서 출판 2001)

제2 언어의 어휘 교수·학습과 관련하여 반드시 읽어야 할 책이다. 어휘 교육과 관련하여 학습 목표, 단어를 안다는 것, 교육 방법, 다른 영역과의 연계, 학습 전략, 평가 등 모든 영역의 이론적 검토와 선행 연구 소개, 상세한 설명과 실제적인 예시와 자원 등을 두루 포함하고 있다.

Singleton, D. (2008). 언어의 중심 어휘. (배주채 역). 서울: 삼경문화사. (원서 출판 2000)

어휘에 대한 이론서임에도 불구하고 균형 잡힌 시각과 이해하기 쉬운 설명을 제공하여 개념적 이해에 많은 도움을 준다. 언어학의 전통적인 분야와 응용 분야를 두루 아우르며 이 모든 분야에서 어휘가 중심적인 역할을 하고 있음을 다양한 사례를 통해 잘 보여 준다.

Thornbury, S. (2002). *How to teach vocabulary*. Harlow: Longman

이 책은 제2 언어에서 어휘를 어떻게 가르쳐야 하는가에 대한 매우 실질적인 설명과 예시를 담고 있어 실제적이고 구체적인 이해를 도울 뿐 아니라 교육 현장에 적용하여 실용적으로도 활용할 수 있다.

12장
한국어 문법 교육론

1. 한국어 문법 교육의 성격

1) 문법 교육의 위상

한국어 문법 교육이 현재 어떤 위상을 지니고 있는지를 확인하려면 먼저, 교육 대상으로서의 '문법'이 무엇인지를 이해할 필요가 있다. 문법이 무엇인지에 대해 학자마다 다양한 정의를 내리지만, 일반적으로 문법이란 '언어에 내재하는 원리나 규칙'을 의미한다. 예를 들어, '나는 밥을 먹는다'라는 문장에서 '나는'을 주어, '밥을'을 목적어, '먹는다'를 서술어로 분석하고, 한국어에서 주어, 목적어, 서술어의 순서로 문장 성분이 배열되어 문장이 이루어진다고 설명하는 것도 한국어 문장의 생성 원리와 규칙에 대한 설명으로 문법을 설명한 것이 된다.

이 원리나 규칙으로서의 문법은 문법을 바라보는 관점에 따라 다양한 방식으로 설명될 수 있다. 한국어를 비롯해 다른 여러 언어가 갖고 있는 보편적인 문법 원리를 밝히는 데 초점을 두는 경우는 이를 보편 문법(universal grammar)이라고 한다. 예를 들어, 서로 다른 언어라도 이들 언어에서는 동작이나 상태의 주체가 되는 주어를 공통적으로 발견할 수 있고, 동작이나 상태를 나타내는 서술어를 발견할 수 있다는 설명은 이러한 보편 문법 관점에서 이루어진 설명이라고 할 수 있다. 반면, 한국어라는 개별 언어에 초점을 두고, 한국어의 원리와 사용 규칙을 설명하는 개별 문법이 있다. 한국어 문법 교육은 이러한 보편 문법과 개별 문법을 모두 고려하여 이루어진다. 한국어 학습자에게 문법 교육을 한다는 것은 그 학습자가 문법에 대한 보편적인 지식을 가지고 있다는 믿음이 전제되어 있어야 한다. 또 많은 언어 중 한국어 문법 교육을 행하려면 다른 언어와는 다른, 한국어가 가지고 있는 문법적 특징이 무엇이며, 그 특징으로서 어떤 원리와 사용 규칙을 교수해야 할지를 생각해야 한다.

그렇다면, 실제로 한국어 문법 교육은 한국어 교육의 여러 영역 안에서 어떤 영역에 자리하고 있으며, 어떤 위상을 지니고 있을까? 넓은 의미에서 문법은 음운, 형태, 통사, 의미,

담화의 모든 영역에서 설명되는 언어 사용 규칙과 원리를 모두 포괄한다. 이처럼 넓은 의미에서 보면 문법 교육의 영역도 모든 언어 단위를 포괄하여, 음운 교육, 단어 교육, 문장 교육, 담화 교육으로 넓게 설정될 수 있다. 좁은 의미에서 문법은 형태, 통사의 영역에서 설명되는 언어 사용 규칙과 원리를 의미하는데, 음운 교육 내용은 발음 교육 영역으로 분리되어 다루어지고, 단어 교육 내용은 형태 및 통사의 영역에 포괄될 수 있는 품사 관련 내용을 제외하고는 어휘 교육 영역으로 분리되어 다루어진다. 그래서 좁은 의미에서의 문법 교육은 문장 교육을 중심에 두고, 문장을 이루는 단어의 품사 교육과 문장이 모여 생성하는 담화 교육을 함께 다루는 것으로 그 성격이 규정된다. 본 책에서는 좁은 의미로 한국어 문법 교육을 바라보는 관점을 취하였으며, 발음 교육과 어휘 교육의 영역을 따로 두어 논의를 제시하였다.

2) 문법 교육의 필요성

한국어 문법 교육의 필요성을 이해하려면 문법 교육이 다른 영역의 교육과 어떤 관계에 놓여 있으며 한국어 학습자의 한국어 사용을 위해 어떤 역할을 담당할 수 있는지를 확인할 필요가 있다. 한국어 교육의 영역으로는 한국어 문법 교육 외에도 일반적으로 한국어 말하기, 듣기, 읽기, 쓰기, 문학/문화 교육이 존재한다. 이 중 한국어 문법 교육은 말하기, 듣기, 읽기, 쓰기의 의사소통 기능 영역을 위한 도구적인 성격을 띠고 이루어질 수도 있고, 한국어의 구조와 사용 규칙을 익히게 하기 위한 학문적인 목적에서 독립적으로 이루어질 수도 있다. 전자의 경우 문법 교육은 한국어 교육의 목표로, 의사소통을 원활하게 진행하는 학습자를 기르기 위한 필요에서 이루어지게 된다. 또한 후자의 경우는, 문법 교육을 목표어인 한국어를 체계적으로 잘 학습하기 위한 필요에서 진행하는 경우이다. 다만, 현재 대부분의 한국어 교육은 한국어로 원활하게 의사소통할 수 있는 학습자를 기르는 데 목표를 두고 있으므로, 한국어 문법 교육도 한국어 학습자의 말하기, 듣기, 읽기, 쓰기의 의사소통 능력을 키우기 위한 필요에서 진행되는 도구적 성격을 띠고 있다.

2. 한국어 문법 교육의 목표

1) 문법 교육의 관점

한국어 교육에서 문법 교육은 학습자의 한국어 의사소통 능력을 키우기 위한 도구적 성격을 띠고 있음을 앞에서 제시하였다. 그런데 문법 교육이 어떤 측면에서 한국어 의사소통 능력 향상에 기여할 수 있고, 또 기여해야 하는지를 생각할 필요가 있다. 바로 이 측면을 밝히는 일이 한국어 문법 교육의 관점을 확인하고, 목표를 설정하는 일이 된다. 전통적으로 문법 교육의 유용론에서 언급한 문법과 문법 교육의 효용과 역할을 살펴보면, 문법 교육이 어떤 관점에서 이루어질 수 있는지 그 근거를 확인할 수 있다. 그 내용은 다음과 같다(민현식, 2003).

- 문법을 통해 일상의 비규범적 언어를 진단·교정할 수 있다.
- 문법을 통해 바른 문장을 제조할 수 있다.
- 문법 교육을 통해 오용 언어 습관의 고착화를 막을 수 있다.
- 문법 학습에서 강조된 것을 일상 언어생활에서 주의하면서 바른 언어 사용 능력을 강화할 수 있다.
- 언어 학습에서 문법 범주나 규칙별로 학습하면, 방대한 언어를 효율적이고 체계적으로 학습할 수 있다.
- 문법은 교사가 다양한 계층, 성격의 청소년, 성인 학습자에게 전달할 수 있는 가장 체계적인 지식이다.
- 문법 학습에 기대를 거는 학습자에게는 문법 교육이 유용하다.
- 외국어 학습 시에 모어 문법을 제공하는 것이 유용하다.
- 모어 문법에 대한 이해 학습 자체가 개인의 인지 능력 발달에 기여한다.

제시하고 있는 근거에 따르면 문법 교육은 첫째로, 학습자의 한국어 사용에 대한 정확성을 높이고, 둘째로, 한국어 학습을 체계적이고 수월하게 하기 위한 관점으로 이루어져야 함을 알 수 있다.

2) 문법 교육의 목표

문법 교육이 한국어 사용의 정확성을 높여 의사소통 능력 향상에 기여해야 한다는 관점과 관련하여, 강현화(2006)에서도 문법 교육의 방향을 논하면서 문법 항목의 음운, 형태, 의미, 화용적 기능에 대해 올바르고 명쾌한 설명을 통해 학습자로 하여금 한국어를 정확하게 습득하게 해야 함을 기술한 바 있다. 그리고 이를 통해 도달해야 할 문법 학습의 최종 단계는 규칙의 적용, 문장의 생성에 그치는 것이 아니라 의사소통을 위해 문법을 사용하는 것이어야 한다는 점도 지적하였다.

문법 교육이 한국어 학습을 체계적이고 수월하게 하여 한국어로의 의사소통 능력을 향상시켜야 한다는 점과 관련하여, Ellis(2006)도 문법 교육을 문법 형식에 주목하게 하는 모든 기술, 즉 메타 언어적인 문법 설명과 이 설명을 내재화하여 이해 또는 표현하도록 돕는 모든 과정이라고 하였다. 이는 문법 교육을 통해 언어 형태에 집중할 수 있음과 이것이 언어 이해와 표현의 과정으로 이어질 수 있음을 말하는 것이다. 최근에 문법 교육의 한 흐름으로 제시된 담화 기반 접근법(discourse-based approaches to grammar instruction)도 언어의 구조와 형태에 대한 학습이 궁극적으로 실제 담화 상황에서 의사소통 능력으로 이어져야 한다는 입장을 취하고 있다. 그리하여 이 접근법에서는 실제 언어 자료와 용법, 의미의 구조를 중시한다.

다시 말하면, 한국어 문법 교육의 목표는 한국어 학습을 체계적으로 수월하게 하여 한국어 사용의 정확성을 높이고, 궁극적으로 한국어 의사소통 능력 향상에 기여하는 것이라고 할 수 있다. 이러한 목표 하에 한국어 문법 교육의 내용도 실제 언어 자료 안에서 문법 형내의 의미와 용법을 정리한 것이며, 실제 한국어 문장을 잘 이해하고 생성하게 하기 위한 목표로 구성된다는 것을 확인할 수 있다.

3. 한국어 문법 교육의 내용

1) 문법 교육 내용의 범주와 체계

한국어 문법 교육의 내용을 알려면 한국어 문법의 범주와 체계를 잘 이해하는 것이 필요하다. 이 책에서는 한국어 문법 교육의 영역에 대해 문장 교육을 중심에 두는 관점을 취한다는 것을 앞에서 기술하였다. 그러므로 문법 교육의 내용과 체계에 대해서도 한국어 문장을 이해하고 표현하기 위한 기본 지식으로서 한국어 문장을 이루는 요소인 문장 성분과 문법 요소의 내용 체계로 설명하기로 한다.

(1) 문장 성분

한국어 문장을 이루며 문장 안에서 일정한 문법적 기능을 하는 문장 성분은 일반적으로 문장의 골격을 이루는 필수적인 성분인 주성분, 주성분의 내용을 꾸며 뜻을 더하여 주는 부속 성분, 다른 문장 성분과는 직접적 관련이 없고 따로 떨어져 있는 독립 성분으로 나뉘는 것으로 설명된다. 주성분에는 서술어, 주어, 목적어, 보어가 있고, 부속 성분에는 관형어, 부사어가 있으며, 독립 성분에는 독립어가 있다.

주성분으로서 서술어는 한 문장에서 주어의 움직임, 상태, 성질 따위를 서술하는 기능을 하는 문장 성분이다. 서술어는 '달리다, 예쁘다'처럼 동사나 형용사로 이루어지거나 '학생이다'처럼 체언 '학생'에 서술격 조사 '이다'가 결합되어 이루어지는 경우도 있다. 주어는 문장에서 서술어가 나타내는 동작, 상태의 주체가 되는 말이다. 주어는 주로 체언이나 체언 구실을 하는 구에 주격 조사 '이/가', '께서'가 붙어 나타나는데 때로는 '너 뭐 먹었니?'의 '너'와 같이 주격 조사가 생략될 수 있고 '나도 밥 먹었다'에서 '도'와 같이 특별한 뜻을 더해 주는 보조사가 붙어 사용될 수도 있다. 목적어는 서술어가 나타내는 동작의 대상이 되는 문장 성분이다. 체언에 목적격 조사 '을/를'이 붙어 사용되는 것이 일반적이지만 때로는 '을/를'이 생략될 수도 있고 보조사가 붙기도 한다. 예를 들어 '나는 너를 좋아해', '나는 너 좋아해', '나는 너도 좋아해'에서 '너를, 너, 너도'는 모두 목적어이다. 보어는 주어와 서술어만으로는 뜻이 완전하지 못한 문장에서, 그 불완전한 곳을 보충하여 뜻을 완전하게 하는 수식어로, 서술어 '되다', '아니다' 앞에 조사 '이', '가'를 취하여 나타나는 문장 성분을 말한다. '철수가 선생님이 되었다'의 '선생님이'는 철수가 무엇이 되었는지를 나타내기 위해 사용된 보어이다.

부속 성분으로서 관형어는 체언을 수식해 주는 말이다. 관형어는 '새 책상'에서의 '새'와 같이 관형사가 그대로 관형어가 되거나 '동생의 책상'과 같이 체언 '동생'에 관형격 조사 '의'가 결합되어 관형어가 되기도 한다. 또 '동생 책상'과 같이 관형격 조사 '의'가 없이 '체언+체언'의 구성으로 사용되는 경우도 있다. 부사어는 용언뿐 아니라 다른 부사어를 수식하고 문장이나 단어를 이어 준다. '나는 빨리 달린다'에서 '빨리'는 용언인 '달린다'를 수식하는 부사어, '나는 참 빨리 달린다'에서 '참'은 부사어인 '빨리'를 수식하는 부사어이다. 또한 부사어는 '매우 헌 신발'에서 부사어 '매우'가 관형어 '헌'을 수식하는 것처럼 관형어를 수식하는 경우도 있다.

독립어는 문장의 어느 성분과도 직접적 관련이 없는 문장 성분이다. 감탄사, 호격 조사가 붙은 명사, 제시어, 대답하는 말, 문장 접속 부사 따위가 이에 속한다. '아, 날씨가 좋다', '주헌아, 밥 먹자', '청춘, 이것은 듣기만 해도 가슴이 설레는 말이다', '예, 맞습니다', '나는 왔다. 그러나 친구는 안 왔다'에서 '아', '주헌아', '청춘', '예', '그러나'가 독립어에 해당한다.

이러한 한국어 문장 성분에 대한 지식은 한국어 문장을 이해하고 표현하기 위한 기초가 되지만, 한국어 교육 현장에서 이 지식이 제공되는 방식은 여러 가지가 있을 수 있다. 한국어의 문장 형성 원리를 체계적으로 학습시키는 것이 목적이라면 한국어 문장 성분에 대한 지식을 위에서 기술한 것과 같이 메타적이고 명시적으로 제시할 수도 있다. 그러나 메타적 설명을 이해하기 어려운 나이 어린 학습자에게나, 메타적 설명을 가능하게 하는 교수 언어 사용을 지양하고 목표어인 한국어를 주로 사용하여 한국어를 교수하는 환경의 학습자에게는 이와 같은 문장 성분에 대한 지식을 명시적으로 제시하는 것이 불가능할 것이다. 이 경우에는 학습자에게 한국어 예시 문장을 제시하고, 그 문장의 의미를 이해할 수 있는 맥락을 함께 제공함으로써 암시적으로 한국어의 문장 성분을 이해하고 학습할 수 있도록 한다.

(2) 문법 요소

한국어 문장을 잘 구사하기 위해서는 한국어의 특징적 의미 기능 범주인 높임, 시제, 피동, 사동을 실현하는 문법 요소를 잘 이해하고 사용해야 한다.

먼저 한국어의 높임은 청자를 높이는 상대 높임, 서술의 주체를 높이는 주체 높임, 서술의 객체, 즉 목적어나 부사어가 지시하는 대상을 높이는 객체 높임으로 나뉜다. 첫째, 상대 높임을 실현하는 문법 요소는 '선생님, 안녕히 가십시오'의 '-(으)십시오', '친구야, 잘 가라'의 '-아/어/여라'와 같이 서로 다른 층위의 높임을 나타내는 종결 표현이다. 둘째 , 주체 높임을 실현하는 문법 요소는 '선생님께서 오신다'에서와 같이 조사 '께서'나 선어말 어미 '-(으)시'를 통해 실현된다. 또한 '선생님께서 여기 계신다'와 같이 '계시다'라는 높임의 뜻을 가진 특수한 어휘를 통해서도 주체 높임이 실현되기도 하는데, 이와 같이 어휘를 통해 높임을 실현하는 방식은 주로 한국어 어휘 교육의 영역에서 다루고 있다. 셋째, 객체 높임을 실현하는 문법 요소로는 '나는 동생에게 책을 주었다'와 '나는 선생님께 책을 드렸다'의 비교에서 드러나듯 '께'와 같은 조사가 있다. 또한 이 문장에서 보듯, '드리다'와 같은 특수 어휘도 객체 높임을 실현하는 요소로 한국어 어휘 교육의 영역에서 다룰 수 있다.

다음으로 한국어의 시제는 주로 과거, 현재, 미래 시제로 나뉘어 설명된다. 첫째, 과거 시제는 동작이나 상태가 일어나는 시점인 사건시(事件時)가 말하는 이가 말하는 시점인 발화시(發話時)보다 앞서 있는 시제이다. 과거 시제를 실현하는 문법 요소로는 '나는 어제 영화를 보았다'나 '나는 아까 밥을 먹었다'에서의 과거 시제 선어말 어미 '-았-/-었-'이 있다. 또한 과거의 일이나 경험을 회상할 때에는 선어말 어미 '-더-'를 사용하여 '어제 영희는 안 오더라'와 같이 표현할 수도 있고, 관형사형 어미 '-(으)ㄴ'을 사용하여 '아까 내가 먹은 빵이 맛있었다'의 '먹은 빵'과 같이 표현할 수도 있다. 둘째, 현재 시제는 사건시와 발화시가 일치하는 시제이다. 현재 시제를 실현하는 문법 요소로는 선어말 어미와 관형사형 어미가 있다. '나는 지금 밥을 먹는다'에서 '-는-'이나 '나는 지금 집에 간다'에서 '가다'와 결합된 '-ㄴ-'은 현재 시제를 나타내는 선어말 어미이다. 또한 '밥을 먹는 친구'에서 '는'은 현재 시제를 나타내는 관형사형 어미이다. 그밖에 현재 시제를 나타내는 방법으로 '지금'과 같은 시간 부사어를 사용하는 방법도 있는데, 이는 어휘를 통한 시제 표현 방법으로 한국어 어휘 교육의 영역에 속한다. 셋째, 미래 시제는 사건시가 발화시 이후에 있는 시제이다. 미래 시제를 실현하는 문법 요소로는 선어말 어미 '-겠-', 관형사형 어미 '-(으)ㄹ'이 있다. '내일 오겠다'의 '-겠-', '내일 올 친구'의 '오다'와 결합된 '-ㄹ'이 그 예가 된다.

한국어의 피동(被動)은 다른 주체에 의해서 주어가 동작을 당하게 되는 것을 의미하며, 주어가 자발적으로 동작을 하는 것을 일컫는 능동(能動)과 비교할 수 있다. '고양이가 쥐를 물었다', '쥐가 고양이에게 물렸다'에서 '물다'는 능동사, '물리다'는 피동사이다. 피동문의 형성을 위해 피동사는 능동사의 어간에 피동 접미사 '-이-, -히-, -리-, -기-'가 결합되어 만들어지며, 능동문의 목적어였던 '쥐를'은 피동문의 주어인 '쥐가'가 되고, 능동문의 주어 '고양이가'는 피동문의 부사어 '고양이에게'가 된다. 피동을 실현하는 이러한 방식을 교육할 때에는 피동사를 형성시키는 문법 요소인 피동 접미사 교육을 통해 능동사를 활용하여 피동사를 만들 수 있도록 할 수 있다. 그런데 학습자들이 피동사를 만드는 과정에서 각 능동사에 어떤 피동사를 결합해야 할지 결정하는 데 어려움을 겪을 수 있고 '얻다'에 피동 접미사를 결합시킨 형태인 '얻히다'와 같은 피동사는 성립하지 않기 때문에 '물다', '물리다'와 같이 존재하는 능동사와 피동사 쌍을 어휘로 기억하도록 제시하는 방식이 실제적일 수 있다. 또한 '파괴하다', '파괴되다' 쌍과 같이 피동 접미사 '-되다'를 통해 피동사를 만드는 방법도 교육될 수 있으며, 피동 접미사를 통해 피동을 표현하는 방법 외에도 능동사에 '-아/어/여지다'를 결합시키거나 '-게 되다'를 결합해 '밝혀지다', '먹게 되다'와 같이 피동을 표현하는 방법이 있음도 교육할 수 있다.

한국어의 사동(使動)은 주어가 남에게 동작을 하도록 시키는 것인데, 주어가 직접 동작을 하는 주동(主動)과 비교할 수 있다. '동생이 옷을 입는다'와 '엄마가 동생에게 옷을 입힌다'에서 '입다'는 주동사, '입히다'는 사동사이다. 사동문의 형성을 위해 사동사는 주동사의 어간에 사동 접미사 '-이-, -히-, -리-, -기-, -우-, -구-, -추-' 등이 붙어서 만들어지며, 주동문의 목적어 '옷을'은 그대로 사동문의 목적어가 되고 주동문의 주어 '동생이'가 사동문의 부사어 '동생에게'가 된다. 주동문에 목적어가 없는 경우는 '길이 넓다', '사람들이 길을 넓힌다'와 같이 주동문의 주어 '길이'가 사동문의 목적어 '길을'이 된다. 사동문의 주어는 '엄마가', '사람들이'와 같이 사동의 주체를 활용하여 만들 수 있다. 사동을 실현하는 방식을 교육할 때에는 피동 교육과 마찬가지로 모든 주동사에 사동 접미사를 결합시킬 수 없고, 각 주동사에 어떤 사동 접미사를 결합시킬 것인지의 선택에서 학습자들이 어려움을 겪을 수 있으므로 '넓다', '넓히다'와 같이 존재하는 주동사와 사동사 쌍을 어휘로 제시하는 방식이 효과적이다. 또한 사동 접미사로 '-시키다'를 주동사에 결합시켜 '공부시키다'와 같이 사동의 의미를 나타낼 수 있고, '-게 하다'를 주동사에 결합시켜 '공부하게 하다'로 사동의 의미를 나타낼 수도 있다.

2) 문법 교육 내용 구성의 실제

(1) 한국어 문법 항목의 선정과 배열

한국어 문법 항목은 학습자들이 한국어 문장의 각 문장 성분을 표현하고, 한국어의 특징적인 의미 기능인 높임, 시제, 피동, 사동과 그 외의 여러 의미 기능을 표현할 수 있도록, 학습자들이 실제적으로 활용할 수 있는 문법 요소와 문법 표현을 목록화한 것이다. 이 관점에 따르면 한국어 현상을 분석하여 설명하기 위한 문법 단위와 학습자가 기억하고 있다가 실제로 활용할 수 있는 문법 형태의 단위가 다를 수 있어 기술 문법의 문법 형태 내지 문법 단위와는 다른, 교육 대상 문법 항목을 선정하는 일이 중요해진다. 한국어 문법 교육에서 학습자들에게 제시하는 문법 항목의 단위는 실제 사용 단위가 되어야 한다는 관점은 여러 학자들에 의해 지지되어 왔다. 실제 사용 단위의 유용성은 출력의 유창성과 정확성을 높이고, 입력된 한국어에 대해 이해력을 높인다는 점, 학습한 문법 규칙을 과잉 일반화하는 것을 방지한다는 점으로 요약된다(종장지, 2015: 31-34).

첫째, 출력의 유창성을 높여주는 것은 '학습자가 발화할 때 조립과 사고 과정을 거칠 필요 없이 직접적으로 꺼내어 쓸 수 있는 개별 단위'로서의 덩어리를 입력해 줌을 통해 가능하다는 것이다. 이에 대해 Willi(2003)도 인간의 언어 학습과 사용을 기존의 만들어진 구성과 덩어리 구조(ready-made elements and chunks)를 활용하는 것으로 설명하고 있다. 한국어에서 관형사형 어미 '-(으)ㄹ'과 명사 '때'가 결합되어 어떤 행위나 상황이 일어나는 순간이나 동안을 나타내는 '-(으)ㄹ 때'를 덩어리로서의 문법 항목으로 제시하면 미래에 일어날 상황이나 추측, 예정, 의도 등의 의미를 나타낼 때 사용하는 '-(으)ㄹ'의 다양한 쓰임을 생각하며 고민하지 않고 '-(으)ㄹ 때'를 활용할 수 있다. 실제 이 문법 항목 '-(으)ㄹ 때'는 여러 한국어 교재의 초급 단계에서 교육 항목으로 제시되고 있으며 '국제 통용 한국어 교육 표준 모형'(김중섭 외, 2011) 개발 연구 결과를 통해서도 초급 단계의 교육 항목으로 권장되고 있다.

둘째, 출력의 정확성을 높여 주는 것은 활용 가능하고 정확한 구조로 된 형태의 문법 항목을 제시하여 학습자가 여러 문법 요소를 조립하는 과정에서 발생할 수 있는 오류를 방지함으로써 가능하다. 예를 들면, 부정적인 결과에 대한 원인이나 까닭을 나타내는 '-는 바람에'에 대한 교수에서 '-는 바람에'를 하나의 항목으로 설정하지 않고, '-는'과 '바람', '에'를 따로 제시한다면, 학습자가 '-(으)ㄴ 바람에'라든지 '-는 바람이다'와 같은 오류 형태를 산출할 가능성이 높아질 수 있다. '-는 바람에'를 하나의 문법 항목으로 제시하면 '버스가 늦게 오는 바람에 지각을 했다'의 정확한 문장을 비교적 쉽게 산출해 내고, '버스가 늦게 온 바람에 지각을 했다'라든지 '지각하게 된 것은 버스가 늦게 도착하는 바람이다'와 같은 오류 문장을 피할 수 있다는 것이다.

셋째, 입력된 한국어에 대해 이해력을 높일 수 있다는 것도 덩어리 구성의 문법 항목 교수의 장점이다. 문법소와 어휘소로 구성된 특정한 덩어리 구성의 일부는 요소로부터 뜻을 추론하기 힘든 경우가 있다. 예를 들어, '-기 짝이 없다'와 같은 덩어리 구성에서는 '-기', '짝', '없다'의 개별 의미와 기능을 통해 '-기 짝이 없다'의 의미와 기능을 추론할 수 없으며 외국인 학습자는 문맥을 통해서도 이 덩어리 구성의 뜻을 금방 추론하기가 어려울 것이다. 그러므로 한국어 교육의 대상이 되는 문법 항목의 단위는 학문 문법에서 한국어 현상을 분석하고 설명하는 단위와 불일치하는 경우가 생긴다. '-기', '짝', '이', '없다'의 분석적인 항목이 아닌, '-기 짝이 없다'를 하나의 문법 항목으로 교수하는 것이 효과적이라는 것이다.

넷째, 규칙을 과잉 일반화하는 것을 막을 수 있다는 점도 덩어리 구성의 문법 항목 교수를 통해 거둘 수 있는 효과이다. '-(으)ㄹ 때'는 관형형 어미 '-(으)ㄹ'과 명사 '때'가 결합된 문법 항목인데 이를 결합하여 제시함으로써 '길이 복잡한 때에는 지하철을 타야 한다'와 같은 문장이 생성되는 오류를 막을 수 있다. 형용사와 함께 결합될 때, 관형형 어미 '-(으)ㄹ'은 미래의 일을, '-(으)ㄴ'은 현재의 일을 나타내므로 미래의 어떤 시간이 아닌, 어떤 행위나 상황이 계속되는 시간을 나타내는 경우에 '-(으)ㄴ'을 과잉 적용하여 '-(으)ㄴ 때'와 같은 오류 형태를 산출하는 경우가 생긴다. 이와 같은 오류는 '-(으)ㄹ 때' 형태를 통째로 학습함으로써 줄일 수 있다.

이러한 교육 대상으로서의 문법 항목을 어떻게 선정하고 배열할 것인지를 결정하는 것은 교육 내용을 마련하고 조직하는 구체적인 작업이 된다. 그리고 이들 개별 문법 항목에 대해 어떤 설명을 제공할지를 결정하는 것도 교육 내용 선정을 위한 핵심적인 작업이 된다. 다음에서 이를 소개하고자 한다.

① 문법 항목의 선정 원리

학습자들에게 제공할 문법 항목은 어떤 원리와 기준에 따라 선정되어야 하는지를 먼저 확인하기로 한다. 문법 항목은 핵심성, 필수성, 보편성, 응용 가능성을 갖춘 항목이어야 하며(이미혜, 2005), 여기에 문법 항목은 어문 규정에 따라 형태가 정확하게 기술되고 띄어쓰기도 잘 지켜져야 한다는 정확성을 추가할 수 있다.

문법 항목 선정의 첫째 원리로, 핵심성은 한국어의 여러 품사나 문법 범주 중 중요한 것을 선택해야 하고, 하나의 품사 안에서도 상대적으로 중요한 표현을 선택해야 한다는 것이다. 한국어의 품사는 명사, 대명사, 수사, 조사, 동사, 형용사, 부사, 관형사, 감탄사와 같이 한국어를 의미와 기능에 따라 분류한 체계이다. 이 중 외국어로서 한국어를 접하는 학습자들에게 핵심적인 것은 조사에 대한 이해이다. 명사나 수사는 다른 언어에도 보편적으로 존재하는 문법 범주로 학습자에게 쉽게 이해될 수 있고, 학습자가 개별 명사나 수사를 문법 항목이 아닌, '선생님, 학생', '하나, 둘, 셋'과 같은 어휘로 받아들여 수월하게 학습할 수 있는 가능성이 높은 범주인 데 반해, '이/가, 은/는'과 같은 조사는 교착어로서의 특수한 성격을 이해하기 위해 핵심적으로 학습해야 할 항목이 된다.

문법 범주로는 어미나 보조 용언도 핵심적으로 학습해야 할 문법 범주이다. '-아/어/여서'와 같은 어미는 학습자가 '가다', '먹다', '예쁘다'와 같은 개별 동사나 형용사를 익히기만 하면 '가서', '먹어서', '예뻐서'와 같은 형태로 광범위하게 활용할 수 있는 자원이 된다. 또한 '-고 싶다'와 같은 보조 용언이 포함된 표현도 '쉬다', '보다'와 같은 개별 동사와 결합하여 '쉬고 싶다', '보고 싶다'와 같은 형식으로 광범위하게 활용할 수 있어 핵심적으로 교육해야 할 문법 범주로 꼽을 수 있다.

이러한 조사나 어미, 보조 용언 안에서도 중요한 표현을 선택해야 하는데, 조사의 경우를 예로 들면, '이/가', '을/를'은 한국어 문장에서 앞선 명사를 각각 주어와 목적어로 만드는 역할을 하며, 높은 빈도로 활용되는 조사이다. 이러한 활용성을 고려했을 때, 수많은 조사 중 '이/가', '을/를'은 매우 핵심적으로 지도해야 할 조사라고 할 수 있다.

둘째 원리로, 필수성은 문법 항목이 부가 요소를 제외한 필수 요소로 구성되어 있어야 한다는 원칙이다. 예컨대, 문법 항목으로 '-(으)ㄹ 뻔하다'와 '-(으)ㄹ 뻔했다' 중에서는 '-(으)ㄹ 뻔하다'가 더 필수성의 요건을 갖춘 항목이 된다는 것이다. 학습자가 '-(으)ㄹ 뻔하다'를 익히면 여기에 부가 요소로 과거 선어말 어미 '-였-'을 결합하여 '-(으)ㄹ 뻔하였다', 즉 '-(으)ㄹ 뻔했다'를 산출할 수 있으며, 그 외에도 어미 '-고', '-여서'를 결합하여 '-(으)ㄹ 뻔하고', '-(으)ㄹ 뻔해서'와 같은 형태를 산출할 수도 있다. 이처럼 필수 요소로 문법 항목을 구성하여 학습자에게 제공할 때, 학습자는 그 필수 요소로 구성된 문법 항목에 부가 요소들을 결합하여 원하는 표현들을 산출할 수 있다.

셋째 원리로, 보편성은 한국인이 일반적으로 사용하는 문법 항목이어야 한다는 것이다. 예컨대, 공손하게 무엇을 요청할 때 쓰는 표현으로 한국인은 보편적으로 '-을/를 요청합니다'와 같은 표현이 아니라 '-아/어/여 주세요'를 사용하므로, '-아/어/여 주세요'가 문법 항목으로 적합하다는 것이다. 이러한 보편성에 대한 판정은 한국어 말뭉치에서 높은 빈도로 나타나는 표현을 추출하는 과정이나 전문가의 직관에 의해 이루어질 수 있다.

넷째 원리로, 응용 가능성은 교육적 효과를 고려하여 상투적 표현은 표현 그대로 완전히 고정된 형태로 제시하고 그 밖의 것은 부분적으로 고정된 형태로 제시해야 한다는 것이다. 예컨대, '그럼에도 불구하고'와 같은 것은 상투적이므로 이 표현 그대로를 문법 항목으로 제시함이 교육적 효과가 높고, '-고 싶다'와 같은 것은 '먹고 싶다, 쉬고 싶다'와 같은 식으로 응용해 사용하도록 '-고 싶다'에 본용언이 결합되지 않은 형태, 즉 부분적으로만 고정된 형태로 제시하는 것이 교육적 효과가 높다는 것이다. 이 응용 가능성의 원리는 경우에 따라 필수성의 요건과 배치되는 경우가 있다. 예를 들어, '-았/었/였어요'는 필수 요소인 '-어요'에 부가 요소로 과거 선어말 어미 '-았/었/였-'이 결합된 것으로 필수성에는 위배되는 형태라고 분석할 수 있다. 그러나 응용 가능성에 따라 '-았/었/였어요'가 널리 활용되므로 문법 항목으로서 가치가 높다고 볼 수도 있다.

이러한 까닭에 한국어 교재들에서 필수성을 우위에 놓을 것인가, 응용 가능성을 우위에 놓을 것인가에 따라 서로 다른 형태의 문법 항목을 제시하는 경우가 있다. 응용 가능성을 우위에 놓고, '-았/었/였어요'의 응용 가능성이 높다고 평가한 교재들에서는 '-았/었/였어요'를 하나의 문법 항목으로 제시하며, '-았/었/였어요'의 응용 가능성이 높다고 평가하더라도, 필수성을 우위에 놓은 교재들에서는 '-았/었/였-'과 '-아/어/여요'를 별도의 문법 항목으로 제시하게 되는 것이다.

다섯째 원리로, 정확성은 문법 항목을 어문 규정에 따라 정확하게 기술해야 한다는 것이다. '-(으)ㄹ 거예요'의 경우, '-(으)ㄹ 거에요'와 같이 표준어 규정에 어긋난 형태로 제공되거나 '-(으)ㄹ거예요'와 같이 한글 맞춤법 규정의 띄어쓰기 조항에 어긋난 형태로 제공되어서는 안 된다. 표준어 규정에서는 '이에요, 이어요'를 복수 표준어로 규정하고 있는데, 이중, '이에요'는 받침이 없는 체언 뒤에서 '예요'로 줄어 사용된다. 그러므로, '-(으)ㄹ 거에요'는 '-(으)ㄹ 거이에요'가 줄어든 형태인 '-(으)ㄹ 거예요'로 수정되어야 한다. 또한 한글 맞춤법의 띄어쓰기 조항에서 의존명사는 띄어 쓰도록 규정하고 있으므로, 의존명사 '거'는 '-(으)ㄹ 거예요'로 띄어 써야 한다.

다음으로는 이러한 핵심성, 필수성, 보편성, 응용 가능성, 정확성의 요건을 갖춘 문법 항목을 선정하는 실제적인 방법을 살펴보기로 한다. 이는 수많은 한국어의 문법 표현 중에 무엇이 이러한 요건을 충족하는 문법 항목이 될 수 있는지를 결정하는 과정에 대한 설명이다. 문법 항목의 선정 방법은 크게 두 가지로 나뉜다. 전문가 판정을 기반으로 문법 항목을 선정하는 주관적 방법과 말뭉치 빈도 조사나 교재의 항목 중복도 검사를 하여 고빈도의 항목을 추출하는 객관적 방법이다. 김중섭 외(2011)의 '국제 통용 한국어 교육 표준 모형' 개발 연구에서도 이 두 가지 방법을 절충하여 문법 항목을 선정하였음을 확인할 수 있는데, 이 연구에서는 기존 문법 사전의 1,886개 문형을 검토하고, 중복 항목과 이형태를 고려하여 600개 문형으로 정리하고, 이후에 추가로 한국어 교재나 문법 사전을 이용하여 추가로 문형을 일부 보충하였다고 보고하고 있다. 이 연구에서 기존 문법 사전이나 교재를 검토하여 문형을 정리하는 작업은 기존의 자료를 활용하였다는 점에서 객관적 방법으로 이해할 수 있으며, 이후 추가로 문형을 보충하는 과정은 전문가의 판단에 따라 문형이 보충되는 것이므로 주관적 방법이라고 할 수 있다.

그런데 여기서, 문법 항목 선정의 객관적 방법과 주관적 방법에 대해 엄밀하게 고찰해 볼 필요가 있다. 과연 주관적 방법이 배제된 객관적 방법이 존재할 수 있는가에 대한 문제이다. 한국어 교재와 문법 사전에 실리는 문법 항목이 한국어 말뭉치 분석을 바탕으로 선정된다고 해도, 통계 자료에만 근거해 객관적인 수치만 따라 선정되는 것은 아니기 때문이다. 통계 자료를 기초 자료로 활용한다고 해도, 문법 항목의 핵심성과 필수성을 판단하는 모든 과정에서는 전문가의 주관이 개입된다. 실제로 한국어 문법 교육이 발전하고 전개되어 온 과정을 볼 때, 문법 항목 선정의 과정에서 전문가의 주관이 크게 작용해 온 측면을 발견할 수 있다. 그리고 이러한 과정으로 이루어져 온 문법 항목 선정에 대해 그 선정 원리를 더욱 체계화하려는 연구도 계속되고 있다. 예를 들어, 이 선정 원리 개발의 한 문제로, 어휘의 성격을 띠는 문법 항목을 어떻게 처리할 것인지의 문제도 있다. '개, 분, 시'와 같은 의존 명사나 '그럼에도 불구하고'와 같은 관용적 표현은 핵심성이나 응용 가능성의 측면에서 매우 중요한 항목이나, 문법 교육 항목이 아닌 어휘 교육 항목으로 다루는 것이 효과적일 수도 있다. 이러한 문제에 대해 현재는 전문가의 서로 다른 견해에 따라, 한국어 교재마다 서로 다른 문법 항목 목록을 담고 있는 상황이다.

② 문법 항목의 배열 원리

여기서는 선정된 문법 항목을 어떻게 체계적으로 정리하고 배열할 것인지에 대해 논의하기로 한다. 먼저, 문법 항목 선정 원리에 따라 선정된 문법 항목을 정리하는 기준도 여러 가지가 있을 수 있다. 김중섭 외(2011)의 '국제 통용 한국어 교육 표준 모형' 개발 연구에서는 현재 한국어 교재에 제시되어 있는 문법 항목을 분류할 수 있는 범주를 다음과 같이 정리하고 있다.[1]

1 김중섭 외(2011)에서는 본 장에서 문법 항목이라고 기술하고 있는 것에 대해 문형이라는 용어로 설명하고 있으며, 문법 항목이라는 용어는 한국어의 격틀 구조, 어순, 자모 교수, 불규칙 용언 등의 교수 대상 문법 범주의 의미로 사용하고 있다.

[표 12-1] 김중섭 외(2011)의 문법 항목 분류 기준

문법 항목	세부 문법 항목	유형
단일 어휘 항목	내용 어휘 항목	불규칙 동사
	기능 어휘 항목	문법과 연관된 어휘(어미, 조사)
복합 어휘 항목	범주 접근적 문법 항목	시제, 서법, 존대법 등
	결합형 문법 항목	조사 결합형, 어미 결합형 등
	어휘 접근적 문법 항목	상용 문장, 연결 어미, 어미+용언 등

김중섭 외(2011)에서도 설명하는 것처럼, 개별 문법 항목은 위 표의 여러 범주에 다 포함될 수 있다. 예를 들어, 문법 항목 '-고 있다'는 복합 어휘 항목 중 범주 접근적 문법 항목에 속하여 동작상을 나타낸다고 할 수 있다. 그러나 동시에 어휘 접근적 문법 항목에 속하는 어미와 보조 용언의 결합형으로 이해할 수도 있다. 그러므로 문법 항목을 정리할 때, 문법 항목의 의미와 기능이 아닌, 형태에 초점을 맞추어 분류해 보는 것도 가능하다. 한국어 문법 항목의 대다수를 차지하는 어미와 조사를 중심에 두고, 어미와 조사 포함 유무에 따라 일차 분류하고, 형태의 고정성 유무에 따라 이차 분류하는 방식으로 아래 표와 같다.[2] 표에서 '-아/어/여요'는 어미 '-아/어/여'와 보조사 '요'의 결합형이므로 어미 포함 유형에 속하고, '가다'와 결합되면 '가요'로, '먹다'와 결합되면 '먹어요'로 최종 형태가 결정되므로, '-아/어/여요' 자체는 형태가 완전히 고정되어 있다고 볼 수 없어 부분 고정 형태에 속한다.

2 신현단(2015)의 표를 수정하여 제시한 것이다. 문법 항목 분류에서 어미, 조사를 하나의 기준으로 보는 견해는 김중섭 외(2011)에서도 제시되어 있는데, 이 연구에서는 문법 항목을 '-아/어/여'와 같은 '어미', '이/가'와 같은 '조사', '-고 싶다'와 같이 단독의 어미나 조사로만 이루어지지 않은 '표현'으로 분류하고 있다. 또한 형태 고정 정도를 문법 항목 분류 기준으로 언급한 것은 이미혜(2005)의 연구인데, 이 연구에서 '전체 고정', '부분 고정'의 개념을 사용하고 있다.

[표 12-2] 형태 중심의 문법 항목 분류 기준

문법 항목 유형		예시 문법 항목
조사, 어미 기준	고정성 기준	
어미 포함 유형	부분 고정	-아/어/여요
	전체 고정	그렇지 않아도

조사 포함 유형	부분 고정	-에
	전체 고정	그 밖에
어미, 조사 포함 유형	부분 고정	-(이)라고 해도, -기는 하-
	전체 고정	그럼에도 불구하고
어미, 조사 미포함 유형	부분 고정	개, 들, 한(의존명사, 접사, 관형사 등)
	전체 고정	네(감탄사)

위에서 제시한 예들에서 보듯, 문법 항목의 의미와 기능, 형태 등, 여러 기준에 따라 문법 항목이 정리되고 분류될 수 있다. 다음으로는 위와 같은 문법 항목을 배열하는 원리에 대해 생각해 보기로 한다. 이것은 문법 항목을 어떻게 위계화하여 교수 상황에서 어떤 순서로 제시할 것인가의 문제인데, 문법 항목 배열에 관여하는 요소로는 문법 항목이 언어생활에서 출현하는 빈도, 문법 항목의 복잡도와 난이도, 교수와 학습의 용이성 등이 있다.

첫째, 문법 항목의 빈도를 고려한다는 것은 한국인이 많이 사용하는 문법 항목이 무엇인지, 실제 한국어 말뭉치를 통해 통계적으로 파악하여 활용 빈도가 높은 문법 항목을 교육의 우선순위로 두는 방식이다. 그런데 이 같은 방식을 활용할 때에는 조사 대상 말뭉치가 어떤 종류의 것이냐에 따라 빈도 추출 결과가 달라질 수 있다는 점을 생각해야 한다. 예를 들면, 구어 말뭉치에서 많이 나타나는 문법 형태와 문어 말뭉치에서 많이 나타나는 문법 형태가 다를 수 있으므로, 한국어 교육의 상황과 목적, 학습자 요구를 파악하여 그에 적합한 말뭉치를 선정하고, 그에 포함된 문법 항목 빈도 조사를 하는 것이 바람직하다.

둘째, 문법 항목의 복잡도를 고려한다는 것은 문법 항목의 형태 변이 유무, 통사 결합 제약, 의미적 다의성 등의 측면에서 복잡하지 않은 문법 항목을 먼저 지도하도록 하는 방식이다. 물론 복잡도를 결정하는 요소가 형태, 통사, 의미 등 다양하기 때문에, 형태적으로 복잡하지 않은 문법 항목이 의미적으로는 복잡할 수 있으므로 복잡도를 결정하는 것은 쉽지 않다. 또한 복잡도가 높고 빈도도 높아서 먼저 가르쳐야 되는 등, 복잡도만 따라 문법 항목을 배열하는 것은 쉽지 않다.

복잡도를 결정하기 어려운 예로는 형태적 복잡도와 의미적 복잡도가 상충되는 경우가 있다. 연결 어미 '-아서'는 어간 마지막 음절을 이루는 모음의 종류에 따라 '-어서', '-여서' 형태로 변이되어 다소 복잡한데, 연결 어미 '-는데'는 어간의 형태와 관계없이 하나의 형태인 '-는데'로 어간에 결합되어 단순하다. 그런데 이러한 이유로 '-는데'가 '-아서'보다 덜 복잡하다고 단정할 수는 없다. 의미의 측면에서는 '-는데'도 다양한 상황에서 서로 다른 의미로 활용되는 복잡성을 띠기 때문이다.

다음으로 복잡도와 빈도가 상충되는 경우가 있을 수 있다. 예컨대, 이유를 나타내는 '-아/어/여서'는 '-(으)니까'에 비해 청유형, 명령형 문장에 활용될 수 없어 통사 결합 제약이 강하다. 즉, '배고프니까 밥 먹어라'는 가능한 문장이지만, '배고파서 밥 먹어라'는 불가능한 문장이다. 그러므로 복잡도를 생각하면 '-아/어/여서'가 더 복잡하다. 그러나 복잡도가 높은 이 '-아/어/여서'는 빈도가 상당히 높은 편이어서 보통 '-(으)니까'보다 먼저 제시하여 지도하는 경우가 많다.

셋째, 난이도를 고려해야 한다는 것은 학습자에게 어려운 문법 항목보다는 쉬운 문법 항목을 먼저 지도해야 한다는 방식이다. 그런데 이 난이도를 어떻게 측정해 판단할 것인가의 문제는 쉽지 않다. 학습자가 학습하는 데 많은 시간이 걸리는 문법 항목이 어려운 것이라 할 수 있는지, 또는 학습하는 데에는 시간이 별로 걸리지 않았으나 학습자가 사용할 때, 이해나 산출에 많은 시간이 걸리는 문법 항목이 어려운 것이라 할 수 있는지, 또는 학습자가 사용 과정에서 지속적으로 오류를 범하는 항목이 어려운 것이라 할 수 있는지 등 난이도 판단의 기준이 여러 가지가 될 수 있다. 그리고 이 중에 학습자가 오류를 많이 범하는 문법 항목을 난이도가 높다고 볼 수 있다고 하여도, 이 오류율을 문법 항목별로 일목요연하게 산정하기 어려운 문제가 있다. 예를 들어, 학습자를 대상으로 한 테스트를 통해 오류율을 정한다면, 이 테스트가 어떤 유형으로 시행되느냐에 따라 학습자가 보이는 오류도 달라질 수 있으며, 경우에 따라서 학습자가 어려운 문법 항목을 사용하지 않는 회피 전략을 구사하여 해당 오류를 숨길 수도 있다. 이러한 상황에서 관련 연구들에서는 난이도의 개념을 각 연구자의 관점에 따라 설정하고 그 관점에 따른 난이도를 측정하려는 시도가 이어지고 있다.

넷째, 교수와 학습의 용이성을 고려해야 한다는 것은 문법 항목 배열을 학습자가 효율적이고 수월하게 학습할 수 있도록 해야 한다는 것이다. 교수·학습의 용이성을 위해 문법 항목 배열 과정에서 한국어능력시험의 초·중·고급 문항에 포함된 문법 항목을 조사하여 이를 준거로 삼기도 한다. 이처럼 한국어능력시험이라는 평가 상황과 교수·학습의 상황을 연계시키면 교육의 동기를 높이고 교육의 효과를 극대화할 수 있다. 이러한 평가 상황뿐 아니라, 국제 통용 한국어 교육과정과 같이 기존에 연구된 교육과정이나 기존의 다른 한국어 교재도 새로운 교육과정이나 새로운 한국어 교재에서 문법 항목을 배열할 때 참고가 될 수 있는 기준을 제공하기도 한다. 이처럼 문법 항목 배열에서 교육과정, 교재, 평가의 여러 국면을 잘 연계시킬수록, 한국어 학습자는 혼란스럽지 않고 용이하게 문법 항목을 학습하게 된다.

③ 한국어 문법 항목별 교육 내용

한국어 문법 항목을 선정하고, 배열하였다면, 각 문법 항목에 대해 무엇을 가르칠 것인지, 그 교육 내용을 기술하는 일이 중요하다. 교육 내용 마련을 위해서는 한국어 문법을 학문적으로 체계화하고 기술하려는 목적과 달리, 외국어로서의 한국어 교육이라는 특수한 상황에서의 교육 목적과 한국어 학습자에 대한 고려가 필요하다. 먼저 교육을 위한 내용이라는 점에서, 교육 문법의 내용은 학문 문법의 내용과는 달라야 한다. 학문 문법은 기술주의적 관점에서 현실 언어가 있는 그대로 쓰이는 양상을 기술하는 것인데, 교육 문법은 이 학문 문법에서 다루는 수많은 언어 현상 중 교육할 가치가 있는 것을 선정하여, 학습자에게 맞는 형태로 그 내용을 재조직한 것이어야 한다. 또한 한국어 교육 문법의 내용은 외국어, 혹은 제2 언어로서의 한국어 교육이라는 점에서, 모어 화자를 대상으로 한 국어 교육의 내용과는 달라야 한다. 한국어 교육은 국어 교육과 달리, 일반적으로 그 목표를 학습자가 한국어로 잘 의사소통할 수 있게 하는 데에 두고 있다. 그러므로 한국어 교육의 내용은 어떻게 하면 한국어 학습자의 의사소통 능력을 신장시킬 수 있을지의 관점으로 마련되고 조직되어야 한다. 이 같은 실제적인 관점에서 한국어 문법 교육의 내용은 학습자가 바로 활용하여 쓸 수 있는 문법 항목을 표제어로 제시하고, 그 문법 항목의 의미와 용법과 함께 학습자가 그 문법 항목을 다른 어휘나 문장 성분과 결합하여 사용할 때 필요한 형태·통사 규칙을 제시하는 것으로 기술되어 왔다. 2012년부터 2015년에 이루어진 한국어 문법·표현 내용 개발 연구에서도 한국어 교육의 내용을 각 문법 항목을 표제어로 제시하고, 이에 대한 의미와 용법, 형태 정보, 문장 구성 정보, 제약 정보, 유사 문법 항목과의 비교의 내용을 기술하는 것으로 제시하고 있다.

[표제어]

각 문법 항목의 대표형, 이형태나 관련형이 표제어가 될 수 있다. 그리고 이 표제어와 함께 표제어로 기술된 문법 항목이 속하는 문법 범주와 간단한 의미도 함께 제시할 수 있다. 예컨대 아래와 같은 기술이다.

과[와] [조사]: 1) 여러 사물이나 사람을 연결하거나 2) 행위를 함께하는 대상을 나타내는 조사

위 예시에서 조사 '과'는 대표형으로, '와'는 이형태로 이해할 수 있다. 둘 모두 체언과 결합되고 용법도 동일하지만, 받침이 있는 체언 뒤에는 '과'가 사용되고, 받침이 없는 체언 뒤에서는 '와'가 사용되므로 이형태 관계로 함께 제시될 수 있다. 그런데 이형태가 아닌 경우에도, 표제어로 관련 문법 형태를 제시할 수 있다. 예를 들어 동사나 형용사와 결합될 수 있는 '-기 때문에'와 함께 명사와 결합될 수 있는 '때문에'도 참고로 제시할 수 있다는 것이다. 이렇게 되면, '먹기 때문에, 예쁘기 때문에'를 교육하면서 '날씨 때문에'도 교육할 수 있게 되는데, 한 번에 학습자에게 제시되는 교육 내용이 어느 정도여야 하는가는 학습자의 수준과 수업 시간 등의 학습 변인을 살펴 결정해야 한다.

다음으로 표제어와 함께 제시할 수 있는 교육 내용으로서 문법 범주는 위 예시에서 '조사'와 같이 기술된 것을 말한다. 문법 범주에는 격조사, 접속 조사, 보조사와 같은 조사가 있고 연결 어미, 전성 어미, 종결 어미와 같은 어미가 있다. 그런데 하나의 문법 범주로 지칭할 수 없는 문법 항목도 있음을 기억해야 한다. 예를 들어 '-고 싶다'는 보조적 연결 어미 '-고'에 보조 용언 '싶다'가 결합된 것이다.

또한 간단한 의미 기술 내용은 위 예시에서 "1) 여러 사물이나 사람을 연결하거나 2) 행위를 함께하는 대상을 나타내는"이라고 기술된 부분에 해당한다. '과/와'를 교육할 때 이 두 가지 의미를 동시에 교육할 것인지, 혹은 따로 교육할 것인지는 교수 상황을 고려하여 교사가 선택해야 하는 부분인데, 이 두 의미 모두 초급 단계에서 교육되는 것이 보통이다.

[의미와 용법]

한국어 학습자에게 교육되어야 하는 문법 항목에 대한 의미가 어떤 것이어야 하며 어느 범위까지 상세해야 하는지에 대해서는 여러 관점이 있을 수 있다. 실제로 현재 한국어 교재들에서 기술하고 있는 의미를 볼 때, 같은 문법 항목에 대해서도 약간씩 차이를 보이고 있음을 확인할 수 있다. 또한 개별 교사가 교재를 활용하여 실제 교육할 때 학습자에게 전달되는 의미는 교육 현장마다 다를 수 있다. 그러나 보편적으로 한국어 교육 현장에서 다루어지는 문법 항목의 의미는 문법 항목을 언제, 어떻게 사용할 수 있는가의 용법의 성격을 띠고 있다. 예를 들어, 아래의 의미 제시에서는, 조사 '과/와'가 어떤 상황에서 사용되는지를 기술하고 있음을 볼 수 있다.

> 과[와] 1): (명사에 붙어) 사물이나 사람을 같은 자격으로 이어 주는 뜻을 나타낸다. 앞뒤 명사를 함께 묶어 가리킬 때 사용한다.

위 예시는 '과/와'의 첫 번째 의미로 간단하게 기술되었던 "1) 여러 사물이나 사람을 연결"하는 경우에 대해 보다 상세한 의미, 용법을 제시한 것이다. 교육 현장에서 이 의미를 교육할 때에는 용법을 이해하고 실제 생활에 활용할 때 도움을 줄 수 있는 다양한 상황의 예문을 제시하는 것이 효과적이다.

[형태 정보]

문법 항목을 동사나 형용사, 명사 등과 결합하여 사용할 때, 학습자가 알아야 하는 형태 규칙이 있다. 이 규칙에는 크게 네 가지 정도가 있다. 첫째, 어미 '-아/어/여'가 결합되는 동사나 형용사 어간 끝음절 모음이 무엇이냐에 따라 다른 형태로 선택되는 경우이다. 예를 들어 어간 끝음절 모음이 'ㅏ, ㅗ'인 경우는 '-아'가 선택되어 '가다+아 → 가' '오다+아 → 와' 처럼 사용되고, '공부하다', '복잡하다'와 같이 '-하다'로 끝나는 경우에는 '-여'가 선택되어 '공부하여(공부해)', '복잡하여(복잡해)'와 같이 사용된다. 그리고 이 외의 동사나 형용사는 '-어'가 선택되어 '먹다+어 → 먹어', '쉬다+어 → 쉬어'와 같이 사용된다. 둘째, 동사나 형용사의 어간 끝음절 받침 유무, 명사의 받침 유무에 따라 다른 형태의 어미가 조사가 선택되는 경우가 있다. 예를 들어 어미 '-(으)면'의 경우 어간 끝음절에 받침이 있으면 '먹다+으면 → 먹으면'과 같이 '-으면'이 선택되지만, 어간 끝음절에 받침이 없으면 '쉬다+면 → 쉬면'과 같이 '-면'이 선택된다. 또 조사 '이/가'의 경우에도 명사 끝음절에 받침이 있으면 '책상이'와 같은 형식으로 '이'가 선택되지만, 명사 끝음절에 받침이 없으면 '의자가'와 같은 형식으로 '가'가 선택된다. 셋째, '-아/어/여'나 '-으면'과 같이 모음으로 시작하는 어미와 불규칙 용언이 결합되는 경우이다. '듣다+어 → 들어', '듣다+으면 → 들으면', '눕다+어 → 누워', '눕다+으면 → 누우면'과 같은 불규칙 활용도 학습자에게 전달해야 하는 형태 정보인 것이다. 넷째, 어미 '-고'나 조사 '도'와 같은 경우는 결합되는 동사나 형용사 어간 끝음절 모음의 종류나 동사, 형용사, 명사의 받침 유무와 상관없이, 교체되지 않고 사용할 수 있는 경우이다.

이상의 형태 정보는 보통 초급 단계에서 지도되는데, 학습자가 한번 익히면 중·고급 단계에서도 계속 활용할 수 있어 필수적이고도 중요한 정보라고 할 수 있다.

[문장 구성 정보]

문장 구성 정보는 목표 문법 항목과 함께 유형화되어 사용되는 언어 요소에 대한 정보이다. 이러한 교수 대상 언어 요소에는 다음과 같은 것이 있다. 첫째, 목표 문법 항목과 결합되는 용언이다. 문법 항목 '-고 있다'의 경우에는 동사와 결합된다는 점을 지도할 수 있다. 둘째, 자주 같이 사용되는 부사나 서술어가 있다. 예를 들어 '-고 있다'의 경우에는 부사 '지금'이 자주 함께 쓰이므로, 이를 교수할 수 있다. 셋째, 호응 구문이 있다. 예를 들어 화자의 의지를 나타내는 경우의 '-(으)ㄹ 테니까'는 '제가 밥을 살 테니까 당신이 차를 사세요'와 같이 명령의 의미를 지니는 서술어와 호응됨을 교수할 수 있다.[3] 넷째, 부정, 높임, 시제 표현으로 확장하는 경우이다. '-고 있다'의 부정 표현으로 '-고 있지 않다'나 '안 -고 있다'를 사용함을 교수할 수 있다.[4] 또한 '-고 있다'의 높임 표현으로는 '-고 계시다'를 쓴다는 점이 교수될 수 있다. 마지막으로 '-고 있다'의 시제 표현으로는 과거의 경우, '-고 있었다'로 씀을 지도할 수 있다.[5]

이러한 문장 구성 정보는 교수 대상 문법 항목이 무엇인가에 따라 교수 대상 정보의 종류가 무엇인지 결정되며 하나의 문법 항목에 대해서도 학습자의 수준과 요구에 따라서 어느 범위까지 문장 구성 정보를 교수할지를 다르게 결정할 수 있다.

3 '날이 흐려질 테니까 나는 집에 있을 것이다'와 같은 추측의 '-(으)ㄹ 테니까'와 구별하여 교수해야 한다.

4 '-고 있다'의 부정 표현으로 '-고 안 있다'나 '-고 없다'를 쓰지 않는다는 점은 제약 정보로 교수될 수 있다.

5 '-고 있다'의 과거 표현으로 '-았/었고 있다'를 쓰지 않는다는 점은 제약 정보로 교수될 수 있다.

[제약 정보]

제약 정보는 목표 문법 항목과 결합할 수 없는 언어 요소이다. 이러한 제약 정보로는 목표 문법 항목과 결합할 수 없는 특정 품사, 특정 인칭의 주어, 시제 형태, 문장 종결 형태 정보 등이 있다. 첫째, 특정 품사 제약으로는 '-고 있다'가 형용사와 결합할 수 없음을 지도할 수 있다. '예쁘고 있다'와 같은 형식으로 쓸 수 없다는 것이다. 둘째, 특정 인칭의 주어 제약으로는 청유형 어미 '-자'가 1인칭 주어 '나'와 결합할 수 없음을 들 수 있다. 셋째, 시제 형태 제약으로는 '-(으)니까'가 뒤에 이어지는 내용에 대한 이유를 나타내는 경우에는 '밥을 많이 먹었으니까 배부르다'에서 '먹었으니까'처럼 과거형 선어말 어미 '-았/었/였'과 결합하여 사용할 수 있지만, 어떤 사실을 먼저 진술하고 이와 관련된 다른 사실을 이어서 설명하는 경우에는 '내가 교실에 오니까 아무도 없었다'와 같이 과거의 일이라도 '왔으니까'로 쓸 수가 없다. 그러므로 관련된 사실을 이어서 진술하는 의미의 '-(으)니까'를 지도할 때에는 과거 선어말 어미가 결합되는 것에 대해 제약이 있음을 지도할 필요가 있다. 넷째, 문장 종결 형태 제약으로는 이유를 나타내는 '-아/어/여서'가 '날이 흐려서 집에 있자/있어라'로 쓸 수 없음을 지도할 수 있다. 즉, '-아/어/여서'는 청유, 명령의 종결 형태를 취할 수 없다는 것이다.

이상의 설명에서 보는 것처럼, 해당 문법 항목이 무엇이냐에 따라 각각 다른 종류의 제약 정보가 교수될 수 있으므로, 교사는 각 문법 항목의 제약 정보를 잘 알고 있어야 한다. 물론, 모든 제약 정보가 다 교수될 필요는 없으며, 학습자의 요구와 수준에 따라 교수 대상 제약 정보가 결정될 수 있다. 그러나 학습자가 오류 문장을 생성하면, 이를 수정하고 오류 원인을 설명해 주는 과정에서 제약 정보의 지도가 필요해진다. 또한 제약 정보는 문장 구성 정보를 지도하면서 함께 지도하는 것이 효과적인 경우도 있다. 예를 들어 '-고 있다'가 형용사와 결합할 수 없는 제약 정보를, '-고 있다'가 동사와 결합된다는 문장 구성 정보를 지도하면서 함께 제시하면 학습자가 '날이 흐리고 있다'와 같은 오류 문장을 생성하는 것을 예방할 수 있다.

[유사 문법 항목과의 비교]

유사 문법 항목과의 비교는 의미나 용법이 유사한 문법 항목을 연관시켜 비교하며 교수하는 것이다. 예를 들어, 원인을 나타낼 때 사용하는 어미로 '-아/어/여서'를 배운 학습자라면, 이어서 '-(으)니까'를 배울 때 '-아/어/여서'와의 차이를 궁금해 할 수 있으므로, 이를 비교하며 교수할 수 있다는 것이다.

이와 관련하여, 형태가 같고 의미나 용법이 다른 경우에 대해서도 대조하며 교수할 필요가 있다. 예를 들어, '밥을 많이 먹으니까 배부르다'와 같이 원인을 나타낼 때 사용하는 '-(으)니까'를 배운 학습자가 '교실에 오니까 아무도 없었다'와 같이 어떤 사실을 이어서 말할 때 사용하는 '-(으)니까'를 배우게 된다면, 이 둘을 비교하여 제시해 줄 필요가 있다.

4. 한국어 문법 교육의 방법

한국어 문법 교육의 방법은 앞에서 기술한 문법 교육의 내용을 어떻게 학습자에게 전달할 것인가의 문제이다. 문법 항목을 선정하고 그에 대한 교육 내용을 마련하였다면, 그것을 실제 한국어 수업에서 어떤 방식으로 학습자에게 제공할 것인가에 대한 논의가 필요하다. 교수 방법에 대한 논의는 광범위하게 언어 교수 방법의 차원에서 이루어져 온 것과, 세부적으로 문법 교수 방법의 차원에서 이루어져 온 것을 참고할 수 있다. 또한 교수 방법 논의는 교수 관점과 철학에 대한 논의에서부터 교수 단계와 모형에 대한 논의, 교수 과정에서 사용할 수 있는 기술(skill)과 실제적인 활동에 대한 논의에 이르기까지 다양한 층위에서 이루어져 왔음도 문법 교수 방법을 잘 이해하기 위해 참고해야 하는 사항이다.

여기에서는 우선 주요 외국어 교수법이 한국어 문법 교육에 어떤 방식으로 적용될 수 있는지를 살필 것이다. 이는 문법 교수의 관점이 다양함을 확인할 수 있는 과정이기도 하다. 또 수업에서 활용할 수 있는 문법 교수 모형을 제시하면서 문법 교수의 실제를 보이기로 한다.

1) 외국어 교수법과 문법 교육

다른 외국어 교수에서와 마찬가지로, 한국어 교수 환경과 학습자의 요구, 교수자의 문법 교육에 대한 교수 철학에 따라 다양한 교수법이 활용될 수 있다. 그리고 어떤 교수법을 적용하느냐에 따라 같은 문법 항목, 같은 교육 내용을 다루더라도 수업의 양상이 매우 다를 수 있다. 한국어 문법 교육에 적용할 수 있는 외국어 교수법은 매우 다양한데, 이 다양한 외국어 교수법에 대해, Long(1991)은 형태 중심 접근법(focus on forms), 의미 중심 접근법(focus on meaning), 형태 초점 접근법(focus on form)의 큰 틀로 분류하고 정리하였는데, 이 체계는 현재 외국어 교수법의 흐름과 성격을 이해하기 위한 효과적인 체계로 받아들여지고 있다. 여기서도 이 체계에 따라 외국어 교수법이 한국어 문법 교육에 적용되는 양상을 보이고자 한다.

(1) 형태 중심 접근법

형태 중심 접근법은 구조중심 교수요목(structure-based syllabus)을 바탕으로 하는 전통적인 문법 중심의 교수법들을 일컫는 개념이다. 대표적으로는 문법 번역식 교수법과 청각 구두식 교수법이 이에 속한다. 이 두 교수법의 개념과 한국어 교육에 적용되는 양상을 소개하고자 한다.

① 문법 번역식 교수법

문법 번역식 교수법(grammar-translation method)은 모국어를 교수 언어로 하므로 문법을 연역적이고 명시적으로 가르칠 수 있다는 특징이 있다. 모국어를 활용한다는 점에서 단일 언어권 학습자를 대상으로 그 언어권의 언어를 잘 아는 교사가 수업을 진행할 경우에 문법 번역식 교수법을 통해 상세하고 체계적인 문법 설명을 진행할 수 있다는 장점이 있다. 그래서 번역을 위한 한국어 수업에서는 효과적으로 활용될 수 있다. 그러나 지나치게 문법 규칙과 예외에 대한 설명에 치중하여 실제로 말하기, 듣기의 의사소통을 위한 연습을 경시할 수 있는 단점도 있다. 이 문법 번역식 교수법을 한국어 문법 항목 '-아/어/여서'의 교육에 적용하여 보면, 아래와 같은 순서로 수업이 진행될 수 있다.

1. '-아/어/여서'의 문법 항목을 표제어로 제시하고, 의미와 용법, 형태 정보, 문장 구성 정보, 제약 정보, 유사 문법 항목 '-(으)니까'와의 차이를 상세하게 설명한다.
2. '-아/어/여서'가 사용된 한국어 문장을 제시하고 학습자의 모국어로 번역하는 연습을 하게 한다.
3. 학습자의 모국어로 된 문장을 제시하고 '-아/어/여서'를 사용한 한국어 문장으로 번역하는 연습을 하게 한다.

위에서는 '-아/어/여서'의 유사 문법 항목인 '-(으)니까'와의 차이를 설명하는 과정이 제시되었는데, 이처럼 유사 문법 항목 간의 차이를 상세히 설명할 수 있다는 점에서 특히 문법 번역식 교수법의 장점이 드러난다. 다만, 문법 설명을 이해하기 어려운 아동 학습자에게는 이러한 수업이 불가능하며, 짧은 시간 안에 체계적이고 명시적인 설명을 제시해야 하는 수업이거나 성인 학습자 대상 수업에서 효과적이다.

② 청각 구두식 교수법

청각 구두식 교수법(audio-lingual method)은 구조화된 문장을 듣고 따라하기를 반복하고, 그 문장을 암기, 변형, 확장하면서 그 문장의 형태와 문법 규칙을 익히게 하는 교수법이다. 이 교수법을 한국어 문법 수업에 활용하려면 무엇보다 교사가 한국어 문법을 능숙하게 이해하여 학습자에게 제공할 문장을 잘 준비하는 것이 필요하다. 특히 초급 학습자에게 제공할 문장은 어려운 어휘가 포함되면 학습자가 문법 규칙을 이해하는 데 어려움을 겪으므로, 문장에 포함시킬 쉬운 어휘로 한정하는 것이 중요하다. 또한 교사는 학습자가 암기한 문장을 잘 변형하고 확장할 수 있도록 적절한 연습을 통해 유도해야 한다. 이 교수법은 집중적인 문형 연습을 통해 학습자로 하여금 곧바로 동일하거나 비슷한 문형을 생성해 내게 한다는 점에서 효과적인 문법 교수를 가능하게 한다. 그러나 학습자가 생성하는 문장이 교사를 통해 들은 문장을 변형하고 확장한 것이기 때문에 단순하고 제한적일 수 있다는 단점이 있다. 또한 교사가 제시하는 문장이 충분한 언어 사용 상황이나 맥락과 함께 제공되지 않아서 학습자가 문장 반복과 변형, 확장 과정에서 익힌 문법 지식이 실제 학습자의 언어 사용 환경에서는 잘 응용되지 못할 수도 있다는 단점이 있다. 청각 구두식 교수법을 '-아/어/여요' 문법 항목의 교수에 적용하면 아래와 같다.

1 교사가 '-아/어/여요'가 사용된 한국어 문장으로 '민수 씨는 빵을 먹어요'를 학습자에게 들려준다.
2 학습자는 이 문장을 따라서 말한다.
3 교사가 처음 제시한 문장을 변형하여 '민수 씨는 빵을 사요'를 들려준다.
4 학습자는 이 문장을 따라서 말한다.
5 교사는 '민수 씨는 빵을 (　　　)'를 제시하고 빵을 만드는 사람이 그려진 그림 카드를 학습자에게 제시하여 학습자가 '-아/어/여요'를 사용한 한국어 문장을 말하도록 유도한다.

위의 교수 과정에서 '-아/어/여요'의 의미와 용법, 문장 구성 정보, 유사 문법 항목과의 차이 등이 명시적으로 설명되지 않지만, 학습자는 교사가 반복하여 제시하는 '-아/어/여요'가 포함된 문장을 통해 그 의미와 용법을 추론하게 되며 '-아/어/여요'로 구성한 문장을 발화하도록 유도된다. 위에서는 '민수 씨는 빵을 먹어요/사요'를 '민수 씨는 빵을 만들어요'로 대치하는 활동을 제시하였는데, 이 활동을 문법 항목 '-고'의 교수에까지 적용하면 학습자가 '민수 씨는 빵을 사고 먹어요'와 같은 형식으로 문장을 변형하도록 할 수 있다.

(2) 의미 중심 접근법

의미 중심 접근법은 문법 형태 중심의 수업이 아닌, 의사소통을 위한 말하기, 듣기, 쓰기, 읽기의 언어 기능과 언어 의미를 중심에 둔 교수법들을 일컫기 위한 개념이다. 이해 가능한 입력을 제공하여 목표어의 자연스러운 습득을 가능하게 할 수 있다는 자연적 접근법과,

외국어 교육이 학습자의 의사소통 능력을 길러주는 것이어야 한다는 점을 강조한 의사소통적 접근법이 이 의미 중심 접근법으로 이해될 수 있다. 여기서는 이 자연적 접근법과 의사소통적 접근법을 예로 들어 의미 중심의 한국어 문법 교수 양상을 보이고자 하는데, 자연적 접근법의 경우에는 이를 실현하기 위한 구체적인 교수법으로 직접 교수법이 활용되어 왔기에 직접 교수법의 개념을 통해 수업 양상을 보이고자 한다.

① 직접 교수법

직접 교수법(direct method)은 외국어를 학습자의 모어를 사용하지 않고 해당 목표어로 직접 가르치는 교수법이다. 이 교수법은 학습자가 목표어에 집중적으로 노출되어 말하기와 듣기 연습의 기회를 많이 갖게 되며, 의사소통 능력을 빠르게 신장시킬 수 있다는 장점이 있다. 그러나 교사에 의한 명시적인 설명이 제공되기 어려워 문법 교수에 적용될 때에도 학습자가 목표 문법 항목에 대한 의미와 용법 추론을 성공적으로 해 내지 못하고 제약 정보나 유사 문법과의 차이를 제대로 파악하지 못할 수도 있다. 그러므로 교사가 목표 문법 항목을 수업 상황에 도입시키고, 적절한 예문과 언어 사용 맥락을 제시하여 그 의미와 용법을 학습자가 잘 추론하도록 이끄는 과정이 매우 중요해진다. 또한 학습자가 추론한 문법의 의미와 용법이 맞는지 확인할 수 있도록 해당 문법 항목을 대상으로 한 적절한 연습 문제를 제공하고, 구체적인 한국어 사용 상황에 활용할 수 있도록 연습시키는 과정도 중요하다. 직접 교수법을 문법 항목 '-(으)니까'의 교수에 적용하여 보면 아래와 같은 수업이 가능하다.

1 교사가 비가 오는 그림을 제시하고, '비가 와요'를 발화한다.
2 다음으로 교사가 집에 있는 사람 그림을 제시하고 '그래서 집에 있어요'를 발화한다.
3 교사가 '비가 와요. 그래서 집에 있어요. 비가 오니까 집에 있어요'를 발화한다.
4 이어서 교사가 '내일 한국어 시험을 봐요'를 발화한다.
5 학생들이 교사가 발화한 문장을 이해했다는 반응을 보이면, 교사는 '그래서 지금 한국어를 열심히 공부해요'를 발화한다.
6 교사는 '내일 한국어 시험을 보니까 지금 한국어를 열심히 공부해요'를 발화한다.
7 교사는 1-6과 같은 방식으로 한국어 사용 맥락과 예문을 몇 차례 제시한 후, 접속 조사 '그래서'로 연결된 두 문장을 발화하고, 학생들이 그 두 문장을 '-(으)니까'를 사용한 한 문장으로 바꾸어 발화하기를 기다린다.

위에서는 교사가 언어 사용 맥락에 대해, 학습자의 모국어를 사용하여 설명하는 대신에 그림이나 주어진 교실 환경을 활용하여 제시하고 있음을 볼 수 있다. 또한 학습자가 스스로 '-(으)니까'를 활용한 문장을 발화하게 하는 과정에서도 모국어를 사용할 수 없으므로 교사는 맥락과 예문을 통제하면서 '-(으)니까'를 활용하는 시범을 보이고 같은 방식으로 '-(으)니까' 포함 문장을 발화하도록 유도하고 있음을 확인할 수 있다.

② 의사소통적 접근법

의사소통적 접근법(communicative language teaching)은 의사소통 능력을 기르는 데에 초점을 맞추어 학습자의 유의미한 의사소통 활동을 중시하는 교수법이다. 이 접근법은 의사소통 활동을 중심에 두되, 이를 위해 다양한 방법을 활용할 수 있다는 점에서, 교수 방법적으로 다른 교수법과 다른 특징적인 기법이라기보다 한국어 교수를 의사소통적 관점과 시각에서 진행해야 함을 보여 주는 것으로 이해할 수 있다. 이 접근법에서는 교수를 위해 모국어나 목표어 사용의 원칙을 제시하지는 않으며 학습자 요구에 따라 모국어를 사용하는 교수도 허용된다. 또한 의사소통 활동도 학습자 요구를 반영하여 여러 가지 방식으로 진행할 수 있다. 이 접근법을 문법 항목 '-았/었/였-'의 교수에 적용하여 보면 아래와 같다.

1 교사가 '-았/었/였-'이 포함된 문장을 제시하면서 이 의미와 용법, 형태 정보, 문장 구성 정보 등을 이해하도록 한다.[6]
2 교사는 학습자에게 유의미한 의사소통 활동으로 '지난 주말에 한 일'을 간단한 문장으로 쓰고 동료 학습자와 대화를 나누게 한다. 이때 예시 문장으로 '선생님은 지난 토요일에 공원에 갔어요'를 먼저 제시할 수도 있다.

위에서는 현재형의 문장을 과거형으로 바꾸는 형식적인 연습 후에, 학습자가 자신이 주말에 실제로 한 일을 쓰는 유의미한 의사소통 활동으로 이어지는 과정을 보여 주었다. 이처럼 의사소통적 접근법을 문법 교수에 적용할 때에도 문법 항목 그 자체를 오류 없이 활용하는 데에서 그치는 것이 아니라 그 항목을 활용하여 학습자에게 유의미한 내용을 표현할 수 있게 하는 데 초점을 두어야 함을 알 수 있다.

6 이 1번 단계의 교수 과정에서 교사가 현재형의 문장을 제시하고 학습자에게 '-았/었/였-'을 활용한 과거형의 문장으로 바꾸게 하는 단순하고 형식적인 연습을 진행할 수도 있는데, 의사소통적 접근법의 초점은 2번 단계의 유의미한 의사소통 활동에 있다. 즉, 의사소통적 접근법에 따른 문법 교수는 문법 형태 자체에 대한 교수에서 그치는 것이 아니라, 유의미한 의사소통 활동으로 이어지는 양상을 띠게 된다.

(3) 형태 초점 접근법

형태 초점 접근법은 의미 중심 접근법을 통한 교수 결과, 학습자의 언어 사용에 정확성이 떨어지고, 어려운 문법이 포함된 문장을 회피하는 등의 문제를 극복하기 위한 접근법이다. 이 형태 초점 접근법에서는 의미 중심으로 수업을 진행하다가 학습자가 형태 이해와 사용에 어려움을 겪을 때 학습자의 주의를 언어 형태로 이끌어 간다는 점에서, 문법의 중요성을 전제한 접근법이라고 할 수 있다. 형태 초점 접근법의 대표적인 교수법으로는 내용 중심 교수법이나 과제 중심 교수법을 들 수 있는데, 이 두 교수법은 의사소통적 접근법의 범주, 즉 의미 중심 접근법에 속하는 것으로 이해할 수도 있지만, 학습자의 주의를 수업 시간에 다루는 내용이나 과제에서 필요할 때마다 문법으로 옮기도록 하는 방식으로 교수한다면, 형태 초점 접근법에 속하는 것으로 이해할 수 있다. 학습자의 주의를 문법으로 옮기도록 하는 방법도 여러 가지가 있는데, 과제로 제시된 텍스트 자료의 주목해야 할 언어 형태를 다른 색이나 크기의 글자로 표시한다든지 교사 발화 과정에서 주목해야 할 언어 형태는 더 크게 발화한다든지 하는 입력 강화(input enhancement)의 방법을 사용할 수 있다. 또한 과제 제시 자료에서 주목해야 하는 언어 형태를 학습자가 알아차릴 수 있도록 높은 빈도로 반복해서 제시하는 입력 포화(input flood)의 방법도 사용할 수 있다. 여기서는 과제 중심 교수법을 예로 들어 형태 초점 접근법을 통한 문법 교육의 양상을 보이고자 한다.

과제 중심 교수법(task-based language teaching)은 학습자에게 목표어로 의사소통을 하는 활동, 즉 과제를 수행하게 하면서 목표어를 학습하게 하는 교수법이다. 교사는 이를 위해 과제를 준비하고 제시하며, 학습자는 모둠을 지어 목표어로 대화하면서 과제를 수행하고 발표를 한다. 교사는 과제를 제시하는 과정에서 과제 수행을 도울 수 있는 브레인스토밍 활동을 이끌 수 있지만, 처음부터 문법 설명을 하지는 않는다. 그러므로 명시적으로 목표 문법 항목을 제시하는 대신에 학습자가 과제를 수행하면서 문법 항목에 대해 알아차리고 주목할 수 있도록 형태 초점의 방법을 사용하게 된다. 다음은 과제 중심 교수법을 문법 항목 '-(으)ㄹ 거예요'의 교수에 적용한 것이다.

1 교사는 3-4명의 학습자를 한 모둠으로 구성하고 '수련회(MT) 계획 세우기' 과제를 제시하여 조별로 수행하게 한다.
2 학습자는 모둠별로 한국어로 수련회 계획에 대한 의견을 나눈다.
3 모둠별로 한 명씩 정한 계획을 발표한다.
4 교사는 모든 발표가 끝나면 '-(으)ㄹ 거예요'를 사용한 문장으로 각 모둠에서 발표한 수련회 계획을 요약해서 발화한다.

위의 수업은 '수련회 계획 세우기'라는 과제를 중심에 두고 있으며, 학습자들도 한국어 학습 그 자체에만 집중하는 것이 아니라 과제를 수행하는 과정을 유의미하게 받아들이게 된다. 그러므로 교사는 학습자가 모둠별로 의견을 나누는 과정이나 발표하는 과정에서 목표 문법 항목인 '-(으)ㄹ 거예요'를 활용하지 않는 경우에도 곧바로 개입하지 않는다. 즉, 학습자가 이미 알고 있는 다른 문법 항목인 '-아/어/여요'를 활용하여 미래의 계획을 말할 수 있으며, 교사는 이러한 학습자 발화를 유창성 증진의 측면에서 격려할 수 있다. 모든 과제 수행이 끝난 후, 교사가 '-(으)ㄹ 거예요'를 사용한 문장으로 학습자의 발표를 요약해 발화할 수 있다. 이때 '-(으)ㄹ 거예요' 부분을 반복적으로 크게 발화하면서 학습자들이 이 문법 항목에 주목하게 하고, '-아/어/여요'로 발화했던 미래의 계획을 '-(으)ㄹ 거예요'를 사용해 발화할 수 있음을 깨닫게 할 수 있다.

2) 문법 교수 모형

여기서는 문법 수업에서 활용할 수 있는 수업 단계를 나타내는 문법 교수 모형을 살펴보기로 한다. 앞에서 살펴본 여러 외국어 교수법의 철학과 관점을 실제 수업에 적용할 때, 어떻게 수업이 전개될 수 있는지를 모형으로 제시할 수 있다. 여러 모형이 존재하지만, 전통적으로 문법 교수에서 활용되어 온 모형이면서 이후 여러 모형의 등장에 영향을 준 제시 모형(PPP)과 과제 모형(TTT)을 예로 들어 설명하기로 한다.

(1) 제시 모형

제시 모형은 한국어 문법 항목과 의미, 용법, 형태 정보, 문장 구성 정보를 제시하고 이를 활용한 예문을 제시(presentation)한 뒤, 이 문법 항목의 사용을 반복적으로 연습(practice)하고, 학습자가 자율적으로 이 문법 항목을 활용하여 문장을 생산(production)할 수 있도록 하는 모형이다.

현재 국내의 한국어 교육 기관에서 많이 사용되고 있는 '도입-제시-연습-활용-마무리'의 5단계 모형도 이 제시 모형에서부터 발전되어 온 것이라고 할 수 있다. 여기서는 실제 문법 수업에서 이 모형이 어떻게 구현되는지 문법 항목 '-아/어/여 보여요'를 들어 제시, 연습, 생산의 수업 단계 순으로 보이고자 한다.

① 제시

제시 단계에서는 목표 문법 항목을 판서나 문형 카드를 통해 명시적으로 제시하고, 의미와 용법, 형태 정보, 문장 구성 정보, 제약 정보, 유사 문법과의 차이점을 설명한다. 이러한 문법 교육 내용은 학습자의 수준을 고려하여 제시한다. 예컨대, 제약 정보나 유사 문법과의 차이점은 학습자가 초급 단계에 있다면, 그 내용을 제시하지 않거나 필요한 부분만 제시할 수도 있다. 아래는 제시 단계에서 이루어지는 '-아/어/여 보여요' 항목[7]에 대한 교육 내용 설명이다.

7 보통 '-여 보여요'는 '복잡하다'와 같이 '하다'로 끝나는 형용사와 결합하여 '복잡해 보여요'와 같은 형태로 쓰이므로 교사가 '-아/어/해 보여요'나 이보다 단순한 형태인 '-아/어 보여요' 형태로 문법 항목을 제시할 수도 있다.

 표제어

교사: 오늘은 '-아/어/여 보여요'를 배워요.

A-아/어/여 보여요 (교사는 문형 카드로 목표 문법 항목을 보여 준다.)

✓ 의미 정보

교사: 어떤 것을 보고 나서 나의 생각, 느낌을 말할 때, '-아/어/여 보여요'로 말해요.

(목표 문법 항목이 포함된 예문을 발화하고, 목표 문법 항목의 의미를 확인하게 할 수 있다.)

✓ 문장 구성 정보

교사: '-아/어/여 보여요' 앞에는 형용사가 와요. '슬프다, 좋다, 밝다, 날씬하다' 모두 형용사예요. '슬퍼 보여요, 좋아 보여요, 밝아 보여요, 날씬해 보여요'로 써요.

('슬퍼 보여요, 좋아 보여요' 등 각 표현의 의미 이해를 돕는 그림과 함께 '슬프다, 좋다, 밝다, 날씬하다'를 판서하거나 카드를 통해 볼 수 있도록 제시하여 확인하게 할 수 있다.)

✓ 형태 정보

교사: 'ㅏ, ㅗ' 있어요. '-아 보여요' 예요.

나머지는? '-어 보여요' 예요.

그리고 '하다' 있어요. '해 보여요' 예요.

(교사는 아래의 형용사를 판서나 카드를 통해 제시하고, '-아/어/여 보여요'의 형태로 바꾸는 연습을 진행한다. 불규칙 용언의 경우, 활용되는 형태에 더 주의하게 할 수 있다.)

- 밝다, 좋다
- 재미있다, 재미없다
- 행복하다, 우울하다, 위험하다, 심심하다, 지루하다, 피곤하다
- 즐겁다, 무섭다, 외롭다
- 기쁘다, 슬프다, 바쁘다, 아프다

결합 제약

교사: 그런데, '-아/어/여 보여요' 앞에는 형용사만 와요. '가다, 오다, 먹다' 같은 동사는 안 돼요. '잠을 많이 못 자 보여요'는 안 돼요. '밥을 많이 먹어 보여요'도 안 돼요.

위에서는 '-아/어/여 보여요'의 의미, 형태 정보, 문장 구성 정보, 결합 제약을 제시하고 있는데, 만약 학습자가 '-(으)ㄴ 것 같아요'를 학습한 적이 있었다면, 이 유사 문법 항목과의 차이를 제시할 수도 있다. '-(으)ㄴ 것 같아요'는 '-아/어/여 보여요'와 마찬가지로, 어떤 것을 보고 나서 나의 생각과 느낌을 말할 때도 쓸 수 있지만, '-아/어/여 보여요'가 발화자 자신인 '나'를 주어로 취할 수 없는 것과 달리 '나'를 주어로 취해 '나는 지금 우울한 것 같아요'와 같은 형식으로 쓸 수 있다. 또한 '-아/어/여 보여요'가 형용사와만 결합할 수 있는 것과 달리 '-(으)ㄴ 것 같아요'는 동사와도 결합될 수 있어 '친구가 밥을 먹은 것 같아요'와 같은 형식으로 쓸 수 있다.

위의 예에서 문법 항목을 표제어로 제시할 때 'A-아/어/여 보여요'로 제시하여 문장 구성 정보로 형용사와 결합됨을 미리 확인할 수 있도록 하였는데 표제어 제시는 '-아/어/여 보여요'로 하고, 문장 구성 정보 설명 과정에서 형용사와 결합됨을 설명할 수도 있다. 또한 위의 형태 정보 설명 과정에서는 '슬프다'나 '맵다'와 같이 'ㅡ 불규칙'이나 'ㅂ 불규칙' 활용의 예를 포함하고 있는데, 만약 이러한 불규칙 활용을 앞서 학습하지 않고 '-아/어/여 보여요' 학습이 이루어지는 경우라면, 학습자의 수준에 맞게 '슬프다', '맵다'와 같은 불규칙 활용 용언은 예시로 제시하지 않는다.

② 연습

연습 단계에서는 목표 문법 항목에 대해 여러 유형의 연습을 진행할 수 있는데, 아래의 예시와 같이 쓰거나 말할 내용을 정해 주는 통제된 연습을 통해 문법 항목의 형태에 익숙해지고 정확하게 해당 항목을 사용할 수 있도록 할 수 있다.

교사: 그림을 보세요. 어때 보여요? 써 보세요.
(상황을 이해할 수 있는 그림과 함께 적절한 형용사를 제시한다. 학습자가 'A-아/어/여 보여요'로 교체하여 쓸 수 있도록 한다. 쓰기 예시를 제시한다.)
> 예시
사라 씨는 일을 너무 많이 했어요.
힘들어 보여요. (힘들다. A-아/어/여 보여요)

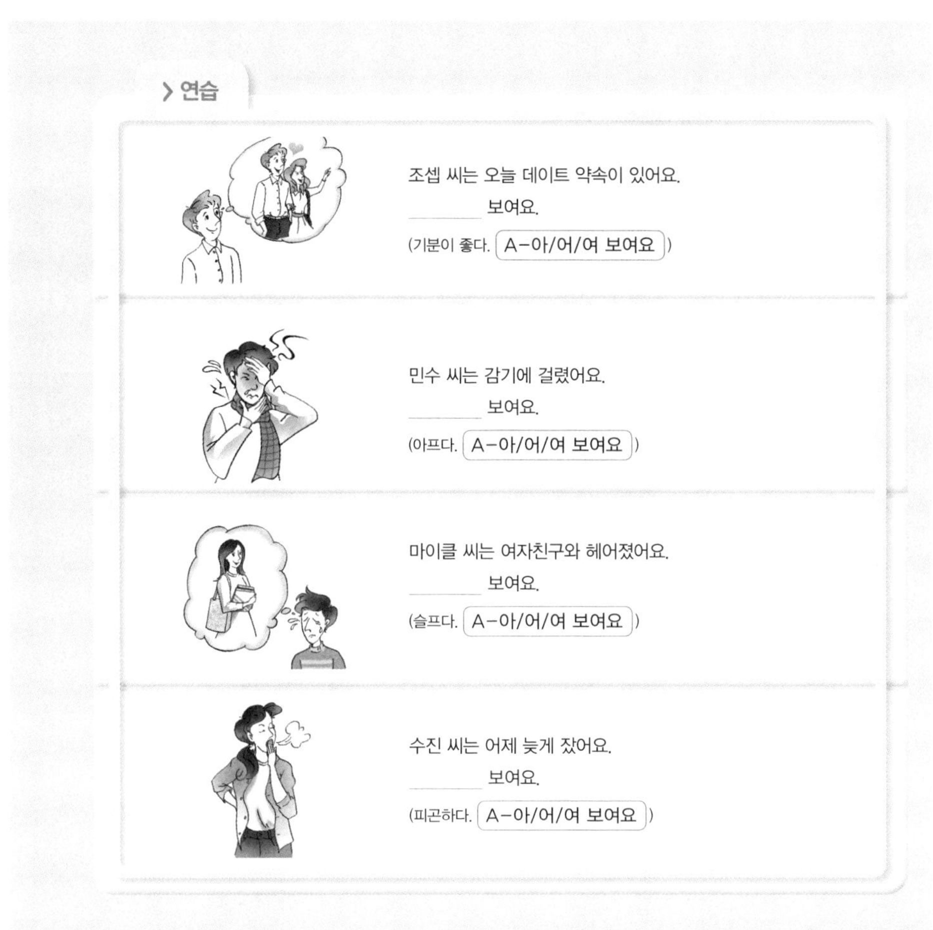

이상의 연습을 통해 학습자는 '-아/어/여 보여요'의 의미를 이해하고 결합되는 단어로 형용사를 선택할 수 있으며, 어간 모음의 종류에 따라 '-아 보여요'의 이형태를 인식하면서 알맞은 형태로 쓸 수 있다.

③ 생산

생산 단계에서는 학습자에게 의사소통을 통해 해결할 수 있는 과제를 제시하고 이 과제를 수행하는 과정에서 유의미한 언어 학습이 일어나게 한다. 연습 단계와 달리 생산 단계에서는 교사가 목표 문법 항목과 결합시킬 형용사를 제시하지 않는다. 이는 학습자가 말하거나 쓸 내용을 통제받지 않고, 스스로 표현하고자 하는 의미를 선택하고 표현하는 과정에서 문법 항목을 유의미하게 사용하게 하기 위함이다. 다음은 생산 단계의 '-아/어/여 보여요' 교수의 예인데, 두 가지 활동을 통해 학습자가 문장을 생성하고 발화하기를 유도하고 있다.

교사: 피자예요. 어때 보여요? 맛있어 보여요.

교사: 다음 그림을 보세요. 어때 보여요? 말해 보세요.

(상황을 이해할 수 있는 그림이나 사진을 제시한다. 학습자가 'A-아/어/여 보여요'를 사용한 문장으로 자신의 생각이나 느낌을 말하도록 한다. '무서워 보여요' 등의 말하기 예시를 제시한다.)

교사: 머리를 자르니까 어때요?

('귀여워 보여요' 등의 학습자 응답이 있을 수 있다.)

교사: 리모델링하니까 집이 어때요?

('예뻐 보여요, 좋아 보여요, 멋있어 보여요' 등의 학습자 응답이 있을 수 있다.)

교사: 방을 청소하니까 어때요?

('깨끗해 보여요. 좋아 보여요' 등의 학습자 응답이 있을 수 있다.)

교사: 수염을 자르니까 어때요?

('멋있어 보여요. 젊어 보여요' 등의 학습자 응답이 있을 수 있다.)

위의 생산을 위한 활동은 학습자가 문장을 생성하여 발화하게 함으로써 문법 항목 '-아/어/여 보여요'가 잘 학습되었는지 확인할 수 있는 형태로 구현되어 있다. 이러한 활동은 교수 상황에 따라 교사가 변형하여 마련할 수 있다.

(2) 과제 모형

과제 모형(TTT)은 의사소통을 수행할 수 있는 과제를 수업의 중심에 두는 과제 중심 교수법의 철학이 반영된 모형이다. 과제(task 1)를 제시하고 이를 수행하게 한 후, 교사의 교수(teach)가 이루어지며, 이와 동일하거나 유사한 과제(task 2)를 다시 제시하여 수행하게 하여 한국어를 습득하게 하는 모형이다.

아래에서는 과제 1, 교수, 과제 2의 수업 단계 순으로 과제 모형을 통한 문법 교육의 양상을 보이고자 한다. 제시 모형과 마찬가지로, 다음의 교수에서 초점을 두는 문법 항목도 '-아/어/여 보여요'이다.

① 과제 1

첫 번째 과제는 '영화 포스터를 보고 영화 고르기'를 제시한다. 먼저 교사는 학습자가 두 명씩 짝을 지어 아래와 같은 영화 포스터를 보면서 대화하게 한다. 대화 후, 그중 한 명의 학습자가 함께 고른 영화가 무엇인지 그 영화를 선택한 이유가 무엇인지 발표하게 한다. 첫 번째 과제를 수행할 때에는 학습자들이 두 명씩 짝을 지어 어떤 영화를 볼 것인지 서로 대화하는 과정에서 '-아/어/여 보여요'를 활용하지 않아도 교사가 크게 개입하지 않아도 된다.

교사: 영화관에 가서 영화를 볼 계획이에요. 영화 포스터를 보고 친구와 어떤 영화를 볼지 이야기해 보세요.

출처: 네이버 영화

② 교수

위의 학습자 발표 과정에서 학습자가 함께 고른 영화가 무엇인지, 그 영화를 선택한 이유가 무엇인지 발표하는 과정에서 교사는 학습자의 발화를 '-아/어/여 보여요'로 바꾸어 말해 주되, 이 문법 항목을 발화할 때 큰 소리로 발화하거나 판서하여 학습자의 주의가 '-아/어/여 보여요'로 옮겨가게 할 수 있다. 이는 형태 초점 접근법을 과제 모형의 교수 단계에 적용하는 것이라 할 수 있다.

학생: 저는 '미녀는 괴로워'를 볼 거예요. 재미있을 것 같아요.
교사: 아, 그래요? 선생님도 '미녀는 괴로워'가 재미있을 것 같아요. '미녀는 괴로워'가 재미있어 보여요.
('재미있어 보여요'를 크게 발화하면서 판서한다. 그 외에도 아래와 같은 문형 카드를 통해 학습자 주의를 이끌어 낼 수 있다.)

재미있다 → 재미있어 보여요

③ 과제 2

교사가 교수 단계에서 '-아/어/여 보여요'로 학습자의 초점을 이끌어 낸 후, 두 번째로 제시하는 과제는 '놀이기구 사진을 보고, 타고 싶은 놀이기구 고르기'이다. 이 과제 수행 단계에서는 먼저 학습자가 모둠을 지어 아래와 같은 놀이기구 사진을 보면서 대화하게 한다. 대화 후, 그중 한 명의 학습자가 함께 고른 놀이기구가 무엇인지, 그 놀이기구를 선택한 이유가 무엇인지 발표하게 한다. 여기서는 학습자들이 타고 싶은 놀이기구를 고르는 과정에서 '-아/어/여 보여요'를 더 적극적으로 발화하게 될 것이며, 타고 싶은 놀이기구에 대해 발표할 때에도 '-아/어/여 보여요'를 사용하여 발표하게 할 수 있다.

교사: 여러분, 혹시 놀이공원에 가 본 적 있어요? 놀이공원에는 여러 가지 재미있는 놀이 기구들이 많이 있어요. 어떤 놀이 기구를 타 보고 싶으세요? 사진을 보고 친구와 이야기해 보세요.
롤러코스터
범퍼카
회전그네
락스핀
대관람차
회전목마

위에서 확인하는 것처럼, 과제 1과 2는 유사한 형태의 과제로 마련하는 것이 교사의 교수 과정에서 초점을 둔 문법 항목이 잘 학습되었는지 점검하기에 용이하다. 위 과제는 말하기의 의사소통 과제로 마련되었는데, 이 과제의 형태는 교수 상황에 따라 변형될 수 있다. 또한 위의 과제 외에도 학습자의 요구에 따라 '-아/어/여 보여요'가 포함된 읽기나 듣기 과제를 제시하거나 '-아/어/여 보여요'를 포함해 문장이나 글을 쓸 수 있도록 하는 쓰기 과제를 제시해도 좋다.

5. 한국어 문법 교육의 평가

1) 문법 평가의 계획

한국어 문법 교육의 평가는 한국어 문법 교육의 목표와 내용과 긴밀하게 관련되어 계획되고 설계되어야 한다. 먼저 한국어 문법 교육의 목표는 한국어 사용의 정확성과 한국어 의사소통 능력을 향상시키는 데에 있으므로 평가도 한국어 문법을 정확하게 활용하는지와 이를 통해 한국어 의사소통을 성공적으로 수행하는지를 평가할 수 있도록 설계되어야 한다. 다음으로 한국어 문법 교육의 내용은 문법 항목을 표제어로 하여 그 항목의 의미와 용법, 형태 정보, 문장 구성 정보, 제약 정보, 유사 문법과의 비교 내용을 기술한 것이므로 평가에서도 문법 항목을 평가 대상으로 설정하고 그 항목에 대한 교육 내용을 평가의 내용으로 설정해야 한다.

문법 교육 평가를 계획하기 위해서는 다른 평가와도 마찬가지로 먼저, 평가의 목적을 설정해야 한다. 평가의 목적에 따라 여러 가지 평가가 존재하는데, '성취도'(achievement)를 평가하기 위한 목적과 '숙달도'(proficiency)를 평가하기 위한 목적을 대표적인 예로 생각해 볼 수 있다. 성취도 평가는 학습자가 수업을 통해 한국어 문법 교수 내용을 잘 학습했는가의 성취 정도를 평가하기 위한 것이다. 성취도 평가 계획에서 중요한 것은 실제로 한국어 문법 수업에서 무엇을 목표로, 무엇을 교수했는지를 잘 확인하여 학습자가 학습한 내용을 평가의 내용으로 설정하는 일이다. 다음으로, 숙달도 평가는 학습자가 가지고 있는 한국어 문법 사용 능력을 평가하기 위한 것으로 주로 공인된 평가 기관을 통해 평가되고 학습자 수준이 객관적인 수치나 등급으로 제시된다. 그러므로 숙달도 평가 계획에서 중요한 것은 한국어 문법 활용 능력과 학습자 수준을 어떤 기준으로 어떻게 등급화할 것인지를 결정하여 수준별 문법 평가 요소와 내용을 설정하는 일이다.

2) 문법 평가의 실행

대표적인 평가의 예로 성취도 평가와 숙달도 평가의 실행에 대해 살펴보기로 한다.

(1) 성취도 평가

한국어 문법의 성취도 평가 실행 단계에서는 한국어 수업에서 설정했던 문법 교육의 목표와 교수한 내용을 점검하고, 이를 잘 평가할 수 있도록 문항을 개발해야 한다. 여기서는 한국어 수업에서 설정 가능한 목표와 교수 가능한 내용을 담고 있는 교재의 예를 보이고, 이를 근거로 한 성취도 평가 실행 과정을 살펴보기로 한다.

다음은 서울대학교 언어교육원 『서울대 한국어 1A』 제1과의 교재 구성표로, 교수 대상 문법 항목과 이 문법 항목을 통해 수행 가능한 듣기, 말하기, 읽기, 쓰기의 의사소통 내용을 확인할 수 있다.

[표 12-3] 『서울대 한국어 1A』 제1과 교재 구성표

단원	1과 안녕하세요.	
말하기	• 비격식적인 상황에서 자기소개하기 • 격식적인 상황에서 자기소개하기	
듣고 말하기	• 국적에 대한 짧은 대화 듣기 • 국적과 직업에 대한 대화 듣기 • 명함 주고받으며 인사하기	
읽고 쓰기	• 자기소개하는 글 읽기 • 블로그에 자기소개하는 글 쓰기	
과제	• 공항에서 사람 찾기	
어휘	• 국적	• 직업
문법과 표현	• 인사말 • N입니까?, N입니다	• N은/는 N이에요/예요 • N이/가 아닙니다
발음	• 평서문과 의문문의 억양	
문화 산책	• 인사법	

이 교재를 바탕으로 한 수업에서는 문법 항목 '은/는, 이에요/예요, 입니까?, 입니다, 이/가 아닙니다'를 학습하며, 이를 활용하여 자기소개의 말하기, 쓰기, 자기소개의 글 읽기, 국적과 직업에 대한 대화 듣기의 의사소통 연습을 진행하게 됨을 알 수 있다. 예를 들어 '이/가 아닙니다' 항목에 대해서는 교재에서 아래의 예문을 통해 의사소통 예시를 보이고 있다.

2. N이/가 아닙니다

A 마이클 씨는 미국 사람입니까?

B 아니요, 저는 미국 사람이 아닙니다.

예
- 마이클 씨는 의사**가 아닙니다.**
- 저는 학생**이 아닙니다.**
- 한국 사람입니까? -아니요. 한국 사람**이 아닙니다.**

[그림 12-1] 『서울대 한국어 1A』 제1과 59쪽의 '이/가 아닙니다' 관련 부분

위 교재를 활용하여 한국어 수업에서 '이/가 아닙니다'를 통해 자기소개의 글쓰기 수업을 진행했다고 가정해 볼 수 있다. 그리고 이를 잘 교수하고 학습자가 잘 학습했는지 확인하는 성취도 평가를 진행할 수 있다. 이에 대한 평가는 여러 방식으로 이루어질 수 있는데, 수업의 목표가 '이/가 아닙니다'를 정확하게 쓰게 하는 것과 이를 통해 자기소개 대화를 잘 수행하게 하는 것이었다면, 아래와 같은 문항으로도 평가가 가능하다.

※다음 (　　)에서 알맞은 것에 동그라미 하십시오.

A: 한국 사람입니까?
B: 아니요, 한국 사람(ⓘ/가) 아닙니다.

위의 문항은 조사 '이/가'의 형태 정보를 알고 정확하게 쓸 수 있는지를 묻는 문항이다. 아래는 1단원의 '은/는, 입니까?, 입니다, 이/가 아닙니다'의 교수를 마치고, 이를 활용하여 자기소개의 의사소통을 할 수 있는지, 그 성취도를 평가하는 문항으로 제시될 수 있다.

※다음 그림을 보고, 빈칸에 들어갈 알맞은 문장을 고르십시오.

마이클: 나나 씨는 한국 사람입니까?
나나: ______________________

① 네, 한국 사람입니다.
② 아니요, 한국 사람이 아닙니다.
③ 네, 중국 사람입니다.
④ 아니요, 중국 사람이 아닙니다.

위의 평가는 문법 평가와 읽기 평가를 연계한 형태로 제작되었지만, 말하기, 듣기, 쓰기 평가와도 연계하여 다양한 방식의 문법 평가를 진행할 수 있다.

(2) 숙달도 평가

한국어 문법의 숙달도 평가 실행 단계에서는 계획 단계에서 확인한 한국어 문법 교육의 목표와 내용을 등급별 목표와 등급별 내용으로 세분화하여 잘 이해하고, 이에 따라 등급별 평가 문항을 개발해야 한다. 여기서는 등급별 문법 교육 내용과 문법 능력에 대해 정리한 자료를 소개하고, 이것이 어떻게 문항으로 개발될 수 있는지, 현재 존재하는 한국어 숙달도 평가의 하나로서, 정부에서 시행하고 있는 한국어능력시험의 문항을 예로 들어 설명하고자 한다. 한국어 문법 교육의 등급별 목표와 교육 내용에 대해서는 이를 정리하려는 시도가 여러 논의에서 있어 왔는데, '국제 통용 한국어 교육 표준 모형' 연구에서는 한국어 표준 교육과정의 등급별 목표를 제시하면서, 문법 영역의 목표를 제시하였다. 그중 초급 단계인 1, 2단계의 목표를 예로 제시하면 아래와 같다.

[표 12-4] 초급 단계의 한국어 문법 교육 목표(김중섭 외, 2010)

등급	내용
1급	1. 한국어의 기본문장 구조를 이해하고 사용할 수 있다. 2. 정형화된 문장 표현들을 목록화하여 이해할 수 있다.

2급	1. 빈도수가 높은 연결 어미나 관형절이 포함된 문장을 이해하고 사용할 수 있다. 2. 한국어의 시제를 이해하고 사용할 수 있다. 3. 빈도수가 높은 보조 용언을 이해하고 사용할 수 있다.

그리고 이어서 이루어진 등급별 문법 교육 내용 연구로 1급부터 7급까지 총 628개의 문법 항목을 등급별로 나누어 제시하였다. 초급 단계인 1, 2단계의 문법 항목은 총 100개로 정리되었다(김중섭 외, 2011).[1] 이 문법 항목에는 조사 '께, 께서, 와, 과', 어미 '-거나'와 같은 기본적인 문법 항목이 포함되어 있으며, '르 불규칙'과 같은 문법 교육 내용도 문법 항목은 아니지만, 하나의 교육 항목으로 제시되어 있다.

그러므로 평가 문항 개발을 위해서 만일 2급의 목표 중 '1. 빈도수가 높은 연결 어미나 관형절이 포함된 문장을 이해하고 사용할 수 있다'라는 목표를 선택하였다면, 연결 어미로서 1, 2단계의 항목으로 문법 항목인 '-(으)면'을 평가 대상 문법 항목으로 선정할 수 있다. 그리고 평가의 내용을 예컨대 '-(으)면'으로 한다면, '-(으)면'의 교육 내용 중 형태 정보를 알고 있는지를 평가할 것인지, 문장 구성 정보를 알고 있는지를 평가할 것인지를 결정하여 문항을 개발해야 한다. 문항 개발 유형도 문법적 오류 문장을 제시하고 오류 문장을 인지할 수 있는지를 묻거나, 문장 완성이나 문장 변형을 요구하는 등 여러 가지가 있을 수 있다. 아래는 '-(으)면'을 대상으로 한 제52회 한국어능력시험의 초급 49번 평가 문항으로 문장 완성 문항에 해당한다.

1 이 연구 이후에 이루어진 보완 연구인 김중섭 외(2016)에서는 한국어 능력을 1급부터 6급까지로 재정리하고 문법 항목 목록을 이 등급에 따라 다시 제시하기도 하였다.

[49~50] 다음을 읽고 물음에 답하십시오(각 2점).

> 저는 혼자 여행하는 것을 좋아합니다. 보통 여행 기간이나 장소를 정하지 않고 여행을 떠납니다. 유명한 관광지보다는 작은 마을을 다닙니다. 저는 운전을 하면서 여행하는데 예쁜 경치가 보이면 내려서 구경합니다. 여행하는 곳이 (㉠), 오랫동안 지낼 때도 있습니다.

49. ㉠에 들어갈 알맞은 말을 고르십시오.

① 좋으면　② 좋지만　③ 좋아도　④ 좋은데

한국어능력시험에서 초급 단계의 평가는 듣기와 읽기의 영역으로 진행하는데, 위의 문항과 같이 읽기 영역과 연계하여 문법 평가가 이루어지기도 한다. 초급 단계의 평가이기 때문에, 문장 안에서 '-(으)면'의 의미와 용법을 아는지를 묻는 비교적 쉬운 수준의 문항으로 평가하고 있음을 확인할 수 있다. 이와 마찬가지로, 고급 단계의 평가에서도 고급 단계의 교수 대상으로 분류된 문법 항목을 대상으로, 그 항목을 정확하게 써서 성공적인 의사소통을 수행할 수 있는지를 듣기, 읽기, 말하기, 쓰기의 영역과 연계하여 평가 문항을 개발할 수 있다.

3) 문법 평가 결과의 활용

문법 평가를 모두 진행하였다면 이를 활용하는 것도 중요하다. 성취도 평가를 통해 교사 차원에서는 학습자의 성취 정도를 확인하고 학습자가 낮은 성취를 보인 문법 항목에 대해, 한국어 수업 과정에서 더 집중하여 지도할 수 있다. 하나의 문법 항목에 대해서도 형태 정보의 이해에 어려움을 겪는지, 문장 구성 정보의 이해에 어려움을 겪는지를 평가 결과를 통해 점검하고, 어려움을 겪는 내용에 대해 더 주의하여 교수를 진행할 수도 있다. 또한 숙달도 평가를 통해서는 학습자가 어느 정도의 한국어 문법을 알고 있는지에 대해 확인하고, 그 학습자가 어느 정도 수준까지 의사소통할 수 있을지를 예견할 수 있다. 그리고 이를 통해 그 학습자에게 필요한 앞으로의 문법 교육의 단계를 결정하고 적절한 교육을 제공할 수 있다. 평가 결과는 해당 학습자가 한국어 의사소통이 필요한 업무나 학업을 어느 정도까지 수행할 수 있을지를 판단하는 근거가 될 수 있다.

탐구 과제

1. 본 장에서 문법 교수 모형 설명을 위해 제시한 '-아/어/여 보여요' 활용 과제를 추가로 만들어 보라. 예를 들어 본 장에서 제시한 과제 외에도 아래의 과제가 추가로 제시될 수 있다.

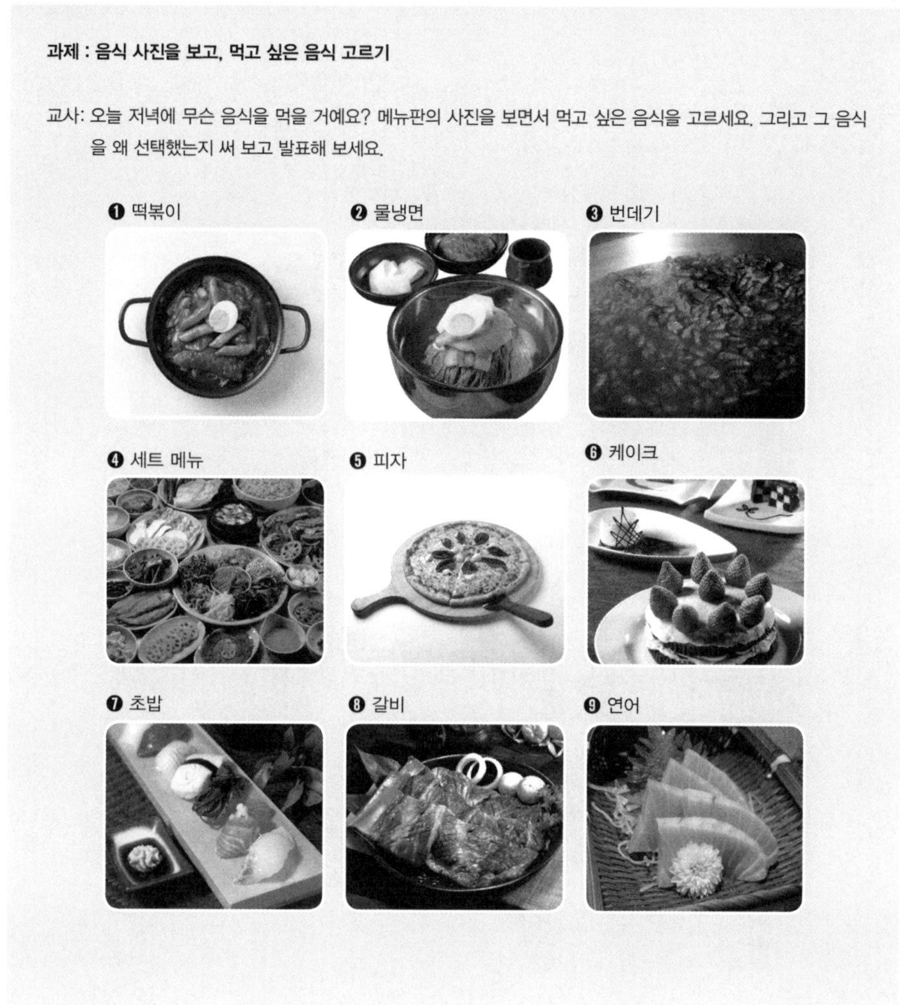

과제 : 음식 사진을 보고, 먹고 싶은 음식 고르기

교사: 오늘 저녁에 무슨 음식을 먹을 거예요? 메뉴판의 사진을 보면서 먹고 싶은 음식을 고르세요. 그리고 그 음식을 왜 선택했는지 써 보고 발표해 보세요.

2. 본 장에서는 문법 교육 평가에 대해, 성취도 평가의 실행과 숙달도 평가의 실행으로 나누어 설명하였다. 이 중 성취도 평가의 실행에 대한 내용을 참고하여, 『서울대 한국어 1B』 제13과 교재 구성표의 내용과 해당 교재의 관련 예문을 참고하여 문법 항목 '-아/어/여 주다'의 교육에 대해 평가할 수 있는 성취도 평가 문항 하나 제시하라. '-아/어/여 주다'의 교육 내용은 국립국어원 한국어교수학습샘터(kcenter.korean.go.kr)에서도 검색하여 참고할 수 있다.

[참고 1] 『서울대 한국어 1B』, 제13과 교재 구성표

단원	13과 서울역으로 가 주세요	
말하기	• 방학 계획 표현하기	• 청하기
듣고 말하기	• 목적지에 가는 방법에 대한 짧은 대화 듣기 • 교통편에 대해 묻고 답하는 대화 듣기 • 대중교통 노선에 대해 말하기	
읽고 쓰기	• 감사의 글 읽기	• 감사의 글 쓰기
과제	• 대중교통으로 서울의 명소 찾아가기	
어휘	• 교통	
문법과 표현	• V-(으)려고 하다 • V-아/어 주다	• N에서 N까지 • N(으)로
발음	• 역 이름의 발음	
문화 산책	• 대중교통 요금과 교통 카드	

[참고 2] 『서울대 한국어 1B』, 제13과 115쪽의 '-아/어/여 주다' 관련 부분

A 뭘 사 줄까요?

B 딸기 케이크를 사 주세요.

- 창문 좀 닫**아 주세요.**
- 정우 씨, 한국어 숙제 좀 도**와주세요.**
- 선생님, 칠판에 **써 주세요.**
- 요즘 지연 씨가 한국 요리를 가르**쳐 줘요.**
- 동생이 울어서 노래를 **해 줬어요.**

3. 교수할 문법 항목을 한 가지 선정하고, 본 장에 기술된 문법 교수 모형 설명을 참고하여 제시 모형(PPP)의 단계로 교수 계획을 세워 보라.

더 읽을 거리

국립국어원. (2005a). 외국인을 위한 한국어 문법 1. 서울: 커뮤니케이션북스.

이 책은 한국어 교육을 위한 한국어 문법을 체계적으로 이해할 수 있도록 집필된 책이다. 이 책에서는 한국어 문법 교육의 성격과 한국어의 특징을 개괄하고, 한국어 문장, 한국어 문법 요소의 기능과 의미, 한국어의 단어, 소리, 한국어 담화의 순으로 한국어 문법의 특징을 정리하고 있다.

국립국어원. (2005b). 외국인을 위한 한국어 문법 2. 서울: 커뮤니케이션북스.

이 책은 한국어 문법 항목을 조사, 어미, 보조 용언이 포함된 표현을 가나다 순으로 제시하고 있다. 각 문법 항목에 대해서는 그 의미와 용법, 형태 정보, 문장 구성 정보 등을 풍부한 예문과 함께 제시하여 한국어 교수·학습이 원활하게 이루어지도록 하였다.

13장
한국어 발음 교육론

1. 한국어 발음 교육의 성격

1) 발음 교육의 위상

외국어 교육에서 발음 교육의 목표와 방법은 교수법의 변천에 따라 달라져 왔다. 역사적으로 거슬러 올라가 17세기 이전 유럽에서 그리스어와 라틴어를 가르칠 때 사용한 전통적인 문법 번역식 교수법(grammar-translation method)에서는 언어 학습이 정신 수양과 지적 발달을 도모하기 위함이었기 때문에 학습자가 문법 규칙을 철저히 익혀 정확성을 기르고 읽기 및 번역 능력을 갖추도록 하였다. 이때에는 구어보다는 문어가 학습에서 중요하게 다루어졌기 때문에 구어의 중요한 요소인 발음 교육이 외국어 교육에서 차지하는 비중은 문법이나 어휘에 비해 훨씬 낮았다. 그러나 이 교수법은 학습자들이 외국어 지식을 활용하여 외국어로 원활하게 의사소통을 하는 데에 한계가 있었다. 이러한 한계를 극복하고자 19세기 전후에 직접 교수법(direct method)이 등장하였다. 직접 교수법은 외국어 학습도 모어 습득과 같다는 전제에서 출발하며, 구두 의사소통 능력을 배양하는 것을 교육 목표로 삼았다. 직접 교수법에서는 학습자들이 학습의 모델이 되는 모국어 화자의 정확한 발음을 듣고 따라하면서 자연스럽게 목표 언어의 발음을 습득한다고 보았기 때문에, 발음 교육에 대한 중요성이 크게 인식되었다. 이와 달리 행동주의 심리학과 구조주의 언어학을 토대로 발전한 청각 구두식 교수법(audio-lingual method)은 언어의 구조에 대한 체계적인 접근과 반복적인 학습을 통해 외국어를 가르치고자 한 교수법이다. 특히 이 교수법에서는 학습 초기부터 모국어 화자와 같은 수준의 정확한 발음의 습득을 목표로 훈련을 하였으며, 대표적으로 모음과 자음의 음성학적 정보를 활용하거나 최소 대립쌍(minimal pair) 개념을 발음 교육에 적용하여 학습자가 이를 반복적으로 듣고 따라하도록 하였다.

한편, 1970년대 시작되어 널리 사용되고 있는 의사소통 중심 접근법(communicative approach)에서는 언어의 구조보다는 기능에 관심을 두고, 정확성(accuracy)보다는 유창성(fluency)을 강조함으로써 의사소통 능력을 신장시키고자 하였다. 초기에는 발음보다는 의미의 전달에 초점을 맞추어 발음 교육에 큰 비중을 두지 않았으나 실제 구두 의사소통에 어려움을 겪는 학습자들이 늘어남에 따라 발음 교육이 중요해졌다. 다만, 이 교수법에서는 발음 교육의 목표를 모국어 화자와 같은 수준(native-like pronunciation)의 정확한 발음을 습득하는 데에 두는 것이 아니라 이해 가능한(intelligibility) 발음의 습득에 두었다. 이에 발음 교육의 초점은 자음과 모음 같은 분절음의 정확한 발음에서 자연스러운 언어 구사를 위한 강세, 억양 등의 초분절음 교육으로 그 초점이 옮겨졌으며, 문장 자체 보다는 담화 차원의 맥락을 고려한 발화 상황 교육이 중요하게 다루어졌다.

한국어 교육에서의 발음 교육 또한 이러한 교수법의 변천에 따라 발음 교육의 목표와 방법이 달라졌으며, 현재 발음 교육은 주로 청각 구두식 교수법과 의사소통 중심 접근법이 결합된 형태로 이루어지고 있다. 즉, 청각 구두식 교수법의 발음 교육 목표인 자음과 모음의 분절음을 정확하게 학습하되, 의미 없는 문장을 반복해서 따라하는 것이 아니라 유의미한 맥락 속에서 발음 교육이 이루어져 교수자와 학습자의 상호작용이 일어날 수 있도록 한다. 또한 의사소통 능력을 함양하기 위하여 모국어 화자와 같은 정확한 발음보다는 이해 가능한 발음 교육에 중점을 두고 있다.

2) 발음 교육의 필요성

언어 학습의 목표가 궁극적으로 원활한 의사소통 능력 습득에 있다면, 발음 교육은 언어 학습에서 반드시 체계적으로 이루어져야 할 필요가 있다. 의사소통의 근간을 이루는 것이 구어(spoken language)이고 이러한 구어를 정확히 구사하기 위해서는 무엇보다 발음이 중요하기 때문이다. 가령, 아무리 언어 지식이 많다고 하더라도 발음이 정확하지 않으면 화자가 의도한 바를 청자에게 온전히 전달할 수 없을 뿐만 아니라 실제 자신의 언어 능력보다 더 낮은 평가를 받을 가능성이 있다. 게다가 대화 상황에서 화자의 부정확한 발음 때문에 청자가 "네? 뭐라고요?" 혹은 "다시 한번 말씀해 주세요" 등과 같이 대응한다면, 화자는 자신감을 잃고 위축되어 한국어 학습에도 부정적인 영향을 끼칠 것이다. 특히 발음 교육은 학습 초기 단계에서부터 지속적으로 이루어지지 않을 경우, 학습자의 잘못된 발음 습관이 그대로 고착화되기 쉬울 뿐만 아니라 이후 발음 교정에 상당한 시간과 노력이 소요되기 마련이다. 그럼에도 불구하고 현재 발음 교육은 주로 초급 단계에서 기본적인 발음을 연습할 수 있는 기회를 제공할 뿐이며, 중·고급 단계로 갈수록 유창한 의사소통을 위한 발음 교육의 비중이 낮아진다는 점에 문제가 있다.

또한 외국어 구사에서 정확성보다는 유창성을 강조하는 의사소통 중심 접근법의 대두로 상대적으로 발음 교육의 비중이 줄어들게 되었다. 의사소통 중심 접근법에서는 발음 교육의 목표를 원어민과 같은 수준의 정확한 발음의 습득에 두는 것이 아니라 이해 가능한 발음의 습득에 두었기 때문에, 분절음 중심의 교육에서 강세, 리듬, 억양 등과 같은 일정한 맥락에서의 초분절음 중심의 교육으로 발음 교육의 초점이 옮겨진 것이다(허용·김선정, 2006: 20). 이는 문장 자체의 정확성보다 담화 차원의 발화 상황을 중요하게 다루기 때문이다.

이뿐만 아니라 실제 발음 교육의 현장에서는 언어권별로 습득하기 어려운 주요 발음이나 자주 일어나는 학습자 오류 등에 대한 전문성을 갖춘 교사가 충분하지 않으며, 발음 교육용 교재나 발음 교육 관련 자료 등의 부족한 문제도 있다. 가령, '만나다'의 경우, 영어권 화자들은 /ㄴㄴ/를 정확하게 발음하기보다는 하나를 생략하거나 약하게 발음하는 경우가 많다. 이는 모국어인 영어에서 똑같은 자음이 중복되면 하나를 생략하고 읽는 습관에서 연유한 것으로 파악할 수 있다. 이와 같이 학습자의 모국어가 외국어의 발음 습득에 영향을 미치는 요소에는 모국어와 학습 대상 언어의 음소 목록의 차이, 음절 구조의 차이, 상이한 음운 현상과 초분절음의 차이 등이 있다(허용 외, 2005: 102-103). 예를 들어, 영어권 한국어 학습자가 '불/뿔/풀'이나 '달/딸/탈'을 구별할 때 어려움을 겪는 현상은 파열음이 유성음과 무성음의 두 체계로 이루어지는 영어와 파열음이 평음, 격음, 경음의 세 체계로 이루어지는 한국어의 음소 체계의 차이에 기인한 것이다. 그리고 일본인 학습자들이 한국어의 종성을 발음할 때 종성 뒤에 모음을 결합하여 별도의 음절로 발음하는 현상은 일본어와 한국어의 음절 구조가 다르기 때문에 나타나는 현상이다. 또한 영어권 화자들과 중국어권 화자들은 '편리'와 같은 단어를 발음할 때 자음동화를 적용하여 '[펼리]'로 발음하지 않고 '[편리]'로 발음하는 것은 양 언어의 음운 현상이 다르기 때문이다.

따라서 발음 교육은 이와 같은 점들을 고려하여 초급 수준부터 고급 수준에 이르기까지 모든 단계에서 체계적이고 지속적으로 이루어져 학습자가 발음 때문에 의사소통 상황에서 장애를 가지지 않고, 학습자의 정확한 발음 능력 향상이 학습자에게 자신감을 주어 한국어 능력의 향상에 기여할 수 있는 방향으로 이루어질 필요가 있다.

2. 한국어 발음 교육의 목표

1) 발음 교육의 관점

'은행(銀行)', '꽃이'는 표준 발음인 [은행], [꼬치]로 가르쳐야 할까? 아니면 현실 발음을 고려하여 [으냉], [꼬시]로 가르쳐야 할까? 한국어 교수자로서 한 번쯤 고민해 봤을 법한 문제들이다. 이는 한국어 발음 교육의 목표를 '정확성'에 초점을 둘 것인지에, '유창성'에 초점을 둘 것인지에 따라 달라질 수 있다. 이와 관련하여 언어 교수법의 변천에 따라서 발음 교육의 관점이 어떻게 달라졌는지를 살펴보도록 하자.

역사적으로 보면, 직접 교수법이 대두되면서 구어 구사 능력의 중요성이 강조되고, 모국어 화자와 같은 정확한 발음의 습득이 중요하게 다루어지기 시작했다. 직접 교수법에서는 학습자들이 목표 언어를 끊임없이 반복하고 따라하면서 자연스러운 발음을 습득할 수 있도록 하였으며, 이 교수법은 발음 지도 방법에 많은 영향을 주었다. 이후에 등장한 청각 구두식 교수법에서는 언어 학습을 모방과 반복에 의한 습관 형성이라고 규정하며 발음을 언어 교육에서 매우 중요한 요소로 여김에 따라 학습의 초기 단계에서부터 정확한 발음을 강조하였다. 그러나 언어의 구조보다는 기능을, 언어 구사의 정확성 보다는 유창성을 강조한 의사소통 중심 접근법에서는 의사소통 능력이 강조되면서 발음 교육의 목표는 정확성이 아닌 성공적인 의사소통이 되어야 함을 강조하였다. 따라서 의사소통 중심 접근법에서는 모국어 화자와 같은 수준의 정확한 발음 습득보다는 이해 가능한 발음의 습득을 목표로 삼게 되었다(Morley, 1991: 488).

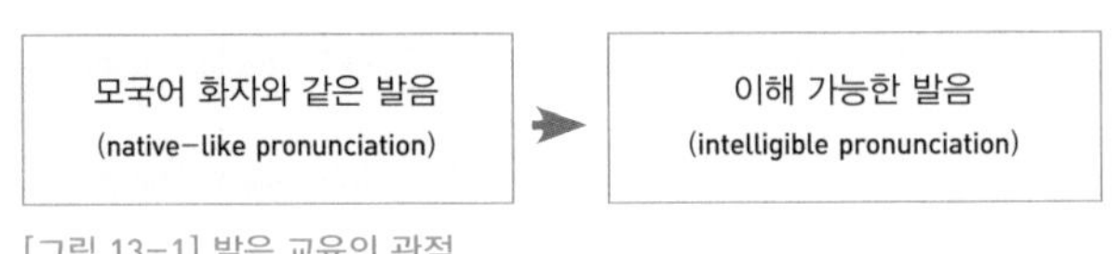

[그림 13-1] 발음 교육의 관점

이러한 맥락에 따라 한국어 교육에서의 발음 교육도 '모국어 화자와 같은 발음'에서 '이해 가능한 발음'으로 패러다임의 전환이 이루어지고 있다. 한국어 학습의 주된 대상인 성인 학습자가 모국어 화자와 같은 발음을 한다는 것은 현실적으로 불가능하므로, 모국어 화자가 이해할 수 있는 수준의 발음 교육이 합리적이다.

2) 발음 교육의 목표

그렇다면 한국어 발음 교육의 목표는 어떻게 설정해야 할 것인가? 앞서 언급한 바와 같이, 의사소통 중심 접근법이 대두하면서 언어 교육에서 발음 교육의 관점은 '모국어 화자와 같은 발음'에서 '이해 가능한 발음'으로 변해 왔다. 이러한 흐름에 따라 한국어 발음 교육에서도 '모국어 화자와 같은 발음'이라는 목표를 지양하고, '이해 가능성'(intelligibility)을 발음 교육의 목표로 삼고 있는 추세이다.

여기서 '이해 가능성'은 Abercrombie(1949: 120)에서 'comfortable intelligibility'(청자가 적은 노력 또는 의식적인 노력 없이도 이해될 수 있는 발음)라는 개념을 사용한 이후 확산되었고, 이후 Kenworthy(1987: 13)에서는 이해 가능성을 영어를 배우는 외국인 화자가 목표어인 영어의 정확한 발음과는 약간 다른 음으로 대치해서 발음하더라도 모국어 화자에게 이해될 수 있는 정도의 것이라고 하였다. Nelson(1982: 63)과 Derwing & Munro(1997: 2)에서도 이해 가능성을 외국인 악센트(foreign accent)가 드러나는 발음이더라도 '화자가 의도한 메시지를 이해하는 것'이라고 하였다. 다시 말해서, 이해 가능성이란 '모국어 화자와 같은 정도의 완벽한 발음이 아니라 모국어 화자가 이해할 수 있는 정도의 발음'을 말한다. 가령, 외국인 악센트가 심하다고 하더라도 무슨 말인지 알아들을 수 있으면 되는 것이다. 이러한 영향으로 한국어 학습의 목표는 한국어를 완벽하게 발음하는 학습자를 만드는 것이 아니라 학습자의 발음이 명료하고 의사소통적이어서 자신감이 있는 화자가 되도록 하는 데에 있다. 따라서 발음 교육의 목표는 정확성에서 유창성으로, 모국어 화자와 같은 발음에서 이해 가능한 발음으로 그 초점이 옮겨지고 있다.

그러나 발음 교육의 목표는 정확성이나 유창성 혹은 이해 가능성 중 어느 하나로 한정될 것이 아니라 학습자의 학습 단계에 따라 체계적이며 상호보완적으로 설정될 필요가 있다. 한국어 자음과 모음의 개별 음소에 대한 정확한 발음을 습득하지 않은 채 유창하게 한국어를 구사하는 것은 불가능하며, 장단, 억양 등의 초분절음적 요소를 무시한 채 단어와 문장을 정확하게 발음한다고 해서 자연스러운 발음이 이루어지지 않기 때문이다. 또한 자연 언어 습득의 결정적 시기가 지난 성인 한국어 학습자의 경우 사실상 모국어 화자와 같은 발음에 도달하는 것이 상당히 어렵다는 점을 고려하더라도, 한국어 발음 교육의 목표는 학습자의 학습 단계에 따라 체계적으로 설정될 필요가 있다.

3. 한국어 발음 교육의 내용

효과적인 교수·학습을 위해서는 교육 목표를 설정하고, 목표에 부합하는 교육 내용을 선정한 후, 내용 요소의 교수·학습 순서와 방안을 모색해야 한다. 이에 이 장에서는 발음 교육에서 교수·학습의 대상이 되는 내용 요소의 범주와 체계를 따져볼 필요가 있다. 이는 두 가지 측면으로 구체화할 수 있는데, 하나는 발음 교육의 내용 요소별 제시 순서이고, 다른 하나는 음운, 음운 규칙, 초분절음 등의 각 영역 내에서의 제시 순서이다.

1) 발음 교육 내용의 범주와 체계

발음 교육의 내용 요소로는 크게 음운, 음운 규칙, 초분절음 등을 들 수 있다.

(1) 음운[1]

① 단모음

혀의 높낮이, 혀의 앞뒤 위치, 입술의 원순성에 따라 다음과 같이 구분할 수 있다.

[표 13-1] 단모음 체계[2]

혀의 앞뒤 위치 / 입술 모양 / 혀의 높낮이	전설 모음		후설 모음	
	평순 모음	원순 모음	평순 모음	원순 모음
고모음	ㅣ	ㅟ	ㅡ	ㅜ
중모음	ㅔ	ㅚ	ㅓ	ㅗ
저모음	ㅐ		ㅏ	

② 이중 모음

반모음 [j]와 단모음이 결합하면 /j/계 이중 모음(/ㅑ/, /ㅒ/, /ㅕ/, /ㅖ/, /ㅛ/, /ㅠ/)이라 하고, 반모음 [w]와 단모음이 결합하면 /w/계 이중 모음(/ㅘ/, /ㅙ/, /ㅚ/, /ㅝ/, /ㅞ/, /ㅟ/)이라 하고, [ɰ]와 단모음이 결합하면 /ɰ/계 이중 모음(/ㅢ/)이라 한다.

이중 모음 /ㅢ/는 무엇인가?[3]

/ㅢ/는 '반모음 + 단모음'인지 '단모음 + 반모음' 순의 구성으로 이루어진 것인지에 대한 논란이 있으며, 이는 음운 환경이나 문법적인 기능에 따라 다음과 같이 발음된다는 특성이 있다.

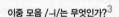

음운 환경 /문법적 기능	발음	예
어두	[ㅢ]	의지[의지]
둘째 음절 이하	[ㅢ]/[ㅣ]	민주주의[민주주의/민주주이]
자음 + ㅢ	[ㅣ]	희망[히망]
조사 '의'	[ㅢ]/[ㅔ]	우리의[우리의/우리에]

1 음운이란 말의 뜻을 구별해 주는 가장 최소 단위를 일컫는 것으로, 한국어의 음운은 크게 모음과 자음으로 나뉜다. 한국어의 모음은 모두 21개가 있다. 이 모음들은 하나의 모음으로 된 단모음(單母音, monophthong) 'ㅏ, ㅐ, ㅓ, ㅔ, ㅗ, ㅚ, ㅜ, ㅟ, ㅡ, ㅣ'와 반모음과 단모음이 결합한 이중모음(二重母音, diphthong) 'ㅑ, ㅒ, ㅕ, ㅖ, ㅘ, ㅙ, ㅛ, ㅝ, ㅞ, ㅠ, ㅢ'로 구분된다. 한국어의 자음은 'ㄱ, ㄲ, ㄴ, ㄷ, ㄸ, ㄹ, ㅁ, ㅂ, ㅃ, ㅅ, ㅆ, ㅇ, ㅈ, ㅉ, ㅊ, ㅋ, ㅌ, ㅍ, ㅎ' 등의 총 19개가 있다.

2 '표준발음법' 제4항에 따르면, 단모음은 'ㅏ, ㅐ, ㅓ, ㅔ, ㅗ, ㅚ, ㅜ, ㅟ, ㅡ, ㅣ' 총 10개인데, 그중에서 'ㅚ, ㅟ'는 이중 모음으로도 발음할 수 있음을 규정하고 있다. 또한 현실 발음에서 'ㅐ, ㅔ'는 구별되어 발음되지 않는다. 따라서 현실 발음을 고려하면 외국인을 위한 한국어 발음 교육에서의 단모음은 'ㅏ, ㅐ(ㅔ), ㅓ, ㅗ, ㅜ, ㅡ, ㅣ'의 7모음 체계로 간주할 수 있다.

3 '반모음 + 단모음'으로 이루어진 이중 모음을 '상향 이중 모음'이라 하고, '단모음 + 반모음'으로 이루어진 이중 모음을 '하향 이중 모음'이라고 한다. 이 책에서는 /ㅢ/를 반모음 /ɰ/와 단모음 /ㅣ/가 결합된 상향 이중 모음으로 보고 있으나, 단모음 /ㅡ/와 반모음 /j/가 결합된 하향 이중 모음으로 보아 /ɰ/계 이중 모음을 인정하지 않는 입장도 있다.

③ 자음

자음은 조음 위치(place of articulation)와 조음 방법(manner of articulation)에 따라 분류될 수 있다. 그 외에 한국어의 자음은 기식성과 긴장성에 따라서 평음(예사소리), 경음(된소리), 격음(거센소리)으로 나뉘며, 다음과 같이 구분할 수 있다.

[표 13-2] 자음 체계

조음 방법 \ 조음 위치			양순음	치조음	경구개음	연구개음	성문음
장애음	파열음	평음	ㅂ	ㄷ		ㄱ	
		경음	ㅃ	ㄸ		ㄲ	
		격음	ㅍ	ㅌ		ㅋ	
	파찰음	평음			ㅈ		
		경음			ㅉ		
		격음			ㅊ		
	마찰음	평음		ㅅ			
		경음		ㅆ			
		격음					ㅎ[4]
공명음	비음		ㅁ	ㄴ		ㅇ	
	유음			ㄹ			

4 'ㅎ'은 평음이라고 보는 견해, 격음이라고 보는 견해, 평음과 격음 어디에도 속하지 않는다고 보는 견해 등 크게 세 가지가 있다(구본관 외, 2015: 50). 이 장에서는 'ㅎ'과 'ㄱ, ㄷ, ㅂ, ㅈ'이 결합할 때 'ㅋ, ㅌ, ㅍ, ㅊ' 격음으로 실현된다는 점에 중점을 두어 'ㅎ'을 격음으로 분류하였다.

(2) 음운 규칙

음운 규칙은 말소리의 구조적 제약을 극복하기 위해 음운의 변동이 일어나는 것으로, 한국어는 음운론적 조건과 형태론적 조건에 의해 '대치(교체), 탈락, 첨가, 축약' 등의 음운 변동 현상이 일어난다.

[표 13-3] 음운 규칙

유형	구조	목록		용례
대치	A → B (A가 B가 된다)	평파열음화		앞 → [압] 밭 → [받] 부엌 → [부억]
		비음화	파열음의 비음화	국물 → [궁물]
			/ㄹ/ 비음화	입력 → (입녁) → [임녁]
		유음화	순행적 유음화	설날 → [설랄]
			역행적 유음화	신라 → [실라]
		경음화	파열음 뒤 경음화	집밖 → [집빡]
			용언의 어간 말 비음 뒤 경음화	감다 → [감:따]
			관형사형 어미 '-(으)ㄹ' 뒤 경음화	만날 사람 → [만날싸람]
			사잇소리 현상으로 경음화	봄비 → [봄삐]
			2음절 한자어에서 'ㄹ' 뒤 경음화	갈등(葛藤) → [갈뜽]
		모음 조화	'-아'형	잡+아, 놓+아
			'-어'형	먹+어, 죽+어
		구개음화		같이 → [가치]

구분	규칙	종류		예
탈락	A → ∅ (A가 탈락한다)	자음군 단순화		닭 → [닥]
		/ㅎ/ 탈락	어간 종성의 /ㅎ/ 탈락	좋은 → [조은](표준 발음)
			초성 /ㅎ/ 탈락	전화 → [저놔](비표준 발음)
		/ㄹ/ 탈락		살-ㅂ니다 → (삽니다) → [삼니다]
		모음 탈락	/ㅡ/ 탈락	쓰+어 → 써
			/ㅏ, ㅓ/ 탈락	가+아 → 가 서+어 → 서
첨가	∅ → B (B가 첨가된다)	/ㄴ/ 첨가		서울역 → (서울녁) → [서울력]
축약	AB → C (A와 B가 축약되어 C가 된다)	격음화		입학 → [이팍]
		모음 축약[5]		기어서 → [겨:서]

(3) 초분절음[6]

① 길이

'표준 발음법'에 따르면 한국어는 소리의 길이에 따라 의미의 차이가 있다. 가령, '눈(目)[nun]'은 짧게 발음하고 '눈(雪)[nu:n]'은 길게 발음한다. 또한 '밤(夜)[bam]'은 짧게 발음하고 '밤(栗)[ba:m]'은 길게 발음한다(☞'표준발음법'의 제6항~제7항 참조). 그러나 요즘 한국어 화자들은 음의 장단을 거의 구별하지 않기 때문에 소리의 길이는 의미 변별의 기능이 없다고 볼 수 있다. 오히려 강조를 하거나 감정을 표현하기 위해 긴소리로 발음하는 경우가 있다. 가령, '저기[저:기] 멀리[멀:리] 보이는 게 뭐예요?'와 같이, 발화 상황에 따라 화자의 심리 상태를 표현하기 위해 표현적 장음을 사용하기도 한다.

② 억양

한국어의 문장은 소리의 높낮이, 즉 억양(intonation)에 따라 문장의 종류가 달라져 의미를 변별한다.

가. 평서문: 학교에 가요.

나. 판정 의문문: 학교에 가요?

설명의문문: 학교에 누가 가요?

다. 명령문: 학교에 가요.

라. 청유문: 학교에 가요.

2) 발음 교육 내용 구성의 실제

이상의 발음 교육 내용, 즉 음운, 음운 규칙, 초분절음 중에서 무엇을 먼저 가르칠지 결정해야 한다. 이때 접근 방식에 따라서 발음 교육은 상향식 접근법과 하향식 접근법으로 구

5 학교 문법이나 표준 발음법에서는 두 음절이 하나의 음절로 줄어드는 모음 축약을 인정하고 있으나 그렇지 않은 입장도 있다. 예를 들어, '기어서[겨:서]'의 경우를 보면 /ㅣ/가 /j/로 대치되었을 뿐 두 음운이 제3의 음운으로 줄었다고 보지 않는 것이다.

6 초분절음은 '분절음(分節音, segmental)' 위에 더하여 실현되는 것으로 소리의 높낮이, 크기, 길이(장단), 쉼(pause) 등의 요소들을 일컫는다. 한국어에서 의미를 변별하는 초분절음으로는 단어의 의미를 변별하는 길이와 문장의 의미를 변별하는 억양이 있다.

분할 수 있다. 상향식 접근법은 '개별음 → 단어 → 구 → 문장 → 초분절음' 순으로, 작은 단위에서부터 점차 큰 단위로 교육을 하는 것이다. 즉, 자음과 모음 등의 분절음에서 시작하여 억양이나 강세 등의 초분절음으로 지도해 가는 방식을 말한다. 이는 전통적인 교육 방식으로, 특히 음소나 변이음 등의 정확한 음가 학습을 목표로 한다. 그러나 이러한 접근 방법은 학습자들이 언어를 경험하는 과정과 일치하지 않는다는 문제가 있다. 이에 최근에는 담화 단위에서 억양이나 강세 등과 같은 초분절 요소를 먼저 가르치는 하향식 접근법이 대두되었다. 이는 담화 수준의 초분절적 요소에서 시작하여 분절음으로 지도해 가는 방식으로, 담화 수준의 의사소통 능력을 배양할 수 있다는 장점이 있으나 각 분절음의 정확한 음가를 학습하는 데에 소홀하기 쉽다는 단점이 있다. 그러나 상향식 접근법과 하향식 접근법 중에서 어느 한 곳에 초점을 두기보다는 상호작용 접근 방법, 즉 두 접근법을 학습자의 요구에 맞게 적절히 조율하여 균형 있게 가르치는 것이 발음 교육의 효과를 극대화할 수 있다.

또한 실제적으로 음운, 음운 규칙, 초분절음의 각 영역 내에서 무엇을 먼저 가르칠지도 고려해야 한다. 가령, 음운 내에서 자음과 모음 중 무엇을 먼저 가르칠 것이며, 구체적으로는 모음 혹은 자음 내에서도 각 음운의 제시 순서를 결정해야 한다.

(1) 음운

한국어의 자음은 홀로 음절을 구성할 수 없고, 모음과 어울려야 소리를 낼 수 있다. 따라서 한국어의 음운 교육 순서는 음절 구조를 고려하여 효과적인 제시 방법이 고려되어야 한다. 가령, 홀로 음절을 구성할 수 있는 '모음(V형)'을 제시하고, 이어 선행 학습한 모음을 활용하여 자음과 모음이 결합한 '자음+모음(CV형)' 구조를 제시하여 자음 교육을 하는 것이 효과적이다. 이 과정에서 이중 모음은 단모음에 이어 바로 제시할 수도 있고, 자음을 학습한 후에 제시할 수도 있다. 즉, '단모음 → 이중 모음 → 자음'과 '단모음 → 자음 → 이중 모음'의 순서가 가능하며, 전자는 단모음과 연계하여 이중 모음을 설명할 수 있다는 점에서 효과적이고, 후자는 변이음에 대한 교육을 함께 할 수 있다는 점에서 효과적이다. 마지막으로 받침, 즉 종성이 결합된 '모음+자음(VC형)' 혹은 '자음+모음+자음(CVC형)'의 순서로 제시하는 것이 효과적이다.

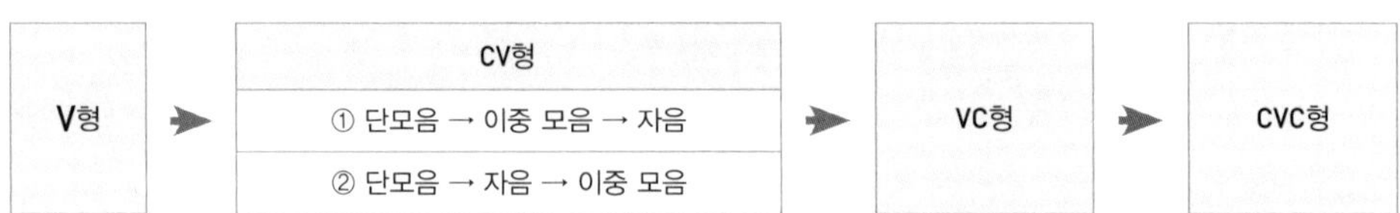

[그림 13-2] 음운의 제시 순서

또한 자음과 모음 내에서도 각 음운의 제시 순서와 기준을 설정하여 교육할 때 효율적인 학습이 이루어질 수 있다. 민현식(2003: 128-129)에서는 문법 지식을 위계화하기 위해서는 '복잡성(complexity), 학습성(learnability), 교수성(teachability)'을 고려해야 함을 지적하였다. 복잡성은 단순한 것부터 가르치도록 하는 것이고, 학습성은 학습자가 배우기 쉬운 것을 고려하는 것이고, 교수성은 교수자가 가르치기 쉬운 것을 고려하는 것이다. 이는 발음 교육에서도 적용할 수 있으며, 이를 고려하여 다음과 같은 음운 교육의 방안을 제안할 수 있다.

① 중성 단모음

한국어의 단모음은 '표준 발음법' 제4항에서 /ㅏ, ㅐ, ㅓ, ㅔ, ㅗ, ㅚ, ㅜ, ㅟ, ㅡ, ㅣ/의 10개를 설정하고, 그중에서 /ㅚ, ㅟ/는 이중 모음으로 발음할 수도 있다고 하였다. 그러나 『표준발음실태조사 Ⅰ, Ⅱ』(2002/2003)에 의하면, /ㅔ, ㅐ/는 음가의 구별이 희미해져 중화되는 경향이 뚜렷하게 나타나 최소 61%, 최대 96%까지 중화되는 경향이 있고, /ㅚ/와 /ㅟ/는 단모음보다 이중 모음으로 발음되는 경우가 90%, 95% 정도로 나타났다. 이를 통해 표준 발음과 현실 발음의 괴리가 있다는 것을 확인할 수 있으며, 따라서 의사소통을 목적으로 하는 외국인을 위한 한국어 교육에서는 단모음 교육의 체계를 달리 구성할 필요가 있다. 즉, /ㅔ, ㅐ/를 변별하기보다는 문자는 다르되 소리가 중화되었다고 설명하고, /ㅚ, ㅟ/는 이중 모음 항목에서 교육할 수 있다. 따라서 한국어의 단모음 체계는 /ㅏ, ㅓ, ㅔ(ㅐ), ㅗ, ㅜ, ㅡ, ㅣ/의 7개로 제시하는 것이 합리적이다. 또한 이 단모음들은 교수자가 쉽게 설명할 수 있는 순서로 제시해야 할 필요가 있으며, 이를 위해서는 각 음운을 최소의 자질로 변별해 주는 것이 효과적이다. 먼저, 자질을 구별해 주기 위해서는 기준 모음을 설정해야 하는데, 이때 언어 보편성의 원리에 따라 /ㅏ, ㅣ, ㅜ/의 3모음 체계를 들 수 있다. 그중에서 학습자들이 쉽게 인지하고 발음할 수 있는 /ㅏ/를 기준으로 하여, 최소의 자질로 변별할 수 있는 단모음의 제시 순서를 'ㅏ → ㅓ → ㅗ → ㅜ → ㅡ → ㅣ → ㅔ(ㅐ)'로 설정할 수 있다.

먼저, /ㅏ/를 기준으로 /ㅓ/는 '±저설성'(혀의 높낮이)의 차이로 설명할 수 있고, 이어서 /ㅓ/를 기준으로 /ㅗ/는 '±원순성'(입술 모양)의 차이로 설명할 수 있다. 그리고 /ㅗ/를 기준으로 /ㅜ/는 '±고설성'(혀의 높낮이)의 차이로 설명할 수 있고, 이어서 /ㅜ/를 기준으로 /ㅡ/는 '±원순성'의 유무로 설명할 수 있고, 다음으로 /ㅡ/를 기준으로 /ㅣ/는 '±후설성'(혀의 앞뒤 위치) 차이로 설명할 수 있다. 그리고 /ㅣ/를 기준으로 /ㅔ(ㅐ)/는 '±고설성'(혀의 높낮이)의 차이로 설명할 수 있다. 이상의 내용을 정리하면 다음 그림과 같다.

변별 자질(distinctive features)이란 무엇인가?

한국어에 존재하는 단모음을 변별하기 위해서는 고설성, 저설성, 후설성, 원순성의 네 개의 자질이 필요하다. 첫째, 고설성(high)이 있는 소리는 혓몸이 중립 위치보다 들리면서 만들어지고, 고설성이 없는 소리는 이러한 혓몸의 들림이 없이 만들어진다. 둘째, 저설성(low)이 있는 소리는 혓몸을 중립 위치보다 내리면서 만들어지고, 저설성이 없는 소리는 이러한 혓몸의 내림이 없이 만들어진다. 셋째, 후설성(back)이 있는 소리는 중립 위치보다 혓몸이 뒤로 밀리면서 만들어지고, 후설성이 없는 소리는 이러한 혓몸의 뒤로 밀림이 없이 만들어진다. 넷째, 원순성(round)이 있는 소리는 입술 구성이 좁혀지면서 만들어지고, 원순성이 없는 소리는 이러한 좁혀짐 없이 만들어진다(신지영·차재은, 2003: 108-109). 이에 따라 한국어 단모음의 변별 자질을 제시하면 다음과 같다.

ㅏ	[+후설성, +저설성, −고설성, −원순성]
ㅓ	[+후설성, −저설성, −고설성, −원순성]
ㅗ	[+후설성, −저설성, −고설성, +원순성]
ㅜ	[+후설성, −저설성, +고설성, +원순성]
ㅡ	[+후설성, −저설성, +고설성, −원순성]
ㅣ	[−후설성, −저설성, +고설성, −원순성]
ㅔ(ㅐ)	[−후설성, −저설성, −고설성, −원순성]

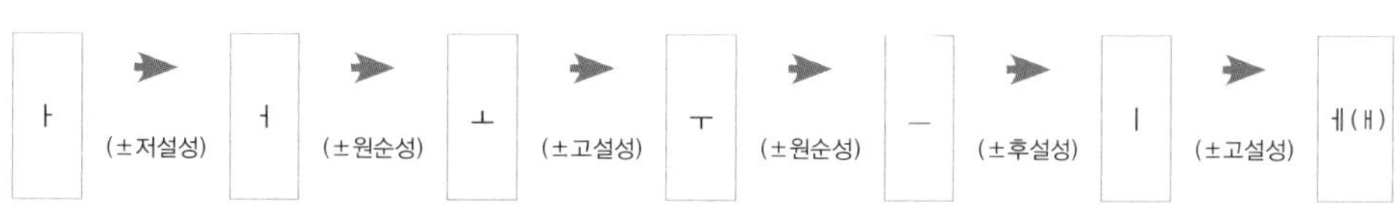

[그림 13-3] 중성 단모음의 제시 순서

② 중성 이중 모음

한국어의 이중 모음은 '표준 발음법' 제5항에 /ㅑ, ㅒ, ㅕ, ㅖ, ㅘ, ㅙ, ㅛ, ㅝ, ㅞ, ㅠ, ㅢ/의 11개를 설정하였으나 현실 발음에서는 /ㅔ, ㅐ/와 마찬가지로 /ㅖ, ㅒ/, /ㅙ, ㅞ/ 역시 변별되지 않는다. 따라서 한국어 교육에서의 이중 모음은 /ㅑ, ㅕ, ㅛ, ㅠ, ㅖ(ㅒ), ㅘ, ㅝ, ㅟ, ㅞ(ㅙ, ㅚ), ㅢ/ 10개로 설정할 수 있으며, 반모음(활음)의 종류에 따라 분류하여 제시할 수 있다. 가령, /j/계 이중 모음은 [j]를 짧게 발음한 후 연달아 선행 학습한 단모음/ㅏ, ㅓ, ㅗ, ㅜ, ㅔ(ㅐ)/를 발음하면 /ㅑ, ㅕ, ㅛ, ㅠ, ㅖ(ㅒ)/가 된다고 설명할 수 있다. 또한 반모음의 종류에 따른 순서는 큰 차이가 없으나 단모음과 연계하여 '/j/계 → /w/계 → /ɰ/계'로 제시할 수 있다. 따라서 반모음에 따라 /j/계 이중 모음(/ㅑ, ㅕ, ㅛ, ㅠ, ㅖ(ㅒ)/), /w/계 이중 모음(/ㅘ, ㅝ, ㅟ, ㅞ(ㅙ, ㅚ)/), /ɰ/계 이중 모음(/ㅢ/)끼리 묶어 설명하는 것이 효과적이다. 이상의 내용을 정리하면 다음 그림과 같다.

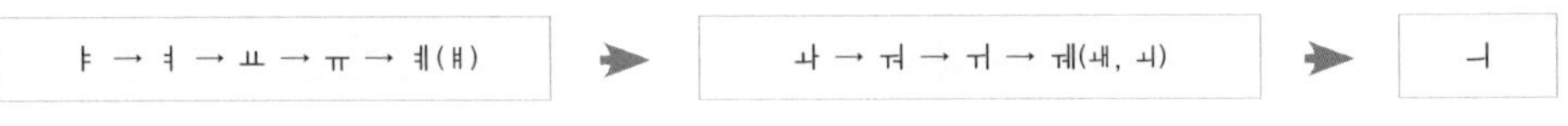

[그림 13-4] 중성 이중 모음의 제시 순서

③ 초성 자음

한국어의 자음은 /ㄱ, ㄴ, ㄷ, ㄹ, ㅁ, ㅂ, ㅅ, ㅇ, ㅈ, ㅊ, ㅋ, ㅌ, ㅍ, ㅎ, ㄲ, ㄸ, ㅃ, ㅆ, ㅉ/ 총 19개이나 초성에서 나타날 수 없는 /ㅇ/을 제외하면 초성 자음 학습 목록은 총 18개가 된다. 기존의 자음 제시 순서는 『한글 맞춤법 통일안』(1993)에서 제시된 순서와 일치하는데, 이러한 제시 순서는 문자와 발음을 동시에 학습해야 하므로 한국어 학습자에게 부담을 주는 방법일 뿐만 아니라 음운의 체계를 고려하지 않았기 때문에 교수자의 설명이 쉽지 않다는 점에서 문제가 있다. 따라서 음운 체계 내에서 합리적인 설명이 가능하도록 자음의 분류 기준인 조음 위치와 방법, 기의 세기를 고려하여 자음을 제시하는 것이 효과적이다. 즉, 학습자들이 발음을 시각적으로 관찰하기 쉬운 양순음부터 치조음, 경구개음, 연구개음, 후음의 순으로 제시할 수 있다. 아울러 조음 방법에 따라 분류된 '파열음(폐쇄음), 마찰음, 파찰음, 비음, 유음' 중에서 무엇을 먼저 제시하는 것이 효과적인지 결정해야 한다. 이때 가장 무표적인 자음 부류는 '파열음'과 '비음'인데, 파열음은 단어 내의 위치에 따라 음성적으로 무성음과 유성음으로 다르게 발음되는 경우가 있으므로, 비음을 가장 먼저 제시할 수 있다. 다음으로는 비음과 함께 공명음에 속하는 유음을 제시하는 것이 체계적일 수 있다. 그리고 장애음인 '파열음, 마찰음, 파찰음'을 제시하되, '평음-경음-격음'이 존재하는 파열음과 파찰음을 제시하고 나서 마찰음을 설명하는 것이 학습의 편의성을 제공해 줄 수 있다. 따라서 조음 방법을 고려한 초성 자음의 제시 순서는 '비음 → 유음 → 파열음 → 파찰음 → 마찰음'의 순으로 설정할 수 있다. 또한 기식성과 긴장성에 따라 구별되는 '평음-경음-격음'의 제시 순서도 정해야 하는데, 평음을 기준으로 하면 경음은 평

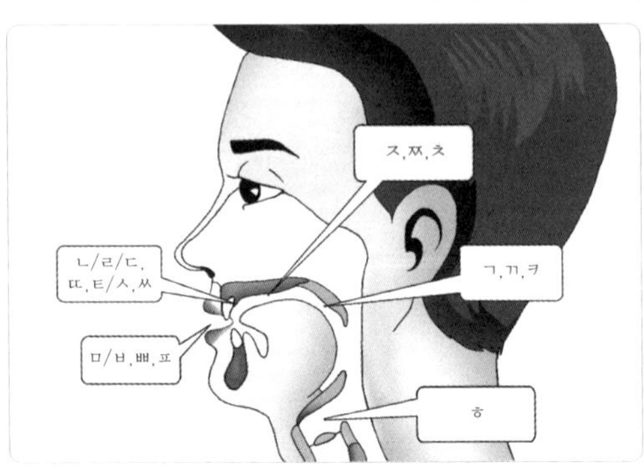

[그림 13-5] 초성 자음의 제시 순서

음보다 더 긴장시켜 강하게 발음되고, 격음은 평음보다 기의 세기가 강함을 설명할 수 있으므로, '평음 → 경음 → 격음'의 순서로 제시할 수 있다. 이와 같이 설명이 용이한 조음 위치를 기준으로 하되 조음 방법과 기의 세기를 동시에 고려하여 제시하면 'ㅁ→ㅂ, ㅃ, ㅍ→ㄴ→ㄹ→ㄷ, ㄸ, ㅌ→ㅅ, ㅆ→ㅈ, ㅉ, ㅊ→ㄱ, ㄲ, ㅋ→ㅎ' 순서로 제시할 수 있다.

④ 종성 자음(받침)

종성 자음은 초성 자음과 별개의 것이 아니지만, 한국어에는 종성에 대한 음운론적 제약이 있기 때문에 발음 교육에서 종성 자음을 따로 제시하는 것이 효과적이다. 즉 한국어는 종성에서 발음될 수 있는 자음의 최대 개수가 1개이고, /ㄱ, ㄴ, ㄷ, ㄹ, ㅁ, ㅂ, ㅇ/의 7개의 자음만이 발음이 가능하기 때문에 이들을 별개로 가르칠 필요가 있다. 먼저 19개의 자음 중에서 종성에 쓰이지 않는 /ㄸ, ㅃ, ㅉ/를 제외하면 16개의 자음이 음절의 종성에 위치할 수 있으나, 실제 발음은 아래와 같이 7개의 자음만 발음됨을 설명할 수 있다.

/ㅁ/	→	[ㅁ]
/ㅂ, ㅍ/	→	[ㅂ]
/ㄴ/	→	[ㄴ]
/ㄹ/	→	[ㄹ]
/ㄷ, ㅌ, ㅅ, ㅆ, ㅈ, ㅊ, ㅎ/	→	[ㄷ]
/ㄱ, ㄲ, ㅋ/	→	[ㄱ]
/ㅇ/	→	[ㅇ]

또한 겹받침은 표기상 11개의 겹받침(ㄳ, ㄵ, ㄶ, ㄺ, ㄼ, ㄻ, ㄽ, ㄾ, ㄿ, ㅀ, ㅄ)이 올 수 있는데, /ㅎ/을 가진 /ㄶ/, /ㅀ/겹받침을 제외하면, 종성이나 자음 앞에서는 하나의 자음이 탈락되고 하나의 자음만 발음되는 '자음군 단순화' 현상이 일어남을 설명해야 한다. 이러한 겹받침 중에서도 앞의 소리가 선택되어 발음되는 경우(㉠ 값[갑])가 다수이므로 이를 먼저 제시하고, 뒤의 소리가 선택되어 발음되는 경우(㉠ 닭[닥])를 제시하는 것이 효율적일 수 있다.

(2) 음운 규칙

외국인의 한국어 학습의 목적은 의사소통 능력의 신장에 있다. 따라서 발음 교육에서 음운 규칙 교육도 한국어의 모든 음운 규칙을 가르치기보다는 의사소통에 장애를 일으키지 않는 범위 내에서 의사소통 능력 향상에 필요한 음운 규칙을 선별하여 제시할 필요가 있다. 그렇다면 교수학습이 필요한 음운 규칙은 어떤 기준으로 선정해야 할까? 대원칙은 예외 없이 적용되어 설명이 가능한 음운 규칙을 선정하는 것이 되어야 할 것이다. 모든 환경에서 예외 없이 적용되기 때문에 학습자가 한 가지 음운 규칙을 습득하여 새로운 환경에 적용하여 활용할 수 있다는 점에서 이를 제시하는 것이 효율적이다.

먼저, 음운론적 조건으로 예외 없이 적용되는 음운 규칙으로는 '평파열음화, 비음화①(파열음의 비음화), 유음화, 경음화①(파열음 뒤의 경음화), 구개음화, 자음군 단순화, 격음화' 등이 있다. 그런데 구개음화는 조사와 접사에만 제한적으로 적용될 뿐만 아니라 외국인 학습자가 이러한 문법 형태소를 구별하여 인식하는 것이 쉽지 않다. 따라서 구개음화는 음운 규칙으로 습득하는 것보다 '같이', '닫히다' 등과 같이 구개음화 현상이 적용되는 개별 단어의 학습시 단어 전체의 발음으로 습득하는 편이 더 효율적이다. 또한 음운론적 환경뿐만 아니라 형태적 정보가 개재되어 적용되는 필수적 음운 규칙으로는 '비음화②(/ㄹ/ 비음화), 경음화②(용언의 어간 말 비음 뒤의 경음화), 경음화③(관형사형 어미 '-(으)ㄹ' 뒤의 경음화), /ㄴ/첨가, /ㅎ/탈락' 등이 있다. 그런데 /ㄴ/첨가 현상은 수의적인 현상이며 공시적인 규칙으로 만들기 어렵기 때문에 단어별로 자연스럽게 발음을 학습하도록 하는 것이 유의미하다.

또한 '모음 조화, 모음 탈락, 모음 축약, /ㄹ/탈락' 현상과 같이 음운 변동의 결과가 표기에 반영되어 교수·학습이 부차적이다.

한편, 음운 규칙은 아니지만 한국어 교육에서 중요하게 다루어야 할 교육 내용 중의 하나는 '연음' 현상이다. 연음은 '밥을[바블]', '먹어요[머거요]' 등과 같이 체언과 조사의 결합, 용언의 활용 등에서 나타난다. 이는 한국어가 형태음소주의 표기법을 채택함으로서 표기와 발음이 불일치하는 현상이기 때문에 외국인 학습자에게는 별도로 가르칠 필요가 있다. 이상을 바탕으로 교수·학습이 필요한 음운 규칙 목록을 제시하면 다음과 같다.

[표 13-4] 음운 규칙 목록

유형	음운 규칙
대치	평파열음화
	비음화
	유음화
	경음화
	구개음화
	모음 조화
탈락	자음군 단순화
	/ㅎ/탈락
	/ㄹ/탈락
	모음 탈락
첨가	/ㄴ/첨가
축약	격음화
	모음 축약

➡

교육이 필요한 음운 규칙	학습이 필요한 음운 규칙
평파열음화	구개음화
비음화①, ②	모음 조화
유음화	모음 탈락
경음화①, ②, ③	/ㄹ/탈락
자음군 단순화	/ㄴ/첨가
/ㅎ/탈락	모음 축약
격음화	
연음	

다음으로는 선정 기준에 따라 선택된 음운 규칙들의 제시 순서를 정해야 한다. 이때 '난이도, 사용 빈도, 일반화 가능성'(장향실b, 2008: 9)을 기준으로 교육 대상 음운 규칙의 목록을 위계화하되, 난이도를 중심으로 사용 빈도와 일반화 가능성을 함께 고려하여 제시 순서를 정하는 것이 합리적이다. 다시 말해서, 단어 자체의 음운론적 정보만으로 표면형을 예측할 수 있는 것을 그렇지 않은 것보다 저난이도군으로 분류할 수 있고, 실제 의사소통 상

황에서 두루 쓰이는 것을 고빈도로 분류할 수 있으며, 음운 규칙 간의 연계성을 고려하여 규칙 적용의 확장성이 높은 것을 일반화 가능성이 높은 것으로 분류하여 음운 규칙 교육의 순서를 정할 필요가 있다.

특정한 음운론적 환경만 충족되면 예외 없이 실현되는 저난이도의 음운 규칙(평파열음화, 비음화①, 유음화, 경음화①, 자음군 단순화, 격음화)과 음운론적 정보뿐만 아니라 형태론적 정보도 개재되는 고난이도의 음운 규칙(비음화②, 경음화②③, /ㅎ/탈락)으로 구분할 수 있다. 이것을 다시 사용 빈도와 일반화 가능성에 따라 위계화를 할 수 있다. 예를 들어, '잇다'는 '[읻다](평파열음화) → [읻따](경음화①)'로, '따뜻하다'는 '[따뜯하다](평파열음화) → [따뜨타다](격음화)'로, '웃는다'는 '[욷는다](평파열음화) → [운는다](비음화①)'로 음운 변동 현상이 일어나는데, 일차적으로 평파열음화 현상이 일어나므로 이를 우선하여 제시할 필요가 있다. 또한 '경음화①, 격음화, 비음화①'의 위계도 결정해야 하는데, 이는 일반화 가능성의 위계에 따라 정할 수 없으므로 사용 빈도에 따라 '경음화① → 격음화 → 비음화①'로 제시 순서를 정할 수 있다. 이러한 기준에 따라 음운 규칙 교육의 순서를 제안하면 다음 표와 같다.

[표 13-5] 음운 규칙의 제시 순서

난이도	사용 빈도	
저난이도	1	연음
	2	평파열음화
	3	경음화①
	4	격음화
	5	비음화①
	6	자음군 단순화
	7	유음화
고난이도	8	/ㅎ/탈락
	9	비음화②
	10	경음화③
	11	경음화②

(3) 초분절음

한국어에서 의미를 변별하는 초분절음으로는 길이와 억양이 있다. 먼저, 한국어에서 음의 길이에 따라 의미의 변별이 이루어진다는 것은 한국인을 위한 국어 교육에서는 가르치고 있으나, 외국인을 위한 한국어 교육에서는 중점적으로 다루어지기 어렵다. 표현적 장음 또한 한국인들이 발음할 때 특정 부분을 길게 발음하는 것은 강조를 하기 위한 것임을 이해하는 정도로 가르친다. 다음으로, 억양은 문장의 종류에 따라 의미를 변별할 수 있도록 '평서문 → 의문문 → 명령문 → 청유문 → (감탄문)' 등의 순서를 고려하여 제시하는 것이 좋다.

4. 한국어 발음 교육의 방법

1) 발음 교육의 원리

발음 교육은 타당한 원리하에서 효과적인 발음 교육 방안을 도출할 수 있다. 앞서 외국어 교육에서 발음 교육은 '이해 가능한 발음, 일반화할 수 있는 발음 규칙에 집중, 유의미한 맥락에서의 발음 교육, 의사소통 목적과의 연계, 말하기와 듣기의 연계, 피드백 제공, 순환적인 발음 교육' 등의 원리를 제시하였다(신지영 외, 2015: 89-92). 이를 토대로 의사소통 능력 향상을 목적으로 하는 한국어 교육에서 적용 가능한 발음 교육의 원리를 제시하면 다음과 같다.

첫째, 목표 발음을 고립적으로 가르치기보다는 유의미한 맥락 속에서 가르쳐야 한다. 가령, 최소 대립쌍을 이루는 '달, 딸, 탈'을 단어 수준에서 제시하는 데 그치지 않고 자연스러운 문맥에서 제시해야 한다. 특히 단어 수준을 넘어 문장, 담화 수준의 상황에서는 억양이나 강세 등의 초분절음도 함께 다루는 것이 효과적이다. 이는 실제 상황에서 자연스러운 발음을 하는 데에 기여할 수 있다.

둘째, 생산적인 발음 규칙에 집중하도록 한다. 제한된 수업 상황에서 효율성을 높이기 위해서는 일반화할 수 있는 발음 규칙을 제시해야 하며, 학습자가 이해하기 쉽도록 저난이도이면서 고빈도의 음운 규칙을 먼저 제시하는 것이 경제적이다(Celce-Murcia, 2010). 이는 학습의 용이성에도 기여할 수 있다.

셋째, 이해 가능한 발음을 하도록 지도한다. 이해 가능한 발음이란 한국어의 정확한 음과 다소 다르게 발음을 하더라도 이해할 수 있는 정도의 발음을 의미하는 것으로, 학습자가 모국어 화자와 같은 발음을 구사하는 것은 불가능하므로 이해할 수 있는 정도의 발음 교육을 목표로 하는 것이 합리적이다. 이는 학습자가 의사소통 상황에서 자신감이 있는 화자가 되도록 하는 데에 기여할 수 있다.

넷째, 순환적인 학습이 가능하도록 해야 한다. 발음 교육은 한 번의 교육으로 발음이 교정 혹은 수정되기는 어렵기 때문에 적절한 피드백뿐만 아니라 반복적인 연습이 이루어져야 한다. 이에 나선형 구조로 반복적인 연습이 가능하도록 교육과정을 설계하여 꾸준히 연습할 수 있도록 해야 한다.

2) 발음 교육의 교수 기법

발음 교육 시의 다양한 기법과 도구 활용은 한국어 발음의 정확한 인식과 발화에 도움이 될 뿐만 아니라 교수자가 수업을 유익하게 구성할 수 있도록 해 준다. 이에 발음 수업의 단계별로 활용 가능한 기법이나 도구를 제시하고자 한다.

(1) 듣고 따라하기

학습자들이 노출된 모국어 화자의 발음을 듣고 따라하게 한다. 가장 기본이 되는 방법으로 이용하기 쉬워 널리 이용된다. 이는 교사가 발화한 내용이나 녹음된 음성을 학습자가 듣고 따라하는 활동으로, 가장 전통적이고 보편적인 방법이다.

※ 다음은 [ㅃ]가 들어 있는 대화 연습입니다.
잘 듣고 따라 해 보세요.
가: 수업 빠지고 어디 가?
나: 발목을 삐어서 병원에 가려고.
(서울대학교 언어교육원, 2009: 71)

(2) 조음 위치와 조음 방법에 대한 설명

학습자가 목표 발음을 정확하게 인지하거나 산출할 수 없을 경우에 교사는 발음이 나는 위치나 방법을 구체적으로 설명해 줄 수 있다. 이때, 전문 용어를 사용하기보다는 학습자의 이해를 돕기 위해 교사가 직접 시범을 보이거나 그림이나 비디오 영상 등을 보여 주는 것도 효과적이다.

※ /ㅏ/에 대한 설명: 입을 새끼손가락 세 개만큼 벌리세요.
혀는 최대한 내리세요.

(3) 최소 대립쌍 활용

최소 대립쌍은 '달-딸-탈'이나 '불-뿔-풀'과 같이 단 하나의 음소의 차이로 인해 뜻이 달라지는 단어의 쌍을 말한다. 최소 대립쌍을 이용하여 발음 연습을 하면 학습자들에게 문제가 되는 개별 음소의 발음의 차이를 구별하는 데 효과적이다. 이것은 어휘 단위뿐만 아니라 문장 단위로 제시하여 활용할 수도 있다.

※ 다음 문장에서 알맞은 단어를 찾아보세요.
(교사는 굴 사진과 꿀 사진을 보여 주며) "나는 (굴 / 꿀)을 먹었다."

(4) 말꼬기 연습

말꼬기 연습(tongue twisters)은 유사한 발음이 섞여 혀가 잘 돌아가지 않는 문장을 반복적으로 연습하여 발음이 입에 익도록 하는 것이다. 이 방법은 한국어 발음의 향상에는 실제적으로 큰 도움이 되지 않을 수도 있으나 유사한 발음 간의 차이를 인지할 수 있게 하는 데에 도움이 된다.

유용한 발음 학습 도구는 무엇이 있을까?

표준국어 누리집(www.korean.go.kr)에서 제공되는 '바른소리'를 클릭하여 모음, 자음, 음운 규칙, 억양 등의 표준 발음을 확인할 수 있다. 또한 동영상이 제공되어 입모양도 관찰할 수 있다.

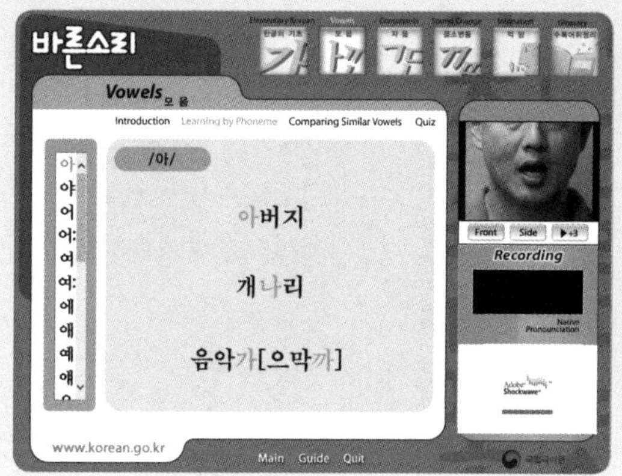

[그림 13-6] '바른소리' 예시

유용한 발음 학습 도구는 무엇이 있을까?

① 거울은 조음 위치나 방법에 대한 설명이나 연습을 할 때 유용한 도구이다. 교사가 발음 시범을 보여 줄 때 교사의 입을 보면서 관찰한 후 거울을 보면서 자신의 입 모양과 비교해 봄으로써 그 차이를 인지할 수 있도록 한다. 하지만 거울이 없을 때는 휴대전화의 카메라 기능을 활용해도 좋다. 또한 카메라 기능을 활용할 경우, 처음 목표 발음을 연습했을 때와 반복적인 연습을 한 후의 두 가지 경우를 찍어서 발음의 변화 과정을 시각적으로 관찰할 수도 있다.

② 구강 모형은 구강 내부를 실물처럼 보여 줄 수 있기 때문에 조음 위치를 설명하기에 유용하다. 또한 학습자가 잘못된 발음을 생성하였을 경우, 혀가 닿는 올바른 위치를 시각적으로 보여 줌으로써 빠른 시간 내에 교정이 가능하다는 장점이 있다.

③ 화장지는 기의 세기를 비교할 때 유용하다. 대부분의 학습자가 한국어의 평음-경음-격음을 구별하여 발음하지 못하는데, 얇은 화장지를 입 앞에 두고 발음하여 기식성의 차이를 보여줄 수 있다. 즉, 평음보다는 격음을 발음할 때 화장지가 더 많이 흔들린다는 것을 시각적으로 보여 줄 수 있다.

말꼬기 연습을 어떻게 할까?

- 거기 그 강낭콩 콩깍지는 깐 강낭콩 콩깍지이고, 여기 이 강낭콩 콩깍지는 안 깐 강낭콩 콩깍지이다.
- 간장공장 공장장은 강 공장장이고, 된장 공장 공장장은 장 공장장이다.
- 내가 그린 기린 그림은 잘 그린 기린 그림인가 못 그린 기린 그림인가?

(5) 게임

목	북	속	몸
땅	손	불	문
산	열	값	셋
새	공	분	딸

〈빙고판 예시〉

게임은 학습자의 수업에 대한 흥미를 높일 수 있는 매우 효과적인 방법이다. 대표적으로 빙고게임, 동음 잇기 게임, 들은 말 전달하기 게임 등 다양한 게임이 실제 수업에서 활용될 수 있다. 가령, 음운 교육 시에 빙고 게임을 활용하여 목표 음운을 연습할 수 있도록 한다. 빙고판을 제시하고, 학습자가 들은 대로 칸을 지워 나가되 지워진 칸이 가로, 세로, 대각선 방향이 되었을 때 '빙고'라고 외치면 이기는 게임이다. 동음 잇기 게임은 끝말잇기를 응용한 것으로, 초성, 중성, 종성에 특정한 음소가 들어가는 단어를 돌아가면서 말하는 것이다. 또한 들은 말 전달하기 게임은 앞 사람에게 들은 발음을 뒷사람에게 정확히 전달하여 마지막 사람까지 정확히 전달된 팀이 이기는 게임이다.

(6) 노래

노래는 학습자의 흥미를 유발하고 동기를 부여할 수 있는 효과적인 방법 중의 하나이다. 이때 발음에 집중할 수 있도록 가사가 단순하고 반복적인 노래를 선택하는 것이 유익하다.

(7) 역할극

역할극은 실제 상황과 유사한 상황을 가정하여 대화 연습을 하는 활동으로, 목표 발음을 연습할 수 있는 역할극을 설정할 수 있도록 고안해야 한다.

(8) 연극/드라마

연극이나 드라마는 종합적인 발음 연습에 매우 유용한 방법으로 유창성과 정확성을 기르는 데에 매우 효과적이다. 배우가 연기 연습을 하는 것과 유사하게 진행되는데, 교사가 학습자에게 대본을 나눠 준 후 교사가 먼저 시범을 보이고 학습자가 따라 하도록 한다. 연습 후에는 연기 장면을 녹화하여 다시 보면서 자신의 발음을 체크해 볼 수 있는 좋은 기회가 된다.

3) 언어권별 발음 오류 유형과 방안

학습자의 모어와 한국어의 음소를 대조하여 제시하는 것은 학습자 스스로 자신의 발음에 어떤 오류가 있는지, 왜 그런 현상이 일어나는지 등을 이해하는 데에 큰 도움이 된다. 따라서 대조 언어학적 지식을 바탕으로 발음 오류 유형과 그 교육 방안에 대해 살펴본다. 대표적으로 영어권, 중국어권, 일본어권 학습자를 대상으로 하여 음운[7], 음운 규칙[8], 초분절음의 영역[9]으로 구분하여 제시한다.

(1) 영어권 학습자

① 음운

영어권 학습자는 한국어의 /ㅓ/를 발음할 때 영어의 /ɔ/에 가깝게 발음하는데, /ɔ/는 원순성이 있는 모음이기 때문에 '언제'를 발음하면 '[온제]'처럼 산출된다. 또한 영어의 장애

7 권성미(2007), 박지연(2010), 이경희·정명숙(1999), 장향실(2002) 등의 연구 결과를 참조하여 학습자 음운의 오류 유형을 정리하였다.

8 언어권별 학습자의 음운 규칙의 오류 빈도는 이석재 외(2007)에서 제시한 오류 양상을 토대로, 학습자들의 평균 오류율을 산출하여 오류율이 높은 것부터 순서대로 제시하였다. 또한 이 장에서 다룬 음운 규칙만을 포함하였고, 이 장에서 사용한 용어로 통일하였음을 밝힌다.

9 권성미(2011), 장혜진(2015), 정명숙(2003) 등의 연구 결과를 참조하여 학습자 초분절음의 오류 유형을 정리하였다.

음은 유성음과 무성음의 이중 대립이지만 한국어의 장애음은 평음, 경음, 격음의 삼중 대립 구조를 지닌다. 즉, 영어 파열음 'p/b, t/d, k/g'의 유·무성 대립과 한국어의 파열음 'ㅂ/ㅃ/ㅍ, ㄷ/ㄸ/ㅌ, ㄱ/ㄲ/ㅋ'의 평음, 경음, 격음의 대립으로 인한 차이로 '김치 → 킴치'와 같이 /ㄱ/ 평음을 격음으로 발음하거나 '비싸다 → 삐싸다'와 같이 /ㅂ/ 평음을 경음으로 발음하는 오류가 많이 나타난다. 또한 한국어와 영어의 다른 음절 구조 때문에 오류를 보이기도 하는데, 영어는 어두와 어말에 자음군을 허용하며, 종성에 파열음을 불파하거나 개방하는 것이 자유롭다. 이 때문에 '닭'의 /ㄺ/겹받침을 모두 발음하려고 하며, '책'을 불파음으로 발음하지 않고 개방하여 [채크]로 발음하는 경향이 있다. 이상의 내용을 정리하면 다음과 같다.

[표 13-6] 영어권 학습자 음운의 오류 유형

오류 유형		오류의 예
단모음	/ㅓ/ → 〔ㅗ〕	언제 → 〔온제〕
초성	평음 → 경음/격음	비싸다 → 〔삐싸다〕, 김치 → 〔킴치〕
종성	겹받침	닭 → 〔닭〕
	개음절화	책 → 〔채크〕

이에 대한 교육 방안은 다음과 같다. 첫째, 단모음의 경우, 한국어의 /ㅓ/와 영어의 /ɔ/는 원순성의 차이가 있으므로 이를 구체적으로 설명해 줄 필요가 있다. 둘째, 초성의 경우 평음, 경음, 격음의 차이를 인식할 수 있도록 얇은 화장지를 이용하여 기식의 세기를 시각적으로 확인하는 방법을 사용할 수 있다. 셋째, 종성의 경우 파열음을 자주 파열시키는 오류를 보이므로 종성 장애음은 반드시 폐쇄되어 끝남을 강조해 주고, 한국어 교사의 입 모양을 관찰하게 하여 파열되지 않음을 확인시킨다.

② 음운 규칙

영어권 학습자는 수준에 따라 음운 규칙을 적용하지 못하거나 잘못 적용하는 경우도 있었으나, 근본적인 오류의 원인은 무엇보다 모국어인 영어의 음운 현상과의 차이에서 비롯된 것으로 볼 수 있다. 가령, '생산량' 등의 비음화②와 '권리' 등의 유음화에서 오류 빈도가 높았는데, 이는 영어에서는 비음과 유음이 연접할 때 동화가 일어나지 않으므로 모국어의 영향으로 오류가 일어난 것으로 볼 수 있다. 또한 영어권 학습자는 '밟다[밥따] → *[밟따]'와 같이 자음군 단순화를 적용해야 함에도 불구하고 음절 종성의 겹받침을 모두 발음하려는 경향이 많았는데, 이것 역시 영어에서는 둘 이상의 자음의 연쇄가 가능하므로 이런 현상이 일어나게 된다. 구체적으로 영어권 학습자의 음운 규칙의 오류 빈도를 제시하면 다음과 같다.

[표 13-7] 영어권 학습자 음운 규칙의 오류 빈도

오류 빈도	비음화② > 유음화 > 격음화 > 자음군 단순화 > 비음화① > 경음화① > 연음 > 평파열음화

이에 대한 교육 방안은 다음과 같다. 첫째, 한국어는 비음과 유음이 연접할 경우에 비음화②와 유음화 현상이 일어남을 인식시킬 수 있도록 다음과 같은 시각 자료를 활용하여 음운 규칙을 제시한다.

둘째, 한국어는 종성에서 단 하나의 자음만 발음될 수 있기 때문에 겹받침일 경우 자음군 단순화 현상이 일어남을 학습시킨다. 겹받침 중에서 앞 자음이 실현되는 경우와 뒤 자음이 실현되는 경우로 나누어서 제시할 수 있다.

③ 초분절음

두 언어 간 억양의 차이점은 한국어의 판정 의문문에서 두드러지게 관찰할 수 있다. 판정 의문문은 영어와 한국어 모두 문장의 끝을 올려서 실현하게 된다. 그러나 영어에서 문장의 끝을 올린다는 것은 강세를 받는 마지막 단어의 강세 음절 이하의 모든 음절의 음높이를 모두 올리는 것에 해당되고, 한국에서 문장의 끝을 올린다는 것은 발화의 마지막 음절만을 올리는 것을 말한다. 이러한 차이로 영어권 학습자들은 한국어의 판정 의문문을 발화할 때 마지막 단어의 둘째 음절 이하를 모두 높이는 현상을 쉽게 확인할 수 있다.

이에 대한 교육 방안은 다음과 같다. 판정 의문문에서는 마지막 음절 '요'만을 높일 수 있도록, '해'에서 낮아졌다가 '요'에서 상승 억양을 실현하도록 다음과 같은 시각 자료를 활용하여 지도한다.[10]

10 신지영 외(2015)에서 제시한 바와 같이 음높이를 시각적으로 제시하는 방법이 효과적이다. 이 장에서는 이를 참조하여 시각 자료를 고안하였음을 밝힌다.

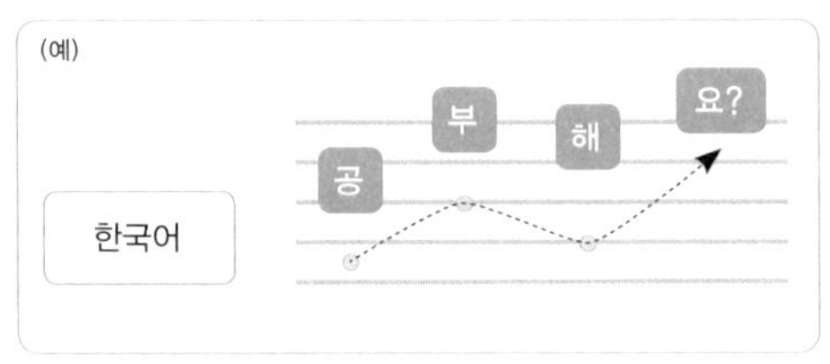

(2) 중국어권 학습자

① 음운

한국어 /ㅓ/를 [ㅗ]나 [ㅡ]로 발음하는 오류가 발생하는데, 이는 중국어에 정확하게 대응하는 모음이 없기 때문이다. 또한 /ㅗ/를 [ㅜ]로 발음하는 것은 중국어의 [o]는 한국어의 /ㅗ/에 비해 혀의 높이가 약간 높으며, 원순성도 약하기 때문이다. 또한 중국어권 학습자는 평음, 경음, 격음의 구별을 어려워하는데, 이 중에서 평음 발음의 오류가 잦다. 중국어는 장애음이 기식성의 차이로 무기음과 유기음의 두 가지 대립을 보이는데, 무기음은 한국어의 경음과 비슷하고 유기음은 한국어의 격음과 비슷하기 때문에 평음에 대한 변별이 어렵다. 종성 자음(받침)의 경우 중국어의 음절 구조에서 운미에는 한 개의 자음만 발음이 가능하며, 이 자리에 올 수 있는 소리는 [n], [ŋ], [ɻ]뿐이기 때문에 한국어의 7종성 가운데 장애음 /ㄱ, ㄷ, ㅂ/와 비음 /ㅁ/, 설측음 /ㄹ/의 발음을 어려워한다. 이상의 내용을 정리하면 다음과 같다.

[표 13-8] 중국어권 학습자 음운의 오류 유형

오류 유형		오류의 예
단모음	/ㅓ/ → [ㅗ]	어서 → [오소]
	/ㅓ/ → [ㅡ]	언제 → [은제]
	/ㅗ/ → [ㅜ]	피곤하다 → [피군하다]
초성	평음 → 경음/격음	바다 → [빠다]/[파다], 어디 → [어띠], 야구 → [야쿠]
종성	탈락	옷장 → [오장], 가족 → [가조]
	대치	옷장 → [옥장], 기침 → [기친]
	권설음화[11]	딸기 → [딸r기], 시골 → [시골r]

11 기호 'r'를 표시하여 권설음처럼 발음한다는 것을 나타내었다.

이에 대한 교육 방안은 다음과 같다. 첫째, 단모음 /ㅓ/와 /ㅗ/를 구별하기 위해서는 원순성의 차이를 인지시켜야 하는데, 먼저 입술의 1cm 앞에 손가락을 세로로 대 보게 하는 방법이 있다. 이 상태로 /ㅓ/와 /ㅗ/를 각각 발음하면 /ㅓ/를 발음할 때는 손가락이 입술에 닿지 않지만 /ㅗ/를 발음할 때는 손가락이 입술에 닿는다. 또 /ㅗ/와 /ㅜ/를 혼동하는 오류는 개구도의 차이로 설명할 수 있는데, 턱 밑에 손등을 가로로 대고 /ㅜ/와 /ㅗ/를 발음해 보게 한다. 이때 /ㅜ/를 발음할 때 움직이지 않던 손이 /ㅗ/를 발음할 때 턱에 밀려 아래로 내려가는 것을 확인할 수 있다. 둘째, 초성 자음 중에서 평음을 인지시키기 위한 효과적인 방법은 평음과 격음의 기식성 차이를 비교해 주는 것이다. 즉, 얇은 화장지를 이용하여 화장지를 앞에 두고 교사가 평음과 격음을 각각 발음함으로써 기의 세기의 차이를 시각적으로 관찰할 수 있도록 한다. 셋째, 종성 자음은 평파열음화 현상이 일어남을 명시적으로 설명을 해 준다. 가령, '밥'과 '바'의 경우, 전자는 입술을 닫은 상태로, 후자는 입술을 벌린 상태로 끝난다는 것을 학습자가 교사의 입술 모양을 통해 관찰하도록 한다.

② 음운 규칙

중국어는 하나의 음절이 하나의 형태소를 이루는 고립어로, 한국어에 비해 음운 변동이 많지 않기 때문에 다른 언어권 학습자에 비해 한국어 음운 규칙에 대한 오류 빈도가 높은 편이다. 특히, 중국인 학습자는 비음화①②와 유음화 규칙을 적용할 때 상당히 어려움을 겪는데, 이는 모국어의 부정적 전이 현상임을 알 수 있다. 가령, 중국인 학습자는 '등산로[등산노] → [등산로], 난로[날로] → [난로]'와 같이 비음화②, 유음화 규칙을 적용하지 못하고 각 음절 그대로 발음하려는 경향이 많았다. 또한 '국립[궁닙]'은 비음화① 규칙을 적용하지 못하고 선행 자음을 탈락하여 [구립]과 같이 발음하거나, [궁립]과 같이 장애음에만 비음화를 적용하는 경우도 있다. 구체적으로 중국어권 학습자의 음운 규칙의 오류 빈도를 제시하면 다음과 같다.

[표 13-9] 중국어권 학습자 음운 규칙의 오류 빈도

오류 빈도	비음화② > 유음화 > 자음군 단순화 > 격음화 > 비음화① > 경음화① > 연음 > 평파열음화

이에 대한 교육 방안은 다음과 같다. 첫째, 한국어는 중국어와 달리 자음과 자음이 연접할 경우 음운의 변동이 일어난다는 것을 명시적으로 시각 자료를 활용하여 제시한다. 가령, 비음화①을 시각적으로 제시하면 다음과 같다.

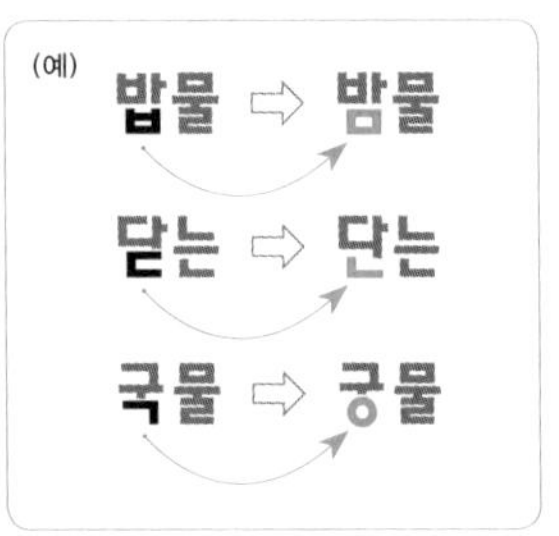

둘째, 음운 규칙이 적용된 단어들을 발음 나는 대로 읽거나 써 보는 등 다양한 활동을 구안하여 반복적인 연습을 하도록 한다.

③ 초분절음

한국어는 억양이 문장의 종류를 결정하는 문법적인 기능을 하는데, 중국어에는 이와 같은 기능이 없기 때문에 억양의 실현에서 많은 오류를 보인다. 이는 의문문의 억양에서 두드러진 차이를 보이는데, 한국어의 의문문은 상승 억양이지만 모국어의 영향으로 하강 억양을 사용하거나 상승 억양을 발화하더라도 그 상승이 한국인의 억양과 다르게, 즉 의문문의 끝에서 두 번째 음절이 낮고 끝 음절에서 상승조가 실현되는 것이 아니라 끝에서 두 번째 음절을 낮게 발화하지 않기 때문에 어색한 경우가 많다.

이에 대한 처치 방안은 다음과 같다. 이러한 오류는 다음과 같은 시각 자료를 활용하여 판정 의문문에서는 '해'에서 낮아졌다가 '요'에서 상승 억양을 실현하도록 지도한다.

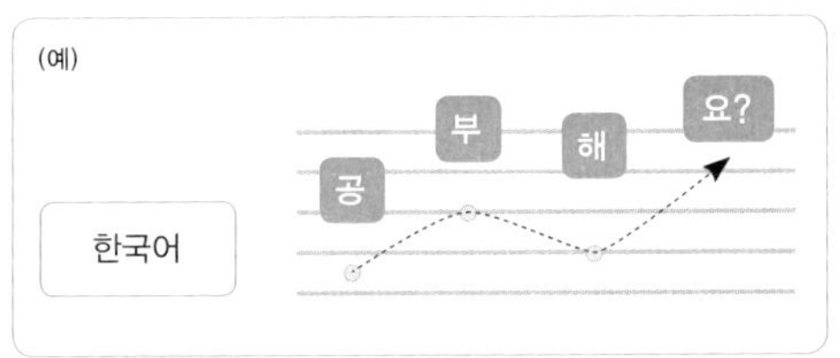

(3) 일본어권 학습자

① 음운

한국어의 단모음이 7모음 체계인 것과 달리 일본어의 단모음은 5모음 체계인데, 일본어의 /u/와 /o/는 한국어의 /ㅜ/와 /ㅗ/보다 원순성이 다소 약하다. 따라서 /u/는 한국어의 /ㅡ/와 /ㅜ/로, /o/는 한국어의 /ㅗ/와 /ㅓ/의 중간적 속성이 있으며, 이 때문에 /ㅓ/와 /ㅗ/의 구별과 /ㅜ/와 /ㅡ/의 구별을 특히 어려워한다. 또한 일본어의 장애음은 유성음과 무성음의 이중 체계이기 때문에 한국어의 평음, 경음, 격음을 구별하는 데에 어려움이 있다. 이뿐만 아니라 일본어의 초성에서는 한국어의 격음과 유사한 유기음이 주로 실현되므로 한국어의 평음과 경음을 어두에서 발음하는 것이 어렵고, 일본어의 비어두 음절에서는 한국어의 경음과 유사한 무기음이 주로 실현되므로 한국어의 평음과 격음을 발음하는 것이 어렵다. 이에 '가구'를 [카구]로, '까만색'을 [카만색]으로 발음하는 경향이 많다. 또한 종성의 경우 '김치'를 '기무치'라고 발음하기 쉬운데, 이는 일본어의 음절 구조는 기본적으로 CV의 구조이고, 음절 말에 오는 자음은 'っ, ん'으로 제한되어 있기 때문이다. 이상의 내용을 정리하면 다음과 같다.

[표 13-10] 일본어권 학습자 음운의 오류 유형

오류 유형		오류의 예
단모음	/ㅓ/ → [ㅗ]	아버지 → [아보지]
	/ㅜ/ → [ㅡ]	수박 → [스박]
	/ㅡ/ → [ㅜ]	그림 → [구림]
초성	평음 → 격음/ 경음 → 격음	가구 → [카구], 까만색 → [카만색]
종성	개음절화	김치 → [기무치]

이에 대한 교육 방안은 다음과 같다. 첫째, 단모음 /ㅓ/는 일본어의 /o/와 동일한 모음이 아니기 때문에 /ㅓ/와 /ㅗ/의 자질을 분명히 설명해야 한다. 즉, 한국어의 /ㅗ/는 일본어의 /o/에 비해서 턱이 올라가고 입술이 더 둥글게 되고 돌출됨을 주지시켜야 한다. 마찬가지로 일본어의 /u/는 한국어의 /ㅜ/와 /ㅡ/의 중간적 속성이 있는데, /ㅜ/는 입술이 둥글고 돌출되지만 /ㅡ/는 입술이 돌출되지 않는다는 차이를 부각해야 한다. 이때 손가락을 입술에서 1cm 거리에 세로로 댄 후에 그 차이를 직접 경험할 수 있도록 한다. 둘째, 초성에서는 평음, 경음, 격음의 차이를 인식할 수 있도록 얇은 화장지를 이용하는 방법을 사용할 수 있

다. 셋째, 종성의 개음절화 현상을 처치하기 위해서는 한국어 교사의 입 모양을 관찰하게 하여 종성 자음이 불파음으로 실현됨을 확인시킨다.

② 음운 규칙

다른 언어권에 비해 일본어권 학습자들이 높은 오류 빈도를 보인 음운 규칙은 격음화이다. 이는 앞서 언급한 바와 같이 일본어권 학습자는 한국어 장애음의 평음, 경음, 격음을 변별하는 것이 쉽지 않으며, 일본어 장애음의 특성이 음운 규칙에도 그대로 반영된 것이다. 특히, '입학[이팍] → *[이빠]'와 같이 /ㅂ/과 /ㅎ/이 결합하여 격음/ㅍ/으로 실현되어야 하나 경음/ㅃ/으로 발음하는 경향이 많다. 구체적으로 일본어권 학습자의 음운 규칙의 오류 빈도를 제시하면 다음과 같다.

[표 13-11] 일본어권 학습자 음운 규칙의 오류 빈도

오류 빈도	비음화② > 격음화 > 유음화 > 비음화① > 자음군 단순화 > 경음화① > 연음 > 평파열음화

이에 대한 교육 방안은 다음과 같다. 첫째, 일본어의 어두 음절의 파열음은 한국어의 격음과 유사하고, 비어두 음절의 파열음은 기식성이 없는 경음과 유사하다고 할 수 있다. 따라서 한국어의 평음, 경음, 격음을 일본어의 무성 파열음의 변이음과 연결시켜 설명해 주는 것이 효과적이다. 둘째, /ㅎ/의 앞이나 뒤에 평음/ㄱ, ㄷ, ㅂ, ㅈ/가 이어 나게 되면 격음화가 일어나는 것에 대하여 명시적으로 규칙을 제시한다. 예를 들어 제시하면 다음과 같다.

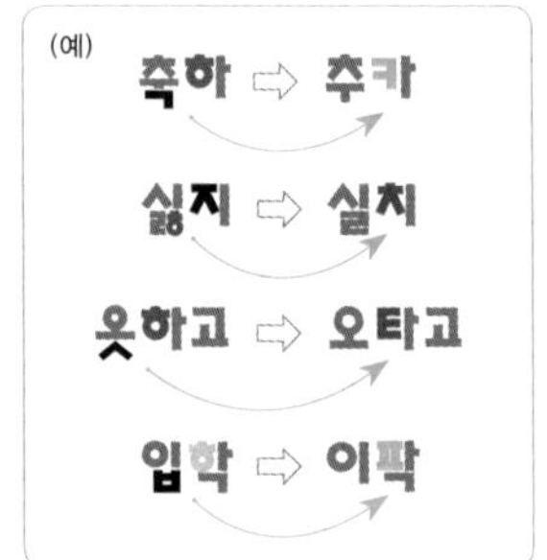

③ 초분절음

일본어는 주로 어미에 의해 문장의 종류가 결정되고, 억양이 문법적 기능을 하기도 하지만 그 기능이 제한되어 있는 반면, 한국어는 L%, H%, HL%, LH%, LHL% 등 억양이 다양하게 나타나 문장의 종류를 결정한다. 특히, 한국인 모어 화자는 평서문에서 HL%, LH%, H%, L% 등으로 다양하게 억양을 실현하는 데 반해 일본어권 학습자는 주로 L% 억양으로만 실현하는 경향을 보인다. 또 억양구 마지막 음절의 길이에서도 차이를 보이는데, 한국인 모어 화자는 마지막 음절의 길이가 같은 발화 내 다음 음절에 비해 길게 나타나는 반면에 일본어 학습자는 이런 현상이 실현되지 않는다.

이에 대한 처치 방안은 다음과 같다. 이러한 오류는 다양한 굴곡 성조로 표현할 수 있도록 다음과 같은 시각 자료를 제시하여 연습하도록 한다.

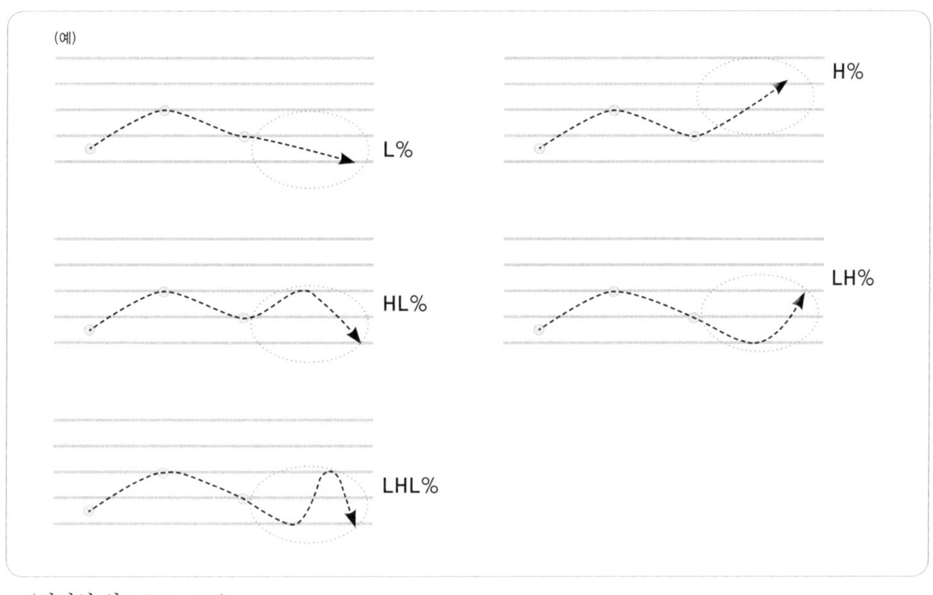

(신지영 외, 2015: 187)

5. 한국어 발음 교육의 평가

외국어 평가에서는 발음 영역을 평가 범주의 하나로 설정하고 있는데, 이는 발음 능력이 의사소통 능력의 중요한 요소가 되기 때문이다. 즉, 의사소통을 원활하게 하기 위해서는 정확하고 유창한 발음이 전제되어야 하며, 이에 발음 영역이 평가 범주로 설정될 필요가 있다는 것이다.

[표 13-12] 현행 외국어 말하기 평가와 평가 범주의 예(이향, 2013b: 60)

평가	평가 범주
GST[12]	내용, 문법, 어휘, 발음, 유창성
ESPT[13]	이해도(comprehension), 유창성(fluency), 정확성(accuracy), 발음(pronunciation)
ACTFL-OPI[14]	어휘, 문법, 발화(utterance), 발음, 전체적 인상
IELTS[15]	유창성과 일관성, 어휘 재료(lexical resource), 문법적 범위(grammatical range)와 정확성, 발음
TOEIC speaking	발음, 억양과 강세, 숙달도(문법, 어휘, 내용의 일관성, 내용의 완성도)
SPEAK[16]	유창성(comprehensibility), 발음, 단어, 문법
TSE[17]	문법, 발음, 전반적인 이해력(overall comprehensibility)

그러나 위 표와 같이 발음 영역이 평가 범주로 설정되어 있으나, 그 내용이 구체적으로 기술되어 있지 않거나 그 기술이 매우 추상적이고 모호하다. 이는 대부분의 외국어 평가에서 발음 평가는 말하기 평가의 하위 영역으로 다루어지기 때문에, 말하기 평가의 다른 영역들, 즉 담화, 문법, 어휘, 말하기 전략 등의 요소들과 함께 기술된다. 이런 이유로 발음 평

12 GST(G-TELP Speaking Test) 시험은 모국어를 영어로 사용하지 않는 사람들의 영어 말하기 능력을 측정하는 것으로, 일생생활의 일반적인 영어 실력을 평가하는 도구이다.

13 ESPT(English Speaking Proficiency Test)는 한국 최초의 국가공인 영어 말하기 시험으로, 영어를 모국어로 사용하지 않는 사람들을 대상으로 한 최초의 디지털 멀티미디어 방식의 평가 도구이다.

14 ACTFL OPI(American Council on the Teaching of Foreign Languages Oral Proficiency Interview)는 실제 일상생활에서 얼마나 영어를 잘 구사할 수 있는지를 평가하는 시험으로, 일대일로 대면 인터뷰나 전화로 시행된다.

15 IELTS(International English Language Testing System)는 영국식 영어 능력을 평가하는 시험으로, 영어를 모국어로 사용하지 않는 사람들에 대한 영어 능력을 평가한다.

16 SPEAK(Speaking Proficiency in English Assessment Kit)는 영어 말하기 능력을 평가하기 위해 개발된 시험으로, 새로운 버전의 시험이 개발되어 있지 않기 때문에 시험의 영향력이 약하다.

17 TSE(Test of Spoken English)는 토익과 토플의 주관사인 ETS에서 주관하는 있는 세계적으로 널리 시행되는 영어 말하기 능력 시험으로, 영어를 모국어로 사용하지 않는 사람들을 대상으로 하며, 주로 대학원 조교(teaching assistantship) 자격, 의학 보건 전문가들의 말하기 능력을 검증하는 용도로 사용되고 있다.

가가 독립적인 영역으로 자리 잡지 못했으며, 심지어 발음의 평가는 평가자의 인상 평가에 의해 좌지우지되는 경우가 많았다. 따라서 이러한 문제점을 극복하기 위해서는 말하기 평가의 한 영역으로서 발음 평가도 구체적으로 정립될 필요가 있다.

1) 발음 평가의 계획

한국어 발음 교육에서 '무엇을 평가해야 할까?', '어떤 기준으로 평가해야 할까?', '어떻게 평가해야 할까?'라는 문제를 고찰해 봄으로써 발음 평가를 계획할 수 있다. 먼저, 발음 평가의 구인은 앞서 제시한 발음 교육의 내용, 즉 음운, 음운 규칙, 초분절음이 이에 해당한다.

[표 13-13] 발음 교육의 내용

음운	분절음과 변이음
음운 규칙	연음, 평파열음화, 자음군 단순화, 경음화, 격음화, 비음화, 유음화, /ㅎ/탈락
초분절음	길이, 억양

또한 발음 평가의 기준은 발음 교육의 목표에 따라 달라질 수 있지만, 발음 평가에서 자주 활용되는 기준은, '정확성, 이해 가능성, 유창성'이다. 먼저, 정확성은 전통적인 평가 기준으로 목표어 모국어 화자와 같은 발음을 의미한다. 이는 모국어 화자와 같은 발음은 성인 학습자가 도달하기 어려울 뿐만 아니라 실제 의사소통 상황에서는 정확성보다는 이해 가능한 정도가 유의미하다는 반론이 제기되기도 하였으나, 여전히 이해 가능한 발음을 위해서는 일정 정도의 정확성이 담보되어야 한다는 점에 대해서는 반론의 여지가 없다. 다음으로, 이해 가능성은 외국인 학습자가 한국어의 정확한 음과 조금 다르게 발음하더라도 의사소통에 지장을 초래하지 않으면 되는 것이다. 가령, 이해 가능성을 평가 기준으로 삼은 케임브리지 대학의 언어 평가 연구소(University of Cambridge Local Examinations Syndicate, UCLES) Weir(1990: 177-178)의 발음 평가 기준을 참조할 수 있다.

[표 13-14] 케임브리지 대학의 언어 평가 연구의 이해 가능성의 평가 기준 예시(Weir, 1990: 177-178)

Level 1	일반적으로 이해할 수 있을 정도라면 모국어에 의한 발음의 영향을 허용한다. It is acceptable for pronunciation to be heavily influenced by L1 if it is generally intelligible.
Level 2	모국어에 의한 발음의 영향이 명백하게 남아 있더라도 명확하게 이해할 수 있는 정도여야 한다. Pronunciation must be clearly intelligible even if still obviously influenced by L1.
Level 3	모국어에 의한 발음의 영향이 일부 남았더라도 명확하게 이해할 수 있는 정도여야 한다. Pronunciation must be clearly intelligible even if some influence from L1 remain.
Level 4	일부 악센트가 여전히 남아 있는 것은 허용하지만 발음이 쉽게 이해할 수 있을 정도여야 한다. Pronunciation must be easily intelligible though some residual accent is acceptable.

그런데 이해 가능성의 기준은 화자와 청자의 상호작용에 의해 결정되기 때문에 발음 평가 기준으로 설정하기에 어려움이 있다. 마지막으로, 유창성은 정확성과 이해 가능성을 보완하기 위한 것이며, 발화 속도와 휴지 등과 관련이 있는 항목으로 유창하게 의사소통을

전달하는 것에 초점을 준다.

이상의 평가 구인과 평가 기준을 토대로 하여, 평가 방법을 구안할 수 있다. 발음은 기본적으로 듣기와 말하기와 통합하여 평가할 수 있다. 듣기를 이용한 발음 평가는 음운이나 음운 규칙에 대한 정확한 청취 능력을 평가하는 것으로, 교사가 평가하고 싶은 발음의 각 요소에 맞는 문장이나 시각 자료를 사용하여 평가할 수 있다. 말하기를 이용한 발음 평가는 개별 음소에 대한 평가와 전체적인 발화 속에서 나타나는 억양 등의 초분절음까지 포함한 것이다. 이 유형에는 인터뷰, 그림이나 지도 설명하기, 토의하기, 토론하기, 역할극, 발표하기, 통역하기 등이 있다. 아울러 발음 오류 교정을 위한 진단 평가나 수행 평가, 성취도 평가 등을 이용하여 효과적으로 발음 평가를 수행할 수 있다.

2) 발음 평가의 실행

(1) 학습자용 평가 도구

대표적인 학습자용 발음 평가 도구로는 낭독 자료를 들 수 있다. 이것은 자연스러운 상황의 발화가 아니라는 단점이 있으나 평가 항목이 모두 포함되도록 음성 산출 기능을 평가할 수 있는 내용을 손쉽게 고안할 수 있다는 장점이 있다.

> 먼저 부산을 비롯한 경상도 지역에서 사용되는 사투리는 억양이 매우 강하
> 〔비로탄〕 〔어걍〕
> 며 짧고 분명하게 말하는 특징이 있습니다. 자기가 하고 싶은 말만 간단하게
> 〔짤꼬〕 〔특찡〕 〔시픈〕
> 말하기 때문에 경상도 사람들이 말하면 무뚝뚝하다는 느낌을 받습니다.
> 〔무뚝뚜카다는〕 〔받씀니다〕
> 다음으로 전라도 사투리는 감탄사를 많이 사용하며 표현이 다양한 편입니다.
> 〔절라도〕 〔마니〕 〔펴님니다〕
> 그래서 다른 지역 말에 비해 정겨운 느낌이 듭니다.
>
> (『서울대 한국어 4』에서 발췌)

가령, 위의 낭독 자료를 통해 학습자의 연음, 격음화, 경음화, /ㅎ/탈락, 유음화 등의 음운 규칙에 대한 학습 여부를 평가할 수 있다. 이뿐만 아니라 듣기 형태로 질문지를 개발하여 음성 인식 능력을 평가할 수도 있다. 또한 이러한 별도의 평가 자료가 없이 역할극 등의 활동을 통해 간접적으로 발음을 평가할 수도 있다.

(2) 평가자용 평가 도구

학습자의 발음을 진단하고 정확한 피드백을 제공하기 위해서는 세분화된 평가 항목을 구성하는 것이 효과적이다.

[표 13-15] 초성의 정확성 평가지 예시

	ㅁ	ㅂ	ㅃ	ㅍ	ㄴ	ㄹ	ㄷ	ㄸ	ㅌ	ㅅ	ㅆ	ㅈ	ㅉ	ㅊ	ㄱ	ㄲ	ㅋ	ㅎ
분절음																		
변이음																		
기타																		

가령, 위의 평가지로 초성에서의 분절음을 정확하게 발음하는지, 환경에 따른 변이음 등을 정확하게 발음하는지를 기록하며 평가할 수 있다. 이러한 정확성 평가뿐만 아니라 유창성 평가도 필요하며, '속도, 억양, 끊어 읽기' 등의 평가 기준의 예를 들면 다음과 같다.

[표 13-16] 유창성 평가 기준표 예시

속도	2	억양	2	끊어 읽기	2
~1분	2	매우 자연스러웠다.	2	의미 단위로 적절하게 끊어 읽기를 하였으며 머뭇거림이 없어 내용 전달이 자연스러웠다.	2
~1분 10초	1	약간 어색하나 내용 전달에 큰 영향을 주지 않았다.	1	1-2회 정도의 끊어 읽기 오류 혹은 머뭇거림이 있었으나 내용 전달에 큰 문제가 없었다.	1
1분 10초 이상	0	부자연스러워 내용 전달에 영향을 주었다.	0	끊어 읽기를 무시하고 더듬거리며 읽어서 내용 전달에 매우 지장이 있었다.	0

3) 발음 평가의 활용

발음 평가는 학습자의 발음을 진단하고 분석하여 피드백을 주기 위한 자료로 활용할 수 있다. 이렇게 함으로써 학습자의 화석화된 발음을 미연에 방지할 수 있으며, 학습자의 자신감에도 영향을 미쳐 의사소통 능력 향상을 기대해 볼 수 있다. 또한 학습자의 발음 발달 과정을 파악하기 위한 토대 자료가 될 수 있다. 이러한 발음 평가 자료는 한국어 교육과정을 평가하거나 교육 방법 및 교재 개발에 활용할 수 있는 기초 자료로 제공할 수 있다.

탐구 과제

1. 수업의 절차는 '도입 → 제시 → 연습 → 활용 → 정리'의 단계가 일반적이다. 이 단계에 따라 음운, 음운 규칙, 초분절음의 영역 중에서 하나를 선택하여 강의안을 작성해 보자.

〈예시〉

주제	평음, 경음, 격음	
목표	'/ㅂ/, /ㅃ/, /ㅍ/'를 구별하여 듣고 발음할 수 있다.	
단계	교수·학습 내용	유의점
도입	교사: (사진을 보여 주면서) 들어보세요. 맞는 그림을 찾아보세요. 예 빵 – 방(2번 반복) 〈학습 목표 제시〉 교사: 빵을 먹어요? 방을 먹어요? /ㅂ/, /ㅃ/, /ㅍ/ 소리가 달라요. 오늘 이 발음 연습할 거예요.	
제시	〈조음 방법 설명하기〉 1. 휴지를 이용해서 기식의 차이를 보여 준다. 교사: 손바닥을 입 앞에 두고 '바', '파' 해 보세요. '파'할 때 손에 공기가 있어요. 이번에는 '바', '빠' 해 보세요. 어때요? '빠'할 때 입술에 힘이 필요해요. 2. 필요시 돌아다니면서 개별 지도를 한다.	
연습	1. 듣고 따라하기 예 바바바빠빠빠파파파 2. 듣고 소리 구별하기 예 방 – 빵 / 비 – 피 / 뿌리 – 부리 / 빨간색 – 파란색 예 이 (빵, 방, 팡)에 들어가세요. 예 바빠요 / 피부 3. 문장 내에서 듣고 따라하기 예 빨간 옷이 예뻐요.	

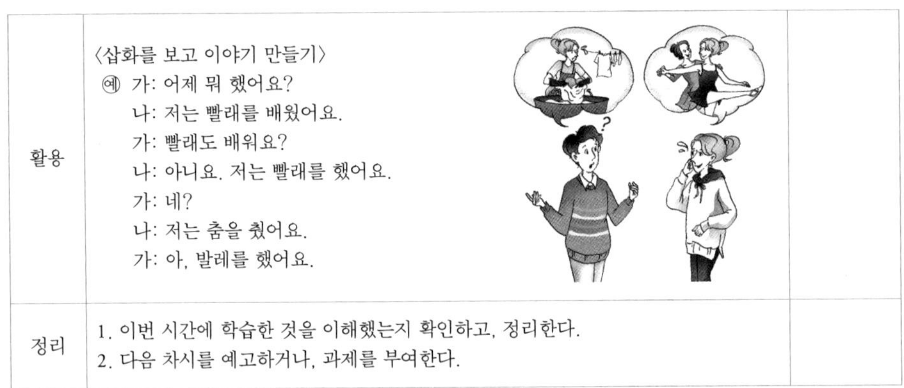

활용	〈삽화를 보고 이야기 만들기〉 예 가: 어제 뭐 했어요? 나: 저는 빨래를 배웠어요. 가: 빨래도 배워요? 나: 아니요. 저는 빨래를 했어요. 가: 네? 나: 저는 춤을 췄어요. 가: 아, 발레를 했어요.	
정리	1. 이번 시간에 학습한 것을 이해했는지 확인하고, 정리한다. 2. 다음 차시를 예고하거나, 과제를 부여한다.	

2. 다음은 [ㄱ, ㄲ, ㅋ]를 구별하기 위한 연습 문항으로, 들은 단어를 찾아 그림을 완성하는 것이다. 다음 평가 문항의 장단점을 생각해 보자.

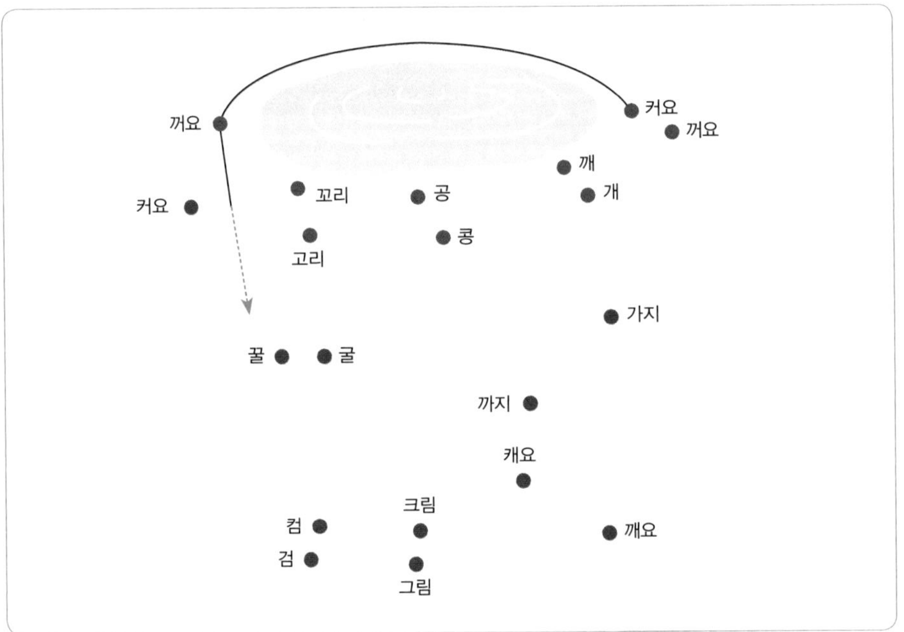

(서울대학교 언어교육원, 2009: 107)

3. 다음은 러시아권 학습자가 자주 일으키는 발음 오류 현상이다. 그 원인을 밝히고, 발음을 교정할 수 있는 방법을 생각해 보자. 또한 다른 언어권 학습자가 자주 일으키는 오류 현상을 더 관찰해 보자.

언어권	오류 현상	오류 원인	교정 방법
러시아어	거기〔고기〕, 어디〔오디〕, 무엇〔무온〕, 어서〔오소〕, 너무〔노무〕, 커피〔코피〕, 허리〔호리〕, 써요〔쏘요〕		

더 읽을거리

신지영, 차재은. (2003). 우리말 소리의 체계. 서울: 한국문화사.

이 책은 한국어의 말소리를 이해하기 위해 필요한 음운론 입문 교재로, 우리말의 소리가 어떠한 체계를 가지고 움직이는지를 상세히 기술하였다. 따라서 한국어 교사로서 갖추어야 할 한국어 음운론에 대한 기본 지식을 쌓을 수 있다.

배주채. (2013). 한국어의 발음. 서울: 삼경문화사.

이 책은 한국어의 실제 발음에 대한 종합적 설명서로, 현실 발음과 표준 발음을 함께 다루었다. 또한 음운론을 중심으로 음성학, 형태론, 어휘론 등 관련 이론을 적절히 적용하여 폭넓은 시각에서 기술했다.

신지영, 장향실, 장혜진, 박지연. (2015). 한국어 발음 교육의 이론과 실제. 서울: 한글파크.

이 책은 한국어 음운론에 대한 이론적인 설명을 토대로 발음 교육을 하기 위한 실제적인 방법을 구체적으로 설명하였다. 이론 편에서는 한국어 교사로서 갖추어야 할 한국어 음운론과 음성학에 대한 기본 지식을 제시하였고, 실제 편에서는 학습자에게 효과적으로 가르칠 방안을 한국어 교사의 시각에 맞춰 구성하였다.

권성미. (2017). 한국어 발음 교육론. 서울: 한글파크.

이 책은 한국어 발음 교육에 필요한 음성 음운론에 대한 지식뿐만 아니라 대조 언어학적인 정보는 물론 효과적인 교수 방안을 구체적으로 제시하였다. 한국어 발음 교육에 필요한 전문적이고 실제적인 정보를 모두 다룬 종합서로, 한국어 교사들과 한국어 발음 습득 양상을 연구하려는 연구자들에게 필요한 지식을 제공해 준다.

14장
한국 문학 교육론

1. 한국 문학 교육의 성격

한국어 교육에서 문학 교육은 주로 기능과 문법 중심의 의사소통 교육에 초점을 맞춘 한국어 교육의 초기에는 거의 주목을 받지 못하다가, 1980년대 문화 교육에 대한 관심이 대두되면서부터 문화 교육의 일부로서 다루어졌다. 1990년대 후반부터 문학 교육에 대한 논의가 시작되었고, 2000년대에 들어서 본격적으로 연구가 진행되어 다수의 논문들이 나오고 있는데 크게 문학을 제재로 활용한 의사소통 교육, 문학을 통한 문화 교육, 문학의 본령에 충실한 문학 교육으로 구분해 볼 수 있다.

문학을 제재로 활용한 의사소통 교육에서는 문학의 특징이나 성격은 고려하지 않은 채 듣기 · 말하기 · 읽기 · 쓰기의 언어 기능 향상을 위한 단순한 학습 자료로 제시하여 다른 비문학 텍스트 자료들과 크게 변별력 없이 활용한다. 문학을 통한 문화 교육은 다양한 문학 장르를 활용하여 문학 작품 속에 내재되어 있는 한국인의 사고방식과 행위, 제도, 사회 문화적 배경 등을 소개하고 교육하는 것에 초점을 둔다. 문학을 통한 문화 교육은 현대시, 현대 수필, 현대 소설, 설화, 고전 소설 등 문학 장르별 텍스트에 따른 활용 방안에 대한 연구가 주를 이루었는데, 대부분 문화 교육을 목표로 문학 텍스트를 자료로써 활용하였다.

최근 들어 한국어를 전공으로 하는 유학생의 증가와 한국어 고급 학습자의 수요에 따라 문학을 의사소통 또는 문화 교육의 수단으로 보기보다는 본격적인 의미에서의 문학 교육에 성취 목표를 둔 연구들이 진행되고 있다. 본격적인 의미에서의 문학 교육은 문학 교육에 대한 일반론을 포함하여 논의할 수 있는데 문학 교육에 대한 일반론은 황인교(2001)와 윤여탁(2004)의 논의를 필두로 하여 외국인을 대상으로 하는 한국어 교육에서의 한국 문학 교육에 대한 필요성과 당위성에 대해 문제 제기하고, 문학 교육의 내용 선정과 방법에 대해 방향성을 제시한 연구들이 대부분을 차지한다. 이후 문학 작품 자체의 가치와 의의, 독자의 체험을 고려한 문학 교육 연구가 진행되고 있다. 이처럼 한국어 교육에서의 문학 교육은 문화 교육의 수단으로 문학을 텍스트 자료로 활용하는 것에 그치는 것이 아니라 문학을 통해 문화 교육의 효과를 고양하고 문학 본래의 속성과 특질에 초점을 두는 방향으로 확장되고 있다. 또한 문학 교육은 한국어 학습자의 문학 경험이 어떤 문화적 공간을 배경 기반으로 하는지에 대한 탐구도 병행하면서 문화 간의 교섭을 원활하게 발휘할 수 있도록 이루어져야 한다.

1) 문학 제재를 활용한 의사소통 교육

한국어 교육에서 문학은 일반적으로 문학 제재를 활용한 의사소통 교육의 일환으로 다루어지고 있다. 의사소통 교육으로서의 문학 제재는 언어 학습을 위한 보조 텍스트 자료로서의 성격을 지닌다. 즉 문학 제재는 듣기·말하기·읽기·쓰기의 기능 향상을 위한 지문으로 제시되고 있다.

문학 제재를 활용한 기능 교육은 '알맞은 것을 고르십시오', '잘 듣고 빈칸을 채우십시오', '이 글의 내용과 다른 것을 고르십시오'의 학습 활동과 같이 단순히 어휘의 뜻이나 내용 파악을 묻는 유형도 있고, '주인공이 어떻게 했을지 그림을 보고 상상해서 이야기해 보십시오', '글을 자세히 읽고 중심 사건이 무엇인지 생각해 보십시오'의 학습 활동처럼 문학 작품에 대한 좀 더 심화된 이해와 표현 활동을 요구하는 유형도 있다. 예로 제시된 교수·학습 활동은 원칙적으로 문학 제재의 특성이 아닌 언어 교육의 보조자료로서 제시된 것이지만 문학 제재의 가치를 드러내기도 한다. 듣기, 말하기, 읽기, 쓰기의 교수·학습 활동을 특정한 이야기(story)의 맥락 안에서 제시함으로써 학습자를 인지적·정서적으로 자극함은 물론 학습자의 상상력과 창의력을 유발하기 때문이다.

현재 대학 기관이나 공공 기관에서 출판된 대부분의 한국어 교재는 문학 작품을 듣기·말하기·읽기·쓰기 등의 언어 기능 교육의 제재로 삼아 문학 텍스트의 어휘, 문장 등을 포함한 한국어 표현과 문화 배경지식을 제시하여 학습자의 이해 및 표현 능력의 향상을 도모하고 있다.

2) 문학을 통한 문화 교육

한국어 교육에서 문학은 한국 전통문화와 현대 사회의 이해, 문화 간 비교 및 대조 차원에서 중요한 제재로서 인정되어 문화 교육의 중요한 수단으로 여겨져 왔으며 이는 문화 교육을 목표로 문학을 활용하고자 한 많은 연구들을 통해 살펴볼 수 있다. 한국어 교육의 문화 또는 문학 교육 연구자들은 문화 교육을 위해 문학 작품에 담긴 한국인의 가치와 관습, 제도, 속담 및 관용 표현 등 한국 문화와 언어·문화에 대한 정보 및 지식 전달에 초점을 두면서 문학을 교수·학습하고자 하는 논의들을 주로 하고 있다.

그러나 현재까지 이러한 연구들은 실제로 한국어 교재나 한국어 교실 현장에는 잘 반영되지 않고 있으며 한국 문화에 대한 경험과 정서에 대한 추측, 문화 간 이야기의 비교 등 다소 추상적인 측면에서 다루어지고 있다. 예를 들면 '한국의 시나 수필을 읽어 본 적이 있습니까?'같이 한국어 학습자의 한국 문학에 대한 경험을 확인하거나, '여러분 나라의 신화(또는 소설)를 소개해 봅시다', '한국의 대표적인 고전 문학 작품을 읽어 보고 다음 질문에 대답해 봅시다' 등 한국 문학 작품과 학습자 국가의 문학 작품들을 비교하고 소개하면서 문화 간 이해를 도모하고 있는 학습 활동을 제시하고 있다. 이들 교수·학습 활동은 문학을 문화 교육을 위한 활용 제재로 삼고 있는 것이다. 나아가 문화 교육의 일환으로서의 문학 교육은 대부분 시, 소설, 수필, 설화 등 특정한 문학 장르를 활용해서 교육 내용을 설정하고 장르의 특성을 고려한 문학 교육 방법을 제시하고 있는데 이는 문화 교육과 문학 교육의 중간 지점으로 볼 수 있다.

3) 문학의 본령에 충실한 문학 교육

본격적인 의미에서의 한국 문학 교육은 한국 문학의 개념 및 특질, 각 문학 장르와 내용에 대한 이해를 도모함은 물론 한국 문학이 세계 문학의 일원으로서 지니는 위치와 역할을 점검하는 비교 문학의 성격도 포함한다. 한국 문학 교육은 국내보다 국외 대학의 한국어 교육 관련 학과에서 한국 문학사와 개별 작품을 중심으로 좀 더 체계적으로 진행되고 있으며(김규진, 2012; 이광재, 2007) 점차 국내 한국어 교육 기관에서도 문학 교육 내용과 교수·학습 방법에 대한 다양한 연구와 교재 개발이 이루어지고 있다.

최근 국내 대학의 한국어 교육 부속 기관들은 한국어 교재를 개정·출판하면서 문학 작품을 단순히 의사소통 교육의 제재로 활용하던 것에서 벗어나 문학 일반론과 장르적 특성을 고려한 문학 교수·학습의 실제를 제시하고 있다. 국내 대학 부속 기관에서 출판하는 한국어 교재들은 대부분 기능 통합형 교재로서 한국어 의사소통 향상을 궁극적인 목표로 하고 있음은 주지의 사실이다. 그럼에도 불구하고 새로 개정·출판되고 있는 교재에서는 문학 제재를 의사소통 기능 향상을 위한 보조 학습 자료로서 다루지 않고 개별 작품의 감상과 이해에 초점을 두고 있는 것은 주목할 만한 일이다. 예를 들면 시조의 형식에 대해 상세히 설명하거나 시적 화자의 태도를 중심으로 한 현대시의 감상, 매체 활용을 통한 문학 심화 활동을 제안하고 있다.

한편 문학 교육의 장점은 개인의 성장을 위한 인격 함양 및 자기 성찰, 정체성 형성 등에 기여하는 것인데 외국어 교육 또는 제2 언어 교육으로서의 문학 교육 또한 개인 성장 및 목표 문화에 대한 정체성의 문제와 관련한 문학 교육의 목표를 설정하고 이에 적합한 교수·학습 방법을 개발할 필요가 있다.

2. 한국 문학 교육의 목표

한국 문학 교육은 크게 의사소통 능력(communicative competence), 상호 문화적 능력(intercultural competence), 문학 능력(literary competence)의 향상을 목표로 구분해 볼 수 있으며 교육 목표에 따라 문학 교육 모델을 적용해 볼 수 있다. Carter & Long(1996: 1-11)은 제2 언어 교육 또는 외국어 교육에서 문학 교육의 필요성에 대해 언급하면서 언어 모델(language model), 문화 모델(cultural model), 개인 성장 모델(personal growth model) 등 구체적인 문학 교육 모델을 제시한 바 있다. 언어 모델은 문학을 언어 능력의 신장을 위한 자료로 활용하여 의사소통 능력 향상을 도모한다. 문화 모델은 문학 교육을 문화적 전승을 위한 수단으로 사용하며 문화 능력 또는 상호 문화적 능력의 향상과 관련을 맺는다. 개인 성장 모델은 문학 교육을 통하여 성취할 수 있는 미적 감수성과 상상력, 윤리적 가치 판단 등 개인의 성장을 도모하는 데 목적을 두며 이는 문학 능력의 한 축이 된다. 유의할 점은 언어 모델, 문화 모델, 개인 성장 모델이 상호 배타적인 것이 아니라 문학 교육의 관점이나 경향, 특정한 교수법에 의해 구별된다는 것이다.

한편 한국어 교육에서는 주로 언어 모델과 문화 모델을 많이 유용하고 있으며 상대적으로 개인 성장 모델은 거의 활용하고 있지 않은데 아직까지 문학 본연의 심미적·예술적 체험과 인격적 성장을 목표로 하는 문학 교육은 활발하지 않기 때문이다. 언어 모델과 문화 모델은 문학을 자료나 수단으로 활용하는 도구주의적 관점을 지니고 있는데 이들 모델을 통해 문학을 의사소통 교육이나 문화 교육을 위한 도구나 수단으로 활용할 수는 있지만 문학과 언어, 문학과 문화의 관계를 유개념과 종개념의 틀로 규정하는 것에서 벗어날 필요가 있다. 즉 언어 모델은 문학 교육을 언어 능력 신장의 자료로 사용하는 것이며, 문화 모델은 문학 교육을 문화적 전승을 위한 수단으로 간주하는 관점으로 두 모델 모두 문학을 수단으로 인식하고 있다는 점에서 한국 문학 교육 자체의 전제를 다시 검토해 볼 필요가 있다.

1) 의사소통 능력 신장

의사소통 능력의 개념과 범위에 대해서는 학자마다 약간씩 다른 논의를 펼치고 있으나 외국어 교육에서는 일반적으로 인간이 특정 상황 또는 맥락에서 메시지를 전달하고 수용하여 상호 간에 의미 협상을 가능하게 하는 능력으로 정의되고 있으며, 언어의 기능적 측면뿐만 아니라 개인적·사회적·문화적 차원에 대한 맥락을 이해하는 것까지 그 의미역이 확대되고 있다. 그러나 한국어 교육에서는 이런 광의적인 개념으로서의 의사소통 능력이 아닌 듣기·말하기·읽기·쓰기의 기능 영역, 즉 협의적 의미에서의 의사소통 능력의 향상을 위해 문학을 학습 자료로 활용하고 있는 경우가 대부분이다.

대학의 부속 한국어 기관을 비롯해 대부분의 공신력 있는 기관의 한국어 교재에서 문학은 주로 듣기나 읽기의 텍스트 자료로 일부 발췌·수록되어 작품 줄거리 등의 내용 파악을 위한 소재로 사용되고 있다. 이는 언어 능력 향상이라는 기능적 측면에서도 문학 텍스트가 학습 자료로서 유의미성을 가진다는 것을 보여 주는 예가 되지만 다른 한편으로는 문학의 특수성과 개별성을 부각시키지 못하고 다른 비문학 텍스트 자료와의 변별력을 없게 하는 것이다. 따라서 문학은 단순히 언어의 기능 영역 향상을 위한 도구적 교수·학습 자료에 그치는 것이 아니라 상황과 맥락에 적합한 언어를 구사하고 상호 간에 소통을 원활하게 하는 넓은 의미에서의 의사소통 향상을 위한 학습 제재로서 제시될 필요가 있다. 문학은 한국의 사회 문화적 배경과 상황을 반영하여 일상생활에서의 의사소통 상황과 맥락에 대한 이해를 제고하고, 어휘나 문장 또는 대화의 의미를 맥락 속에서 파악할 수 있게 하여 고급 의사소통 능력을 신장시키기 때문이다.

2) 상호 문화적 능력 향상

최근 외국어 교육의 연구 경향을 살펴보면 외국어 교육의 목표로 상호 문화적 이해, 문화 간 이해 능력을 강조하면서 문학을 교실 현장에서 많이 활용하고 있는데 한국어 교육 또한 예외는 아니다. 상호 문화적 능력은 실제 언어 활동의 장(場)에서 목표 문화에 대한 사전적 지식이나 배경지식의 습득을 넘어 목표 문화의 맥락에 알맞게 언어를 정확하게 이해하고 표현할 수 있는 능력인 문화 능력이 더욱 확장된 개념이다. 상호 문화적 능력은 다른 문화에 대한 지식을 바탕으로 목표 문화를 존중하고 이해하면서 자신의 문화를 상대화시킬 수 있는 능력인데, 목표 문화에 대한 지식이나 언어 수행 능력보다 확대된 개념으로 문화 간 의사소통에 초점을 둔다. Byram(1997)은 상호 문화적 능력의 구성 요소로 태도(attitudes), 지식(knowledge), 해석 기술(skills of interpreting), 발견과 상호 작용 기술(skills of discovery and interaction), 비판적 문화 인식(critical cultural awareness)을 제시하였다. 상호 문화적 능력은 목표 문화에 대한 지식과 실제 의사소통 상황에서의 적용, 목표 문화에 대한 수용적 또는 개방적 태도, 목표 문화에 대한 해석과 평가 등을 할 수 있는 능력으로 문학 교육과 관련이 깊다.

한국어 교육에서는 문학 작품을 활용하여 상호 문화적 능력의 향상을 도모하고 있다. 상호 문화적 능력의 향상을 위해서는 목표 문화에 대한 배경지식은 물론 그 문화 사람들의 가치, 신념, 태도, 행위 등을 이해하는 것이 선행되어야 하는데 문학에는 이러한 요소들이 명시적 또는 암시적으로 잘 반영되어 있고 목표 문화와 자문화 간의 비교를 통한 이해가 다른 어떤 제재보다 유용하기 때문이다. 학습자는 문학을 통해 목표 문화와 자문화의 특수성 및 보편성을 발견하고 이를 토대로 문화 간의 이해를 심화시킬 수 있다.

3) 문학 능력 함양

현재 한국어 교육의 실제 교실 현장 대부분은 문학을 의사소통 능력이나 상호 문화적 능력 향상을 위한 제재로 활용하고 있지만 문학 교육의 궁극적 목표는 문학을 한국 문학의 이해와 감상 차원에서 접근하여 문학 능력을 함양하는 것이 되어야 한다. 문학 능력은 Culler가 그 개념을 도입한 이래 문학 교육의 장(場)에서 다양하게 논의되고 있는데 한국어 교육에서 통용되는 문학 능력의 개념은 이와 구별해서 이해할 필요가 있다. Culler(1975: 113-130)가 정의한 문학 능력은 '독자가 어떤 텍스트를 문학 작품답게 읽을 수 있도록 하는 능력, 내면화된 문학적 문법'을 말하며, '문학적 문법'이란 문학적 의미화의 규칙, 비유적 응집성 및 주제적 단일성의 관습 등을 의미하지만 한국어 교육에서는 문학 작품을 이해하고 감상하는 능력 정도로 범박하게 이해되고 있다.

현재까지 한국어 교육에서 문학 능력 함양을 위한 논의는 그리 활발하지 않지만 점차 그 필요성이 대두되고 있으며 문학 능력을 일상의 담화 맥락에서 형상적 언어를 동원하여 의사소통을 도모하고, 상상적 언어를 통해 타인의 이야기를 이해할 수 있는 능력으로 정의한 우한용(2010)의 논의를 참고할 필요가 있다. 한국어 교육에서 문학 능력은 상상력, 문학적 감수성, 심미적 체험, 가치 판단, 비판적 인식, 문화 간 비교 등을 포함한 문학 감상과 이해를 통해 성취할 수 있는 총체적 능력으로 정의할 수 있다. 또한 문학 능력은 이해와 감상에서 나아가 표현과 창작의 영역까지 확대될 필요가 있다.

학습자가 세계 문학 속에서 한국 문학의 보편성과 특수성을 인식하고 한국 문학 작품의 감상과 이해를 통해 한국 문학의 언어적·심미적 체험, 학습자의 정체성과 관련된 개인의 성장 및 자국의 문학과 한국 문학에 대한 비교 및 비판적 인식에 도달하였을 때 문학 교육의 궁극적인 목표를 성취했다고 할 수 있다. 다시 말하면 한국어 학습자는 한국 문학 교육을 통해 한국의 언어와 문화의 정수(精髓)를 알고 이해하는 것을 넘어 한국 문학 텍스트를 올바로 해석할 수 있으며 학습자 개인의 내적 체험과 내면화를 통해 개인의 성장을 이루고, 인류 보편적 문학에 대한 인식을 가질 수 있어야 한다.

3. 한국 문학 교육의 내용

현재까지 한국 문학 교육 내용과 범주에 대해 본격적이고 체계적으로 연구되어 제시된 바는 거의 없다. 일례로 국립국어원의 주도하에 이루어진 '국제 통용 한국어 교육 표준 모형' 개발 2단계의 표준 교육 과정에서도 문학 영역은 문화 교육 과정의 일부로 6급과 7급에 문학 장르 및 몇몇 개별 문학 작품만이 언급되어 있을 뿐이다(국립국어원, 2011: 95, 102-103).[1] 한편, 표준 교육 모형의 문화 교육 과정에 문학 항목과 내용이 제시된 것을 살펴보면 한국어 교육에서 문학 교육 내용은 장르와 주제를 중심으로 하고 있음을 알 수 있다. 그런데 장르별, 주제별로 문학 교육의 내용을 선정해서 교수·학습할 때 현재 제시된 교육 과정의 내용으로는 문학 교육의 내용을 체계화·위계화하기 어려울 뿐만 아니라 명확한 교육 목표와 성취 기준이 없는 상태에서 문학 교육의 내용을 선정했다는 점에 문제가 있다.

1 문학은 문화 교육 과정(6급)에서 성취 문화의 산물로 이해되고 있다.

〈등급별 문화 목표 기술〉

등급	내용
6급	1. 한국인의 가치관과 사고방식을 이해할 수 있다. 2. 미술, 음악, 문학 등의 성취 문화를 이해할 수 있다. 3. 스스로 한국 문화에 대한 정보를 모으고 분석할 수 있다. 4. 한국의 정치, 행정, 교육, 군사, 종교, 경제 등의 제도를 이해할 수 있다.

[표 14-1] 한국어 교육 표준 모형의 문화 범주(3)

대분류	중분류	소분류	예시
한국의 예술과 문학	예술	전통/현대 음악	아리랑, 판소리, 민요, K-POP, 전래 동요 등
		전통/현대 미술	김홍도, 신윤복 등의 그림, 백남준의 비디오 아트 등
		전통/현대 공연	마당놀이, 탈춤, 부채춤, B-boy, 난타 등
		문학 작품	고대, 근현대 소설, 수필, 시, 전래 동화, 건국 신화, 설화, 전설, 민담 등

[표 14-2] 문화 교육 항목의 등급별 교수 내용

유형 성취	교수 내용			
	대분류	중분류	소분류	예시
6급	한국의 예술과 문화	문학	문학 작품	• 전래 동화(권선징악의 동화-콩쥐팥쥐, 흥부와 놀부 등) • 시대를 반영한 고전 시와 현대시, 고전 소설, 현대 소설
7급				• 건국 신화, 설화, 전설, 민담

1) 문학 교육의 내용 범주

문학 교육의 내용을 조직하는 방법으로는 장르, 연대, 주제, 화제, 수사학적 인식, 단일한 텍스트의 심화 연구, 다른 영역과의 연계성(Correlation) 등이 있으며(Raymond & Dennis, 1978: 5-12) 일반적으로 문학 교육 과정은 주제, 장르, 문학사 중 한 가지를 선택해서 유형화하는데 한국어 교육에서 문학 교육의 내용을 선정할 때 주제, 장르, 문학사 중심의 유형화를 모두 상정해 볼 수 있다.

첫째, 주제 중심의 유형화를 상정할 수 있는데 문학 교육을 주제 중심으로 하는 것은 학문적 체계의 정합성은 떨어지나 한국 문학의 다양한 텍스트 경험을 구체적으로 가능하게 하기 때문에 장르나 문학사 중심으로 하는 것보다 좀 더 교육적 유용성과 효율성을 담보할 수 있다. 현재까지 한국어 교육에서의 문학 교육은 장르나 문학사에 대한 탐구보다는 한국인의 가치나 세계관 등의 정신사적 지향, 한국 문학의 원형적 상징이나 문화적 비유 등이 더 우선시되어야 할 교육 목표로 존재하기 때문이다.

둘째, 한국 문학은 세계 보편적 문학 장르인 서정, 서사, 극, 교술의 네 가지 영역에 해당하는 문학 장르를 모두 가지고 있으므로 이를 장르별로 세분화하여 교육할 수 있다. 장르 중심의 문학 교육은 한국어 학습자들에게 한국 문학의 이해와 흥미를 높일 수 있는 가장 기초적이고 일반적인 토대를 마련해 줄 수 있을 뿐만 아니라 문학 본연의 내용과 형식에 대해서도 심도 있는 이해와 감상을 가능하게 한다. 한편 현재 한국어 교육에서는 문학 작품을 영화, 드라마, 대중가요 등으로 극화 또는 변용한 제재들을 활용하고 있는데 이들을 광의의 문학 교육의 관점에서 적극적으로 포괄할 필요가 있다.

셋째, 문학사 중심의 유형화는 한국 문학의 개념과 특성, 각 시대의 대표적 문학 갈래들을 소개함으로써 한국어를 전공하거나 한국 문학에 대한 지적 관심이 있는 고급의 학습자들에게 유용하다. 문학사는 개별 작품과 역사적 갈래에 대한 이해를 전제를 하며 시간의 지속성과 변화의 역동성을 지닌 문학의 역사에 대한 서술이다. 한국어 고급 학습자들 또는 한국 문학에 대해 깊은 관심을 가지고 있는 학습자들에게 문학사 중심의 교육은 한국 문학의 특수성과 보편성에 대한 이해는 물론 세계 문학의 일원으로서의 한국 문학의 위상에 대한 인식을 새롭게 하는 계기를 제공해 준다.

한편 한국어 교육에서 문학 교육의 내용, 즉 무엇을 가르칠 것인가에 대한 문제는 한국어 학습자의 흥미, 요구, 교육 목표 등 다양한 변인에 의해 설정될 수 있다. 이에 따라 구체적으로 외국인 학습자에게 소개할 만한 가치가 있는 정전 개념의 실제적 개별 작품을 제시해 줄 것인지, 문학의 내용과 속성에 주목하여 이에 대한 언어적·문화적 가치와 현재적 의미에 주목하게 할 것인지 등이 달라질 것이다.

(1) 주제

문학의 주제는 인간생활과 밀접하게 관련되어 있으며 그 사회 구성원의 삶의 보편적 견해와 사상, 정서 등이 반영되어 있기 때문에 문학 교육 내용의 범주로 활용할 수 있다.

현재 한국 문학 교육의 내용은 산물 문화, 관념 문화, 행위 문화 또는 성취 문화 등 한국어 교육에서 통용되고 있는 문화 교육의 범주를 기준으로 한국인의 가치관과 신념, 제도나 풍속 등이 반영되어 있는 제재를 중심으로 제시하고 있는 경우가 대부분이다. 여기에서 제재는 한국 사회의 관념, 산물, 행위 문화를 구체적으로 드러내는 모든 것을 말한다. 제재가 주제를 형상화하는 중요한 기반이기는 하지만 문학 교육의 내용을 제재 중심으로만 선정한다면 작가 또는 작품의 의미를 제한시키는 결과를 초래할 우려가 있다. 따라서 한국 문학 교육의 내용을 제재 중심에서 주제 중심으로 유형화할 필요가 있다.

한국어 교육에서 다룰 수 있는 문학 교육 내용의 주제는 크게 인류 보편적인 가치와 한국인의 특수한 가치관 및 정서로 분류해 볼 수 있다. 인류 보편적 가치로는 사랑, 권선징악, 자연, 인권, 환경 보호, 물질 만능주의에 대한 비판 등을 다룰 수 있으며 한국인의 특수한 가치와 정서로는 효, 열, 우애, 보은, 한(恨), 흥, 해학, 풍자 등을 제시할 수 있다(김혜진, 2014, 2015). 예를 들면 사랑이라는 인류 보편적 주제는 〈견우와 직녀〉, 〈춘향전〉, 〈내가 사랑하는 사람〉, 〈소나기〉 등 설화, 고전 소설, 현대시, 현대 소설 등 전통과 현대, 장르를 불문한 다양한 영역에서 다루고 있기 때문에 학습자들이 쉽게 접할 수 있으며 이들의 공감과 이해를 유도할 수 있다. 또한 〈아리랑〉, 〈진달래꽃〉, 〈흥부전〉, 〈사랑손님과 어머니〉 등 한국인의 전통적 가치와 정서를 드러내는 작품들을 통해서는 한국 사회에 대한 배경지식과 정보를 얻을 수 있으며 나아가 문화적 인식과 탐구를 폭넓게 할 수 있는 기회를 가질 수 있다.

한편 결혼 이주 여성이나 이주 노동자들이 한국어 교육의 중요한 학습자로 대두되면서 문화 갈등과 문화 충돌을 극복할 수 있는 문화 간 이해와 포용의 필요성 등을 주제로 한 〈완득이〉, 〈나마스테〉, 〈유랑 가족〉 등 다문화 관련 소설 작품들을 좀 더 적극적으로 문학 교육의 장으로 도입할 필요성이 있다(윤대석, 2014).

이처럼 한국 문학 작품의 주제는 정신문화와 행위 문화, 즉 한국인의 가치관과 신념, 제도나 풍속 등을 반영한 제재 중심의 내용에서 나아가 세계 문학의 보편성과 한국 문학의 특수성, 다문화 사회의 다원성 등을 기준으로 체계화해서 제시할 수 있다.

(2) 장르

문학의 갈래는 일반적으로 서정·서사·극·교술의 네 가지로 나누어 논하는데 외국인을 대상으로 하는 한국 문학 교육에서는 문학의 장르와 문학사를 함께 이해할 수 있다는 측면에서 고전 시가, 고전 산문, 현대시, 현대 산문으로 분류하는 것이 효과적이다.

고전 시가는 근대 이전에 노래로 불리거나 시의 형태로 향유되었던 고대 가요, 한시(漢詩), 향가, 고려가요, 시조, 가사, 민요 등 운문 양식의 모든 갈래를 말한다. 근대 이전의 한국의 고전 시가는 각 갈래마다 각 시대상을 반영하는 한국인의 이념과 사상, 제도를 담고 있는데 한국어 교육에서는 주로 충(忠), 효(孝) 등의 유교적 윤리를 강조하고, 강호가도(江湖歌道)를 노래하는 시조와 일반 민중의 생각과 정서를 자연스럽게 노출하는 민요를 교수·학습 제재로 많이 활용하고 있다. 이는 시조와 민요에 담겨 있는 한국인의 정서와 세계관이 외국인을 대상으로 하는 문화 학습의 내용으로 적합하기 때문이다. 또한 누구나 쉽게 따라

부를 수 있는 정형화된 운율 등이 학습자들에게는 매력적인 학습 제재로 작용한다. 현재 한국어 교재에서 많이 다루고 있는 고전 시가는 민요인 〈아리랑〉이며 이 외의 고전 시가는 거의 수록되어 있지 않다.

고전 산문은 근대 이전에 창작되고 향유된 설화, 한문 소설, 국문 소설, 한문 수필, 국문 수필 등을 말한다. 근대 이전의 일본과 중국을 대상으로 한 한국어 교육의 문학 제재는 주로 소설이었으며 서양인들을 대상으로 한 문학 제재는 설화, 야담, 소설 등 다양하였다(김종철, 2004: 206-207). 현대 한국어 교육에서는 주로 설화를 문화 교육의 일환으로 교수·학습하고 있는데, 〈단군 신화〉 등의 건국 신화와 〈견우와 직녀〉, 〈나무꾼과 선녀〉 등 인류 보편적 이야기를 담고 있는 설화들을 제재로 많이 이용하고 있다. 이 제재들은 한국의 전통문화에 대한 정보 및 지식을 전달할 뿐만 아니라 학습자들에게 낯설지 않은 이야기 구조와 내용을 담고 있어 자국의 문학들과 비교 또는 대조해 가면서 읽기에 용이하기 때문에 제재로 많이 선정된다. 고전 소설로는 〈심청전〉, 〈춘향전〉, 〈흥부전〉 등이 교육 제재로 많이 활용되고 있는데 대부분 학습자들이 읽기 쉽게 동화나 희곡의 형태로 각색하여 제시하고 있다.

현대시는 20세기 초에서 현재에 이르는 시기에 한국어로 창작된 시로서 근대 이전의 세계관과 전형적인 양식의 제약을 벗어나 현대의 정서를 새로운 형식으로 표현한 문학의 갈래이다. 한국 현대시는 한국인의 심성과 정서를 압축적으로 표현한 한국 문학의 대표적 갈래로 다른 문학 장르에 비해 한국어 교재에 비교적 많이 수록되어 있다. 특히 한국의 전통적인 정서를 계승하고 있는 김소월의 〈진달래꽃〉과 한국인의 감수성을 예술적으로 승화시킨 윤동주의 〈서시〉 등의 작품이 가장 높은 교재 수록 빈도수를 보이고 있으며 김춘수의 〈꽃〉과 정호승의 〈내가 사랑하는 사람〉도 교수·학습에 자주 활용된다.

현대 산문은 수필, 현대 소설, 희곡 등 현대인의 삶과 문제의식을 형상화한 갈래들을 말한다. 현대 산문은 비교적 어느 정도 정전으로 인정된 작품들이 존재하는 설화나 고전 소설, 현대시와는 달리 다양한 작품들이 산발적으로 한국어 교재에 실려 있다. 현대 소설은 김유정, 주요섭, 현진건, 황순원 등의 작품이, 수필은 김소운, 피천득, 윤오영, 장영희 등의 작품이 한국어 학습자들에게 소개되고 있다.

(3) 문학사

한국 문학의 내용 범주로 문학사(文學史)는 한국어 또는 한국 문학을 전공하거나 한국 문학에 깊은 관심을 지닌 학습자를 대상으로 설정될 수 있으며 현재 국내보다는 국외 대학에 주로 개설되어 있다(한국국제교류재단, 2018). 한국 문학사는 과거부터 현재까지 창작된 한국 문학 작품들의 사적 기록을 한국어 학습자들에게 일목요연하게 제시해 줄 뿐만 아니라 한국 문학이 세계 문학의 일원으로서 가지는 위상과 가치에 대해서도 궁구하게 한다. 한국 문학사는 한국의 문학 작품을 개별적으로 나열한 것이 아니라 한국 문학의 통시적인 역사성과 공시적인 사회성을 유기적으로 교수·학습할 수 있는 내용 범주이다.

한국 문학은 한국인이 한국인의 사상과 감정을 한국어로 표현한 예술 작품으로서 한글 창제 이전의 한문학(漢文學)까지 포함한다. 한국 문학은 한국인의 삶과 역사 속에서 자연스

[표 14-3] 한국어 교재에 수록된 문학 작품의 예[2]

	고전 시가	고전 산문	현대시	현대 산문
경희대학교	〈하여가〉, 〈단심가〉, 〈오언절구〉, 〈동짓달 기나긴 밤을〉, 〈꿈에 광상산에서 놀다〉	〈해와 달이 된 오누이〉, 〈소가 된 게으름뱅이〉, 〈사람으로 둔갑한 쥐〉, 〈콩쥐팥쥐〉, 〈팥죽 할머니와 호랑이〉, 〈은혜 갚은 까치〉, 〈고양이 앞에 쥐〉	〈둘이서 함께 가면〉, 〈바람이 오면〉, 〈슬픔이 기쁨에게〉	〈소나기〉, 〈지각 인생〉, 〈건축학개론〉, 〈소음 공해〉, 〈사랑손님과 어머니〉, 〈미리내〉, 〈방망이 깎던 노인〉, 〈원미동 사람들〉, 〈만 가지 행동〉, 〈나의 소원〉
고려대학교	-	-	〈진달래꽃〉, 〈서시〉, 〈꽃〉, 〈승무〉	〈나무〉, 〈봄봄〉, 〈누가 해변에서 함부로 불꽃놀이를 하는가〉
서강대학교	〈정선 아리랑〉, 〈진도 아리랑〉	〈콩쥐 팥쥐〉, 〈금도끼 은도끼〉, 〈선녀와 나무꾼〉, 〈단군 신화〉, 〈청개구리 이야기〉, 〈홍부와 놀부〉, 〈해님 달님〉	〈꽃〉, 〈내가 사랑하는 사람〉, 〈말의 힘〉	〈버리지 못하는 물건〉, 〈구두〉, 〈나의 사랑하는 생활〉, 〈엇박자 D〉, 〈빈처〉, 〈소나기〉, 〈사랑손님과 어머니〉, 〈무릎 꿇은 나무〉
서울대학교	〈진도강강술래〉, 〈경기아리랑〉, 〈밀양아리랑〉, 〈정선 아리랑〉, 〈진도아리랑〉, 〈서동요〉	〈소가 된 게으름뱅이〉, 〈단군신화〉, 〈호랑이와 곶감〉, 〈홍부와 놀부〉, 〈견우와 직녀〉, 〈거울〉	〈눈 내리는 밤〉, 〈귀천〉, 〈서시〉, 〈낙화〉, 〈꽃〉, 〈내가 사랑하는 사람〉, 〈연탄 한 장〉, 〈흔들리며 피는 꽃〉, 〈고백〉	〈옥상의 민들레꽃〉, 〈연탄길〉, 〈7년의 밤〉
이화여자대학교	〈아리랑〉, 〈설날〉, 〈십 년을 경영하여〉	〈소금이 나오는 맷돌〉, 〈호랑이와 곶감〉, 〈청개구리〉, 〈사랑가〉, 〈토끼와 거북이〉, 〈우산 장수와 짚신 장수〉, 〈달걀 열 두 개로 한 축하〉, 〈홍부와 놀부〉	〈개구리〉, 〈일요일 행진곡〉, 〈섬〉, 〈오륙도〉, 〈고백〉, 〈엄마야 누나야〉, 〈새로운 길〉, 〈통화〉, 〈피아노〉, 〈나비〉, 〈어머니〉, 〈냉면〉, 〈선물〉, 〈너를 기다리는 동안〉, 〈은행잎 편지〉, 〈자전거〉, 〈그 집 앞〉(노래), 〈고향의 봄〉, 〈딸을 위한 시〉, 〈고향 생각〉, 〈성북동 비둘기〉, 〈달이 떴다고 전화를 주시다니요〉, 〈내가 사랑하는 사람〉, 〈모든 순간이 꽃봉오리인 것을〉, 〈꽃〉, 〈우리가 눈발이라면〉, 〈저녁에〉, 〈라디오와 같이 사랑을 끄고 켤 수 있다면〉, 〈바람에게도 길이 있다〉, 〈칼국수〉, 〈설날 아침에〉, 〈저문 강에 삽을 씻고〉	〈얼굴〉, 〈소리 없는 소리〉, 〈나의 사랑하는 생활〉, 〈시집가는 날〉, 〈괜찮아〉, 〈소나기〉, 〈방망이 깎던 노인〉, 〈폭포와 분수〉, 〈왕후의 밥, 걸인의 찬〉, 〈메밀꽃 필 무렵〉, 〈사랑손님과 어머니〉

2 [표 14-3]은 현재 한국어 교육이 활발하게 이루어지고 있는 대학의 부속 한국어 교육 기관에서 출판한 의사소통 중심의 교재들에서 발췌한 것으로서 문학 교육을 목표로 한 것은 아니지만 현재 한국어 교육의 현장에서 활용하고 있는 문학 작품들의 면면을 살펴보는 데 의의가 있다. 또한 신간이 출판되지 않은 고려대학교 교재를 제외하면 최근 3년 이내에 출판된 교재를 기준으로 하였으므로 그 이전에 출판된 교재에 수록된 문학 작품들과 다소 차이가 있음을 밝혀 둔다.

럽게 우러나온 생각과 감정이 표현된 문학으로 개별 한국 문학을 정의할 때 가장 중요한 요소는 창작 주체로서의 한국인, 표현 매체로서의 '한국어'와 '한국 문자'라고 할 수 있다. 한국 문학은 한민족의 개별 문학으로서 세계 문학의 일부를 이루며 근대 사회 이전의 한문학은 국문 문학과 마찬가지로 한국 문학의 중요한 일부분이다. 한문은 중국인이 만든 문자이지만 동아시아의 공동 문어로서 오랜 세월 동안 우리 언어생활의 중요한 요소였으며 한국인의 한문학에는 우리의 정서와 사상이 담겨 있다는 점을 간과해서는 안 된다. 한편 문학의 표현 매체에는 음성 언어와 문자 언어가 있으며 모든 문학은 처음에 구비 문학으로만 존재하였고, 기록 문학이 나타난 이후에도 구비 문학은 지속적으로 중요한 역할을 해 왔으므로 구비 문학 또한 한국 문학의 범위에 포함시켜야 한다.

한국의 고전 시가 중 정형시는 대부분 3음보와 4음보의 율격을 지니며 다른 나라와 달리 고저, 장단, 강약이 아닌 음보가 중시되고, 또 다른 한편으로는 이 체계에서 벗어나고자 하는 파격의 형식이 있는 것이 특징이다. 한국 고전 산문은 출생에서 죽음까지 주인공의 일생을 서술하는 순차적 서사 구조를 중심으로 하는 것이 특징인데, 이는 한국 고유 이야기의 기억 방식이자 전달 방식이다. 한국 현대시는 한국 문학의 전통과 서정을 계승하거나 지적인 태도로 시와 언어의 새로움을 추구하는 두 흐름이 서로 영향을 주고받으면서 발전해 오고 있다. 한국 현대 산문은 한국인이 겪는 현대의 문제의식과 삶의 양식을 소설, 수필, 희곡 등 다양한 장르의 형태에 구체적으로 표현하고 있다.

한국 문학에는 한국인의 독특한 개성과 풍속, 사상과 감정, 사회적 배경이 깃들어 있는데 이러한 요소들은 문학 작품 속에서 독특한 미의식을 형성하고 있다. 한국 문학 속에서 살펴볼 수 있는 한국인의 미의식에는 멋, 한, 흥, 신명, 해학, 풍자, 자연 친화 의식 등이 있는데 '멋'은 격식에 맞으면서도 격식을 뛰어넘는 변형을 추구하는 미의식이며 기계적인 율격의 구속을 거부하는 전통 시가의 리듬 의식에서 잘 나타난다. '한'은 주어진 운명에 순응하면서도 그로 말미암은 슬픔을 승화시키려는 정서로 우리 문학의 중요한 미의식을 이루고 있으며 고려 가요인 〈가시리〉나 여성 작가에 의해 창작된 시조와 가사 등에 한국적 정한이 잘 나타나 있다. '신명'은 판소리나 탈춤과 같은 집단적 연행에서 볼 수 있으며 활달한 정서의 표출이 두드러진다. '해학과 풍자'는 '신명'을 드러내는 데 중요한 역할을 하는데 한국인은 해학과 풍자를 통해서 현실의 고달픔을 이겨 내고, 부정적인 현실을 날카롭게 비판하고자 하였다. 한국 문학은 전통적으로 자연 친화 의식을 보여 주었는데 강호(江湖)를 노래하였던 조선 시대의 시조나 가사를 예로 들 수 있다. 때로 자연 친화 의식은 현실 도피나 은둔이라고 비판받기도 하지만 소극적인 현실 인식의 이면에는 자연을 통해 인격을 도야하고 좀 더 나은 이상향이 실현되기를 바라는 간절한 소망이 담겨 있다.

특히 한국 고전 문학은 인간의 성정과 자연을 노래한 작품들이 많고, 미의식은 비장미, 골계미, 숭고미, 우아미 등이 두루 나타나고 있으며, 계층에 따라 그 경향성에 차이는 있지만 자연스러움, 멋, 흥과 신명풀이 등을 추구한다. 또한 비극적 현실도 희극적으로 묘사하는 등 비극은 거의 없고 대부분 행복한 결말이 많은데 이는 행복에 대한 열망이 강한 현세 중심의 세계관을 나타낸다고 할 수 있다. 서사 문학이나 극 문학에서 보이는 행복한 결말은 현실 생활의 비극적·억압적인 면들을 이겨 내고자 하는 '한풀이 의식'이 반영된 것이기도 하다.

2) 문학 교육 내용의 실제

(1) 문학 제재 선정의 기준

문학을 특정한 목표를 가지고 교수·학습할 경우에는 독자가 일반적인 교양으로서 문학 작품을 자유롭게 선택해서 읽는 것과는 달리 작품 제재 선정의 기준을 마련하고 이에 따라야 한다. 한국어 교육에서의 문학 교육은 한국어를 모국어로 하지 않는 학습자를 대상으로 하기 때문에 모국어 학습자를 대상으로 하는 문학 교육보다 교육 내용의 위계화나 구체화에 어려움이 있는데, 교육 내용을 설정할 때 가장 우선시되어야 할 것은 제재 선정에 관한 것이다. 교육 목표에 따라 학습 제재 또는 자료를 선정할 수도 있지만 문학 작품의 경우에는 문학 작품의 선정에 따라 교육 목표나 내용을 다양하게 또는 달리 설정할 수 있는 폭이 넓다.

한국어 교육에서 문학 제재를 선정할 때 학습자, 문학 텍스트, 교육 과정 등을 중요하게 고려하고, 특히 학습자의 개인적 특성과 언어적·문화적 배경 등 환경적 요인을 세심하게 살펴야 한다. 학습자는 대부분 자국의 문학을 접해 본 경험이 있는 성인 학습자이지만 언어적·문화적 배경이 다른 한국 문학을 학습할 때는 문학 수용의 주체로서 문화적 갈등이나 문화 충격 또는 색다른 경험을 할 수 있기 때문이다.

한편, 제2 언어에서의 구체적인 문학 선정의 기준과 방법을 제시한 대표적인 학자로는 Lazar, Collie & Slater, Mckay를 들 수 있다. Lazar(1993: 48-55)는 외국인을 대상으로 하는 문학 교육의 텍스트를 선정하는 기준으로 크게 과정 유형(type of course), 학생 유형(type of student), 다른 텍스트와의 관련 요소들(other text-related factors)을 들고 그 하위 항목으로 다양한 기준을 제시했다. 먼저 과정 유형과 학생 유형에서 제시한 학습자의 수준과 문화적 배경, 언어적 유창성 등은 문학 장르의 종류와 언어적 난이도를 고려하여 학습 동기와 학습 목표를 고취시키는 기준으로 삼을 수 있고, 다른 텍스트와의 관련 요소인 텍스트의 유용성과 분량 등은 문학 교육의 실제적 준거가 될 수 있다.

Collie & Slater(1987: 3-6)는 언어 교육에서 문학이 가지는 효용성을 '가치 있고 권위 있는 자료'(valuable authentic material), '문화적 풍요화'(cultural enrichment), '언어적 풍요화'(language enrichment), '개인적 관여'(personal involvement)의 네 가지로 들면서 외국어 학습 교실에서 문학 제재를 선정할 때 학습자의 특성, 요구 분석, 흥미, 문화적 배경, 언어 수준을 고려하되 무엇보다 학습자의 흥미를 중시했는데, 학습자의 흥미는 문학 수업 전반을 풍요롭게 만들면서 문학에 대한 긍정적 반응까지 이끌어 낼 수 있기 때문이다.

제2 언어 교실에서의 문학의 효용성에 관해 피력했던 Mckay(1982: 531-532)는 ESL 학생들을 위한 문학 텍스트는 어휘, 구문, 문장 길이 등 언어적 측면에서 쉬운 것이어야 하며, 생활 양식, 관습 등의 문화적 영역이나 구성(plot), 인물(character) 등 문학적 요소에 있어서도 접근하기 쉬운 제재가 선택되어야 한다고 주장했다. 또한 주제도 개인적 성장과 발전에 중점을 두고 길이가 비교적 짧으며 등장인물이 많지 않고 구문과 문체가 복잡하지 않으며 젊은 세대를 위해 쓰여진 작품을 추천하고 있다. 실제로 제2 언어 학습의 많은 교재들이 설화나 짧은 이야기를 문학이나 문화의 중요한 텍스트로 삼고 있다. 이들의 논의를 참고한다면 한국어 교육에서의 문학 내용 선정의 기준은 다음과 같이 제시할 수 있을 것이다.

첫째, 문화적 측면을 고려한다. 이는 제재의 문화성 및 다양성과 관련되는 것으로 한국의 고유하고 특수한 문화를 구체적으로 보여 줄 수 있는 제재와 세계 보편적 정서와 가치를 나타내는 문학 작품 모두를 포함한다. 특히 세계의 보편적 정서나 가치를 담은 문학을 제시할 때는 주제나 내용의 보편성, 서사 구조의 일반성, 소재의 유사성을 고려해 비계

(scaffolding) 학습이 가능한 문학 작품들을 선정해 학습자들의 이해를 높이도록 한다.

둘째, 인물·구성·주제 등의 문학적 측면을 고려한다. 이는 제재의 자료적 가치 및 문학성과 연관되는 것으로 문학 작품 선정 시, 교육적 가치나 의미가 없는 내용이나 예술성이 갖추어지지 않은 형식의 문학 작품을 제외하고, 인물, 구성, 주제 등의 요소가 집약적이고, 문학적 가치가 높은 제재를 선별해야 한다.

셋째, 어휘, 구문, 문장 등의 언어적 측면을 고려한다. 이는 제재의 위계성 및 적합성과 관련되는 것으로 학습자의 수준 및 학습 능력과 직결되는 문제로 교육의 효율성과 관련이 있다. 초·중·고급 학습자의 언어 수준을 고려해서 학습자 수준에 적합한 문학 작품을 선정하고, 모국어 학습자의 언어로 교육할 경우에는 번역이 용이한 작품들을 우선적으로 선정할 필요가 있다. 문학 작품의 장르에 따라 어휘나 구문 등의 변형이나 변용이 비교적 쉽게 허용되는 것들이 있고, 또 언어적 측면을 변용한다면 작품 본래의 의미나 가치가 저하되는 것들도 있을 것이므로 이에 대한 기준을 명확히 할 필요가 있다. 언어적 변형은 제재가 주고자 하는 의도를 훼손하지 않는 범위 내에서 이루어져야 한다.

넷째, 학습자의 요구와 흥미를 고려한다. 문학 제재를 선정할 때, 학습자 요인은 언어적·문화적·문학적 측면과는 층위가 다르지만, 제재 선정의 중요한 고려 요인이 되어야 한다. 아무리 다른 요소들이 다 갖추어져 있다고 하더라도 학습자가 필요로 하지 않거나 흥미를 가지지 않는다면 교육적 효용성을 획득하기 쉽지 않기 때문이다. 다시 말해 학습자의 내적 동기가 활성화되어야만 학습 활동을 주체적이고 적극적으로 수행할 수 있게 된다.

(2) 문학 교육 내용 선정의 실제

일반적인 언어 교육 과정에서는 교육 내용의 수준을 학습자의 성장 단계에 따라 종적 체계화와 학습자의 개인별 수준 차이에 따라 횡적 체계화를 도모한다. 그러나 외국인 학습자를 대상으로 하는 한국 문학 교육에서 개인별 수준 차이에 따른 횡적 체계화, 즉 보충형·일반형·심화형 등의 선택형 교육 과정까지 고려해서 교육 내용을 위계화하는 것은 이론적으로는 가능하지만 한국어 교실 현장에 실제적으로 적용하기까지는 제반 여건이 조성되어야 한다. 따라서 한국어 교육에서 문학 교육 제재 선정 시 종적으로 체계화·위계화된 학습 내용을 개별 학습자의 수준에 맞게 재구성하는 차원을 우선적으로 고려할 필요가 있으며, 횡적 체계화를 논한다면 학습자 국가별·언어권별을 생각해 볼 수 있다.

한국 문학에는 한국인의 산물, 행위, 관념 등 여러 층위의 문화들이 다양한 인간관계 또는 개인의 내적 삶을 통해 여실히 드러나 있는데 한국어 학습자들에게 이를 선별해서 제시해 주어야 한다. 한국 문학은 한국인의 가치와 사상, 정서 등을 여과 없이 또는 상징적으로 드러내어 한국인의 사고방식과 세계관을 구체적으로 알게 한다. 한국어 교육에서 교육 내용으로 추출할 수 있는 관념 문화는 우리나라 구성원의 개별적 생각이나 가치를 총망라한 것보다는 한국 또는 한국인을 표상할 수 있는 것이어야 한다. 예를 들면 한국인의 전통적 가치인 충, 효, 열, 우애, 공동체 의식, 대표적 정서인 한, 흥 정, 멋, 풍류 등을 관념 문화의 교육 내용으로 선정할 수 있다. 한국 문학 속에서 한국인의 일상생활은 물론 특히 출생,

성장, 죽음에 이르기까지 겪는 특별한 의례를 통하여 다양한 문화 산물 및 제도나 풍속 등의 행위 문화를 엿볼 수 있다. 예를 들면 한국 문학 속에는 혼례, 장례, 제례, 명절, 세시 풍속, 품앗이, 현대의 일상생활, 가족 제도, 인간관계에서 파생된 다양한 문화 산물과 행위 등이 구체적으로 표현되어 있다.

한국어 교육에서 학습자 수준은 일반적으로 한국어능력시험을 기준으로 구분하므로 문학 교육의 수준별 내용 제시도 원칙적으로는 이에 따라야 할 것이다. 그러나 다른 기능 영역과 달리 문학 교육은 학습자의 수준에 따라 교육 내용이 차별화되기보다는 동일한 교육 내용을 어느 정도의 언어 수준으로 어떤 관점에서 어떻게 교수·학습 방법을 적용할 수 있는가의 문제가 더 중요하다. 예를 들면 김소월 시의 〈엄마야 누나야〉는 초·중·고급 학습자 모두에게 교육적 가치가 있는 작품으로서 초급에서는 시적 화자와 운율을 가르치고 학습자의 단상을 물을 수 있으며, 중·고급에서는 시의 정서와 시어의 의미, 작가 김소월, 학습자 국가의 유사 작품과의 비교 등을 교수·학습할 수 있다.

4. 한국 문학 교육의 방법

문학 교육의 목표에 따라 문학 교육의 방법이 선택되고 교수·학습의 구체적인 방법과 절차가 뒤따른다. 문학 교육의 목표를 의사소통 능력의 향상에 둔다면 주로 학습자의 인지적 측면을 개발하는 데, 상호 문화적 능력 향상에 우선순위를 둔다면 인지적 측면과 정의적 측면 양자 모두에, 문학 능력을 기르는 데 중점을 둔다면 정의적 측면에 각각 초점을 두어 교수·학습 방법을 설계해야 할 것이다.

외국인을 대상으로 하는 문학 교육 방법은 학습자의 배경지식과 선지식을 활용하여 우선 목표 문화의 문학에 대해 이해하도록 하는 것이 선결 과제이다. 구체적으로 말하면 학습자들이 작품에 대한 개념적 지식보다는 작품을 읽는 방법적 지식을 익히고, 작품 읽기를 통해 한국 문화의 총체성에 대해 이해하며 학습자 개개인마다 의미 있는 문화 경험을 하게 하는 것을 궁극적 목표로 삼아야 한다. 즉 학습자의 배경지식을 활성화시킬 수 있고 감상 및 비교 문화 능력을 향상시킬 수 있는 인지적·정의적 측면을 모두 고려한 교수·학습 방법을 제시해야 한다. 다시 말하면 문학 교육 방법은 학습자 중심의 활동과 연계되어 문학에 대한 학습자의 흥미와 동기를 강화시키고 자신의 지식과 경험 자원을 발굴하게 하며 문학 작품의 감상을 통한 성찰과 반성은 물론 비판적 시각을 확보할 수 있는 방향으로 구안되어야 한다. 이를 전제로 한국 문학 교육에서 활용 가능한 강독, 비교, 반응, 대화, 매체를 활용한 교수·학습 방법을 소개하고자 한다.

1) 강독 중심의 교수·학습 방법

전통적인 문학 교수·학습은 문학 텍스트를 읽고 그 뜻을 밝히는 강독을 중심으로 행해져 왔다. 이처럼 문학 교육에서 강독 중심의 교수·학습 방법은 문학 교수·학습 방법 중 가장 오랜 전통을 지니고 있으면서 현재까지도 많이 활용되고 있는 방법이다. 강독은 단순히 텍스트를 읽고 어휘의 뜻을 밝히고 문장을 해석하며 구조를 이해하는 것에 그치는 것이 아니라 텍스트에 담긴 내재적·심층적 의미를 파악하고 이를 기반으로 작품의 가치와 의미를 개인적 맥락과 사회 문화적 맥락 내에서 파악할 수 있게 한다. 강독 중심의 교수·학습 방법은 학습자 스스로 해석한 것을 다시 본래의 텍스트와 견주는 과정을 통해 학습자의 인식 능력을 개발시키는 방법이다. 교사는 작품을 학습자 스스로 읽을 수 있도록 도와주면서 학습자가 작품을 읽는 과정과 결과를 확인하고 조정하는 역할을 수행해야 한다.

강독 중심의 교수·학습의 대략적인 절차는 다음과 같다.

첫째, 교사는 본격적인 강독에 앞서 대상 작품의 개요를 대략적으로 설명한다. 현재 한국어 교육과정에서 문학 작품 전체를 정해진 시수 안에 수업하기는 어려운 실정이므로 작품 개관은 필요하다. 단, 교사가 특별한 교수·학습 목표를 설정하여 의도적으로 작품 개요에 대한 설명을 생략하는 경우는 예외이다.

※ 다음을 읽고 물음에 답하십시오.

나 무

이양하

나무는 덕(德)을 지녔다. ㉠ 나무는 주어진 분수에 만족할 줄을 안다. 나무로 태어난 것을 탓하지 아니하고, 왜 여기에 놓이도 저기 놓이지 않았는가를 말하지 아니한다. 등성이에 서면 햇살이 따사로울까, 골짜기에 내려서면 물이 좋을까 하여, 새로운 자리를 엿보는 일도 없다. 물과 흙과 태양의 아들로, 물과 흙과 태양이 주는 대로 받고, 득박(得薄)과 불만족(不滿足)을 말하지 아니한다. 이웃 친구의 처지에 눈떠 보는 일도 없다. 소나무는 소나무대로 스스로 족하고, 진달래는 진달래대로 스스로 족하다. (…) 나무에 원하는 것이 하나 더 있다면, 그것은 천명(天命)을 다한 뒤에 ㉡ 하늘 뜻대로 다시 흙과 물로 돌아가는 것이다. 그러나 사람은 가다 장난 삼아 칼로 제 이름을 새겨 보고, 흔히 자기 소용(所用) 닿는 대로 가지를 쳐 가고 송두리째 베어 가곤 한다. 나무는 그래도 원망(怨望)하지 않는다. 새긴 이름은 도로 그들의 원대로 키워지고, 베어 간 재목이 혹 자기를 해칠 도끼 자루가 되고 톱 손잡이가 된다 하더라도, 이렇다 하는 법이 없다. (…) 불교의 소위 윤회설(輪回說)이 참말이라면, 나는 죽어서 나무가 되고 싶다. '무슨 나무가 될까?' 이미 나무를 뜻하였으니, 진달래가 될까 소나무가 될까는 가리지 않으련다.

1. ㉠과 바꾸어 쓸 수 있는 한자성어를 고르십시오.
   ① 역지사지(易地思之) ② 금상첨화(錦上添花)
   ③ 안분지족(安分知足) ④ 고진감래(苦盡甘來)

2. ㉡의 의미는 무엇인지 쓰십시오.
   ( )

3. 작가는 다음 생(生)에서 나무로 태어나고 싶다고 말하고 있다. 작가가 나무로 태어나고 싶은 이유는 무엇인지 말해 봅시다.

[그림 14-1] 강독 중심의 교수·학습 방법의 예

둘째, 고전 소설이나 현대 소설 등 비교적 작품의 길이가 긴 장르는 각각의 작품에서 중요한 부분을 발췌해서 제시한다. 지문의 발췌는 학습자들의 학습 부담을 줄이고 학습의 효율성을 제고할 수 있다.

셋째, 학습자 개개인에게 묵독과 작품에 대한 의미 해석의 시간을 충분히 제공한다. 학습자는 텍스트를 통해 새로 알게 된 정보와 기존에 자신이 가지고 있던 배경지식을 통합하면서 작품에 대한 이해를 심화시킬 수 있기 때문이다.

강독 중심의 교수·학습 방법을 교사 중심의 교수법이라고 하여 모국어 교육에서는 지양하고 있는 추세이지만 외국인을 대상으로 하는 문학 교육에서는 학습 대상 문학 작품을 바르게 읽히는 중요한 밑거름이다.

2) 비교 중심의 교수·학습 방법

비교 중심의 교수·학습은 서로 다른 문화 간의 문학을 비교하면서 작품의 이해를 추구하는 비교 문화적 관점에 입각한 교수·학습 방법으로 목표 문화에 대한 발견과 적극적인 참여가 가능하다. 모국어 화자를 대상으로 할 때는 한 문학 작품 속에서 내용 이해를 도모하는 경우가 많지만 외국인 학습자를 대상으로 할 때는 학습자 자국의 문학과 목표 문화의 문학인 한국 문학 간의 유사점과 차이점을 비교·대조해 보면서 작품의 이해를 추구하는 것이 효율적이고 작품의 심층적 이해를 돕는다. 학습자는 자국의 문학과 한국 문학을 비교하면서 자신이 가진 배경지식과 경험을 최대한 활용하면서 문학의 주제와 인물, 사건 등을 이해하고 그 의미를 탐구해 나간다. 즉 자문화의 문학 작품과 목표 문화인 타문화의 문학 작품을 상호 텍스트성에 입각해 비교·대조하면서 문학 작품의 이해를 도모하는 문학 탐구 활동은 개별 문학 작품의 심층적인 탐구는 물론 상호 문화적 능력까지 향상시킬 수 있다.

한편 비교 중심의 교수·학습 방법을 구안할 때는 다음 사항에 대해 주의해야 한다.

첫째, 목표 문화와 자문화의 작품을 비교할 때 각각의 문화에서 정전으로 인정받은 대표적인 작품을 선정하는 것이 좋다. 정전으로 인정받은 문학 작품에 대해서는 학습자들 스스로 일정 정도의 배경지식과 정보를 지니고 있기 때문에 비교 문화 또는 비교 문학 활동이 활발하게 진행되기 때문이다.

둘째, 목표 문화와 자문화에 공존하는 보편적 주제 또는 상이한 주제를 추출해서 비교 및 대조가 활발히 이루어질 수 있는 작품을 선정한다. 작품 간의 보편적 주제는 학습자의 이해와 공감을 불러 일으켜 문학의 보편성에 대해 숙고하게 하며 문화 간의 특수하거나 다른 주제는 학습자들의 사고와 이해의 지평을 넓히는 데 기여한다.

셋째, 외국인 학습자의 자국어로 번역된 한국 문학 작품을 활용한다. 한국 문학 작품 중에서 정전의 위치에 있거나 한국인들에게 널리 알려진 문학 작품들이 번역되어 학습자 나라에 출판된 경우가 많이 있다. 한국 문학 작품 읽기에 대한 부담을 가진 학습자에게 자국어로 번역되어 있는 문학 작품을 소개해서 우선 작품의 내용에 대해 숙지하게 한 후, 비교 문학적 측면에서 작품의 이해와 감상을 도모할 수 있다.

1. 여러분 나라의 대표적인 사랑 이야기는 무엇입니까? 〈춘향전〉과 비교해 이야기해 봅시다.

	한국의 〈춘향전〉	자국의 유사 작품
줄거리		
등장인물 및 성격		
시간적·공간적 배경		
갈등 요소		
주제		

[그림 14-2] 비교 중심의 교수·학습 방법의 예

3) 반응 중심의 교수·학습 방법

반응 중심의 교수·학습 방법은 독자는 반드시 문학을 스스로 경험해야 한다는 독자의 주체성과 자발성에 초점을 둔 교수·학습 방법으로 일찍이 문학 교육 방법의 하나로 채택되어 현재까지 지속적으로 사용되고 있다. Rosenblatt(1985)은 문학 교육의 장(場)에서 학습자가 텍스트에 가져오는 개인적인 경험이나 관심사에 더 많은 주의를 기울여야 한다고 주장하면서 텍스트와 독자의 관계는 상호작용(interaction)이 아니라 상호 교섭(transaction) 작용으로 보되 독자의 해석에 대한 개방성과 제한성을 동시에 인정하였다. Rosenblatt은 독서 과정을 환기(evocation)와 반응(response)으로 설명했는데 환기는 텍스트와 독자가 심미적으로 교류하는 동안 독자는 자신의 과거 경험에서 끌어 온 아이디어, 감각, 느낌, 이미지를 선택하여 이를 새 경험인 환기된 시나 소설 또는 희곡으로 종합하는 과정이며, 환기에 의해 생성된 의미가 곧 반응이라고 하였다.

최근 한국어 교육에서도 문학 교육을 할 때 학습자 중심의 교수·학습에 초점을 두고 반응 중심의 교수·학습 방법을 도입하는 사례가 생기고 있다(윤영, 2013).

반응 중심의 교수·학습의 절차는 크게 세 단계로 이루어진다.

첫째, 텍스트와 학습자의 교섭인 반응의 형성 단계에서 문학 작품 읽기는 정보나 지식의 습득이 아니라 심미적 문학 경험을 위한 것이다. 이때 교사는 학습자가 어려워할 어휘나 표현 등을 쉽게 이해할 수 있도록 도와주어야 하며 혹시라도 생길 수 있는 텍스트에 대한 부정적인 선입견이나 편견을 제거해서 제시해야 한다.

둘째, 학습자와 학습자의 상호 교섭 과정인 반응의 명료화 단계에서는 학습자의 발표, 학습자 간의 토의 및 토론 등을 활성화해서 학습자 자신의 반응을 더욱 명료히 할 수 있도록 하며, 다른 동료 학습자의 반응을 통해 개인의 성장을 이룰 수 있도록 한다.

셋째, 텍스트와 텍스트의 상호 교섭인 반응의 심화 단계에서는 서로 관련 있는 다양한 작품들을 비교·대조하며 읽으면서 학습자의 문학적 사고와 감상을 더욱 풍부하게 한다.

☞ 김유정의 〈봄봄〉을 읽고 물음에 답하십시오.

1. '나'와 '점순이'의 관계는 어떻습니까? 여러분은 '나'와 '점순이'를 이해할 수 있습니까? 이해할 수 있다면 또는 이해할 수 없다면 왜 그렇습니까?

2. 다른 친구는 '나'와 '점순이'를 어떻게 생각합니까?

3. 〈봄봄〉은 등장인물의 감정이나 심리 묘사가 구체적이지 않습니다. 여러분이 '나'와 '점순이'의 입장이라면 어떤 생각과 어떤 행동을 할 것 같습니까?

[그림 14-4] 대화 중심의 교수·학습 방법

이때 작가, 작품 간 주제, 인물, 사건 등을 관련지을 수 있는 작품들을 읽게 하면 학습자들은 텍스트에 대한 확산적인 사고와 통찰을 얻게 된다.

텍스트와 학습자의 상호 교섭인 반응의 형성

▶ 학습자와 학습자의 상호 교섭인 반응의 명료화

▶ 텍스트와 텍스트의 상호 교섭인 반응의 심화

4) 대화 중심의 교수·학습 방법

대화 중심의 교수·학습 방법은 크게 학습자 개인의 내적 대화, 학습자와 학습자 간의 횡적 대화, 교사와 학습자 간의 종적 대화로 구성된다. 대화 중심 교수·학습 방법에서의 '대화'는 단순히 상대방과 마주보며 이야기를 하는 것을 말하는 것이 아니라 다른 생각과 관점을 지닌 타인과의 상호 소통을 통하여 자신의 문학적 사유와 성찰을 이끌어 내는 과정을 의미한다. 일반적으로 대화 중심의 교수·학습 방법은 교사가 의도적으로 계획하고 통제하는 것으로 알려져 있지만 학습자의 내적인 사고와 경험을 추동시킬 수 있는 방법이기도 하다. 한국어 교육에서 현재까지 대화 중심의 교수·학습 방법은 많지 않지만 학습자의 문학 능력을 향상시킬 수 있는 대안적 교수·학습 방법이다.

문학 텍스트를 대할 때 학습자는 우선 다양한 문학적 사고와 느낌 등을 가지면서 학습자 개인의 내면에서 내적 대화를 갖는다. 즉 문학 텍스트에 대해 스스로 문제를 제기하고 답을 찾으려 고민하는 과정을 겪는다. 외국인 학습자는 한국 문학 작품에 공감하며 글을 읽을 수도 있고 반대로 낯설거나 어려워서 거리를 두며 글을 읽을 수도 있는데 이러한 과정을 학습자의 내적 대화로 볼 수 있다. 학습자와 학습자 간의 대화는 동료 학습자 간에 이루어지는 횡적 소통 과정으로 본인 각자의 내적 대화를 통해 얻은 생각과 사고의 타당성을 동료 학습자에게 소개하고 상호 소통하며 문학적 사유와 가치관, 세계관의 폭을 넓히고 조정하는 과정이다. 교사와 학습자 간의 대화에서는 교사의 역할이 중요한데 이때 교사는 객관적이고 중립적인 교육적 가치관을 견지하면서 학습자가 내적 대화나 동료 학습자와의 대화에서 해결하지 못한 부분이나 오독(誤讀)한 부분을 바로 잡아주며 새로운 관점이나 학습자의 내적 성찰을 도울 수 있는 질문 등을 한다.

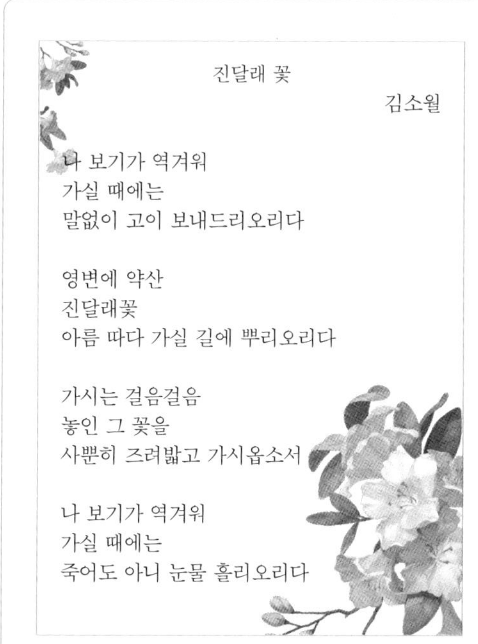
진달래 꽃

김소월

나 보기가 역겨워
가실 때에는
말없이 고이 보내드리오리다

영변에 약산
진달래꽃
아름 따다 가실 길에 뿌리오리다

가시는 걸음걸음
놓인 그 꽃을
사뿐히 즈려밟고 가시옵소서

나 보기가 역겨워
가실 때에는
죽어도 아니 눈물 흘리오리다

1. 〈진달래꽃〉의 전체적인 느낌은 어떻습니까? 시적 화자는 지금 어떤 마음입니까?

2. 각자 느낀 〈진달래꽃〉의 정서를 말해 봅시다. 다른 사람과 비슷하거나 다르게 느낀 점이 있습니까? 있다면 무엇입니까?

3. 한국 또는 여러분 나라에 〈진달래꽃〉과 비슷한 정서를 지닌 작품이 있습니까? 있다면 소개해 봅시다.

[그림 14-3] 반응 중심의 교수·학습 방법의 예

대화 중심의 교수·학습 방법은 '대화 1'부터 '대화 3'까지 꼭 차례대로만 이루어지는 것은 아니며 각 단계마다 필요에 따라 앞 단계로 회귀할 수 있다. 또한 모든 과정을 통틀어 가장 중요한 것은 학습자 개인의 내적 대화의 활성화이다.

대화 1	학습자 개인의 내적 대화
대화 2	학습자와 학습자 간의 대화
대화 3	교사와 학습자 간의 대화

5) 매체를 활용한 교수·학습 방법

매체를 활용한 교수·학습 방법은 활자화된 문학 작품을 학습자 중심의 입체적인 표현 교육으로 확대하는 데 기여한다. 국어 교육에서 매체에 대한 관심이 주로 매체가 가진 언어적 특성에 있다면 한국어 교육에서는 교수·학습 자료로서 매체의 활용에 관심을 두고 실제의 수업 현장에서 이를 적용하고 있다. 한국어 교육에서 매체를 활용한 교수·학습은 듣기나 말하기 등의 기능 교육을 할 때 주로 사용되다가 최근에는 문화 교육과 문학 교육에서 많이 구안되고 있다.

문학 교육에서 매체 활용이나 변용은 교사와 학습자 양 측면에서 다양하게 할 수 있는 장점이 있다. 교사의 입장에서는 문학 작품의 이해·보충·심화의 수단으로 매체를 활용할 수 있으며 학습자들은 자신이 흔히 또는 쉽게 접할 수 있거나 흥미를 가지게 하는 매체에 호감을 드러내고 가시적인 생산물을 생성해 낼 수 있다. 예를 들면 윤동주의 〈서시〉를 교육할 때 교사는 영화 〈동주〉를 작은 단위의 비디오 클립으로 편집하여 학습자들에게 함께 제시해서 시 내용뿐만 아니라 시인, 시가 창작된 시대적, 사회 문화적 배경의 총체적 이해를 도울 수 있고 학습자는 설화나 소설을 직접 시나리오로 각색해서 영상으로 제작해 볼 수도 있다. 이처럼 문학은 영화, 만화, 드라마, 뮤직비디오 등의 다른 매체로 내용이나 형식

(출처: 네이버 영화)

1. 영화 〈동주〉는 윤동주의 생애와 작품을 다뤘습니다. 영화 〈동주〉에서 인상 깊었던 시나 장면을 떠올려 봅시다. 왜 그 시와 장면을 선정했는지 친구들과 이야기해 봅시다.

2. 가장 마음에 드는 시를 골라서 낭독하고 이를 영상으로 찍어 봅시다.

[그림 14-5] 매체를 활용한 교수·학습 방법의 예

을 변용하는 것이 가능하며 이는 학습자의 문학적 상상력과 창의력의 향상까지 가져온다. 한편 문학 교육에서 매체를 활용한 교수·학습 방법을 구안할 때 교사는 원전의 내용과 의미, 가치를 훼손하지 않는 범위 내에서 적합한 매체를 선정해야 하며 학습자의 흥미를 일깨우는 동시에 이해하기 쉬운 자료를 선택해야 한다.

5. 한국 문학 교육의 평가

1) 문학 교육 평가의 설계

한국어 교육과정의 기능 영역–듣기·말하기·읽기·쓰기–과 어휘·문법의 평가는 교육 목표의 성취 기준 및 그 외 제반 여건들을 고려해서 이루어지고 있는데 한국 문학 교육의 평가는 이와 동일하거나 유사한 기준으로 계획을 세워 실행할 수 없다. 현재까지 한국어 교육의 학문적 체계 안에서 문학 교육은 독립된 교육 과정은 물론 성취 기준을 가지고 있지 못하며, 문학 교육이 가지는 특수한 변인 때문에 다른 영역과 동일한 잣대로 평가 기준을 세울 수 없기 때문이다. 문학 교육의 평가는 특정한 입력(input)에 대하여 학습자의 동일한 반응을 기대하기 어려우며 특정 자극에 대한 교수 과정에서 전달된 가시적 자극 이외의 반응도 가능하고, 독자들이 보이는 반응을 위계화하기 쉽지 않다는 점에서 그 기준을 마련하기가 어렵다. 무엇보다 성취 기준에 대한 도달 정도를 정확하게 측정하기 어렵다는 점이 문학 교육 평가의 어려운 점이다.

문학 교육의 평가는 설정된 문학 교육의 목표에 비추어 학습자의 문학적 성취도를 측정하고 문학 교육 과정의 적절성을 확인하며 교사의 문학 교수·학습 방법의 효율성을 점검하는 등 문학 교육의 전반적인 과정을 관리하기 위한 활동이 되어야 한다. 이때 학습 대상자가 한국어를 외국어 또는 제2 언어로 학습하는 외국인 학습자임을 고려하여 언어 능력보다 문화 및 문학 능력에 좀 더 주목해야 한다. 문학 교육의 평가는 교육되고 학습된 과정 및 결과에 대해 이루어져야 하지만 평가의 초점은 학습자의 잠재 능력과 태도 변화에 있어야 한다. 학습자의 태도 변화는 문학 교육이 지향하는 궁극적인 목적 중의 하나이기 때문이다.

심미성이나 상상력 등도 문학 교육의 궁극적 목적이지만 이들은 태도보다 현실적으로 객관적 측정이 더욱 어렵다. 따라서 한국어 학습자가 문학을 통해 무엇을 경험했는지, 그 경험은 학습자 개인과 목표 문화에 대한 이해에 얼마나 다가갔는지를 확인하고 점검하는 것 또한 문학 평가의 중요한 항목이 되어야 할 것이다. 한편 문학은 학습자들의 언어적 지식을 확장시키는 데 효과적일 뿐만 아니라 학습자들의 독해력과 비평 능력, 감성적 인식을 발전시키는 데 기여하므로 감성적 인식의 척도를 포함하여 정의적 측면의 평가 도구도 개발해야 한다.

한국어 교육에서 문학 능력의 평가의 설계는 다음을 고려하여 이루어져야 한다.

첫째, 인지적·정의적 능력의 통합 평가에 초점을 두어야 한다. 문학에 대한 배경지식이나 학습자의 구성 지식, 인간과 세계에 대한 철학적 인식과 더불어 잠재된 문학적 감수성,

문학에 대한 태도 등을 통합적으로 평가해야 한다.

둘째, 언어·사고·문화의 통합 능력을 평가한다. 문학은 텍스트의 언어, 학습자의 사고, 텍스트에 내재된 목표 문화와 학습자의 자문화 등을 통합적으로 평가해야 한다.

셋째, 작품 해석 능력과 감상 능력을 평가한다. 문학 능력 평가에서 학습자의 작품 해석 능력과 작품 감상 능력은 문학을 이해하고 수용하는 데 가장 기초적인 평가 항목이 되어야 한다.

넷째, 학습자의 문학 경험을 평가한다. 이는 문학 수용의 적극적인 태도와 체험의 질을 평가에 반영하는 것이다.

다섯째, 문학 작품 간 상호 텍스트적 능력을 평가한다. 학습자의 자문화와 목표 문화의 작품 간에 상호 텍스트성을 비교·대조하는 능력을 평가해야 한다.

2) 문학 교육 평가의 실행

공식적인 문학 교육의 평가에는 평가 주체, 평가 도구, 평가 결과의 해석과 활용 등의 다양한 변인들이 존재하는데 이 변인들의 조정은 한국어 교육의 문학 교육 연구자와 현장 교사, 한국어 공식 기관과의 긴밀한 공조를 통해 협의해 나가야 할 과제이다. 여기에서는 교실 현장에서 문학 교육 평가를 할 경우 반드시 필요한 요소들을 평가 목적, 평가 내용, 평가 자료, 평가 유형, 평가 방법의 다섯 가지로 정리해서 제시한다.

첫째, 문학 교육의 평가 목적은 한국어 교실 현장의 교수·학습 현황을 점검하고 개선하며 문학 교육의 타당성을 검증하는 것에 두어야 한다.

둘째, 문학 교육의 평가 내용은 학습자의 인지적·정의적 영역과 언어·사고·문화의 통합 능력, 작품 해석 능력과 감상 능력, 문학 경험, 문학 작품 간 상호 텍스트적 능력에 둔다.

셋째, 문학 교육의 평가 자료는 작품 전체의 지문, 작품에서 발췌한 독립 지문, 다양한 장르에서 발췌한 통합 지문 등 다양하게 활용한다.

넷째, 문학 교육의 평가 유형은 수시 평가, 형성 평가, 교수·학습 사전·사후에 하는 학습자 반응 평가 등을 활용한다.

다섯째, 문학 교육의 평가 방법은 자기 평가(self-assessment), 동료 평가(peer assessment), 관찰(observation), 심층 면담(conferences), 포트폴리오(portfolios), 개인 또는 팀 프로젝트(projects), 학습자 창작(student artifacts) 등을 적절히 활용한다.

[표 14-4] 교실 수업에서의 문학 교육 평가

평가 목적	• 한국어 교실 현장의 교수·학습 현황 점검 및 개선 • 한국어 교육에서의 문학 교육의 타당성 검증
평가 내용	• 인지적-정의적 능력 • 언어·사고·문화의 통합 능력 • 작품 해석 능력과 감상 능력 • 한국어 학습자의 문학 경험 • 문학 작품 간 상호 텍스트적 능력

평가 자료	• 작품 전체 지문(시, 시조, 단편 수필 등) • 발췌 독립 지문(고전 소설, 현대 소설, 에세이 등) • 다양한 장르의 통합 발췌 지문
평가 유형	• 수시 평가 • 형성 평가 • 학습자 반응 평가(사전·사후)
평가 방법	• 자기 평가 • 동료 평가 • 관찰 • 교사-학생 심층 면담 • 포트폴리오 • 개인/팀 프로젝트 • 학습자 창작 작품의 활용

탐구 과제

1. 한국어 학습자를 대상으로 현대시 교수·학습을 계획할 경우, 작품의 선정과 교육 내용에 대해 생각해 보자.

학습자 수준	현대시의 선정	교육 내용
초급		
중급		
고급		

2. 다음은 고전소설 〈심청전〉의 일부를 발췌한 것이다. 이 소설을 활용하여 가르칠 수 있는 문학 교육의 내용을 다음의 항목을 통해 생각해 보자.

> 심청은 아버지의 신세를 생각하며 자신이 죽을 일을 생각하니까 정신이 아득하고 몸이 떨려 밥을 먹지 못하고 상을 치웠다. 심청은 사당에 인사하려고 들어가기 전에 다시 세수하고 사당 문을 가만히 열고 이별 인사한다. "못난 소녀 심청은 아비 눈을 뜨게 하기 위해 인당수 제물로 팔려 갑니다. 이 일 때문에 조상 제사를 못하게 되지만 영원히 추모하는 마음을 잊지 않겠습니다." 심청은 울면서 인사하고 사당 문을 닫은 뒤에 아버지 앞에 나와 두 손을 잡고 기절한다. 심봉사가 깜짝 놀라서 "아가, 이게 웬일이냐? 정신 차리고 말하여라." "제가 못난 딸자식으로 아버지를 속였습니다. 공양미 삼백 석을 누가 저에게 주겠습니까. 남경 뱃사람들에게 인당수 제물로 몸을 팔아 오늘이 떠나는 날이니까 저를 마지막으로 보십시오."
>
> 심봉사는 이 말을 듣고 "참말이니, 참말이니? 애고 애고, 이게 웬 말인가? 못 간다, 못 간다, 네가 나에게 묻지도 않고 네 마음대로 한단 말이냐? 네가 살고 내가 눈을 뜨면 그는 당연한 일이지만 자식 죽여 눈을 뜨면 그게 차마 할 일이냐? 너의 어머니가 늦게야 너를 낳고 초이레 안에 죽은 뒤에 눈 어두운 늙은 것이 품안에 너를 안고 이집 저집 다니면서 구차하게 말하면서 동냥젖 얻어먹여 네가 이만큼 자랐다. 내가 아무리 눈이 어둡지만 너를 눈으로 알고, 너의 어머니 죽은 뒤에 걱정 없이 살았는데, 이 말이 무슨 말이냐? 아내 죽고 자식 잃고 내가 살아서 무엇을 할까? 너하고 나하고 함께 죽자. 너를 팔아 눈을 뜬다면 무엇을 보려고 눈을 뜨겠느냐? 어떤 놈의 팔자면 늙은 홀아비가 된단 말이냐? (···)
>
> 심청이 아버지를 붙들고 울며 위로하였다. "아버지 할 수 없습니다. 저는 이제 죽지만 아버지는 눈을 떠서 밝은 세상 보시고, 착한 사람 구하셔서 아들 낳고 딸을 낳아 대를 이으십시오. 못난 딸자식은 생각하지 마시고 오래오래 평안히 계십시오. 이 또한 하늘의 뜻이니 후회해도 소용이 없습니다."[3]

3 「완판 71장본 심청전」, 김진영 외 편저(1998), 『심청전 전집』 3, 박이정, 234-235쪽, 윤문.

(1) 이 작품에서 드러나는 한국 문화의 보편성과 특수성에는 어떤 것이 있는가?

(2) 이 작품을 통해 가르칠 수 있는 한국 문화의 내용에는 무엇이 있는가?

(3) 이 작품과 비교 또는 대조가 가능한 문학 작품에는 무엇이 있는가?

3. 다음 〈보기〉의 조건을 고려하여 주요섭의 〈사랑손님과 어머니〉 교수·학습 방법을 설계해 보자.

〈보기〉

- 학습자 수준: 고급
- 학습 목표: 주요섭의 〈사랑손님과 어머니〉를 감상하고 작품의 배경 및 한국 문학사적 의의를 이해할 수 있다.
- 교수·학습 방법: 매체를 활용한 교수·학습 방법

더 읽을거리

유여탁. (2007). 외국어로서의 한국문학 교육. 서울: 한국문화사.

이 책은 외국어로서의 한국어 교육에서 문학 교육의 위상과 내용, 방법론에 대해 개괄하고 있다. 크게 3부로 구성되어 있는데 1부에서는 한국어 교육의 새로운 과제로 문화 교육과 문학 교육을 상정하고, 2부에서는 한국 문학 교육의 목표와 성격, 교수·학습 방법 등에 대해 설명하고 있으며, 3부에서는 한국어 문학 교육의 실제적 현장으로 미국과 중국의 예를 들면서 한국어 교육 전공자와 현장 교사들에게 한국 문학 교육의 지침을 제공하고 있다.

Cater, R., & Long, M. N. (1996). *Teaching Literature*. England: Longman.

이 책은 문학 교육의 대표적인 모델로서 문화 모델, 언어 모델, 개인 성장 모델의 세 가지를 들고, 교실 수업에서 활용 가능한 문학 교육의 내용과 방법에 대해 구체적으로 안내하고 있다. 1부에서는 문학을 왜 가르쳐야 하는지와 문학 경험에 대해 기술하고 있으며 2부에서는 문학 텍스트에 접근하는 방법, 언어 기반 접근법, 사례 연구, 고급반의 교수·학습 활동을 제시하고 있고 3부에서는 문학 교육 과정과 문학 읽기 이론을 소개하고 있다.

Collie, J., & Slater, S. (1987). *Literature in the Language Classroom: A resource book of ideas and activities*. Cambridge: Cambridge University Press.

이 책은 언어 교실 수업에서 문학을 활용하는 아이디어와 활동에 대해 소개하고 있으며 크게 세 개의 장으로 구성되어 있다. 1부에서는 문학 교육의 가치, 목적, 내용, 방법에 대해 개괄적으로 이야기하고 있으며 2부와 3부에서는 소설, 짧은 이야기, 희곡, 시 등의 다양한 문학 장르에 대한 실제적이고 구체적인 활동의 예를 제시해서 교사와 학생이 이를 구체적으로 적용하고 활용할 수 있도록 하고 있다.

Lazar, G. (1993). *Literature and language teaching: A guide for teachers and trainers*. Cambridge: Cambridge University Press.

이 책은 교사와 교육자에게 문학 교수·학습의 구체적인 지침을 제시하고 있는 유용한 문학 교육의 안내서이다. 언어 교육을 할 때 문학이 지니는 함의, 문학 교육의 접근법, 문학 제재 선정의 기준, 문화 간 문학 읽기, 소설, 시, 희곡 등 문학 장르의 교수·학습 계획과 방법, 문학 수업의 성찰 등 문학과 언어 교육의 연계에 관해 구체적 사례를 소개하고 있다.

15장
한국 문화 교육론

1. 한국 문화 교육의 성격

1) 문화의 개념과 차원

문화란 무엇인가? 그리고 언어교육에서 왜 문화를 가르쳐야 하는가? 이는 외국어 교육에서 명확히 답변하기가 어려웠던 질문인데, 본래 문화의 개념이 한 가지로 규정짓기가 어렵고 그 의미 또한 시대와 이론에 따라 다르게 변화한 것이 그 원인인 것이다.

문화(culture)의 개념은 일찍이 근대의 물질적인 산물을 지칭하는 문명(civilization)과 구별되는 예술적·정신적 창조물을 규정하면서 시작되었다. 그간 이러한 문화의 개념은 여러 학자들에 의해 다양하게 정의되어 왔다. 그중 가장 대표적으로 인류학자인 Tylor(1871)의 정의를 들 수 있다. 그는 문화를 '광범위한 민족지적 견지에서 볼 때, 지식, 신념, 예술, 도덕, 법률, 관습 그리고 사회의 일원으로서 인간이 습득한 다른 모든 능력과 관습들을 포함하는 복합적인 총체물'이라고 정의한 바 있다. 한편, Kroeber & Kluckhohn(1963: 291, 357)은 이러한 타일러의 정의를 포함하여 문화의 정의를 모두 164가지로 내리며 문화는 상징에 의하여 습득되고 전해지는 생각, 느낌, 행동의 모델로 구성되어 있다고 말한다.

이렇게 뿌리 깊은 행동 및 인식 양상으로서의 문화는 외국어 교육에서도 중요한 위상을 차지하게 된다. 이와 관련하여 Brown(2010: 202)은 '언어는 문화의 일부분이며, 또한 문화는 언어의 일부분이다. 즉, 이 둘은 밀접하게 얽혀 있어서 언어든 문화든 그 중요성을 잃지 않으면서 둘을 떼어낼 수 없다'라고 그 중요성에 대해 말한 바가 있다.

한국어 교육에서 문화 개념은 주로 언어문화라는 개념으로 설명되었다. 언어문화의 개념은 핵심적 언어 영역에서만 나타나는 문화 현상만을 가리키는 제한적 개념과 모든 문화 영역에서 나타나는 언어 현상을 가리키는 포괄적 개념으로 나뉜다. 윤여탁(2015: 3)에 따르면, 한국어 교육에서 언어와 문화는 뗄 수 없는 관계라는 점을 전제로 하여, 한국어 교육의 맥락에서 이루어지는 언어교육, 문화 교육의 통합 교육적 현상을 한국 언어문화 교육이라는 개념으로 포괄한 것이라고 볼 수가 있다.

이러한 논의들을 종합해 보면 문화란 대단히 복잡한 개념이면서도 고정불변의 무언가가 아니라 지속되면서도 끊임없이 변화하는 에너지를 지닌 것이다. 따라서 이를 한 가지로 정의하기는 어려우며 학자들이 각자 내린 수많은 정의를 나열하는 것 또한 문화 교육에 큰 의미가 없다. 그것보다는 문화와 언어 교육의 불가분성을 학습자로 하여금 이해하게 하고 다양한 문화의 속성과 한국어 교육에서 문화 교육의 필요성을 인지하게 하는 한편, 교실 현장에서 즉시 적용이 가능한 실제적인 교육 내용을 갖추는 것이 중요하다.

실제적인 문화 교육을 하기 위해서는 교육 현장에서 문화를 바라보는 다양한 관점을 강조할 필요가 있다. 문화는 살아 있는 인간의 경험을 대상으로 한 것이기 때문에 문화 차이를 결정짓는 요소는 인간을 결정짓는 요소만큼이나 중층적이므로, 문화 교육을 위해서는 이러한 중층적인 문화를 바라보는 관점이 필요하기 때문이다. 물론 이러한 기준이 절대적이라고는 할 수 없겠으나 문화를 바라보는 다양한 관점을 통한 교육이 문화 교육에 도움이 될 수 있다.

문화의 다양한 차원에 관한 연구를 한 Hofstede(1995: 47-248)는 여러 나라의 문화와 가치관에 대해 연구한 바 있다. 그가 IBM 사원을 대상으로 한 이 연구는 국가 수준에서의 문화 차이에 대해 다룬다. 그는 국가 문화 간의 차이를 권력거리의 크기(평등 문화와 불평등 문화), 개인주의 대 집합주의(개인주의 문화와 집합주의 문화), 남성성 대 여성성(남성적 문화와 여성적 문화), 불확실성 회피 경향(불확실성 회피 문화와 불확실성 수용 문화), 유교적 역동성(장기 지향 문화와 단기 지향 문화)으로 설명한다.

Kluckhohn & Strodtbeck(1961: 11-20)은 모든 인간 사회는 반드시 다섯 가지의 제한적인 보편적 문제에 답을 한다고 보고, 이 다섯 가지 문제를 묘사하는 데 '가치 지향성'이라는 용어를 사용한다. 여기서 가치 지향성은 문화의 일원들에게 무엇이 중요한 것인지 알려 주고 삶을 살아 갈 방향을 안내해 주는 것으로, 인간성, 인간과 자연의 관계, 시간 개념, 활동의 성격, 인간관계 유형이 포함된다.

한편, Hall(1976)은 의사소통에서 맥락(context)의 중요성을 강조하며 문화를 크게 고맥락 문화(high-context culture: 맥락화된 정도가 높은 문화)와 저맥락 문화(low-context culture: 맥락화된 정도가 낮은 문화)로 나누어 설명했다. 여기서 맥락은 의사소통이 이루어지는 사회적·물리적 상호작용 상황을 뜻한다. 맥락도가 높은 커뮤니케이션 또는 메시지에서는 대부분의 정보가 신체적인 맥락에 있거나 개인에 내재되어 있는 반면, 메시지가 코드화되고 외재적이고 전달된 부분에는 정보가 극히 적다. 맥락도가 낮은 커뮤니케이션은 그와는 정반대로 정보의 태반이 명백한(외재화된) 코드에 실려 있다(Hall, 1976: 132-133). 이를 다시 설명하면, 고맥락 문화권에서는 정보나 상황이 사람들에게 이미 내재되어 있어서 실제 메시지는 아주 적은 정보만을 가지고 있고, 간접적이고 함축적인 커뮤니케이션 유형을 갖는다. 반대로 저맥락 문화권에서는 메시지에 대부분의 정보가 자세히 담겨져 있어서 매우 직접적이고 명확한 의사소통을 수행한다.

2) 문화를 바라보는 시각

문화를 바라보는 데에는 다양한 시각이 존재한다. 이에는 자민족 중심주의와 문화 상대주의, 다문화주의와 상호 문화주의를 대표적으로 살펴볼 수 있다.

Sumner(1911: 13)에 의하면 자민족 중심주의란 자신이 속한 그룹을 모든 것의 중심으로 해서 사물을 바라보는 관점이다. 이에 따라 다른 모든 것들은 그것을 기준으로 하여 조정되고 등급화된다. 타인이 가진 매우 다른 특성을 접한 개인의 심리적 기제의 관점에서 볼 때, 가장 경제적인 반응은 그 특성의 존재 자체를 부정해 버리는 것이다. 그는 갑자기 나타난 낯선 대상에 큰 의미를 부여하거나 그에 대해 깊이 생각해 보려 하지 않는데, 이는 자기 중심주의로 나아가는 첫걸음이다. 특성을 무시하는 이런 태도가 외국인에게 적용되면 자민족 중심주의로 변하게 된다(Jennifer & Geneviève, 2013: 36-37).

반면 문화 상대주의는 자민족 중심주의와 달리 '문화는 다양하며 인간의 인식과 가치관은 문화에 따라 다르다'라는 명제를 기본으로 한다. 이는 미국의 두 인류학자 Benedict와 Herskovits에 의해 대표적으로 주창된 이래 다른 문화를 이해하고자 하는 인류학자들의 기본적 인식이 되어 왔다. 문화는 다양한 형태로 존재하며 개별문화는 자율성과 독자적인 가치 체계를 갖는다는 것, 그리고 인간의 사고방식과 행동은 그가 속하는 문화의 가치 판단에 따라 규정된다는 것, 따라서 개인의 인식과 행위는 각 문화의 맥락에서 이해되고 평가되어야 한다는 것이 상대주의적 문화 이해의 입장이다(유명기, 1993: 31). 문화 상대주의적 입장에서 각 문화적 요소는 그것이 속하는 문화적 맥락과 관련시켜 살펴보아야 비로소 제대로 파악할 수 있으며 본질적으로 중심에서 벗어나기를 통해 문화의 민족 중심주의적 관점을 약화시키고자 한다(Abdallah-Pretceille, 2010: 39-40). 그러나 좋은 의도에서 출발한 '문화 존중' 정신은 종종 각 문화를 신성시하는 것으로 나타났고 문화에 대한 비판을 가로막았다. 이러한 문화 상대주의는 각 문화를 절대시함으로써 다문화 사회로 이끌었지만 상호 문화적 사회로는 이끌지 못했다(Verbunt, 2012: 21).

다문화(multiculture) 또는 다문화주의(multiculturalism)라는 개념은 오늘날 매우 다양한 의미로 사용되고 있다. 다문화주의 자체가 단순한 사회 현상이 아니라 본질적으로 지극히 정치적인 의미를 지니기 때문이다. 이는 미국에서 기존의 동화주의가 실패하자 다문화주의라는 개념을 그 대안으로 제시한 배경과 관련이 있다. 이와 관련하여 Abdallah-Pretceille(2010: 37-40)는 다문화주의의 특징을 ① 소속 집단에 우선권 부여 ② 차이만큼 많은 별도의 공동체 공간 조성 ③ 각자의 권리를 보장하는 법률 제정 ④ 문화 상대주의를 최대한 인정 ⑤ 공공 영역에서 차이를 인정하고 표출로 정리하였다. 국내 연구에서 윤여탁(2014: 92)은 이러한 다문화의 개념을 단일 문화와 상대되는 것으로 다인종, 다민족이라는 사회 구성원의 다양성에 따른 문화의 차이를 인정하고 존중하고자 하는 사회적 인식이라고 말한 바가 있다.

이러한 다문화주의는 개념에는 구조적인 문제점이 내재되어 있다는 지적이 제기된다. 집단 간의 문화적 차이를 정치적으로 인정하는 데에는 성공했지만 이러한 다문화주의가 다양한 단일 문화들의 병존만을 의미한다는 비판이다. 또한 다문화주의가 이론적 근거로 내세우는 문화 상대주의도 상당한 문제를 안고 있다. 문화 사이의 우열을 거부하는 입장은 그럴듯해 보이지만 실상은 모든 것이 가능하다는 극단적 상대주의로 전락할 수 있다(최성한, 2009: 19-20).

상호 문화주의(interculturalism)는 일반적으로 한 사회 속에 존재하는 문화 집단들 간의 교류에 관한 철학이다. 문화적 다양성을 이해시키는 데 효과적인 수단으로 여겨지는 이 주의는 수용사회가 새로 들어온 이민자들을 통합하는 데 적극 참여하고, 문화적 차이를 서로 알고 이해하는 것을 전제로 한다. 좀 더 정확히 말하자면 상호 문화주의는 개인적인 차이를 유지하면서도 국가나 지역의 지배적인 문화를 공통분모로 권장하는 노력이라 할 수 있다. 사회구성원들 간의 끊임없는 상호작용이라는 이 전제조건은 다문화주의 이념 속에는 명시적으로 나타나지 않는 조건이다(장한업, 2014: 118-119). 결국 상호 문화주의는 나와 타인의 문화적 차이를 알고 이해하는 것이며 집단 간 교류에 대한 일종의 철학이라 할 수 있는데 이러한 상호 문화주의 역시 단점은 존재한다. 특히 문화 갈등의 조정이 문화 제국주의에 대한 정당화로 기여할 수 있으며 문화 갈등이 항상 합의에 이르는 것이 아니라는 점은 상호 문화주의가 해결해야 할 과제라 할 수 있다(윤대석, 2012).

3) 문화 교육의 역사

문화 교육의 역사는 19세기로 거슬러 올라간다. 문화는 19세기에 근대 사회와 근대 학문의 발달에 따라 정립된 개념으로 근원적으로는 제국주의적이고 지배 이데올로기적인 특성을 지닌 담론(談論)이었다(윤여탁, 2016: 163). 이 시기의 문화 연구는 근대 제국주의 국가의 문화를 문명(civilization)으로, 식민지 국가의 문화를 미개 문화로 나누는 이분법의 양상을 보였다. 문명을 통한 미개의 계몽이 제국주의·식민주의 담론의 특징이다.

그 후 근대 사회가 복잡해지면서 다양한 문화가 생겨나게 된다. Anold는 이 중 근대적인 대중문화와 노동 계급의 문화에 주목하였다. 그는 이들의 문화를 사회 병폐와 같은 것으로 보았다. 즉 대중문화나 민중 문화를 저급한 문화로 취급하며 지식인들의 비판과 교육을 통해 이를 교정해야 한다고 주장한다. 한편 20세기 영국의 문화 연구자들은 아놀드처럼 고급문화만을 문화로 규정하는 것은 인문적 관점의 엘리트주의라고 비판하면서, 다양하게 변화하는 현대 사회의 산물인 대중문화, 민중 문화를 문화론의 대상으로 올려놓았다.

이렇게 확대된 문화 개념은 문화 연구(cultural studies)라는 학문적 계보로 성장하게 된다. 이들은 전통적인 관점에서 문학이나 예술과 같은 고급문화보다는 민중 문화(popular culture)와 일상생활의 문제로 문화의 영역을 확장하기에 이른다. 이에 따라 Williams, Hoggart, Hall로 이어지는 영국 버밍엄 대학 '현대문화연구소'의 연구원들은 문화 개념을 확장하여 대중문화를 학술적이고 지적인 차원의 연구 주제로 삼아 주변적이고 저속한 것으로 취급되었던 것들에서 일상생활이 어떻게 구성되며, 문화가 어떻게 그 주제를 형성하는가를 심도 있게 연구하였다. 이와 같은 맥락에서 Willis(1979: 184)는 '가장 자연스럽고 일상적인 것이 문화적인 것이며, 우리가 당연하게 받아들이는 역할이 사실은 인위적이고 학습된 것'이라고 설명하고 있다. 즉, 그간 문화 교육은 문화를 이분법으로 나누던 시대에서 고급문화와 저급문화를 구분하던 시기를 지나 현재 저급문화에 속하는 대중문화, 민중 문화의 내용과 가치, 교육적 의의를 인정하는 쪽으로 변화해 왔다. 아울러 과거를 대표하는 전통문화뿐만 아니라 지금, 여기를 대표하는 현실 문화에도 관심을 가지게 되며, 수용자의 관점에서는 후자의 중요성을 강조하게 되었다(윤여탁, 2016: 404-405).

외국어 교육에서 문화를 다루는 이유는 일반적으로 외국어 교육이 의사소통 능력의 함양을 지향하지만, 궁극적으로는 타자에 대한 이해를 목표로 하기 때문이다. 학습자가 목표 언어의 문법과 어휘에 통달한다고 하더라도 그 나라의 문화에 대해서 알지 못하면 제대로 된 의사소통은 이루어지기 힘들다. 언어와 문화의 밀접한 상호 관련성에 대해 Rivers(1981: 262)는 "언어는 문화에 깊숙이 박혀 있어 완전히 분리될 수 없다"라고 말한 바가 있다. Stern(1992: 205) 역시 문화를 제외하고 언어를 가르치는 것은 불가능하며 문화는 언어 사용을 위해 반드시 필요한 맥락이라고 주장하였다.

이러한 논의를 정리하면 문화를 배우는 것이 바로 그 나라의 언어를 배우는 것이며 문화 교육이 제대로 이루어질 때 진정한 의사소통이 이루어진다고 볼 수 있다.

이렇듯 외국어 교육에서 문화 교육이 강조됨에 따라 한국어 교육에서도 문화는 중요하게 다루어지게 된다. 한국어 교육에서 문화 교육에 대한 연구가 학계에 등장하기 시작한 것은 1980년대부터인 것으로 보인다. 이상억(1987), 박영순(1989) 등의 연구에서 그 내용을 확인할 수 있다. 그러나 당시 한국어 교육 분야의 다른 연구가 활발하게 이루어졌던 것에 반해 한국 문화 교육과 관련한 연구들은 상대적으로 미진한 측면을 보인다. 논문의 숫자도 부족했으며 그 내용 또한 본격적인 문화 교육에 대한 것보다는 언어 교육에 도움이 될 수 있는 문화적 요소를 찾는 데에 그쳤다. 그 후 1990년대에 들어서면서 한국 문화 교육에 대한 본격적인 연구가 등장한다. 문화 교육의 내용과 방법 등에 관한 연구들이 발표되기 시작한 것도 이 시기이다. 그 후 2000년 이후로 문화 교육에 관한 다양한 내용과 방법뿐만 아니라 교수법, 다문화 교육, 상호 문화 교육 등 문화 교육 전반에 관한 보다 세밀한 연구가 진행되었으며 지금까지도 다양한 측면에서의 연구가 활발히 수행되어 오고 있다.

2. 한국 문화 교육의 목표

언어 교육에서 목표를 상정하는 것은 내용과 방법을 결정하는 것만큼 중요하다. 도달하고자 하는 목표가 분명하지 않으면 교육 내용과 방법 역시 명확하고도 구체적일 수 없기 때문이다.

일찍이 Seelye(1988)는 외국어 교육에서의 문화 교육의 목표로 7가지를 설정하였고 Tomalin & Stempleski(1993: 7-8)는 Seelye가 제시한 문화 교육의 목표를 수정하여 다음과 같이 정리한 바가 있다.

① 모든 사람들은 문화적으로 결정된 행동을 드러낸다는 사실을 학생들이 이해하도록 한다.

② 나이, 성, 사회적 지위, 거주지와 같은 사회적 변이가 사람들이 말하고 행동하는 방식에 영향을 준다는 것을 학생들이 이해하도록 한다.

③ 학생들이 목표 문화의 일반적인 상황에서 나타나는 관습적인 행동에 대해 인식을 갖도록 한다.

④ 학생들이 목표 언어 속의 문화적 함의가 있는 단어나 구에 대한 인식을 키우도록 한다.

⑤ 학생들이 목표 문화에 대해 내려지는 일반화를 평가하거나 수정할 수 있는 능력을 향상시키도록 한다.

⑥ 학생들이 목표 문화에 대한 정보를 정리하거나 구성하는 데 필요한 기술을 향상시키도록 한다.

⑦ 목표 문화에 대한 학생들의 지적 호기심을 자극시키고 사람들을 향한 감정 이입을 북돋운다.

이러한 내용들을 종합해 봤을 때 한국어 문화 교육의 목표는 단순히 문화 지식을 전달하는 것에 그치는 것이 아니라 학습자로 하여금 그것을 직접 경험하게 하고 문화의 상대성과 보편성을 모두 아우르는 교육을 지향하고 있음을 알 수 있다. 이러한 관점은 지금까지 문화 교육에서 강조되어 온 여러 문화 관련 능력들로 수렴된다. 본서에서는 이러한 문화 관련 능력을 크게 '문화 능력', '문화적 문식성', '상호 문화 능력'으로 정리하였다.

1) 문화 능력의 신장

문화 능력(cultural competence)의 개념은 학자들마다 다양하게 쓰이고 있기 때문에 이를 한 가지 개념으로 요약하기는 어려우나 현재 연구자들의 논의를 종합해 보면 좁게는 의사소통 능력의 하위에 위치한 개념으로, 넓게는 의사소통을 포함한 문화 전반의 능력을 모두 아우르는 범주로 쓰고 있다.

전자의 연구 중 하나로, 한상미(2008: 86)는 제2 언어 교육에서 의미하는 문화 능력은 의사소통 능력을 구성하는 주요한 요소들 중 특히 적절한 언어 사용에 관련된 사회 문화적 능력과 직결되며, 이를 포함하는 개념이라고 보았다. 즉 문화적 능력은 포괄적으로는 의미의 적절성과 형태의 적절성을 포함하는 '언어 사용'에 관한 규칙을 뜻하며, 구체적으로는 공손성, 격식성, 은유, 언어 사용역, 그리고 문화와 관련된 언어 양상을 포함하는 개념이다. 이러한 관점은 Canale & Swain(1980), Canale(1983), 그리고 Bachman(1990)의 이론에 기댄 것으로, Canale & Swain은 의사소통 능력의 하위 범주로 문법적 능력, 사회 문화적 능력, 담화 능력, 그리고 전략적 능력이 필요하다고 말한 바가 있다.

반면 문화 능력을 넓게 바라보는 시각도 존재한다. 권오현(2003: 13-14)은 문화 능력을 '지식'이 아닌 '능력'의 관점에서 접근하는 것이 바람직하다고 말하며 외국어 교육에서 문화 능력이란 낯선 문화와의 만남에서 의사소통 상황에 맞게 행동하는 것이 가능한 상태라고 말한다. 여기에서의 문화는 확대된 문화 개념과 의사소통으로서의 문화 개념이 융합된 형태로, 문화 능력은 '언어를 통해 문화를 이해하는 안목이 아니라 문화 속에 스며든 언어를 구사하는 자질'이다.

오지혜(2013: 76-78) 역시 넓은 개념에서의 문화 능력을 언급한다. 특히 문화 능력을 구성하는 하위 구성 요소에 대해 자세히 다루며 문화 간 의사소통적 관점에서 문화 능력을 인지적 능력(cognitive competence), 정의적 능력(affective competence), 행위적 능력(behaviour competence)으로 구분한 Klopf(2001)의 논의, 문화 능력을 문화 이해력, 문화 학습력, 문화 적응력, 문화 적용력으로 구분한 Lussie(1997) 등의 관점을 예로 들어 문화 능력을 '지식 획득으로부터 태도 및 가치관 형성을 통해 문화적 활동의 적용으로 나아갈 수 있는 힘'으로 재개념화하여 설명하였다.

이처럼 학자마다 문화 능력에 대한 정의와 범주는 다르지만 논의들을 종합하여 추출해 낼 수 있는 공통적인 내용은, 결국 문화 능력은 언어 능력과 밀접한 관련성을 지니며 언어 능력의 향상에는 반드시 문화 능력의 향상이 뒤따른다는 사실이다.

2) 문화적 문식성의 함양

문식성(literacy)은 본래 '문자를 읽고 쓰는 능력'을 가리켰다. 그러나 현대 사회의 문식 환경이 복잡해지면서 이러한 문식성의 개념도 큰 변화를 맞게 된다. 본래 쓰고 읽는 능력만을 뜻하던 문식성이 언어 이외의 것으로 확대되고, 개인적 차원에서 논의하던 방식에서 사회적 차원으로 확장되면서 '문맥'과 '문화'가 중요하다는 인식을 기반으로 하게 되었다. 이와 같은 문식성 개념의 외연 확대는 20세기 후반부터 언어적 의사소통에서 사회 문화적 맥락과 새로운 매체의 발달에 따른 문화적 현상과 소통의 맥락이 중요하게 작용하게 되면서 시작되었다. 즉 담화와 그 활동에 대한 비판적·사회 문화적 관점에서 상황 의존적이며 실제적인 학습과 문화적 체험을 강조하는 '상황 의존적 사회적 활동 모형'(situated social practice model)이 주목을 받게 된다(Durant & Green, 2001). 이 모형은 문식성과 정보 기술 학습의 세 측면을 수행적 측면, 문화적 측면, 비판적 측면으로 구분하여 제시하고 있다.

문화적 문식성(cultural literacy)의 개념을 처음 언급한 학자는 Hirsch Jr.(1988: 1-18)로, 그는 『문화적 문식성: 모든 미국인들이 알고 있어야 할 것』이라는 그의 저서에서 '문화적 문식성'이라는 용어를 처음 사용한다. 이 책에서 Hirsch Jr.는 "우리 모두는 경제적 번영뿐만 아니라 사회 정의(social justice)와 효과적인 민주주의를 성취하기 위한 높은 단계의 문식성에 도달하는 것을 목표로 해야 한다"고 주장하고, 문화적 문식성은 일종의 세계 지식 또는 배경 정보 등을 가리키는 읽고 쓰기와 같은 기본적이고 기술적 능력을 넘어서서 한 사회가 공유하고 있는 사회 문화적 정보와 지식, 맥락 등을 습득하는 것이라고 명명하였다. 즉 문화적 문식성을 특정 공동체 안에서 그 문화를 이해하고, 소통하고, 생산하는 능력으로 정리하였다. 이러한 문화적 문식성 개념은 공동체의 구성원이 원활히 소통하기 위해 요구되는 것으로, 이는 ① 개인의 전통에 대한 인식, ② 문화적 유산(cultural heritage)과 그 가치에 대한 인식, ③ 어떤 문화의 장단점을 이해할 수 있는 능력(A. C. Purves 외, 1994) 등으로 설명된다.

한국에서 문화적 문식성에 대한 논의는 수직적 맥락에서 전통으로 작용하는 문화뿐만 아니라 수평적 맥락에서 일상생활의 소통에 작용하는 문화, 즉 전통문화와 현실 문화를 동시에 고려해야 한다는 문제 제기로부터 시작되었다. 이에 박인기(2002: 17-18)는 문화적 문식성을 전통이라는 수직적 범주의 문화와 일상의 현재적인 소통이라는 수평적 범주의 문화가 교섭하는 것으로 보았으며, 고정형이라기보다는 유동적 진행성을 특징으로 하는 역동적인 것이라고 규정한 바가 있다. 가장 최근의 연구를 보면, 김혜진(2017: 37)은 문화적 문식성을 '자문화는 물론 목표 문화와 관련된 공유된 지식의 이해와 가치 체계의 해석을 기반으로 문화를 생산할 수 있는 능력'이라 정의한 것을 볼 수 있다.

이러한 문화적 문식성은 문화의 개념이나 범주가 다양하고 광범위하다는 근본적인 특성 때문에 본질과 범주에 대한 회의가 제기되기도 한다.

3) 상호 문화 능력의 향상

상호 문화 능력(intercultural competence)은 최근 외국어 문화 교육에서 가장 활발하게 다루어지고 있는 개념으로, '상호 문화'라는 용어는 서로 다른 문화가 만날 때 나타나는 상호작용과 그로 인해 형성된 일련의 변화를 모두 가리킨다. 여기서 '상호'라는 접두사는 Abdallah-Pretceille(2010: 65, 75)에 의하면 집단, 개인, 정체성 간의 상호작용을 관련짓고 고려한다는 것을 의미하며 타인을 보는 방법과 자신을 보는 방법이 모두 관련되어 있다. 「언어, 학습, 교수, 평가를 위한 유럽공통참조기준」[1]에 따르면 상호 문화 능력은 다음의 것들을 포함한다.

1 「언어 학습, 교수, 평가를 위한 유럽공통참조기준」은 유럽 내의 서로 다른 언어, 문화적 다양성에 대한 대응으로 다중 언어 사용을 지원하려는 목적으로 '유럽평의회'에서 만든 것으로, 여섯 단계의 언어 능력 수준에 대해 상세한 기술을 포함하고 있으며 오늘날 언어 능력에 대해 국제적으로 인정받는 척도가 되고 있다.

① 자신의 문화와 외국의 문화를 서로 비교할 수 있는 능력
② 문화적 감수성, 그리고 타문화 출신의 사람과 만날 때 사용할 수 있는 여러 전략을 알고 실제로 사용할 수 있는 능력
③ 자신의 문화와 타문화의 중재자 역할을 수행할 수 있는 역량과, 상호 문화 간의 오해나 대립에 대하여 효과적으로 해결할 수 있는 능력
④ 선입견을 극복할 수 있는 능력

이를 종합해 보면 상호 문화 능력은 다른 언어를 말하고 다른 문화적 배경을 가진 사람들과 관계를 맺고 문화 간 상황에서 적절하게 생각하고 행동할 수 있는 능력을 의미한다고 볼 수 있다.

이러한 상호 문화 능력을 외국어 교육에서 발전시킨 대표적인 학자로 바이럼(Byram: 1997)이 있다. 바이럼은 상호 문화 능력에 의사소통을 추가하여 상호 문화 의사소통 능력이라는 개념을 발전시켰다. 상호 문화 의사소통 능력을 가진 사람은 다른 문화나 국가에서 온 사람과 외국어로 상호작용을 할 수 있는 능력을 가진 사람이라 말하며, 상호 문화 의사소통 능력의 요소를 태도(attitude), 지식(knowledge), 기술(skill)로 구분하여 다음과 같이 설명한 바 있다.

[표 15-1] 상호 문화 의사소통 능력의 요소(Byram, 1997: 34)

	기술(Skill) 해석하고 연관 짓기 (savoir comprendre)	
지식(Knowledge) 자신과 타인에 대한 지식 상호작용에 대한 지식 개인과 사회 체계에 대한 지식 (savoirs)	**교육(Education)** 정치적 교육 비판적 문화 인식 (savoirs' engager)	**태도(Attitudes)** 자신이 타인에 대해 갖는 가치의 상대화 (savoir être)
	기술(Skill) 발견 및 또는 상호작용 (savoir apprendre/faire)	

여기서 태도에는 호기심과 개방성이 요구되며 다른 문화의 의미, 신념과 행동을 존중하는 것과 함께 불신과 판단을 중단하는 것이 필요하다. 또한 자신의 문화를 맹신하는 태도를 경계해야 한다. 지식은 사회 집단들에 대한 지식, 이 집단들이 자국과 타국에서 만들어 내고 실행하는 것에 대한 지식, 개인적·사회적 상호작용의 일반적인 과정에 대한 지식을 뜻한다. 기술은 해석하고 연관 짓는 기술, 발견과 반응의 기술로 구분된다.

그동안 한국어 교육에서 문화 교육은 문화의 산물이나 실체보다는 관계에 주목하는 관점으로의 전환을 모색하고 있으며, 통일이나 융합보다는 서로의 차이를 존중하고 이해하는, 그리고 나아가서는 적극적으로 실천하는 행위로서의 문화를 지향해 왔다. 이러한 측면에서 한국어 교육은 이미 상호 문화 교육의 관점에서 언어문화 교육을 실천하고 있다. 즉 한국어 교육에서 문화 교육은 학습자들이 문화적 차이에 대한 이해를 넘어 상황을 분석하고 변이시켜 문화를 경험하게 하는 것을 목적으로 한다는 점에서 상호 문화 교육의 관점과 닿아 있다.

3. 한국 문화 교육의 내용

1) 문화 교육 내용의 범주

'문화 교육에서 무엇을 가르쳐야 하는가'에 대한 대답은 쉽지 않다. 문화의 정의가 넓고 광범위한 만큼 외국어 교육에서 문화 교육의 내용에 대해 하나의 기준을 정하기가 어렵고, 문화를 삶 그 자체로 보게 되면 결국 문화 교육에서 가르칠 내용은 '모든 것'이 되어 버리기 때문이다.

이에 따라 한국어 교육에서는 그간 문화 교육에서 무슨 내용을 가르쳐야 할 것인가에 대한 연구를 지속적으로 해 왔다. 초기의 연구에서는 한국의 고유한 문화를 소개할 수 있는 적절한 문화 항목을 선정하는 것이 주요한 관심사였으므로 전통 문화에 대한 것이 주요 내용이 되었다. 예를 들어 국립국어원에서는 한국인의 전통적인 삶과 관련된 문화 어휘를 선정하여 그 목록을 만들기도 했다. 또한 당시의 연구에서는 한국어 능력을 향상시키기 위한 방법 중의 하나로 문화 교육을 하였기에 속담, 관용 표현 등을 단순 나열하여 제시하기도 했다.

이후 문화 교육에 대한 연구가 본격적으로 이루어지면서 방대한 문화 교육 내용을 체계화하려는 작업이 이루어졌는데, 그런 연구 중 하나인 '국제 통용 한국어 교육 표준 모형 연구'[2]를 보면 1단계에서 3단계에 이르는 연구 기간 동안 다음과 같이 문화 교육 내용의 범주를 설정한 것을 볼 수가 있다.

먼저 1단계 연구 내용에서는 문화 교육을 위한 문화의 하위분류를 문화 지식, 문화 행동, 문화 관점으로 분류하고 각 기준에 해당하는 교육 내용을 숙달도 등급에 따라 분류하였다. 2단계 연구 내용에서는 1단계에서의 분류 기준이었던 문화 지식, 문화 실행, 문화 관점을 다시 정보 문화, 행동 문화, 성취 문화로 구분하여 1등급부터 7등급까지의 문화 교육 내용을 제시하였다. 3단계 연구에서는 '문화'를 난이도에 따라 1등급부터 7등급까지 순차적으로 등급화하는 것이 가능한지, 그리고 그것이 이론적으로는 가능하더라도 교육 현장에서도 그대로 적용 가능한 것인가에 대한 문제점을 제기하였다. 이에 따라 3단계 연구에서는 문화 지식, 문화 실행, 문화 관점의 모듈을 다시 채택하고 한국어 숙달도가 낮은 순으로부터 '초급, 중급, 고급'으로 표시하였다. 표시 등급은 그 등급에서만 학습이 가능함을 뜻하는 것이 아니라 그 등급에서부터 학습이 가능함을 뜻한다. 이 내용을 표로 정리한 것을 보면 다음과 같다.

2 '국제 통용 한국어 교육 표준 모형'은 한국어 교육에서 국가차원의 표준화된 교육과정이 필요하다고 보고 2011년 5월부터 2011년 12월까지, 약 7개월 간 진행된 연구 결과물이다. 이 안에는 표준 교육과정 개발에 관한 내용이 들어 있으며 7가지 영역 중에서 마지막 7영역은 문화에 대한 내용들로 채워져 있다. '국제 통용 한국어 교육 표준 모형'은 2016년에 활용 점검 및 보완 연구가 이루어졌고 2017년에 마지막으로 내용이 수정되었다.

[표 15-2] 국제 통용 한국어 교육 표준 모형: 한국어 교육 표준 모형의 문화 범주(김중섭 외: 199)

분류	특징
문화 지식	• 한국 문화에 대해 선언적 지식을 교수·학습 내용으로 삼는다. • 주로 한국어 교사가 주도하는 교실 수업을 통해 전달된다. • 교재의 문화란, 읽기듣기 텍스트에 교육 내용으로 포함된다.
문화 실행	• 한국 문화에 대해 절차적 지식의 실행을 교수·학습 내용으로 삼는다. • 한국어 교사나 문화 전문가(강사)가 주도하는 교실 밖 수업을 통해 전달된다. • 체험, 행사, 견학 등의 내용으로 포함된다.
문화 관점	• 한국 문화와 자국, 세계 문화를 상호 문화적 관점에서 교수·학습한다. • 주로 한국어 교사가 주도하는 교실 수업을 통해 전달된다. • 문화 비교에 대한 말하기나, 쓰기 등과 같은 기능 수업의 내용으로 포함된다.

이 외에도 '한국어교원 자격제도'[3]에서는 문화 교육에 해당하는 4영역에서 영역별 교과목의 기준 및 예시 과목을 다음과 같이 제시하였다. 여기에서는 한국 문화 영역에서 심사되어야 할 기준으로 역사·민속·철학·정치·경제·사회·지리·예술 등의 내용을 제시한 것을 볼 수 있다.

3 '한국어교원 자격제도'는 한국어를 모어로 사용하지 않는 외국인과 재외 동포를 대상으로 한국어를 가르치는 자(者)에게 대한민국 정부가 자격을 부여하는 제도를 말한다.

[표 15-3] 한국어교원 자격제도: 영역별 과목의 적합 여부에 대한 기준 및 예시 과목(국립국어원: 35)[4]

영역	세부 심사 기준	과목 예시
4. 한국문화	한국어 교육에 필요한 한국의 역사·민속·철학·정치·경제·사회·지리·예술 등의 내용으로 주로 이루어지는 것	한국민속학, 한국의 현대문화, 한국의 전통문화, 한국 문학개론, 전통문화현장실습, 한국현대문화비평, 현대한국사회, 한국 문학의 이해 등

4 국립국어원 홈페이지(http://www.korean.go.kr/) 자료실에서 '한국어교원 자격제도 길잡이'를 검색하면 이에 대한 더 많은 내용을 확인할 수 있다.

이러한 분류들은 문화 교육의 내용을 체계화하려 했다는 점에서 의의가 있다. 그러나 교육에서 필요한 문화 범주를 너무 넓게 설정하고 있고 그 내용도 단편적인 문화 항목만을 나열하고 있다는 단점도 존재한다. 또한 그것이 구체적인 텍스트나 교수·학습 내용으로 실현될 수 있는 여지를 찾아보기가 힘들다는 점에서 개선의 여지가 있다.

2) 문화 교육 내용의 구성

일반적으로 한국어 교육에서 문화 교육 내용의 구성은 크게 두 가지로 살펴볼 수 있다. 첫째는 유형별 분류에 따른 구성이다. 유형별 분류는 문화를 산물, 행위, 관점, 이 세 가지로 나누어 구분한 것인데, 이러한 분류는 문화 교육 연구와 현장에서 현재까지 보편적으로 사용되고 있는 분류이다. 둘째는 수준별 분류이다. 이는 언어의 능숙도에 따라 문화 교육의 내용을 달리 하는 것이다. 다만 이 경우 특정한 문화 요소의 중요도와 우선순위를 결정하는 것이 간단하지 않은 문제이기에 문화 항목의 내용이 언어처럼 위계화가 될 수 있느냐에 대해서는 다소 논란이 뒤따를 수 있다. 그러나 제2 언어로서의 한국어를 배우는 학습자에게 문화는 초급부터 당장 실전으로 겪게 되는 상황이라는 점, 또한 많은 학습자들이 한국의 문화에 대한 높은 관심과 함께 한국어 학습을 시작한다는 점에서 실제 현장에서는 수준별에 따른 분류를 고려할 필요가 있다.

(1) 문화의 유형별 분류

일찍이 Brooks(1968)는 공식적인 문화를 대문화(Big C)로, 생활 방식에 나타나는 문화를 소문화(little c)로 나누어 제시한 바가 있다. 그에 따르면 역사, 지리, 제도, 문학, 예술과 음악 등은 대문화에 속하고 일상생활에서 나타나는 행동 양식, 태도, 신념, 가치 체계 등 집단이 공유하는 인간 생활의 모든 면을 포함하는 개념은 소문화에 속한다. 그 후 Robinson(1985)은 교사들을 대상으로 문화의 의미에 대한 설문 조사를 하였는데, 그 대답을 토대로 문화를 산물(product), 행동(behaviors), 관념(ideas)이라는 세 가지 요소로 범주화하였다.

[그림 15-1] 문화의 요소(Tomalin & Stempleski(1993: 7))

Tomalin & Stempleski(1993: 7)는 이러한 로빈슨의 분류를 언급하며 역사, 지리, 제도, 문학, 예술을 대문화(Big C)로, 언어 및 문화 행동을 통해 형성되는 신념, 인지체계를 소문화(littlec)로 구분하여 전자를 성취 문화(achievement culture), 후자를 행동 문화(behavior culture)로 보는 이분법을 제시하였다. 그리고 성취 문화는 주요 교과에서 다루는 데 반해 행동 문화는 주변적·지엽적 내용으로 보아 소홀했음을 지적하고 언어 교육에서는 후자를 중시해야 한다고 주장한 바가 있다. 이에 따라 그는 외국어 교육에서 가르쳐야 하는 문화를 산물, 행동, 관점의 세 가지 요소로 제시한다.

한편, Moran(2005: 31-43)은 이와 같은 문화의 세 요소는 문화의 구성원들인 공동체나 개인 등과 분리되지 않는다고 밝히며, 여기에 공동체와 개인을 추가한 다섯 요소가 상호작용하는 것으로 설명하고 있다. 이들 각 요소의 개념을 보면 다음과 같다.

산물 동식물과 같이 환경 안에 있는 것을 포함하며 문화의 구성원에 의해서 생산되고 채택되는 모든 인공 산물이다.

실행 문화 구성원이 개인적으로 혹은 상호적으로 수행하는 활동과 상호작용의 전체범위를 말한다.

관점 문화를 실행하는 개인과 공동체의 지침이 되는 것으로 문화 산물의 기저에 깔려 있는 인식, 신념, 가치, 태도를 나타낸다. 관점은 명확한 경우도 있지만 대개 함축적이고 명확하지 못하다.

공동체 문화를 실행하는 사람들이 속한 집단과 환경, 특정한 사회 상황을 포함한다.

개인 문화나 공동체를 독특한 방식으로 만들어 가는 구성원을 말한다. 개인은 공동체와 경험이 섞이는 혼합체이며 다른 문화 구성원과 분리되고 동시에 연결되는 문화적 주체성을 가지고 있다.

이러한 외국어 문화 교육의 관점을 한국어 교육에 도입하여 문화 교육의 내용을 체계화하는 시도도 있었다. 권오경(2009)의 유형별 문화 교육 내용을 살펴보면 다음과 같다.

[표 15-4] 유형별 문화 교육 내용(권오경, 2009: 62-68)

성취 문화	일상생활(의생활, 식생활, 주생활, 여가, 세시 풍속/통과의례, 생산, 신앙), 제도(교육/미디어, 행정 제도, 생활 경제 제도, 문화재, 교통 통신), 예술(언어/문학, 음악, 미술/공예, 무용, 종합), 산업 기술(건출, 산업기술), 자연 상징물(자연물, 일반 상징물)
행동 문화	언어(대화 방식, 관용 표현), 준언어(음조/음량/속도, 발화), 비언어(몸동작, 거리, 시간)
관념 문화	가치관, 민족성, 정서, 사상, 신앙

이상과 같은 논의들은 한국어 문화 교육의 내용을 발전적으로 보완·확충할 것을 지향하고 있다. 즉 한국어 문화 교육의 영역을 문화 요소를 중심으로 하는 지식 교육으로부터 한국어 활동 교육으로까지 확장하고 있을 뿐만 아니라, 내용 체계 면에서도 산물이나 행위 중심에서 가치 등의 영역으로 확장하고 있다. 또 한국인의 의식이나 가치관, 정서 등 정신적 활동과 관련된 문화 내용도 포함하여, 문화 정체성의 습득, 문화적 차이에 대한 이해, 경험 및 태도를 중시하는 문화 교육의 관점을 반영하고 있다. 구체적으로는 한국어의 관용적 표현이나 속담과 같은 관습화·화석화(fossilization)된 언어 표현뿐만 아니라 문학적·비유적 표현 등 광범위한 언어 표현을 포괄하고 있다. 이외에도 몸짓, 손짓, 눈짓 등과 같은 비언어적 표현을 통한 문화 교육으로도 그 영역을 확대할 필요가 있다.

그러나 이러한 논의에도 불구하고 한국의 예술 문화, 한국 문학, 한국 역사 등 한국 문화의 내용(항목)은 여전히 한국어 학습자가 알아야 할 지식으로 소개되거나 나열되고 있다. 최근에 한국에서 출간된 한국 문화 관련 교재들 역시 한국 문화에 대한 사진이나 개념, 지식을 소개하고 있는 읽기 교재의 범주를 벗어나지 못하고 있다.

이제 외국어로서 한국어 문화 교육은 이와 같은 현실을 지양하고 새로운 지향점을 찾아야 할 때다. 한국 문화를 명제적(사실적, 개념적) 지식으로 제시하기보다는 담화와 의사소통의 상황 맥락에 맞는 문화를 선정하여 구체적인 교수·학습을 제시하는 방법적 지식으로 재구성해야 한다(윤여탁, 2011: 237-254).

(2) 문화의 수준별 분류

수준별 분류는 학습자의 숙달도에 따라 문화 교육의 내용을 구성하는 것을 뜻한다.

이와 관련하여 강현화(2011)는 숙달도별 문화 교수요목 개발 방안을 제시하는 데에 목적을 두고 다음의 연구를 하였다. 먼저 논문과 교재를 통해 문화 항목을 유형별로 범주화한 후 이를 바탕으로 세종학당의 기관 대표, 교사, 학습자를 대상으로 요구조사를 실시하여 목록을 작성하였다. 수준별로 제시된 내용 중에서 가장 우선시되는 항목만 정리하면 다음과 같다.

[표 15-5] 수준별 교육 내용(강현화, 2011: 14-18)

초급	한국의 상징, 전화와 생활, 식사 예절, 한국의 인사 문화, 한국의 전통 예절, 초대 문화, 전화와 생활, 한국인의 이름, 존댓말과 반말, 한국어의 특징, 한국의 호칭, 생활과 쇼핑, 한국의 문화유산, 음주와 예절, 이메일과 생활, 한국의 위인, 경로사상, 한국의 경조사, 이름과 별명, 인사 표현, 한국의 호칭
중급	한국 음식, 여가생활, 취미생활, 한국의 주거문화, 지역 명소, 유명 시장, 통신 언어, 한국어의 관용 표현, 개인 정보, 소비와 생활, 전통 주거 생활, 한국의 대중음악, 한국 전통 음악, 한국의 산하, 한국어의 비유 표현, 한국어의 어휘
고급	지연과 학연, 한국의 기업, 생활정보, 주말, 전통놀이, 한국 전통 무예, 한국인의 민간 신앙, 서울의 명소, 한국어의 속담, 직장과 서열 문화, 한국의 전통 의상, 전통 생활도구, 여행, 한국의 주거 문화, 한국의 명소, 한국의 축제, 한국어의 고사성어, 한국어의 특징, 한국의 역사(근대)

한편 '국제 통용 한국어 교육 표준 모형: 201-210'에서는 문화의 세부 기술을 문화 지식, 문화 실행, 문화 관점으로 크게 나눈 후, 이에 해당하는 내용 기준을 '일상생활', '가치관', '역사' 등으로 나누어 제시하였다. 다만 모든 항목을 1등급부터 6등급까지 위계화한 것이 아니라 최소한의 한국어 숙달도 요구 수준을 '초급, 중급, 고급'[5]과 같이 제시하였으며,[6] 이때의 '초급, 중급, 고급'은 그 등급에서만 교육 가능한 것이 아니라 그 등급에서부터 교육이 가능한 것으로 보았다.

특히 문화 실행의 경우 목표어인 한국어가 아닌 외국어로 수업이 이루어지기 쉬운 측면이 있으며 최소한의 한국어 사용으로 가능하기 때문에 숙달도 요구 수준의 경우 모두 초급 단계 이상으로 지정하였다. 그러나 문학 작품 감상의 경우 한국어로 된 문학 작품 감상 및 영화·드라마 감상은 언어 숙달도와 매우 밀접한 관계를 가지기 때문에 중급 이상으로 설정하였다. 지식의 내용 중 경험하거나 실행 단계에 적용하기 어려운 내용들과 종교, 가치관 등이 포함된 역사·정치·경제 등의 지식 범주는 삭제하였다.[7]

이러한 연구를 종합해 보면 대체로 초급에서는 실제 생활에서 가장 먼저 부딪치게 되는

5 3단계에서 제시한 초급, 중급, 고급은 각각 '국제 통용 한국어 교육 표준 모형' 1-2급, 3-4급, 5-6급에 해당한다.

6 이러한 한국어 숙달도 등급과 관련하여서는 한국어 교재에 제시된 문화 기술의 분류를 실시한 2단계 보고서 분석 자료에 입각하여 숙달도 요구수준을 재분류하였다.

7 이하 세부 내용은 국립국어원 홈페이지에 있는 '국제 통용 한국어 교육 표준 모형' 내용을 참고할 것. http://www.korean.go.kr/front/reportData/reportDataList.do?mn_id=45&pageIndex=1

생활문화와 즉시적인 사용이 필요한 언어에 대한 것과 한국 생활에서 필요한 기초적인 지식에 대한 내용을 담고 있다는 것을 알 수 있다. 중급에서는 한국 음식과 주거 문화 등 한국 생활에 대한 보다 구체적 항목에 대해서, 언어의 경우 통신 언어나 신조어처럼 생활에 밀접한 언어를 가르친다. 그리고 이 단계에서부터 한국의 현대와 전통 예술에 대한 것들을 배우기 시작한다. 마지막으로 고급에서는 한국의 역사, 한국의 사회 체제에 대한 내용과 정치나 경제처럼 고급 수준의 어휘가 필요한 분야, 이 외에 미술과 문학과 같은 고급 예술 등을 제시하는 것을 알 수 있다.

그러나 이러한 세부적 분류에 대해서는 앞서 이미 설명하였듯이 학자와 현장의 교사들로부터 다소 이견이 존재할 수 있으며, 이러한 측면을 해결하기 위해 앞으로도 연구가 지속되어야 할 부분이다.

4. 한국 문화 교육의 방법

문화를 교수·학습하는 방식은 학습자의 수준이나 학습 목적에 따라 내용 중심의 문화 교육을 독립적으로 실시할 수 있으며, 전통문화 교육이나 대중문화 교육 등의 독자적인 교과목으로 분리하여 운영할 수도 있다. 그러나 한국어 교육이라는 학문 및 교육 영역에서의 문화 교육은 언어 교육이라는 틀 안에서 그 가능성과 효과를 점검하여 이루어져야 한다. 즉 문화 교육은 언어 활동과 같이 의사소통 행위로 간주되어야 하며, 언어 교육 활동과 분리되지 않는 것을 지향해야 한다. 이때 한국어 교사는 학습자가 간문화적 문화 능력과 서로 다른 문화를 이해하는 능력(상호 문화 이해 능력)을 기를 수 있도록 도와야 한다. 특히 문화 간 차이를 중심으로 목표 언어의 문화를 이해하고, 이를 한국어 의사소통 능력 함양뿐만 아니라 문화적 정체성을 형성하는 방향으로 이끌 수 있어야 한다(윤여탁, 2014: 168).

그간 한국어 교육에서는 문학 작품을 활용한 방법과 매체를 이용한 방법이 주로 제안되었지만 이 외에도 다양한 문화 교육 방법을 생각해 볼 수 있다. 이와 관련하여 일찍이 외국어 교육에서 Stern(1992: 224-232)은 문화 교육 방법을 8가지 영역으로 나누고 다음과 같이 구체적인 활동 내용을 제시한 바가 있다.

[표 15-6] 문화 지도 방안(Stern, 1992)

영역(Block)	기술(Technique)
교실에서의 실제 환경 형성하기 (creating a real environment in the class)	
문화적 정보 제공하기 (providing cultural information)	문화 여담(culture aside)
	문화 캡슐(culture capsule)
	문화 송이(culture clusters)
문화적 문제 해결하기 (solving cultural problems)	문화 동화자(culture assimilator)

행동과 정서적 관점 (behavioural and affective aspects)	청각 반응법(audio-motor unit)
	극화하기(dramalization)
	미니드라마(mini-dramas)
	롤 플레이와 시뮬레이션(role-play and simulation)
인지적 접근(cognitive approaches)	
문화와 예술의 역할(the role of literature and arts)	
목표 문화에 실제 생활 노출 (real-life exposure to the target culture)	펜팔(pen-pals)
	모국어 화자에 의한 언어 교실 방문 (visits to the language class by native speakers)
	다른 나라와 지역 방문 (visits to other countries and regions)
문화적 사회 자원의 활용 (making use of cultural community resources)	

민현식(2003: 443-447)은 한국어 교육 교실에서 이루어지는 문화 수업 방법을 문화 대조 학습, 매체 활용 학습, 문학을 통한 문화 교육, 통합 교수·학습, 놀이 학습으로 정리하였다. 여기서 중요한 것은 문화 교육 특유의 방법을 개발하고 사용하되, 언어 교육과도 밀접한 관련이 있어야 한다는 것이다. 또한 학습자의 흥미를 불러일으킬 수 있도록 교수·학습 자체가 흥미로워야 한다. 현재 현장에서의 문화 수업은 교사의 일방적인 해설이나 현장 체험 학습 정도로 그치는 경우가 많으므로 앞으로는 교실에 직접 적용이 가능한 다양한 문화 교수 방법에 대한 많은 고민이 필요한 시점이다.

본서는 민현식의 분류 체계를 기반으로 하여 스턴이 말한 문화 지도 방안 중 현장에서 적용 가능한 몇 가지를 간단히 소개하도록 한다.

1) 비교·대조 학습

비교·대조 학습은 목표 문화와 모국 문화를 서로 비교·대조함으로써 문화 간 차이를 인식하는 방법이다. 이를 통해 학생들은 목표 문화를 파악할 수 있을 뿐만 아니라 모국 문화를 더 잘 이해할 수 있다. 또한 두 문화의 비교·대조를 통해 새로운 문화적 정체성을 형성하게 되는데 이러한 비교·대조 학습은 간단한 어휘나 관용구에서부터 식생활 풍습이나 제도, 신념이나 가치관을 비교·대조하는 데까지 나아갈 수 있다.

대표적인 비교·대조 학습 방법으로 문화 캡슐이 있다. 문화 캡슐은 목표문화와 자국문화의 차이점을 설명하기 위해 사용하는 방법으로, 다양한 시각 자료를 활용하여 양 문화의 차이점을 서로 비교하고 설명하여 학생들의 이해를 돕는다. 문화 동화자 역시 비교 대조 학습을 활용할 수 있는 방법이다. 이것은 문화의 차이를 이해함으로써 외국 문화에 잘 적응시키기 위한 목적으로 처음 개발되었다. 이 기법에서 교사는 목표 문화의 특징적인 문화 내용이 담긴 상황을 질문지와 함께 학습자에게 제시한다. 학습자는 이것을 보고 왜 그런지에 대해 생각하고 옳고 그름에 대해 판단한다. 그 후 문화 간 차이점에 대해 교사와 함께 질문하고 토론한다.

여러분 나라의 연휴는 어떤 모습인가요?

학습자에게 자신의 나라에서 연휴를 보내는 일상적인 사진을 선택하여 가져오게 한다. 교사는 한국의 특징이 담긴 사진을 준비하여 공통점과 차이점에 대해 함께 이야기를 나눈다.

[그림 15-2] 비교 대조 학습의 예

2) 매체 활용 학습

매체 활용 학습이란 잡지와 신문, 비디오 등을 이용하여 학습을 하는 것을 가리킨다. 자국어 교육에서 매체 교육은 매체 자체가 지니는 언어적 특성에 놓여 있는 반면, 제2 언어 교육에서는 매체를 활용하여 언어의 의사소통 능력을 증진하거나 매체가 지닌 특성을 통해 목표 문화에 현장감 있는 경험을 하는 데에 중점을 둔다. 매체 활용 학습은 학습자의 관심과 흥미를 불러일으키기 쉽고 적극적인 참여를 유도할 수 있다는 점에서 좋은 교육 수단이 될 수 있다. 그러나 여기서 주의할 것은, 매체를 활용한 교육에서 유의미한 학습이 일어나려면 철저한 사전 준비가 필요하다는 점이다. 즉, 단순히 매체를 보여 주는 데에서 끝나는 것이 아니라 사전 준비를 통해 학습자로 하여금 학습 정보에 적절히 주목하게 하고 매체가 지닌 다양한 이미지와 청각 정보를 연계하여 조직하게 할 수 있어야 한다. 그다음에는 머릿속에 이미 저장이 되어 있는 선행 지식과의 효과적인 통합이 이루어져야 한다. 이때 매체를 선정함에 있어서 지나친 문화 충격이나 갈등이 나타날 수 있는 소재는 미리 피하는 것이 좋다.

3) 문학을 통한 문화 교육

외국어 교육에서 문학 작품을 활용하는 문화 교육 방법은 이른 시기부터 논의되었다. Hammerly(1982: 526-53)는 30가지 문화지도 방법을 제시하고 있는데, 이 중에서 문학은 문화 정보를 포함하고 있기 때문에 문화를 알지 못하면 문학을 정확하게 이해할 수 없다고 밝히고 있다. 이 외에도 Collie & Slater(1987: 3-6)는 ① 가치 있고 실제적인 자료(valuable authentic material), ② 문화적 풍요화(cultural enrichment), ③ 언어적 풍요화(language enrichment), ④ 개인적 연관(personal involvement)이라는 특성을 들어 영어 교육에서 문학 작품의 효용성을 설명하고 있다. 이런 견해 역시 언어와 문화의 밀접한 관련성, 문학 교육을 통해서 언어와 문화를 교수·학습할 수 있다는 문학 작품의 효용성을 설명하고 있다. 아울러 외국어 교육에서 문학 작품이 중요한 교수·학습의 제재임을 입증해 주고 있다(윤여탁, 2015: 6).

윤여탁(2014: 157-159)은 문학 작품을 활용한 한국어 문화 교육의 방법과 그 의의를 다음과 같이 정리하였다.

첫째, 자국어 교육에서 한국의 속담 또는 문화 관련 내용을 교과서에 채택하여 학습 제재로 제시하거나 교수·학습 시간을 따로 설정하여 가르치지 않더라도 일상생활의 자료나 문학 작품 독서를 통하여 이러한 내용들을 습득하게 할 수 있다. 특히 문학 작품은 목표 언어의 문화 내용 요소를 포함하고 있기 때문에 문학 학습은 곧 문화 학습이라고도 할 수 있다.

둘째, 문학 작품은 그것이 창작되었던 사회와 문화에 대한 정보들을 담고 있는 보고로서 가치를 지니고 있다. 문학 작품은 유물이나 유적처럼 정적인 역사적 사실이기보다는 인간의 생활과 의식에 동적으로 작용하는 사실이다. 또한 다양한 방식(자국어, 외국어)으로 읽거나 학습한 목표 언어의 문학 작품은 그 사회와 문화를 이해하는 데 도움이 될 뿐만 아니라 그 사회에서의 일상생활에도 긍정적으로 작용하게 된다.

끝으로 한국어 교육에서 문학 작품을 활용하는 문화 교육은 학습자가 목표로 하는 언어에 대한 사회·문화적 차원의 이해를 넘어 고급 언어 사용 교육으로 나아갈 수 있다. 실제로 외국인 학습자는 한국어의 비유 표현이나 상징 표현, 관용적 표현 등을 어려워하고 있다. 외국인들이 어려워하는 이와 같은 문화적 언어 능력은 교육적 의도로 재구성한 생활한국어 텍스트보다는 문학 작품에 사용되고 있는 실제적인 표현을 통하여 획득하게 하는 것이 효과적이다. 즉 문학 작품을 통해서 목표어의 문화를 학습함으로써 고급 의사소통 능력을 갖출 수 있다.

이런 점에서 한국어 교육이 의사소통 교육을 넘어 문화 교육을 지향하기 위해서는 목표 언어의 문학 작품을 적극적으로 가르쳐야 한다. 이때 문학 작품은 언어로 표현된 문화의 실체로, 언어 교육을 위한 언어 자료인 동시에 문화 교육을 위한 문화 자료이다. 한국어 학습자들은 대체로 전통 문화보다는 현실 문화에 친근감을 더 느끼고 있다. 그렇기 때문에 외국어로서의 한국어 교육에서도 학습자가 낯설어 하는 고전 문학 작품이나 정전적인 문학 작품보다는 학습자들이 쉽게 공감할 수 있는 현실 문화나 대중문화를 반영한 현대문학 작품을 활용하는 것이 더 효과적이다. 그리고 고전 문학 작품의 경우에는 자국의 문화와 비교할 수 있는 전통 문화를 포함하고 있는 문학 작품을 선택하는 것이 좋다.

4) 통합 교수·학습

통합 교수·학습은 문화 교육을 하면서 어휘, 문법, 쓰기, 듣기 등의 다른 영역까지 총체적으로 교수·학습하는 방법이다. 민현식(2003: 446)은 이러한 통합 교수·학습으로 전래 동화 구연하기, 노래 부르기, 민속놀이 하기, 문화 에세이 쓰기 등을 소개하였는데, 특히 문법과 문화 이해를 동시에 함양하는 교수·학습법으로 Wajnryb(2001)이 제시한 '문법 받아쓰기'(grammar dictation) 방법이 유용하다고 말하였다. 이것은 문화 주제를 정하여 핵심 주제문이 5-10개 들어 있는 문단 작문을 작성한 후 받아쓰기를 하면서 숙지시켜 문장별로 어휘, 문형을 익히게 하는 방법이다. 가령, '한반도의 분단과 통일'이라는 시사적 주제를 다루는 수업에서는 먼저 다음과 같은 7개 문장으로 구성된 문단글을 작성하여 받아쓰기를 하게 한다.

> **[문단글]** ① 한반도는 세계 유일의 분단 국가입니다. ② 남한과 북한은 벌써 분단 반세기를 넘었습니다. ③ 그동안 양측은 긴장과 화해의 시간들을 보내 왔습니다. ④ 남한의 노력에 비해 북한은 협력과 평화적인 관계 형성은 뒷전이고 자신의 이익만을 지키려고만 들었습니다. ⑤ 남한의 원조를 군사력을 유지하는 데 이용하기도 했습니다. ⑥ 진정한 민족의 평화를 위해 노력하는 것은 당연할 것입니다. ⑦ 더 시간이 흐르기 전에 우리의 힘으로 평화적 통일을 이루어야 합니다.
>
> **[어휘]** 한반도, 유일의, 긴장, 화해, 협력, 원조, 군사력, 뒷전, 당연하다
>
> **[문법]** ④ N은/는 뒷전이다: 우선 순위를 나중에 두는 것으로서 주로 부정적인 경우에 사용한다. 〈보기〉 공부는 뒷전이고 축구만 한다.
> ④ V-(으)려고만 들다: 한 가지 일에 집착을 가지고 하는 경우, 부정적인 경우에 사용한다. 〈보기〉 의무는 이행하지 않고 권리를 찾으려고만 든다.
> ⑤ N을/를 V는 데 이용하다: V하기 위해서 N을 사용하다.
> ⑥ 은/는 것은 당연하다: 마땅하다.

5. 한국 문화 교육의 평가

1) 문화 교육 평가의 설계

문화 교육의 평가에서 흔히 제기되는 문제점은 교육 목표 달성 여부에 대한 평가가 쉽지 않다는 점이다. 이는 문화 교육의 내용에서 지식을 제외한 나머지는 객관적인 평가가 어렵고 평가 시기나 상황에 따라 결과가 가변적이기 때문이다. 따라서 문화 교육에서 중요하게 평가되어야 할 목표 문화에 대한 이해, 문화를 받아들이는 태도의 변화, 문화에 대한 적응의 정도 등을 평가하기란 쉽지 않았다. 다시 말해, 지금까지의 문화 교육 평가는 교사가 일방적으로 설명한 목표 문화의 지식을 학습자가 얼마나 잘 기억하고 있는가를 평가하는 것이었으며, 이는 문화 교육에서 중요한 문화적 소통 능력이나 목표 문화에 대한 이해, 이를 통해 형성된 문화 정체성이나 가치관 등을 평가하는 지침이 될 수 없었다.

이에 문화 교육의 평가를 설계할 때에는 다음의 사항을 고려해야 한다.

첫째, 문화 교육 평가는 결과 중심이 아닌 과정 중심 평가 위주로 이루어져야 한다. 이를 통해 학습 과정에서 학습자의 지식, 기술, 태도의 변화를 측정할 수 있다.

둘째, 학습자 중심 평가여야 한다. 즉, 교사가 무엇을 가르쳤는가가 아니라 학습자가 무엇을 할 수 있는가를 평가해야 한다.

셋째, 언어적 능력이 아닌 문화 능력 그 자체를 평가할 수 있어야 한다. 지금까지의 문화 교육 평가 방법은 기존 언어 능력 평가와 큰 차이가 없거나 구체적인 방법이 부재하여 문

화 능력 자체를 평가하기가 어려웠다.

이에 본서에서는 문화 교육 평가의 방법적 측면에서 프로젝트형 평가와 포트폴리오 평가에 대해 살펴보고, 내용적 측면에서는 상호 문화 능력을 측정하기 위해 개발된 상호 문화 능력 평가를, 그리고 다문화 수용성 평가에 대해서 알아보도록 한다.

2) 문화 교육 평가의 실행

(1) 프로젝트형 평가

프로젝트형 평가란 학생들에게 특정한 연구 과제나 개발 과제 등을 수행하도록 한 다음, 그 과제를 수행하기 위한 계획서 작성 단계에서부터 결과물 완성 단계에 이르기까지 전 과정과 결과물을 함께 평가하는 방법이다. 이러한 프로젝트형 평가는 교사로부터 일방적으로 전달된 목표 문화 내용을 학습자가 얼마나 잘 기억하고 있는지를 단순히 평가하지 않는다. 프로젝트를 수행하는 동안 교사와 학습자 간에는 수차례에 걸쳐 피드백이 이루어지게 되고 이것이 평가의 대상이 되므로 이는 학습자 중심, 과정 중심적 측면에서 문화 교육 평가에 적합하다.

이러한 프로젝트형 평가에는 교사 평가뿐만 아니라 자가 평가와 동료 평가도 포함될 수 있다. 학습자는 자가 평가를 하면서 목표 문화에 대한 이해와 인식, 태도에 어떤 변화가 있었는지를 스스로 점검해 보게 된다. 또한 프로젝트 활동은 학습자가 주도적으로 이끌어가는 협동 수업이기 때문에 동료의 성실도와 참여도를 함께 평가할 경우 학습의 의욕을 고취시킬 수 있다.

(2) 포트폴리오 평가

포트폴리오란 '학생들의 학습활동에 관한 수집된 자료로서 학생들과 기타 사람들에게 그들의 노력과 성취 정도를 증명해 주는 것'(Genesee & Upshur, 1996: 99)으로 정의된다. 본래 포트폴리오는 창작 활동을 통해 만들어 낸 작품들을 조직적으로 모아 놓은 작품집을 의미했으나 일반적 포트폴리오의 개념이 교육 분야에 도입되면서 평가의 한 방법이 되었다. 포트폴리오는 학습자들의 특정 영역과 관련된 지식이나 수행 능력의 상태와 함께 지식 수준과 수행 능력의 발전과 변화 과정까지를 종합적으로 보여 준다. 특히 포트폴리오가 왜 만들어지고 어떤 과정을 통해 선택되었는지에 대한 학습자의 자기성찰이 반영되고 평가된다. 이 때문에 포트폴리오 평가의 가장 큰 장점은 성찰(reflection)에 있다. 교사와 학습자는 포트폴리오를 수행하면서 지속적으로 자신의 학습 활동과 학습 발달 과정에 대해 성찰하게 되고, 이를 통해 학습자는 긍정적인 학습효과를 얻을 수 있다.

(3) 상호 문화 능력 평가

상호 문화 능력 관련 연구에서 평가에 대한 부분은 아직까지 많지 않은 편이다. 즉, 평가는 상호 문화 교육에서 가장 발달되지 못한 영역으로 남아 있으며 상호 문화 역량을 객관적으로 측정하고 신뢰할 수 있는 평가 도구를 개발하기 위해서는 이와 관련한 연구가 지속되고 앞으로 확대될 필요가 있다. 상호 문화 능력 평가(Intercultural Competence Assessment, INCA)는 이러한 연구 중 하나이며 여기에서는 그 내용을 아주 간략하게 소개한다.

2004년 오스트리아, 체코, 독일, 영국 학자들은 '상호 문화 평가'라는 평가 지침서를 공동으로 개발하였다. 이 지침서는 상호 문화 능력을 '공감'(empathy), '이질성 존중'(respect of otherness), '지식 발견'(knowledge discovery), '의사소통 인식'(communicative awareness), '모호함 관용'(tolerance of ambiguity), '행동 유연성'(behavioural flexibility)이라는 여섯 개의 하위 능력으로 나누고, 이 능력과 관련한 설문 21개를 만들었다. 그리고 이 결과를 통해 피설문자의 수준을 각각 초급, 중급, 고급으로 나누어 평가하기를 제안하였다.

이와 관련한 보다 자세한 내용에 대해서는 아래의 QR코드로 연결하여 확인할 수 있다.

(4) 다문화 수용성 평가

다문화 수용성의 개념은 한 가지로 정의 내리기에는 복합적이고 다차원적인 개념이다. 이는 본질적으로 다문화주의를 전제로 한 개념으로, 더 정확히는 단일 문화 사회에서 다문화 사회로 변화하면서 한 집단이 인종과 문화가 다른 타집단을 같은 구성원으로 받아들일 때의 수용의 정도라 할 수 있다.

다문화 수용성 평가에 대한 연구 중 하나인 황성욱 외(2014)의 연구에서는 한국인의 다문화에 대한 수용성을 과학적으로 측정하기 위해 지수를 개발하는 것을 주된 연구 목적으로 두었다. 지수의 개발을 통해 다문화 수용성은 '외국 문화와 외국 이주민에 대한 개방', '외국 이주민에 대한 차별', '외국 이주민에 대한 거부 및 회피', '외국 이주민과의 상호교류 행동', '외국 이주민과 한국 사회의 쌍방적 동화', '외국 이주민의 한국 사회로의 일방적 동화', 그리고 '외국 이주민에 대한 고정 관념'의 7개 하위요인으로 구성됨을 관찰하였다.

이 연구는 단일 차원의 다문화 수용성 지수를 도출함으로써 향후 한국인의 다문화 수용성을 보다 용이하게 측정 가능하게 하여, 이를 바탕으로 다문화 수용성에 영향을 미치는 예측 변인과 결과 변인 사이의 종합적인 역학관계를 규명할 수 있다는 점에서 의의를 가진다.

3) 문화 교육 평가의 활용

지금까지 문화 교육 평가에 활용할 수 있는 몇 가지 방안들을 살펴보았다. 그러나 아직까지 문화 교육 평가에 대한 연구들은 많이 부족하며 앞으로는 실제 적용이 가능하고 다양한 영역에서 활용될 수 있는 평가 방법, 그리고 수준에 따른 평가의 위계화가 이루어질 필요가 있다. 이러한 예로, 한상미(2008)는 한국어능력시험의 응시 요강, 이희경 외(2002), 강승혜 외(2006), 전나영 외(2007)를 참조하여 말하기에서 활용될 수 있는 문화적 능력 평가 범주에 대해 다음처럼 구체적으로 밝힌 바가 있다.

[표 15-7] 학습자의 한국어 숙달도 수준에 따른 문화 능력 평가 내용(한상미, 2008: 96-98)

숙달도 수준	문화적 능력 평가 내용
초급	반말과 존댓말을 구분하여 사용할 수 있으며, 제한된 맥락의 공식적 상황에서도 기본적인 대화가 가능하다. 1) 기본적인 인사를 맥락에 적절하게 할 수 있다. 2) 가족관계(우리 집사람, 형, 누나, 오빠, 언니 등)의 단어를 적절하게 사용할 수 있다. 3) 화자와 청자의 관계에 따라 기본적인 존대법을 사용할 수 있다. 4) 관계에 따른 호칭을 적절하게 사용할 수 있다(김미나 씨, 박 선생님, 오빠, 선배, 형, 누나 등). 5) 공식적 자리와 비공식적 대화 상황에서 기본적인 격식/비격식체를 적절하게 선택하여 사용할 수 있다('-습니다', '-어요') 6) 상황에 적절한 표현을 익혀 인사하기, 소개하기, 묘사하기, 설명하기, 전화하기, 요청하기, 제안하기 등의 간단한 기능을 수행할 수 있다. 7) 제한된 맥락과 상황에서 부탁하기, 요청하기, 제안하기, 감정 표현하기, 문제 제기하기 등 일상생활에 필요한 기본적인 기능을 수행할 수 있다.
중급	반말과 존댓말을 대상에 따라 적절히 구사하며, 비교적 빈번하게 접하는 공식적 상황에 맞는 언어를 수행할 수 있다. 1) 빈번히 접하는 개인적·사회적 상황에서 비교적 자연스럽게 다양한 호칭을 사용할 수 있다. 2) 대화 상대자의 나이, 사회적 신분, 그리고 대화 상대자와의 친소 관계에 따라 맥락에 적절하게 말할 수 있다. 3) 격식체와 비격식체를 공적·사적인 상황에 적절하게 사용할 수 있다. 4) 일상생활에서 자신의 의견을 구체적으로 표현할 수 있으며 주변의 도움 없이 사과하기, 거절하기, 설명하기, 묘사하기, 비교하기, 동의하기, 불평하기, 문의하기, 후회 표현하기, 우려 표현하기 등을 맥락에 적절하게 수행할 수 있다. 5) 보다 분화된 개인적·사회적 상황(공공 업무 등)에서 자신이 의도하는 바를 언어로 인한 오해나 장애 없이 적절히 수행할 수 있고, 공적인 상황에서 발생하는 기본적인 문제들을 모어 화자의 도움 없이 해결할 수 있다.
고급	복잡한 관계에서도 대상에 적절하게 다양한 존대법(극존칭, 하오체, 하게체를 포함)을 사용할 수 있으며, 공식적, 비공식적 상황의 다양한 맥락에 맞게 말할 수 있다. 1) 한국의 정치·경제·사회·문화적인 상황에 대해 설명할 수 있다. 2) 준비된 내용으로 한국의 역사 및 전통 문화, 지역별 특성에 대해 소개하거나 안내할 수 있다. 3) 전문 분야에서의 연구나 업무 수행에 필요한 언어 기능을 적절하고 유창하게 수행할 수 있다. (1) 면접 상황 대처하기, 담당 업무 보고하기, 거래 및 협상하기 등 직업 활동에 관련된 과제와 기능을 수행할 수 있다. (2) 계약과 해지하기, 피해 보상, 손해 배상 요구 및 처리하기 등 경제 활동에 관련된 과제와 기능을 수행할 수 있다. (3) 토론하기, 불편사항을 공공 기관에 호소하기 등 사회 활동에 관련된 과제와 기능을 수행할 수 있다. (4) 대표적인 문학 작품을 이해하고 소개하기, 문화 행사에 참여하기 등의 문화 활동에 관련된 과제와 기능을 수행할 수 있다. (5) 전문 분야에 대한 연구 발표 및 토론, 회사의 운영 활동 소개, 강연이나 문화적인 내용의 통역, 단체 활동의 조직과 안내, 회의 및 좌담회의 개최와 사회자의 역할 등을 수행할 수 있다.

탐구 과제

1. 문화가 무엇이라고 생각하는가? 그리고 한국어 교육에서 문화 교육은 왜 필요한가? 이에 대해 함께 토론해 보고 문화의 주요 개념들에 대해서도 얘기해 보자.

2. 다음은 '국제 통용 한국어 교육 표준 모형'에서 제시한 문화 교육 내용의 일부이다. 빈칸의 내용을 스스로 구성할 경우 어떻게 할 것인가? 그리고 한국인의 가치관을 가지고 교육 내용을 구성할 경우 어떤 것이 있을 수 있는가?

대분류	중분류	소분류
한국인의 생활		
한국 사회		
한국의 예술과 문학		
한국인의 가치관		
한국의 역사		
한국의 문화유산		
외국인의 한국 생활		

3. 다음은 신경숙의 소설 『엄마를 부탁해』의 일부를 발췌한 것이다. 이 소설을 활용하여 가르칠 수 있는 문화 교육의 내용을 다음의 항목을 통해 생각해 보자.

> 처음에 너의 가족들은 엄마가 그리 주장해도 그게 무슨 소리냐며 엄마가 도시에 오지 않으려 하면 몇몇이라도 시골집에 내려가 엄마 생일을 챙기곤 했다. 그러다가 아버지 생일에 엄마의 선물까지 함께 사기 시작했고 엄마 생일 당일은 슬그머니 지나가게 되었다. 식구들 숫자대로 양말 사기를 좋아하던 엄마의 장롱엔 가져가지 않은 양말들이 수북이 쌓이기 시작했다.
>
> 이름: 박소녀
> 생년월일: 1939년 7월 24일생(만 69세)
> 용모: 흰머리가 많이 섞인 짧은 퍼머머리, 광대뼈 튀어나옴, 하늘색 셔츠에 흰 재킷, 베이지색 주름 치마를 입었음.
> 잃어버린 장소: 지하철 서울역
>
> 엄마의 사진을 어느 걸 쓰느냐를 두고 의견이 갈라졌다. 최근 사진을 붙여야 한다는 데에는 모두 동의했지만 누구도 엄마의 최근 사진을 가지고 있지 않았다. 너는 언제부턴가 엄마가 사진 찍히는 걸 매우 싫어했다는 걸 생각해냈다. 가족 사진을 찍을 때도 엄마는 어느 틈에 빠져나가, 사진에는 엄마 모습만 보이지 않았다. 아버지 칠순 때 찍은 가족사진 속의 엄마 얼굴이 사진으로 남은 가장 최근 모습이었다. 그때의 엄마는 물빛 한복을 입고 미장원에 가 업스타일로 머리를 손질하고 입술에 붉은빛이 도는 루주를 바른, 한껏 멋을 낸 모습이었다.
>
> * 퍼머(perm), 셔츠(shirt), 재킷(jacket), 베이지(beige), 업스타일(up style), 루주(rouge)
>
> –신경숙(2008: 12-13), 『엄마를 부탁해』

학습 1. 이 작품에서 드러나는 한국 문화의 보편성과 특수성에는 어떤 것이 있는가?

학습 2. 이 작품을 통해 가르칠 수 있는 한국 문화의 내용에는 무엇이 있는가?

학습 3. 이 작품을 가르칠 때에는 목표 문화와 자국 문화의 비교·대조가 함께 이루어져야 한다. 이때 동기부여로 제공할 수 있는 질문에 무엇이 있는가?

학습 4. 이 작품을 통해 궁극적으로 자국 문화 정체성을 확인하고 목표 문화 정체성을 형성하는 것이 중요하다. 이를 어떻게 형성할 것인가?

더 읽을거리

윤여탁. (2014). 문화교육이란 무엇인가: 한국어 문화교육의 벼리[綱]. 경기: 태학사.

이 책은 문화 교육과 관련한 핵심어들이 국어교육과 한국어 교육의 현장에서 어떻게 적용될 수 있는가를 집중적으로 살핀 것들이다. 이를 위해서 먼저 핵심어들과 관련된 학문적 이론에 대해 고찰하였으며, 다음으로 이를 교수·학습의 실제에 어떻게 적용할 수 있는가를 살펴보았다. 이런 측면에서 이 책은 국어교육과 한국어 교육에서의 문화 교육과 문학 교육 이론과 실제에 대한 탐구라고 할 수 있다.

Abdallah-Pretceille, M. (2010). 유럽의 상호문화교육: 다문화 사회의 새로운 교육적 대안. (장한업 역). 파주: 한울. (원서 출판 1999)

저자인 압달라-프렛세이는 오랫동안 상호 문화 교육을 연구한 권위 있는 학자이다. 이 책에서 문화의 양상과 영미권의 다문화주의, 유럽의 상호 문화주의를 살펴볼 수 있으며 상호 문화 교육이 이민자녀교육, 외국어 교육, 학교교류, 시민교육 차원에 어떻게 이루어지고 있는지를 확인할 수 있다. 상호 문화 이론을 공부하는 데 반드시 읽어야 할 기본서라 할 수 있다.

Hall, E. T. (2013). 문화를 넘어서. (최효선 역). 파주: 한길사. (원서 출판 1976)

이 책은 에드워드 홀의 문화인류학 4부작(숨겨진 차원, 침묵의 언어, 문화를 넘어서, 생명의 춤) 중 하나이다. 이 중에서 세 번째 저서인 '문화를 넘어서'에는 그가 주장한 대표적인 이론인 문화의 고맥락, 저맥락에 대한 내용이 담겨 있으며 이 외에도 맥락화·동시동작·행동연쇄·동일시 등 인지나 행동상의 문제를 인간에 관한 생물학적·심리학적(정신분석적) 기초사실에 근거하여 풀어내고 있다. 좀 더 심도 있는 공부를 하고 싶다면 4부작을 모두 읽어 보는 것도 좋다.

Moran, P. R. (2005). 문화교육. (정동빈, 남은희, 황선유, 이명관 역). 서울: 경문사. (원서 출판 2001)

이 책은 문화의 요소를 비롯한 모란의 이론에 대한 많은 내용들을 담고 있다. 한국어 번역본이 있기는 하나 단종이 되었고 번역도 매끄럽지 않은 관계로 원서를 읽는 쪽을 추천한다.

보론

16장 교수·학습 매체와 한국어 교육

16장
교수·학습 매체와 한국어 교육

1. 교수·학습 매체의 필요성

1) 교수·학습 매체의 개념

'매체'라는 용어는 '사이' 또는 '가운데'를 의미하는 라틴어의 'medium'(복수형)에서 유래한 말로, 의사소통 영역에 적용하면 매체는 송신자와 수신자 사이에서 메시지를 전달하는 매개 수단을 뜻한다. 이러한 매체는 한국어 교수·학습의 장에서 활용될 수 있다. 교육 목표를 달성하기 위해 교수자와 학습자, 학습자와 학습자 간 의사소통의 수단이자 도구로, 그리고 교육 내용을 담은 정보의 근원으로 매체가 사용되는데, 이때 사용되는 다양한 형태의 매개 수단을 '교수·학습 매체'라고 한다.

교수·학습 매체는 메시지를 전달하는 수단이며 도구이기 때문에 교사-학습자, 학습자-학습자 간 소통을 증진하며, 활동을 위한 자료로도 사용된다. 우선 교수·학습 매체는 교육 내용을 좀 더 효과적으로 제시하도록 돕는다. 교사의 말과 더불어 교수·학습 매체를 활용하여 교육 내용을 전달하면 추상적인 개념을 구체적으로 형상화할 수 있기 때문에 학습자들의 이해도가 높아진다. 그리고 교수·학습 매체는 학습자들이 익힌 지식이나 기술을 연습하고 적용하기 위해 교실에서 다양한 수업 활동을 실시할 때 그 자료로 활용될 수 있다. 활동의 절차나 방식을 설명하거나 활동의 결과물을 공유할 수 있는 도구로 활용할 수 있다.

국내의 한국어 교수·학습 현장에서 보편적으로 사용되는 교수·학습 매체를 떠올려 보면 칠판, 단어 카드, CD 등을 생각할 수 있다. 교사는 칠판에 판서하면서 학습자에게 중요한 문법 항목이나 예문 등의 교수·학습 내용을 제시한다. 교수·학습의 내용인 단어의 의미와 형태를 단어 카드로 제시하기도 하고 CD를 활용하여 음성 자료를 제공하기도 한다. 한편 특정한 사물에 대한 단어를 모르는 학습자에게 단어 카드에 수록된 이미지를 제시한다면 이는 소통 증진을 위해 사용된 것이다. 그리고 문장 만들기 연습, 형태 결합 연습 등의 학습 활동을 위해 단어 카드를 사용하는 경우나 역할극, 따라 말하기 등의 활동을 위한 수단으로 CD를 사용하는 경우에 이는 학습 활동을 실시하기 위한 자료로 쓰인 것이다. 이처럼 한국어 교육에서 교수·학습 매체는 교육 내용을 제시하거나 소통을 돕거나 활동을 위한 자료로 쓰이는 등 다양한 역할을 한다.

2) 교수·학습 매체의 특성

언어를 통해 교육 내용을 전달할 때 언어가 본질적으로 지니고 있는 상징성·추상성으로 인해 의미도 추상적으로 전달되는 경우가 종종 있다. 이때 시각 매체나 청각 매체를 도입하면, 내용을 좀 더 구체적으로 그리고 신속하게 전달할 수 있다. 제2차 세계 대전 당시 각국에 현지 언어를 익힌 군인을 파견하기 위하여 시청각 매체, 청각 구두 교수법이 언어 교육에 적극적으로 활용되기 시작한 이후 언어 학습에서 교수·학습 매체를 사용하는 것이 일반화되었다.

교수·학습 매체는 다음과 같은 특성을 지닌다. 첫째, 교수·학습 매체를 사용하면 학습자가 수업 내용을 구체적으로 경험할 수 있다. 말이나 글로는 단시간 내에 많은 내용을 쉽게 전달할 수 있다는 장점이 있지만, 학습자들이 그에 대해 충분한 배경지식이 없다면 그 내용을 올바로 이해하기 어렵다. 그러나 시청각 자료나 구체적인 실물을 통해 수업 내용을 접한다면 학습자의 배경지식이 내용 이해에 큰 영향을 미치지 않는다. 예를 들어 지하철을 이용해 본 적이 없는 학습자에게 '4번 출구로 나오면 우체국이 있어요'라거나 '시청에 가려면 지하철 2호선을 타세요'와 같은 표현을 가르치면 학습자는 그 의미를 온전히 이해하지 못할 것이다. 그러나 지하철역의 모습이나 구조, 노선도 등의 그림 자료나 지하철을 타고 내리는 모습 등을 담은 동영상을 보고 지하철에 대해 이해하고 나면 지하철역과 관련된 표현들을 더 쉽게 이해하고 익힐 수 있다. 이처럼 교수·학습 매체는 학습자에게 수업 내용과 관련한 구체적인 경험을 제공하기 때문에 내용을 이해하는 데 도움을 준다.

둘째, 교수·학습 매체를 통해 수업 내용과 수업 방법을 명확하게 제시할 수 있다. 대표적인 예로는 한국어 수업에서 자주 사용하는 칠판이나 단어 카드를 들 수 있다. 보조사 이형태인 '은'과 '는'이 어떠한 조건에서 결합하는지를 초급 학습자들에게 말로 설명하는 것보다는 칠판에 주격 조사 앞에 오는 단어가 모음으로 끝나는 경우와 자음으로 끝나는 경우를 색상으로 강조해서 표시하고 단어 카드인 '은'과 '는'을 결합하는 모습을 직접 시연하면 학습자들이 형태 결합에 대해 좀 더 명확하게 이해할 수 있다. 모음으로 끝나는 단어와 자음으로 끝나는 단어를 '은/는'과 결합하는 연습 활동을 학습자들에게 제시할 때, 말로 단어와 '은/는'을 나열하는 것이 아니라 단어 카드라는 매체를 통해 제시하고, 활동 방법을 설명할 때에도 직접 카드를 제시하면서 예를 보여 주면 학습자들은 활동 방법, 즉 수업 방법을 명확하게 이해할 수 있다.

셋째, 교수·학습 매체는 수업에서 실제성을 구현한다. 대부분의 수업은 실제 세계에서 소통하고 문제를 해결하기 위한 능력, 즉 지식이나 기능을 습득하는 예비 단계라고 할 수 있다. 그렇기 때문에 학습자들은 학습자 수준, 교실 환경, 교육 목표에 맞춰진, 실제와는 좀 거리가 있는 과제나 자료들을 접하게 되는데, 이때 매체를 활용하면 실제성이나 실재감을 고양할 수 있다. 특히 실제 언어 사용 맥락과 괴리된 언어 수업 교실에서 원어민 화자들의 실제 대화 음성 파일이나 동영상은 무척 유용한 자료이다. 원어민 화자들이 특정한 의사소통 상황에서 어떤 태도를 취하는지, 의사소통 문제를 화용적·전략적 측면에서 어떻게 해결해 나가는지, 구어로 어떠한 표현이 자연스러운지 등 실제 언어 사용의 사례를 효과적으로 관찰하고 익힐 수 있기 때문이다. 그래서 한국어 수업에서도 대화 음성 파일은 기본이며, 영화, 드라마, 다큐멘터리, 뉴스 등 다양한 동영상을 활용하기도 한다.

넷째, 교수·학습 매체를 활용하면 다양한 형태의 수업이 가능하다. 일반적인 수업의 형태는 교사가 수업을 주도하면서 교수·학습 매체를 보조자료로 사용하는 것이다. 그러나 디지털 매체와 같은 교수·학습 매체를 사용하면 학습자 주도의 개별화된 학습이 가능하다. 학습자가 자신의 수준에 맞는 수업 내용을 선택하고, 학습 속도를 적절하게 주도하는 등 개인 맞춤형 학습이 가능하다. 또한 쌍방향 소통이 가능한 기기를 이용하면 교사-학습자, 학습자 개인-학습자 개인, 학습자 개인-학습자 집단, 학습자 집단-학습자 집단, 학습자 개인-사회, 학습자 집단-사회 등의 상호작용이 가능하다. 또한 시뮬레이션, 게임, 탐구 학습, 반복 연습 등의 다양한 형태의 교수·학습이 비교적 제약 없이 실행될 수 있다.

다섯째, 수업 내용을 전달하는 방법에서 신선함을 느낄 수 있다. 교수·학습 매체를 사용하는 것이 신선한 느낌이나 학습 동기, 수업 참여 의지를 직접적으로 유발하는 것은 아니나 교수·학습 매체를 적절한 시기에 효과적으로 사용하면 수업 분위기를 전환하거나 학습자들이 좀 더 적극적으로 수업에 참여하게 만들 수 있다. 예를 들어 읽기 자료를 읽고 요약하라는 과제를 주었을 경우, 각자 읽고 교재에 요약문을 쓰는 것보다는 공개 게시판 기능이 있는 애플리케이션에 요약문을 쓰게 하면 새로운 교수 매체를 사용해 보고 싶다는 욕구가 일어나 학습자들이 활동에 적극적으로 참여하게 된다. 주의할 점은 이때 교수·학습 매체의 접속 방법이 복잡하거나 사용 방법이 어려워서는 안 된다는 점이다. 학습자들이 쉽게 접속하고 사용할 수 있는 교수·학습 매체를 사용해야 학습자가 학습 방법에 있어서 신선함을 느끼고 학습 활동에 참여하고자 하는 동기를 지속적으로 유지할 수 있기 때문이다. 그렇지 않으면 쉽게 싫증을 느끼고 포기하게 된다.

교수·학습 매체를 사용한 수업이 항상 효과적이거나 효율적인 것은 아니다. 교수·학습 매체의 효과성은 설계적 요인, 기술적 요인, 상황적 요인에 영향을 받는다. 설계적 요인은 내용과 방법의 적합성에 의해 좌우된다. 전달하고자 하는 내용에 적합한 매체를 선택하고, 그 매체의 효과를 극대화할 수 있는 방법으로 내용을 담아야 한다. 예를 들어 시선, 몸짓 등 비언어적 표현의 중요성을 설명하고자 할 때 청각 매체를 사용하기보다는 그림이나 사진을 사용하는 것이 적절하며, 그림이나 사진에 그 내용을 담을 때에도 시선의 중요성을 강조하고자 한다면 시선이 강조되도록 시각적 원리를 적용하여 표현해야 한다. 다음으로 기술적 요인은 사용하는 자료, 기기의 속성과 관련이 있다. 사용하고자 하는 자료나 기기의 이용 방법이 복잡하거나 사용자가 이용 방법을 숙지하지 못하여 수업에서 자료나 기기를 사용하는 데에 어려움을 겪는다면 내용을 전달하는 효과가 떨어진다. 또한 기술적으로 오류가 자주 발생하는 매체는 사용하기 어렵다. 마지막으로 상황적 요인은 사회적 환경과 연관이 있다. 국가, 도시 등 해당 학습자들이 속한 사회에서 주로 사용하는 매체와 사용하지 않는 매체가 있을 수 있다. 예를 들어 영토가 넓은 국가의 경우 유선 인터넷망보다 무선 인터넷망이 보편화되어 있기 때문에 이러한 경우 컴퓨터를 이용해 접속하는 이러닝 프로그램보다 무선 인터넷망을 통해 접속하는 모바일 러닝 프로그램이 효과적일 수 있다. 한국어 교육에서 교수·학습 매체를 활용할 경우 위에서 논의한 교수·학습 매체의 특성과 영향 요인을 고려해야 그 효과를 담보할 수 있다.

2. 교수·학습 매체의 종류와 기능

교수·학습 매체는 그 종류가 다양하고 범위가 방대하다. 그림이나 사진과 같은 전통 매체부터 태블릿 PC, '애플리케이션' 등에 이르기까지 교수·학습을 위해 사용되는 모든 매체를 교수·학습 매체로 볼 수 있다. 교수·학습 매체는 다양한 기준에 따라 분류되는데 전통적인 분류 기준으로는 해당 매체가 호소하는 감각 기관의 종류, 매체가 기반하고 있는 테크놀로지의 성격, 정보의 부호화 방식을 꼽을 수 있다.

교수·학습 매체는 감각 기관에 따라 나누면 시각 매체, 청각 매체, 시청각 매체로 나뉜다. 시각 매체는 시각을 통해 메시지를 전달하는 매체로 텍스트, 그림, 사진 등을 들 수 있다. 청각에 의존하여 메시지를 전달하는 청각 매체에는 카세트테이프, CD, LP, MP3 등이 있다. 시각과 청각을 동시에 사용하는 시청각 매체는 비디오, DVD, 멀티미디어, 동영상 등이 있다. 다음으로 테크놀로지의 성격에 따라 구분하면 방송 매체와 통신 매체로 나눌 수 있다. 방송에는 라디오, TV, 디지털 TV 등이 있으며, 통신에 기반한 매체로는 우편, 전화, 이메일, 화상 회의 등이 있다. 마지막으로 정보의 부호화 방식을 기준으로는 아날로그 매체와 디지털 매체를 들 수 있다. 아날로그 방식은 정보를 있는 그대로 연속적으로 나타내는 데 반해, 디지털 방식은 0과 1이라는 숫자를 통해 비연속적으로 나타낸다. 아날로그 매체로는 필름 카메라, 카세트테이프 등을, 디지털 매체로는 디지털카메라, MP3, 동영상 등을 들 수 있다.[1]

이러한 구분법은 교수·학습 매체를 분류하기 위하여 인위적인 기준들을 설정한 것으로 실제 교수·학습 현장에서 이러한 분류 체계는 큰 의미를 지니지 않는다. 매체를 바라보는 관점과 매체를 사용하는 관점에 따라 분류 체계는 얼마든지 변할 수 있기 때문이다. 컴퓨터라는 하드웨어적인 기기가 등장했을 때는 비교적 새로운 것이었으므로 컴퓨터를 교수·학습 매체라고 여겼다. 그러나 컴퓨터 공학이 발전하면서 교수·학습에서 컴퓨터라는 하드웨어의 도입보다 그 안에 담긴 내용, 즉 CD-ROM이나 코스웨어(courseware)[2]에 담긴 소프트웨어적 측면이 더 중요해지기 시작했다. 교수·학습에 매체를 활용할 때에는 물리적인 기기와 그 기기를 통해 사용할 수 있는 자료가 모두 중요하다. 여기에서는 언어 교육에서 주로 활용되고 있는 매체를 중심으로 살펴보겠다. 구체적으로는 감각 양식에 따라 분류한 시각 매체, 청각 매체, 시청각 매체, 여기에 통신 개념이 접목된 방송 매체, 그리고 정보를 디지털 방식으로 부호화한 디지털 매체를 중심으로 살펴보겠다.

1 이외에도 Smaldino et al.(2005)는 매체의 기본 여섯 가지 유형으로 '텍스트, 오디오, 시각물, 동영상 매체, 조작물(실물, 모델 등), 사람'을 제시하였다. 이 분류는 학습자들에 의해 조작되고 만질 수 있는 3차원의 조작물과 교사, 학습자, 내용 전문가 등 학습과 관련한 요원, 즉 사람을 강조하고 있다.

2 컴퓨터를 활용하여 이루어지는 교육용 프로그램이다.

1) 시각 매체

시각 매체에서는 눈으로 볼 수 있는 형태로 칠판, 그림, 사진, 자석판, 단어 카드 등을 예로 들 수 있다. 추상적인 형태의 정보인 음성 언어로 메시지를 전달하는 것보다 시각적인 정보를 활용하여 메시지를 전달하는 것이 훨씬 효과적일 때 주로 사용하는 매체이다. 한국어 수업을 예로 들면 이형태를 취하는 문법 항목이 어떠한 조건에서 결합하는지를 설명하기 위해 칠판에 판서를 하면서 설명을 하거나 한글 단어 카드를 이용해 설명을 할 수도 있다.

시각 매체에는 전달하고자 하는 메시지가 명료하게 드러나야 한다. 시각 매체에 담긴 메시지는 조직적으로 배열되어 있어야 하고, 학습자가 알아볼 수 있어야 하며, 중요한 내용이 강조되도록 구성해야 한다. 학습자가 시각 매체를 해독하는 데 많은 노력과 시간이 필요하다면 그 효과가 미미할 것이다. 또한 학습자가 이해할 수 있는 보편적인 이미지가 무엇인지에 대해 고려할 필요가 있다. 교사가 '은행'이라는 장소를 설명하기 위해 그림이나 사진을 사용했는데, 교사가 표현하고 싶은 장소의 모습을 담은 시각 자료[3]와 학습자의 스키마가 상이하다면 그 효과는 장담할 수 없다. 은행 창구에 대한 이미지는 문화마다 다를 수 있기 때문이다. 시각 매체를 사용하는 것이 늘 효과적인 것만은 아니다. 교사가 전달하고 싶은 메시지를 제대로 반영하지 못하는 그림이나 사진을 활용하면 오히려 그 효과가 떨어진다.

3 칠판, 그림, 사진, 자석판, 단어 카드 등 시각 정보를 통해 메시지를 전달하는 수단의 총합은 '시각 매체'로, 시각 매체 중 수업에서 사용되는 개별적인 것은 '시각 자료'로 구분하였다.

2) 청각 매체

청각 매체는 음악, 음향, 음성 등 귀로 들을 수 있는 모든 형태의 매체를 말한다. 녹음 자료일 수도 있고 교실 현장에서 실제로 만들어내는 소리일 수도 있다. 한국어 교육에서 주로 사용되는 청각 매체는 본문 대화를 듣거나 따라 말하거나 듣기 수업을 할 때 주로 사용한다. 문화 수업에서 한국 가요를 듣는 경우에도 청각 매체를 사용할 수 있다.

구체적인 형태로는 카세트테이프, CD, MP3 파일 등이 있다. 청각 매체를 사용하기 위해서는 활용할 수 있는 자원을 사전에 확인해야 한다. 학교나 교실의 시설에 따라 사용할 수 있는 청각 매체가 다르기 때문이다. 교실에 음향 기기가 설치되어 있지 않을 경우에는 카세트나 CD 플레이어를 교사가 직접 휴대하여야 해당 매체를 사용할 수 있다. 만약 휴대기기의 음량이 크지 않다면 마이크나 스피커 등 보조 장비를 동원해야 할 수도 있다. 교실에 컴퓨터가 설치되어 있을 때는 MP3 파일이나 인터넷 상에 공개된 음원들을 쉽게 사용할 수 있다.

과거에는 한국어 듣기 자료를 교사가 준비하여 교사가 교실 전체에 들려주는 형태의 수업이 주를 이루었으나 최근에는 다양한 형태의 수업이 가능하다. 우선 교사가 준비한 듣기 자료를 학습자들이 자신의 스마트폰을 통해 수업 시간 중에 원하는 부분을 반복하여 듣게 할 수 있다. 교사와 전체 학습자 간의 듣기 연습이 아니라 학습자 수준에 따른 학습자 중심 듣기 수업이 가능하다. 또한 학습자들이 한국어로 대화하거나 발표한 내용을 녹음한 자료를 준비하게 하여 교사, 동료 학습자들과 공유하면서 의사소통 능력을 향상시키는 수업을 할 수도 있다. 청각 자료를 교사가 일방적으로 제공하는 것이 아니라 학습자가 생성하고 공유하는 형태의 수업이 가능하다.

3) 시청각 매체

시청각 매체는 시각 정보와 청각 정보를 결합한 형태로 음성, 그림, 사진, 컴퓨터 그래픽, 비디오, 애니메이션 등을 복합적으로 사용할 수 있기 때문에 교육 내용 전달 효과가 큰 편이다. 시청각 매체의 경우 과거에는 움직이는 영상과 음성을 담고 있는 비디오 테이프를 일컬었으나 기술이 발전하면서 데이터를 CD-ROM, LD, DVD, MP4 파일 등에 저장하거나 인터넷을 통해 유통하기도 한다.

시청각 매체는 시간과 공간을 조작할 수 있다는 특징이 있다. 꽃이 피고 지는 계절의 변화를 1분으로 표현하거나 운동 선수가 선보인 하나의 동작을 1분으로 제시하는 등 시간을 압축하거나 확장할 수 있다. 또한 각기 다른 장소에서 일어난 일을 분할된 화면 속에서 동시에 관찰하거나 해저, 우주, 극지방 등 우리가 직접 방문할 수 없는 지역도 근거리에서 보는 것처럼 느끼도록 공간을 조작할 수 있다.

한국어 수업에서 시청각 매체는 매우 다양한 용도로 활용된다. 첫째 학습자들의 주의 집중이나 동기 유발을 위해 시청각 매체를 사용할 수 있다. 시청각 매체는 음향과 사진 등의 자극을 통해 학습자들의 감각 기관을 일깨우기 때문이다. 이때 교육 목표, 자료의 길이, 자료의 수준, 학습자의 특성을 고려해야 한다. 교육 목표와 관련이 있는, 학습자의 주의를 환기하기에 적당히 짧은 길이의 시청각 자료를 활용해야 한다.

둘째, 목표 기능, 문법, 어휘 등을 제시하는 도구로서 시청각 매체를 활용할 수 있다. 시청각 자료를 통해 학습자에게 목표 기능이나 문법, 어휘 등을 노출함으로써 습득할 수 있도록 한다. 이러한 용도로 시청각 매체를 사용한다면 자료의 길이가 너무 길어서는 안 되며, 내용이나 표현 등 자료의 수준이 학습자에게 적절해야 하며, 교사 개인에게 흥미로운 내용이 아니라 학습자들의 학습 동기를 자극하고 학습자들이 수업 목표를 달성하는 데 도움이 되는 자료여야 한다.

셋째, 한국 문화에 대한 이해도를 높이기 위해 시청각 자료를 제시할 수 있다. 교사의 설명이나 책으로 이해하기 어려울 수 있는 한국 문화에 대한 내용은 시청각 자료를 통해 좀 더 쉽게 접근할 수 있다. 예를 들어 한국어 학습자들이 이해하기 어려운 한국인의 문학적 정서나 한국의 오래된 물건들은 문학 작품을 영화화한 시청각 자료를 통해 이해할 수 있다.

4) 방송 매체

통신 기술이 발전하면서 전파 송출을 통해 음성과 영상을 전달할 수 있게 되었다. 다시 말해 앞에서 살펴 본 청각 매체와 시청각 매체가 통신 기술을 만나 방송 매체로 거듭나게 되었다. 방송에는 움직이는 영상을 전달하는 텔레비전 방송과 소리를 전달하는 라디오 방송이 있다. 텔레비전 방송의 경우 과거에는 공중파 방송 위주였다면 최근에는 기술의 발달로 위성 방송, 케이블 방송, 디지털 방송, 웹 캐스팅 등으로 세분되었다. 공중파 방송은 전파를 통해 방송을 전송하는 가장 일반적인 형태의 방송이다. 위성 방송은 지상국에서 위성으로, 위성에서 지상으로 전파를 송신하기 때문에 지상파 송신이 어려운 지역에서도 수신이 가능하다는 장점이 있다. 케이블 방송은 동축 케이블을 통해 방송하는 유선 방송을 뜻한다.

디지털 방송은 디지털화된 방송을 의미하는데 데이터가 디지털화되어 압축되기 때문에 좀 더 많은 정보를 신속하고 주고받을 수 있다. 웹 캐스팅(web casting)은 인터넷 서비스를 통해 프로그램을 송출하는 형태의 방송을 일컫는다. 전통적인 방송 매체는 대중에게 신속하게 정보를 전달할 수 있지만 일방향 매체라는 단점이 있었다. 그러나 디지털 환경에서 디지털화된 방송은 쌍방향 방송, 스마트TV 등의 기술력을 통해 이러한 한계를 뛰어 넘고 있다.

공중파 방송이나 위성 방송의 경우 전파 송출 기술이나 위성을 사용할 수 있는 권한이 있어야 하므로 한국어 교사 개인이 방송 프로그램을 제작하는 것은 거의 불가능하다. 아리랑 TV, EBS 등의 방송국에서 한국어 교육을 위한 방송 프로그램을 제작하여 공중파 방송 또는 위성 방송의 경로로 방송하고 있다. 그리고 제작한 프로그램을 디지털화하여 인터넷 사이트에 게시하고 있으므로 한국어 수업에서 방송 프로그램을 교육용 자료로 사용하고 싶다면 이들을 활용하면 된다.

최근에는 유튜브(YouTube) 등의 플랫폼(platform)을 통해 손쉽게 생방송과 녹화 방송을 할 수 있기 때문에 한국어 교육을 위한 방송 프로그램도 좀 더 수월하게 만들 수 있게 되었다. 한국의 전통 시장, 식당, 거리 등 삶의 현장을 방송으로 전달함으로써 한국의 언어와 문화를 자연스레 익힐 수 있도록 유도하는 것이 용이해졌다.

5) 디지털 매체

디지털 매체는 본래 디지털 부호로 작동하는 매체를 의미한다. 다시 말해 디지털화된 정보를 전달하는 매개체, 도구라고 할 수 있다. 디지털 매체는 컴퓨터, 소프트웨어, 네트워크를 결합하여 사용하기 때문에 '상호작용성'(interactivity)과 '집단 형성'(group forming)이라는 특성[4]을 지닌다. 상호작용성은 네트워크를 기반으로 하고 있기 때문에 나타나는 특성으로 송신자와 수신자가 메시지를 즉각적으로 서로 주고받을 수 있다는 것이다. 일대일뿐만 아니라 한 명과 집단, 집단과 집단 등의 구도에서도 상호작용이 가능하다. 그리고 문자 기반으로만 상호작용하는 것이 아니라 사진, 동영상, 음악 등 다양한 매체를 이용해 상호작용할 수 있다. 그렇기 때문에 디지털 매체는 멀티미디어로 불리기도 한다. 다음으로 집단 형성은 소프트웨어와 관련이 있는데, 사용자가 원한다면 네트워크 상에서 언제든지 그룹을 만들 수 있다는 점이다. 예를 들어 온라인 커뮤니티나 SNS에 특정 집단이 이용할 수 있는 게시판을 만드는 것이다.

4 Smith(2013), What is digital media?, https://thecdm.ca/news/what-is-digital-media(검색일자: 2018년 7월 22일)

또한 디지털 매체는 하이퍼미디어적 성격을 지닌다. 하이퍼미디어는 음성, 문자, 시각 정보들이 노드(node)와 링크(link)를 통해 비순차적으로 구성된 매체로, 학습자는 사전에 계획된 정보 구조만 볼 수 있는 것이 아니라 노드와 링크를 통해 정보를 자유롭게 탐색하고 수집할 수 있다. 풍부한 정보 환경을 제공하는 하이퍼미디어는 학습자가 스스로 지식을 구성할 수 있으며 그 과정에서 정보와 학습자가 적극적으로 상호작용할 수 있다는 점이 장점이다. 디지털 매체는 학

디지털 매체와 관련된 용어에는 어떤 것이 있을까?

디지털 매체와 관련하여 자주 사용되는 용어는 멀티미디어, 뉴미디어이다. 용어에서 드러나듯이 멀티미디어는 복합적인 양식을 결합하여 정보를 전달하는 매체를 의미하며, 뉴미디어는 최신 기술을 적용한 미디어를 의미한다. 이 용어들은 현상적으로는 스마트 기기와 같은 매체를 지칭한다는 점에서는 동일하다. 다만 부호화 방식의 종류, 양식의 복잡성, 최신 기술의 적용 여부 중에서 어디에 중점을 두고 있느냐에 따라 용어가 다를 뿐이다.

습자가 스스로 자료를 찾을 수 있는 풍부한 정보 환경을 제공한다. 그러나 탐색에는 시간이 필요하므로 시간을 낭비할 가능성도 있으며, 방향성을 상실하고 정보 속을 헤맬 수도 있다는 단점이 있다.

최근 들어 위와 같은 디지털 매체의 속성을 활용하는 '앱'이 제작되기 시작했다. '증강 현실' 기술도 앱이나 서적을 통해 구현되기 시작했으며, 교수·학습 현장에서 전자책이 언급되고 있다. 우선 앱이라고도 하는 애플리케이션은 주로 스마트폰이나 태블릿PC 등의 스마트 기기를 통해 접근할 수 있는 응용 프로그램을 뜻한다. 컴퓨터에 프로그램을 설치하여 사용하는 것과 유사한 방법으로 스마트 기기에 자신이 원하는 애플리케이션을 설치하여 사용할 수 있다. 한국어 학습용 애플리케이션들이 개발되어 있을 뿐만 아니라 한국어 수업에서 활용할 수 있는 애플리케이션들도 시중에 존재한다. 사진이나 그림을 통해 어휘나 문장을 암기하도록 돕는 애플리케이션, 동영상을 통해 문법 항목을 설명하거나 대화를 보여 주는 애플리케이션, 한국어를 사용하는 또는 학습하는 사용자들과 의사소통할 수 있도록 돕는 애플리케이션 등 다양하다. 최근에는 세종학당에서 한국어 어휘 학습을 위한 '앱'을 개발하였다. 애플리케이션을 한국어 수업에서 사용하려면 우선 애플리케이션을 사용하는 기기가 태블릿 PC인가, 안드로이드 기반인가, ios 기반인가 등을 고려해야 하며, 인터넷 기반 시설의 상황에 따라 상시 접속하여 사용하는 애플리케이션인지, 필요한 프로그램을 한번만 다운로드 받으면 되는 애플리케이션인지 등을 확인할 필요가 있다. 그리고 학습자들이 애플리케이션을 사용할 수 있는 환경인지도 파악할 필요가 있다.

이외에 증강 현실도 등장하였다. 증강 현실이란 사용자가 직면하고 있는 현실 세계에 가상의 사물을 합성하여 보여 주는 기술을 말한다. 사용자가 눈으로 보고 있는 현실 세계에 대해 생생한 부가 정보를 제공한다. 스마트폰으로 눈앞에 펼쳐진 지형지물을 비추면 가야 하는 방향이 화면에 화살표로 표시된 경우를 예로 들 수 있다. 최근에는 서적에도 이 기술이 적용되어 스마트폰으로 책의 특정한 부분을 비추면 입체 조형물이나 확대된 조형물, 움직이는 영상을 볼 수 있다. 이 기술을 한국어 교육에 도입하면 비실제적인 약도나 지도가 아니라 실세계의 지형지물을 이용해 길 찾기 표현을 배울 수 있을 것이다. 또한 평면 공간으로 제한되어 있는 시각 매체로는 표현하기 어려웠던 어휘나 표현들을 입체로 보여주며 가르칠 수 있는 여지가 생겼다.

'가상 현실'과 '증강 현실'의 차이는?

가상 현실(Virtual Reality, VR)은 컴퓨터로 만든 가상의 세계 즉 사이버공간에서 체험하는 현실을 의미한다. 증강 현실(Augmented Reality, AR)은 이와는 다르게 실세계에 3차원의 가상의 물체를 겹쳐 보여 주는 현실을 뜻한다.

증강 현실

가상 현실

[그림 16-1] 증강 현실과 가상 현실을 적용한 네비게이션 화면[5]

5 http://www.inavi.com/Products/Navi/Gate?target=_x1_DASH_PLUS(검색일자: 2019년 3월 4일)

마지막으로, '전자책 리더기'는 수백 권의 도서를 저장할 수 있다. 전자책 리더기에 기능별 교재, 수준별 교재, 한국어 사전, 유의어 사전 등 수십 권의 자료를 넣을 수 있기에 한국어 학습자들이 기능별 또는 수준별 무거운 책을 여러 권 들고 다닐 필요가 없게 되었다. 전자책 리더기는 눈의 피로도를 줄이기 위해 화면을 종이책처럼 구현하였지만 기기의 해상도에 따라 텍스트, 그림 등의 선명도가 다르기 때문에 전자책에 한국어 교육 내용을 담을 때는 이러한 물리적 사양을 고려해야 한다.

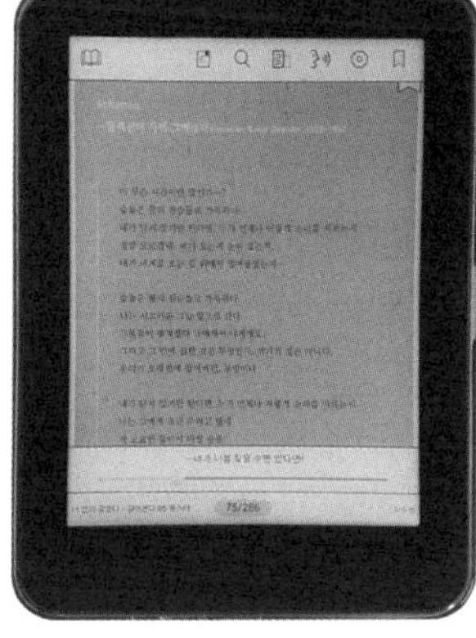
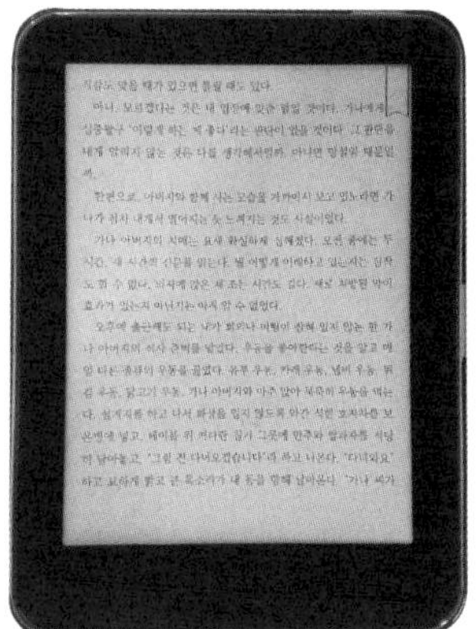

[그림 16-2] 전자책 리더기 예시

3. 교수·학습을 위한 매체 활용 모형

교수·학습 매체를 교실 수업에서 활용하기 전에 매체 사용에 대한 설계와 준비가 면밀하다면 실패를 예방할 수 있으며 효과를 증대시킬 수 있다. 따라서 교수·학습 매체를 통해 학습자가 학습 경험을 쌓을 수 있도록 체제적으로 접근하려고 노력해야 하는데, 전체를 구성하는 요소들이 상호 유기적으로 결합되어 있다고 보는 관점에서 교수·학습 매체 활용 방안을 설계하는 시도가 바로 그것이다. 대표적인 모형으로는 'ASSURE 모형'(Heinich, R., et al., 1996)이 있다. ASSURE 모형은 학습자 분석(Analyze learner), 목표 진술(State objectives), 교수 방법, 매체 및 자료 선정(Select methods, media and materials), 매체와 자료 활용(Utilize materials), 학습자 참여 유도(Require learner participation), 평가와 수정(Evaluate and revise) 총 6단계로 구성된다.

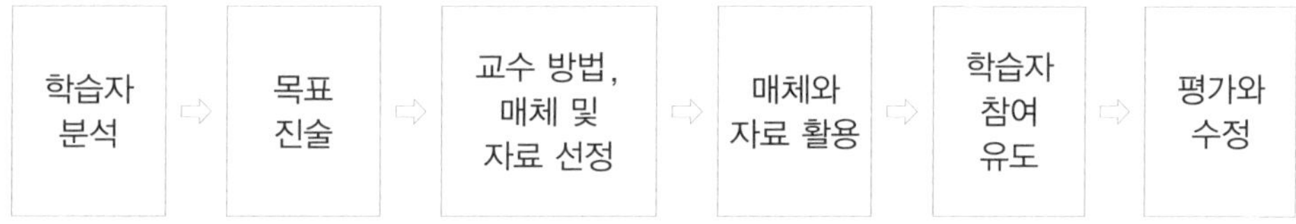

1) 학습자 분석

교수·학습 매체를 활용할 것인가, 어떤 매체를 사용할 것인가, 어떻게 사용할 것인가를 결정하기 위해서는 우선 학습자에 대해 분석할 필요가 있다. 학습자의 일반적 특성, 구체적 출발점 능력, 학습 양식을 확인해야 한다. 일반적 특성은 학습자의 성별, 연령, 학년, 모어, 언어 학습의 경험, 사회적 또는 경제적 상태 등을 뜻한다. 구체적 출발점 능력은 학습자가 현재 가지고 있는 능력을 말하는데, 이미 알고 있는 지식, 기능, 태도 등을 포함한다. 이를 파악하면 학습자가 할 수 없는, 보여줄 수 없는 지식, 기능, 태도를 확인할 수 있다. 마지막으로 학습 양식은 개인이 학습 환경을 지각하고 상호작용하며 반응하는 심리적 특성을 뜻한다. 이는 지각적 선호, 동기 등을 포함한다. 지각적 선호란 학습자가 청각, 시각, 촉각, 운동 지각 중에 어떠한 감각을 선호하는가에 관한 것이다. 동기는 학습자가 무언가를 선택하거나 거부하는 내적 상태를 말하는데 여기에는 내적 동기와 외적 동기가 있다. 내적 동기는 도전감이나 호기심처럼 과제 그 자체에 의해 생성되며, 외적 동기는 성적, 칭찬, 상벌 등에 따라 생성된다. 언어를 학습하는 동기에는 도구적 동기와 통합적 동기가 있는데, 언어 학습 외적인 것을 이루기 위해 언어를 도구나 수단으로 배우는 것을 도구적 동기, 언어와 문화 자체에 대한 관심으로 언어를 배우는 것을 통합적 동기라고 한다.

매체를 활용한 한국어 교육에서는 특히 학습자의 구체적인 출발점 능력, 즉 현재 구사할 수 있는 한국어 수준을 파악하는 것이 중요하다. 학습자가 이미 알고 있는 어휘, 문법 등의 수준을 가늠해야 한국어 교사가 교사말로 사용할 수 있는 한국어의 수준을 설정할 수 있으며, 앞으로 어떤 언어적 지식을 가르치고, 어떤 기능을 훈련시켜야 할지 계획을 세울 수 있기 때문이다. 이와 더불어 한국어 학습자의 모어를 확인하는 것은 필수이다. 이처럼 학습자의 일반적 특성, 출발점 능력, 학습 양식을 분석하여 학습자의 특성을 알고 있어야 학습자에게 적절한 그리고 가장 효과적인 교수·학습 매체를 선택할 수 있다.

2) 목표 진술

다음 단계는 교수·학습의 목표를 분석하여 상세하게 기술하는 단계이다. 목표는 학습자가 달성해야 하는 지점을 나타내는 것으로 교수·학습 매체와 긴밀하게 관련되어 있다. 교육 목표는 Bloom, Gagné, Merrill, Reigeluth 등 여러 학자에 의해 논의되었다. Bloom은 인지적, 정의적, 심체적 또는 심동적(psychomotor) 영역으로 구분하였으며 Gagné는 이를 좀 더 세분화하여 언어적 정보, 지적 기능, 인지 전략, 태도, 운동 기능으로 구분하였다. Merrill은 인지 영역을 중심으로 내용 요소(사실, 개념, 절차, 원리)와 수행 능력(기억, 활용, 발견)의 교차시킨 매트릭스를 제안하였다. Reigeluth는 Merrill의 관점을 발전시켜 인지적 영역에 초점을 두고 교육 목표를 정보의 기억, 관계의 이해, 기능의 적용, 고차적 기능으로 구체화시켰다. 이를 정리하면 [표 16-1]과 같다.

6 임철일(2000), 이화여자대학교 교육공학과(2004)의 내용을 바탕으로 종합·정리하였다.

[표 16-1] 교육 목표의 분류[6]

Bloom(1956)	Gagné(1979)	Merrill(1983)	Reigeluth(1983)
• **인지적 영역** 지식, 이해, 적용, 분석, 종합, 평가	• **언어 정보**	• **기억** 사실 개념 원리 절차	• **정보의 기억** • **관계의 이해** 개념적 이해 인과 관계 이해

	• 지적 기능 변별, 구체적 개념, 정의된 개념, 원리, 문제 해결	• 활용 개념 원리 절차	• 기능의 적용 개념 분류 절차 적용 원리 적용
	• 인지 전략	• 발견 개념 원리 절차	• 고차적 기능 문제 해결 학습 전략 초인지
• 정의적 영역	• 태도	×	×
• 심동적 영역	• 운동 기능	×	×

한국어 교육에서는 교육 목표를 '안내문을 읽고 필요한 정보를 찾을 수 있다', '대화를 듣고 화자의 태도를 추측할 수 있다' 등과 같이 수행해야 하는 기능에 초점을 맞춰 기술하는 경우가 대부분이다. 위에서 언급한 교육 목표 분류 중 대체로 인지적 영역에 속한다는 것을 알 수 있다. 이를 파악하고 나면 교육의 내용, 방법, 매체가 좀 더 명확해진다.

교육 목표를 분류하였다면 이를 구체적으로 진술해야 한다. 학습 목표를 진술할 때 좀 더 구체적인 목표 설정이 가능하도록 'ABCD 법칙'을 따르는 것이 좋다. 다시 말해 학습자 대상(Audience)이 어떤 조건(Condition)에서, 어떤 정도로(Degree), 어떤 행동(Behavior)을 보여야 하는지를 기술한다. 이때 '이해하다'나 '알다'와 같은 애매한 동사보다 '정의하다, 변별하다, 분류하다, 시연하다, 선택하다' 등과 같이 관찰 가능한 수행 동사를 사용하는 것이 바람직하다. 이는 학습자의 학습 가능성을 제한하는 것이 아니라 최소 수준의 성취 행동을 제시함으로써 학습자들이 그 이상의 학습을 할 수 있는 바탕을 마련해 주는 것이다.

한국어 교육에서의 교육 목표를 Gagné가 제안한 언어적 정보, 지적 기능, 인지 전략, 태도, 운동 기능과 연결 지어 생각해 보면 다음과 같다. 단어나 관용 표현의 경우 언어 정보의 영역에 속하며, 제약 조건에 따라 이형태를 적절히 결합하는 것은 지적 기능에 속하는데 이를 정확하고 유창하게 말하는 것은 운동 기능에도 해당된다. 상황에 따라 적합한 표현을 선택하거나 회피하는 것은 인지 전략에 속하기도 하며, 청자나 독자를 고려하면서 메시지를 전하려고 하는 노력은 태도 영역에 포함될 수 있다. 이중 제약 조건에 따라 이형태를 적절히 결합하는 지적 기능 영역의 학습 목표는 '학습자는 즉각적으로 대화를 해야 하는 상황에서 열 번 중에 여덟 번은 목적격 조사(-을/를) 중 적절한 형태를 골라 말할 수 있다'라고 설정할 수 있다. 여기에서 '학습자'는 대상(A), '골라 말할 수 있다'는 행동(B), '즉각적으로 대화를 해야 하는 상황'은 조건(C), '10번 중 8번'은 정도(D)에 해당한다. 이렇게 교육 목표를 구체적으로 진술했다면 사용 가능한 교수·학습 매체의 유형이나 목록을 작성할 수 있다.

3) 교수 방법, 매체 및 자료 선정

위에서 수행한 학습자 분석, 목표 진술 등의 결과를 바탕으로 이 단계에서는 교수 방법을 선정한 후, 교수 매체를 선택하고, 마지막으로 교수 자료를 결정하는 절차를 밟는다.

첫째, 교육 내용을 어떻게 전달할 것인가, 즉 교수 방법을 선정해야 한다. 학습자 특성, 교육 목표와 내용, 교사의 개인적 특성, 교수·학습의 맥락을 전반적으로 고려하여 결정하는데, 강의, 탐구식 수업, 토의, 협동학습, 발견학습, 토론, 발표, 거꾸로 학습 등 다양한 교수 방법 중 가장 적절한 방법을 선택한다.

둘째, 학습자 특성, 수업 집단의 형태, 수업 방식 등의 수업 상황, 수업 장소의 시설 등을 종합적으로 고려하여 교수·학습 매체를 정한다. 교수·학습 매체를 선택하기 위한 모형으로 'SECTIONS 모형'(Bates, 1995)이 있다. 학습자, 사용의 용이성, 비용, 교수와 학습, 상호작용, 조직에서의 고려사항, 새로움, 속도 등에 대해 묻는 체크리스트의 형태로 되어 있기 때문에 교육 현장에서 쉽게 활용할 수 있다. 또한 이 모형에 제시된 질문들은 어떤 교육적 상황에도 적용될 수 있는 범용성을 지니고 있다는 점에서 유용하다.

[표 16-2] Bates(1995)의 SECTIONS 모형

S	학습자(Students)	• 학습자에 대해 무엇을 알아야 하고 특정 그룹에 어떤 테크놀로지가 적합한가?
E	사용의 용이성 (Ease of use and reliability)	• 교사와 학생 모두 얼마나 쉽게 사용할 수 있는가? • 얼마나 믿을 수 있고 검증되었는가?
C	비용(Costs)	• 테크놀로지의 비용은 얼마인가? • 학습자당 개별 비용은 얼마인가?
T	교수와 학습 (Teaching and learning)	• 어떤 종류의 학습에 필요한가? • 어떤 교수적 접근이 이런 요구를 필요로 하는가? • 하고자 하는 교수와 학습을 지원하는 최적의 테크놀로지는 무엇인가?
I	상호작용과 사용자 친화성 (Interactivity)	• 사용하고자 하는 테크놀로지는 어떤 종류의 상호작용을 할 수 있는가? • 사용하기는 얼마나 쉬운가?
O	조직에서의 고려사항 (Organizational Issues)	• 테크놀로지가 성공적으로 사용될 수 있기 전에 제거되어야 하는 장벽과 조직적인 요구는 무엇인가?
N	새로움(Novelty)	• 사용하고자 하는 테크놀로지는 얼마나 새로운 것인가?
S	속도(Speed)	• 얼마나 빨리 이 테크놀로지를 가지고 과정을 완료할 수 있는가? • 얼마나 빨리 자료들이 바뀔 수 있는가?

이외에도 McAlpine & Weston(1994)은 특정 교수·학습 매체를 선택하기 위한 준거로 다음을 제안한 바 있다.

- 교육과정과 일치되는가?
- 정확하고, 최근의 것인가?
- 분명하고 정확한 언어를 사용하는가?
- 흥미를 유발하고 지속시키는가?
- 학습자가 참여할 수 있는가?
- 기술적 품질이 보장되는가?
- 효과성이 검증되었는가?
- 의도적 편견을 담고 있는가?

• 사용자 안내서가 있는가?

그러나 이들은 절대적인 기준이 아니다. 교육 목적에 따라, 그리고 상황 또는 매체에 따라 준거가 달라질 수 있기 때문이다. 예를 들어 한국어 발음 수업에서 정확하고 유창한 발음의 중요성을 강조하려고 할 때 정확한 발음으로 녹음된 음성 자료보다 학습자들이 자주 범하는 발음 오류를 녹음한 음성 자료가 효과적일 수 있기 때문이다. 정확하지 않은 발음으로 녹음된 음성 자료를 들었을 때 의사소통에서 정확한 발음이 중요하다는 것을 바로 인식할 수 있기 때문이다. 그리고 언어 사용의 문화적 차이를 가르치기 위한 수업에서는 의도적으로 문화적 편견이 드러나는 어휘나 표현을 사용하는 동영상을 사용할 수도 있다.

셋째, 교수 자료를 선정한다. 이를 위해서 기존의 교수·학습 자료를 살펴볼 필요가 있다. 수업을 위해 기존의 교수·학습 자료를 그대로 사용해도 무리가 없다면 기존의 자료를 선택하여 사용하면 된다. 그러나 기존 교수·학습 자료가 수업에 적합하지 않다면 개작하거나 새로운 교수·학습 자료를 제작할 수도 있다.

기존의 교수·학습 자료를 검색하는 과정에서는 목록 정도만 확인할 수 있을 뿐 한국어 수업에서 사용 가능한 자료인지, 적합한 자료인지를 확인하기는 어렵다. 그러므로 검색한 자료의 내용을 구체적으로 파악해야 한다. 이때 주위 동료 교사 중 해당 자료를 알고 있거나 사용한 적이 있다면 조언을 구하도록 한다.

기존 자료 중에서 적당한 것을 발견하기 어렵다면 기존의 것을 수정하거나 개작하여 사용할 수 있다. 예를 들어 복잡한 시각 자료를 단순하게 변형하거나 단순한 내용을 담은 시각 자료에 보충 설명을 추가할 수 있다. 동영상 자료의 음성이 담고 있는 어휘나 문법의 수준이 높아 학습자들이 내용을 이해하기 어렵다면 화면만 제시하고 그 내용을 교사가 설명해 줄 수도 있다. 음성 자료의 경우 필요하지 않은 부분을 삭제하고 필요한 부분만 연결하여 사용하는 등 다양한 변형이 가능하다. 그러나 저작권과 관련하여 문제가 발생하지 않도록 해당 내용을 확인할 필요가 있다.

기존의 자료를 활용하는 것이 여의치 않을 때는 새로 제작할 수밖에 없다. 이때에는 다음과 같은 사항들을 고려해야 한다(설양환 외, 2005: 77-78).

• 목표: 학생들이 무엇을 배우기를 원하는가?
• 대상: 학습자의 특성은 무엇인가? 학습자가 자료로부터 학습하고 사용할 기술과 선수(혹은 선행) 지식을 가지고 있는가?
• 비용: 자료를 준비하는 데 필요한 재료를 구입하는 비용이 예산 범위 내에서 충분히 이용 가능한가?
• 기술적 전문성: 당신이 사용하고 싶은 자료의 종류를 설계하고 만들기 위해 필요한 전문성을 가지고 있는가? 없다면 필요한 기술적 도움을 받을 수 있는가? 당신 능력의 범위 내에서 설계하려고 하라. 단지 값싸게 구입할 수 있는 자료라면 구태여 더 멋진 전문적 자료를 만들려고 시간과 돈을 낭비하지 마라.

- 기자재: 당신이 설계하려고 하는 자료를 만들거나 사용하기 위해 필요한 기재가 있는가?
- 시설: 당신의 설계가 그 자료를 준비하거나 사용하기 위한 특별한 시설을 필요로 한다면, 그러한 시설은 이용 가능한가?
- 시간: 당신이 생각하고 있는 자료의 종류를 설계하고 만드는 데 필요한 시간을 확보할 수 있는가?

마지막으로 선정한 교수 방법, 매체, 자료를 사용하는 데 문제가 없는지 사전에 리허설을 해 볼 필요가 있다. 교실 환경에 문제가 없는지, 교사가 해당 기자재를 다루는 데 어려움은 없는지 점검해야 하기 때문이다. 그리고 교수·학습 매체를 제시하기 전에 학습자의 주의를 환기시킬 필요가 있으며 수업 중에 학습자들이 적극적으로 참여할 수 있는 기회를 제공하도록 한다. 그리고 수업이 끝나면 교수·학습 매체의 사용 효과를 분석할 필요가 있다.

4) 매체와 자료 활용

수업에서 사용할 교수 매체와 자료를 결정한 후에는 사전 검토, 자료 준비, 환경 준비, 학습자 준비, 학습 경험하기의 '5P'라고 불리는 다섯 단계를 거친다(Smaldino, et al., 2005). 우선 '사전 검토'(Preview the materials)는 수업 자료를 미리 확인하는 단계이다. 교사 스스로 자료를 미리 검토함으로써 전체적인 내용을 이해하고, 자료에 문제가 없는지 확인해야 한다. 다음으로 '자료 준비'(Prepare the materials)는 수업에 필요한 매체와 자료를 사용할 수 있는 상태로 준비하는 단계이다. 필요한 자료를 모두 구비하고, 어떤 순서에 의거하여 어떠한 방법으로 제시할 것인지를 고민해야 한다. '환경 준비'(Prepare the environment)는 수업이 진행될 공간에서 준비한 매체와 자료를 사용할 수 있도록 준비하는 것이다. 예를 들어 조명, 전원 등의 기반 시설과 책상과 의자, 스크린, 칠판 등 기자재가 갖추어져 있는지 확인하여 매체와 자료를 작동시키거나 제시하는 데 문제가 없도록 해야 한다. '학습자 준비시키기'(Prepare the learners)는 수업의 효과와 관련이 있다. 수업에 대한 학습자의 준비도에 따라 수업의 효과가 달라지기 때문이다. 그러므로 학습자들의 수업에 대한 동기가 유발되도록 유도해야 한다. 수업 내용에 대한 개요 또는 학습 목표를 미리 알려주는 것도 도움이 되며, 흥미로운 내용을 수업의 도입부에 제시하는 것도 도움이 된다. 마지막은 '학습 경험 제공'(Provide the learning experience)으로 매체와 자료를 활용하여 수업을 진행하는 단계이다. 이때 교사는 자료를 제시할 때 학습자의 주의를 끌어 자료 제시의 효과를 극대화할 필요가 있다.

5) 학습자 참여

교수·학습 매체의 올바른 활용은 교사가 일방적으로 학습자에게 매체를 제시하는 것이 아니라 학습자가 적극적으로 활동에 참여하도록 유도하는 것이다. 학습자가 학습 과정에 능동적으로 참여하도록 할 수 있는 방법으로는 다음과 같은 활동이 있다(Kemp & Smellie, 1989; 주영주 외, 2004 재인용).

- 즉각적인 필기나 구두 반응을 요구한다.
- 다른 필기 활동을 지시한다.
- 보거나 들은 것으로부터 선택, 판단, 결정을 요구한다.
- 보거나 들은 활동이나 기술과 관련된 수행을 요구한다.

이때 학습자들은 그들의 수행에 대해 적절한 피드백을 받을 수 있어야 한다. 피드백은 교사로부터 받을 수도 있고, 동료 학습자들로부터 받을 수도 있으며, 컴퓨터나 디지털 매체와 같은 기기를 통해서도 받을 수 있다. 그리고 더 나아가 자아성찰을 통해서도 피드백을 얻을 수 있다. 다양한 경로를 통해 얻은 피드백을 바탕으로 학습자들은 자신의 능력을 확인하고, 앞으로의 학습에서 성취도의 향상을 꾀할 수 있다.

6) 평가와 수정

마지막 단계는 학습 효과와 교수 방법 및 매체를 평가하는 절차이다. 학습 효과에 대한 평가는 학습 목표를 준거로 삼아 실시할 수 있다. 수행 목표로 진술하였기에 수행 평가를 실시할 수 있다. 표준화된 지필 검사를 통해서 학습자의 학업 성취도를 확인하는 데 그치지 않고 실제적인 문제 상황에서 학습자들이 자신들이 배운 것을 설명하고, 그에 따른 수행을 관찰함으로써 평가한다.

다음으로는 교수 방법과 매체, 자료의 효과성과 적절성을 평가한다. 수업 방법이 적절했는지, 매체와 자료가 효과적이었는지, 학습자들이 매체와 자료를 이해하는 데 문제가 없었는지, 교사가 자료를 제시하는 것이 용이했는지, 매체와 자료를 제시하는 시간은 적당하였는지 등을 평가한다.

그리고 이 단계에서는 교사도 평가의 대상이 될 수 있다. 교사는 교수·학습 매체를 활용하는 체제적 접근[7]에서 매우 중요한 자원, 구성 요소이기 때문이다. 학습자들이 학습 목표를 달성하는 것을 효과적으로 지원하기 위하여 교수·학습 매체를 적절하게 선정하고 사용하였는지 등을 평가함으로써 수업의 질과 효과를 개선해 나갈 수 있다. 마지막으로 이런 평가 결과를 바탕으로 다음 수업에서 교수 방법, 매체, 자료의 활용 방법을 어떻게 수정할지 개선 방안을 모색하도록 한다.

7 '체제적 접근'(systems approach)이란 전체를 구성하고 있는 하위 요소들은 독립적으로 기능을 하면서도 유기적으로 연결되어 있다는 총체적인 관점에서 각 요소들이 상호 보완하며 목표 또는 목적을 달성하도록 하는 과학적이며 통합적인 접근법을 말한다.

4. 한국어 교육에서 교수·학습 매체 활용 사례

1) 어휘 교육 사례

어휘 교육에서는 주로 단어 카드, 사진 자료를 사용하는데 여기에서는 증강 현실 기술이나 애플리케이션을 활용한 사례를 제시한다. 증강 현실 기술을 활용하면 위치를 나타내는 표현을 좀 더 효과적으로 가르칠 수 있다. 일반적으로 그림을 사용해 '안, 뒤, 위, 앞, 옆, 아래' 등을 가르치는데 평면 그림으로는 '뒤'나 '앞' 또는 '앞'과 '아래'를 구분하여 표현하기가 쉽지 않다. 증강 현실 기술은 스마트폰을 교재에 비췄을 때 상자 안, 위, 뒤, 앞, 옆 등의 위치에 사물이 놓여 있는 모습을 입체적으로 보여줄 수 있기 때문에 좀 더 명료하게 설명할 수 있다.

한편 세종학당에서 한국어 어휘 학습이 가능한 애플리케이션을 개발한 바 있다. 초급과 중급을 위한 어휘 학습 애플리케이션으로 한국어 학습자에게 무료로 제공하고 있다. 초급은 1,702개 어휘와 784개의 그림/단어 카드, 100개의 문화 카드, 중급은 2,980개 어휘와 602개의 그림/단어 카드, 100개의 문화 카드를 담고 있다. 이를 통해 매일 5개의 어휘를 익힐 수 있으며 주제별 어휘 학습이 가능하며 게임을 통해서도 한국어를 익힐 수 있도록 고안되었다. 초급은 영어, 중국어 버전, 중급은 영어, 중국어, 스페인어 버전도 제공하고 있으며 안드로이드용과 iOS용 앱을 모두 제공하고 있다. 이러한 애플리케이션을 통해 학습자가 교실 밖에서, 일상생활 속에서 자기주도적으로 어휘를 학습할 수 있으며, 한국어 학습을 지속할 수 있다는 점에서 의의가 있다. 증강 현실 기술이나 애플리케이션 개발에는 전문가의 기술, 시간, 비용 등의 투자가 필요하지만 한국어 학습자들에게 큰 도움이 된다.

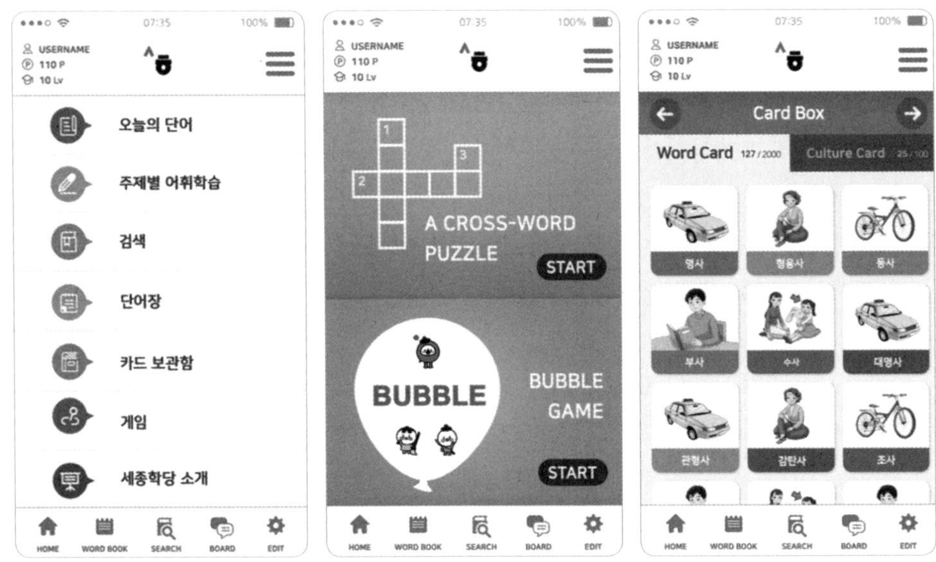

[그림 16-3] 세종학당의 한국어 어휘 학습 '앱'

2) 문법 교육 사례

문법 교육에서도 교수·학습 매체는 유용하게 사용할 수 있다. 주위에서 흔히 활용할 수 있는 매체인 칠판도 판서할 때 색상, 내용의 배치, 기호 등을 잘 활용하면 효과적으로 형태 결합 정보를 설명할 수 있다. [그림 16-4]에 제시한 바와 같이 '-(으)려면'이 동사와 결합하는 모습을 학습자가 한눈에 이해할 수 있게 제시할 수 있다. [그림 16-5]는 '-다가'라는 문법을 익힐 수 있는 애니메이션이다. '왼쪽으로 가다가 약국이 보이면 횡단보도를 건너세요'라는 문장을 설명하는 애니메이션을 통해 앞의 동작을 하는 중에 다른 행위를 한다는 '-다가'의 의미를 효과적으로 전달하고 있다.

[그림 16-4] 형태 학습을 위한 판서

[그림 16-5] 문법 학습 애니메이션[8]

8 이 자료는 국립국어원에서 운영하는 누리-세종학당 사이트에서 제공하는 자료이다. 이외에도 한국어 교원이 활용할 수 있는 학습 보조자료, 디지털 자료가 풍부하다. 출처: http://www.sejonghakdang.org/sjcustu/dms/detail.do?viewDataIdx=1000021361&dmsType=animation¤tMenuId=057004

3) 읽기와 쓰기 통합 수업 사례

공개 게시판 기능을 구현한 '패들렛'(padlet)이라는 애플리케이션이나 소셜 네트워크 서비스 기반의 메신저 서비스를 이용하여 협동적 글쓰기 수업을 실시할 수 있다. [그림 16-6]은 읽기 수업 중 학습자들이 텍스트를 읽고 조별로 내용을 요약한 후 패들렛을 통해 공유한 화면이다. 실시간으로 조별 요약문이 공유가 되므로 교사가 즉각적인 피드백을 제공할 수 있을 뿐만 아니라 그 내용이 실시간으로 게시판에 반영되면서 학급 전체가 학습에 참여할 수 있다는 장점이 있다. 텍스트, 사진, 그림, 동영상 등 모든 형태의 자료를 게시판에 올릴 수 있으며, 학습자들은 QR 코드를 이용하여 게시판에 쉽게 접속할 수 있다. 교사는 자신의 계정으로 게시판을 운영할 수 있는데 이 경우 학습자들의 조별 활동 결과물을 보관하거나 관리할 수 있으므로, 디지털화된 학습 자료를 학기 단위로 확보할 수 있다는 이점이 있다.

패들렛(Padlet)이란?

Padlet은 이미지, 동영상, 문서, 텍스트 등 어느 형태의 내용물이든지 한 장의 종이를 펼쳐 놓고 작업하는 것처럼 사용자들이 스마트폰, 태블릿 PC, 컴퓨터 등 다양한 기기를 통해 접속하여 협업할 수 있는 '애플리케이션'이다. 특별히 아이디를 만들지 않고, 해당 화면의 주소를 QR 코드를 통해 공유하여 쉽게 사용자들이 접속하여 소통할 수 있는 공개 게시판과 같다. 그러나 해당 화면을 만든 사람이 아이디가 있으면 작업한 자료를 보관하고 관리할 수 있다.

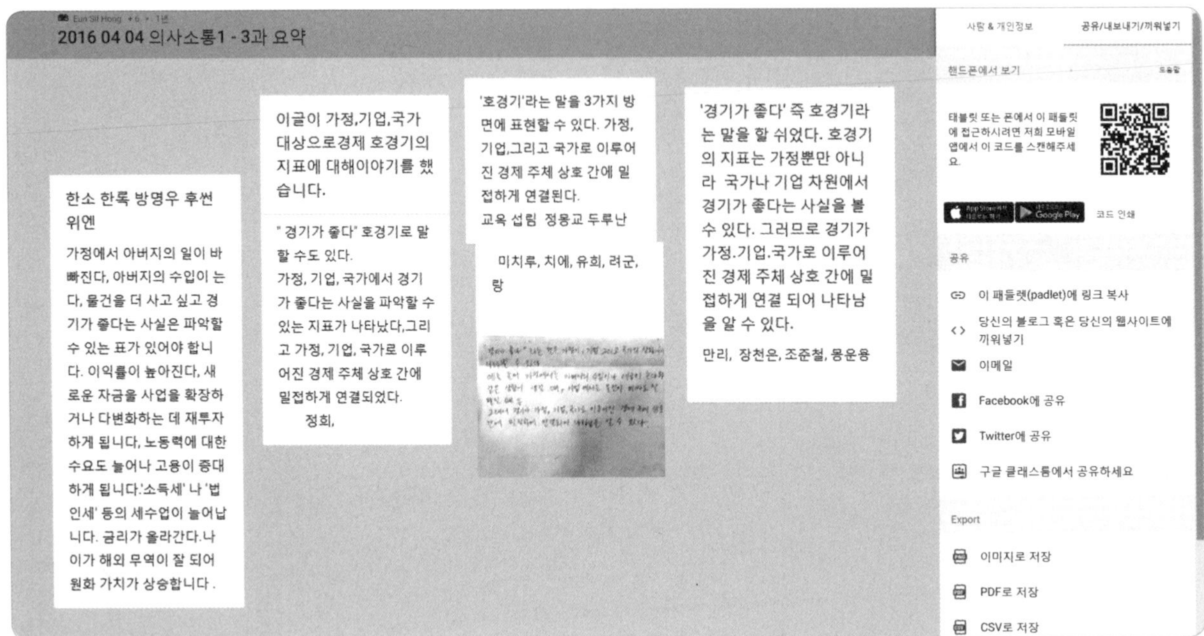

[그림 16-6] 외국인 대상 학부 교양 수업 사례

4) 말하기 교육 사례

[그림 16-7] Explain Everything App 리뷰[9]

9 출처: https://www.commonsensemedia.org/appreviews/explain-everything-whiteboard

말하기 수업에서 어려운 점은 수업 중에 학습자들에게 골고루 말할 시간과 기회를 주는 것, 그리고 이에 대해 교사가 충분한 피드백을 제공하는 것이다. '쌍방향 칠판'(interactive whiteboard)'이라는 별칭을 가지고 있는 '익스플레인 에브리싱'(explain everything)과 같은 '애플리케이션'을 통해 수업 동영상을 만들어 학습자들이 수업 전에 미리 학습해 오도록 하고, 수업은 말하기 연습과 피드백에 집중하는 것도 하나의 방법이다. 그리고 수업 후 학습자들이 말하기 동영상을 촬영하여 온라인 커뮤니티에 올리는 과제를 제공하는 것도 또 하나의 방법이 될 수 있다. 예를 들어 학습자의 발표 능력을 향상시키기 위한 외국인 유학생 대상 학부 수업에서 발표와 관련된 이론 수업을 실시한 후, 수업 시간에 연습한 말하기 과제를 동영상으로 촬영하여 온라인 커뮤니티를 통해 공유하도록 한 후, 개별적인 피드백을 제공하는 것이 가능하다.

5) 문화 교육 사례

문화를 담고 있는 어휘, 속담, 관용구를 가르치거나 문화 예술 그 자체를 가르쳐야 하는 경우에도 교수·학습 매체는 유용하게 사용될 수 있다. 보편적인 문화를 담고 있는 언어나 예술은 다른 언어권의 학습자가 이해할 수 있지만, 한국의 특수한 문화적 색채를 담고 있는 언어나 예술은 그렇지 않다. '식은 죽 먹기'나 '떡 줄 사람은 생각도 않는데 김칫국부터 마신다'라는 속담을 예로 들면, 죽, 떡, 김칫국이라는 한국 음식에 대한 배경지식이 있어야 그 의미를 제대로 이해할 수 있다. 또한 도깨비, 도자기, 단청, 기와, 메주 등 한국의 고유한 문화적 산물도 단어 뜻풀이만으로는 그 대상을 정확히 이해하기 어렵다. 이럴 때 관련된 교수·학습 매체를 제작하여 제공하면 학습자들이 한국의 언어문화와 문화적 산물을 더욱 쉽게 이해할 수 있을 것이다.

[그림 16-8] 사진 자료

6) 통합 교육 사례

교육부 산하 '국가평생교육진흥원'에서 관리하고 운영하고 있는 '케이무크'(K-MOOC 또는 한국형 무크)에서도 한국어 강좌를 제공하고 있다. 한국형 무크(K-MOOC)는 'MOOC'(Massive Open Online Courses) 플랫폼을 기반으로 모든 사람이 수강 가능하도록 웹에서 강좌들을 제공하는 사이트를 말하는데, 교수자와 학습자, 학습자와 학습자 간 질의응답, 토론, 퀴즈, 과제 제출 등 양방향 학습이 가능한 새로운 교육 환경을 제공하고 있다. 국내 69개의 대학에서 인문, 사회, 교육, 의학, 자연, 공학, 예체능 등 516개 강좌를 구축하였다(2018년 12월 기준). [그림 16-9], [그림 16-10], [그림 16-11], [그림 16-12]와 같이 일반 목적 한국어 초·중·고급 과정도 개발[10]하여 제공하고 있다.

10 초급과 고급 과정은 성균관대학교, 중급 과정은 경희대학교에서 콘텐츠를 개발하였다. http://www.kmooc.kr을 방문하면 자세한 내용을 확인할 수 있다.

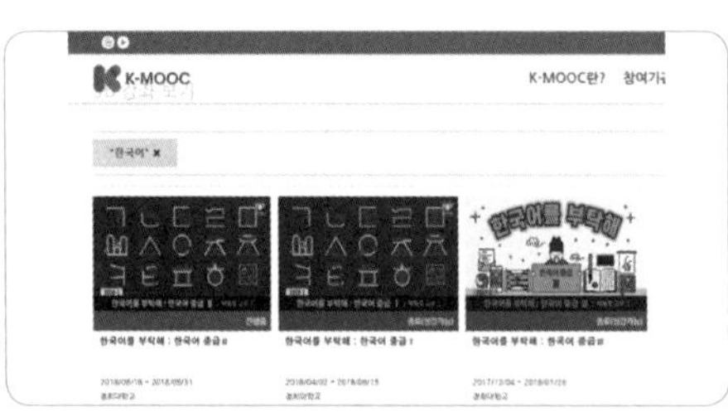

[그림 16-9] K-MOOC 한국어 강좌 목록

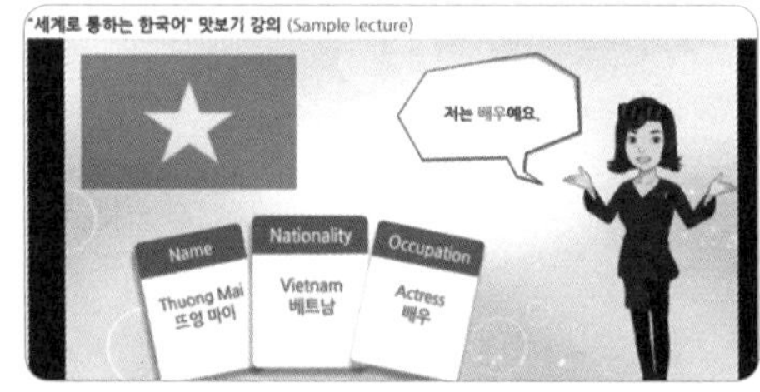

[그림 16-10] K-MOOC 초급 한국어 과정

[그림 16-11] K-MOOC 중급 한국어 과정

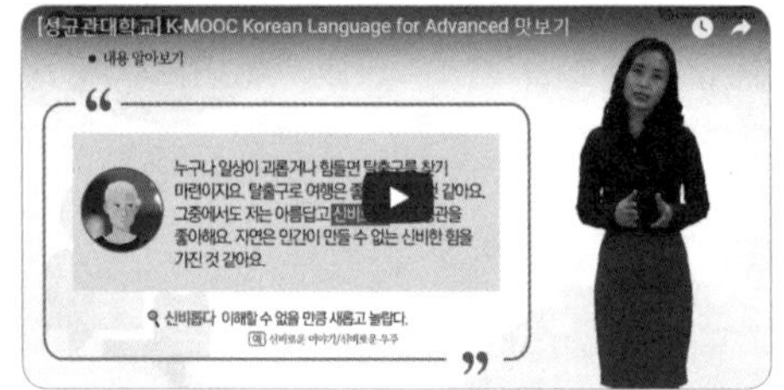

[그림 16-12] K-MOOC 고급 한국어 과정

K-MOOC에서 제공하고 있는 한국어 강좌들은 어휘, 문법, 회화, 읽기, 듣기, 쓰기, 말하기 등 모든 영역을 통합한 콘텐츠라는 데 그 특징이 있다. K-MOOC는 온라인 공간의 특성상 불특정 다수의 다국적 학습자가 수강 신청을 하기 때문에 초급 강좌의 경우 영어를 교수 언어로 사용하고 있다. 대화 듣기, 한 문장씩 그림자처럼 따라 말하기(shadow reading), 목표 문법 항목에 대해 학습하기, 연습해 보기, 정리하기 등의 순으로 구성되어 있는데 각 단계에서 어휘, 문법, 읽기, 듣기, 말하기, 쓰기 등의 영역을 담고자 통합적인 접근을 취하고 있다. 예를 들어 따라 말하기 활동을 통해서는 읽기와 말하기의 유창성과 정확성을 함양하는 것을 목표로 하고 있으며, 목표 문법 항목을 연습해 볼 수 있는 연습해 보기에서는 읽고 말하며 쓰는 기능을 훈련할 수 있도록 구성하였다.

한국어 교육에서 일상적으로 사용하는 시각 자료나 청각 자료 외에도 정보 기술 발전에 따라 다양한 교수·학습 매체를 각 상황과 목적에 맞게 효율적으로 활용할 수 있는 여러 방안이 모색되고 있다.

탐구 과제

1. 다음과 같은 두 가지 환경에서 활용하기에 적절한 교수·학습 매체는 어떤 것인지 토의해 보자.

- 학습자 수준: 중급
- 수업 목표: 친구와 여행 계획 세우기
- 수업 방법: 본문 대화를 들려주고, 해당 문형 말하기 연습을 한 후, 조별로 여행 계획 세우기

> 환경 1

> 환경 2

2. 다음은 교사가 칠판에 쓴 판서이다. 이를 효과적으로 수정해 보자.

- 학습자 수준: 초급
- 목표 문법 항목: '-아/어/여요'

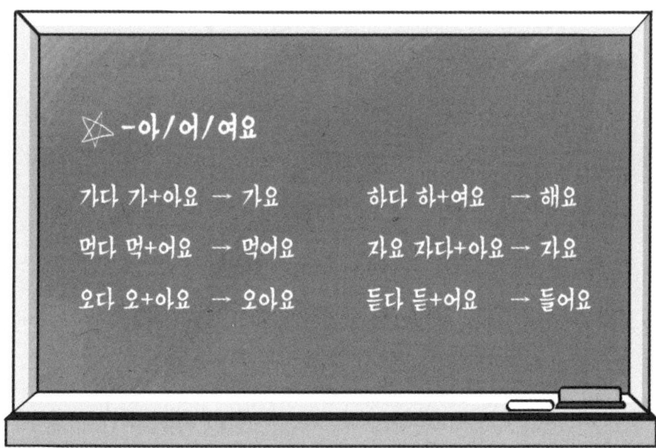

3. 한국어 교육을 위한 방송 프로그램을 검색하고 각 방송 프로그램의 목적, 특성을 논의한 후, 수업에서의 활용 방안을 논의해 보자.

프로그램명	목적	특성	활용 방안

4. 한국어 수업에서 사용할 만한 '애플리케이션'을 조사해 보고 그 '애플리케이션'을 수업에서 어떻게 활용할 수 있을지 논의해 보자.

5. 다음 수업에서 교수·학습 매체를 사용하려고 한다. 'ASSURE 모형'을 적용하여 교수·학습 매체와 자료를 선정해 보자.

- 학습자 수준: 초급
- 수업 목표
  1) '-는다고요'의 의미를 이해한다.
  2) '-는다고요'의 이형태를 정확하게 사용한다.
  3) 의사소통 상황에 맞게 '-는다고요'를 말하고 쓸 수 있다.

더 읽을거리

김영수, 허희옥, 김현진, 계보경, 박연정, 김영희, 이현영, 두민영. (2016). 교수 메시지 설계 교육용 자료 제작 원리. 서울: 교육과학사.

이 책은 지각과 인지 이론 등을 중심으로 하는 교수 메시지 설계 이론을 제시하고 있다. 그리고 전통 매체인 인쇄 자료 설계에서 주로 논의되었던 시각 디자인 원리와 더불어 컴퓨터 매체, 모바일 매체, 소셜미디어 등의 디지털 환경에서 사용하는 교수·학습 매체를 설계할 때 고려해야 하는 메시지 설계 원리를 제시하고 있다. 특히 교수자가 직접 교수·학습 매체를 설계해야 할 경우에 참고하면 도움이 된다.

설양환, 권혁일, 박인우, 손미, 송상호, 이미자, 최욱, 홍기칠 역. (2005). 교육공학과 교수매체. 서울: 아카데미프레스.

이 책은 Sharon E. Smaldino, James D. Russell, Robert Heinich, Michael Molenda의 공저 *Instructional technology and media for learning*의 번역서로서 시각, 청각, 시청각 등의 전통 매체와 더불어 디지털 매체를 수업에 효과적으로 통합할 수 있는 방안을 체계적으로 다루고 있다. 교수·학습 매체를 활용하고자 할 때 참고할 수 있는 틀인 'ASSURE 모형'과 수업 사례를 제시하여 교수자의 입장에서 구체적이면서도 실질적으로 도움이 되는 정보를 얻을 수 있다.

이미향, 엄나영, 곽미라, 김은희, 성은수, 김미경, 손시진. (2013). 한국어 교육과 매체 언어. 서울: 도서출판 역락.

이 책은 매체 언어의 관점에서 광고, 드라마, 뮤직비디오, 다큐멘터리, 한국 가요 등 다양한 시각 매체, 시청각 매체, 청각 매체 등을 한국어 교육에서 활용하는 다양한 방안을 제시하고 있다. 실제 한국어 수업에서 다양한 매체를 활용하는 방안을 참고하는 데 도움이 될 것이다.

한정선 외. (2004). 교육공학 - 인포맵을 통해 찾아 본 뿌리와 줄기. 서울: 교육과학사.

이 책은 커뮤니케이션, 교수·학습 이론, 교수 설계 이론, 학습자, 학습 과제, 교수·학습 방법, 매체, 평가 등 교육 공학 관련 이론을 개념도로 정리하였다. 덕분에 개념 간의 관계와 개념의 뿌리, 개념의 확장 등을 쉽게 파악할 수 있어서 개념과 이론을 한눈에 조망할 수 있다. 개념도만으로 전할 수 없는 내용은 글과 도표 등을 통해 구체적으로 제시하고 있다. 매체와 관련된 내용은 Ⅲ장에 제시되어 있는데 매체의 인포맵, 유형, 활용 모형, 테크놀로지, 메시지 디자인, 대표 학자, 참고문헌, 매체 연구 동향, 매체 논쟁 등의 내용을 싣고 있다.

부록

Kang, S. (2005). 한국어 능력 평가 도구 개발의 실제. 국제한국어교육학회 학술대회논문집, 395-406.

강남욱. (2005). 教材 評價論을 통한 근대 초기 한국어 교재에 관한 研究. 석사학위논문, 서울대학교, 서울.

강남욱 외. (2012). 대외 언어 보급 정책 비교를 통한 세종학당 활성화 방안 연구. 새국어교육, 90, 409-447.

강남욱, 김호정. (2012). 한국어 교재 평가론의 통시적 고찰. 국어교육연구, 29, 1-33.

강범일, 박지홍. (2013). 프로파일링 분석과 동시출현단어 분석을 이용한 한국어교육학의 정체성 분석. 정보관리학회지, 30(4). 195-213.

강승혜. (2003). 한국어교육의 학문적 정체성 정립을 위한 한국어교육 연구 동향 분석. 한국어교육, 14(1), 1-27.

강승혜. (2005a). 교육과정의 연구사와 변천사. 국제한국어교육학회 (편), 한국어교육론, 1, 서울: 한국문화사, 107-125.

강승혜. (2005b). 한국어 고급 말하기 평가 도구 개발 기초 연구: 고급 말하기 토론 활동을 중심으로. 외국어로서의 한국어교육, 30, 1-12.

강승혜. (2014). 한국어교육 연구에서 교사 학습자 연구 동향 분석. 이중언어학, 56, 1-29.

강승혜. (2017). 한국어교육 연구 동향 분석을 기초로 한 한국어교육학의 연구 영역. 새국어교육, 110, 121-146.

강승혜, 강명순, 이영식, 이원경, 장은아. (2006). 한국어 평가론. 경기: 태학사.

강옥미. (2011). 한국어 음운론. 경기: 태학사.

강현화. (2006). 한국어 문법 교수학습 방법의 새로운 방향. 국어교육연구, 18, 31-60.

강현화. (2009). 한국어교육학 내용학의 발전 방향 모색. 한국어교육, 19-2, 1-20.

강현화. (2013). 이중언어학회 창립 30주년 기념 기획 논문: 한국어 어휘 교육 연구방법론 동향 분석. 이중언어학, 47, 453-479.

강현화, 정희정, 심혜령, 한송화, 원미진, 김현정, 조태린, 박정아, 홍혜란, 장채린, 오나영, 홍연정, 박소영, 김강희. (2012). 한국어 교육 어휘 내용 개발(1단계). 서울: 국립국어원.

강현화, 정희정, 심혜령, 한송화, 원미진, 심현정, 박정아, 홍혜란, 장채린, 오나영, 홍연정, 최영롱, 김강희. (2013). 한국어 교육 어휘 내용 개발(2단계)(연구 보고서 No. 2013-01-30). 서울: 국립국어원.

강현화, 정희정, 심혜령, 한송화, 원미진, 김현정, 구지민, 홍혜란, 장채린, 홍연정, 최영롱, 김강희, 김정현. (2014). 한국어 교육 어휘 내용 개발(3단계). 서울: 국립국어원.

고경민. (2012). 한국어 교재 변천사 연구. 박사학위논문, 건국대학교, 서울.

고영근. (1974). 외국어로서의 한국어교육에 대한 연구. 어문교육, 6(1), 79-117.

고영근, 구본관. (2008, 2018). 우리말 문법론. 서울: 집문당.

고예진. (2013). 19세기 서양인의 한국어 교재 연구. 박사학위논문, 부산대학교, 부산.

곽지영. (1997). 외국인을 위한 한국어 어휘 교육: 무엇을 어떻게 가르칠 것인가? 외국어로서의 한국어교육, 22-1, 141-159.

공일주. (1993). 한국어 숙달 지침과 말하기 능력 측정에 대하여. 교육한글, 6, 91-118.

교육과학기술부. (2012, 2017). 한국어교육과정. 교육과학기술부 고시 제2012-14호[별책 27].

구본관. (2011a). 어휘 교육의 목표와 의의. 국어교육학연구, 40, 27-59.

구본관. (2011b). 어휘 교육의 이론과 실제. 우리말교육현장연구, 5(2), 4-94.

구본관. (2012). 한국어 문법 교수 학습 방법의 현황과 개선 방향: 학습자와 교수자의 메타적 인식 강화를 중심으로. 국어교육연구, 30.

구본관. (2017a). 단어 형성법을 활용한 한국어 어휘 교육 내용 연구: 유사 접사의 활동을 중심으로. 한국어교육연구, 40, 1-47.

구본관. (2017b). 어휘를 활용한 한국 문화의 교육 내용에 관한 연구. 국제한국어교육, 3(2), 203-232.

구본관, 신명선, 서혁, 이도영, 민병곤, 김봉순, 원진숙, 이관규, 김정우, 이경화, 전은주, 김창원, 강보선, 권순희, 송영빈, 박동열, 신동광, 김호정, 김중신, 조형일, 이기연. (2014). 어휘 교육론. 서울: 사회평론아카데미.

구본관, 박재연, 이선웅, 이진호, 황선엽. (2015). 한국어 문법 총론 Ⅰ. 서울: 집문당.

구본관, 박재연, 이선웅, 이진호. (2016). 한국어 문법 총론 Ⅱ. 서울: 집문당.

국가평생교육진흥원 중앙다문화교육센터. (2014), 한국어(KSL) 교육과정 운영방안 연구보고서, CR 2014-1, 교육부·국가평생교육진흥원·중앙다문화교육센터.

국립국어원. (2005a). 외국인을 위한 한국어 문법 1. 서울: 커뮤니케이션북스.

국립국어원. (2005b). 외국인을 위한 한국어 문법 2. 서울: 커뮤니케이션북스.

국립국어원. (2010). 여성결혼이민자와 함께하는 한국어 1. 서울: 한글파크.

국립국어원. (2015). 한국어교원 자격 제도 길잡이. 서울: 국립국어원.

국제한국어교육학회. (2009). 한국어 이해교육론. 서울: 형설출판사.

권성미. (2007). 한국어 단모음 습득에 대한 실험음성학적 연구: 일본어권 학습자를 중심으로. 박사학위논문, 이화여자대학교, 서울.

권성미. (2011). 중국인 한국어 학습자의 중간언어에 나타나는 억양의 특성 연구: 문두 강세구와 문말 억양을 중심으로. 이중언어학, 45, 1-25.

권성미. (2015). 한국어교육학의 세계화: 한국어 습득 연구를 중심으로. 새국어교육, 102, 245-271.

권성미. (2017). 한국어 발음 교육론. 서울: 한글파크.

권오현. (2003). 문화와 외국어 교육: 고등학교 독일어교육을 중심으로. 독어교육, 28, 1-34.

권오경. (2009). 한국어교육에서 문화교육 내용 구축 방안. 언어와 문화, 5(2), 49-72.

권현숙. (2016). 아랍어권 학습자를 위한 한국어 교육과정 개발 연구. 박사학위논문, 경희대학교,

서울.
김경근, 성열관, 백경선. (2008). 재외 비정규 한글학교용 표준교육과정 체제 개발 연구. 교육과학기술부.
김경령. (2018). 외국어로서의 한국어 습득의 이해. NRF KRM(Korean Research Memory).
김광해. (1988). 이차 어휘의 교육에 대하여. 선청어문, 16(1), 50-63.
김광해. (1995). 어휘연구의 실제와 응용. 서울: 집문당.
김광해. (2002). 한국에서의 한국어 평가. 국어교육연구, 10, 403-448.
김광해. (2003). 국어교육용 어휘와 한국어교육용 어휘. 국어교육, 111, 255-291.
김규진. (2012). 중국 대학 내 한국어과 문학 관련 수업의 현황과 실제: 한국문학사를 중심으로. 아시아문화연구, 25, 181-205.
김명순. (1986). 한국어 어휘와 품사의 빈도에 대한 연구. 석사학위논문, 연세대학교, 서울.
김미형. (2004). 한국어 구어와 문어의 특징 연구. 한말연구학회, 15, 23-74.
김상수, 송향근. (2006). 한국어 발음 교육 연구 동향 분석. 한국어학, 33, 155-183.
김석우, 최태진. (2007). 교육연구방법론. 서울: 학지사.
김선정, 김용경, 박석준, 이동은, 이미혜. (2010). 한국어표현교육론. 서울: 형설출판사.
김선정, 허용. (1999). 한국어 교재 선택법 및 학습지도안 작성법. 이중언어학, 16(1), 101-118.
김선철, 권미영, 황연신. (2003). 표준발음 실태조사Ⅱ. 서울: 국립국어원.
김수은. (2016). 한국어교육에서의 구어 연구 동향 분석과 제언. Journal of Korean Culture, 32, 31-66.
김승환. (2010). 한국어교육의 개념과 갈래. 개신어문연구, 31, 377-400.
김신복, 김명한, 김종철, 백현기, 윤형원. (1996). 교육정책론. 서울: 한국교육행정학회.
김양원. (1994). 한국어 말하기 능력 평가 방안 연구. 석사학위논문, 고려대학교, 서울.
김영규. (2005a). 연구 유형 분류를 통한 한국어교육학 연구의 경향 분석. 한국어교육, 16(3), 71-89.
김영규. (2005b). 외국어 텍스트 수정 연구가 한국어 읽기 및 듣기 교재개발에 시사하는 점. 이중언어학, 29, 63-82.
김영규. (2013). 외국어로서의 한국어: 학문적 정체성 탐구. 언어사실과 관점, 31, 5-21.
김영란. (2014). 'KSL 한국어교육과정'에 대한 비판적 고찰. 국어교육학연구, 49(3), 60-92.
김영수, 허희옥, 김현진, 계보경, 박연정, 김영희, 이현영, 두민영. (2016). 교수 메시지 설계 교육용 자료 제작 원리. 서울: 교육과학사.
김유정. (1999). 한국어 능력 평가 연구. 박사학위논문, 고려대학교, 서울.
김유정, 방성원, 이미혜, 조현선, 최은규. (1998). 한국어 능력 평가 방안 연구. 한국어교육 9(1), 37-94.
김윤주. (2015). 미국 ESL 교육과정 "WIDA" 고찰을 통한 KSL 한국어 교육과정 개선 방향 탐색. 국어교육학연구, 50(2). 140-172.
김은애. (2006). 한국어 학습자의 발음 오류 진단 및 평가에 관한 연구. 한국어교육, 17, 71-99.

김은주. (2001). 한국어 교육의 학문적 위상 정립과 학문으로서의 미래 조망. 외국어로서의 한국어교육, 26, 33-77.

김재춘, 부재율, 소경희, 양길석. (2010). 예비, 현직 교사를 위한 교육과정과 교육평가. 서울: 교육과학사.

김정숙. (1996). 담화능력배양을 위한 읽기 교육방안, 한국어교육, 10(2), 195-213.

김정숙. (2003). 통합 교육을 위한 한국어 교수요목 설계 방안 연구. 한국어 교육, 14(3), 119-143.

김정숙. (2010). 한국어 쓰기 능력 평가 방안: 종합적 채점과 분석적 채점 결과를 중심으로. 이중언어학, 43, 1-99.

김정숙. (2011). 한국어 교육과정 연구 성과와 향후 과제 연구. 이중언어학, 47, 331-349.

김정숙. (2012). 한국어교육학의 정체성 및 연계학문적 특성 연구. 한국어교육, 23(2), 39-59.

김정숙, 원진숙. (1993). 한국어 말하기 능력 평가 기준 설정을 위한 연구. 이중언어학, 10, 24-33.

김정숙, 이동은, 지현숙, 김유정, 진대연. (2006). 한국어 말하기 능력 평가를 위한 기초 연구 및 평가 모형 개발 최종 보고서. 국립국어원 한국어세계화재단.

김정숙, 김선정, 조현용, 최영환, 박희양. (2008). 해외 한국어 보급 활성화에 관한 연구. 서울: 교육과학기술부.

김정숙, 이정희, 김지혜, 박나리, 박진욱, 이수미, 강현자, 장미정, 홍혜란, 김경표, 김영근, 김가연, 서정민, 김광문. (2017). 국제 통용 한국어 표준 교육과정 적용 연구(4단계). 서울: 국립국어원.

김종철. (2004). 한국어 교육에서 문학 제재 활용의 전통. 국어교육연구, 14, 185-212.

김종훈. (2002). 영어 발음 평가 방법 연구. 영어영문학, 9, 25-37.

김중섭. (2004). 한국어 교육학의 정체성에 관한 연구. 한국어교육, 15(2), 75-92.

김중섭, 김정숙, 이해영, 김선정, 이정희, 강현자, 박선희, 이선영, 장문정, 장성희, 최지영, 정미향. (2010). 국제 통용 한국어 교육 표준 모형 개발. 서울: 국립국어원.

김중섭, 김정숙, 강현화, 김재욱, 김현진, 이정희. (2011). 국제 통용 한국어 교육 표준 모형 개발 2단계. 서울: 국립국어원.

김중섭, 김정숙, 김선정, 이해영, 이동은, 이정희, 이준호, 김지혜, 이보라미, 김지혜, 김세화, 강민석, 김가연, 김은영. (2016). 국제 통용 한국어 표준 교육과정 활용 점검 및 보완 연구(3단계). 서울: 국립국어원.

김중섭, 김정숙, 이정희, 김지혜, 박나리, 박진욱, 이수미, 강현자, 장미경, 홍혜란. (2017). 국제 통용 한국어 표준 교육과정 적용 연구(4단계). 서울: 국립국어원.

김지영. (2004). 한국어 쓰기 교육에서 읽기 활동이 학습자 텍스트의 결속성에 미치는 영향 연구. 석사학위논문, 이화여자대학교, 서울.

김지영. (2012). 과제 중심 접근법에 기반한 한국어 교육과정 개발 방안 연구: 비고츠키 사회문화이론을 적용하여. 박사학위논문, 고려대학교, 서울.

김지원, 문병기. (2012). 정책학원론. 서울: 한국방송통신대학교출판부.

김하수. (2004). 외국어교육학으로서의 한국어교육학. 이중언어학회 제16차 전국 학술대회 춘계

대회발표 자료집, 13-22.
김형복. (2004). 한국어 음운변동 규칙의 교수 학습 순서 연구. 한국어교육, 15(3), 23-41.
김혜영. (2013a). 한국어교육에서 문학 교재 개발의 방향. 새국어교육, 94, 361-388.
김혜영. (2013b). 한국어교육에서 문학 텍스트 난이도 평가: 문학 수업 관찰과 학생 응답 분석을 통해. 한국어교육, 24(4), 17-60.
김혜진. (2014). 한국어 학습자를 위한 한(恨)의 정서 이해 교육 연구: '판소리 사설'을 중심으로. 영주어문, 27, 297-333.
김혜진. (2017). 한국어 학습자의 문화적 문식력 신장을 위한 고전 소설 교육 연구. 박사학위논문, 서울대학교, 서울.
김혜진, 김종철. (2015). 상호 문화적 능력 향상을 위한 한국의 '흥' 이해 교육 연구: 고전 문학 제재를 중심으로. 한국언어문화학, 12(1), 79-111.
김호정, 강남규, 지현숙, 심상민, 조수진. (2011). 한국어 교재 추천제도 운영 방안 연구. 서울: 국립국어원.
김호정, 양명희, 진정란, 석주연, 전공, 김인규, 강남욱, 조태린, 이보라미, 박지순. (2012). 한국어 문법·표현 내용 개발 연구 1단계. 서울: 국립국어원.
김희선. (2006). 한국어 억양 습득과 지도 방법 연구: 영어권 학습자를 대상으로. 한국어교육, 17(2), 69-94.
나은미. (2010). 한국어 어휘 교육을 위한 어휘군 구축: [사람] 어휘를 중심으로. 우리어문연구, 37, 291-216.
노대규. (1969). 외국어로서의 한국어 교수에 있어서 연습유형에 대한 연구. 석사학위논문, 연세대학교, 서울.
노대규. (1983). 해외 자녀 교육의 현황과 과제: 외국어로서의 한국어 시험과 평가. 이중언어학, 1, 139-170.
노대규. (1996). 한국어의 입말과 글말. 서울: 국학자료원.
노명완, 박영목. (2008). 문식성 교육 연구. 서울: 한국문화사.
류종렬. (2013). 해외 한국문학교육 현황과 과제. 한중인문학연구, 38, 117-143.
민병곤. (2005). 화법 교육의 이론화 방향 탐색. 국어국문학 140. 305-332.
민병곤. (2006). 말하기 듣기 교육 내용으로서의 '지식'에 대한 고찰. 국어교육학연구, 25, 5-38.
민병곤, 이성준. (2016). 학문 목적 한국어 말하기 평가 도구 개발의 쟁점과 과제. 국어교육연구, 38, 67-110.
민병곤, 조수진, 홍은실, 박현정, 강석한, 이성준, 오예림, 이승원, 안현기. (2017). 학문 목적 한국어 말하기 평가 도구 개발 연구. 국어교육, 157, 309-340.
민병곤, 안현기, 박현정, 강석한, 조수진, 홍은실, 이성준, 이승원. (2019). 학문 목적 한국어 말하기 평가 도구 개발 및 타당화 연구. 대전: 한국연구재단.
민현식. (2000). 한국어 교재의 실태 및 대안. 국어교육연구, 5, 5-60.
민현식, 최은규, 박용예, 이소영, 김정은, 석주연, 홍은진. (2001). 한국어 교원 지격 인증 제도 시행 방안 개발 최종 보고서. 서울: 문화관광부 한국어 세계화 추진 위원회.
민현식. (2003a). 국어 문법과 한국어 문법의 상관성. 한국어교육, 14(2), 107-141.
민현식. (2003b). 국어교육과 한국어교육에서의 문화교육. 외국어교육, 10(2), 429-452.
민현식. (2004). 한국어 표준교육과정 기술 방안. 한국어교육, 15(1), 50-51.
민현식. (2005a). 한국어 교육학 개관, 국제한국어교육학회(편), 한국어교육론 1 (pp. 13-18). 서울: 한국문화사.
민현식. (2005b). 한국어 교사론: 21세기 한국어 교사의 자질과 역할. 한국어 교육, 16(1), 131-168.
민현식. (2008a). 한국어교육을 위한 문법 기반 언어 기능의 통합 교육과정 구조화 방법론 연구. 국어 교육 연구, 22, 261-334.
민현식. (2008b). 한국어 교재의 문법 항목 위계화 양상에 대하여. 문법 교육, 9, 105-157.
민현식. (2009a). 국어교육 정책의 방향: 국내 국어 교육 정책의 반성과 전망. 국어교육학연구, 36, 5-40.
민현식. (2009b). 한국어 교육용 문법 요소의 위계화에 대하여. 국어교육연구, 23, 61-130.
민현식. (2009c). 언어 습득 및 문화 관련 이론의 동향. 국어교육연구, 24, 71-118.
민현식. (2014). 한국의 대외 한국어 교육정책의 현황과 개선 방향. 국어교육연구, 34. 119-179.
민현식. (2016). 국어교육의 철학과 정책. 국어교육학연구, 51(2), 5-52.
박갑수. (1999). 한국어교육의 과제와 전망. 국어교육연구, 6, 5-28.
박갑수. (2005). 국어교육과 한국어교육의 성찰. 서울: 서울대학교 출판부.
박경자, 이희경, 노경희, 김성찬, 강복남, 강혜순, 김성찬, 주용균, 신봉수, 박혜숙, 정대성, 노금숙, 곽혜영, 성귀복, 최태희, 이은주, 임자연, 한호, 조인정, 김희범, 유석훈, 이미선, 최승연, 장복명, 이재근, 김정희, 김성혜, 김현진, 맹은경, 신규철, 김재원, 정은혁. (1998). 영어교육입문. 서울: 박영사.
박기영. (2010). 한국어 음운론과 한국어 발음 교육의 상관성에 대한 일고찰. 어문논집, 43, 7-30.
박기영, 이정민. (2018). 한국어 발음 어떻게 가르칠까. 서울: 역락.
박새암. (2016). '근대적 한국어교육 형성기' 설정의 문제. 언어정보와사회, 29, 151-180.
박새암. (2018). 개신교 선교사 한국어교육의 형성과 전개에 대한 사적 연구. 박사학위논문, 한성대학교, 서울.
박석준, 심혜령, 김선정, 김정숙, 김지형, 한송화, 김라연, 김홍범, 최지현, 김영란, 정형근. (2013a). 중학생을 위한 표준 한국어 1, 2. 경기: 다락원.
박석준, 심혜령, 김선정, 김정숙, 김지형, 한송화, 김라연, 김홍범, 최지현, 김영란, 정형근. (2013b). 고등학생을 위한 표준 한국어 1, 2. 경기: 다락원.
박숙희. (2013). 한국어 발음 교육론. 서울: 역락.
박영목, 한철우, 윤희원. (2006). 국어교육학원론(제2판). 서울: 박이정.
박영순. (1989). 제2언어 교육으로서의 문화 교육: 한국어의 문화적 요소를 중심으로. 이중언어학, 5(1), 43-59.
박영순. (2001). 외국어로서의 한국어 교육론. 서울: 월인, 11-40.

박영순. (2003). 한국어 교재의 개발 현황과 발전 방향. 한국어교육, 14(3), 1169-188.

박인기. (2002). 문화적 문식성의 국어교육적 재개념화. 국어교육학연구, 15, 23-54.

박재현, 김호정, 남가영, 김은성. (2016). 한국어의 교육: 월경과 통합. 국어국문학, 117, 41-71.

박정진. (2017). 독서교육 측면에서 바라본 한국어 학습자에 대한 관점 변화: 의미 구성과 의미 협상의 사이. 언어와문화, 13(3), 79-96.

박지연. (2010). 중국인 한국어 학습자의 한국어 단모음 지각과 산출 관계 연구. 석사학위논문, 고려대학교, 서울.

박창원, 오미영, 오은진. (2004). 한·영·일 음운 대비. 서울: 한국문화사.

박태호. (2000). 장르중심 작문교수 학습론. 서울: 박이정.

박형민 외(2014), 한국어(KSL) 교육과정 운영방안 연구보고서, CR 2014-1, 교육부·국가평생교육진흥원·중앙다문화교육센터.

배두본. (2002). 영어교육학 총론. 서울: 한국문화사.

배두본. (2010). 외국어 교육과정론: 이론과 개발. 서울: 한국문화사.

배주채. (2011). 국어 음운론 개설. 경기: 신구문화사.

배주채. (2013). 한국어의 발음. 서울: 삼경문화사.

백봉자. (1999). 서양어권 학습자를 위한 한국어 교재 개발 연구. 한국어교육, 10(2), 1-16.

백봉자, 강명순, 강승혜, 김중섭, 안성희, 오대환, 진제희. (2000). 한국어 교사 교육 연수 프로그램 교수요목 개발을 위한 기초 연구 사업 보고서. 서울: 문화관광부 한국어 세계화 추진 위원회.

백봉자. (2001). 교재와 교수법을 통해 본 한국어 교육의 역사와 과제. 외국어로서의 한국어교육, 25(1), 11-31.

백영균, 김현진. (2015). 효과적인 수업을 위한 교수·학습 매체의 제작. 서울: 학지사

백재파. (2017). 듣기 접근 방법과 유형에 따른 한국어 듣기 교수학습 활동의 효과: 숙달도 간 비교를 중심으로. 대전: 한국연구재단.

변영계. (2005). 교수·학습 이론의 이해. 서울: 학지사.

변영계, 이상수. (2003). 수업설계. 서울: 학지사.

서상규. (1998). 한국어 교육을 위한 기초 어휘 선정. 서울: 문화관광부 한국어 세계화 추진 위원회.

서상규. (2007). 한국어교육학과 기초 학문. 한국어교육, 18(3), 1-23.

서상규, 남윤진, 진기호. (1998). 한국어교육을 위한 기초 어휘 선정. 서울: 문화관광부 한국어 세계화 추진 위원회.

서울대학교 교육연구소. (1994). 교육학용어사전. 서울: 하우.

서울대학교 교육연구소 (편). (2011). 교육학 용어 사전. 서울: 하우동설.

서울대학교 국어교육연구소 (편). (1999). 국어교육학 사전. 서울: 대교출판.

서울대학교 국어교육연구소 (편). (2014). 한국어교육학 사전. 서울: 하우.

서울대학교 국어교육연구소. (2014). 한국어교육학사전. 서울: 도서출판 하우.

서울대학교 언어교육원. (2009). 외국인을 위한 한국어 발음 47. 서울: 랭기지플러스.

서울대학교 언어교육원. (2013). 서울대 한국어 1A. 서울: 문진미디어.

서울대학교 한국어문학연구소, 국어교육연구소, 언어교육원. (2012a). 한국어 교육의 이론과 실제 1. 서울: 아카넷.

서울대학교 한국어문학연구소, 국어교육연구소, 언어교육원. (2012b). 한국어 교육의 이론과 실제 2. 서울: 아카넷.

서울대학교 한국어문학연구소, 국어교육연구소, 언어교육원. (2014). 한국어교육의 이론과 실제 2(제2판). 서울: 아카넷.

서혁, 권순희, 김정우, 김은성, 정소연, 이은희, 신명선, 강용철, 권혜정, 류수경, 이세연, 이은홍. (2014). 문식성 향상을 위한 어휘 능력 신장 연구. 서울: 국립국어원.

설양환, 권혁일, 박인우, 손미, 송상호, 이미자, 최욱, 홍기칠 (역). (2005). 교육공학과 교수매체. 서울: 아카데미프레스.

소경희. (2012). 역량중심 교육을 위한 교육과정 설계 방안으로서 '과정-탐구'모형 활용의 가능성과 의미 탐색. 교육과정연구, 30(1), 59-79.

손성옥. (2003). 외국어교육학에서의 학문 영역과 교과 과정 구축. 외국어로서의 한국어교육, 28, 1-36.

손희연, 조태린. (2015). 〈한국어 교육과정〉의 개선 방향에 대한 소고: 교육 대상과 내용 체계를 중심으로. 새국어교육, 104, 327-361.

송금숙. (2014). 성취 기준 기반의 한국어 교수 설계 연구. 박사학위논문, 고려대학교, 서울.

신경숙. (2008). 엄마를 부탁해. 경기: 창비.

신길호. (2007). 영어과 교과 교육학. 서울: 북스힐.

신상근. (2010). 외국어 평가의 이론과 실제. 서울: 한국문화사.

신성철. (1990). 영어교육학의 범위와 과제. 영어교육, 40, 3-16.

신윤경. (2014). 한국 문학교육 활성화를 위한 한국어 교사 양성과정의 교과과정 개선 방안. 한국문학이론과 비평, 64(18-3).

신지영. (2011). 한국어의 말소리. 서울: 지식과교양.

신지영, 차재은. (2003). 우리말 소리의 체계. 서울: 한국문화사.

신지영, 장향실, 장혜진, 박지연. (2015). 한국어 발음 교육의 이론과 실제. 서울: 한글파크.

신현단. (2015). 한국어 문법 교수 지식 교육 내용 연구: 보조용언을 중심으로. 박사학위논문, 서울대학교, 서울.

심상민. (2001). 외국어로서의 한국어 읽기 교수 학습 방안 연구. 우리어문연구, 17, 93-120.

안경화. (2005a). 한국어 교수학습 방법과 교수방법론의 변천사. 국제한국어교육학회 학술대회 자료집, 317-340.

안경화. (2005b). 교수 학습의 연구사와 변천사. 국제한국어교육학회 (편). 한국어교육론, 1. 서울: 한국문화사.

안경화, 김민애. (2014). 한국어 교육과정의 목표 설계 연구. 어문논집, 59, 381-405.

양명희. (2009). 외국인 학습자를 위한 한글 자모와 발음 교육 방법에 대하여. 어문논집, 41, 5-27.

양명희, 김정남. (2011). 한국어 듣기 교육론. 서울: 신구문화사.

양명희, 이선웅, 안경화, 김재욱, 유재준. (2016a). 외국인을 위한 한국어 문법과 표현: 초급 조사 · 표현. 서울: 집문당.

양명희, 이선웅, 안경화, 김재욱, 정선화. (2016b). 외국인을 위한 한국어 문법과 표현: 초급 어미. 서울: 집문당.

양명희, 이선웅, 김재욱. (2016c). 외국인을 위한 한국어 문법과 표현: 중급 조사·표현. 서울: 집문당.

양명희, 이선웅, 안경화. (2016d). 외국인을 위한 한국어 문법과 표현: 중급 어미. 서울: 집문당.

양순임. (2009). 말소리. 서울: 박이정.

양순임. (2014). 한국어 발음교육의 내용과 방법. 경기: 태학사.

엄준용, 정우진, 이준희. (2010). 교육정책평가 연구의 경향 분석: 「교육행정학연구」를 중심으로. 교육문제연구, 36, 29-55.

연세대학교 한국어학당. (2009). 한국어학당 50년사. 서울: 연세대학교 한국어학당.

오대환. (2009). 식민지 시기 일본인을 위한 조선어교육 연구: '조선어 장려 정책'과 '경성 조선어 연구회'를 중심으로. 박사학위논문, 연세대학교, 서울.

오만록. (1998). 현대 교육학 개론. 서울: 형설출판사.

오지혜. (2013). 문화 능력의 재개념화를 통한 한국어 문화 교육 내용 연구: 문화 교재 분석을 중심으로. 한국언어문화학, 10(1), 75-97.

오지혜, 윤여탁. (2010). 한국어교육에서 비교문학을 활용한 현대시 교육 연구. 국어교육, 131, 551-589.

우한용. (2010). 소설 텍스트 중심으로 본 문학능력과 한국어교육. 한국어와 문화, 7, 211-241.

원진숙. (1992). 한국어 말하기능력평가 기준 설정을 위한 연구. 한국어어문교육, 6, 101-134.

원진숙. (2010). 이주여성의 자아 정체성 형성을 위한 한국어 쓰기 교육 사례 연구. 한국작문학회 제18회 연구발표회 자료집, 51-66.

원진숙. (2013). 다문화 배경 학습자를 위한 KSL 교육의 정체성. 언어사실과 관점, 31. 23-58.

원진숙, 이재분, 서혁, 권순희. (2011). 다문화 가정 학생을 위한 한국어(KSL) 교육 과정 개발 연구. 한국교육개발원.

원진숙, 전은주, 정다운, 김윤주, 손다정, 이세연, 진소희, 이미혜, 김현정, 최은지, 이수련, 이화영, 오은영. (2013). 초등학생을 위한 표준 한국어 1, 2. 서울: 국립국어원.

원진숙, 장은영. (2018). 다문화 배경 이중언어 강사의 역할과 핵심 역량에 대한 연구. 교육문화연구, 24(2), 661-686.

유명기. (1993). 문화상대주의와 반문화상대주의. 비교문화연구, 1. 서울: 일신사.

유민애. (2018). 한국어 교재에서 음운 규칙의 학습 순서와 텍스트의 대응 관계 분석. 한국어학, 79, 117-144.

유은경. (2018). 다문화 배경 초등학생 대상 한국어 이해중심교육과정 설계 방안 연구: 백워드 설계 모형을 중심으로. 석사학위논문, 경인교육대학교, 인천.

윤대석. (2012). 한국어 문화 교육론. 서울대학교 한국어문학연구소, 서울대학교 국어교육연구소,

서울대학교 언어교육원(편). 한국어 교육의 이론과 실제2(411-437). 서울: 아카넷.
윤대석. (2014). 결혼 이주자를 위한 한국어 문학 교육: 다문화 소설을 중심으로. 국어교육연구, 34, 201-229.
윤여탁. (2004). 한국어교육에서 문학 교육 방법 연구: 미주 지역 한국어 교육을 중심으로. 국어교육연구, 14, 67-146.
윤여탁. (2007). 외국어로서의 한국문학 교육. 서울: 한국문화사.
윤여탁. (2009). 비교문학을 적용한 외국어로서의 한국 현대문학 교육 방법. 한국언어문화학, 6(1), 53-70.
윤여탁(2011), 현대시 교육의 지식의 성격과 교육의 방향, 국어교육연구 27, 서울대 국어교육연구소.
윤여탁. (2013a). 다문화 사회의 문식성 신장을 위한 한국어교육의 전략: 문학교육의 관점을 중심으로. 새국어교육, 94, 7-29.
윤여탁. (2013b). 문학 작품을 활용한 한국어 문화교육 연구. 한국언어문화학, 10(2), 149-176.
윤여탁. (2014). 문화교육이란 무엇인가: 한국어 문화교육의 벼리[綱]. 경기: 태학사.
윤여탁. (2015). 한국 언어문화 교육의 질적 향상 방안. 한국언어문화학, 12(1), 1-22.
윤여탁. (2016). 문학 문식성의 본질. 그 가능성을 위하여: 문화, 창의성, 정의(情意)를 중심으로. 문학교육학, 51, 155-176.
윤여탁, 고정희, 윤대석, 이종원, 홍인영. (2016). 다문화 시대의 문화교육 커리큘럼. 서울: 집문당.
윤영. (2013). 한국어 교육에서 학습자의 능동적 참여를 위한 문학 교육 방법 연구: 반응 중심 문학 교육의 비판적 수용을 바탕으로. 언어와 문화, 9(2), 215-243.
윤희원. (1994). 국어교과교육학의 개관. 이돈희(편). 교과교육학 탐구(53-78). 서울: 교육과학사.
윤희원, 이성영. (1990). 언어 사용 기능 평가의 지향과 과제. 교육한글, 3, 65-86.
이경희, 정명숙. (1999). 일본인을 위한 한국어 파열음의 발음 및 인지 교육. 한국어교육, 10(2), 233-255.
이관규. (2002). 학교 문법론. 서울: 월인.
이관규. (2012). 국어 정책과 국어 교육 정책의 현황과 방향. 국어교육연구, 28, 1-39.
이광재. (2007). 중국 대학 한국어학과 한국문학 교육 현황 연구. 한국학연구, 17, 177-192.
이기문, 김진우, 이상억. (2000). 국어 음운론. 서울: 학연사.
이돈희. (1994). 교과교육학의 성격과 문제. 교과교육학 탐구, 이돈희, 서울: 교육과학사, 9-36.
이문규. (2006). 소통 능력 신장에 중점을 둔 말하기 교육 내용 선정의 방향. 국어교육, 119, 297-324.
이미향, 엄나영, 곽미라, 김은희, 성은주, 김미경, 손시진. (2013). 한국어 교육과 매체 언어. 서울: 도서출판 역락.
이미혜. (2005). 한국어 문법 항목 교육 연구. 서울: 박이정.
이미혜. (2016). 고용허가제 한국어능력시험(EPS-TOPIK)에 대한 비판적 고찰. 문화와 융합, 38(5), 461-486.
이민경. (2010). 한국어 말하기교육 연구의 내용과 방법에 관한 고찰. 한국어문화교육, 4(2), 87-

105.

이병규. (2008a). 국외 한국어 교육 정책 현황 및 추진 방향. 새국어교육, 79, 341-366.

이병규. (2008b). 국외 한국어 교육 정책론 정립을 위한 탐색. 한국어교육, 19(3), 1-29.

이상억. (1987). 서울대-UCLA 한국어 문화 연계 교육 프로그램의 소개. 이중언어학, 3(1), 109-193.

이석재, 김정아, 장재웅. (2007). 영어, 중국어, 일본어권 화자의 한국어 음운 규칙 적용과정에서의 음소 산출 오류에 관한 연구. 한국어교육, 18(1), 365-399.

이선진. (2017). 한국어교육에서의 말하기 연구 동향 분석 및 연구 방안 모색: 2010년 이후 연구를 중심으로. 새국어교육, 112, 71-122.

이성영. (1992). 국어과 교재의 특성. 국어교육학연구, 2(1), 71-92.

이성준. (2018). 한국어 말하기 평가 타당화를 위한 논거 기반 접근법의 이해와 적용. 화법연구, 41, 85-116.

이수미. (2010). 텍스트성에 기반한 한국어 쓰기 교육 방법 연구: 자기 표현적 쓰기 텍스트를 중심으로. 박사학위논문, 서울대학교, 서울.

이영근. (2008). 한국어교육학의 정체성을 찾아서: 응용언어학적 관점에서 바라보기. 한국어교육, 19(3), 379-402.

이영식. (2004). 한국어 말하기 시험의 유형 및 채점 기준 설정을 위한 기초 연구. 한국어교육, 15(3), 207-228.

이은주. (2007). 고급 단계 한국어 교재에 사용된 읽기 활동 유형 분석: 학문목적 읽기 활동 유형을 중심으로. 석사학위논문, 이화여자대학교, 서울.

이재승. (2002). 글쓰기 교육의 원리와 방법: 과정 중심 접근. 경기: 교육과학사.

이재원. (2000). 텍스트언어학의 이론과 응용: 고리적 텍스트응집성 수단들. 텍스트언어학, 9, 67-90.

이재원. (2001). 응집성, 응집성들. 텍스트언어학, 10, 153-188.

이정희. (2003). 초급 단계 한국어 학습자의 어휘 오류. 이중언어학, 22, 301-320.

이준호. (2009). 한국어 수행 평가의 원리 및 방안 연구. 박사학위논문, 고려대학교, 서울.

이지영. (2004). 근현대 한국어 교재의 사적 고찰. 국어교육연구, 13. 503-541.

이지은. (2008). 이독성을 높이기 위한 텍스트 수정 방안 연구. 석사학위논문, 이화여자대학교, 서울.

이지혜. (2009). Dale-Chall의 이독성 공식을 이용한 한국어 읽기 텍스트 분석 연구. 석사학위논문, 경희대학교, 서울.

이진호. (2005). 국어 음운론 강의. 서울: 삼경문화사.

이창덕 외. (2008). 발표와 연설의 핵심 기법. 서울: 박이정.

이해영. (2002). 한국어 듣기 교육의 이론과 실재. 박영순(편), 21세기 한국어교육학의 현황과 과제 (pp. 93-127). 서울: 한국문화사.

이해영. (2005). 말하기 듣기 교육의 과제와 발전 방향. 국제한국어교육학회(편), 한국어교육론, 3,

서울: 한국문화사, 25-40.

이해영. (2006). 기획 논문: 한국어 교재를 위한 어휘 및 문법 학습 활동 유형. 외국어로서의 한국어교육, 31, 25-56.

이향. (2013a). 발음 평가에 있어서 정확성, 유창성, 이해명료성, 이해가능성 기준 간의 영향 관계 연구. 언어와 문화, 9(3), 221-243.

이향. (2013b). 말하기 수행 평가에서 발음 범주 채점에 대한 타당성 검증. 박사학위논문, 이화여자대학교, 서울.

이향. (2017). 한국어 발음 교육 목표와 교육 내용 재고를 위한 실험연구. 한국어교육, 28(3), 105-126.

이호영. (1996). 국어 음성학. 경기: 태학사.

이화여자대학교 교육공학과. (2004). 교육공학. 서울: 교육과학사.

이훈호. (2015). 한국어 오류 분석 연구의 동향 분석 연구: 학위 논문을 중심으로. 외국어교육 연구, 29(2), 107-135.

임서연. (2009). 한국어교육의 학제적 성격과 학적 체제. 새국어교육, 90, 339-362.

임지룡. (1991). 국어의 기초어휘에 대한 연구. 국어교육연구, 23(1), 87-131.

임지룡. (1998). 어휘력 평가의 기본 개념. 국어교육연구, 30(1), 1-41.

임철일. (2000). 교수설계이론. 서울: 교육과학사.

임칠성. (2016). 듣기의 본질과 듣기 교육의 방향. 화법연구, 34, 231-258.

장경희. (2006). 말하기 능력 측정도구 개발 1. 서울: 국립국어원.

장미미. (2014). 한국어 교재의 읽기 활동 분석 연구. 석사학위논문, 연세대학교, 서울.

장용원. (2014). 한국어 말하기 교육론. 한국어 교육의 이론과 실제 2. 서울: 아카넷.

장지영. (2009). 문맥을 통한 어휘추론 전략의 교수가 우연적 한국어 어휘학습과 읽기 이해에 미치는 영향. 석사학위논문, 이화여자대학교, 서울.

장한업. (2014). 이제는 상호문화교육이다: 다문화 사회의 교육적 대안. 경기: 교육과학사.

장향실. (2002). 중국어 모국어 화자의 한국어 학습시 나타나는 발음상의 오류와 그 교육 방안. 한국어학, 15, 211-227.

장향실. (2008a). 외국인 한국어 학습자를 위한 음운 규칙 항목 선정 연구. 한국언어문학, 65, 137-158.

장향실. (2008b). 외국인 학습자를 위한 한국어 음운 규칙의 제시 순서 연구. 한국어교육, 19(3), 1-20.

장향실. (2014). 외국인을 위한 한국어 발음 교육에서 음운의 제시 순서 연구. 한국언어문화학, 11(3), 221-245.

장혜진. (2015). 한국어 교육을 위한 억양 교육 항목에 대하여. 한국어학, 67, 193-215.

재미한국학교협의회. (2012). 2012년 표준교육과정-1992년 표준교육과정 개정판-, 재미한국학교협의회.

전나영, 한상미, 윤은미, 홍윤혜, 배문경, 정혜진, 김수진, 박보경, 양수향. (2007). 한국어 말하기 능력 평가 도구 개발 연구. 외국어로서의 한국어교육, 32, 259-338.

전은주. (1997). 한국어 능력 평가: 말하기 능력 평가범주 설정을 위하여. 한국어학, 6, 153-174.

전은주. (1999). 말하기 · 듣기 교육론. 서울: 박이정.

전은주. (2008). 다문화 사회와 제2언어로서의 한국어(KSL) 교육과정의 목표 설정 방향. 국어교육학연구, 33. 629-656.

전정희. (2016. 12. 2). 조선에 온 백안의 선교사 매氏를 아십니까. 국민일보 검색일자 2018. 8. 12. 사이트 주소: http://news.kmib.co.kr/article/view.asp?arcid=0011108208&code=61221211&cp=nv

정광, 고창수, 김정숙, 원진숙. (1994). 한국어 능력 평가 방안 연구: 언어숙달도(proficiency)의 측정을 중심으로. 한국어학, 1, 481-538.

정길정, 연준흠 편. (1996). 외국어 읽기 지도의 이론과 실제. 서울: 한국문화사.

정대현. (2015). 상위인지 의식 활성화가 한국어 듣기 학습에 미치는 영향 연구: 사회문화이론을 중심으로. 대전: 한국연구재단.

정명숙. (2003). 일본인과 한국인의 억양. 한국어교육, 13(1), 233-247.

정명혜. (2017). 한국어 교육 정책에 대한 고찰. 한국어교육연구, 7, 1-27.

정영근. (2009). 재외 한글학교용 표준 교육과정(총론 및 각론) 연구 개발. 서울: 교육과학기술부.

정영근, 박진용, 은지용, 김민정, 강승혜. (2009). 재외 한글학교용 표준 교육과정(총론 및 각론) 연구 개발. 서울: 교육과학기술부.

정정길, 최종원, 이시원, 정준금, 정광호. (2010). 정책학원론. 서울: 대명출판사.

정화영. (1999). 한국어 말하기 숙달도 평가 방안: FSI Oral Proficiency Test 분석을 중심으로. 석사학위논문, 연세대학교, 서울.

정희모 · 김성희. (2009). 대학생 글쓰기의 텍스트 비교 분석 연구: 능숙한 필자와 미숙한 필자의 텍스트에 나타난 특징을 중심으로. 국어교육학연구, 32, 393-426.

정희원. (2013). 한국의 다문화 사회화와 언어 교육 정책. 새국어생활, 23(4), 73-98.

조남호. (2003). 한국어 학습용 어휘 선정 결과 보고서. 서울: 국립국어연구원.

조남호. (2009). 한국어교육 정책의 이해. 우리말교육현장연구. 3(1), 155-176.

조수진. (2007). 한국어 말하기 교수 원리. 박사학위논문, 서울대학교, 서울.

조항록. (2001). 한국어 교육의 현황과 교육 정책. 외국어로서의 한국어교육, 26, 149-178.

조항록. (2003). 한국어 교재 개발을 위한 기초적 논의: 교재 유형론적 관점에서 본 교재 개발의 현황과 주요 쟁점. 한국어교육, 14(1), 249-278.

조항록. (2004). 재외동포를 대상으로 하는 한국어 교육정책의 실제와 과제. 한국어교육, 15(2), 100-232.

조항록. (2005). 한국어교육학의 학문적 정체성 연구방법론 소고. 한국언어문화학, 2(1), 265-281.

조항록. (2007). 국어기본법과 한국어교육: 제정의 의의와 시행 이후 한국어 교육계의 변화를 중심으로. 한국어교육, 18(2), 401-422.

조항록. (2010). 한국어 교육정책론. 서울: 한국문화사.

조항록. (2010). 한국어 교육 현장의 주요 쟁점. 서울: 한국문화사.

조항록. (2012). 사회통합프로그램 한국어 교육의 확대 실시 방안 연구. 이중언어학, 50, 235-267.

조항록, 이미혜, 주성일, 정혜란, 하승현, 신진호. (2013). 한국어 교육 현황 점검 및 교육 지원 전략 연구. 서울: 문화체육관광부.

조항록. (2016). 한국어교육 정책의 이론화를 위한 시론. 이중언어학, 62, 159-183.

조현용. (2000). 한국어 어휘교육 연구. 서울: 박이정.

종장지. (2015). 한국어 문법교육을 위한 표현문형 연구. 박사학위논문, 서울대학교, 서울.

주영주, 최성희. (2005). 교수매체의 제작과 활용. 서울: 남두도서.

주옥파. (2004). 고급한국어 학습자를 위한 읽기 교육에 관한 연구: 논설문 텍스트를 중심으로. 한국어교육, 15(1). 165-188.

지근. (2014). 중국인 학습자를 위한 한국어 교재의 읽기 텍스트 선정 방안 연구: 문장 구조 이독성 및 주제를 중심으로. 석사학위논문, 중앙대학교, 서울.

지현숙. (2004). 한국어능력 평가에서의 의사소통 문화기술학의 적용. 이중언어학, 26, 355-369.

지현숙. (2006). 한국어 구어 문법 능력의 과제 기반 평가 연구. 박사학위논문, 서울대학교, 서울.

진대연. (2004). 한국어 쓰기 능력 평가에 대한 연구: 텍스트 생산 능력 평가를 중심으로. 국어교육학연구, 19, 483-512.

진대연, 김민애, 이수미, 홍은실. (2006). 한국어 학습자의 쓰기 텍스트에 대한 대조 수사학적 연구. 한국어 교육, 17(3), 325-356.

천경록, 이재승. (2002). 읽기 교육의 이해. 서울: 우리교육.

최길시. (1998). 외국인을 위한 한국어 교육의 실제. 경기: 태학사.

최성한. (2009). 다문화주의의 개념과 전망: 문화 형식(이해)의 변동을 중심으로. 중앙대학교 문화콘텐츠기술연구원.

최성환, 이산호, 전영준, 이춘복, 박재영, 강진구, 류찬열, 윤재희, 이명현, 김휘택, 박찬영. (2009) 다문화의 이해: 주체와 타자의 존재방식과 재현양상. 서울: 경진문화.

최용재. (1974). 외국어로서의 한국어교육론. 박사학위논문, 조선대학교, 광주.

최은경. (2013). 한국어 교육에서 구어의 중요성. 동악어문학, 60, 395-420.

최은규. (2006). 유형별로 본 한국어 능력 평가의 실제와 과제: 배치 시험과 성취도 시험을 중심으로. 한국어교육, 17(2), 289-319.

최정순. (1997). "개발자(Developer)"로서의 교사: 교재 개발 및 교과 과정 개발에서의 교사의 역할. 한국어교육, 8, 131-159.

최정순. (1999). 학습이론과 이독성에 바탕한 읽기 수업 연구. 외국어로서의 한국어교육 23(1), 49-70.

최정순. (2002). 언어교육과정의 구성요소와 교수요목의 유형. 박영순(편), 21세기 한국어 교육의 현황과 과제 (pp. 279-306), 서울: 한국문화사.

최정순. (2012). 한국어 발음 교육의 현황과 과제. 언어와 문화, 8(3), 295-324.

최정순. (2014a). 다문화 사회 전환에 따른 한국언어문화 교육의 정책적 과제. 2014 한국어문학술

단체 연합회 전국학술대회 자료집, 227-247.

최정순. (2014b). 외국어로서의 한국어교육 정책의 개선 방향. 국어교육연구, 34, 331-356.

최지현. (2004). 영어권 한국어 교재 편찬에 활용되는 한국 문학의 범위와 과제. 국어교육연구, 14, 337-364.

최지현, 서혁, 심영택, 이도영, 최미숙. (2007). 국어과 교수·학습 방법. 서울: 역락.

최혜원, 권미영, 황연신. (2002). 표준발음 실태조사 I. 서울: 국립국어원.

최혜원, 서민경, 황연신, 권미영. (2004). 표준발음 실태조사Ⅲ. 서울: 국립국어원.

최호섭, 옥철영. (2011). 한국어 의미망 구축과 활용. 한국어학, 17, 301-329.

한국교육과정평가원. (2011). 한국어능력시험 15년사. 서울: 한국교육과정평가원.

한국교육행정학회. (2003). 교육행정평가론. 서울: 도서출판 하우.

한국국제교류재단. (2018). 해외한국학백서. 서울: 을유문화사.

한상미. (1999). 한국어교육에서 언어와 문화의 통합적인 교육방안: 의사소통 민족지학 연구 방법론의 적용. 한국어교육, 10(2), 347-366.

한상미. (2008). 한국어 교육에서의 문화적 능력의 평가: 말하기 평가를 중심으로. 한국언어문화학, 5(1), 83-111.

한송화, 정희정, 심혜령, 원미진, 김현정, 황용주, 구지민, 홍연정, 장채린, 최수정, 최영롱, 김정현, 최윤영. (2015). 한국어 교육 어휘 내용 개발(4단계). 서울: 국립국어원.

한재영, 최정순, 이호영, 박지영, 이강민, 조현용, 추이진단, 이선웅. (2003). 한국어 발음 교육. 서울: 한림출판사.

한재영, 박지영, 현윤호, 권순희, 박기영, 이선웅. (2004). 한국어 교수법. 경기: 태학사.

한정선 외. (2004). 교육공학 – 인포맵을 통해 찾아 본 뿌리와 줄기. 서울: 교육과학사.

한혜정, 조덕주. (2012). 교육과정. 서울: 학지사.

허용. (2014). 대조언어학. 서울: 소통.

허용, 김선정. (1999). 한국어 교재 선택법 및 학습지도안 작성법. 이중언어학, 16(1), 101-118.

허용, 강현화, 고명균, 김미옥, 김선정, 김재욱, 박동호. (2005). 외국어로서의 한국어교육학 개론. 서울: 박이정.

허용, 김선정. (2006). 외국어로서의 한국어 발음 교육론. 서울: 박이정.

허웅. (2008). 국어 음운학: 우리말 소리의 어제·오늘. 서울: 샘문화사.

현종익, 이학춘. (2002). 교육학 용어사전. 서울: 동남기획.

홍애란. (2006). 재외동포 청소년 학습자를 위한 한국어 읽기 교육 연구. 석사학위논문, 서울대학교, 서울.

홍은실. (2014). 학문 목적 한국어 학습자를 위한 발표 교육 연구. 박사학위논문, 서울대학교, 서울.

홍종명. (2015). 운영사례 분석을 통한 한국어(KSL) 교육과정의 비판적 고찰. 국제어문, 64, 273-295.

홍후조. (2013). 알기 쉬운 교육과정. 서울: 학지사.

황성욱, 조윤용, 이철한. (2014). 다문화 수용성, 어떻게 평가할 것인가?. 분쟁해결연구, 12(3), 167-196.

황인교. (2001). 외국어로서의 한국 문학 교육의 가능태. 외국어로서의 한국어 교육, 25, 409-434.

황인교, 김성숙, 박연경. (2004). 집중적인 한국어교육과정의 문학 교육. 외국어로서의 한국어교육, 29, 231-280.

황종배. (2004). 제2언어 습득론 개관. 서울: 경진문화사.

황종배. (2005). 영문법 교육: 최근의 경향과 다양한 수업 방법의 탐구. 문법 교육, 2, 37-59.

Abdallah-Pretceille, M. (2010). 유럽의 상호문화교육: 다문화 사회의 새로운 교육적 대안. (장한업 역). 파주: 한울. (원서 출판 1999)

Abercrombie, D. (1949). Teaching pronunciation. *English Language Teaching Journal, 3*(5), 113-122.

Alderson, J. C. (1991). Bands and scores. In Alderson, J. C., & North, B. (Eds). *Language testing in the 1990s*. (71-86). London: Modern English Publications and the British Council.

Alderson, J. C., Clapham, C., & Wall, D. (1995). *Language test construction and evaluation*. Cambridge: Cambridge Univeresity Press.

Anderson, A., & T. Lynch. (2003). 듣기. (김지홍 역). 서울: 범문사. (원서 출판 1988)

Anthony, E. M. (1963). Approach, method and technique. *English Language Teaching, 17*(2), 63-67.

Asher, J. J. (1977). Children Learning Another Language: A Developmental Hypothesis. *Child Development, 48(3)*, 1040-1048.

Bachman, F. L. (1990). *Fundamental considerations in language testing*. Oxford: Oxford University Press.

Bachman, F. L., & Palmer, A. S. (1996). *Language Testing in Practice: Designing and Developing Useful Language Texts*. Oxford: Oxford University Press.

Bachman, L. F., & Palmer, A. S. (1981). The construct validation of the FSI oral interview. *Language Learning, 31*(1), 67-86.

Bachman, L. F., & Palmer, A. S. (1996). *Language testing in practice*. Oxford: Oxford University Press.

Bachman, L. F., & Palmer, A. S. (2010). *Language assessment in practice*. Oxford: Oxford University Press.

Bagarić V., & Mihaljević Djigunović J. (2007). *Defining Communicative Competence*. Metodika, Vol. 8, Br.1, 84-93.

Bates, A. (1995). *Technology, Open Learning and Distance Education*. London: Routledge.

Bloom, B. S., Engelhart, M. D., Furst, E. J., Hill, W. H., & Krathwohl, D. R. (1956). *Taxonomy of educational objectives: The classification of educational goal*. NY: David McKay Company.

Brinker, K. (1994). 텍스트언어학의 이해. (이성만 역). 서울: 한국문화사. (원서 출판 1985)

Britton, J., Burgess, T., Martin, N., McLeod, A., & Rosen, H. (1975). *School councils research studies: The development of writing abilities*. London: McMillan.

Brooks, N. D. (1964). *Language and language learning: Theory and practice*. NY: Harcourt Brace.

Brown, G., & Yule, G. (1983). *Teaching the spoken language*. Cambridge: Cambridge University Press.

Brown, H. D. (2005). 원리에 의한 교수(제 2판). (권오량, 김영숙, 한문섭 역). 서울: 피어슨에듀케이션코리아. (원서 출판 2000)

Brown, H. D. (2010). 원리에 의한 교수 (제 3판). (권오량, 김영숙 역). 서울: 피어슨에듀케이션코리아. (원서 출판 2001)

Brown, H. D. (1994). *Teaching by principles-an interactive approach to language pedagogy*. NY: Longman.

Brown, H. D. (2010). 외국어 학습·교수의 원리 (제 5판). (이흥수, 박주경, 이병민, 이소영, 최연희, 차경환, 이성희 역). 서울: 피어슨에듀케이션코리아. (원서 출판 2000)

Brown, H. D. (2001). 외국어 학습·교수의 원리. (이흥수, 최연희, 박주경, 이병민, 이소영, 박매란 역). 서울: 피어슨에듀케이션코리아. (원서 출판 2000)

Brown, J. D. (1995). *The elements of language curriculum*. MA: Heinle & Heinle.

Brown, J. D. (2011), Quantitative research in second language studies, In Eli, H. (ed.). *Handbook of research in second language teaching and learning 2*(190-206). NY: Routledge.

Brown, M. (2004). Developing positive listening skills. *School Library Journal, 50*(4), 72.

Brown, G. (1994). Second Language Listening, in M. Berns. *Encuclopedia of applied linguistics*. Elsevier Science & Technology, 81-88.

Brownell, J. (2007). 듣기: 태도, 원리 그리고 기술. (이시훈, 한주리 역). 서울: 커뮤니케이션북스. (원서 출판 2005)

Buehl, Doug. (2002). (협동적 학습을 위한 45가지) 교실 수업 전략. (노명완, 정혜승 역). 서울: 박이정. (원서 출판 2002)

Burns, A., & Joyce, H. (1997). *Focus on speaking*. Sydney: National Center for English Language Teaching and Research.

Bygate, M. (2003). 말하기. (김지홍 역). 서울: 범문사. (원서 출판 1987)

Bygate, M. (2009). Teaching and Testing Speaking. In Long, M. H. & Doughty, C. J. (Eds.). *The handbook of language teaching*. (412-440). Chichester: Wiley-Blackwell.

Byram, M. (1997). *Teaching and assessing intercultural communicative competence*. PA: Multilingual Matters.

Byram, M., Gribkova, B. & Starkey, H.(2002). Developing the intercultural dimension in language teaching, *A practical introduction for teachers*, Council of Europe.

Byrne, D. (1976). *Teaching Oral English*. London: Longman.

Canale, M. (1983). From Communicative Competence to Communicative Language Pedagogy. In Richards, J. C., & Schmidt, R. W. (Eds.). *Language and Communication* (2-27), London: Longman.

Canale, M., & Swain, M. (1980). Theoretical bases of communicative approaches to second language teaching and testing. *Applied Linguistics, 1*, 1-47.

Carrell, P. L. (1988). SLA and Classroom Instruction: Reading. *Annual Review of Applied Linguistics, 9*, 223-242.

Carrell, P. L. (1989). Metacognitive Awareness and Second Language Reading. *Modern Language Journal, 73*(2), 121-134.

Carrell, P., Devine, J., & Eskey, D. E. (1988). *Interactive Approaches to Second Language Reading*. Cambridge: Cambridge University Press.

Carter, R. (1998). 어휘론의 이론과 응용. (원명옥 역). 서울: 한국문화사. (원서 출판 1987)

Cater, R., & Long, M, N. (1996). *Teaching Literature*. England: Longman.

Celce-Murcia, M., Donna, M. B., & Marguerite, A. S. (2014). *Teaching english as a second or foreign language* (4th ed.). MA: National Geographic Learning.

Celce-Murcia, M. (2014). An overview of language teaching methods and approaches. In M. Celce-Murcia, D. M. Brinton, & M. A. Snow (Eds.). *Teaching English as a second or foreign language* (pp. 2-14). MA: Heinle & Heinle.

Celce-Murcia, M. et al. (2014). *Teaching English as a second or foreign language* (4th ed.). KY: National Geographic Learning.

Chapelle, C. A., & Voss, E. (2014). Evaluation of language tests through validation research. In Kunnan, A. J. (Ed.). *The companion to language assessment 3* (1079-1097). NY: John Wiley & Sons.

Chapelle, C. A. (1994). Are C-tests valid measures for L2 vocabulary research?. *Second language research, 10*(2), 157-187.

Charmaz, K. (2006). *Constructing Grounded Theory: A Practical Guide through Qualitative Analysis*. London: Sage Publications.

Check J., & Schutt R. K. (2012). Survey research. In J. Check & R. K. Schutt., (eds.). *Research methods in education* (159-185). CA: Sage Publication.

Chen, Yi-Chen. (2007). Computer Assisted Extensive Reading: Incorporating the Internet with Language Learning. *English Teaching and Culture, 3*, 16-25.

Cheng, L., Rogers, T., & Hu, H. (2004). ESL/EFL instructors' classroom assessment practices: Purposes, methods, and procedures. *Language Testing, 21*(3), 360-389.

Cheng, Su-Tan. (2003). *Home Literary Practices: The Emergent Literacy Experiences of Five Chinese Childrenin America* (doctorate thesis, Loyola University, Chicago).

Clément, R., & Kruidenier, B. G. (1983). Orientations in second language acquisition: I. The effects of ethnicity, milieu, and target language on their emergence. *Language Learning, 33*(3), 273-291.

Cohen, A. D. (1998). Reading in a foreign language. *Tesol Quarterly, 20*(4), 747-751.

Collie, J., & Slater, S. (1987). *Literature in the language classroom: A resource book of ideas and activities*. Cambridge: Cambridge University Press.

Corbin, J., & Strauss, A. (2008). *Basics of Qualitative Research: Techniques and Procedures for Developing Grounded Theory* (3rd ed.). CA: Sage Publication.

Council of Europe. (2007). 언어 학습, 교수, 평가를 위한 유럽공통참조기준. (김한란, 권영숙, 김갑년, 김옥선, 남유선, 박성우, 박이도, 손성호, 안미란, 양도원, 이원경, 전지선, 지광신, 채연숙, 최정순, 하수권 역). 서울: 한국문화사. (원서 출판 2001)

Creswell, J. W. (2014). *Research Design: Qualitative, Quantitative and Mixed Methods Approaches* (4th ed.). CA: Sage Publication.

Creswell, J. W., & Plano Clark, V. L. (2018). *Designing and conducting mixed methods research*. CA: Sage Publication.

Cronbach, L. J. (1963). Evaluation for course improvement. *Teachers College Record, 64*(8), 672-683.

Culler, J. (1975). *Structuralist poetics: Structuralism, linguistics and the study of literature*. NY: Routledge.

Cummins, J. (1979). Cognitive/academic language proficiency, linguistic interdependence, the optimum age question and some other matters. *Working Papers on Bilingualism, 19*, 121-129.

Cummins, J. (1980), The cross-lingual dimensions of language proficiency: implications for bilingual education and the optimal age issue. *TESOL Quarterly, 14*(2), 175-187.

Cunningsworth, A. (2003). *Choosing your Coursebook*. Oxford: Heinemann.

Dallimore, E. J., Hertenstein, J. H., & Platt, M. B. (2012). Impact of cold-calling on student voluntary participation. *Journal of Management Education, 37*(3), 305-341.

Davidson, F., & Lynch, B. K. (2008). *Test craft: A teachers guide to writing and using language test specifications*. CT: Yale University Press.

Dehaene, S. (2017). 글 읽는 뇌. (이광오, 배성오, 이봉주 역). 서울: 학지사. (원서 출판 2009)

Derwing, T. M., & Munro, M. J. (1997). Accent, Intelligibility, and comprehensibility. *Studies in Second Language Acquisition, 19(1)*, 1-16.

Derwing, T. M., & Munro, M. J. (2005). Second language accent and pronunciation teaching: A research based approach. *TESOL Quarterly, 39*(3), 379-397.

Durrant, C., & Green, B. (2001). Literacy and the new tech-nologies in school education: Meeting the literacy chal-lenge. In H. Fehring & P. Green (Eds.), *Critical literacy: Acollection of articles from the Australian Literacy Educators' Association* (142－164). DE: International Reading Association.

Edmondson, W. J., & House, J. (2012). 언어 교수학 입문. (신형욱, 이미영 역). 서울: 한국외국어대학교 출판부. (원서 출판 2000)

Ellis, N. C. (1997). Vocabulary acquisition: Word structure, collocation, word-class, and meaning. *Vocabulary: Description, acquisitionand pedagogy, 2035*, 122-139.

Ellis, R. (1994). *The study of Second language acquisition*. Oxford: Oxford University Press.

Ellis, R. (2001). 제2언어 습득. (박경자, 장미경, 오은진 역). 서울: 박이정. (원서 출판 1997)

Ellis, R. (2006). Current issues in the teaching of grammar: An SLA perspective. *TESOL Quarterly, 40-1*. 83-107.

Ellis, R. (2008). *The study of second language acquisition*. Oxford: Oxford University Press.

Engber, C. A. (1995). The relationship of lexical proficiency to the quality of ESL compositions. *Journal of second language writing, 4*(2), 139-155.

Feez, S., & Joyce, H. D. S. (1998). *Text-based syllabus design*. National Centre for English Language Teaching and Research, Macquarie University.

Flower, R. (1998). 글쓰기의 문제해결 전략. (원진숙, 황정현 역). 서울: 동문선. (원서 출판 1981)

Fulcher, G. (2003). *Testing second language speaking*. Harlow: Pearson.

Fulcher, G., & Davidson, F. (2007). *Language testing and assessment*. London: Routledge.

Fulcher, G., & Davidson, F. (2013). *The routledge handbook of language testing*. NY: Routledge.

Fulcher, G., Davidson, F., & Kemp, J. (2011). Effective rating scale development for speaking tests: Performance decision trees. *Language Testing, 28*(1), 5-29.

Gagne, R. M. (1977). *The conditions of learning* (3rd ed.). NJ: Holt, Rinehart and Winston.

Gagne, R. M. (1985). *The conditions of learning* (4th ed.). NJ: Holt, Rinehart and Winston.

Garinger, D. (2002). *Textbook selection for the ESL classroom*. ERIC Digest no: EDO-FL-02-10. Retrieved April 11, 2011 from, http://www.cal.org/resources/digest/digest_pdfs/0210garinger.pdf.

Genesee, F., & Upshur, J. (1966). *Classroom-based evaluation in second languageeducation*. Cambridge: Cambridge University Press.

Glenn, C. (1978). The role of eposodic structure and story length in children's recall of simple stories. *Journal of Verval Learning and Verbal Behavior, 17*, 229-247.

Goodman, K. S. (1975). Do you have to be smart to read? Do you have to read to be smart?. *Reading Teacher, April*. 625-632.

Gottlieb, M., Katz, A., & Ernst-Slavit, G. (2009). *Paper to practice: Using the TESOL english language proficiency standards in Pre K-12 classrooms*. VA: Teachers of English to Speakers of Other Languages, Inc.

Grabe, W. (1991). Current developments in second language reading research. *TESOL Quarterly,*

25(3), 375-406.

Grabe, W., & Kaplan, R. B. (1996). *Theory and practice of writing*. Harlow: Longman.

Grabe, W., & Stoller, F. L. (2002). *Teaching and researching reading*. London: Longman.

Grant, N. (1987). *Making the most of your textbook*. London: Longman.

Graves, K. (1996). Teacher as course developers. In Kathleen, G. (Ed.). *Teacher as course developers* (12-38). Cambridge: Cambridge University Press.

Graves, M. F. (1987). The roles of instruction in fostering vocabulary development. In M. G. McKeown & M. E. Curtis (Eds.). *The nature of vocabulary acquisition* (165 – 184). NJ: Lawrence Erlbaum Associates, Inc.

Green, A. (2013). *Exploring language assessment and testing: Language in action*. London: Routledge.

Gu, Y., & Johnson, R. K. (1996). Vocabulary learning strategies and language learning outcomes. *Language learning*, *46*(4), 643-679.

Hall, E. T. (2013). 문화를 넘어서. (최효선 역). 파주: 한길사. (원서 출판 1976)

Hall, G. (2005). *Literature in language education*. NY: Palgrave Macmillan.

Halliday & Hasan. (1976). *Cohesion in english*. London: Routledge.

Hammerly, H. (1986). Toward Cultural Competence. In *Synthesis in Language Teaching: An introduction to linguistics* (513-537). WI: Second Language Publications.

Hamp-Lyons, L. (1991). Scoring procedures for ESL contexts. In Hamp-Lyons, L. (ed.) *Assessing Second Language Writing in Academic Contexts* (241-276). NJ: Ablex Publishing Corporation.

Hirsch Jr., E. D. (1988). *Cultural literacy: What Every American Needs to Know*. NY: Vintage Books.

Hofstede, G. (1995). 세계의 문화와 조직. (차재호, 나은영 역). 서울: 학지사. (원서 출판 1995)

Horwitz, E. K. (2010). 유능한 언어 교사되기. (전병만, 안병규, 오준일, 오윤자, 이은경 역). 서울: 시그마프레스. (원서 출판 2008)

Hughes, R. (2002). *Teaching and researching speaking*. London: Longman.

Hyland, Ken. (2003). Genre-based pedagogies: A social response to process. *Journal of second language Writing*, *12*, 17-29.

Hyland, Ken. (2007). Genre pedagogy: Language, literacy and L2 writing instruction. *Journal of second language Writing*, *16*, 148-164.

Hyland, Ken. (2019). 장르와 제2 언어 글쓰기. (이수미, 이소연 역). 서울: 하우. (원서 출판 2004)

Ingram, D. E. (1980). Applied linguistics: A search for insight. In R. B. Kaplan (ed.) *On the scope of applied linguistics* (37-56). MA: Newbury House.

International Language Testing Association. (2000). *Code of ethics for ILTA*, Retrieved February 28, 2020. from https://www.iltaonline.com/resource/resmgr/docs/ILTA_2018_CodeOf

Ethics_Engli.pdf

Jacobs, H. L. (1981). Testing ESL Composition: A Practical Approach. *English composition program*. MA: Newbury House Publishers, Inc.

Jameson, J. H. (1998). Simplifying language of authentic materials. *TESOL Matters*, *8*, 13.

Jennifer, K., & Geneviève, V. (2013). 상호문화: 학교의 원칙과 현실. 장한업 (역). 파주: 교육과학사. (원서 출판 2004)

Jensen, L. (2008). 교사를 위한 영어교육의 이론과 실제. (임병빈, 장복명, 신혜선, 이혜경, 김지선, 박혜숙, 김현진, 신수정, 송해성, 윤도형, 한혜령, 진정숙, 이재근, 성명희, 이은표 역). 서울: 경문사. (원서 출판 2001)

Kane, M. (2006). Validation. In R. Brennan. (Ed.). *Educational measurement* (4th ed.) (17-64). CT: American Council on Education and Praeger.

Kane, M. (2013). The argument-based approach to validation. *School Psychology Review*, *42*(4), 448-457.

Kane, M. T. (1992). An argument-based approach to validity. *Psychological bulletin*, *112*(3), 527-535.

Kaplan, R. B. (1966). Cultural thought patterns in inter-cultural education. *Language Learning*, *16*(1), 11-25.

Kellogg, W. Hunt. (1965). *Grammatical structures written at three grade levels*. IL: National Council of Teachers of English.

Kenworthy, J. (1987). *Teaching english pronunciation*. London: Longman.

Kleppin, K. (2007). 외국어 학습자의 오류 다루기. (최영진 역). 서울: 한국문화사. (원서 출판 1998)

Kluckhohn, F. R., & Strodtbeck, F. J. (1961). *Variations in value orientations*. Row, Peterson and Company.

Krashen, S. (1982). *Principles and practice in second language acquisition*. Oxford: Pergamon Press.

Krashen, S. (1984). *Writing: Research, theory and applications*. CA: Alemany Press.

Krashen, S. D., & T. D. Terrell. (1983). *The natural approach: language acquisition in the classroom*. CA: Alemany Press.

Kroeber, A. L., & Kluckhohn, C. (1963). *Culture: A critical review of concepts and definitions*. NY: Random House, Inc.

Kroll, B. (Ed.). (1990). *Second language writing*. Cambridge: Cambridge University Press.

Larsen-Freeman, D. (2000). *Techniques and principles in language teaching*. Oxford: Oxford University Press.

Larsen-Freeman, D. (2009). 외국어 교육의 교수기법과 원리. (방영주 역). 서울: 경문사. (원서 출판 2002)

Larsen-Freeman, D. (2011). *Technique and principles in language teaching*. Oxford: Oxford

University Press.

Laufer, B., & Nation, P. (1995). Vocabulary size and use: Lexical richness in L2 written production. *Applied linguistics, 16*(3), 307-322.

Lazar, G. (1993). *Literature and language teaching: A guide for teachers and trainers*. Cambridge: Cambridge University Press.

Levelt, W. (2005). 말하기 2. (김지홍 역). 파주: 나남. (원서 출판 1989)

Levelt, W. (1993). *Speaking (from intention to articulation)*. MA: MIT Press.

Lindsay, P. H., & Norman,. D. A. (1983). 기억의 이론과 적용. 김영채 (역). 서울: 양영각. (원서 출판 1972).

Littlewood, W. (1981). *Communicative language teaching*. Cambridge: Cambridge University Press.

Litz, D. R. A. (2010). Textbook evaluation and ELT management: A South Korean case study. *Asian EFL Journal*, Author Index, 2005, 2-53. Retrieved April 12, 2011. from, http://www.asian-efl-journal.com/Litz_thesis.pdf

Long, M. (1996). The role of the liguistic environment in second language acquisition. In Ritchie, W. C., & Bhatia, T. K. (Eds.). *Handbook of second language acquissition* (413-468). NY: Academic Press.

Long, M.(2015). *Second Language Acquisition and Task-Based Language Teaching*, MA: Wiley Blackwell

Lozanov, G. (1978). *Suggestology and outlines of suggestopedy*. NY: Gordon and Breach.

Mackay, S. (1982). Literature in ESL Classroom. *Tesol Quarterly, 16(4)*, 529-536.

Marconi, D. (2019). 어휘 능력. (신명선, 이기연, 차경미, 강경민 역). 서울: 역락. (원서 출판 1997)

McAlpine, L., & Weston, C. (1994). The Attributes of instructional materials. *Performance Improvement Quarterly, 7(1)*. 19-30.

McGrath, Ian. (2002). *Materials evaluation and design for language teaching*. Edinburgh: Edinburgh University Press.

Mckay, S. L. & Wong., S. C. (1996). Multiple discourses, multiple identities: investment and agency in second-language learning among Chinese adoloscent immigrant students. *Harvard educational review: cambridge, 66(3),* 577-609.

McKay, S. (1982). Literature in the ESL classroom. *Tesol Quarterly, 16*(4), 529-536.

McMillan, J. H. (2011). *Classroom assessment: Principles and practice for effective standards based instruction*. MA: Pearson.

McNamara, T. F. (2000). *Language testing*. Oxford: Oxford University Press.

McNamara, T., & Roever, C. (2006). *Language testing: The social dimension*. MA: Blackwell Publishing.

McNamara, T., & Shohamy, E. (2008). Language tests and human rights. *International journal of applied linguistics, 18*(1), 89-95.

Merrill, D. (1983). Component display theory. In C. M. Reigeluth (ed.), *Instructional design theories and models: an overview of their current status* (279-333). NJ: Lawrence Erlbaum.

Messick, S. (1989). Meaning and values in test validation: The science and ethics of assessment. *Educational researcher, 18*(2), 5-11.

Messick, S. (1995). Validity of psychological assessment: validation of inferences from persons' responses and performances as scientific inquiry into score meaning. *American psychologist, 50*(9), 741-749.

Mitchell, R., & Myles, F. (2013). 제2 언어 학습론 우리는 외국어를 어떻게 배우는가. (박윤주, 최선희 역). 서울: 에피스테메. (원서 출판 2004)

Moran, P. R. (2005). 문화교육. (정동빈, 남은희, 황선유, 이명관 역). 서울: 경문사. (원서 출판 2001)

Morgan, T. J. (1999). Literate education in classical Athens. *The Classical Quarterly, 49*(1), 46-61.

Morley, J. (1991). Listening comprehension in second/foreign language instruction. In Celce-Murcia, M. (Ed.). *Teaching english as a second or foreign language*. MA: Heinle & Heinle Publishers, 81-106.

Nation, I. S. P. (1990). *Teaching and learning vocabulary*. MA: Heinle & Heinle Publishers.

Nation, I. S. P. (2012). 외국어 어휘의 교수와 학습. (김창구 역). 서울: 소통. (원서 출판 2001)

National Reading Panel (US), National Institute of Child Health, & Human Development (US). (2000). *Teaching children to read: An evidence-based assessment of the scientific research literature on reading and its implications for reading instruction*. MD: National Institute of Child Health and Human Development, National Institutes of Health.

National Standards in Foreign Language Education Projec. (2012). *Standards for foreign language learning in the 21st century*. KS: Allen Press, Inc.

Nelson, C. (1982). Intelligibility and non-native varieties of English. In Kachru, B. (Ed.). *The other tongue: English across cultures*. (58-73). IL: University of Illinois Press.

North, B. (1995). The development of a common framework scale of descriptors of language proficiency based on a theory of measurement. *System, 23*(4), 445-465.

North, B. (2000). *The development of a Common Framework Scale of language proficiency*. Frankfurt: Peter Lang.

Nunan, D. (1991). *Language teaching methodology*. NY: Prentice Hall International.

Nunan, D. (1999). *Second language teaching & learning*. MA: Heinle & Heinle Publishers.

Nunan, D. (2004). Syllabus 구성과 응용. (송석용 역). 서울: 범문사. (원서 출판 1988)

O'Malley, J. M., & Chamot., A. U. (1990). *Learning strategies in second language acquisition*. NY: Cambridge University Press.

Ogden, C. K. (1930). *Ogden's basic English*. London: Paul Treber & Co., Ltd.

Ong, W. (1995). 구술문화와 문자문화. 이기우, (임명진 역). 서울: 문예출판사. (원서 출판 1982)

Osypenko, K. L. (2014). Developing English listening skills of secondary school students. *Іноземні мови*, *80*, 15-19.

Paribakht, T. S., & Wesche, M. B. (1993). Reading comprehension and second language development in a comprehension-based ESL program. *TESL Canada journal*, *11*(1), 09-29. Penny, U. (1996). *A course in language teaching: Practice and theory*. Cambridge: Cambridge University.

Popham, W. J. (2003). *Test better, teach better: The instructional role of assessment*. VA: Association for Supervision and Curriculum Development.

Prabhu, N. S. (1987). *Second language pedagogy.* Oxford: Oxford University Press.

Purves, A. C. (1971). Evaluation of Learning in Literature. Benjamin, S. & Bloom (Eds.). *Handbook on formative and Summative Evaluation of Student Learning*. NY: McGraw-Hill Inc.

Purves, A. C. (1991). *The idea of difficulty in literature*. NY: State University of New York Press.

Purves, A. C. (1994). *Encyclopedia of english studies and language arts*. NY: Scholastic.

Raymond, J. R., & Dennis, B. (1978). *A guidebook for teaching literature*. MA: Allyn and Bacon, Inc.

Read, J. (2015). 어휘 평가. (배도용, 전영미 역). 서울: 글로벌콘텐츠. (원서 출판 2000)

Reigeluth, C. M. (1983). *Instructional-design theories and models: An overview of their current status*. NJ: Lawrence Erbaum Associates.

Richard, N. (2001). *Movement in language: interactions and architectures*. Oxford: Oxford University Press.

Richards, J. C. (1976). The Role of Vocabulary Teaching. *TESOL Quarterly*, *10*(1), 77-89.

Richards, J. C. (2015). 언어 교육과정 개발-이론과 실제-. (강승혜, 공민정, 김정은, 민주희, 채미나 역). 서울: 한국문화사. (원서 출판 2001)

Richards, J. C., & Farrell, T. S. C. (2009). 외국어 교사교육의 이론 및 실제. (방영주 역). 서울: 한국문화사. (원서 출판 2005)

Richards, J. C., & Schmidt, R. W. (Eds.). *Language and communication* (2-27). London: Longman.

Richards, J. C., & Rodgers, T. S. (2008). 외국어교육 접근 방법과 교수법. (전병만, 윤만근, 오준일, 김영태 역). 서울: Cambridge. (원서 출판 2001)

Rivers, W. M. (1981). *Teaching foreign-language skills*. IL: University of Chicago Press.

Rivers, W. M., & Temperley, M. (1978). *A practical guide to the teaching of English*. NY: Oxford University Press.

Rohman, D. G. (1965). Pre-writing the stage of discovery in the writing process. *College composition and communication*, *16*(2), 106-112.

Robinson, G. L. N. (1985). Crosscultural understanding. NY: Prentice-Hall.

Rosenblatt, L. (1985). The transactional Theory of the Literary work: Implications for research.

In Cooper, C. (Ed.). *Researching response to literature and teaching of literature: points of departure* (33-53). NJ: Ablex Pub. Corp.

Saussure, F. de. (2006). 일반언어학 강의. (최승언 역). 서울: 민음사. (원서 출판 1916)

Saville-Troike, M. (2008). 제2언어 습득론. (송해성, 이은표, 임병빈 역). 서울: 세진무역. (원서 출판 2006)

Schmitt, N., & McCarthy, M. (1997). *Vocabulary: Description, acquisition and pedagogy*. Cambridge: Cambridge university press.

Schmitt, N. (1998). Tracking the incremental acquisition of second language vocabulary: A longitudinal study. *Language learning*, *48*(2), 281-317.

Scott, V. M. (1996). *Rethinking foreign language writing*. MA: Heinle & Heinle Publishers.

Scovel, T. (1979). Review: Suggestology and outlines of suggestopedy. *TESOL Quarterly*, *13*. 255-266.

Seelye, H. N. (1988). *Teaching culture: Strategies for intercultural communication*. IL: National Textbook Company.

Sharon, E. S., Russell, R. D., Heinich, R., & Molenda, M. (2005). *Instructional technology and media for learning*. NJ: Prentice Hall.

Sharon, E. S. (2005). *Instructional technology and media for learning*. NJ: Prentice Hall.

Shohamy, E. (1982). Affective considerations in language testing. *The modern language journal*, *66*(1), 13-17.

Shohamy, E. (2000). Fairness in language testing. In Kunnan, A. J. (Ed.). *Fairness and validation in language assessment* (15-19). Cambridge: Cambridge University Press.

Shohamy, E. (2003). Implications of language education policies for language study in schools and universities. *The modern language journal*, 87(2), 278-286.

Shohamy, E. (2007). Language tests as language policy tools. *Assessment in Education: Principles, Policy & Practice*, 14(1), 117-130.

Sinclair, J., & Renouf, A. (1988). A lexical syllabus for language learning. In Carter, R. and McCarthy, M. (Ed.). *Vocabulary and language teaching* (140-160). NY: Routledge.

Singleton, D. (2008). 언어의 중심 어휘. (배주채 역). 서울: 삼경문화사. (원서 출판 2000)

Smith, F. (1982). *Understanding reading* (3rd ed.). NY: Holt, Rinchart and Winston.

Smith, P. L., & Ragan, T. J. (2005). *Instructional design* (3rd ed.). NJ: John Wiley & Sons.

Smith. (2013). *What is digital media?*. Retrieved July 22, 2018. from https://thecdm.ca/news/what-is-digital-media

Sohn, H. (1995). Performance-based principles and proficiency criteria for KFL textbook development. *Journal of Korean language education*, *6*, 67-98.

Spolsky, B. (1980). The scope of educational linguistics. In Kaplan, R. and B. Roley. *On the Scope of Applied Linguistics* (67-73). MA: Newbury House.

Spolsky, B. (1990). Oral examinations: an historical note. *Language Testing, 7*(2), 158-173.

Spolsky, B. (2008). Language assessment in historical and future perspective. In Shohamy, E. & Hornberger, N. (Eds.). *Encyclopedia of language and education* (2nd ed.). (454-455). Berlin: Springer.

Stahl, S. A., & Vancil, S. J. (1986). Discussion is what makes semantic maps work in vocabulary instruction. *The Reading Teacher, 40*(1), 62-67.

Stern, H. H. (2002). 언어교수의 기본개념. (심영택, 위호정, 김봉순 역). 서울: 도서출판 하우. (원서 출판 1983)

Stern, H. H. (1992). *Issues and options in language teaching*. Oxford: Oxford University Press.

Stufflebeam, D. L. (1971). The relevance of the CIPP evaluation model for educational accountability. *Journal of Research and Development in Education, 5*, 19-25.

Sumner, W. G. (1940), Folkways: a study of the sociological importance of usages. *manners, customs, mores, and morals*. MA: Ginn and Company. Retrieved from https://archive.org/details/folkwaysastudys00sumngoog

Susan, M. G., & Larry, S. (2000). *Second language acquisition: An introductory course*. NY: Routledge.

Swain, M., & Lapkin, S. (1995). Problems in output and the cognitive processes they generate: Astep towards second language learning. *Applied Linguistics, 16*(2), 371-91.

Tarone, E. (1977). Conscious communication strategies in interlanguage: A progress report. *On Tesol, 77*, 194-203.

Taylor, L. (2005). Washback and impact. *ELT Journal, 59*(2), 154-155.

Intercultural Competence Assessment (INCA) (2004). *INCA: The theory*. Retrieved from https://ec.europa.eu/migrant-integration/librarydoc/the-inca-projectintercultural-competence-assessment.

Thornbury, S. (1999). *How to teach grammar*. Harlow: Longman.

Thornbury, S. (2002). *How to teach vocabulary*. Harlow: Longman.

Tomalin, B., & Stempleski, S. (1993). *Cultural awareness*. Oxford: Oxford University Press.

Tomlinson, B. (1998a). Glossary of basic terms for materials development in language teaching. In Tomlinson, B. (Ed.). *Materials development in language teaching*. Cambridge: Cambridge University Press.

Tomlinson, B. (1998b), *Materials Development in Language Teaching*. Cambridge: Cambridge University Press.

Tribble, C. (1996). *Writing*. Oxford: Oxford University Press.

Tyler, A. (2015). 인지언어학과 제2언어 학습. 김동환, 임태성 (역). 서울: 로고스라임. (원서 출판 2012).

Tyler, R. W. (1990). 교육과정과 학습지도의 기본 원리. (이해명 역). 서울: 교육과학사. (원서 출

판 1949)

Tylor, E. B. (1871/1924). *Primitive culture*. (First published in 1871.). MA: Smith.

Verbunt, G. (2012). (인간의 다양성을 존중하는) 상호문화사회. (장한업 역). 파주: 교육과학사. (원서 출판 2001)

Vygotsky, L. S. (2009). 마인드 인 소사이어티: 비고츠키의 인간 고등심리 과정의 형성과 교육. (정회욱 역). 서울: 학이시습. (원서 출판 1978)

Wajnryb, R. (2001). Grammar dictation (9th ed.). Oxford: Oxford University Press.

Weigle, S. C. (2002). *Assessing Writing*. Cambridge: Cambridge University Press.

Weir, C. J. (1990). *Communicative language testing*. NY: Prentice Hall.

West, M. P. (1953). *A general service list of English words*. London: Longman, Green & Co.

Widdowson, H. G. (1978). Notional-Functional Syllabuses: 1978, Part Four, In Charles, H. B. & Jacquelyn. S. (Eds.). *On TESOL 78* (33-35). DC.: TESOL.

Wiggins, G., & McTighe, J. (1998). *Understanding by design*. VA: Association for Supervision and Curriculum Development.

Wiggins, G., & McTighe, J. (2005). *Understanding by design* (2nd ed.). VA: Association for Supervision and Curriculum Development.

Wilkins, D. A. (1972). *Linguistics in language teaching*. MA: MIT Press.

Wilkins, D. A. (1976). *Notional Syllabuses*. Oxford: Oxford University Press.

Williams, J. D. (1998). *Preparing to teach writing* (2nd ed.). LJ: Erlbaum.

Willis, D. (2003). *Rules, patterns and words: grammar and lexis in English language teaching*. Cambridge: Cambridge University Press.

Willis, J. (1996). A framework for task-based learning. Harlow: Longman.

Willis, P. (1979). Shop floor culture, masculinity, and the wage form. John Clark, ChasCritcher, and Richard Johnson (eds.), *Working Class Culture: Studies in History and Theory* (185-198). London: Hutchinson.

〈인터넷 사이트〉

교육과학기술부 www.moe.go.kr

교육통계서비스 kess.kedi.re.kr

국가법령정보센터 www.law.go.kr

국립국어원 www.korean.go.kr

국립국어원 한국어교원 kteacher.korean.go.kr

국립국제교육원 www.niied.go.kr

누리 세종학당 www.sejonghakdang.org

다문화 가족지원 포털 다누리 www.liveinkorea.kr

디지털한글박물관 archives.hangeul.go.kr

사회통합정보망(사회통합프로그램) www.socinet.go.kr

세종학당재단 www.ksif.or.kr

Ethnologue: Languages of the World www.ethnologue.com

인터넷 아카이브 www.archive.org

재외동포교육진흥재단 www.efka.or.kr

재외동포재단 www.okf.or.kr

국가통계포털 www.kosis.kr

한국민족문화대백과사전 www.encykorea.aks.ac.kr

TOPIK한국어능력시험 www.topik.go.kr

찾아보기

ㅈ

ㅊ

ㅌ

저자 소개

민병곤 閔丙坤 Min Byeonggon (총괄 및 5, 7장 집필)

서울대학교 국어교육과 교수, 국어교육연구소 겸무 연구원.
다문화 시대 이주민의 한국어 의사소통(2016), 청소년 언어문화 실태 연구: 구어 의사소통을 중심으로(2017), 학문 목적 한국어 말하기 평가 도구 개발 연구(2017), Development of a questionnaire to measure reflective attitude toward conversation(2019) 등.

김호정 金祜廷 Kim Hojung (총괄 및 1, 2장 집필)

서울대학교 국어교육과 교수, 국어교육연구소 겸무 연구원.
한국어 학습자의 문법 습득 양상 연구 II(2010), 한국어 수업 중에 이루어지는 수정적 피드백에 대한 실행연구(2016), 체계적 문헌 고찰을 통한 한국어 교육과정 연구 동향 분석(2017), Validating grammatical judgment tests as measures of implicit knowledge and explicit knowledge of Korean language learners(2018) 등.

구본관 具本寬 Koo Bonkwan (11, 13장 집필)

서울대학교 국어교육과 교수, 국어교육연구소 겸무 연구원.
어휘 교육론(2014), 한국어 문법 총론 Ⅰ, Ⅱ(2015), 개정판 우리말 문법론(2018) 등.

민현식 閔賢植, Min Hyunsik (6, 12장 집필)

서울대학교 국어교육과 교수, 국어교육연구소 겸무 연구원.
국어 정서법 연구(1999), 국어 문법 연구(1999), 개화기 한글본 〈이언(易言)〉 연구(2008), 국어 의미 교육론(2019, 공저) 등.

윤여탁 尹汝卓 Yoon Yeotak (3, 15장 집필)

서울대학교 국어교육과 교수, 국어교육연구소 겸무 연구원.
외국어로서의 한국문학교육(2007), 문화교육이란 무엇인가: 한국어 문화교육의 벼리(綱)(2013), 다문화 시대의 문화교육 커리큘럼(2016), 한국 근현대시와 문학교육(2017) 등.

김종철 金鐘澈 Kim Jongcheol (10, 14장 집필)

서울대학교 국어교육과 교수, 국어교육연구소 겸무 연구원.
한국어 교육에서 문학 제재 활용의 전통(2004), 한국어 교육에서 한국 문화 교육의 쟁점과 전망(2010), 성인의 쓰기 능력 평가 결과 분석(2014), 〈춘향전〉에서의 법(法)과 사랑(2018) 등.

고정희 高貞姬 Ko Jeonghee (4, 16장 집필)

서울대학교 국어교육과 교수, 국어교육연구소 겸무 연구원.
한국 고전시가의 서정시적 탐구(2009), 고전시가 교육의 탐구(2013), 한국 문학 속의 비극 (2017), 문학교육에서 장르 지식의 위상과 활용 방안(2018) 등.

윤대석 尹大石 Yun Daeseok (8, 9장 집필)

서울대학교 국어교육과 교수, 국어교육연구소 겸무 연구원.
식민지국민문학론(2006), 식민지문학을 읽다(2012) 등.

강경민 姜炅玟 Kang Kyongmin (11장 집필)

서울대학교 국어교육과 한국어교육 전공 박사.
논설 기사 분석을 통한 관형절의 담화·화용적 기능 연구(2018), 한국어 관형절 교육 방안 연구(2019), 한국어 관형절의 담화 화용적 기능 교육 연구(2020) 등.

김가람 金가람 Kim Garam (1, 2장 집필)

조선대학교 국어국문학과 강사.
체계적 문헌 고찰을 통한 한국어 교육과정 연구 동향 분석(2017), 중국인 한국어 교사의 문법 용어 사용 양상 연구(2019), 중국인 한국어 교사의 코드 스위칭 양상과 맥락 요인 연구(2020) 등.

김영미 金榮美 Kim Youngmi (3, 15장 집필)

경기대학교 국제언어교육원 시간 강사.
한국어교육학사전(2014) 등.

김지혜 金智慧 Kim Jeehye (8, 9장 집필)

서울대학교 교육종합연구원 객원연구원.
미적 성찰을 통한 다문화 소설의 윤리적 반성 검토(2017), 학습자의 스탠스에 따른 한국소설 감상 양상 분석(2017), 다문화 소설을 통한 상호문화교육 연구(2019) 등.

김혜진 金惠眞 Kim Hyejin (14장 집필)

성균관대학교 학부대학 초빙교수.
한국어 학습자를 위한 한(恨)의 정서 이해 교육 연구(2014), 상호 문화적 능력 향상을 위한 한국인의 '흥' 이해 교육 연구(2015), 문화적 문식력 향상을 위한 한국어 중·고급 학습자의 설화 교육 연구(2018) 등.

신현단 申賢丹 Shin Hyeondan (12장 집필)

라오스 로고스 칼리지 한국어과 교수.
함께 배우는 한국어 2, 3(2008, 2010), 한국어 문법 교수에서의 교사 코드 전환 양상 연구(2012), 한국어 문법 교수 지식 교육 연구-보조용언 구성을 중심으로-(2015) 등.

유민애 劉旼愛 You Minae (13장 집필)

서울대학교 국어교육연구소 객원연구원.
맥락 중심의 한국어 담화문법 교육 연구(2017), 한국어 교재에서 음운 규칙의 학습 순서와 텍스트의 대응 관계 분석(2018), 언어 사용 환경에 따른 다문화가정 아동의 언어 발달 척도 조사(2018) 등.

이성준 李聖俊 Lee Sungjun (5장 집필)

서울대학교 국어교육과 BK21플러스 사업팀 박사후연구원.
한국어 말하기 평가의 타당화를 위한 논거 기반 접근의 이해와 적용(2018), 문항반응이론을 활용한 학문 목적 한국어 말하기 평가의 문항 특성 분석(2018), 한국어 말하기 평가의 채점 변인 연구 – 채점 과정 분석을 중심으로 – (2019) 등.

이수미 李秀美 Lee Sumi (4, 10장 집필)

성균관대학교 학부대학 대우교수.
중국인 한국어 학습자의 한국어 학습 과정에 대한 근거이론적 접근(2016), 세종한국어 회화 3, 4(2018), 베트남인 교사와 한국인 교사의 한국어교육 경험에 대한 연구(2019), 장르와 제2언어 글쓰기(2019) 등.

이슬비 李슬비 Lee Seulbi (6장 집필)

국립국어원 학예연구사.
한국어 학술논문에 나타난 시상 표현의 담화적 기능 분석(2015), 한국어 학술 텍스트의 필자 태도 표현 교육 연구(2016), 서울대 한국어 Plus 학문 목적 말하기, 쓰기, 읽기, 듣기(2018) 등.

홍은실 洪恩實 Hong Eunsil (7, 16장 집필)

성균관대학교 학부대학 대우교수.
한국어교육을 위한 스마트러닝의 재개념화와 구현 방안(2014), 외국인 학부생을 위한 발표 교육 내용 분석(2015), 말하기 능력을 키우는 발표의 기술(2016), 학문 목적 한국어 말하기 평가 도구 개발 연구(2017), 세종한국어 회화 1, 2(2018) 등.